전쟁론 강의

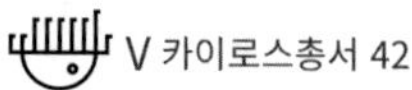

전쟁론 강의 Lectures on Clausewitz's On War

지은이 김만수
펴낸이 조정환
책임운영 신은주
편집 김정연
표지디자인 조문영
홍보 김하은
프리뷰 표광소

펴낸곳 도서출판 갈무리 등록일 1994. 3. 3. 등록번호 제17-0161호
초판 1쇄 2016년 10월 9일
초판 2쇄 2017년 6월 27일
초판 3쇄 2020년 4월 30일

종이 화인페이퍼 인쇄 예원프린팅 라미네이팅 금성산업 제본 경문제책

주소 서울 마포구 동교로18길 9-13 [서교동 464-56]
전화 02-325-1485 팩스 02-325-1407
website http://galmuri.co.kr e-mail galmuri94@gmail.com

ISBN 978-89-6195-143-2 03340
도서분류 1. 정치학 2. 경제학 3. 군사학 4. 외교학

값 35,000원

이 도서의 국립중앙도서관 출판예정도서목록(CIP)은 서지정보유통지원시스템 홈페이지(http://seoji.nl.go.kr)와 국가자료공동목록시스템(http://www.nl.go.kr/kolisnet)에서 이용하실 수 있습니다.(CIP제어번호: CIP2016022388)

강의로 쉽게 읽는 클라우제비츠의 전쟁론

전쟁론 강의

김만수 지음

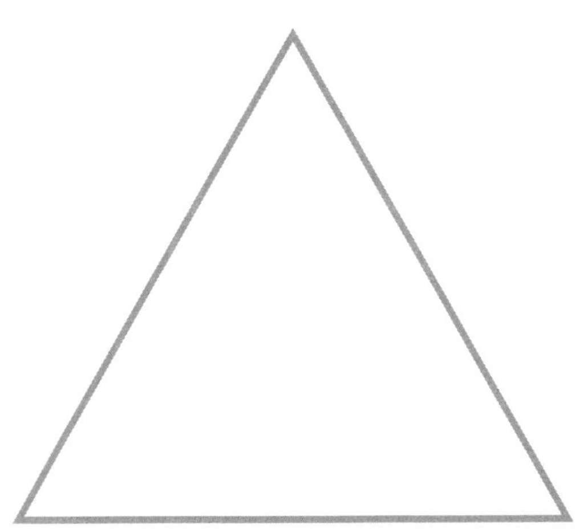

LECTURES ON CLAUSEWITZ'S ON WAR

갈무리

독자에게 드리는 글

이 『전쟁론 강의』는 클라우제비츠의 『전쟁론』을 잘 이해할 수 있도록 『전쟁론』을 여러 가지 측면에서 체계적으로 서술한 해설서입니다.

『전쟁론』 번역 초판을 출간할 때 열악한 연구 여건 때문에 해설서를 쓸 수 없었는데, 이번에 이 『전쟁론 강의』를 출간하면서 『전쟁론』의 번역과 해설을 완전히 분리합니다.

『전쟁론 강의』가 필요한 이유에 대해 많은 독자들이 공감할 것입니다. 『전쟁론』이 난해하기 때문입니다. 『전쟁론』에는 이론적인 내용과 역사적인 내용, 촌철살인의 문장과 상세한 서술, 객관적인 표현과 논쟁적인 표현, 건조한 서술과 비유적인 표현이 섞여 있습니다. 『전쟁론』의 서술 방식, 즉 추상적인 서술과 구체적인 서술의 변증법적인 연결이 전체적인 이해를 어렵게 합니다. 200년 전의 클라우제비츠에게는 상식인 것이 오늘의 우리에게는 낯설게 보입니다. 즉 우리 나라의 많은 독자들이 1800년대의 많은 인물에 대해 알지 못하고, 그 당시 유럽의 지리나 전쟁에 대해 잘 알지 못합니다. 이 모든 것이 『전쟁론』에 대한 이해를 어렵게 합니다. 이 『전쟁론 강의』의 목적은 이런 문제를 해결하려는 것입니다.

『전쟁론 강의』를 쓰려고 동서고금의 고전에 관한 해설서를 참고했습니다. 宮川實의 『자본론 해설』, 리링의 『전쟁은 속임수다』 등을 참고했는데, 독일 dtv출판사의 아틀라스 철학(Atlas Philosophie)을 보고, 그리고 아틀라스 시리즈의 다른 책들을 보고 그 구상과 편집에 감탄했습니다. 책을 펼쳤을 때 왼쪽에 그림과 도표를, 오른쪽에 그에 대한 설명과 해설을 하는 방식의 구성은 나를 사로잡았습니다. 이런 여러 가지 종류의 해설서를 검토하고 내린 결론은 『전쟁론』의 해설은 『전쟁론』에 맞는 해설서이어야 한다는 것이었습니다.

'해설'은 사전적으로 알기 쉽게 풀어 설명한다는 뜻입니다. 하지만 『전쟁론 강의』에서는 알기 쉽게 하려고 했지만 풀지는 않았습니다. 오히려 알기 쉽게 하려고 핵심을 간결하게 서술했습니다. 그래서 해설의 분량은 원전의 분량보다 짧은 것이 보통입니다. 여기에서 『전쟁론 강의』의 몇 가지 원칙이 생겨났습니다.

첫째, 해설은 원전의 요약이어야 합니다. 요약의 원칙(선택, 삭제, 일반화, 재구성)에 따라 『전쟁론』의 핵심 내용을 충실하게 요약했습니다.

둘째, 내용을 잘 이해할 수 있도록 우리 문장으로 서술했습니다. 번역투의 문장을 줄이고 없애려고 노력했습니다. 『전쟁론』의 내용은 클라우제비츠의 것이지만, 이 해설의 문장과 서술은 내 것이 되도록 했습니다.

셋째, 『전쟁론』의 미로와 같은 개념, 불분명한 부분, 이해하기 힘든 서술을 그림과 도표를 통해 일목요연하게 하는데 많은 시간과 노력을 들였습니다. 그림과 도표를 통해 그 부분의 내용을 한눈에 볼 수 있게 한 것입니다. 이렇게 하는 데는 대전대학교 군사학과 학부와 대학원 학생들에게 한 강의에서 아이디어를 얻었습니다. 학생들에게 그림과 도표를 그려서 설명하고 강의하니 학생들이 어려운 내용을 쉽게 잘 이해했습니다. 그래서 (특히 1~2편에서) 장마다 먼저 도표나 그림을 제시한 다음에 그 부분의 내용을 서술하는 형식으로 해설했습니다.

넷째, 『전쟁론』을 이해하는데 도움이 되는 도표, 그림, 논문, 참고 문헌 등 여러 글과 자료를 포함했습니다.

『전쟁론 강의』는 이 목적과 원칙에 부합하도록 구성했습니다. 1편에서는 『전쟁론』 전 3권의 모든 장을 각각 해설했습니다. 먼저 그림이나 표로 내용을 일목요연하게 보여 주고 나서 서술했습니다.

2편에서는 1편을 바탕으로 『전쟁론』의 125개 장과 8개의 편을 재구성했습니다. 즉 각 장과 편이 어떻게 관련되어 있는지 살펴보았습니다. 그다음에 『전쟁론』 전체의 핵심을 서술했습니다. 1편이 『전쟁론』의 '나무'라면 2편은 『전쟁론』의 '숲'입니다. 이 두 편을 통해 『전쟁론』의 '나무와 숲'을 볼 수 있을 것입니다. 2편에도 그림과 표를 많이 썼습니다.

3편에는 『전쟁론』을 여러 측면에서 좀 더 잘 이해할 수 있도록 여러 분야의 논문을 실었습니다. 이 논문으로 『전쟁론』에 대한 이해의 외연을 확장할 수 있을 것입니다. 앞의 세 논문(1~3장)은 나의 논문이고 주로 번역 문제와 관련되는 글입니다. 이 세 논문과 그 앞의 1~2편을 쓰는데 참고한 문헌은 3장 끝에 두었습니다. 마지막 논문(4장)은 에티엔 발리바르의 강연입니다. 발리바르의 논문은 『전쟁론』의 핵심 내용과 관련되는 글입니다.

4편에서는 클라우제비츠나 『전쟁론』과 관련되는 참고 문헌을 밝혔습니다. 이 문헌은 앞으로 『전쟁론』을 더 깊이 연구하려는 독자들에게 도움이 될 것입니다.

『전쟁론 강의』는 『전쟁론』과 같이 편과 장의 체계로 구성했습니다. (그렇다고 『전쟁론 강의』의 편과 장을 『전쟁론』의 편과 장과 혼동하지 말기 바랍니다.) 또한 이 『전쟁론 강의』에서 띄어쓰기 등의 맞춤법과 길이 등의 도량형 단위는 『전쟁론』 번역의 전면 개정판과 같습니다.

『전쟁론 강의』의 원고를 처음 쓸 때는 1편 2장의 구성만 있었습니다. 이 구성은 원고를 쓰면서 자세해졌고 원고를 검토하면서 구체화되었고 원고를 수정하면서 다른 편의 구성으로 확대되었고 원고를 퇴고하면서 현재의 4개 편 13개 장으로 확정되었습니다. 즉 원고는 체계적인 구성을 요구했고, 이 구성은 원고의 수정을 요구했습니다. 건축술에서는 설계도를 그린 다음에 건축을 하는데, 저술에서는 '설계와 건축'이 동시에 이루어집니다. 책에서는 처음의 구상에 따라 글을 쓰고, 어느 정도 완성된 글에 따라 구성을 수정하고, 수정된 구성에 따라 원고를 고치게 됩니다. 설계와 건축의 끊임없는 상호 작용입니다. 이런 구성의 『전쟁론 강의』를 설계하고 건축하여 『전쟁론 강의』를 출간하는 심정, 이 기쁜 마음을 말로 표현할 수 없을 것 같습니다.

『전쟁론』을 이미 읽은 독자는 이 『전쟁론 강의』로 『전쟁론』의 내용을 체계적으로 정리하고 『전쟁론』을 더 깊이 연구할 수 있을 것입니다. 『전쟁론』을 읽지 않은 독자는 이 『전쟁론 강의』를 안내서로 삼아 『전쟁론』을 더 잘 이해할 수 있을 것입니다. 이 『전쟁론 강의』가 독자들에게 많은 도움이 되고 쓸모 있기를 바랍니다.

2016년 9월 9일

김만수

차례

도표와 그림 차례

제1편

『전쟁론』의 해설

LECTURES ON CLAUSEWITZ'S ON WAR

제1장

머리말의 해설

『전쟁과 전쟁 수행에 관한 유고 저작집』 전 10권, 1832~1837

제1권 『전쟁론』 제1권, 1832

제2권 『전쟁론』 제2권, 1833

제3권 『전쟁론』 제3권과 부록, 1834

제4권 『1796년의 이탈리아 원정』, 1833

제5권 『1799년의 이탈리아와 스위스 원정』 제1권, 1833

제6권 『1799년의 이탈리아와 스위스 원정』 제2권, 1834

제7권 『1812년의 러시아 원정, 1813년 원정과 휴전 협정, 1814년의 프랑스 원정』, 1835

제8권 『1815년의 프랑스 원정』, 1835

제9권 『구스타브 아돌프, 튀렌, 뤽상부르의 원정의 전략적인 고찰 그리고 전략에 관한 역사 자료』, 1837

제10권 『소비에스키, 뮈니히, 프리드리히 대왕, 브라운슈바이크 공작의 원정의 전략적인 고찰 그리고 전략에 관한 역사 자료』, 1837

이 표를 통해 알 수 있듯이, 전쟁에 관한 클라우제비츠의 유고는 1832년에서 1837년의 6년 동안 총 10권으로 간행되었다. (이 10권의 책은 옛날 알파벳 글자체로 쓰여 있고 인터넷에서 전문을 모두 볼 수 있다.) 10권 중에 1~3권이 『전쟁론』이다.

저자와 부인의 머리말이 『전쟁론』에도 있고 『저작집』 제7권에도 있다. 『전쟁론』을 포함하여 『저작집』 전 10권이 미완성의 유고이기 때문에 이 머리말이 『전쟁론』의 집필 목적, 출판 배경, 출판 전후의 상황을 추론하는데 도움이 된다. 머리말을 아래와 같이 정리한다.

글쓴이	제목	쓴 때	수록	내용
부인	1 머리말	1832년	제1권	『저작집』의 출간 배경
	2 머리말	1833년	제3권	출간의 지체 및 부록
	3 머리말	1834년	제7권	저자의 연구 및 비판
저자	4 알리는 말	1827년	제1권	전쟁의 본질과 원고의 개정
	5 짧은 논설	1827년	제1권	원고의 개정과 전쟁의 이론
	6 저자의 말	1818년	제1권	초기 원고의 기원
	7 머리말	1816년	제1권	과학의 본질과 전쟁의 이론

1. 남편은 1810년에 일반 군사 학교 교관이 되면서 1810~1812년에 황태자에게 군사 교육을 강의했고, 강의 내용을 논문 형식으로 정리했다. 1812~1815년의 전쟁 경험을 통해 자신의 이론을 심화했다. 1818년에 일반 군사 학교의 교장이 되면서 본격적으로 연구를 할 수 있었다. 그 당시 교장은 한직이었기 때문에 대략 1830년까지 연구에 전념할 수 있었다. 1830년에 전쟁터로 발령받아 연구는 중단되었고, 남편의 갑작스러운 사망으로 유고

를 출간하게 되었다.

2. 교열이 잘 이루어지지 않아서 제3권의 출간이 늦어졌다. 전쟁사 부분이 시작되는 제4권을 먼저 출간할 생각도 했고, 제3권을 제5권과 동시에 출간할 생각도 했다. 제3권에 있는 부록에서 첫 번째로 실린 논문은 남편이 1810~1812년에 황태자에게 했던 강의를 토대로 한 것이다. 그 논문은 『저작집』 전체의 맹아를 담고 있기 때문에 독자들의 관심을 불러일으킬 것이다.

3. 남편의 『저작집』에 대한 정당한 인정과 비판 모두 기쁜 일이다. 최근의 군사 잡지에 실린 비판은 부적절하다. 남편은 생애 마지막에 군대의 많은 일 때문에 그때 발표된 논문을 참고할 수 없었다. 남동생은 『저작집』의 제4권~제8권의 전쟁사 부분을 검토하지 않았고, 그 때문에 남동생이 책임지거나 비난받을 일은 없다고 생각한다. 저세상에 있는 남편은 원고가 출간된 것도 모르고 있다. 신랄한 비판을 보게 되면 남편이 연구와 집필을 서둘렀을 것 같다. 남편은 부드럽고 온화한 성품으로 다른 사람들의 감정을 상하게 하는 사람이 아니다. 마찰을 일으키는 성격도 아니다. 그는 프로이센과 오스트리아의 화해를 바랐다. 『저작집』이 전부 출간되면 남편의 편견 없는 공평무사함이 인정받을 것이다.[1]

4. 원고의 1~6편은 아직 미완성이다. 원고를 고쳐야 할 것으로 생각한다. 그때 절대 전쟁과 현실 전쟁, 전쟁은 다른 수단으로 정치를 계속하는 것에 지나지 않는다는 관점을 명확히 할 것이다. 이 관점은 8편에서 효과를 나타내지만, 1편에서도 설명해야 하고 1~6편을 수정할 때도 도움을 주어야 한다. 7편은 6편의 반영이다. 7편을 고친 다음에 8편을 마무리할 것이다. 8

1. 전쟁에 관한 『저작집』 제4권~제10권은 우리말로 번역되어 있지 않다. 그래서 여기에 『저작집』의 독일어판 제7권에 있는 부인의 머리말의 핵심을 간추려 싣는다.

편을 마무리하면서 전쟁의 대체적인 윤곽이 밝혀지면 그것을 1~6편에 적용하여 수정할 것이다. 진실을 찾는 독자는 1~6편에서 전쟁의 이론에 혁명을 일으킬 만한 중요한 생각을 발견할 것이다.

5. 이 원고는 미완성이다. 특히 6편은 초고에 지나지 않는다. 7편은 공격을, 8편은 전쟁 계획을 다루고 있다. 1편 1장이 유일하게 완성된 부분이다. 원고의 중요한 윤곽은 전체적으로 올바른 견해라고 생각한다. 최고 지휘관들은 숙련된 판단에 따라 훌륭하게 전쟁을 수행한다. 하지만 동료나 부하들이 확신을 갖도록 해야 한다면 문제의 내부적인 연관성을 알리는 것이 중요하다. 전쟁술의 철학적인 기초를 닦는 것은 매우 어렵다. 그래서 사람들은 그런 이론을 만들 수 없다고 말한다. 전쟁의 현상이 불변의 법칙으로 포괄할 수 없는 문제를 다루기 때문이라는 것이다. 하지만 우리는 이 견해에 동의하지 않을 것이고, 이론을 만들려는 노력을 포기하지도 않을 것이다.[2]

6. 처음의 의도는 전략에 대해 발견한 것을 몽테스키외처럼 짧고 간결한 문장에 담는 것이었다. 하지만 체계를 확립하려는 나의 천성 때문에 분량이 늘어나게 되었다. 즉 전쟁에 정통한 독자에서 벗어나서 일반 독자를 염두에 두게 되었다. 최근의 의도는 이전의 논문에 있는 중요한 것과 나중의 논문에 나타난 분석을 모아 책 한 권 분량의 전체를 만드는 것이다. 나는 2~3년 후에 잊어버릴 책이 아니라 오래도록 읽힐 책을 쓰려고 한다.

---

2. 4와 5의 두 글, 즉 '알리는 말'과 '짧은 논설' 중에 어느 글이 먼저 작성된 글인지를 두고 논의가 있다. 이 논의에 따라 『전쟁론』의 내용과 체계에 대한 이해와 해석에서 중요한 차이를 보인다. 『전쟁론』의 독일어 편집자인 하알벡은 '짧은 논설'이 '알리는 말'보다 먼저 쓰였다는 매우 설득력 있는 주장을 펼쳤다. 이와 달리 『전쟁론』의 영어 번역자인 파렛은 '짧은 논설'이 쓰인 시기를 1830년으로 보고 있다(Paret 1976, 361 각주 10 참조). 즉 '짧은 논설'이 '알리는 말'보다 나중에 쓰였다는 것이다. 이 차이에 관한 상세하고 유용한 논의는 스트레이천 2008, 94~111 참조. (그 두 글을 면밀히 검토하고, 『전쟁론』의 전체적인 내용과 핵심을 고려할 때 나는 하알벡의 견해를 지지하게 된다. 번역서에서도 그렇게 밝혔다.)

7. 과학적이라는 것의 개념은 완성된 학설만 뜻하지 않는다. 과학의 형식은 현상의 본질을 연구하려고 노력하는 것이다. 이것이 곤란해지면 경험의 현상을 연구한다. 이론은 현실에 토대를 두어야 한다. 이론과 경험은 상대를 경멸해서도 안 되고 배제해서도 안 된다. 본질적인 내용을 담은 체계적인 전쟁 이론을 쓰는 것은 불가능하지 않지만, 지금까지 있었던 이론은 대부분 평범하고 진부한 것이었다. 나는 다년간의 사색, 전쟁 경험을 한 이성적인 사람들과 한 교제, 나의 전쟁 경험으로 알게 된 분명한 것을 순수한 금속의 알맹이로 내놓고 싶다.

[도표 1] 『전쟁론』에 나오는 프로이센의 왕과 왕자

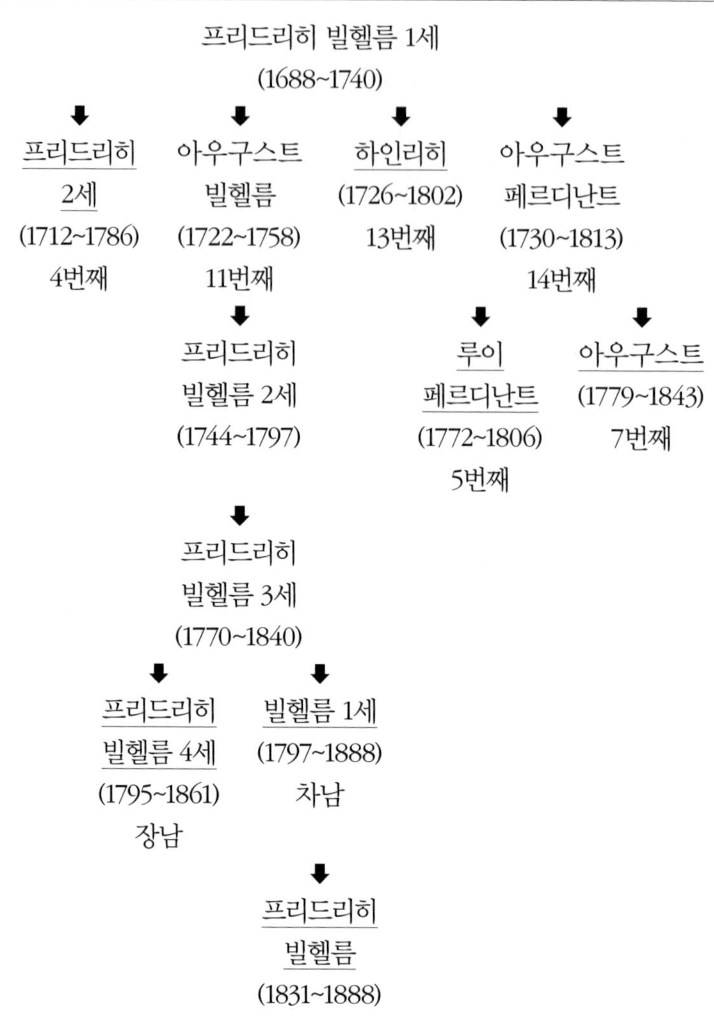

출처 https://de.wikipedia.org/wiki/의 여러 항목

클라우제비츠와 관련되는 인물 그리고 『전쟁론』에 등장하는 프로이센의 왕과 왕자를 이와 같이 정리했다. 그들만 밑줄로 표시했다. 프리드리히 2세(프리드리히 대왕)는 프리드리히 빌헬름 1세의 4번째 자식이자 3번째

아들이다. (큰형(1707~1708)과 작은형(1710~1711)이 출생 후 1년 만에 죽어서 장남이 되었다.) 하인리히 왕자는 13번째이다. 아우구스트 페르디난트는 14번째이자 막내인데, 루이 왕자(루이 페르디난트)는 아우구스트 페르디난트의 5번째 자식이다. 아우구스트 페르디난트의 7번째이자 막내아들인 아우구스트는 『전쟁론』에 나오지는 않지만, (아우어슈테트 전투에서) 이 아우구스트 왕자의 부관이 바로 클라우제비츠였다. 즉 클라우제비츠는 프리드리히 대왕의 조카의 부관으로서 활동했다. (이 조카는 프리드리히 대왕보다 67세나 어리다.)

클라우제비츠로부터 군사 교육을 받은 왕자는 프리드리히 빌헬름 4세이다. 즉 클라우제비츠는 자신이 부관으로 모셨던 왕자의 사촌 형의 손자에게 군사 교육을 했다. (이 손자는 클라우제비츠가 부관으로서 모셨던 왕자보다 16세 어린데 지나지 않는다.) 클라우제비츠 부인이 돌본 아이는 프리드리히 빌헬름(프리드리히 3세)이다. 즉 부인은 남편의 교육을 받은 왕자의 조카를 돌보았다.

제2장

전 3권의 해설

일러두기

이 2장에서는『전쟁론』전 3권의 모든 장을 각각 해설했다. 즉『전쟁론 강의』의 '제1편 제2장 전 3권의 해설' 부분은『전쟁론』을 포함하는 구조이다. 그래서 이 2장 안에 있는 모든 권, 편, 장은『전쟁론』의 권, 편, 장을 가리킨다.

또한 모든 장을 해설할 때 먼저 표나 그림으로 개관하고 나서 그 내용을 서술했다. 그래서 중요한 내용을 일목요연하게 개관하는데 필요하다고 판단되는 경우에 표와 그림을 최대한 많이 만들었다. 표나 그림을 보여 줄 수 없는 경우에만 글로 서술했다.

표에서는 여러 개의 상위 개념과 하위 개념을 설정할 수 있는데, 상위 개념과 하위 개념이 각 장에서 (그리고 각 표에서) 구분되도록 서술했다. 개념의 위계는 1, 2, 3을 제일 높은 위계로, 그다음에는 1), 2), 3)으로, 제일 하위의 위계는 (1), (2), (3)으로 통일했다. 그 아래의 (4단계 이하의) 위계는 설정하지 않았다. (이 번호가 중복되는 경우가 있는데, 그것은 번역서를 그대로 따랐기 때문이다.) 클라우제비츠가 알파벳을 쓴 경우에는 숫자 대신에 알파벳을 썼지만 괄호의 위계는 앞의 경우와 같도록 했다. (그래서 알파벳의 괄호가 번역서의 괄호와 다른 경우가 있다.) 이 위계는 각 장 안에서만, 그리고 장 안에서도 각 부분 안에서만 유효하다. 그래서 어느 장의 1과 다른 장의 1은 개념의 위계가 다르고 다를 수 있다.

표 아래의 설명 부분은 정확히 표의 번호 순서를 따랐다. 그래서 설명의 순서는 표의 번호 순서와 일치한다. 설명 부분에서 (부분적으로) 번호가 중복되고 혼란스럽게 보일 수 있는데, 이는 표의 제목과 내용 서술의 중복 때문이고 개념의 위계 차이 때문이다. 물론 표에 번호가 없는 경우에는 표 아래에서도 번호 없이 설명했다.

각 장의 내용이 길고 자세한 경우에 각 장 안에 그 내용을 잘 드러내는 하위 제목을 넣고 번호를 (1, 2, 3 등으로) 붙였다. 이 하위 제목은 『전쟁론』 번역서에 없는 것이다. 하위 제목의 번호와 앞에서 말한 표의 개념의 위계를 보여 주는 1, 2, 3의 번호는 다르다.

하위 제목을 붙일 정도는 아니지만 (하위 제목을 붙인 경우에도) 내용이 크게 다른 경우에는 한 줄을 비우고 서술하여 내용의 차이를 시각적으로 보여 주었다. 한 줄을 비우면서 그 줄의 맨 앞에 그 내용을 잘 드러내는 표현을 제목처럼 쓴 경우도 있다.

제1권

제1편 전쟁의 본질

제1장 전쟁의 본질과 목적[1]

1. 전쟁의 정의

정의	단계	특징
의지 실현	목적	정치적
굴복 강요	목표	군사적
폭력 행동	수단	물리적

클라우제비츠의 정의에 따르면, 전쟁은 우리의 의지를 실현하려고 적에게 굴복을 강요하는 폭력 행동이다. 적에게 우리의 의지를 실현하고 관철하는 것, 적이 우리의 의지에 따르도록 하는 것이 전쟁의 목적이다. 적이 우리에게 굴복하게 하고 저항하지 못하게 하는 것, 적을 쓰러뜨리고 파괴하는 것은 전쟁의 목표이다. 폭력을 쓰는 행동은 전쟁의 수단이다. 전쟁 개념의 정의에서 전쟁의 목적, 목표, 수단을 추론할 수 있다. 달리 말하면 클라우제비츠는 전쟁의 목적, 목표, 수단으로 전쟁의 개념을 정의했다. 전쟁의 목적은 정치적 특징을, 목표는 군사적 특징을, 수단은 물리적 특징을 띤다. 형식적으로 표현하면, 전쟁은 정치적 목적을 이루려고 군사적 목표를

1. 이 『전쟁론 강의』에서는 『전쟁론』의 각 장의 제목을 번역서 그대로 따른 경우도 있고, (클라우제비츠의 말을 참고하여) 각 장의 내용을 제일 잘 드러낼 수 있는 다른 제목으로 바꾼 경우도 있다.

설정하여 물리적 수단을 쓰는 것이다.

2. 추상 세계의 전쟁과 현실 세계의 전쟁

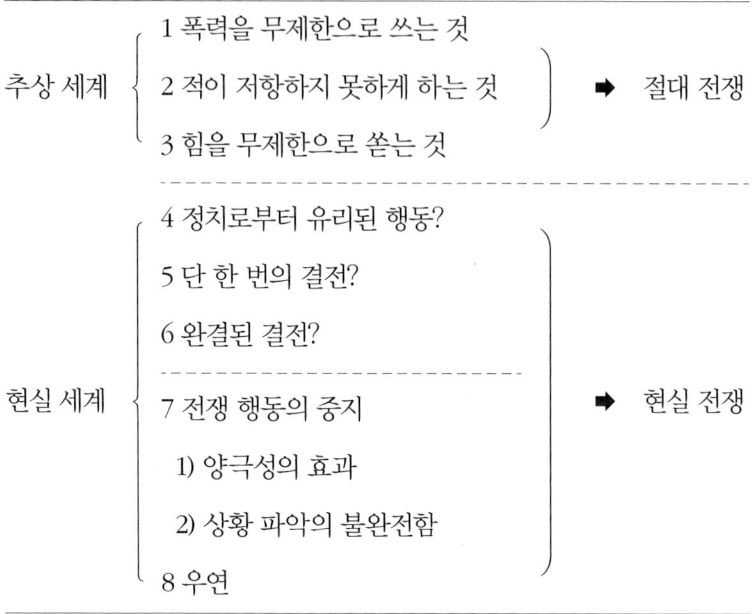

1. 전쟁은 폭력 행동이고, 폭력을 쓰는 데는 제한이 없다. 양쪽은 각자 상대에게 무제한으로 폭력을 쓰고 자기의 법칙에 따를 것을 강요한다. 여기에서 상호 작용이 생기는데, 이것은 개념상 무제한으로 치닫는다.

2. 전쟁의 목표는 적이 저항하지 못하게 하는 것이다. 전쟁에서는 내가 적을 쓰러뜨리든지 적이 나를 쓰러뜨린다. 내가 적을 쓰러뜨리지 못하면 적이 나를 쓰러뜨린다. 내가 나의 법칙을 적에게 강요하지 못하면 적이 자기의 법칙을 나에게 강요한다.

3. 우리의 힘은 적의 저항 능력을 압도해야 한다. (여기에서 저항 능력은

적의 모든 수단과 의지력의 산물을 말한다.) 적도 우리의 힘을 압도하려고 한다. 양쪽은 힘을 무제한으로 쓰고 전력을 기울인다. 이 상승 작용은 무제한에 이르려는 노력이 된다.

1~3에 말한 세 가지 상호 작용은 추상적인 무제한성이다. 폭력을 무제한으로 쓰고 적을 무력화하고 힘을 무제한으로 쓰는 데서 생기는 상호 작용만 존재한다면, 전쟁은 추상적으로 존재하는 절대 전쟁이 될 것이다. 즉 추상 세계의 전쟁은 극단적이고 절대적인 무제한의 전쟁이 될 것이다.

4. 전쟁이 느닷없이 일어나고 전쟁 이전의 정치 현실과 아무런 상관이 없다면,

5. 전쟁이 단 한 번의 결전으로 이루어져 있든지 또는 (여러 번이라도) 동시에 일어나는 결전으로 이루어져 있다면,

6. 전쟁이 그 자체로 완결되는 결전이고, 전쟁 다음에 일어날 정치적인 상황에 대한 계산이 현재 수행 중인 전쟁에 다시 영향을 미치지 않는다면, 달리 말해 승패의 결정이 돌이킬 수 없는 절대적인 것이라면, 현실 세계의 전쟁도 추상 세계의 전쟁처럼 절대 전쟁이 될 것이다.

4. 하지만 현실 세계의 전쟁에서 양쪽은 상대에게 추상적으로 존재하지 않고 구체적으로 존재한다. 전쟁은 느닷없이 일어나지 않고 한순간에 확대되지도 않는다. 양쪽은 상대의 현재 상태와 행동에 따라 상대를 판단한다. 인간은 불완전한 존재이기 때문에 절대적인 최선에 이르지 못하고, 인간의 이런 결함이 전쟁의 절대성을 완화한다.

5. 전쟁은 단 한 번의 결전으로 이루어지지 않는다. 전쟁에서는 모든 힘을 한 번에 쓸 수도 없고 동시에 효과를 내도록 할 수도 없다. 이것은 힘의 성질과 힘을 쓰는 방식 때문이다. 여기에서 힘은 본래의 전투력, 일정한 면적과 인구를 갖고 있는 나라, 동맹국을 말한다. 이동할 수 있는 전투력은

(병사, 말, 대포 등) 동시에 투입할 수 있다. 하지만 요새, 강, 산, 주민 등과 같은 힘은 동시에 투입할 수 없다. 동맹국의 협력도 전쟁 당사자의 의지에 달려 있지 않다. 동맹국은 국제 관계를 고려하여 전쟁에 대한 개입 여부와 시기를 저울질한다. 이런 이유로 모든 힘을 동시에 완벽하게 하나로 집결하는 것은 전쟁의 본질에 어긋난다.

6. 전쟁의 결과는 돌이킬 수 없는 절대적인 결정이 아니다. 전쟁의 패배는 일시적인 것이고, 정치적인 상황이 달라지면 패배에 대한 대책을 마련할 수 있다. 이것이 전쟁에 나타나는 긴장의 폭력성과 힘의 격렬성을 크게 완화할 것이다.

그래서 현실 세계의 개연성이 개념의 무제한성과 절대성을 대신한다. 전쟁 행동에서 무제한으로 치닫는 힘의 법칙이 사라진다. 이제 무제한성 대신에 무제한적인 힘의 한계를 밝히는 것은 양쪽의 판단에 맡겨지고, 이 판단은 개연성의 법칙에 따라 현실 세계의 현상이 보여 주는 사실에 의해서만 하게 된다. 양쪽은 각자 적의 성격, 준비, 상황으로부터 개연성의 법칙에 따라 상대의 행동을 추론할 것이고, 그것에 따라 자기의 행동을 결정할 것이다.

무제한성의 법칙이 힘을 잃고 적을 완전히 쓰러뜨릴 수 없게 되면, 전쟁의 정치적인 목적이 다시 나타나게 된다. 현실 세계의 개연성의 계산에서는 정치적인 목적이 중요해진다. 즉 적에게 요구하는 희생이 작고 적의 노력이 줄어들고 우리의 정치적인 목적이 작을수록 폭력을 그만큼 덜 쓰게 된다.

7. 전쟁에서 양쪽 중에 어느 한쪽이 행동을 중지한다면, 그것은 행동을 하는데 좀 더 유리한 순간을 기다리려고 하는 경우뿐이다. 이것은 대개 양쪽 중에 어느 한쪽에만 있는 것 같다. 한쪽이 행동하면 다른 쪽은 기다릴 것이다. 강하고 약한 동기와 약하고 강한 힘의 결과에서 균형이 생길 수

있다. 그래서 전쟁 행동에서 연속성은 전혀 없든지 드물게 나타난다. 전쟁에서 행동하는데 쓰는 시간은 매우 짧고, 행동을 중지하는 시간, 즉 전투 이외의 시간이 대부분을 차지한다.

1) 전쟁이 중지되는 이유는 양극성의 개념으로 설명할 수 있다. 양극성의 원리는 하나의 동일한 대상에서 양의 크기와 음의 크기가 정확히 상쇄되는 경우에만 존재한다.[2] 전투에서는 양쪽 모두 승리하려고 하는데, 이것이 양극성이다. 한쪽의 승리는 다른 쪽의 승리를 배제하기 때문이다. 전쟁에 공격만 있고 방어가 없다면, 즉 양쪽이 모두 공격만 한다면, 그래서 한쪽은 적극적인 동기를 갖고 있고 다른 쪽은 적극적인 동기를 갖고 있지 않다는 점에서만 구분된다면, 한쪽의 유리함은 똑같은 크기만큼 다른 쪽의 불리함이 될 것이고, 여기에 양극성이 존재할 것이다.

외부에 공통 관계를 갖는 두 사물이 있다면 두 사물이 아니라 두 사물의 관계에 양극성이 존재한다. 즉 공격과 방어가 아니라 공격과 방어 모두 관련되어 있는 결전에 양극성이 존재한다. 양쪽 모두 결전을 하려고 하는데, 한쪽은 지금 결전을 하려고 하고 다른 쪽은 나중에 결전을 하려고 할 때 이 결전에 양극성이 존재한다.

방어는 일반적으로 공격보다 유리하고, 언뜻 생각하는 것보다 훨씬 유리하다. 방어의 우세함 때문에 전쟁 행동은 진전되지 않고 양극성이 갖는 추진력은 효력을 잃고 전쟁 행동은 자주 중지된다.

2) 전쟁이 중지되는 두 번째 이유는 상황 파악이 불완전하기 때문이다. 최고 지휘관은 적의 상황을 불확실한 정보에 의해 파악하고 있는데 지나지 않는다. 이런 오판 때문에 자신이 행동해야 하는데 적이 행동할 것이라고 생각한다. 적절하지 않은 때에 행동하고 행동을 멈춘다. 전쟁 행동을 늦

2. 이 그림(→ ←, —→ ←—)은 양극성을 나타낸다. 하지만 이 그림(→ ←—, —→ ←)은 양극성을 나타내지 않는다.

추거나 앞당긴다. 하지만 이런 것은 전쟁 행동을 내부적인 모순 없이 멈추게 할 수 있는 원인이라고 보아야 한다. 전쟁 행동이 자주 중지되면 전쟁은 그만큼 덜 격렬해진다. 전쟁은 절대성에서 멀어지고 개연성의 계산이 된다.

8. 개연성에 우연이 더해지면 전쟁은 도박이 되는데, 전쟁에는 우연이 없지 않다.[3] 인간의 활동 중에 전쟁만큼 우연이 많은 비중을 차지하는 활동도 없다. 전쟁이 중지될 수 있다는 객관적인 성질이 전쟁을 개연성의 계산으로 만들었다. 전쟁을 수행하는 힘의 주관적인 성질을 볼 때 전쟁은 도박 이상으로 보인다. 전쟁은 위험하고, 위험할 때 필요한 최고의 정신력은 용기이다. 모험, 행운에 대한 믿음, 대담성, 무모함은 용기의 표현이고, 이 모든 성향은 불확실성과 관련되어 있다. 절대적인 것, 이른바 수학적인 것은 현실의 전쟁술에 발붙일 수 없다. 전쟁술에는 처음부터 가능성과 개연성, 행운과 불운의 도박성이 개입한다.

우리의 지성은 명확함을 추구하지만 정신은 불확실성에 이끌린다. 낯선 공간에서 정신은 지성을 통해 철학적인 연구와 논리적인 추론의 길을 따르는 대신에 상상력을 통해 우연과 행운의 세계에 머문다. 정신은 전자의 초라한 필연성 대신에 후자의 화려한 가능성에 빠져든다. 이 가능성에서 영감을 받으면 용기는 활력을 얻고 정신은 모험과 위험에 뛰어든다.

이론은 인간의 정신 세계에서 벗어나지 말아야 하고 절대적인 결론과 규칙에 만족하지 말아야 한다. 이론은 인간적인 측면 그리고 용기, 대담성, 무모함도 고려해야 한다. 전쟁술은 살아있는 힘과 정신적인 힘을 다루기 때문에 어디에서도 절대성에 이를 수 없다. 어디에나 불확실성이 개입하고, 다른 쪽에서 용기와 자신감이 그 틈을 막아야 한다. 이론은 용기와 자신감이 자유롭게 움직일 수 있는 법칙만을 정립해야 한다.

---

3. '개연성 + 우연 = 도박'의 공식이 성립한다.

앞의 4~6과 7~8에 의해 현실 세계의 전쟁은 절대 전쟁이 될 수 없다. 그래서 이론은 1~3만 고려하고 추상 세계의 절대적인 것만 이론화해서는 안 된다. 4~8도 고려해야 한다.

3. 전쟁과 정치의 관계

공동체의 전쟁은 정치적인 상황에서 비롯되고 정치적인 동기에서 일어난다. 하지만 전쟁이 폭력의 절대적인 표현이라면 그것은 지뢰와 같고, 이는 준비한 대로만 터진다. 이는 잘못된 생각이다. 현실 세계의 전쟁은 폭력이 맥박을 치는 것과 같다. 한편으로 격렬하고 신속하기도 하고, 다른 한편으로 매우 오래 걸리기도 한다. 그래서 전쟁에서는 정치적인 목적을 제일 먼저 고려해야 한다. 정치는 전쟁 행동 전체에 나타날 것이고, 전쟁 행동에 끊임없이 영향을 미칠 것이다. 전쟁은 중대한 목적을 이루고자 하는 중요한 수단이다.

전쟁은 다른 수단으로 정치를 계속하는 것에 지나지 않는다.[4] 전쟁은 정치적인 행동이고 정치적인 교섭을 계속하는 것이다. 즉 전쟁은 정치의 수단이다. 이제 전쟁에 고유한 것은 수단의 특징과 관련되는 것뿐이다. 정치의 방향이 이 수단과 모순에 빠지지 않게 하는 것은 일반적으로는 전쟁술

4. 이 문장의 독일어와 영어 번역은 다음과 같다. Der Krieg ist eine bloße Fortsetzung der Politik mit anderen Mitteln. War is merely the continuation of policy by other means. 최근에 홈스는 하워드/파렛의 이 영어 번역에 대해 근원적인 의문을 제기했다. 독어의 mit anderen Mitteln의 mit은 영어에서 by가 아니라 with로 번역해야 한다는 것이다. 우리말로 하면 '다른 수단에 의한' 정치의 계속이 아니라 '다른 수단으로' 하는 정치의 계속이라는 것이다. 이 주장이 타당하다고 생각하여 『전쟁론』 번역의 전면 개정판과 『전쟁론 강의』에서 이 부분을 모두 '수단으로'로 수정했다. 이 문장에서 with와 by가 갖는 근원적인 차이에 대해서는 Holmes 2014 참조. 또한 독어의 Politik도 영어에서는 policy가 아니라 politics로 번역해야 하는 것이 아닌지 하는 논의가 있다.

이, 하나하나의 경우에는 최고 지휘관이 요구할 수 있다.

어느 종류의 전쟁에서는 정치가 완전히 사라진 것처럼 보이는 반면에, 다른 종류의 전쟁에서는 정치가 분명하게 나타난다. 하지만 두 종류의 전쟁은 똑같이 정치적이라고 할 수 있다. 국제 관계에는 정치가 완전히 사라진 것처럼 보이는 전쟁도 있지만, 정치는 이런 상황도 파악하고 있어야 한다. 이렇게 생각할 때만 전쟁사와 모순에 빠지지 않을 수 있다. 그래서 상황의 성질상 있을 수 없는 것을 얻으려고 전쟁을 이용하거나, 전쟁을 그런 것으로 만들려고 하지 말아야 한다.

4. 전쟁의 삼중성

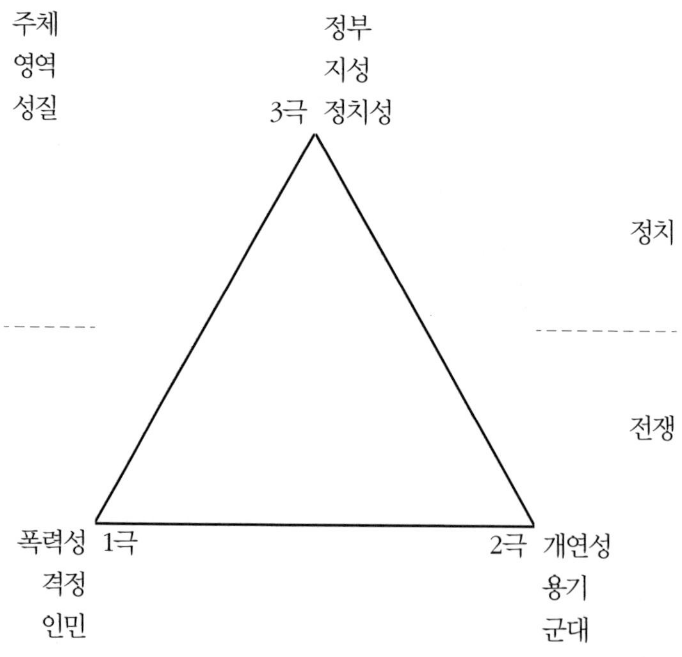

전쟁은 카멜레온과 같다. 각각의 구체적인 경우마다 자신의 성질을 약

간씩 바꾸기 때문이다. 또한 전쟁은 전쟁의 전체 현상에 따라 전쟁에 지배적으로 나타나는 여러 가지 경향과 관련지을 때 독특한 삼중성을 띤다. 첫째로 전쟁은 증오와 적대감의 원시적인 폭력성을 띠는데(1극), 이것은 맹목적인 본능과 같다. 둘째로 전쟁은 개연성과 우연의 도박인데(2극), 이것은 전쟁을 자유로운 정신 활동으로 만든다. 셋째로 전쟁은 정치의 수단이라는 종속적인 성질을 띠는데(3극), 이 때문에 전쟁은 순수한 지성의 영역에 속한다.[5]

1극은 주로 인민과, 2극은 주로 최고 지휘관과 군대와, 3극은 주로 정부와 관련되어 있다.[6] 전쟁에서 타오르는 격정은 이미 그 인민의 마음에 들어 있어야 한다(1극). 용기와 재능이 얼마만큼 활동할 것인지는 최고 지휘관과 군대의 특성에 달려 있다(2극). 하지만 정치적인 목적은 오로지 정부에 속한다(3극).

이 세 가지 경향 중에 어느 하나를 무시하거나 임의의 관계를 설정하는 이론은 현실과 모순에 빠질 것이다. 이론은 이 세 가지 경향 사이에서 유지되어야 한다.[7]

---

5. 앞의 삼각형 그림에서 1~3극에 있는 성질, 영역, 주체는 삼각형의 중심에서 바깥 방향으로 배열했다. 아래에서 위로 또는 위에서 아래의 방향으로 배열한 것이 아니다. 또한 1극과 2극을 삼각형의 아래에 두고 3극을 삼각형의 위에 두어서 군대에 대한 정부의 우위성을 표현하고, 이를 통해 (간접적으로) 전쟁에 대한 정치의 우위성을 표현했다.

6. 파렛은 인민이 증오와 적대감의 원시적인 폭력성을 표현하는 주체라는데 의심을 보인다. 파렛(1986, 280)에 따르면, 나폴레옹 전쟁에서도 유럽에 대해 느끼는 프랑스 인민의 증오심보다 나폴레옹의 격정과 폭력이 더 큰 비중을 차지했다. 적어도 나폴레옹 말기의 몇 년 동안 나폴레옹보다 프랑스 인민이 더 상식적이고 합리적이었다. 물론 이런 지적이 삼중성이 갖는 분석력과 타당성을 부정하는 것은 아니다.

7. 한델은 19세기 이래 발달한 과학 기술을 고려하여 정부, 군대, 인민이라는 정치적, 조직적, 인간적인 차원에 물질적인 차원을 덧붙일 것을 제안한다. 또한 전략적 핵전쟁의 시대에는 군대도 제거된다며 한델은 정부, 인민, 기술이라는 새로운 삼중성을 제안한다. 더욱이 전략적 핵전쟁에서는 인민도 배제해야 한다는 극단적인 주장을 펼친다. 한델에 따르면 핵전쟁의 주체는 정부와 기술뿐이라는 것이다(한델 1986a, 59와 84 참조).

전쟁의 삼중성을 앞의 전쟁의 정의, 단계, 특징에 투영하면 아래와 같은 그림을 얻을 수 있다.

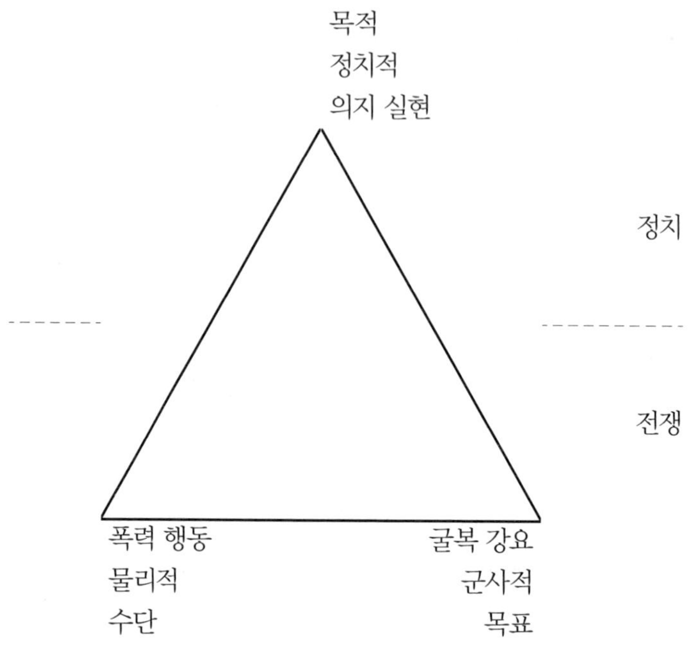

1장에서 살펴본 전쟁의 중요한 개념을 다음과 같이 표로 정리한다.

정의	단계	특징	성질	영역	주체
의지 실현	목적	정치적	정치성	지성	정부
굴복 강요	목표	군사적	개연성	용기	군대
폭력 행동	수단	물리적	폭력성	격정	인민

전쟁은 우리의 의지를 실현하려고 적에게 굴복을 강요하는 폭력 행동이다. 적에게 우리의 의지를 실현하는 것이 전쟁의 목적이다. 적이 우리에게

굴복하게 하는 것은 전쟁의 목표이다. 폭력 행동은 전쟁의 수단이다. 전쟁의 목적은 정치적 특징을, 목표는 군사적 특징을, 수단은 물리적 특징을 띤다.

전쟁은 정치성, 개연성, 폭력성의 삼중성을 띤다. 전쟁의 정치적 목적은 정부에 속하는 지성의 영역이다. 개연성은 최고 지휘관과 군대가 용기를 발휘하는 영역이다. 전쟁의 격정이 드러나는 폭력성은 주로 인민과 관련된다.[8]

---

8. 이 1장의 핵심 내용을 전체적으로 이해할 때 우리는 레이몽 아롱의 견해(아롱 1974 참조)에 동의하기 어렵다. 아롱은 클라우제비츠의 전쟁의 정의를 "두 개의 말로 이루어진 정의에서 세 개의 말로 이루어진 정의로 옮겨 가는" 것으로 이해하고 있다. 즉 '우리의 의지를 실현하려고 적에게 굴복을 강요하는 폭력 행동'이라는 정의는 이중적인 정의이고, 전쟁의 삼중성을 언급하는 부분은 삼중적인 정의라는 것이다. 하지만 앞의 그림과 도표에서 알 수 있는 것처럼, 우리는 아롱과 달리 우리의 의지를 실현하려고 적에게 굴복을 강요하는 폭력 행동이라는 정의뿐만 아니라 전쟁의 삼중성도 모두 전쟁에 관한 '세 개의 말로 이루어진 정의'라고 이해한다. 이렇게 보면 류재갑이 '클라우제비츠의 사상을 일원론적인 개념화(절대 전쟁)에서 출발하여 이중적인 개념화(절대 전쟁과 현실 전쟁)로 발전되고 삼중적인 정의로 종결되는' 것으로 이해하는 것에도 (류재갑 1996 참조) 동의하기 어렵다. 이 문제에 대한 나의 논의는 아래의 2편 3장 '전체의 핵심' 참조.

제2장 전쟁의 목표와 수단[9]

1. 전쟁의 목표

추상 세계	1 적의 전투력을 파괴해야 2 적의 영토를 점령해야 3 적의 의지를 꺾어야

추상 세계의 순수 개념에 따르면, 전쟁의 정치적인 목적은 본래 전쟁의 영역 밖에 있다. 앞 장에서 한 전쟁의 정의에 따르면 적을 쓰러뜨리는 것, 즉 적이 저항하지 못하게 하는 것만 중요하다. 적이 저항하지 못하게 하는 일반적인 대상은 적의 전투력, 영토, 의지이다.

1. 적의 전투력은 파괴해야 한다. 즉 적을 전투 불능의 상태에 빠뜨려야 한다.

2. 적의 영토는 점령해야 한다. 영토에서 새로운 전투력이 생겨날 수 있기 때문이다.

3. 적의 의지는 꺾어야 한다. 즉 적에게 굴복을 강요해야 한다.

1 → 2 → 3에 따르는 것이 자연스러운 순서이다. 적의 의지를 꺾어서 평화 협정을 맺으면 전쟁의 목적은 달성된 것이다.

이 추상적인 전쟁의 목적은 현실에서 일반적으로 존재하지 않는다. 전

9. 독어 원문과 번역서의 제목은 '전쟁의 목적과 수단'이다. 앞의 1장의 해설에서 말한 목적-목표-수단의 단계는 목적-목표와 목표-수단의 단계로 나눌 수 있다. 이때 목적-목표만 보면 이 관계에서 목표는 목적의 수단이다. 목표-수단의 관계만 보면 목표는 수단의 목적이다. 이렇게 하나의 3단계를 두 개의 2단계로 나누고 축소하여 이해할 때만 2장의 제목 '전쟁의 목적과 수단'이 타당해진다. 하지만 목적-목표-수단의 단계를 그대로 두면 2장의 제목은 '전쟁의 목표와 수단'이라고 보아야 한다. 2장에서는 전쟁의 정치적인 목적을 다루지 않기 때문이다. 이 점은 클라우제비츠도 언급하고 있다.

쟁이 순수한 개념에 따라 일어나는 것이라면, 국력이 다른 나라 사이에 전쟁은 일어날 수 없다. 그럼에도 전쟁이 일어나는 것은 현실과 개념의 차이 때문이고, 현실에서 일어나는 전쟁이 전쟁의 본래의 개념과 크게 다르기 때문이다.

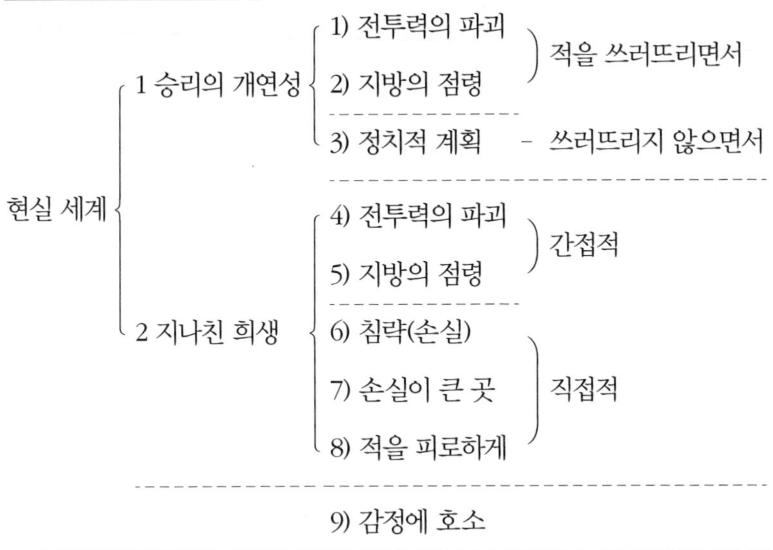

현실에서 적에게 평화 협정을 맺게 하는 데는 두 가지 길이 있다. 첫째, 적이 전쟁에서 승리할 개연성이 없도록 하는 것이다. 전쟁의 동기와 긴장이 매우 약한 경우에는 승리의 개연성이 거의 없다고 생각하는 쪽이 곧 항복할 것이다. 둘째, 적이 승리하는데 지나치게 큰 희생을 치르게 하는 것이다. 힘을 지나치게 많이 소모하여 이것이 정치적인 목적과 균형을 이룰 수 없게 되면 그 목적은 포기해야 한다.

1. 현실 전쟁에서 승리의 개연성에 영향을 미치려면,

1) 적의 전투력을 파괴하고,

2) 적의 지방을 점령해야 한다.

적의 전투력을 쓰러뜨리지 않으면서 승리의 개연성에 영향을 미치는 수단으로는,

3) 직접적으로 정치적인 관련성을 갖는 계획이 있다. 적의 동맹국이 분열하고 무력화되도록 하든지, 우리 편에서 새로운 동맹국을 얻는 것이다.

2. 적이 지나치게 큰 희생을 치른다는 것은 적이 힘을 많이 소모한다는 것, 적이 전투력을 소비한다는 것이다. 이 소비를 우리 편에서 보면,

4) 적의 전투력이 파괴된다는 것을 뜻한다.

5) 또한 적이 어느 지방을 상실한다는 것, 즉 우리 편이 적의 어느 지방을 점령한다는 것을 뜻한다. 이 두 가지 대상은 적의 힘의 소모를 늘리는 것을 간접적인 목표로 삼는다.

4)~5) 외에 적의 힘의 소모를 늘리는 것을 직접적인 목표로 삼는 6)~8)의 세 가지 길이 있다.

6) 침략, 즉 적의 어느 지방을 점령하는 것이다. 이 형태의 침략은 5)처럼 어느 지방을 차지할 목적이 아니라 그 지방에서 전쟁세를 걷거나 그 지방을 황폐하게 하려는 목적으로 점령하는 것이다. 즉 침략의 직접적인 목적은 일반적으로 적에게 손실을 입히려는 것이다.

7) 아군의 계획을 주로 적에게 큰 손실을 입힐 수 있는 대상으로 향하는 것이다. 이는 적을 쓰러뜨리는 것이 중요하지 않거나 적을 쓰러뜨릴 수 없는 경우에 큰 효과를 낸다.

8) 적을 피로하게 만드는 길이 있다. 전쟁에서 피로의 개념에는 행동이 오래 계속되어 물리적인 힘과 의지가 점차로 고갈되고 있다는 뜻이 들어 있다. 순수한 저항의 원리를 갖는 소극적인 의도는 오래 계속되는 싸움에서 적을 압도할 수 있는데, 그것은 적을 지치고 피로하게 만드는 것이다. (여기에 공격과 방어의 기원이 있다.) 이것은 약한 쪽이 강한 쪽에게 저항하려는 경우에 많이 쓰인다.

그 예로 7년 전쟁에서 프리드리히 대왕의 전쟁 수행 방식을 들 수 있다. 대왕은 7년 전쟁에서 힘을 현명하게 절약했다. 프로이센에 맞선 동맹국은 처음에 생각했던 것보다 훨씬 많은 힘을 소모해야 했고, 그래서 평화 조약을 맺었다.

9) 전쟁의 목표에 이르는 지름길로서 1)~8) 외에 인간의 감정에 호소하는 길이 있다. 병사들의 감정이 큰 역할을 담당하는 전쟁에서는, 또한 최고 지휘관이 큰 역할을 맡고 있는 정부와 전쟁터에서는 모든 물질적인 이해관계를 뛰어넘는 불꽃이 없을 수 없다. 그 불꽃이 최대한으로 발휘되도록 하면 전쟁에서 큰 성과를 낼 수 있다.

1)~9)에 나타나는 여러 가지 길을 인정하려면, 전쟁의 정치적인 목적도 여러 가지라는 것을 인정해야 한다. 정치적인 생존이 달린 섬멸 전쟁과 동맹 관계 때문에 억지로 참여하는 전쟁 사이에는 수많은 단계가 있다. 이 단계를 무시하면 현실 세계를 완전히 무시하게 된다.

2. 전쟁의 수단

전투력	생산, 유지	-	수단
	사용	-	목적
싸움	주체(아군)		단위 = 전투
	객체(적군)		

전쟁의 유일한 수단은 싸움이다. 전쟁의 모든 활동은 본래 싸움에서 비롯되고, 싸움이 전쟁의 본질이다. 전쟁에서 일어나는 모든 것은 전투력에 의해 일어난다. 전투력이 투입되는 곳에는 싸움의 개념이 반드시 그 바탕

에 있어야 한다.

전투력과 관련되는 모든 것, 즉 전투력을 생산하고 유지하고 사용하는 모든 것은 전쟁 활동에 속한다. 생산과 유지는 수단이고, 사용이 목적이다. 전투력을 생산하고 유지하는 것은 적절한 때와 장소에서 전투력을 사용하려는 목적으로 전투를 준비하는 것이다.

전쟁에서 싸움은 두 가지 종류의 단위로 나눌 수 있다. 하나는 싸움의 주체에 따라, 다른 하나는 싸움의 객체에 따라 결정된다. 주체는 아군을, 객체는 적군을 말한다. 군대에는 일정한 수의 병사들이 모여 단위를 이루고, 이 단위는 더 큰 단위의 일부를 이룬다. 전쟁에는 제일 작은 단위도 어느 정도 독립된 단위를 이룬다. 싸움의 객체가 단위를 이루기도 한다. 싸움에서 여러 가지로 구분되는 이 하나하나의 단위를 하나의 전투라고 부른다.

3. 전투의 두 가지 측면

무력 결전	결전의 지연(기다림)
적의 전투력의 파괴	아군 전투력의 유지
현금 지불	어음 거래
적극적 목적	소극적 목적
적을 쓰러뜨리는 것	순수한 저항
파괴 행동을 일으킨다	파괴 행동을 기다린다
날카로운 칼	장식용 대검
본래의 엄격한 개념	현실의 전쟁

전투는 전쟁에서 유일한 수단이고 유일하게 효과를 내는 것이다. 전투라는 실로 전쟁이라는 옷감을 짠다. 무력을 통해 적의 전투력을 파괴하는

것은 모든 전쟁 행동의 토대이다. 무력 결전과 크고 작은 모든 행동의 관계는 현금 지불과 어음 거래의 관계와 같다. 전쟁에서 어음의 현금화는 결코 없을 수 없다. 무력 결전은 다른 모든 전투에 영향을 미친다.

적의 전투력을 파괴하려는 노력은 적극적인 목적이고 적극적인 성과를 낳는다. 이 노력으로 적을 쓰러뜨리게 된다. 아군의 전투력을 유지하려는 것은 소극적인 목적이고 순수한 저항을 낳는다. 순수한 저항의 목표는 적을 지치게 하는 것이다. 적극적인 목적을 갖는 노력은 상대에게 파괴 행동을 일으키고, 소극적인 목적을 갖는 노력은 상대의 파괴 행동을 기다린다. 기다린다는 것도 아군의 행동이 지연된다는 것이지 아군이 행동을 하지 않는다는 뜻은 아니다. 때가 되면 아군도 행동에 나서게 된다. 즉 전투를 하게 된다.

전쟁에서 모든 것은 무력 결전이라는 최고의 법칙 아래 놓이게 된다. 적이 무력 결전을 요구하면 아군도 그것을 피할 수 없다. 경우에 따라 전투를 하지 않은 채 전쟁을 끝낼 수도 있고, 피를 흘리지 않은 채 평화 조약을 맺을 수도 있다. 하지만 전쟁에서 적이 날카로운 칼을 집어 드는데 적에게 장식용 대검으로 맞서는 일이 있어서는 안 된다.

현실의 전쟁이 본래의 엄격한 개념에서 얼마나 멀리 또는 가까이 있는지 하는 것, 하지만 전쟁은 언제나 최고의 법칙과 같은 엄격한 개념 아래 놓여 있다는 것을 늘 의식하고 있어야 한다. 그렇지 않으면 우리는 현실과 그리고 우리 자신과 극심한 모순에 빠져들게 된다.

[도표 2] 브란덴부르크와 프로이센의 역사

<table>
<tr><td colspan="2">노르트마르크
965~12세기</td><td colspan="2">(발트 해)프로이센
이전~13세기</td></tr>
<tr><td colspan="2" rowspan="2">마르크 브란덴부르크
1157~1618(1806)</td><td colspan="2">독일 기사단
1224~1525</td></tr>
<tr><td>프로이센 공국
1525~1618</td><td rowspan="3">폴란드 왕령
프로이센
1466~1772</td></tr>
<tr><td colspan="3">브란덴부르크-프로이센
1618~1701</td></tr>
<tr><td colspan="3">프로이센 왕국
1701~1772</td></tr>
<tr><td colspan="4">프로이센 왕국
1772~1918</td></tr>
<tr><td colspan="3">바이마르 공화국(프로이센 공화국)
1918~1947</td><td rowspan="2">클라이페다 지역
(리투아니아)
1920~1939/
1945~현재</td></tr>
<tr><td>브란덴부르크 주
(독일)
1947~1952/
1990~현재</td><td>영토 회복
(폴란드)
1918/1945
~현재</td><td>칼리닌그라드 주
(러시아)
1945~현재</td></tr>
</table>

출처 https://en.wikipedia.org/wiki/Prussia

출처에서 알 수 있는 것처럼, 이 도표는 영미권의 역사 해석에 따른 것으로 독일의 관점과 약간 다르다. 하지만 브란덴부르크, 프로이센, 독일의 역사를 개략적으로 이해하는 데는 도움이 된다. 나폴레옹 시대의 프로이센 영토는 현재 독일, 폴란드, 러시아, 리투아니아의 영토로 나누어졌고, 프로이센은 역사 속으로 사라졌다.

독일어권의 역사 서술에 따르면 마르크 브란덴부르크(1157~1815년)는 브란덴부르크 선제후국이고, 신성 로마 제국의 변경 방백령(邊境 方伯領)

이다. 프로이센 공국(1525~1701년)은 17세기에 브란덴부르크-프로이센으로도 불렸다. 수도는 쾨니히스베르크(오늘날 러시아의 칼리닌그라드)였다. 브란덴부르크-프로이센(1618~1701년)은 호엔촐레른 가문이 브란덴부르크 선제후국과 프로이센에서 지배한 모든 지역이 하나의 국가로 성장하여 성립한 나라이다. 프로이센 왕국(1701~1918년)은 브란덴부르크 선제후국이 프로이센 왕국의 지위에 오른 것이다. 브란덴부르크 지방(1815~1946년)은 프로이센의 핵심이 되는 지방이다.

제3장 전쟁 천재 — 지성과 감성

천재는 탁월한 업적을 내는 지성과 감성의 특별한 소질을 뜻한다. 어느 활동을 수행하는 매우 높은 정신력이다. 전쟁 천재는 전쟁에 필요한 많은 힘을 조화롭게 통합하는 사람이나 능력을 뜻한다. 전쟁 천재에서는 지성의 힘이 큰 부분을 차지한다.

전쟁을 어렵게 하는 요소와 그 극복 방안		
1 위험	-	용기
2 육체적 긴장과 고통	-	체력과 정신력
3 불확실성	-	지성
4 우연	-	?[10]

1. 전쟁은 위험하고, 위험은 용기로 극복한다.

용기	1) 개인적 위험	(1) 위험에 대한 무관심	-	상태
		(2) 긍정적인 동기에서	-	감정
	2) 책임의 용기	(3) 외부의 힘의 심판		정신적 용기
		(4) 내면의 힘의 심판		

용기는 두 종류이다. 1) 하나는 개인적인 위험에 대한 용기이고, 2) 다른 하나는 책임을 지는 용기이다. 2)의 책임에는 (3) 외부의 힘의 심판에 의한 책임과 (4) 양심처럼 내면의 힘의 심판에 의한 책임이 있다. 여기에서는

10. 여기에는 우연을 무엇으로 극복하는지 언급되어 있지 않다. 아래의 7장에 나온다.

1)의 용기만 다룬다.

1)의 개인적인 위험에 대한 용기도 두 종류이다. (1) 용기는 위험에 대한 무관심일 수 있다. 이 무관심은 개인의 신체 구조 자체에서, 생명에 대한 경시에서, 습관에서 비롯될 수 있다. (1)의 용기는 불변의 상태라고 할 수 있다. (2)의 용기는 명예심, 애국심처럼 긍정적인 동기에서 나올 수 있다. (2)의 용기는 감성의 움직임, 즉 감정이다.

(1)에서 비롯되는 용기는 제2의 천성이 되어 인간에게 늘 나타난다. (2)에서 비롯되는 용기는 때로 격렬하게 나타난다. (1)의 용기는 완강하고, (2)의 용기는 대담하다. (1)의 용기는 지성을 더 맑게 한다. (2)의 용기는 지성의 수준을 높이기도 하지만, 때로 지성의 눈을 멀게 만들기도 한다. (1)과 (2)가 통합되면 제일 완벽한 종류의 용기를 만든다.

2. 전쟁은 육체적인 긴장과 고통이 따르는 영역이다. 이를 극복하려면 어느 정도의 체력과 정신력이 요구된다. 이것은 긴장과 고통에 무관심하게 만든다.

3. 전쟁은 불확실성의 영역이다. 전쟁 행동의 바탕에 있는 많은 것은 불확실성의 안개에 놓여 있다. 불확실성을 극복하려면 정교하고 날카로운 지성이 요구된다.

4. 전쟁은 우연이 지배하는 영역이다. 인간의 활동 중에 전쟁만큼 우연이 많이 개입하는 활동도 없다. 우연은 상황의 불확실성을 높인다.

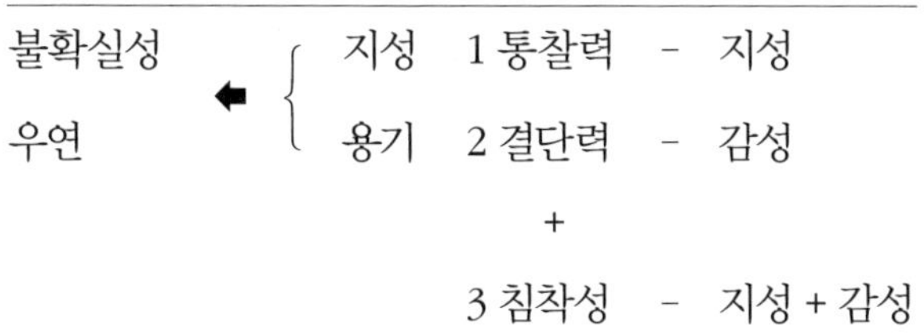

상황이나 정보의 불확실성과 우연의 끊임없는 개입 때문에 전쟁에는 처음에 예상하지 못한 일이 끊임없이 일어난다. 이를 잘 견뎌내야 한다면 인간의 정신에 두 가지 특성이 필요하다. 하나는 지성이다. 이것은 어떠한 어둠 속에서도 인간의 정신을 진실로 이끄는 내면적인 불빛의 흔적 없이는 존재하지 않는다. 다른 하나는 이 희미한 불빛을 따르는 용기이다. 전자는 통찰력으로, 후자는 결단력으로 불린다.

1. 전투에서는 시간과 공간이 중요하다. 시간과 공간을 측정하는 데서 신속하고 정확한 결정의 개념이 나오고, 이것을 적절한 눈어림이라고 불렀다. 이것이 전투를 수행하는 순간에 내리는 모든 적절한 결정을 뜻하는 통찰력의 의미로 확대되었다. 그래서 육체의 눈일 뿐만 아니라 정신의 눈으로 확대되었다. 통찰력은 전술뿐만 아니라 전략에서도 필요하다. 통찰력은 진실을 신속하게 파악하는 능력이다.

2. 결단력은 책임을 지는 용기, 그래서 정신적인 위험에 대한 용기를 말한다. 이는 정신적인 용기라고 불리는데, 그것이 지성에서 나오기 때문이다. 결단력은 의심스러운 상황을 극복하는 것이다. 충분하지 않은 동기에서 나오는 의심과 망설임을 막는 것을 뜻한다. 모험심, 과감성, 대담성, 무모함이 보여 주는 성향은 결단력이 아니다. 충분한 동기를 갖고 행동하는 것도 결단력이 아니다. 결단력은 어느 문제에 대해 스스로 책임을 지는 용기와 수준 높은 지성이 결합할 때 생긴다.

3. 여기에 침착성을 더해야 한다. 이것은 통찰력 및 결단력과 밀접한 관계에 있다. 침착성은 예상하지 못한 일을 훌륭하게 극복하는 능력을 뜻한다. 통찰력은 지성과 많이 관련되고 결단력은 감성과 많이 관련되지만, 침착성은 지성과 감성 모두와 관련되어 있다.

전쟁의 분위기를 이루는 앞의 네 가지 요소 (위험, 육체적 고통, 불확실성, 우연) 속에서 확실하고 효과적으로 행동하려면 지성과 감성의 힘이 필요하다. 이 힘은 상황에 따라 여러 가지로 변형된 모습을 띤다. 이렇게 변형된 힘을 전쟁 역사가들은 에네르기, 단호함, 완강함, 감성, 성격이라고 표현한다. 이 다섯 가지의 힘은 하나의 동일한 의지력이 상황에 따라 변형된 것이라고 볼 수 있다.

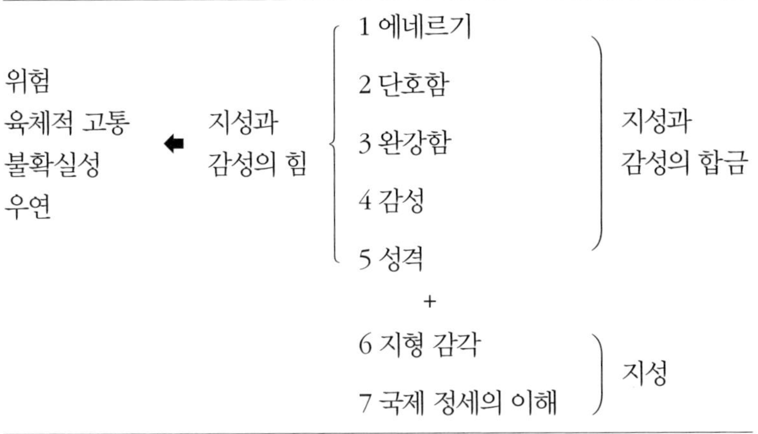

1. 에네르기는 행동을 불러일으키는 동기의 강력함을 말한다. 동기의 바탕에는 지성의 확신이나 감성의 자극이 있을 수 있다. 전쟁에서 명성과 명예를 향한 정신적인 갈망은 에네르기를 높인다. 명성과 명예는 인간의 고귀한 감정에 속하고, 군대에 영혼을 불어넣는 생명의 본래의 숨결이다.

2. 단호함은 공격의 강력함과 관련되는 의지의 저항을 말한다. 즉 얼마나 세게 싸우느냐 하는 것이다. 단호함은 감정의 자극을 받는다.

3 완강함은 공격의 지속 시간과 관련되는 의지의 저항을 말한다. 즉 얼마나 오랫동안 싸우느냐 하는 것이다. 완강함은 지성에 의해 자극을 받는다. 또한 완강함은 계획성에서 비롯된다. 활동의 지속 시간이 길어지면 계획을 해야 하기 때문이다.

4. 감성의 힘 또는 마음의 힘은 기분을 격렬하게 표현하는 격정이 아니다. 강렬한 자극과 맹렬한 격정의 폭풍우 속에서도 지성에 따르는 능력이다. 기분이 격렬하게 흥분하는 순간에도 지성에 따르는 힘을 자제력이라고 하는데, 감성의 힘은 매우 격렬한 감정의 동요에도 균형을 잃지 않는 것이다. 이것은 폭풍우로 흔들리는 배를 정확히 항해할 수 있도록 하는 나침반의 바늘과 같다. 감성에 따라 인간을 아래와 같이 구분할 수 있다.

감성에 따른 인간의 유형[11]	
1) 활동성이 거의 없는 인간	불꽃
2) 감정이 풍부하지만 조용한 인간	불꽃
3) 민감하지만 지속적이지 못한 인간	불꽃
4) 점차로 조금씩 행동하는 인간	– 불덩이

1) 활동이 거의 없는 인간이 있다. 이 유형은 둔중하든지 나태하다. 둔중한 인간은 쉽게 균형을 잃지 않지만 행동하려는 적극적인 동기, 추진력, 활동력이 없다. 하지만 어떤 일을 쉽게 망치지는 않는다.

2) 매우 활발하지만 감정이 일정 수준을 넘지 않는 인간이 있다. 이들은 감정이 풍부하지만 조용한 유형이다. 이들은 작은 문제에 쉽게 자극을 받아 행동하지만, 큰 문제에는 쉽게 압박을 받는다. 하나하나의 문제에는 활발한 활동을 보여 주지만, 인민 전체의 문제에는 행동할 자극을 받지 못한다. 전쟁에서 큰 업적을 내지 못할 것이다.

3) 매우 민감한 유형의 인간이 있다. 감정이 빠르고 격렬하게 폭발하지

11. 3장 '전쟁 천재'에 있는 다섯 개의 표를 개념의 위계에 따라 모두 연결하면 3장의 핵심 내용을 한눈에 파악할 수 있다.

만 오래가지 않는다. 끓어오르듯이 타오르는 감정은 강한 추진력을 갖고 있지만, 이 추진력도 오래가지 못한다. 이들의 활발함이 용기와 명예욕을 보이면, 그 활발함은 낮은 지위의 전쟁 지도자에게 쓸모 있다. 이 유형은 감성의 균형을 유지하지 못하고 때로 냉정함을 잃는데, 이것은 전쟁에서 최악의 측면이다. 이들도 교육, 자기 관찰, 인생 경험 등을 통해 자기 자신을 잃지 않고 균형을 의식하려고 노력한다면 강력한 마음의 힘을 드러낼 수 있다.

4) 점차로 조금씩 행동하는 유형의 인간이 있다. 활발하지는 않지만 깊이 생각한 다음에 행동한다. 작은 계기로는 행동하지 않고 빠르지도 않다. 감정이 큰 폭력성을 띠고 오래 계속된다. 폭발적인 격정을 깊이 숨겨 놓는 유형이다. 1)~3)이 불꽃처럼 행동한다면 4)는 불덩이처럼 행동한다. 이들은 엄청난 돌덩이를 치우는 거대한 힘에 비유된다. 느리지만 압도적인 힘을 갖고 있다. 자기의 감정 때문에 흔들리지 않고 자책감 때문에 괴로워하지 않는다. 물론 이들도 자제력을 잃으면 균형을 잃고 맹목적인 격정에 굴복할 수 있다.

5. 성격의 힘 또는 성격은 자기의 신념을 확고하게 유지하는 것을 말한다. 의심스러운 경우에 자기의 첫 번째 견해를 고수하고, 다른 명확한 신념이 나타나서 그 견해를 바꾸도록 강요할 때까지 그 견해를 바꾸지 않는 것이다. 그러면 행동이 지속성과 연속성을 얻게 되는데, 이것을 성격이라고 부른다. 충분히 검증된 원칙의 훌륭한 진실성에 대한 믿음이 있어야 한다.

성격은 고집이 아니지만 고집으로 변질될 수 있다. 고집은 지성의 결함이 아니라 감성의 결함이다. 고집은 더 나은 견해에 대한 반대를 가리킨다. 이 반대가 더 나은 확신이나 더 높은 원칙에 대한 신뢰에서 비롯되지 않고 반대하는 감정 자체에서 비롯되면 성격의 힘은 고집이 된다.

지성과 감성이 변형되어 나타난 1~5의 다섯 가지 힘, 즉 에네르기, 단호함, 완강함, 감성, 성격은 지성과 감성을 모두 필요로 한다는 점에서 지성과 감성의 합금이라고 할 수 있다. 이 합금에서 행동하는데 필요한 강력한 지속성이 나온다. 그런데 아래의 두 가지 특징에는 주로 지성과 관련된 능력만 들어 있다.

6. 먼저 전쟁과 지형의 관계이다. 전쟁은 일정한 공간 없이 생각할 수 없다. 지형은 전쟁 중에 있는 모든 힘의 활동을 제한하거나 변경하기 때문에 결정적으로 중요하다. 지형은 작기도 하지만 엄청나게 크기도 하다. 전쟁과 지형의 관계는 전쟁에 독특한 특징을 부여한다.

전쟁이 일어나는 공간은 매우 넓다. 또한 이 공간은 (전진하면서) 끊임없이 변한다. 대개 방어하는 쪽이 공간을 더 잘 알고 있다. 이런 어려움은 독특한 정신적인 자질로 이겨내야 하는데, 이 자질은 지형 감각이라고 불린다. 지형 감각은 어느 지역에 대해서도 신속하게 정확한 기하학적인 영상을 만들고, 그 지역에서 매번 올바른 길을 찾는 능력이다. 이것은 상상력의 작용이다. 상상력으로 지형을 머릿속에 직관적으로 떠올리게 된다. 지형 감각을 얻으려면 지성의 통찰과 훈련이 필요하다. 최고 지휘관은 어느 나라의 전반적인 지리 상황을 알고 있어야 하고, 마음속에 도로, 강, 산맥의 특징을 늘 생생하게 그리고 있어야 하고, 제한된 수준의 지형 감각도 갖고 있어야 한다.

7. 주로 지성과 관련된 또 다른 특징으로 국제 정세에 대한 이해를 들 수 있다. 전쟁을 승리로 이끌려고 하는 최고 지휘관에게는 국제 정세에 대한 수준 높은 통찰력이 요구된다. 이 점에서 전쟁 수행과 정치는 하나가 되고, 최고 지휘관은 정치가가 된다.

전쟁에서는 지위에 맞는 천재성이 필요하다. 후세의 역사는 최고 지휘관의 지위에서 빛나는 업적을 이룬 인물만 전쟁 천재라는 이름으로 부른다. 최고 지휘관에게는 매우 높은 수준의 지성이 요구된다. 또한 일관성과 판단력도 요구된다. 결론적으로 1~7의 자질과 능력을 갖추어야 한다.

끝으로 어떤 종류의 지성이 전쟁 천재에 제일 잘 맞는지 본다. 1~7을 고려하고 지성과 경험에 따를 때 다음과 같이 말하게 된다. 즉 전쟁에서 우리 형제자매와 아이들의 안녕, 우리 조국의 명예와 안전을 맡길 수 있는 인물은 창조적인 사람보다 치밀한 사람, 어느 한쪽을 추구하는 사람보다 전체를 포괄적으로 이해하는 사람, 뜨거운 사람보다 냉철한 사람이다.

제4장 전쟁에 따르는 위험

사람들은 보통 전쟁의 위험을 알기 전에는 전쟁을 두렵다기보다 매력적이라고 생각한다. 신병을 데리고 전쟁터로 나가 보자. 전쟁터에서는 포탄이 날고 유탄이 터지고 산탄이 떨어진다. 정신을 차릴 수 없고 죽을 것 같은 생각이 든다. 겁을 먹게 되고 마음을 가라앉힐 수 없고 혼란에 빠진다. 전우는 쓰러지고 전투는 미친 듯이 날뛴다. 총알이 귀, 머리, 정신을 아슬아슬하게 스치면서 날아간다. 주변의 병사들이 팔다리를 잃고 쓰러진다. 그들에 대한 동정심이 심장의 고동을 더욱 빠르게 한다.

이런 모습을 보면 관념적으로만 생각했던 전쟁이 현실의 전쟁과 얼마나 다른지 알게 된다. 현실에서 하는 생각은 관념적인 활동을 할 때와 다른 방식으로 움직인다. 이런 상황을 극복하려면 열정적이고 침착하고 타고난 용기, 강렬한 명예욕, 위험에 대한 오랜 경험이 필요하다.

전쟁은 본질적으로 위험하고, 위험은 전쟁의 마찰에 속한다. 이 마찰에 대해 올바른 생각을 갖는 것은 전쟁을 올바르게 인식하는데 필요하다.

제5장 전쟁에서 겪는 육체적 고통

전쟁에서는 추위로 몸이 굳어지고 더위와 목마름으로 고통을 겪고 굶주림과 피로로 용기가 꺾인다. 전투에서 패배한 사람이 그 전투의 결과에 대해 나중에 판단을 해야 한다면, 그 판단은 매우 너그럽고 느슨하고 단편적인 판단이 될 것이다. 그 판단은 객관적으로는 옳지 않지만 주관적으로는 옳을 것이다. 즉 육체적인 고통이 판단에 영향을 미친 것이다. 전쟁의 결과를 판단할 때는 육체적인 고통을 고려해야 한다.

인간이 육체적인 고통을 얼마만큼 견딜 수 있는지는 정해져 있지 않다. 강한 정신력을 갖고 있는 최고 지휘관은 전쟁에서 자기 군대의 육체적인 고통을 오래 견딜 수 있도록 할 것이다. 이들은 고통을 잘 견디고 전투에서 승리를 끌어낸다. 그렇지 않은 군대는 크게 패배하여 무너지는 벽처럼 산산조각으로 흩어진다.

병사들의 육체적인 고통은 최고 지휘관의 정신력을 갉아먹는다. 또한 최고 지휘관 자신도 육체적인 고통을 겪는다. 육체적인 고통은 위험처럼 전쟁에서 마찰을 일으킨다. 하지만 이런 마찰을 과장해서는 안 된다. 그 고통을 아무리 크게 말해도 패배한 경우라면 상황이 달라지지 않는다. 하지만 승리한 다음에 그런 고통을 말한다면 승리의 영광이 높아질 것이다.

제6장 전쟁에서 얻는 정보

정보는 적과 적의 나라에 대해 갖고 있는 모든 지식을 말하고, 그래서 아군의 모든 생각과 행동의 바탕이 된다. 하지만 정보는 불확실성과 가변성을 띤다. 이 성질도 전쟁에 마찰을 일으키는 중요한 요인이다.

전쟁에서 얻는 정보의 많은 부분은 모순되고, 더 많은 부분은 잘못된 것이고, 훨씬 많은 부분은 상당히 불확실한 것이다. 그래서 지휘관에게는 분별력이 요구된다. 분별력은 사물에 대한 지식, 인간에 대한 지식, 판단력만이 줄 수 있다. 개연성의 법칙이 그를 이끌어야 한다.

인간이 갖고 있는 두려움은 잘못된 정보를 만드는 새로운 힘이 된다. 인간은 누구나 좋은 것보다 나쁜 것을 믿는 경향이 있고, 나쁜 것은 약간 확대하는 경향이 있다. 잘못된 정보는 사라졌다가 다시 나타나기도 한다. 지도자는 자신의 내면에 있는 지식을 굳게 믿고, 잘못된 정보에 흔들리지 말아야 한다. 눈앞에 보이는 것에 흔들리지 말고, 자기 자신에 대한 확고한 믿음으로 무장해야 한다. 전쟁에 드리워진 진한 분장을 걷어내고 시야를 탁 트이게 하면 자기의 이전의 확신이 옳았다는 것이 증명될 것이다. 이것이 계획과 실행 사이의 큰 간극이다.

제7장 전쟁에서 겪는 마찰

전쟁을 경험하지 않은 사람들에게는 전쟁의 모든 것이 단순하고, 전쟁에 필요한 모든 지식은 천박하고, 모든 행동의 조합은 하찮게 보인다. 하지만 그들이 전쟁을 보게 되면 어려움을 이해할 것이다. 전쟁에서는 모든 것이 매우 단순하지만, 제일 단순한 것이 어렵다. 이 어려움이 쌓이면 마찰이 생긴다. 전쟁 계획을 만들 때는 결코 고려할 수 없었던 수많은 상황이 영향을 미쳐서 모든 것이 실망스럽게 진행되고 목표에 훨씬 못 미치게 된다.

마찰은 현실의 전쟁과 문서로 하는 전쟁의 구분을 잘 반영하는 유일한 개념이다. 군대는 쉽게 다룰 수 있는 기계처럼 잘 움직이는 것 같다. 하지만 군대는 단 하나의 조각으로 이루어져 있지 않다. 모든 것은 모든 측면에서 자신의 마찰을 갖고 있는 개체들로 이루어져 있다. 우연이 개입하면 군대에서 제일 중요하지 않은 사람도 기계에 정체나 장애를 일으킬 수 있다. 전쟁에 따르는 위험과 전쟁이 병사들에게 요구하는 육체적인 고통은 이 해악을 더 크게 만든다.

전쟁의 마찰은 기계 역학처럼 몇몇 지점에 집중하여 일어날 수 없고, 우연과 만나는 곳에는 어디에나 존재한다. 그러면 마찰은 전혀 예측할 수 없는 현상을 만들어 낸다. 날씨를 예로 들 수 있다. 안개 때문에 적을 발견하지 못할 수도 있고, 비 때문에 마차는 질퍽한 땅에 갇히고, 기병대는 효과적으로 전진하지 못할 수도 있다.

전쟁에서 하는 행동은 저항을 받으면서 하는 운동과 같다. 땅에서 걷는 것은 쉽지만, 물에서 저항을 받으면서 걷는 것은 쉽지 않다. 전쟁은 물속에서 걷는 것 이상이다. 전쟁은 암초로 가득 찬 미지의 바다와 같다. 암초는 예상할 수는 있지만 본 적이 없다. 어두운 밤에 이 암초를 피하고 예상치 못한 역풍을 피해 제대로 항해하려면 기술, 침착성, 긴장이 요구된다. 이런 마찰에 대한 지식은 전쟁 경험 중에서 매우 중요한 부분이다. 전쟁에 나타나는 마찰을 극복하려면 마찰을 많이 알아야 하고, 일반적으로 경험과 훈련이 필요하다.

마찰은 겉으로 보기에 쉬운 것을 어렵게 만드는 것이다. 마찰을 극복하려는 훌륭한 최고 지휘관에게는 경험, 강한 의지, 다른 많은 정신적인 특징이 필요하다.

제8장 전쟁의 일반적인 마찰

위험, 육체적인 고통, 정보, 마찰은 전쟁 활동을 어렵게 만드는 것으로서[12] 일반적인 마찰의 개념으로 포괄할 수 있다. 일반적인 마찰을 줄이는 윤활유는 군대의 전쟁 경험이다. 경험은 큰 고통에 빠질 때 육체를 강하게 하고, 큰 위험에 빠질 때 정신을 강하게 하고, 첫 인상에 현혹되지 않도록 판단을 강하게 한다. 경험은 신중함을 선물한다. 신중함은 말단 병사에서 최고 지휘관에 이르기까지 영향을 미친다.

하지만 전쟁은 임의로 경험할 수 없다. 그래서 평소에 앞의 네 종류의 마찰의 일부분이 나타나도록 상황을 설정하여 훈련해야 한다. 하나하나의 지휘관들의 판단력, 신중함, 결단력도 훈련할 수 있도록 해야 한다. 또한 천성보다 지성이 육체적인 고통에 익숙해지도록 훈련받아야 한다. 즉 전쟁 경험을 얻는 첫 번째 수단은 훈련을 되도록 실전처럼 하는 것이다.

전쟁 경험을 얻는 두 번째 수단은 전쟁 경험이 있는 다른 나라 군대의 우수한 장교를 초빙하든지, 자기 나라의 장교를 전쟁 중인 나라에 파견하는 것이다. 이 두 수단으로 전쟁 경험을 간접적으로 얻을 수 있다. 결론적으로 전쟁에서는 경험이 매우 중요하다.

4~8장을 다음 그림처럼 표현할 수 있다. 전쟁은 위험하고, 위험은 용기로 극복한다(4장). 전쟁에는 육체적인 긴장과 고통이 따르는데, 이는 체력과 정신력으로 극복한다(5장). 전쟁에서 얻는 정보는 대부분 불확실하기 때문에 지휘관에게는 지성, 즉 분별력이 요구된다(6장). 전쟁에는 우연이 개입하여 마찰이 생기는데, 이를 극복하려면 경험과 훈련이 필요하다(7장).

---

12. 이 요소들은 주로 현실 전쟁에 나타나는 특징들이다(로트펠스 1944, 139 참조).

위험, 육체적인 고통, 정보의 불확실성, 마찰은 일반적인 마찰의 개념으로 포괄할 수 있다(8장). 즉 4~7장은 8장에 포함된다. 일반적인 마찰은 군대의 전쟁 경험으로 줄일 수 있다.

8장 일반적 마찰	-	전쟁 경험
4장 전쟁의 위험	-	용기
5장 육체적 고통	-	체력과 정신력
6장 정보의 불확실성	-	지성(분별력)
7장 우연에 의한 마찰	-	경험과 훈련

제2편 전쟁의 이론

제1장 좁은 의미의 전쟁술과 넓은 의미의 전쟁술

전쟁의 본래 의미는 싸움이다. 싸움만이 전쟁에서 효과를 낸다. 싸움은 체력으로 양쪽의 정신력과 체력을 겨루는 것이다. 정신력은 체력에 중요한 영향을 미친다.

싸움과 무기 사이에 상호 작용이 존재한다. 무기를 만드는 것은 싸움에 필요한 준비이고 싸움을 수행하는 것이 아니다. 맨손으로 하는 격투도 싸움이기 때문이다. 여기에서 전쟁의 두 가지 활동을 구분할 수 있다. 싸움 자체와 싸움의 준비이다.

전쟁술	좁은 의미	1 전술	-	전투력의 사용
		2 전략	-	전투의 사용
	넓은 의미	3 싸움+유지	-	행군, 야영, 사영
		4 유지	-	관리, 간호 등

좁은 의미의 전쟁술 또는 본래 의미의 전쟁술은 주어진 수단을 싸움에서 쓰는 기술이다. 이 기술은 전쟁 수행이라고 불린다. 넓은 의미의 전쟁술은 전쟁을 하는데 필요한 모든 활동을 포괄한다. 즉 전투력을 창출하는 활동으로서 병사들을 모집하고 무장하고 장비를 갖추고 훈련하는 활동을 말한다.

전쟁 수행은 싸움을 배치하고 수행하는 것이다. 싸움은 그 자체로 독립된 많은 단위로 이루어져 있는데, 이것은 전투라고 불린다. 전투에는 완전히 다른 두 가지 종류의 활동이 있다.

1. 하나는 전투 자체를 배치하고 수행하고,

2. 다른 하나는 많은 전투를 결합한다.

1은 전술이라고 불리고, 2는 전략이라고 불린다. 전술은 전투에서 전투력을 쓰는 것에 관한 이론이고, 전략은 전쟁의 목적을 이루려고 전투를 쓰는 것에 관한 이론이다. 현실에서는 전술과 전략 모두에 속하는 활동이 있을 수 있다. 주둔지에 필적할 만한 넓은 진지를 설치하는 것, 많은 도하를 수행하는 것 등이다.

전술과 전략은 오직 전투력을 쓰는 문제에만 관련되고, 이것은 전투력을 유지하는 활동과 구분된다. 전투력을 창출, 양성, 유지한 다음에 전투력을 쓰게 된다. 전투력의 유지는 전투력의 사용에 앞서고 전투력을 사용하는데 필요한 조건이다.

전투력을 유지하는 것은 전투의 영역 밖에 있는 활동이다. 전투 이외의 활동은 복합적인 성질을 띤다. 이 활동 중에

3. 어느 부분은 싸움이면서 전투력의 유지에 도움이 되는 활동이고,

4. 다른 부분은 단지 전투력의 유지에 속하는 활동이다.

3. 싸움이면서 전투력을 유지하는 활동으로 행군, 야영, 사영이 있다.

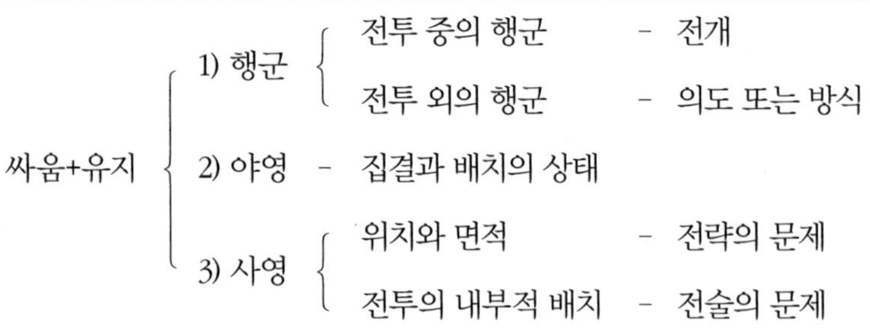

1) 행군은 군대를 쓰는 것과 완전히 동일하다. 행군은 전투 중의 행군

과 전투 이외의 행군으로 나뉜다. 전투 중의 행군은 전개라고 불리는데, 무기를 쓰는 것과 긴밀하게 연결되어 있다. 전투 이외의 행군은 전략적인 결정을 수행하는 것이다. 이 결정을 통해 언제 어디에서 어느 전투력으로 전투를 벌여야 하는지 밝혀진다.

전투를 어떻게 할 것인지 하는 의도와 관련된 행군은 전략적인 행군이다. 전투에서 전투력을 쓰는 방식과 관련된 행군은 전술적인 행군이다. 행군의 내부 대형은 전투의 준비와 관련되어 있기 때문에 전술적인 성질을 띤다. 행군은 전투에서 매우 중요하고, 전투 이외의 행군도 전투와 관련되어 있다.

전투 이외의 행군 중에 싸움과 관련되지 않은 행군도 있다. 군대의 편의에 필요한 시설을 만드는데 혹은 다리와 도로를 건설하는데 요구되는 행군이다. 이런 행군은 싸움에 속하지 않고 싸움의 조건에 지나지 않는다.

2) 야영은 군대의 집결 상태, 전투 준비를 마친 배치 상태이다. 또한 평화롭게 휴식을 하는 상태이다. 야영은 야영지에서 전투를 할 수 있다는 전략적인 확인이기도 하다.

3) 사영은 군대의 기운을 잘 회복하도록 야영을 대신하는 것이다. 사영은 위치와 면적에 따르면 전략의 문제이고, 전투 준비를 하는 내부적인 배치라고 보면 전술의 문제이다. 야영과 사영은 어느 지역의 보호와 진지의 확보를 목적으로 삼을 수도 있다.[13]

4. 오로지 전투력을 유지하는 활동으로 산막 건설, 천막 설치, 식량 조달, 청소 작업 등을 들 수 있다. 이 외에 보루의 건설을 수행하는 일, 관리 활동, 간호 활동, 무기와 장비의 보급 등도 전투력을 유지하는 활동에 속한다.

---

13. 앞의 표 전체를 57쪽의 표에 있는 3의 하위 항목으로 이해하면 두 표를 하나의 표로 이해할 수 있다.

이를 요약하면, 전쟁에 속하는 활동은 전쟁을 준비하는 활동과 전쟁 자체의 활동으로 구분된다.[14] 전쟁의 준비에 관한 지식과 기술은 전투력의 창출, 훈련, 유지의 문제를 다룬다. 포병술, 축성술, 기본 전술, 전투력의 편성과 관리 등이 전쟁의 준비에 속한다. 전쟁 자체의 이론은 이렇게 준비된 수단을 전쟁의 목적에 맞게 쓰는 문제를 다룬다. 즉 전쟁 자체의 이론은 전쟁의 준비에서 결과만, 즉 준비에서 넘겨받은 수단의 중요한 특성에 관한 지식만 필요로 한다. 이것은 좁은 의미의 전쟁술, 전쟁 수행 이론, 전투력 사용 이론이라고 불린다.

좁은 의미의 전쟁술은 다시 전술과 전략으로 나뉜다.[15] 전술은 개별 전투의 형태를 다루고, 전략은 전투의 사용을 다룬다. 둘 다 전투를 통해서만 행군, 야영, 사영과 관련을 갖는다. 이것이 전투의 형태와 관련되면 전술적인 것이 되고, 전투의 의미와 관련되면 전략적인 것이 된다.

좁은 의미의 전쟁술과 넓은 의미의 전쟁술을 다음과 같이 그림으로 나타낸다.

---

14. 서머스는 미국이 베트남 전쟁에서 이 둘을 제대로 구분하지 못했다고 미국 정부와 군대를 비난하고 있다. 서머스 1982 참조.

15. 전쟁에서 과학과 기술의 측면을 극단적으로 강조한 뷜로는 전략을 '양측의 포탄이 미치지 않는 지역에서 수행하는 군사 행동의 과학'으로, 전술을 '양측의 포탄이 미치는 지역에서 수행하는 군사 행동의 과학'으로 정의하고 이해했다. 클라우제비츠는 이미 젊은 시절에 300야드라는 길이로 전략과 전술을 나누는 것을 어리석은 짓이라고 일축했다(하워드 1983, 25 및 파렛 1986, 265 참조).

좁은 의미의 전쟁술
= 싸움, 전투, 전쟁 수행

행군, 야영, 사영
= 싸움+유지

넓은 의미의 전쟁술
= 유지, 준비

(징병, 훈련, 관리, 간호,
식량 조달, 무기 보급 등)

제2장 이전의 전쟁 이론과 새로운 전쟁 이론

1. 이전의 전쟁 이론 — 전쟁 준비 이론(실증적 이론)

이전에는 전쟁술 또는 전쟁학을 물질적인 것을 다루는 지식과 기술의 총체라고만 이해했다. 무기의 생산, 요새와 보루의 건설, 군대의 편성과 이동 메커니즘 등이 그런 지식과 기술의 대상이었고, 이것을 전쟁에서 쓸 수 있는 전투력이라고 말했다. 이 모든 것과 싸움 자체의 관계는 대장장이의 기술과 검술의 관계와 같다. 칼을 쓰는 일, 정신과 용기를 움직이는 일은 아직 문제 삼지 않았다.

포위 기술에서 처음으로 전쟁 자체의 수행과 정신의 움직임을 볼 수 있었다. 하지만 전쟁이 접근 참호, 대항 접근 참호 등 새로운 물질적인 대상에서 구현되는 한에서만 그러했다. 정신은 여전히 물질적인 대상에만 나타났다.

전술적인 배치는 일정한 편성과 대형을 통해 자동 기계처럼 변형된 군대에 의해 수행되었다. 이 배치에서 군대는 명령에 따라 시계의 톱니바퀴처럼 활동했다. 전쟁의 수단을 자유롭게 쓰는 본래의 전쟁 수행은 이론의 대상이 될 수 없고, 개인의 타고난 소질에 맡겨야 한다고 생각했다.

전쟁에 대한 고찰이 쌓이면서 전쟁 수행의 원칙, 규칙, 체계를 세우려는 노력이 생겨났다. 이런 노력으로 실증적인 목적을 내세웠다. 그런데 체계는 일정한 틀을 갖는데 반해, 전쟁은 틀에 제한되지 않은 채 진행된다. 이론과 현실에 해소될 수 없는 모순이 존재하게 된다. 이론가들은 이론의 대상을 다시 물질의 측면으로 제한하여 이 모순을 피하려고 했다. 전쟁 준비에 관한 과학처럼 실증적인 결과에만 도달하려고 했고, 계산할 수 있는 것만 고찰하려고 했다. 그 예로 수의 우세, 식량 조달, 기지, 내선의 문제를 들 수 있다.

수의 우세는 물질적인 대상이었다. 시간과 공간의 조합을 통해 수학적인 법칙성을 부여할 수 있었다. 일정한 시간과 공간에서 수의 우세를 확보하는 것이 전쟁에서 승리하는 공식이고, 여기에 전쟁술의 모든 비밀이 들어 있다는 것이다. 이는 현실 세계의 힘과 어긋난다.

식량 조달을 대규모 전쟁을 수행하는데 중요하게 생각하면서 이 문제를 체계화하려는 노력이 있었다. 여기에서 얻은 수치는 임의의 전제에 근거를 두고 있었기 때문에 경험상으로 불확실했다.

기지의 개념으로 병력과 장비의 보급, 군대와 본국의 통신 연결, 안전한 후퇴 등의 상황을 요약하려는 노력이 있었다. 이 상황을 기지, 기지의 크기, 기지의 각도로 대체하려는 것이었다. 이 개념은 전략에 필요한 개념이지만, 순전히 기하학적인 결과는 아무런 가치도 없다.

내선이라는 기하학적인 원리가 중요했던 적이 있다. 이 원리는 전투를 중요하게 여겼지만, 내선의 기하학적인 성질은 전쟁에 대한 또 다른 일면적인 고찰에 지나지 않는다.

이런 노력은 이론의 분석적인 부분만 보면 타당한 것 같지만, 종합적인 부분을 보면 쓸모없는 것이다. 그 노력은 수치를 얻으려고 하지만, 전쟁의 계산은 변수만으로 해야 한다. 그 노력은 물질적인 요소만 살펴보지만, 전쟁 행동에는 정신의 힘과 영향이 중요하다. 그 노력은 한쪽의 활동만 살펴보지만, 전쟁은 상대의 활동과 벌이는 끊임없는 상호 작용이다.

그 노력으로 이룰 수 없는 것은 과학의 영역 밖에 있는 천재의 영역으로 간주되었다. 그 노력은 규칙성을 중시했고 천재성을 배제했고 정신적인 것과 대립했다.

2. 새로운 전쟁 이론 – 전쟁 수행 이론

모든 이론은 정신의 영역에서 큰 어려움을 겪는다. 이것은 그림 재료와 그림의 관계로 말할 수 있다. 종이, 물감, 붓 등의 그림 재료는 물질이다. 물질을 다루는 한 모든 것은 분명하다. 하지만 그림을 창조하는 정신 활동에서 물질의 법칙은 사라진다. 물감을 만드는 물리 법칙에 따라 그림을 그리는 것은 아니다. 건축술이나 의술도 그러하다.

전쟁 활동은 물질뿐만 아니라 물질에 생명을 불어넣는 정신력도 대상으로 삼는다. 이 둘을 분리하는 것은 불가능하다. 전쟁에서 위험, 기습, 후퇴, 추격 등은 정신에 큰 영향을 미친다. 적이 후퇴하면 적의 용기를 낮게 본다. 적을 추격할 때는 누구나 과감해진다. 정신의 영역에 나타나는 이런 영향은 경험으로 증명된다.

전쟁 수행 이론의 어려움을 파악하고 이 이론의 성격을 끌어내려면, 전쟁 활동의 본질을 이루는 특성을 살펴보아야 한다.

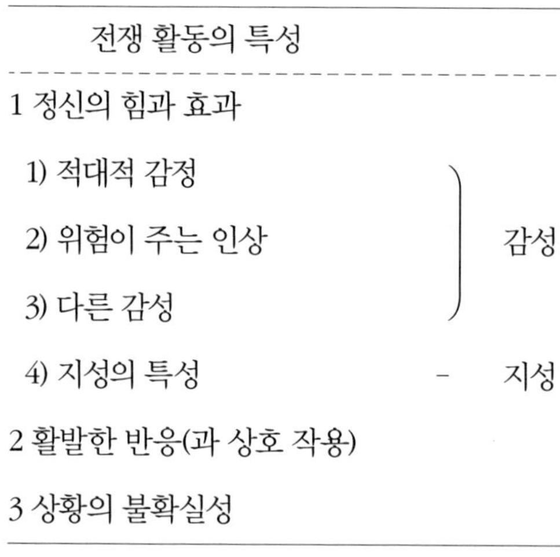

전쟁 활동의 특성

1 정신의 힘과 효과
  1) 적대적 감정
  2) 위험이 주는 인상 — 감성
  3) 다른 감성
  4) 지성의 특성 – 지성
2 활발한 반응(과 상호 작용)
3 상황의 불확실성

1. 첫 번째 특성은 정신의 힘과 효과이다.

1) 이것은 먼저 적대적인 감정으로 표현된다. 싸움은 본래 적대감의 표

현이다. 개인 대 개인의 적대감은 나라 대 나라에서 적대적인 의도가 된다. 적에 대한 적대감 없이 전쟁을 해도 무력이 충돌하면 적대감이 불타오른다. 전쟁을 명령한 적의 최고 지휘관이 아니라 우리에게 총을 쏘는 적에게 적대감을 느낀다. 아군에게 폭력을 쓰는 적의 병사들에게 보복과 복수심을 불태운다. 적대감 외에 전쟁과 관련되어 전쟁을 일으키는 감정으로 명예욕, 지배욕, 여러 가지 종류의 격정 등이 있다.

2) 전쟁은 본래 위험하다. 이는 마치 새가 하늘에서 살고 물고기가 물에서 사는 것과 같다. 위험은 감성에 직접적으로 (본능적으로) 또는 지성을 통해 간접적으로 영향을 미친다. 직접적인 영향은 위험에서 벗어나려는 노력을 낳는다. 그 노력을 기울일 수 없으면 공포와 불안이 생긴다. 공포와 불안이 생기지 않도록 하는 것이 용기이다. 용기는 지성의 행동이 아니라 감정이다. 공포는 육체적인 자기 보존을 지향하고, 용기는 정신적인 자기 보존을 지향한다. 용기는 고상한 본능이다. 위험의 영향은 그 순간의 육체적인 위험으로 제한되지 않는다. 위험은 최고 지휘관뿐만 아니라 모든 병사들을 위협하고, 그 순간뿐만 아니라 그 순간과 관련되는 다른 순간도 상상하게 하고, 위험 자체뿐만 아니라 책임감에 의해서도 영향을 미치기 때문이다.

3) 적대감과 위험으로 흥분된 감성 외에 다른 감성이 있다. 낮은 지위에서는 군인다운 단순함 때문에 그런 것이 잘 나타나지 않는다. 하지만 높은 지위에서는 모든 측면에 대한 관심, 질투와 관용, 교만과 겸손, 분노와 감동 등이 전쟁에 영향을 미치는 힘으로서 나타난다.

4) 지성의 특성도 전쟁에 영향을 미친다. 공상적이고 엉뚱하고 미숙한 사람으로부터 기대하는 것은 냉철하고 탁월한 지성의 소유자로부터 기대하는 것과 다르다.

정신적인 개성의 이런 차이에 의해 목표에 이르는 여러 가지 길이 생기고, 개연성과 행운이 전쟁의 사건에 많이 개입하게 된다. 1)~3)이 주로 감성의 측면이라면 4)는 지성의 측면이다.

2. 두 번째 특성은 활발한 반응과 여기에서 생기는 상호 작용이다. 아군이 적에게 '작용'을 하면 적이 아군에게 '반작용'을 하여 전쟁은 '상호 작용'이 된다. 상호 작용은 그 본질상 계획성과 대립한다. 적의 반응은 아군이 계획하고 예측할 수 없다. 일반적인 상황을 바탕으로 한 아군의 계획은 예상치 못한 현상에 의해 방해를 받는다. 계획에 따를 수 없고 개인의 재능에 맡겨야 하는 일이 많아진다.

3. 세 번째 특성은 상황의 불확실성이다. 전쟁에서는 막연한 상황에서 행동해야 한다. 상황이 객관적으로 명확하지 않고 상황을 완전하게 파악할 수 없는 경우에는 재능으로 추측하거나 행운에 맡기는 수밖에 없다.

1~3의 특성으로 인해 실증적인 체계를 통해 전쟁술의 토대를 갖추려는 것은 불가능하다. 최고 지휘관은 자기의 재능에 의존해야 한다. 재능은 실증적인 이론 체계의 밖에 있다. 재능과 천재성은 법칙 밖에서 행동하고, 실증적인 이론은 현실과 대립한다.

3. 전쟁 수행 이론을 가능하게 하는 해결책

이 모순에서 벗어나고 이론을 가능하게 하려면 두 가지 관점을 견지해야 한다. 첫째, 앞의 1~3의 특성이 모든 지위에 있는 지휘관에게 똑같은 방식으로 나타나지 않는다는 관점이다. 낮은 지위에서는 개인적인 희생의 용기를 많이 요구한다. 이 영역은 제한되어 있고 목적과 수단은 많지 않고 상황은 확실하다. 높은 지위에서는 지성과 판단력을 많이 요구한다.

대상의 성질에 따를 때도 어려움은 똑같지 않다. 전쟁 활동은 물질 세계에 많이 나타날수록 쉽고, 정신 세계에 많이 나타날수록 어렵다. 전투 대형, 계획, 지휘를 이론적인 법칙으로 규정하는 것은 전술의 물질적인 측면이다. 전투를 수행하는 전략에서는 정신의 특징이 중요하다. 이론화는 전술보다 전략에서 훨씬 어렵다.

둘째, 이론은 행동의 지침이 되는 실증적인 규범일 필요가 없다는 관점이다. 전쟁 활동은 이성적인 고찰의 대상이 될 수 있어야 한다. 즉 문제에 대한 고찰이 이론의 본질적인 부분이다. 이론은 대상에 대한 분석적인 연구이고 그 대상을 정확히 알게 한다. 이론이 경험에 적용되면 이론은 우리를 전쟁에 능통해지도록 한다. 이론이 대상에 능통해질수록 이론은 지식의 객관적인 형태에서 능력의 주관적인 형태로 그만큼 많이 이행한다.

이 두 관점을 토대로 전쟁을 이루는 대상을 연구하면, 섞여 있는 것처럼 보이는 것을 좀 더 엄밀하게 구분하면, 수단의 특성을 완전하게 설명하면, 수단의 개연성 있는 효과를 보여 주면, 목적의 성질을 분명하게 규정하면, 전쟁을 비판적으로 고찰하면, 이론은 중요한 임무를 완수한 것이다. 그러면 이론은 사람들에게 길을 밝히고 발걸음을 가볍게 하고 판단력을 기르고 잘못된 길에 빠지지 않도록 한다. 이론은 장래의 전쟁 지도자의 정신을 교육하든지, 그 전쟁 지도자가 스스로 자기 교육을 할 수 있도록 이끌어야 한다. 이런 관점에서 현실과 모순에 빠지지 않는 전쟁 수행 이론이 생겨날 수 있다.

4. 전쟁 수행 이론의 임무와 범위

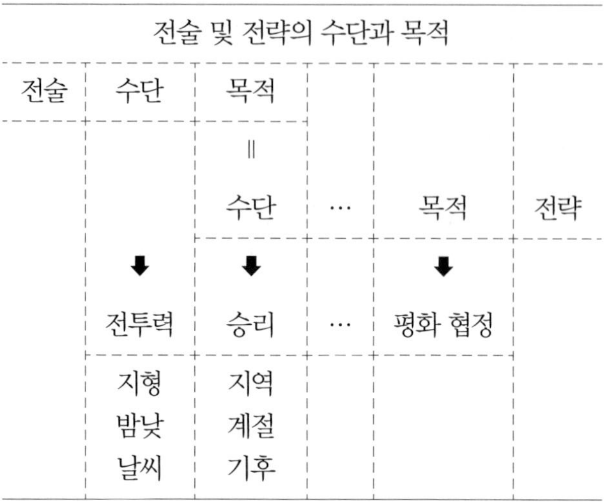

전술 및 전략의 수단과 목적					
전술	수단	목적			
		‖			
		수단	…	목적	전략
	⬇	⬇		⬇	
	전투력	승리	…	평화 협정	
	지형 밤낮 날씨	지역 계절 기후			

이론은 목적과 수단의 성질을 살펴보아야 한다. 전술의 수단은 전투력이고 목적은 승리이다. 전술의 수단과 관련된 상황으로 지형이 있다. 완전한 평지(초원 지대)는 전투에 영향을 미치지 않지만, 유럽에 이런 지대는 드물다. 문명 민족의 전투에서는 지형이 큰 영향을 미친다. 하루 중의 시간은 밤낮의 차이로 전투에 영향을 미친다. 대규모 전투를 오전에 혹은 오후에 시작하는 것은 크게 다르다. 날씨로 전투에 영향을 미치는 요소는 안개 정도이다. 지형, 밤낮, 날씨의 순서로 영향력이 줄어든다.

전술의 승리는 전략의 수단이다. 전략의 마지막 목적은 직접 평화를 끌어내는 것이다. 전략의 수단과 관련된 상황으로 지역이 있다. 이때 지역은 전쟁터 전체에 걸쳐 있는 나라와 인민으로 확대된다. 하루 중의 시간은 계절로 확대된다. 날씨는 기후로 확대된다. 기후의 이상 현상이나 혹한 등이 전투에 영향을 미친다.

전략의 목적이 평화를 끌어내지 못하면 그 목적은 더 높은 목적의 수단이 된다. 즉 전략의 수단과 목적은 여러 가지 단계를 갖는다. 전략의 목적에는 직접적으로 평화를 이끄는 대상만 남는다. 이론은 전략에서 여러 가지 단계를 갖는 목적과 수단을 그 효과와 상호 관계의 성질에 따라 연구한다.

여기에서 질문이 생긴다. 첫째, 전략이 여러 가지 단계의 수단과 목적을 모두 망라할 수 있는가? 둘째, 이론은 수단을 어느 정도까지 분석해야 하는가?

첫째, 전략은 수많은 단계의 목적과 수단을 모두 망라할 수 없고 그럴 필요도 없다. 전략은 경험과 이미 알려진 전투에서 수단과 목적을 끌어낸다. 이런 식으로 얻은 이론은 제한된 이론이 되겠지만, 이 제한은 피할 수 없는 것이다. 이론적인 진술은 전쟁사에서 추상화하든지 혹은 전쟁사와 비교해야 하기 때문이다.

둘째, 수단에 대한 분석은 수단을 쓰는데 필요한 특별한 성질을 고려하는 정도까지만 한다. 무기의 효과가 무기의 구조에서 나온다고 해도 무기의 구조는 전술과 무관하다. 전쟁을 수행할 때는 일정한 효과를 갖는 완성된 무기가 있어야 한다. 전투에 대포와 화약을 쓴다고 석탄, 유황, 질산칼륨, 구리, 주석이 있어야 하는 것은 아니다. 또한 전략은 전쟁에서 최고의 성과를 내려고 나라를 어떻게 조직하는지, 인민을 어떻게 교육하고 통치해야 하는지 연구하지 않는다. 전략은 이런 것을 유럽의 여러 나라에 있는 상태 그대로 받아들인다.

5. 전쟁 수행 이론의 지식

이런 식으로 이론에 필요한 대상은 줄어들고, 전쟁 수행에 필요한 지식은 제한된다. 전쟁 활동에 도움이 되는 다양한 지식과 기술은 전쟁터로 움직이기 전에 몇 개의 중요한 결과로 압축된다. 전쟁 활동을 지휘하는 사람은 전쟁의 바다로 직접 흘러드는 활동만 알면 된다.

장래의 최고 지휘관이 세부적인 지식을 연구해야 할 필요는 없다. 인간의 정신은 그에게 주어지는 지식과 사상으로 길러진다. 인간이 그것을 배척하지 않는 한, 인간은 위대한 것을 주면 위대해지고 초라한 것을 주면 초라해진다.

이전에는 전쟁에 필요한 지식의 단순함에 주의를 기울이지 않았다. 이 지식을 예를 들어 수송대에 필요한 지식이나 기술과 섞어 놓았다. 그래서 현실 세계의 현상과 모순에 빠지게 되었다. 모든 것을 천재 때문이라고 말하는 것으로 모순을 해결했다. 전쟁 수행과 승리 여부를 인간의 타고난 재능에 의한 것이라고 생각했다.

지식은 전쟁 활동의 영역에서 지휘관의 지위에 따라 달라야 한다. 낮은 지위에서는 지식이 사소하고 제한적인 대상으로 향하고, 높은 지위에는 크고 포괄적인 대상으로 향한다.

최고 지휘관은 높은 차원의 정치에 정통해야 한다. 즉 정치의 일반적인 경향, 나라들 간의 이해 관계, 당면 문제, 중요한 인물들을 알고 있어야 한다. 또한 (중요한 위치에 있는) 부하들의 성격, 사고 방식, 품행, 장단점을 알고 있어야 한다.

이런 지식은 과학 공식이나 기계적인 도구로 얻을 수 없다. 어느 문제를 고찰하고 현실에 대한 정확한 이해와 판단을 갖추어야 얻을 수 있다. 달리 말하면 첫째로 수준 높은 전쟁 활동에 필요한 지식은 어느 문제를 고찰하여 연구하고 깊이 생각하는 데서, 그리고 특별한 재능을 통해서만 얻을 수 있다. 이 재능은 현실의 많은 현상에서 정수를 뽑아내는 정신적인 본능이다. 둘째로 지식은 현실에서도 얻을 수 있다. 풍부한 교훈이 들어 있는 현실은 콩데나 프리드리히 대왕과 같이 수준 높은 계산 능력을 갖춘 사람을 낳을 것이다.

또 다른 조건은 전쟁 수행에 관한 지식은 객관성을 버리고 인간의 정신으로 완전히 넘어가야 한다는 것이다. 첫째, 현실의 거의 모든 활동에서는 이전에 배운 진실을 계속 쓸 수 있다. 먼지투성이의 책에서 진실을 다시 끄집어낼 수 있다. 둘째, 그 사람이 쓰는 진실도 그의 정신 밖에 있을 수 있다. 예를 들어 건축가는 복잡한 연산 활동으로 다리의 강도를 계산할 수 있다. 하지만 연산 활동의 결과로 나온 수치는 그의 정신을 나타내지 않는다. 그는 연산 법칙을 발명하지 않았고, 기계를 조작하듯이 연산 법칙을 적용했을 뿐이다.

하지만 전쟁에서는 결코 그렇지 않다. 부하들의 정신적인 반응은 때에 따라 다르고, 전쟁의 모습은 끊임없이 변한다. 최고 지휘관은 이런 측면에 대한 지식을 갖고 있어야 한다. 또한 어느 순간이나 장소에서도 필요한 결정을 스스로 내릴 수 있는 능력을 갖추고 있어야 한다. 지식은 최고 지휘관의 정신과 삶에 완전히 동화되어 참된 능력으로 바뀌어야 한다.[16]

16. 이런 점을 고려한 전쟁 이론을 확립해야 한다. 클라우제비츠 이전의 군사 이론에는 철학적인 정신이 결여되어 있었다. 그렇지만 샤른호스트를 필두로 한 프로이센의 개혁가들은 실천에 필요한 철학적인 사고의 중요성을 잘 파악하고 있었다. 클라우제비츠는 이론에서 철학적인 요소를 매우 중요하게 여겼고, 이론에서는 관념과 현실이 일치되어야 한다고 보았다. 그렇게 하려면 역사적인 경험을 비판적으로 판단해야 하고, 인식 수단으로서 철학적인 방법을 적용해야 하고, 시대에 대한 지식이 있어야 한다(하알벡 1980b).

과학	지식	(예) 천문학	인식	연구와 지식	전쟁학?
기술	능력	(예) 건축술	판단	창조와 생산	전쟁술!

과학의 목적은 지식이고, 기술의 목적은 능력이다. 사람들은 기술을 훈련하는데 필요한 지식을 기술 이론 또는 기술이라고 부르는데 익숙해졌다. 그래서 건축술처럼 무엇을 창조하는 능력을 목적으로 하는 것은 기술이라고 부르고, 수학이나 천문학처럼 지식을 목적으로 하는 것은 과학이라고 부르는 것이 일관되어 보인다. 하지만 기술이 없는 지식은 없다.

생각은 기술이다. 인식의 결과를 토대로 판단을 내리는 순간에 기술이 시작된다. 정신의 인식 활동 자체도 일종의 판단이고, 그래서 기술이다. 감각에 의한 인식도 기술이다. 인식 능력만 있고 판단 능력이 없는 인간을 생각할 수 없고 그 반대의 경우도 생각할 수 없다면, 기술과 지식은 결코 완전하고 순수하게 분리할 수 없다. 달리 말하면 창조와 생산이 목적이면 기술의 영역이고, 연구와 지식이 목표라면 과학의 영역이다. 이 모든 것을 종합하면 전쟁학보다 전쟁술이라고 부르는 것이 더 적절하다.

하지만 전쟁의 본래 의미는 기술도 아니고 과학도 아니다. 이 구분이 많은 잘못으로 이끌었다. 전쟁이 일종의 수공업이라는 주장도 그런 잘못 중의 하나이다. 하지만 수공업도 기술에 지나지 않는다. 중세의 용병 시대에는 전쟁술이 수공업의 정신에서 움직였다.

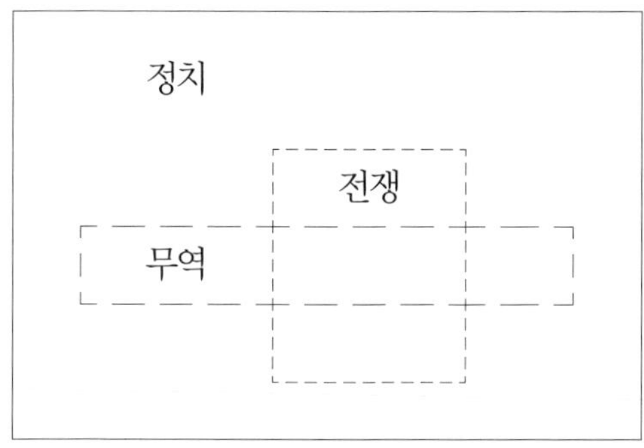

전쟁은 기술과 과학의 영역이 아니라 사회 관계의 영역에 속한다. 전쟁은 대규모 이해 관계의 충돌이고, 이 충돌은 피를 흘리면서 해결된다. 전쟁은 이 점에서만 다른 충돌과 구분된다. 전쟁은 무역과 비슷하다.[17] 무역도 이해 관계의 충돌이다. 그런데 전쟁에 훨씬 가까이 있는 것은 정치이고, 정치는 일종의 대규모 무역이라고 간주할 수 있다. 정치는 그 안에 전쟁을 잉태하고 있고, 전쟁은 정치 안에서 자란다. 전쟁의 윤곽은 이미 정치에 숨어 있는 상태로 존재하고 있다.

전쟁은 기계 기술처럼 무생물에 표현되는 의지의 활동이 아니다. 관념 예술에 보이는 인간의 정신과 감정처럼, 살아있지만 고통스럽고 헌신하는 대상에 표현되는 의지의 활동도 아니다. 전쟁은 살아있고 반응하는 대상에 표현되는 의지의 활동이다.[18] 이런 활동에 기술과 과학의 도식적인 사고방식은 맞지 않는다. 무생물의 세계에서 볼 수 있는 법칙을 찾으려는 노력

---

17. 엥겔스는 이 생각에 깊은 감명을 받았고, 이 생각을 마르크스에게 보낸 편지(1858년 1월 7일)에서 언급했다(*Marx Engels Werke* 29, 252 참조). 마르크스는 엥겔스에 대한 답장(1858년 1월 11일)에서 자신도 블뤼허를 연구하면서 『전쟁론』을 자세히 읽었고, 클라우제비츠는 "상식을 갖고 있고 그 유머에 끝이 없는 사람"이라고 언급했다(앞 책 256 참조). 난해한 것으로 악명 높은 『전쟁론』에서 '상식'과 '유머'를 읽는 마르크스의 시각이 눈길을 끈다. 마르크스의 시각은 대체로 타당하다.

18. 의지[의식]와 그 대상 간에 명백한 구분을 짓는 순진한 현실주의에 완전히 '비과학적으로' 집착하는(코르쉬 1923, 87) 것은 클라우제비츠에 대한 결정적인 오해이다.

은 잘못이다.

살아있는 생명체의 충돌이 일반적 법칙에 따르는지, 그 법칙이 행동의 쓸모 있는 본보기가 될 수 있는지 하는 문제는 우리의 연구 정신으로 밝힐 수 있고, 그 문제의 내면적인 관계도 분명하게 할 수 있다. 그리고 이것만으로도 이론의 개념을 확립하는 데는 충분하다.[19]

19. '이론'에 대한 클라우제비츠의 생각은 마르크스와 엥겔스의 과학적인 사회주의가 주창하는 '과학'에 대한 개념과 매우 비슷하다(코르쉬 1923, 88 참조). 코르쉬의 이 인식은 클라우제비츠의 '이론' 개념에 대한 이해의 지평을 넓히기 때문에 매우 탁월하다. 즉 전쟁은 고정 불변의 내가 고정 불변의 적(또는 무생물)에게 하는 활동이 아니다. 관념 예술에서 인간의 정신과 감정은 대상(자연, 무생물 등)에 헌신하게 되는데, 전쟁은 그런 활동도 아니다. 전쟁에서는 나도 살아있는 생명체이고, 상대(대상, 적, 적의 동맹국 등)도 살아있고 나에게 반응하는 생명체이다. 이런 변증법적인 관계에서 전쟁을 파악해야 하고, 이것이 클라우제비츠의 이론의 개념에 부합한다.

제4장 방법과 방법론

방법과 방법론의 개념을 분명하게 이해하려면 행동의 세계를 지배하고 있는 논리적인 위계를 살펴보아야 한다. 그것은 법칙, 원칙, 규칙, 규정, 방법이다.

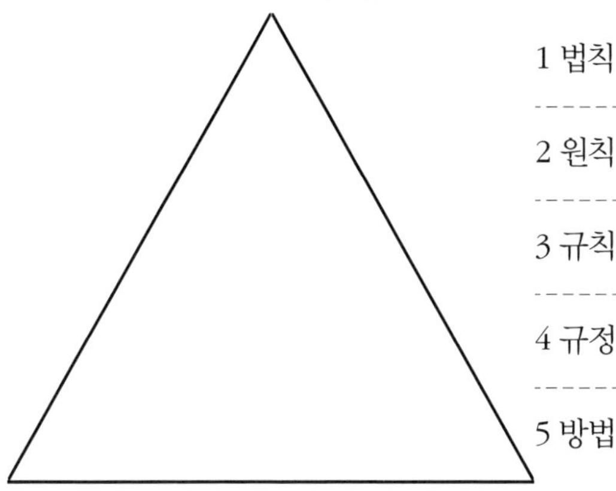

1. 법칙은 인식과 행동 모두에 쓰이는 일반적인 개념이고, 인간과 자연을 지배하고 있는 어떤 것을 표현한다. 인식의 문제이면 사물과 그 작용의 상호 관계이고, 의지의 문제이면 인간의 행동의 규범으로서 명령이나 금지의 의미를 갖는다. 형식상 최종적인 의미로 쓰인다.

2. 원칙은 행동에 대한 법칙이다. 현실 세계의 다양성을 법칙보다 자유롭게 판단한다는 의미에서 쓰인다. 원칙은 행동하는 사람에게 행동의 기준이 된다. 원칙이 모든 인간에게 타당하면 객관적이다. 그 원칙에 어울리는 인간에게만 타당하면 주관적이고 격언이라고 불린다.

3. 규칙은 흔히 법칙의 의미로 해석되고, 원칙과 같은 의미를 갖는다. 규칙은 하나하나의 특징에서 진실을 인식하는 수단으로 쓰인다. 그래서 이 특징에 진실 전체로 향하는 행동의 법칙을 연결한다.

4. 규정과 지시는 사소하고 상세한 수많은 상황과 관련되는 행동에 관한 결정을 뜻한다.

5. 방법 또는 방식은 늘 선택되고 반복되는 행동을 말한다. 어느 행동이 방법에 의해 정해지면 이를 방법론이라고 한다. 방법론은 개연성이 제일 높은 경우를 고려한다. 방법론을 통해 무의식적으로 올바르게 행동하는 기계적인 숙련에 이르게 된다.

1의 개념은 전쟁을 수행하는데 쓸 수 없다. 전쟁 현상은 규칙적이지 않고 변화무쌍하기 때문이다. 2~5는 실증적인 이론에 필요한 개념이다. 전술은 실증적인 이론으로 발전할 수 있는 부분이기 때문에 2~5의 개념도 전술에서 자주 볼 수 있다.

2. 곤란한 상황이 아니라면 대형을 유지하고 있는 보병에게 기병을 쓰지 않는 것, 확실한 효과를 내는 거리에서만 무기를 쓰는 것, 전투에서 마지막에 대비하여 힘을 되도록 많이 절약하는 것은 전술적인 원칙이다.

3. 적이 평소와 다르게 소란스러운 것을 보고 적이 곧 후퇴할 것이라고 추론하는 것, 전투에서 적의 부대의 고의적인 노출을 적의 위장 공격의 징후로 해석하는 것은 규칙으로 문제의 진실을 인식하는 것이다.

4~5. 부대 편성, 훈련, 야전 근무에 관한 규율은 규정과 방법이다. 훈련 규율에는 규정을, 야전 근무 규율에는 방법을 널리 쓴다. 전투력을 쓰면서 자유롭게 활동해야 할 때는 규정, 즉 특정한 지시가 있을 수 없다. 규정은 자유로운 활동을 배제한다.

5. 방법은 당면 과제를 수행하는 일반적인 형식이다. 많은 행동이 단순한 전제나 불확실성에서 일어나기 때문에, 개별적인 상황이 많기 때문에, 낮은 지위의 지휘관의 통찰력과 판단력에만 모든 것을 맡길 수 없기 때문에 방법은 중요하고 필요해 보인다.

방법론에서 반복해서 나타나는 형태를 훈련하면 군대를 지휘할 때 숙련, 정확성, 확실성에 이르게 되고 전쟁의 마찰은 줄어든다. 활동 수준이 낮을수록 방법을 많이 쓰고, 활동 수준이 높을수록 방법을 덜 쓴다. 방법은 전략보다 전술에서 많이 쓰인다.

전쟁 활동에서 방법론은 지휘관의 지위가 아니라 임무의 성격에 따라 정해진다. 전투 대형, 전위와 전초의 배치는 때에 따라 최고 지휘관도 따르는 방법이다. 하지만 방법을 통해 전쟁 계획을 미리 결정하고 기계처럼 완성된 상태로 만든다면, 그런 방법은 버려야 한다.

지휘관들이 경험 외에 다른 통찰력을 갖추지 못하면 방법론은 높은 지위의 활동으로 확대된다. 이들은 최고 지휘관의 독특한 방식을 모방하는데, 모방을 통해 방법론이 생겨난다. 프리드리히 대왕의 장군들은 늘 사선형 전투 대형으로 행동했고, 프랑스 혁명 시대의 장군들은 늘 긴 전선에 걸쳐 포위를 했고, 나폴레옹의[20] 장군들은 늘 부대를 집중하여 맹렬한 힘으로 돌진했는데, 이런 행동의 반복에서 그들이 방법론을 받아들였다는 것을 알 수 있다.

전쟁 수행에서 어느 최고 지휘관이 독특한 방법론을 쓸 수 있지만, 이론은 그 방법론을 예견할 수 없다. 그런데 이런 독특한 방법론은 시대에 뒤떨어지기 쉽다. 방법은 그대로인 반면에 상황은 달라지기 때문이다. 프로이센의 장군들은 1806년에 프리드리히 대왕의 사선형 전투 대형으로 모두 파멸에 빠졌다. 이것은 그 방법론이 시대에 뒤떨어졌을 뿐만 아니라 그 장군들을 치명적인 정신적인 빈곤에 빠뜨렸기 때문이다.

---

20. 이 『전쟁론 강의』에서는 『전쟁론』의 번역과 달리 나폴레옹 보나파르트를 '보나파르트'로 표기하지 않고 일관되게 '나폴레옹'으로 표기한다.

[그림 1] 사선형 전투 대형

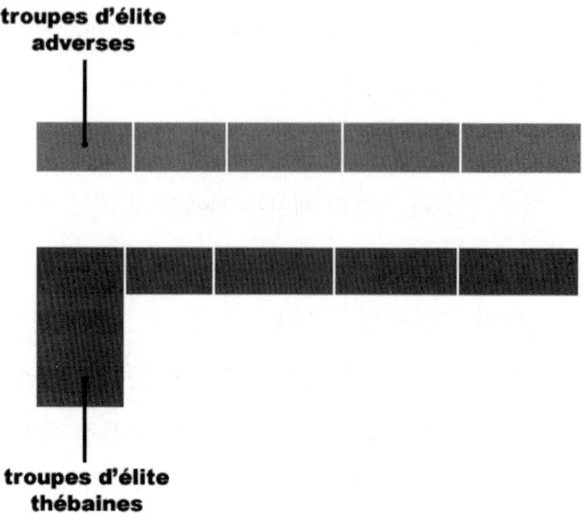

제목 Phalange oblique
출처 fr:Image:Phalange_oblique.gif
작가 Eric Gaba(Sting – fr:Sting)
업로드 2005. 2. 17
업데이트 2006. 9. 25
업데이트 작가 Calgaco~commonswiki
인용 https://de.wikipedia.org/wiki/Schiefe_Schlachtordnung

사선형 전투 대형은 기원전 4세기에 개발된 전투 수행의 군사 전술이다. 이 그림에서 아래쪽 대형은 '테베의 정예 부대'(troupes d'élite thébaines)이고, 위쪽 대형은 '상대편 정예 부대'(troupes d'élite adverses)이다. 여기에서는 아래쪽 테베의 정예 부대가 사선형 전투 대형을 취하고 있는데, 이 대형에서 공격자(아래쪽 대형)는 오른쪽 측면이 약해지는 것을 감수하면서 왼쪽 측면의 병력을 강력하게 늘린다. 이 전술의 목표는 수의 전반적인 우세에 있는 적에 대해 어느 한 지점에서 수의 우세함을 얻는 것이다. 사선형 전투 대형을 그 고전적인 형태에서 이용한 마지막 사례는 프로이센 군대가 1757년 12월 5일에 치른 로이텐 전투이다.

사선형 전투 대형에서는 적과 넓은 정면에서 충돌하는 것을 피한다. 수의 우세에 있는 (왼쪽) 측면이 먼저 앞으로 나아가고, 수의 열세에 있는 다른 쪽 측면은 전투를 오래 끌면서 적과 맞닥뜨리는 것을 늦추고 피한다. 왼쪽 측면의 수의 우세함이 성공하면, 이는 왼쪽 측면에서 적의 정면으로 이어진다. 적은 수적으로 우세해도 이 전술적인 유리함에 맞설 수 없는데, 고대 그리스에서 비롯된 밀집 방진(密集 方陣, Phalanx)은 상대적으로 고정되어 있었고 측면 공격에 약했기 때문이다. 이 전술이 성공하려면 적이 공격자의 의도를 늦게 알아채야 한다. 그렇지 않으면 적은 공격자의 약한 오른쪽 측면을 강력하게 공격하게 된다. 18세기부터 전쟁터에 대한 정찰이 개선되고 정확해지면서 이 전술은 쓰지 않게 되었다.

제5장 비판 — 원인의 연구와 수단의 검토

1. 비판적 서술

이론은 비판으로 현실에 영향을 미치고, 비판은 이론을 현실에 적용한다. 이론에 대한 관점 외에 비판에 대한 관점을 확립하는 것이 필요하다.

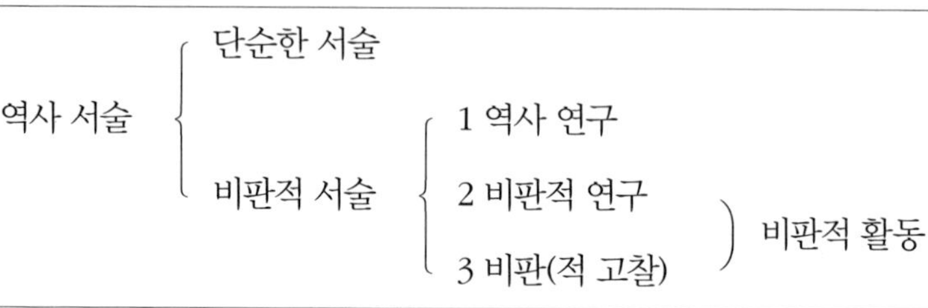

우리는 역사 사건에 대한 서술을 단순한 서술과 비판적인 서술로 구분한다. 단순한 서술은 사건을 시대순으로 나열하고, 사건의 직접적인 인과관계를 다룬다. 비판적인 서술에는 지성의 세 가지 다른 활동이 있다.

1. 의심스러운 사실에 대한 역사적인 규명이다. 본래의 역사 연구이지만 이론과 무관하다.

2. 원인에서 결과를 추론한다. 본래의 비판적인 연구이고 이론에 없어서는 안 된다. 그런데 전쟁에서 어느 결과의 진정한 원인은 전혀 알 수 없다는 외부적인 어려움이 있다. 전쟁의 결과는 단 하나의 원인에서 비롯되지 않는다는 내부적인 어려움도 있다.

3. 이용한 수단을 검토한다. 본래의 비판이고, 비판에는 칭찬과 비난이 포함된다. 비판적인 고찰은 수단의 결과가 무엇인지, 이 결과가 최고 지휘관의 의도였는지 묻는다. 수단이 내는 결과를 알려면 수단의 성질을 연구해야 한다.

2와 3이 역사적인 고찰에서 본래의 비판적인 활동이다. 2와 3에서는 사건을 의심할 수 없는 진실까지 추적하는 것이 중요하다. 2와 3이 우리를 이론의 영역으로 이끈다. 쓸모 있는 이론은 비판의 근본 바탕이다. 비판은 이성적인 이론의 도움 없이 일반적인 교훈을 줄 수 없고, 설득력 있는 논증이 될 수 없다.

비판은 어느 원인에서 어느 결과가 나왔는지, 수단을 목적에 맞게 썼는지 연구하는 것이다. 예를 들어 포위 공격이 전투에서 큰 효과를 내지만 덜 확실한 성과를 낸다는 것이 이론상으로 확립되어 있다면, 공격자가 큰 성과를 내려고 했는지 묻게 된다. 그랬다면 그 수단은 올바르게 선택한 것이다. 그런데 더 확실한 성과를 내려고 포위 공격을 한 것이라면, 그것은 수단의 성질을 오해하고 잘못을 저지른 것이다.

수단과 목적의 관계를 연구하는 것이 비판의 임무이다. 어느 수단과 바로 다음 목적의 관계를 검토할 뿐만 아니라 이 목적을 더 높은 목적의 수단으로도 검토해야 한다. 특히 중대하고 결정적인 조치를 내려야 하는 경우에는 직접적으로 평화를 준비해야 하는 목적까지 연구해야 한다.

전쟁에서 전체에 속하는 모든 부분은 관련되어 있다. 모든 원인은 전쟁 행동의 최종 결과에 영향을 미친다. 수단도 최종 목적에 이어져 있다. 전쟁 행동을 끝까지 연구하려면 관찰할 만한 현상은 모두 연구해야 한다.

이것으로 알 수 있듯이, 원인에 대한 연구와 수단에 대한 검토는 전쟁 행동을 비판적으로 고찰할 때에 늘 동시에 이루어진다. 원인을 연구해야 검토의 대상을 찾을 수 있기 때문이다.

원인이 결과에서 멀리 있을수록 다른 원인도 살펴보아야 한다. (또 다른 원인은 배제해야 한다.) 수단과 목적의 관계에서 높은 관점으로 올라갈수록 연구 대상은 다양해진다. 목적이 높을수록 수단도 그만큼 많아지기 때문이다.

2. 비판적 활동

예를 든다. 1단계. 나폴레옹이 1797년 3월에 이탈리아 군대를 이끌고 탈리아멘토 강에 있는 카알 대공에게 전진했을 때, 수단과 목적은 적절하게 설정되었는가? 나폴레옹의 관점에서 보면 적절했다. 2단계. 프랑스 총재 정부의 관점에서 비판이 이루어지면, 동부 알프스를 넘는 나폴레옹의 전진은 지나친 모험이라고 볼 수밖에 없었다. 나폴레옹은 레오벤의 휴전 협정을 받아들일 수밖에 없었다. 3단계. 나폴레옹이 대공의 군대와 비인 사이에 오스트리아의 예비 병력이 없었다는 것을 알았다면 어떻게 되었을까? 비인은 위험해졌을 것이다. 이 경우에 오스트리아는 비인을 끝까지 지켰을까, 아니면 나폴레옹의 휴전 협정 제안을 받아들였을까? 4단계. 오스트리아 군대가 비인을 포기하고 다른 지역으로 후퇴했다면 어떻게 되었을까? 프랑스 군대가 압도적으로 우세했기 때문에 프랑스의 승리는 의심할 수 없었다. 5단계. 프랑스 총재 정부는 이 승리를 무슨 목적에 쓰려고 한 것인가? 오스트리아를 쓰러뜨리려고 한 것인가, 아니면 평화 조약의 담보물로 어느 중요한 지역을 점령만 하려고 한 것인가? 오스트리아 전체를 쓰러뜨리는 데는 프랑스의 전투력이 약했다. 그런 노력은 상황의 급격한 변화를 초래할 것이다. 중요한 지역을 점령하고 지키는 것조차 프랑스 군대를 전략적으로 곤란한 상황에 빠뜨릴 것이다. 또한 이 상황은 이탈리아 군대에게 희망적이지 못할 것이다. 결국 나폴레옹은 대공의 절망적인 상황을 파악하고 있었지만 캄포포르미오 평화 조약을 맺었다. 그렇지 않았다면 결과는 나폴레옹에게 부정적이었을 것이다.

중대하고 결정적인 조치에 대해 논할 때, 즉 평화 조약을 맺는 마지막 목적으로 올라갈 때 비판은 문제를 깊이 그리고 높이 고찰해야 한다. 문제에 대한 이론적인 통찰력 외에 타고난 재능도 비판적인 고찰의 수준에 영향을 미친다. 어느 문제의 연관성을 밝히고, 무수하게 연결된 사건에서 본질적인 것을 구분하는 것은 주로 타고난 재능에 달려 있다.

재능은 수단을 검토할 때도 나타난다. 비판적인 고찰은 현실에 쓰인 수단뿐만 아니라 처음으로 알려진 모든 수단을 검토해야 한다. 쓰지 않은 수단을 제시하는 것은 문제에 대한 단순한 분석이 아니라 자발적인 창조력이다. 자발적인 창조력은 풍부한 정신력에 달려 있다.

나폴레옹이 1796년 7월 30일에 만토바에 대한 포위를 해제한 것은 부름서의 군대를 물리치려고 하는 목적 때문이었다. 나폴레옹은 승리했고, 모두 나폴레옹에게 감탄했다. 나폴레옹이 포위를 푼 것은 보급을 조달할 수 없었기 때문이다. 나폴레옹은 전투에서 승리했지만, 포위를 계속했다면 8일 만에 함락될 곳이 6개월 동안 저항했다. 이전의 비판은 나폴레옹보다 나은 저항 수단을 내놓을 수 없었기 때문에 그것을 필요악이라고 보았다. 하지만 나폴레옹은 만토바 앞의 보루 봉쇄선 안에 병력을 배치할 수 있었다. 오스트리아의 구원 군대도 두려워할 정도는 아니었다. 나폴레옹도 후대의 비판도 이 점을 생각하지 못한 것 같다. 유행이 지났다고 보루 봉쇄선 안에 병력을 배치하지 말아야 하는 것은 아니다.

나폴레옹이 블뤼허에게 승리한 다음에 1814년 2월에 슈바르첸베르크의 군대를 무찔렀을 때는 누구나 감탄했다. 그래도 나폴레옹의 불리한 전세는 달라지지 않았지만, 이것은 그의 잘못이 아니라고 생각했다. 그런데 나폴레옹이 슈바르첸베르크를 공격하지 않고 계속 블뤼허를 공격하여 그를 라인 강까지 추격했다면 어떻게 되었을까? 그랬다면 그 원정에 급격한 변화가 일어나고, 동맹국의 군대는 라인 강을 지나 후퇴했을 것이다. 하지만 아무도 이런 질문을 하지 않았다. 비판은 이런 대안을 언급하고 지적해야 한다. 어느 수단에 동의하지 않는다면 비판은 그보다 나은 수단을 제안해야 한다.

블뤼허를 계속 추격하는 것이 슈바르첸베르크에게 방향을 돌리는 것보다 나았을 것이라는 점을 증명하는 데는 다음을 근거로 삼을 수 있을 것이다. 첫째로 하나의 방향에서 공격을 계속하는 것이 힘을 분산하는 것보다 유리하다. 둘째로 블뤼허는 슈바르첸베르크보다 중요한 인물이었고, 동맹 군대의 중심은 블뤼허에게 있었다. 셋째로 블뤼허의 손실은 패배나 다름없었고, 그는 라인 강으로 후퇴했을 것이고, 라인 강 전선에는 그의 증원 병력이 없었다. 넷째로 나폴레옹이 블뤼허에게 승리했다면, 적에게 이처럼 두렵고 엄청난 패배도 없었을 것이다. 이 네 가지 이유로도 확신에 이르지 못한 사람들이 있을 것이다. 그렇다고 나폴레옹이 라인 강으로 전진하여 슈바르첸베르크의 기지를 위협했다면, 슈바르첸베르크가 파리를 위협했을 것이라고 말할 수는 없다. 슈바르첸베르크는 파리로 전진할 생각을 하지 못했다.

앞에서 말한 1796년의 원정에서 나폴레옹은 자신의 선택을 오스트리아 군대를 공격하는 확실한 길이라고 보았다. 우리 눈에는 우리의 선택이 오스트리아의 구원 군대를 막을 확실한 길이었다. 나폴레옹이 우리의 선택에 찬성하지 않고 승리의 개연성을 낮게 보았다면 질문은 다음과 같다. 개연성은 높지만 쓸모없는 승리와 개연성은 낮지만 중요한 승리에서 어느 쪽을 선택할 것인가? 대담한 사람은 두 번째 해결책에 찬성할 것이다. 나폴레옹은 대담한 의도를 갖고 있었다. 하지만 나폴레옹은 상황의 성격을 철저하게 이해하지 못했고, 결과를 멀리 내다보지 못했다. 바로 지금 우리는 그것을 경험에 의해 알게 되었다.

비판은 수단을 고찰하면서 전쟁사를 예로 들어야 한다. 전쟁술에는 경험이 철학적인 진실보다 큰 가치를 갖는다.

3. 결과를 통한 판단과 결과에 따른 판단

비판은 개별적인 경우를 판단할 때 이전에 밝혀진 결과를 이용할 수 있다. 또는 최고 지휘관과 똑같은 상황에서 생각하려고 그것을 배제할 수도 있다. 전자에서는 그것을 어느 정도로 이용해도 되는지 또는 이용해야 하는지, 후자에서는 비판이 언제 어디에서 그것을 배제해야 하는지 하는 것이 중요하다.

비판이 최고 지휘관을 칭찬하거나 비난하려면 그의 입장에 설 수 있도록 노력해야 한다. 최고 지휘관이 알았던 것은 모두 모아야 하고, 알지 못했던 것이나 알 수 없었던 것은 전부 배제해야 한다. 그래서 전쟁의 결과도 배제해야 한다. 하지만 그것은 매우 어렵다. 또한 비판이 알고 있는 것을 배제하는 것도 어렵다. 우연적인 상황은 배제할 수 있지만, 중요한 상황을 배제하는 것은 어렵고 완전히 배제할 수도 없다.

결과에 관한 지식은 그 결과를 불러일으킨 상황을 판단하는데 영향을 미친다. 결과에 비추어 상황을 보고, 상황의 일부는 결과를 통해 비로소 완전하게 알려진다. 이 어려움은 최고 지휘관의 행동을 규정하는 상황과도 관련된다. 비판은 대부분 그런 상황을 최고 지휘관보다 많이 알고 있다. 최고 지휘관은 많은 것이 알려지지 않은 상황에서 결정을 내렸고, 비판은 과거와 현재의 상황을 알고 있다.

그래서 비판이 최고 지휘관의 입장이 되는 것은 어느 정도까지만 가능하다. 비판을 최고 지휘관과 동일시하는 것은 필요하지도 않고 바람직하지도 않다. 비판은 매우 넓은 시야를 갖추고 높은 입장에 있어야 한다.

비판이 프리드리히 대왕이나 나폴레옹의 잘못을 증명한다고 해서 비판을 하는 사람이 그런 잘못을 저지르지 않는다는 것은 아니다. 다만 비판은 최고 지휘관의 잘못을 사건의 연관성으로부터 인식하고, 최고 지휘관에게 잘못을 미리 보았어야 한다는 현명함을 요구한다.

이것은 상황의 연관성을 통한 판단이고 결과를 통한 판단이다. 이와 달리 결과를 어떤 조치가 옳았는지 틀렸는지 증명하는데 쓰는 경우는 결과에 따른 판단이라고 할 수 있다.

1812년에 있었던 나폴레옹의 모스크바 원정을 예로 들 수 있다. 이때 모든 것은 알렉산드르 황제를 평화 협정에 나오게 할 수 있느냐 하는데 달려 있었다. 나폴레옹은 1807년에 프리트란트 전투 후에 알렉산드르 황제를, 1805년과 1809년에 아우스터리츠와 바그람의 전투 후에 프란츠 황제를 평화 협정에 나오게 했다. 결론은 이렇다. 1805년, 1807년, 1809년에는 나폴레옹이 적을 올바르게 판단했지만 1812년에는 잘못 판단했다. 그는 당시에는 옳았지만 이번에는 옳지 않았다. 결과가 그렇게 가르치고 있다. 달리 어떻게 말할 수 있겠는가?

최고 지휘관의 행동이 옳았는지 옳지 않았는지에 대한 판단은 단지 결과에서 알아낸 것이거나 결과 속에서 찾아낸 것이고, 그 이상을 의미해서는 안 된다. 비판은 인간의 계산과 신념의 영역에 속하는 모든 것을 고려할 것이고, 어느 상황의 연관성이 명확한 현상으로 구체화하지 않는 경우에는 결과로 하여금 말하게 할 것이다.

인간의 지혜로 밝혀낼 수 없는 것은 결과에 의해 판단해야 한다. 그래서 정신의 힘과 영향에 대해서는 주로 결과에 의해 판단해야 한다.

4. 비판의 도구

끝으로 비판의 도구인 언어를 살펴본다. 어느 문제에 대한 비판적인 검토는 행동에 앞선 깊은 생각을 뜻한다. 비판에서 쓰이는 언어는 깊은 생각을 나타내야 한다.

언어와 관련해서 비판의 해악이 있다. 첫째 해악은 편협한 체계를 진정한 법칙처럼 쓰는 것이다. 둘째로 체계에 따르는 전문 용어, 기술적인 표현,

은유적인 표현의 해악은 더 크다. 오늘날의 저서들은 이런 전문 용어로 가득하다. 그것은 속이 빈 미사여구에 지나지 않는다. 셋째로 역사에 있는 사례를 남용하고 박식을 과시하는 것이다. 피상적으로 언급되는 전쟁 사례는 그것과 반대되는 주장을 옹호하는데 쓰일 수 있다. 연관성이 희박한 시대나 나라에서 사례를 끌어들이는 것은 설득력이 없고 판단을 혼란스럽게 한다.

이론은 문제를 명확하게 고찰하고 밝혀야 하고, 문제의 핵심을 다루어야 하고, 전쟁터에서 훌륭한 정신력으로 전쟁을 수행하는 이들과 함께 있어야 한다.

[그림 2] 동맹 전쟁의 시기별 구분

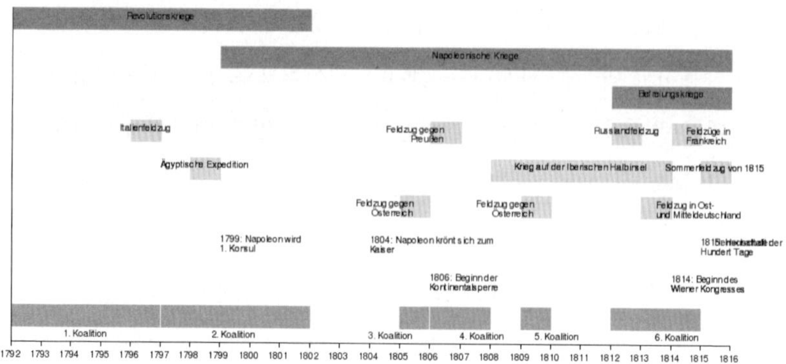

출처 https://de.wikipedia.org/wiki/Koalitionskriege

이 그림에는 제일 윗부분에 혁명 전쟁, 나폴레옹 전쟁, 해방 전쟁이, 제일 아래에 제1차~제6차 동맹 전쟁이 표시되어 있다. 그리고 중간 부분에 (왼쪽부터 오른쪽으로) 이탈리아 원정, 이집트 원정, 1799년 나폴레옹 제1 집정이 되다, 1804년 나폴레옹 황제에 오르다, 오스트리아 원정, 프로이센 원정, 1806년 대륙 봉쇄령 시작, 오스트리아 원정, 이베리아 반도 전쟁, 러시아 원정, 독일 동부와 중부 지역 원정, 프랑스 원정, 1814년 비인 회의 시작, 1815년 백일 천하, 1815년 여름 원정 등이 표시되어 있다. 나폴레옹 전쟁 또는 나폴레옹과 관련된 전쟁은 시기별로 아래와 같이 구분된다.

1 혁명 전쟁(1792~1802년) : 제1차 및 제2차 동맹

2 나폴레옹 전쟁(1800~1814년) : 제2차~제6차 동맹

러시아 원정(1812년), 해방 전쟁(1813~1815년)

3 백일 천하 시기의 전쟁(1815년) : 제6차 동맹

이를 동맹 전쟁에 따라 구분하면 아래와 같다.

제1차 동맹 전쟁(제1차 혁명 전쟁, 1792~1797년)

제2차 동맹 전쟁(제1차 나폴레옹 전쟁, 1798~1802년)

제3차 동맹 전쟁(제2차 나폴레옹 전쟁, 1805년)

제4차 동맹 전쟁(제3차 나폴레옹 전쟁, 1806~1807년)

　　이베리아 반도 원정(스페인 독립 전쟁, 반도 전쟁, 1808~1813년)

제5차 동맹 전쟁(오스트리아-프랑스 전쟁, 1809년)

제6차 동맹 전쟁(1812~1814년)

　　러시아 원정(1812년)

　　스페인에서 나폴레옹의 패배(1813년)

　　중부 유럽의 해방 전쟁(1813~1815년)

　　백일 천하와 나폴레옹의 패배(1815년)

제6장 전쟁사의 사례

1. 사례의 종류와 목적

역사적인 사례는 모든 것을 분명하게 하고 경험 과학에서 최고의 설득력을 갖는다. 전쟁술에서 더 그러하다.

전쟁술의 지식은 경험 과학에 속한다. 그 지식은 대개 경험을 통해 알 수밖에 없다. 지식을 쓰는 일은 상황의 제약을 받고, 그 효과는 수단의 본질을 아는 것만으로는 완전하게 알 수 없다. 포탄의 물리적인 효과를 알려고 포탄을 직접 경험할 필요는 없다. 하지만 포탄이 병사들의 정신에 미치는 효과를 알려면 경험 외에 다른 수단이 없다. 화기는 중세 시대와 나폴레옹 시대에 병사들의 정신에 각각 다른 영향을 미쳤다.

이론은 경험에 토대를 두고 있다. 이는 그것이 경험에서 비롯되기 때문이고, 경험으로 증명하려고 하기 때문이 아니다. 하지만 현재 쓰이고 있는 수단을 배제하거나 의심스러운 수단을 확인하거나 새로운 수단을 도입하는데 경험이 필요하다면, 하나하나의 사례는 역사에서 증명되어야 한다. 역사적인 사례를 쓴다는 것에서 네 가지 관점이 생긴다.

	종류	목적
역사적 사례	본래의 사례	1 생각을 설명하려고
		2 생각을 적용하려고
	역사적 증명	3 자기 말을 증명하려고
		4 교훈을 얻으려고

1. 사례는 생각을 설명하는데 쓰인다. 추상적인 고찰에서 생각을 잘못 이해하거나 이해하지 못하는 일이 일어나기 때문이다. 대부분 사례의 일면을 피상적으로 언급하게 된다.

2. 사례는 생각을 적용하는데 쓰인다. 생각의 일반적인 표현으로 파악할 수 없는 경험적인 상황을 보여 준다. 2는 사례에 대한 자세한 서술을 전제로 한다. 1~2는 본래의 사례이고, 3~4는 역사적인 증명에 속한다.

3. 자신이 말한 것을 증명하려고 역사적인 사실을 끌어들인다. 어느 현상이나 효과의 가능성만 보여 주려는 경우에는 명확한 사실을 진술하는 것으로 충분하다. 어느 조건에서 보루 진지로 목적을 이룰 수 있다고 주장한다면, 이 주장을 증명하는 데는 분첼비츠 진지를 드는 것만으로도 충분하다.

4. 역사의 사건을 자세히 서술하고 여러 가지 사건에서 교훈을 얻을 수 있다. 이 경우에는 사건 자체가 증언하고 있기 때문에 교훈의 설득력이 높다. 역사적인 사례를 통해 일반적인 진실을 증명하려면 그 진실과 관련되는 모든 경우를 정확하고 자세하게 설명해야 한다. 즉 그 사례가 독자들의 눈앞에 빈틈없이 구성되어야 한다.

그런데 사례는 악용될 수 있다. 예를 들어 누가 병력을 종대로 분리하여 패배한 전투의 예를 한 다스 들면, 우리는 그 대형으로 승리한 예를 한 다스 들 수 있다. 어느 사례는 하나의 주장을 지지하는 데도, 반박하는 데도 쓰일 수 있다. 나폴레옹이 1797년에 동부 알프스를 넘은 것은 역사적인 결단으로도, 심각한 경솔함으로도 볼 수 있다. 이와 같이 모순되는 견해는 문제의 맥락을 다르게 해석했기 때문에 생겨난 것이다.

퓨퀴에레는 회상록에 많은 사례를 남겼고 개념을 현실에 쓸모 있게 적용했다. 그는 사건을 약간 자세하게 설명했지만, 사건의 내부적인 연관성으로부터 필연적으로 결론을 끌어낸다는 점에서는 부족하다. 역사적인 사건을 언급하기만 하면 독자들은 그 사건을 알지 못할 수 있다. 새로운 생각을 밝히는 것이 중요할 때는 하나의 사건을 철저하게 서술하는 것이 많은 사건을 언급하기만 하는 것보다 교훈적일 것이다.

2. 사례의 선택 범위

역사적인 사례를 선택하는데 제일 자연스러운 영역은 최근의 전쟁사이어야 한다. 그 전쟁도 충분히 알려지고 연구되어 있는 한에서만 그러하다. 멀리 있는 시대의 전쟁은 오늘날과 다르고, 그 사건은 우리에게 별로 교훈을 주지 못한다. 무기 면에서 오늘날의 전쟁과 비슷한 전쟁은 주로 오스트리아 왕위 계승 전쟁까지이다. 화기도 발달하지 않았고 기병이 중요했던 스페인 왕위 계승 전쟁 때는 상황이 완전히 달랐다. 고대 민족의 전쟁은 제일 소용없고 초라할 것이다.

하지만 이 무용론은 절대적인 것이 아니다. 당시의 상황에 대한 지식이 전혀 없는 대상에만 해당한다. 제2차 포에니 전쟁에서 로마는 이탈리아에 있는 한니발을 공격하지 않고 스페인과 아프리카에 대한 공격을 통해 카르타고를 물리쳤는데, 이 놀라운 방식은 매우 교훈적인 고찰 대상이 될 수 있다. 이 간접 저항의 효과는 나라와 군대의 일반적인 상황에 토대를 두고 있었는데, 그것이 오늘날에도 충분히 알려져 있기 때문이다.

하지만 사건이 개별적인 사건으로 내려갈수록, 그리고 일반적인 상황에서 멀어질수록, 교훈이 되는 사례를 찾는 것은 그만큼 어렵다. 저술가들은 고대의 사건을 언급하려는 경향이 강한데, 그것은 대부분 박학다식을 자랑하려고 하는 장식이라고 생각할 수밖에 없다.

퓌퀴에레의 의도처럼 전쟁을 사례만으로 가르치는 것도 훌륭한 업적이다. 그런데 그런 일을 하려는 사람은 먼저 오랜 전쟁 경험으로 그 일에 필요한 준비를 해야 한다. 그는 시간을 희생해야 하고, 어떠한 노력도 겁내지 말아야 하고, 이 세상의 권력을 두려워하지 말아야 하고, 자신의 허영심을 이겨내야 한다. 프랑스 법전의 표현대로 진실을, 오직 진실만을, 완전한 진실만을 말하려면 그렇게 해야 한다.

제3편 전략 일반

제1장 전략

1. 전략과 천재성

전략	전쟁 목적의 달성	전투를 쓰는 것
천재성	통찰력, 대담성, 의지	마찰을 극복하는 실천

전략은 전쟁의 목적을 이루려고 전투를 쓰는 것이다. 전략은 오직 전투와 관련되어 있다. 하지만 전략의 이론은 전투의 주체인 전투력도, 전투력과 전투의 관계도 살펴보아야 한다. 전투는 전투력에 의해 수행되고, 전투의 효과는 전투력에 제일 먼저 나타나기 때문이다. 전략은 전투의 예상 결과뿐만 아니라 정신의 힘과 감성의 힘도 알아야 한다.

전략은 전쟁의 목적에 맞는 목표를 설정해야 한다. 즉 전략은 전쟁 계획을 짜고, 전쟁의 목적을 이루는데 도움이 되는 행동을 그 목표에 연결한다. 이 모든 것은 어떤 전제 조건에 따라 정해지고, 다른 많은 규정은 미리 정할 수 있는 것도 아니다. 그래서 전략은 직접 전쟁터로 나가야 한다.

하지만 전략이 늘 그러했던 것은 아니다. 그래서 전략적인 전쟁 계획에는 이론이 따를 것이다. 즉 이론은 문제를 밝히고 문제들의 상호 관계를 밝히고 여기에서 몇 개의 원칙이나 규칙을 끌어낼 것이다.

훌륭한 최고 지휘관은 전쟁을 정확히 그 목적과 수단에 따라 준비하고, 반드시 해야 할 일만 하여 자신의 천재성을 훌륭하게 증명한다. 천재성은 전체 행동의 성공적인 최종 결과에서 나타난다. 그것은 전쟁의 전제 조건을 올바르게 맞힌 것이고 전체 행동의 조화를 이룬 것이다.

전체 결과에서 그런 조화를 찾지 못하는 연구자는 천재성이 없는 곳에서 천재성을 찾는다. 그들은 예를 들어 몇천 번 반복된 우회를 천재성이라고 칭찬한다. 또한 이론에서 모든 정신적인 요소를 배제하고 물질적인 것만 다루려고 한다. 모든 것을 균형과 우세, 시간과 공간에 관한 수학적인 비율, 몇 개의 각도와 선으로 제한한다.

전쟁으로 무엇을 해야 하고 무엇을 할 수 있는지 결정되면 그 길을 확고부동하게 추구하는 것, 몇천 번의 유혹에도 계획을 단념하지 않고 실행하는 것은 훌륭한 성격의 힘 외에 분명하고 확고한 정신을 요구한다. 정신력, 통찰력, 대담성, 강한 의지를 요구한다.

2. 천재성의 사례

프리드리히 대왕의 1760년 원정은 전략적인 거장의 진정한 걸작으로 칭찬받는다. 대왕은 제한된 힘으로 큰 목표를 추구하면서 그 힘에 맞지 않는 것은 아무것도 하지 않았다. 우리는 목적을 이루는데 충분할 만큼만 행동한 대왕의 지혜에 감탄해야 한다. 평화 조약의 보장을 받아 슐레지엔을 안전한 지대로 만드는 것이 대왕의 목적이었다. 프로이센은 작은 나라에 불과했고, 대왕은 그런 나라의 지도자였다. 대왕은 알렉산드로스 대왕이 될 수 없었다. 또한 대왕이 카알 12세처럼 행동했다면 그의 머리는 산산이 조각났을 것이다.

대왕은 모든 전쟁에서 놀라운 자제력을 보여 주었다. 그의 자제력은 균형을 유지하면서도 단호했고, 큰 곤경에 빠진 순간에는 놀라운 힘으로 일어났고, 다음 순간에 다시 균형의 주위에서 진동을 계속했고, 정치적인 활동의 미묘한 움직임에도 잘 따랐다. 허영심, 명예욕, 복수심도 그에게 자제력을 잃게 하지 못했다. 전쟁에서 그를 최후의 승리로 이끈 것은 바로 그의 자제력이었다. 결국 대왕의 날카로운 통찰력만이 그를 승리로 이끌었다.

대왕의 훌륭함을 보여 주는 다른 측면은 실천의 어려움과 관련된다. 우회하고 야영하고 행군하는 것, 병력을 집결하고 신속하게 이동하는 것, 적의 대포 앞에서 행군하는 것 등은 말로는 쉽지만 실천하는 것은 어렵다. 그것은 대담성, 결단력, 강한 의지를 요구했다.

대왕은 또 다른 어려움을 겪었다. 대왕의 군대는 1760년 원정에서 끊임없이 이동했다. 그 순간에도 전투 준비를 해야 했고 행군을 기술적으로 준비해야 했다. 마차에 대한 보급은 극히 빈약할 뿐이었다. 8일 동안 끊임없이 야간 행군을 해야 했고 늘 적의 정면에서 이동해야 했다. 이 모든 것은 엄청난 고통과 심각한 결핍을 일으켰다. 우리는 여기에서 생기는 마찰에도 불구하고, 즉 굶주리고 목말라 지친 병사들의 고통이나 이런 고통에 대한 불만과 의심 등에도 불구하고 승리를 이룬 기적에 감탄하게 된다.

3. 가능성의 전투와 현실성의 전투

가능성의 전투	간접적 효과	어느 대상의 점령	중간 단계
현실성의 전투	직접적 효과	적의 전투력의 파괴	최종 결과

어느 지점에 전투력을 배치하는 것은 그곳에서 전투가 일어날 가능성이 있다는 것에 지나지 않는다. 하지만 가능성에서 나오는 결과 때문에 그 전투도 현실에서 일어나는 전투라고 볼 수 있다.

도주하는 적의 퇴로를 막으려고 병력을 보냈는데 적이 전투를 하지 않고 항복했다면, 적이 그런 결정을 내린 것은 아군이 하려고 한 전투 때문이다. 전투가 일어날 가능성이 어떤 결과를 내게 되었고, 가능성은 현실성이 되었다.

결국 적의 전투력을 파괴하고 적의 힘을 쓰러뜨리는 것은 전투를 통해서만 일어난다. 전투가 실제로 일어났는지, 아니면 전투를 하려고 했는데 적이 그 전투를 받아들이지 않았는지 하는 것은 상관없다.

전투의 효과도 직접적인 효과와 간접적인 효과의 두 종류이다. 적을 파괴하는 것 외에 다른 것이 전투의 목적이 되면 그것은 간접적인 효과이다. 적의 어느 지방, 도시, 성, 도로, 다리, 창고 등을 점령하는 것은 전투의 마지막 목적이 아니라 중간 단계라고 보아야 한다.

예를 들어 동맹 군대가 1814년에 파리를 점령했을 때 전쟁의 목적은 달성되었다. 파리의 정치적인 분열이 드러났고, 엄청난 균열이 나폴레옹의 권력을 무너뜨렸다. 그럼에도 이것은 다음과 같이 보아야 한다. 즉 나폴레옹의 권력이 무너졌기 때문에 그의 전투력과 저항 능력이 급격히 감소했고, 동맹 군대의 우세함은 그만큼 높아졌고, 나폴레옹의 저항은 불가능해졌다. 그런데 동맹 군대의 전투력이 평화 조약을 맺는 순간에 어느 외부적인 상황 때문에 줄어들고 동맹 군대의 우세함이 사라진다면, 파리를 점령한 모든 효과와 의미도 사라진다. 즉 최종적으로 중요한 것은 파리의 점령이 아니라 나폴레옹의 전투력을 파괴하는 것이다.

전쟁의 매 순간에 전투에서 일어날 수 있는 결과가 무엇인지 하는 것을 끊임없이 생각해야 한다. 그렇지 않으면 다른 문제에 잘못된 가치를 두게 된다. 즉 전쟁은 수많은 전투의 연쇄적인 사슬로 이루어져 있는데, 어느 지방을 점령하는 것을 그 자체로 중요하다고 생각하게 된다. 점령을 전체의 일부라고 생각하지 않으면 그 점령이 나중에 더 큰 불리함을 불러올 수 있다.

상인이 하나하나의 사업에서 얻은 이익을 따로따로 계산할 수 없는 것처럼, 전쟁에서도 하나하나의 유리함을 전체의 결과에서 분리할 수 없다. 상인이 늘 그의 모든 재산을 갖고 일을 해야 하는 것처럼, 전쟁에서도 마지막 합계만이 중요하다. 정신의 눈길이 일련의 수많은 전투를 되도록 멀리 내다본다면, 그 눈길은 목표를 향해 곧장 나아가고 힘의 움직임도 빨라진다.

제2장 전략의 요소

전략에서 전투를 쓰는데 조건이 되는 원인은 정신적, 물리적, 수학적, 지리적, 통계적 요소로 나눌 수 있다.

정신적 요소	정신적 특성과 효과
물리적 요소	전투력의 규모, 전투력의 구성, 병과의 비율 등
수학적 요소	작전선의 각도, 집중 이동, 분산 이동 등의 기하학적 성질
지리적 요소	우세한 지점, 산, 강, 숲, 도로 등의 지형적 영향
통계적 요소	식량 조달의 수단 등

전략의 요소를 이렇게 나누어서 생각하면 많은 생각을 분명하게 하게 되고, 각 요소의 가치를 한눈에 판단하게 되고, 각 요소의 본래의 모습만 남는다.

하지만 이 요소는 대부분 전쟁 행동에서 여러 가지로 얽혀 있고 내부적으로 연결되어 있다. 각 요소를 따로따로 다루면 메마른 분석이 될 것이다. 우리는 전체 현상의 세계에 머물 것이고, 생각을 분명하게 이해하는데 필요한 것 이상의 분석을 하지 않을 것이다.

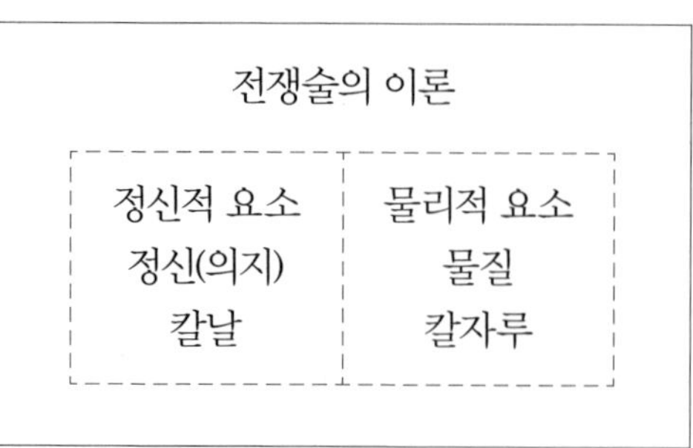

정신적인 요소는 전쟁에서 제일 중요한 문제에 속한다. 정신은 전쟁의 모든 요소에 스며들어 있고 의지에 밀접하게 관련되어 있고 의지와 하나가 된다. 의지는 모든 전투력을 움직이고 지휘하는데, 의지 자체도 정신적인 요소이다.

정신적인 요소도 전쟁술의 이론에 속한다. 전쟁의 규칙과 원칙에서 정신적인 요소를 배제하는 것도, 모든 규칙을 뛰어넘는 천재에게 도움을 호소하는 것으로 곤경에서 벗어나는 것도 빈곤한 철학이다.

이론은 정신적인 요소를 이론의 경계 밖으로 추방해서는 안 된다. 물리적인 힘과 정신적인 힘의 효과는 완전히 융합되어 분리할 수 없다. 이론은 물리력과 관련되는 규칙에서도 정신적인 요소의 몫을 고려해야 한다. 어떤 승리의 결과도 정신적인 흔적을 고려하지 않고는 제대로 설명할 수 없다. 물리적인 요소는 단지 나무로 된 칼자루처럼 보이는 반면에, 정신적인 요소는 금속으로 된 빛나는 칼날이다.

정신적인 요소의 중요성은 역사에서 제일 잘 증명되고, 정신적인 요소의 엄청난 영향은 역사에서 제일 잘 볼 수 있다.

제4장 중요한 정신력과 지형

최고 지휘관의 재능	끊어져 있고 언덕이 많은 지형에서
군대의 무덕	탁 트인 평지에서
군대의 민족 정신	산악 전쟁, 인민 무장 투쟁에서

중요한 정신력은 최고 지휘관의 재능, 군대의 무덕(武德), 군대의 민족 정신이다.

오늘날 유럽 여러 나라의 군대는 숙련과 교육에서 거의 같은 수준에 이르렀다. 그래서 전쟁 수행은 일종의 방법이 되었다. 최고 지휘관이 특별한 수단을 쓰는 것은 기대할 수 없게 되었다. 이런 상황에서는 군대의 민족 정신과 전쟁 경험이 중요하다.

군대의 민족 정신은 산악 전쟁에서 잘 나타난다. 산악 전쟁에서는 모든 일이 병사들 각자에게 맡겨지기 때문이다. 이런 이유로 산은 인민 무장 투쟁에서 최고의 전쟁터이다.

군대의 정교한 숙련과 병사들을 결속하는 용기는 탁 트인 평지에서 잘 나타난다.

최고 지휘관의 재능은 끊어지고 언덕이 많은 지형에서 잘 발휘된다. 산에서는 하나하나의 군대를 일일이 통제하는 것이 거의 불가능하고, 탁 트인 평지에서 군대를 지휘하는 것은 너무 단순하다.

제5장 군대의 무덕

무덕은 용감성이나 전쟁에 대한 열광과 다르다. 용감성은 무덕의 필수적인 요소이지만 병사들에게는 습관과 훈련에 의해서도 생겨난다. 병사들의 용감성은 복종, 규율, 규칙, 방법 등의 요구에 따라야 한다. 전쟁에 대한 열광은 군대의 무덕에 활기를 불어넣지만 무덕의 필수적인 요소는 아니다.

전쟁 활동의 정신과 본질을 완전히 이해하고, 그 활동에서 쓸 힘을 스스로 훈련하고, 그 활동을 지성적으로 이해하고, 훈련을 통해 확신과 민첩성을 얻고, 그 활동에 전념하고, 개성을 버리고 맡은 일을 수행하는 것, 이것이 병사 개개인이 갖추어야 하는 군대의 무덕이다.

전쟁에서 병사들의 단결심은 군대의 무덕에 영향을 미치는 힘을 결합하는 접착제를 준다. 이 접착제는 단결심에 무덕의 결정체를 더 쉽게 붙여준다.

포화 속에서도 규율을 유지하고, 터무니없는 공포에 놀라지 않고, 현실의 공포를 극복하고, 승리에 대한 확신을 갖고, 패배의 절망감에도 복종심을 잃지 않고, 지도자에 대한 존경과 신뢰를 잃지 않고, 결핍과 고통으로 단련되어 있고, 고통을 승리를 얻는 수단으로 보고, 이 모든 의무와 덕성을 군인의 명예라고 생각하는 군대는 전쟁 정신으로 충만한 군대이다.

물론 전쟁에서 무덕이 전부는 아니다. 무덕은 정신력으로 나타나고 다른 정신력과 분리하여 생각할 수 있다. 무덕은 하나의 도구로서 나타나고 이 도구의 힘은 계산할 수 있다.

상비군	무덕
인민 전체	용감성, 민첩성, 강인함

무덕은 각 군대에, 최고 지휘관의 천재성은 군대 전체에 존재한다. 최고 지휘관은 전체만 지휘할 수 있고, 하나하나의 군대는 전쟁 정신이 이끌어야 한다. 한 나라의 인민 전체에 나타나는 무덕의 역할을 맡는 특성은 용감성, 민첩성, 강인함, 열정이다. 이것이 전쟁 정신을 보충할 수도 있고, 전쟁 정신이 그런 특성을 보충할 수도 있다.

결론. 무덕은 상비군에게만 고유한 것이고, 무덕을 제일 많이 필요로 하는 것도 상비군이다. 인민 전쟁에서는 앞의 특성이 무덕을 대신한다. 그 특성은 상비군 대 상비군의 전쟁보다 상비군 대 인민 무장 투쟁에서 더 많이 요구된다.

그래서 군대에 무덕이 부족하면 전쟁을 단순하게 준비하든지, 다른 측면의 준비를 두 배로 늘려야 한다. 또는 최고 지휘관의 탁월함이나 인민의 열정과 같은 능력이 무덕을 대신해야 한다. 군대의 무덕은 전쟁에서 제일 중요한 정신력 중의 하나이다. 군대의 참된 무덕은 광석을 빛나는 금속으로 제련하는 정신이다.

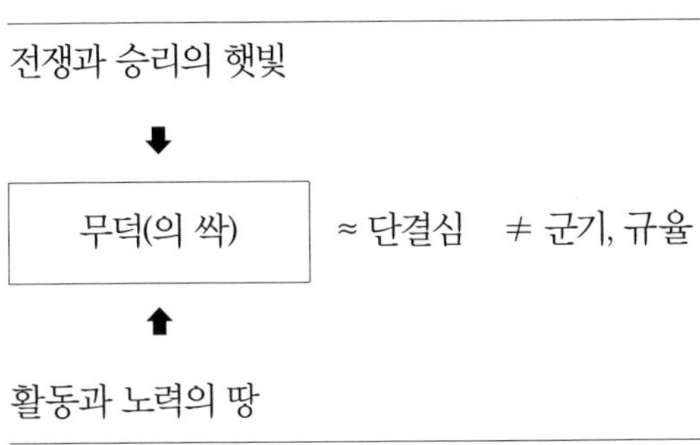

무덕은 두 가지 원천에서만 생겨날 수 있고, 두 원천은 공동으로만 무덕을 낳을 수 있다. 하나는 일련의 전쟁과 전쟁의 승리이고, 다른 하나는 때로 최고의 수준까지 노력하는 활동이다. 무덕의 싹은 끊임없는 활동과 노력의 땅에서만 자라고 승리의 햇빛에서만 자란다.

병사들의 단결심을 복무 규율이나 훈련 규율로 결합되어 있는 상비군의 자부심에 비교해서는 안 된다. 엄격한 군기와 복무 규율은 군대의 무덕을 오래 유지하도록 할 수 있지만 무덕을 낳지는 않는다. 규율, 숙련, 의지, 자부심 등은 자립성을 갖지 못한다. 최고의 바람직한 분위기도 전쟁에서 한 번 패배하고 나면 금방 소심함으로 바뀐다. 군대의 단결심을 군대의 분위기와 혼동하지 말아야 한다.

제6장 대담성

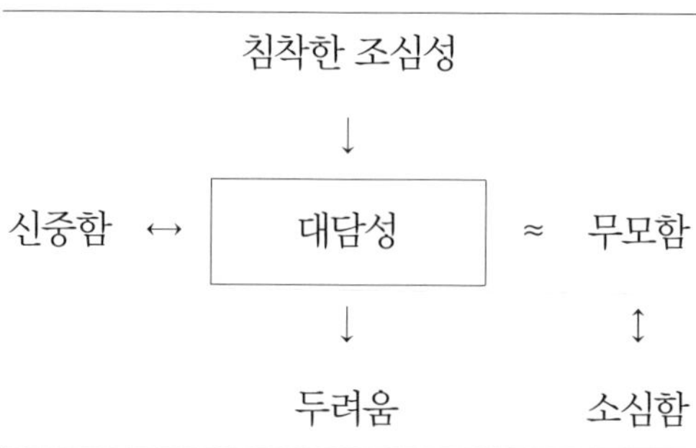

대담성은 신중함과 대립하고, 인간의 영혼으로 하여금 아무리 어려운 위험도 이겨내도록 하는 고귀한 추진력이자 덕성이다. 대담성은 전쟁에서도 효과를 내고, 칼날에 예리함과 광채를 주는 강철과 같은 것이다. 대담성은 두려움을 만날 때마다 승리의 개연성을 얻는다. 두려움은 균형을 잃은 상태이기 때문이다. 대담성은 침착한 조심성을 만나는 경우에만 불리해진다. 이것은 대담성과 똑같이 대담하고 강하고 굳센 특성이다.

지휘관의 지위가 높을수록 대담성은 사려 깊은 정신에 자리를 넘겨주게 된다. 무모함, 즉 아무런 목적 없는 대담성도 무시해서는 안 된다. 무모함은 대담성과 마찬가지로 감성의 힘인데, 정신의 힘을 빌리지 않은 채 격정적인 방식으로 발휘될 뿐이다. 동일한 수준의 통찰력에서는 대담성보다 소심함 때문에 망하는 일이 훨씬 많다.

지성의 힘이 지배적으로 나타나면 감성의 힘은 대부분 잃게 되고, 대담성은 그만큼 줄어든다. 지위가 높아지면서 통찰력과 지성이 높아지지 않는다고 해도 최고 지휘관에게는 여러 가지 단계마다 고려해야 하는 요인, 관계, 상황 등이 외부에서 많이 밀려들기 때문이다. 그래서 지휘관의 통찰력이 낮을수록 그런 외부의 여러 가지 문제에 그만큼 많은 부담을 갖게 된다.

대담성과 결단력으로 유명한 장군도 최고 지휘관이 되면 평범해지거나 결단력을 잃는 일이 많다. 즉 '2인자로서 빛나던 사람도 1인자가 되면 빛을 잃는다.'

대담성	결단력	감성	알렉산드로스 대왕	➡ 영웅
필요성	통찰력	지성	프리드리히 대왕	

최고 지휘관의 지위로 올라갈수록 지휘관의 활동에서 정신, 지성, 통찰력은 그만큼 중요해지고, 감성적인 특성인 대담성은 그만큼 억제된다. 탁월한 정신을 갖고 대담성 있게 행동하는 것은 영웅의 상징이다. 대담성이 정신과 통찰력을 많이 자극할수록 정신과 통찰력은 대담성의 날개를 달고 그만큼 멀리 날고, 시야는 그만큼 넓어진다.

뛰어난 최고 지휘관 중에 대담성이 없는 사람은 생각할 수 없고, 대담성을 타고나지 않은 사람은 결코 뛰어난 최고 지휘관이 될 수 없다. 알렉산드로스 대왕은 대담하게 행동했기 때문에 우리의 상상력을 그만큼 더 자극하고, 프리드리히 대왕은 내적인 필요성을 많이 갖고 있기 때문에 우리의 지성을 그만큼 더 만족스럽게 한다.

대담성의 정신이 군대에 깃드는 데는 두 가지 길이 있다. 대담성이 인민 모두에게 깃들어 있든지, 또는 대담한 지도자 아래 치르는 전쟁에서 승리하는 것이다. 오늘날 인민에게 대담성을 교육하려면 전쟁을 대담하게 수행하는 것 외에 다른 수단이 거의 없다. 인민이 대담하고 전쟁을 대담하게 치르면, 그 인민은 국제 정치에서 확고한 위치를 차지할 수 있다.

제7장 인내심

대규모 군대의 지도자는 전쟁에서 틀린 정보와 옳은 정보, 오류, 지도자에 대한 반항적인 태도, 우연 등에서 비롯되는 끊임없는 파도에 마주친다. 오랜 전쟁 경험이 이 많은 현상을 신속하게 판단할 수 있는 침착성을 줄 것이다. 높은 용기와 굳센 마음이 그런 현상을 막는다. 애초에 품은 결심을 지키는 인내심은 그 결심에 반대하는 이유가 생기지 않는 한 반드시 필요한 균형추이다. 인내심에서 나타나는 강한 의지력만이 전쟁에서 목표에 이를 수 있다.

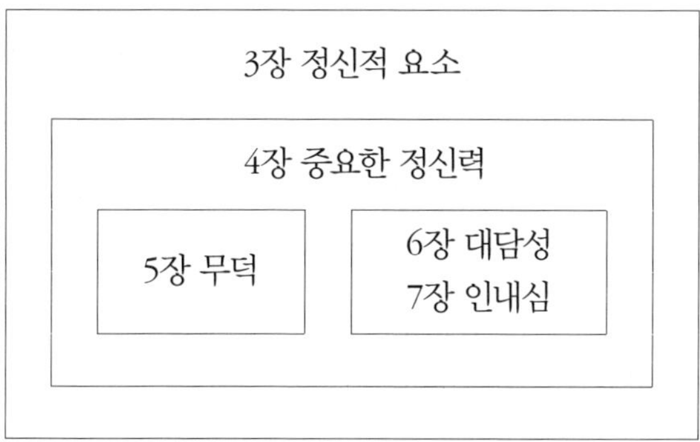

3~7장의 정신적인 요소를 앞의 그림처럼 요약하여 표현할 수 있다. 정신적 요소(3장)는 전쟁에서 제일 중요하다. 정신적 요소 중에서 중요한 정신력(4장)은 최고 지휘관의 재능, 군대의 무덕, 군대의 민족 정신이다. 무덕(5장)은 주로 군대에 요구되고, 대담성(6장)과 인내심(7장)은 주로 최고 지휘관에게 요구된다.

제8장 수의 우세

수의 우세 일반	공간, 시간, 전투력의 결정, 일반적인 원리
절대적 우세	되도록 많은 병력을 투입, 정부에 의해 결정
상대적 우세	결정적 지점에서 수의 우세, 시간과 공간의 계산

수의 우세 일반. 수의 우세는 전술과 전략에서 승리를 얻는 제일 일반적인 원리이다. 전략은 어느 지점에서 어느 시간에 어느 전투력으로 전투를 해야 하는지 결정하고, 이 세 가지 결정으로 전투의 결과에 매우 중대한 영향을 미친다.

전투를 쓰는 문제, 전투에 미치는 전략의 영향, 전투의 목적이나 상황에 따르는 온갖 제한, 군대의 여러 가지 수준 등을 모두 제외하면, 전투의 적나라한 개념, 즉 형식 없는 싸움만 남게 된다. 이 싸움은 병사들의 수에 의해서만 구분된다. 전투에서는 이 수가 승리를 결정할 것이다. 물론 앞에서 여러 가지 측면을 제외했기 때문에 수의 우세는 전투에서 승리를 이루는 많은 요소 중에 하나의 요소에 지나지 않는다.

절대적인 우세. 하지만 두서너 배의 수의 우세는 다른 모든 것을 압도할 것이다. 이 정도의 우세는 전투의 결과를 결정하는데 제일 중요한 요소이다. 그래서 결정적인 지점에서 되도록 많은 수의 병력을 전투에 투입해야 한다. 그래도 병력의 수는 충분할 수도 있고 그렇지 않을 수도 있기 때문에 수단이 허락하는 한 최선을 다해야 한다. 이것이 전략의 첫 번째 원칙이다.

오늘날 유럽에서 두 배 많은 적에게 승리하는 것은 매우 어렵다. 즉 결정적인 지점에서 수의 우세를 확보하는 것이 매우 중요하다. 이것은 병력의 절대적인 수와 병력을 이용하는 재능에 달려 있다. 그래서 첫 번째 규칙은 되도록 많은 수의 병력을 이끌고 전쟁터로 향하는 것이다.

이전에는 병력의 수를 중요하게 생각하지 않았다. 일정한 규모의 군대가 있고, 이 최선의 규모를 넘는 과잉의 병력은 해롭다는 생각도 있었다. 또한 병력을 전투에서 모두 쓰지 않은 사례가 많았다. 하지만 전쟁은 병력의 절대적인 우세에서 수행되어야 한다.

절대적인 우세의 정도는 정부에 의해 결정되고, 이 결정은 매우 중요한 전략적인 결정이다. 최고 지휘관은 병력의 절대적인 수를 주어진 것으로 받아들여야 한다.

상대적인 우세. 절대적인 우세를 달성할 수 없을 때는 병력을 재치 있게 이용하여 결정적인 지점에서 상대적인 우세를 확보해야 한다. 이때는 공간과 시간을 계산하는 것이 중요하다. 이 문제는 전략의 바탕이 되고 이를테면 전략의 일용할 양식이지만, 어렵지도 않고 중요하지도 않다.

프리드리히 대왕과 나폴레옹의 경우도 공간과 시간의 재치 있는 결합의 개념으로 설명하는 것은 언어의 혼란이다. 적에 대한 올바른 판단, 열세의 병력으로 얼마 동안 적에 대항하는 모험심, 강행군을 수행하는 힘, 과감한 급습, 위험한 순간에 더 많은 활동을 보이는 위대한 영혼, 이것이 승리의 이유이다. 이런 것은 공간과 시간을 계산하는 것과 무관하다.

상대적인 우세를 유지하려면 결정적인 지점을 올바르게 판단해야 하고, 대다수의 병력을 한곳에 집결하는데 필요한 결단력이 있어야 한다. 수의 우세는 근본이 되는 생각이고, 언제나 되도록 제일 먼저 추구해야 한다. 하지만 그것이 승리에 필요한 조건이라고 생각하는 것은 오해이다.

제9장 기습

수의 우세 ⬅ 기습

⬆

비밀 유지	최고 지휘관	에네르기	↔	나약함
신속성	군대	군기	↔	느슨함

수의 상대적인 우세를 얻으려는 일반적인 노력에서 기습이 생겨난다. 기습은 거의 모든 행동의 바탕이 된다. 기습 없이 결정적인 지점에서 수의 우세를 확보한다는 것은 생각할 수 없기 때문이다. 기습은 수의 우세를 얻으려는 수단이 되지만, 정신적인 효과 때문에 독립적인 원리라고도 볼 수 있다. 기습이 크게 성공하면 적은 혼란에 빠지고 용기를 잃게 된다.

기습을 낳는 두 가지 요소는 비밀의 유지와 신속성이다. 이 요소는 정부와 최고 지휘관에게 엄청난 에네르기를, 군대에게 엄격한 군기를 요구한다. 나약함과 느슨함으로는 기습을 할 수 없다.

기습의 수단이 전술에 접근할수록 기습은 그만큼 많이 수행할 수 있고, 정치의 영역에 접근할수록 그만큼 곤란해진다. 한 나라가 다른 나라에 기습적으로 전쟁을 일으키는 것은 극히 드물다. 그 반대로 하루 이틀에 일어날 수 있는 일에서는 기습을 훨씬 많이 생각할 수 있다. 하지만 기습이 쉬우면 효과는 그다지 높지 않다.

원정 중에 기습의 원리에서 큰 효과를 기대한다면 과감한 행동, 신속한 결단, 강행군을 생각해야 한다. 이런 것이 충분히 갖추어져도 늘 의도했던 효과를 내는 것은 아니다. 프리드리히 대왕도 1760년 7월에 바우첸과 드레스덴에서 기습으로 얻은 것이 없고, 나폴레옹도 1813년에 드레스덴에서 기습에 실패했다.

기습에서 큰 성과를 내려면 지도자의 활동, 역량, 결단력 외에 다른 상황의 도움을 받아야 한다. 즉 유리한 조건이 결부되어 있어야 한다. 그런 조건은 자주 볼 수도 없고 최고 지휘관이 만들 수도 없다. 나폴레옹이 1814년에 마른 강에서 블뤼허를 기습한 것, 프리드리히 대왕이 1760년에 리그니츠 전투에서 라우돈을 기습한 것은 유리한 조건 덕분에 큰 성과를 냈다. 이 두 가지 예에는 행운도 따랐다.

기습이 제일 높은 전략의 영역에서 좋은 성과를 내기도 한다. 또는 전혀 예상하지 못한 기습이 큰 성과를 내는 경우도 있다. 하지만 이런 예는 매우 드물다.

상대에게 자기의 법칙을 강요하는 사람만이 기습을 할 수 있고, 올바르게 기습을 하는 사람만이 상대에게 자기의 법칙을 강요할 수 있다. 잘못된 수단으로 기습을 하면 좋은 결과 대신에 적의 거친 반격을 감수해야 할 것이다. 공격자와 방어자 모두 상대를 기습하는 경우에는 정곡을 제일 잘 찌른 쪽이 이길 것이다.

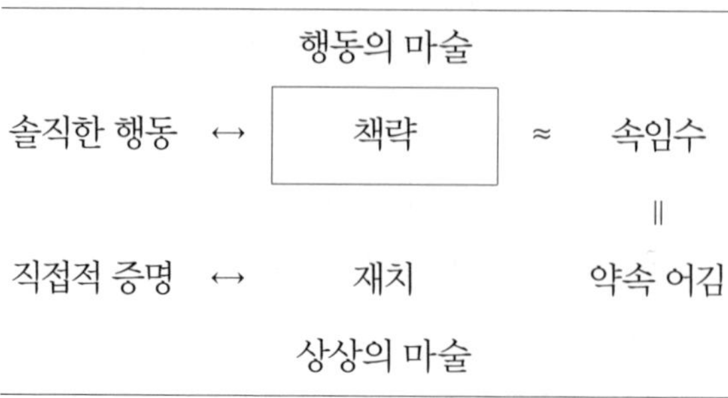

책략은 의도를 숨길 것을 전제로 한다. 책략은 솔직하고 단순한 직접적인 행동 방식과 대립된다. 이는 재치가 직접적인 증명과 대립되는 것과 같다. 책략은 속임수와 많은 공통점을 갖고 있다. 속임수도 의도를 숨기기 때문이다. 모든 것이 끝나고 나서 보면 책략 자체도 속임수이다. 단지 책략은 직접적으로 약속을 어기는 것이 아니라는 점에서 속임수와 구분된다. 책략가는 자신이 속이려고 하는 사람으로 하여금 스스로 지성의 잘못을 저지르게 하고, 이 잘못은 하나의 효과로 합쳐지면서 상대의 눈앞에서 문제의 본질을 느닷없이 다른 것으로 바꾼다. 재치가 생각과 상상으로 하는 마술인 것처럼, 책략은 행동으로 하는 마술이다.

전략이라는 말은 책략이라는 말에서 유래했고 여전히 책략을 가리키고 있다. 전략적인 활동을 이끌고 자극하는 것은 책략이다. 모든 기습의 바탕에는 책략이 놓여 있다.

전략은 말로 행동하지 않고 전투를 배치하는 등의 활동으로 행동한다. 책략은 말로 하는 행동을 주로 상대를 속이는데 쓴다. 계획과 명령을 거짓으로 알리는 것, 적에게 일부러 잘못된 정보를 흘리는 것 등이다. 하지만 그 효과는 전략에서는 매우 약하다. 전략의 차원에서 많은 병력을 오랫동안 적을 속이는 데만 쓰는 것은 위험하다. 그래서 최고 지휘관은 병력을 교활하게 움직이게 하는 도박을 좋아하지 않는다. 전략의 체스판에는 책략과 교활함의 요소인 민첩함의 돌이 없다.

결론. 최고 지휘관에게는 올바르고 정확한 통찰력이 책략보다 더 필요하고 쓸모 있는 특성이다.

제11장 병력의 공간적 집결

최선의 전략은 일반적으로, 그다음에 결정적인 지점에서 늘 충분한 병력을 보유하는 것이다. 전략에서 병력을 집결하는 것보다 단순하고 수준 높은 법칙은 없다. 긴급한 목적이 아니라면 어느 병력도 주력 군대에서 분리해서는 안 된다. 모든 병력을 집결하는 것이 규범이고, 병력을 분리하고 분할하는 것은 예외라고 보아야 한다.

제12장 병력의 시간적 집결

전술	순차적 투입	지속적 효과	현실적 충돌	혼란의 영역 안
전략	동시적 투입	동시적 효과	기계적 충돌	혼란의 영역 밖

전쟁은 대립하고 있는 힘의 충돌이다. 병력이 많은 쪽은 적은 쪽을 파괴하고 쓸어버린다. 이는 근본적으로 병력이 지속적인 (순차적인) 효과를 내는 것을 허락하지 않는다. 공격을 하려고 결정되어 있는 모든 병력을 동시에 쓰는 것이 전쟁의 근본 법칙으로 나타나야 한다.

전쟁이 기계적인 충돌과 비슷하게 수행되는 한 현실에서도 그러하다. 하지만 전쟁이 양쪽 병력의 지속적인 상호 작용으로 나타나는 경우에는 병력이 지속적인 효과를 내는 것도 생각할 수 있다.

전술적인 성과, 즉 전투의 종결 이전에 전투 중에 얻는 성과는 대부분 전투의 무질서, 혼란, 무기력의 영역 안에 있다. 하지만 전략적인 성과, 즉 전투 전체의 성과는 그 영역 밖에 있다. 전략적인 성과는 부분 전투의 성과가 하나의 전체로 모일 때 비로소 나타난다. 전술에서는 병력을 조금씩 지속적으로 쓸 수 있지만, 전략에서는 병력을 동시에 쓸 수밖에 없다.

전술에서 첫 번째 성과로 모든 것을 결정할 수 없고 다음 순간을 걱정해야 한다면, 첫 번째 전투에는 승리를 얻는데 필요한 만큼의 병력만 쓰도록 해야 한다. 나머지 병력은 총격전이나 육박전 등에 대비하여 먼 곳에 두어야 한다. 하지만 전략에서는 승리를 얻으면 위기도 끝나기 때문에 적의 반격을 걱정하지 않아도 된다. 또한 전략에서 쓰는 병력이 반드시 전부 약해지는 것도 아니다. 그래서 전략에서는 손실이 병력의 규모와 함께 늘어나는 것이 아니라 그 규모 때문에 줄어들기도 한다. 즉 전략에서는 아무리 많은 병력을 쓴다고 해도 결코 지나치지 않고, 그래서 쓰려고 있는 모든 병력은 동시에 쓰도록 해야 한다.

이것은 싸움 자체에 대한 고찰이고, 이 활동의 담당자로서 나타나는 인간, 시간, 공간도 고려해야 한다.

인간	피로, 고통, 결핍	전쟁 경험, 넓게 배치하여
시간	파괴적 영향	하나의 순간으로 집중하여
공간	파괴적 영향	하나의 중점으로 집중하여

전쟁에서 피로, 고통, 결핍은 주로 전략에 속하고, 싸움과 관련되어 있는 독특한 파괴적인 요소이다. 이 파괴적인 요소에 노출되는 모든 것은 원정의 마지막에 매우 약해지기 때문에 생기 넘치는 새로운 보충 병력을 매우 중요한 것으로 만든다. 그래서 전략에서도 되도록 적은 병력으로 첫 번째 성과를 얻으려고 하고, 새로운 병력을 마지막 전투에 대비하여 남겨 두려고 한다.

하지만 전술과 달리 전략에서는 새로운 병력의 정신력이 전쟁터에 있는 병력의 정신력보다 낫지 않다. 용기와 정신력은 승리와 패배에 따라 높아질 수도 있고 낮아질 수도 있다. 그러면 전쟁 경험이 순수한 이익으로서 남는다.

또한 고통은 병력의 규모에 따라 늘지 않는다. 많은 병력을 갖고 있는 군대는 적은 병력을 갖고 있는 군대보다 고통을 덜 느낀다. 약한 적에 맞서는 원정에서도 고통을 덜 느낄 것이다.

결핍은 주로 식량과 숙소의 부족에서 비롯된다. 병력이 한 장소에 많이 있을수록 이 두 가지 결핍도 그만큼 늘어난다. 하지만 수의 우세함으로 병력을 넓게 배치할 수 있고, 이것이 식량과 숙소를 발견할 더 많은 공간과 수단도 줄 것이다.

병력이 많으면 승리의 기회를 확대할 수 있고, 승리의 규모와 함께 이익도 늘게 되고, 병력이 많다는 것은 이런 식으로 신속하게 목표에 이르게 할 수 있다.

전술에서는 병력을 현실에서 쓰는 지속 시간만으로도 병력이 줄어들기 때문에 시간이 결과에 영향을 미치는 요소로 나타나지만, 전략에서는 본질적으로 그런 일이 일어나지 않는다. 시간은 전략에서도 병력에 파괴적인 영향을 미치지만, 그 영향은 병력의 엄청난 규모 때문에 감소하기도 하고 다른 방식으로 보상이 이루어지기도 한다. 그래서 시간 그 자체를 얻을 목적으로 병력을 차례차례 조금씩 쓰면서 시간을 자기편으로 만드는 것은 전략의 목적이 될 수 없다. 시간은 많은 상황을 불러일으키지만, 상황은 시간이 아니다. 시간은 이런 상황 때문에 양쪽에 완전히 다른 것이 된다.

전략적인 목적을 이루려고 예정되어 있고 존재하는 모든 병력은 그 목적을 이루는데 동시에 쓰도록 해야 한다. 그리고 모든 것이 하나의 행동과 순간으로 집중하여 일어날수록 병력을 쓰는 일은 그만큼 완벽해질 것이다.

그리고 전략에는 하나의 중점이 있고, 이것도 간과해서는 안 된다.

제13장 전략적 예비 병력

전술적 예비	싸움의 연장과 재개	순차적	주력 결전을 나중에
전략적 예비	불확실성에 대비	동시적	주력 결전을 처음에

예비 병력은 싸움을 연장하고 재개할 때 쓰고 예상하지 못한 경우에 쓴다. 전자는 병력을 순차적으로 쓰는 것이 유용하다는 것을 전제로 하고 전략에는 있을 수 없다. 이 병력은 전술적인 예비 병력이 될 것이다.

예상하지 못한 경우에 대비하여 병력을 준비할 필요는 전략에도 생길 수 있고, 전략적인 예비 병력도 있을 수 있다. 불확실성에 대비하여 전투력을 나중에 쓰려고 남겨 두는 것은 전략을 수행하는 근본 조건이다. 일반적으로 방어에서, 특히 강과 산의 방어에서 이런 필요성이 끊임없이 나타난다.

하지만 이런 불확실성은 전략적인 활동이 전술적인 활동에서 멀어질수록 줄어들고, 정치의 영역에 접근할수록 거의 완전히 사라진다. 적이 어느 쪽에서 우리 나라를 공격할 것인지는 보통 총소리가 나기 전에 모든 신문이 이미 발표한다. 행동의 방식이 대규모로 될수록 기습 공격을 하는 것은 그만큼 곤란해진다.

전면 전투에서 패배한 병력이 많을수록 전면 전투의 승리는 그만큼 독자적인 의미를 갖는다. 이 패배를 나중의 전투로 만회할 가능성은 그만큼 줄어든다.

전투력을 지속적으로 쓰는 전술에서는 주력 결전을 모든 행동의 마지막으로 미룬다. 전투력을 동시에 쓰는 전략에서는 주력 결전을 거의 언제나 대규모 행동의 처음에 일어나도록 한다. 전략적인 예비 병력의 목적이 포괄적일수록 전략적인 예비 병력은 그만큼 불필요하고 쓸모없고 위험하게 된다.

전략적인 예비 병력의 개념이 모순을 일으키는 시점은 주력 결전이다. 모든 병력은 주력 결전 안에서 다 쓰도록 해야 하고, 주력 결전 이후에 쓸 목적으로 예비 병력을 남겨 두는 것은 모순이다.

전략적인 예비 병력의 개념은 전략적인 현명함과 신중함을 보여 주는 것이 아니다. 그렇다고 전술적인 예비 병력의 개념도 비난해서는 안 된다.

제14장 병력의 절약

최고 지휘관은 병력의 어느 부분도 하는 일 없이 시간을 보내지 않도록 늘 주의를 기울여야 한다.

적의 병력이 충분히 활동하지 않는 곳에 아군의 병력을 배치하는 것, 적이 아군을 공격하는데 아군의 병력 일부를 행군하게 하여 쓸 수 없게 하는 것은 병력을 낭비하는 것이다. 병력의 낭비는 병력을 목적에 맞지 않게 쓰는 것보다 더 나쁘다.

행동을 해야 할 때는 모든 병력이 행동해야 한다. 목적에 맞지 않는 활동도 적의 병력 일부를 끌어들이고 쓰러뜨리지만, 아무것도 하지 않는 병력은 그 순간에는 전혀 없는 것이나 마찬가지이다.

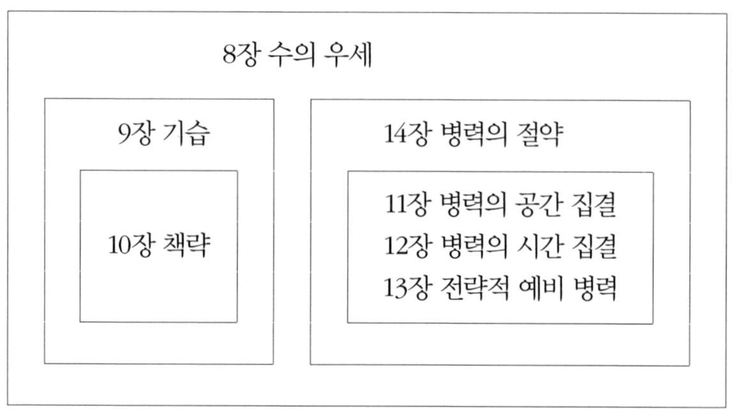

8~14장의 전략의 물리적인 요소를 위의 그림과 같이 표현할 수 있다.

책략(10장)을 이용하여 기습(9장)을 한다. 달리 말하면 기습(9장)을 하려면 책략(10장)을 써야 한다.

병력을 공간상으로 집결하고(11장) 시간상으로 집결하고(12장) 전략적인 예비 병력을 (되도록) 두지 않는(13장) 것은 병력을 쓸데없이 낭비하지 않고 절약하려는(14장) 목적 때문이고, 행동해야 할 때 모든 병력을 동시에 쓰려고 하기 때문이다. 달리 표현하면 병력을 절약하려면(14장) 병력을 공간상으로 집결하고(11장) 시간상으로 집결하고(12장) 전략적인 예비 병력을 (되도록) 두지 말아야(13장) 한다.

기습(9장)과 병력의 절약(14장)은 결정적인 지점에서 수의 상대적인 우세(8장)를 얻는 수단이다.

제15장 기하학적 요소

요새 방어	〉	전술	〉	전략
거의 모든 것		이동, 배치, 포위 등		지역과 영토의 형태

기하학적인 요소는 요새 방어, 전술, 전략의 순으로 중요하다. 요새 방어에서는 기하학이 크고 작은 거의 모든 것을 처리한다. 군대의 이동, 야전 방어 시설, 진지의 배치, 진지의 공격, 적에 대한 포위 등의 전술에서 기하학적인 각도와 선은 중요한 역할을 맡는다. 하지만 전술에서는 요새 전투보다 정신력, 개인의 움직임, 우연이 더 큰 영향을 미칠 수 있기 때문에 기하학적인 요소는 요새 전투만큼 지배적으로 나타날 수 없다. 전략에서는 기하학적인 요소의 영향이 더 줄어든다. 물론 전략에서도 병력의 배치 형태, 어느 지역과 영토의 형태는 큰 영향을 미친다. 하지만 전략에서 기하학적인 원리는 요새 방어처럼 결정적이지 않고 전술처럼 중요하지 않다.

전술에서 시간과 공간은 그 절대 최소치로 빠르게 줄어든다. 어느 군대의 측면과 배후가 포위되면 그 군대의 퇴로는 곧 막힌다. 이는 포위를 목표로 하는 기하학적인 배치에 큰 효과를 내는데, 적이 포위의 결과에 대해 불안을 느끼기 때문이다.

전략에서는 시간과 공간이 크고 넓기 때문에 기하학적인 요소를 별로 고려하지 않는다. 전략에서는 승리한 전투의 수와 규모가 전투를 연결하는 중요한 전선의 형태보다 중요하다.

『전쟁론』 제3편에서 수학적인 요소에 해당하는 것은 이 15장 하나뿐이다. 분량으로 보아도 클라우제비츠가 그 이전 이론가들과 달리 전략에서 기하학적인 요소를 중요하게 생각하지 않았다는 것을 알 수 있다.

제16장 전쟁 행동의 중지와 계속

행동의 계속	전진	전쟁술	금화	➡	행동은 단속적이다
행동의 중지	기다림	펜싱술	그로셴		

전쟁에서 양쪽은 일반적으로 전진한다. 매 순간을 보면 한쪽은 기다리고 다른 쪽만 전진한다. 시간이 흐르면서 어느 순간에 한쪽이 다른 쪽보다 유리해질 수 있다. 한쪽은 행동할 이유를, 다른 쪽은 기다릴 이유를 갖는다. 양쪽은 동시에 전진하거나 기다리는데 관심을 가질 수 없다.

앞으로의 상황이 양쪽에 완전히 똑같을 수 있다고 해도 양쪽의 정치적인 목적이 다르기 때문에 전쟁 행동은 중지될 수 없다. 정치적으로 보면 한쪽은 공격자이어야 하고 다른 쪽은 방어자이어야 한다. 양쪽 모두 방어를 하면 전쟁은 일어나지 않는다. 공격자는 적극적인 목적을, 방어자는 소극적인 목적을 갖는다. 공격자가 적극적인 행동을 해야 하는데, 그래야 적극적인 목적을 이룰 수 있기 때문이다.

그래서 전쟁 행동의 중지는 전쟁의 본질과 모순된다. 전쟁 행동은 끊임없이 움직여야 한다. 하지만 전쟁사를 보면 행동을 중지하고 아무것도 하지 않는 것이 전쟁 중인 군대의 기본 상태이고, 행동하는 것은 예외에 속한다. 그렇지만 최근의 프랑스 혁명 전쟁은 우리 견해의 현실성을 보여 주고 필연성을 증명한다. 이것이 전쟁 행동의 일반적인 원리이다.

이 일반적인 원리는 제한된다. 전쟁이 중지되도록 하는 첫 번째 원인은 인간 정신의 타고난 두려움과 망설임이다. 둘째로 인간의 통찰력과 판단력이 불완전하다는 것이다. 셋째로 방어가 공격보다 훨씬 강하다는 것이다. 이것이 전쟁의 근본적인 격렬성을 완화한다.

또한 한쪽의 요구와 다른 쪽의 상태나 분위기 등이 전쟁을 수행하는 데 영향을 미쳐서 전쟁이 중지되기도 한다. 이런 요구와 상태는 큰 영향을 미칠 수 있고 전쟁을 반쪽짜리로 만든다. 금화로 하던 도박이 그로셴으로 하는 상업 거래로 바뀐 것처럼 된다. 큰 이해 관계를 추구하지 않는 경우에 정부는 모험을 하지 않으려고 할 것이다. 그러면 이론에서도 필연성은 그만큼 줄어들고 우연성은 그만큼 늘어난다.

반쪽짜리 전쟁에서 진정한 전쟁술과 물질에 대한 정신의 우위를 발견하는 이론가들이 있다. 그들에게 최근의 전쟁은 야만을 향한 퇴보로 간주되는 거친 주먹 싸움처럼 보인다. 하지만 이런 견해는 편협하다. 힘의 법칙이 지배하는 전쟁에서 적에게 반쪽짜리 정치와 손발이 묶인 전쟁술로 대항하면, 달리 말해 전쟁술에 펜싱술로 대항하면 완전한 파멸을 맞을 것이다.

전쟁 행동은 연속적인 움직임이 아니라 단속적인 움직임으로 진행된다. 하나하나의 유혈 행동 사이에는 적을 관찰할 시간이 생기고, 그 시간에 양쪽은 방어 상태에 있게 된다.

제17장 오늘날의 전쟁의 성격 — 절대 전쟁

지난날의 전쟁	상비군의 비율에 따라 계산된다
오늘날의 전쟁	모든 국력을 들여 전쟁을 수행한다

오늘날의 전쟁의 성격은 전략적인 계획에 큰 영향을 미친다.

나폴레옹의 승리와 대담성은 이전의 모든 평범한 전쟁 수단을 쓸모없게 만들었다. 스페인 사람들은 지속적인 투쟁으로 국민 무장 투쟁과 민중 봉기의 수단이 전체적으로 큰 성과를 이룰 수 있다는 것을 보여 주었다. 러시아는 1812년의 원정에서 넓은 영토를 갖는 나라는 점령할 수 없다는 것, 승리의 개연성은 전투, 수도, 많은 지방을 잃는 만큼 줄어들지 않고, 적의 공격력이 고갈되면 자기 나라 한가운데에서 매우 강력해지고 엄청난 힘으로 방어에서 공격으로 넘어간다는 것을 보여 주었다. 프로이센은 1813년에 민병대로 군대의 보통 병력을 여섯 배로 늘릴 수 있고, 민병대는 나라 안은 물론 나라 밖에서도 잘 쓸 수 있다는 것을 보여 주었다. 이 모든 경우는 국력, 전쟁 능력, 전투력을 창출하는데 국민의 마음과 신념이 얼마나 중요한지 보여 준다. 그래서 앞으로 전쟁에서 이 수단을 쓰지 않는다는 것은 기대할 수 없게 되었다.

양쪽이 모든 국력을 들여 수행하는 전쟁은 양쪽의 상비군의 비율에 따라 모든 것이 계산되었던 전쟁과 다른 원칙에 따라 준비해야 한다.

제18장 긴장과 휴식

행동	긴장	위기	잘 덮은 지뢰	활동과 이동	본래의 전쟁
중지	휴식	균형	잘못 터진 화약	위기의 부산물	위기의 반영

전쟁 행동이 중지되면 휴식이 생기고 균형이 찾아온다. 양쪽 중에 어느 한쪽이 적극적인 목적을 실현하려고 활동하고 적이 이에 대해 저항하면 힘의 긴장이 생긴다. 이 긴장은 승패의 결정이 날 때까지 계속된다. 결전 다음에 군대의 이동이 따른다. 이동을 하다가 지치면 휴식을 한다. 그렇지 않으면 새로운 긴장이 생기고 결전이 일어나고 또 이동하게 된다.

휴식과 긴장 상태에서 여러 가지 활동이 일어날 수 있고, 그 활동에 주력 전투도 포함될 수 있다. 그러면 그 활동은 완전히 다른 성질을 갖게 된다. 긴장 상태에서는 결전의 효과도 높아질 것이다. 긴장을 하면 의지력과 상황의 긴박함이 많이 나타나기 때문이다. 이때의 결전은 잘 막고 덮어 놓은 지뢰의 효과와 같다. 똑같이 큰 사건도 휴식의 상태에서 일어나면 공중에서 잘못 터진 화약과 비슷하게 된다. 긴장 상태에서 쓰는 수단은 균형 상태에서 쓰는 수단보다 중요하고 효과적일 것이다. 이 중요성은 긴장의 제일 높은 단계에서 무한히 높아진다.

이전의 대부분의 전쟁은 균형 상태에서 또는 긴장이 매우 약한 상태에서 일어나서 큰 성과를 내는 일이 드물었다. 최고 지휘관은 이 두 가지 상태를 잘 분간하고, 그 상태의 정신에 합당하게 행동하는 재능을 갖추어야 한다.

이 구분은 이론을 심화하는 데도 필요하다. 공격과 방어의 모든 관계는 병력이 긴장하고 이동하는 위기의 상태와 관련되어 있기 때문이다. 우리는 균형 상태에서 일어날 수 있는 모든 활동을 긴장 상태에서 생겨나는 부산물로 간주할 것이다. 위기야말로 본래의 전쟁이고, 균형은 위기의 반영에 지나지 않기 때문이다.

정신적 요소(3~7장), 물리적 요소(8~14장), 수학적 요소(15장) 다음의 세 장(16~18장)은 지리적 요소에도, 통계적 요소에도 속하지 않는다. 이 두 요소는 『전쟁론』 제3편에 없다. 세 개의 장은 전쟁 행동의 중지와 계속(16장), 긴장과 휴식(18장)을 포함하는 오늘날의 전쟁의 성격(17장)을 다루고 있다.

제4편 전투[21]

제1장 개요

전투는 본래의 전쟁 활동이고, 전투의 구성은 전술적인 성질을 띤다. 전투의 전체 현상을 파악하려면 전투의 전술적인 성질을 일반적으로 살펴보는 것으로 충분하다. 모든 전투는 전투의 자세한 목적에 따라 특별한 형태를 띤다. 전투의 일반적인 성질을 살펴본 다음에 특별한 형태를 살펴보도록 한다.

21. 하워드(1983, 57~58)는 『전쟁론』 제4편은 『전쟁론』 전체에서 제일 강력한 필치와 짜임새 있는 구성을 보이는 반면에, 제3편은 일관성이 없고 각각의 주제에 관한 글을 모아 놓은 것에 지나지 않는다고 주장한다. 나는 하워드의 주장에 별로 동의하지 않는 편이다.

제2장 오늘날의 전투의 성격

오늘날 일어나는 대규모 전투의 일반적인 모습. 대규모 병력을 전후좌우로 배치하고 그중에 일부 병력을 산개하고 총격 전투를 벌이게 한다. 이 총격 전투는 때로 돌격, 총검 공격, 기병의 습격과 같은 작은 충돌로 중단된다. 양쪽은 일진일퇴를 거듭한다. 그 병력이 지치면 물러나고 다른 병력으로 대체된다. 이런 식으로 전투는 누그러들고, 밤이 되면 휴식이 온다. 아직 쓸 수 있는 병사들의 수를 헤아린다. 얼마나 많은 공간을 얻거나 잃었는지, 배후의 안전은 어떠한지 어림잡는다. 이 결과는 용기와 두려움에 대한 인상과 더불어 하나의 전체 인상으로 수렴한다. 이 전체 인상에 의해 전쟁터에서 철수할지 아니면 다음날 아침에 전투를 계속할지 결정한다.

오늘날의 전투가 이런 모습을 보이는 것은 양쪽이 전쟁 준비와 전쟁술에서 대체로 동일한 수준에 있기 때문이고, 전쟁이 민족적인 이해 관계에서 자극을 받아 격렬하게 수행되기 때문이다.

제3장 전투 일반 — 적의 전투력의 파괴

전투의 목적	적의 파괴	➡	적의 전투력의 파괴
전투에서 적	적의 전투력		

전투가 본래의 전쟁 활동이고, 그 외의 모든 것은 전쟁 활동을 돕는 수단에 지나지 않는다. 전투는 싸움이고, 싸움에서는 적을 파괴하거나 제압하는 것이 목적이다. 적은 하나하나의 전투에서 아군과 대립하고 있는 전투력이다.

어느 나라와 그 나라의 군사력을 하나의 단위라고 보면 전쟁도 단 하나의 대규모 전투라고 생각할 수 있다. 하지만 오늘날의 전쟁은 동시에 또는 연속적으로 일어나는 크고 작은 많은 전투로 이루어져 있다. 오늘날에는 전쟁을 일으키는 상황이 매우 다양하기 때문이다.

적을 제압한다는 것은 적의 전투력을 파괴한다는 것이다. 이것이 전투의 유일한 목적이다.

단순한 공격	동시적	짧은 시간	직접적 효과	빠르고 용감하게	용기
복합적 공격	연속적	많은 시간	간접적 효과	폭넓고 정교하게	지혜

적을 직접적으로 공격하여 파괴하는 것에 반해, 많은 사람들이 적을 간접적으로 정교하고 복합적으로 파괴하는 것이 바람직하다는 잘못된 견해를 갖고 있다. 하지만 적을 직접적으로 파괴하는 전술적인 성과만이 전략적인 성과를 끌어낼 수 있고 전쟁 수행에서 압도적인 중요성을 갖는다.

이 주장은 복합적인 공격이 많은 시간을 필요로 한다는 것으로 간단하게 증명할 수 있다. 적이 수동적이라면 복합적인 공격이 단순한 공격보다 큰 효과를 낸다. 하지만 여기에는 많은 시간이 필요하다. 적이 짧은 시간에 단순한 공격을 하기로 결정하면 적이 우세해진다. 복합적인 공격은 공격을 준비하는 동안 적의 짧은 시간의 공격으로 아군이 방해를 받지 않을 때만 할 수 있다. 그렇지 않으면 아군도 짧은 시간의 공격을 선택해야 한다. 현실에서 빠르고 용감하고 결단력 있는 적은 아군에게 포괄적이고 정교하고 복합적인 공격을 할 시간을 주지 않을 것이다. 단순한 공격의 성과는 복합적인 공격의 성과보다 훨씬 나은 것처럼 보인다.

이 말은 단순한 공격이 최선이 아니라 상황이 허락하는 것보다 더 복합적인 공격을 해서는 안 된다는 것이다. 적이 호전적일수록 직접적인 전투를 그만큼 많이 하게 된다. 복합적인 계획으로 적을 앞서려고 하는 것보다 그 반대의 측면에서 적을 앞서려고 해야 한다.

이 단순함과 복합성의 대립의 마지막 초석은 용기와 지혜이다. 흔히 적당한 용기와 큰 지혜로 짝지은 쪽이 적당한 지혜와 큰 용기로 짝지은 쪽보다 큰 효과를 낸다고 생각한다. 하지만 본래 용기의 영역이라고 간주해야 하는 위험한 전쟁터에서 지혜를 용기보다 유리하다고 인정하는 것은 옳지 않다. 전쟁사를 보면 모든 무덕 중에 전쟁 수행의 에네르기가 군대의 명예와 승리에 제일 많이 이바지했다

적의 전투력을 파괴하는 것이 전쟁 전체뿐만 아니라 하나하나의 전투에서도 제일 중요한 원칙이다.

제4장 적의 전투력의 파괴 – 적의 손실 > 아군의 손실

손실	물리적 전투력의 손실	전투 중의 손실
	정신적 전투력의 손실	전투 후의 손실

적의 전투력의 파괴는 적의 전투력의 감소가 아군의 전투력의 감소보다 상당히 크다는 것이다.

양쪽의 물리적인 전투력의 손실은 전투 중에는 크게 다르지 않고, 적이 후퇴할 때 비로소 나타난다. 물리적인 전투력의 손실은 인간, 말, 대포의 손실에서 나타난다. 정신적인 전투력의 손실은 질서, 용기, 신뢰, 단결, 계획의 손실에서 나타난다. 물리적인 손실이 비슷할 때 전투를 계속할 수 있을지 없을지를 결정하는 것은 주로 정신력의 손실이다.

전투 중에 나타나는 정신력의 손실은 전투 지역의 상실과 적의 예비 병력의 우세함으로 알 수 있다. 아군의 예비 병력이 적의 예비 병력에 비해 많이 줄어들수록 아군은 적과 균형을 유지하려고 그만큼 많은 병력을 쓴 것이다. 이것은 적의 정신력이 우세하다는 명백한 증거이다. 정신력의 손실은 예비 병력을 쓴 정도에 따라 자로 잰 듯이 분명하게 나타난다. 전투에서 후퇴하게 되는 이 두 가지 원인 외에 부대 간의 연락 두절, 전체 계획의 차질 등도 있다. 모든 전투는 피를 흘리고 상대를 파괴하면서 물리적인 힘과 정신적인 힘을 결산하는 것이다. 마지막 결산 때 두 힘의 합계에서 많이 남는 쪽이 승리자이다.

전투 중의 손실은 사망자와 부상자에서, 전투 후의 손실은 대포와 포로의 손실에서 많이 나타난다. 사망자와 부상자는 승리자와 패배자 모두에게 있지만, 대포와 포로는 주로 패배자에게 많이 나타난다. 대포와 포로는 승리의 전리품이자 척도이다. 여기에서 정신적인 우세함의 정도도 알 수

있다. 전투 중의 정신적인 손실은 회복될 수 있다. 하지만 이 회복은 작은 군대, 큰 군대, 나라와 정부의 순으로 드물어진다.

승리의 정신적인 효과는 전투력의 규모와 동일한 정도로 높아질 뿐만 아니라 더 높은 정도로 높아지기도 한다. 즉 규모뿐만 아니라 강도도 높아진다. 군대 전체의 패배는 사단의 패배에 비교할 수 없을 만큼 크다. 이때는 모든 것이 무너진다. 하나의 큰 불은 여러 개의 작은 불과는 완전히 다른 온도에 이른다.

승리의 정신적인 효과는 양쪽의 전투력의 비율에서도 나타난다. 소수로 다수를 물리치는 것은 두 배의 이익이 될 뿐만 아니라 소수의 병력이 매우 우월하다는 것을 보여 준다.

포로와 대포를 얻는 것이 중요하다면 전투도 그 점을 고려하여 배치해야 할 것이다. 전투의 배치는 아군의 배후를 안전하게 하고 적의 배후를 위태롭게 한다는 점에서 전략과 관련되어 있다. 적의 배후를 위태롭게 할수록 그만큼 많은 포로와 대포를 얻게 된다.

전투에서 배후가 위협을 받으면 패배는 더 확실하고 결정적인 것이 된다. 그래서 아군의 배후를 안전하게 하고 적의 배후를 얻는 것은 모든 전쟁과 크고 작은 전투의 자연스러운 본능이다. 이 노력은 전투의 일반적인 목적이고, 이 목적에 거의 모든 전술적인 기동과 전략적인 기동이 달려 있다.

승리의 전체 개념에서 다음의 세 가지 요소를 발견하게 된다.

---

1 물리적 전투력에서 적의 더 큰 손실

2 정신적 전투력에서 적의 더 큰 손실

3 적이 계획을 포기하면서 이 손실을 공개적으로 고백하는 것

---

1. 사망자와 부상자의 손실에 관한 양쪽의 보고는 결코 정확하지 않고 진실인 경우는 드물고 대부분 고의적인 왜곡으로 가득하다. 전리품의 수도 완전히 믿을 수 없고, 그러면 전리품도 승리에 의심을 품게 한다.

2. 정신적인 힘의 손실에 대해서는 전리품 외에 적절한 기준이 있을 수 없다.

3. 그래서 많은 경우에 전투를 포기하는 것만이 승리의 참된 증명이 된다. 손실을 고백하는 것은 항복의 표시이고, 이 굴욕이 승리의 본질적인 측면이다.

오랫동안 완강하게 전투를 수행한 전쟁터에서 후퇴하는 것, 전초에서 완강하게 저항하다가 후퇴하는 것, 미리 후퇴하기로 작정하고 자기 나라에서 한발 한발 물러나면서 전투를 하는 것은 계획을 포기하는 것이 아니다. 후퇴하는 것과 계획을 포기하는 것을 구분하는 것은 어렵다. 또한 계획을 포기하는 것이 군대 안팎에서 만들어 내는 인상을 가볍게 생각해서는 안 된다. 즉 전투에서 패배하지 않았는데도 후퇴를 하면 그것은 패배로 보일 수 있다. 후퇴 계획을 공개적으로 설명할 수도 없고, 후퇴의 정신적인 악영향을 막을 수도 없다.

승리를 통해 정신력이 크게 충격을 받고 전리품도 엄청나게 늘어나면, 이 전투의 패배는 승리의 반대말로서 패배가 아니라 완전한 패배가 된다. 이런 패배에서는 정신력이 훨씬 높은 정도에서 해체되기 때문에 때로 저항 능력을 완전히 상실하고 오로지 도망만 치게 된다.

완전한 패배와 그렇지 않은 패배는 정도의 차이에 지나지 않기 때문에 그 경계를 말하는 것은 어렵다. 하지만 개념을 확립하는 것은 이론적인 생각을 분명하게 하는데 중요하다.

제5장 전투의 의의

전투력을 나누면 많은 전투가 생긴다. 그러면 하나하나의 전투의 구체적인 목적이 중요해질 것이다. 많은 목적과 전투는 몇 가지 종류로 묶을 수 있다.

공격적 전투	방어적 전투
1 적의 전투력의 파괴	1 적의 전투력의 파괴
2 어느 지역의 점령	2 어느 지역의 방어
3 어느 대상의 획득	3 어느 대상의 방어
4 위장 전투의 수행	

전투의 의의를 일반적으로 말하면 앞의 목적은 그 순서대로 중요하다. 1이 주력 전투에서 제일 중요한 목적이어야 한다. 2와 3은 방어 전투에서 매우 소극적이고 간접적으로만 도움이 될 수 있다. 그래서 이런 종류의 전투가 자주 일어난다는 것은 전략적인 상황이 나쁘다는 표시이다.

전투의 목적은 정찰, 경보 발령, 양동에서는 간접적으로만 이루게 된다. 그래서 적이 잘못된 행동에 빠지게 하든지, 적에게 위장 전투를 한다는 목적을 덧붙여야 할 것이다. 물론 이 목적은 공격 전투에서만 생각할 수 있다.

절대적 방어	지점을 포기해서는 안 될 때	후퇴하지 않는다
상대적 방어	지점을 얼마 동안만 필요로 할 때	후퇴가 중요하다

앞의 2의 어느 지역의 방어에는 두 가지 종류가 있을 수 있다. 하나는 그 지점을 결코 포기해서는 안 될 때 쓰는 절대적인 방어이고, 다른 하나는 그 지점을 얼마 동안만 필요로 할 때 쓰는 상대적인 방어이다. 전자에서는 후퇴를 별로 생각하지 않지만, 후자에서는 그것이 제일 중요하다. 상대적인 방어는 전초와 후위의 전투에서 끊임없이 나타난다.

제6장 전투의 지속 시간

승리자	전투를 빨리 끝낼수록	승리의 힘을 높이고
패배자	전투를 오래 끌수록	손실을 보충하고

전투와 전투력의 관계를 보면 전투의 지속 시간은 제2의 승리라고 간주할 수 있다. 승리자는 전투를 빨리 끝낼수록 좋고, 패배자는 전투를 오래 끌수록 좋다. 신속한 승리는 승리의 힘을 높이고, 패배하는 전투를 오래 끌면 손실을 보충하게 된다. 완전한 승리는 때로 전투의 지속 시간에 달려 있게 된다.

전투의 지속 시간은 반드시 전투의 본질적인 상황과 관련되어 있다. 이 상황은 병력의 절대 규모, 양쪽 병력의 비율, 병과의 비율, 지형의 특성 등이다. 이 점을 고려해야 전투의 지속 시간 내에 목적을 이룰 수 있다.

8000명에서 10,000명의 사단은 몇 시간에서 한나절 동안, 3~4개의 사단이 모인 군단은 그 두 배의 시간 동안, 80,000명에서 100,000명의 군대는 그 서너 배의 시간 동안 전투를 할 수 있다.

제7장 전투의 승패의 결정

첫 번째 전투(A) 계속?	➡	승패의 시점	➡	새로운 전투(B) 재개?	➡	전체 성과

모든 전투에는 승패에 중대한 영향을 미치는 중요한 순간이 있지만, 어느 전투의 승패도 단 한순간에 결정되지 않는다. 하지만 모든 전투에는 승패가 결정되었다고 볼 수 있는 시점이 있다. 이때 전투가 다시 시작되면 이는 새로운 전투이고 이전의 전투를 계속하는 것이 아니다. 이 시점에 대해 분명한 생각을 갖는 것은 지원 병력으로 전투를 유리하게 다시 시작할 수 있는지 없는지 결정하는데 매우 중요하다.

돌이킬 수 없는 전투에 새로운 병력을 투입하여 쓸데없이 희생하는 경우도 있고, 승패를 뒤집을 수 있는데 이를 놓치는 경우도 있다. 호엔로헤는 1806년에 예나에서 나폴레옹에게 전멸을 당했는데, 뤼헬이 그 전투를 재개하여 역시 전멸을 당했다. 같은 날 아우어슈테트에서 프로이센 군대는 패배할 수 없는 전투에서 칼크로이트의 예비 병력을 쓸 기회를 놓치고 말았다.

모든 전투는 하나의 전체이고, 부분 전투는 하나의 전체 성과로 통합된다. 전투의 승패는 전체의 성과에 달려 있다. 보통 승패의 순간은 적보다 적지 않은 수의 새로운 전투력으로도 불리한 전투를 더 이상 뒤집을 수 없는 순간을 말한다. 승패 결정의 순간은 다음과 같다.

1. 움직이는 대상의 획득이 목적이었다면 그 대상을 잃는 것.

2. 어느 지역의 점령이 목적이었다면 그 지역을 잃는 것.

3. 적의 전투력을 파괴하는 것이 목적이라면 승리자가 혼란, 일종의 무능력의 상태에서 벗어나는 순간에 승패가 결정된다.

적이 병력의 일부만 잃은 반면에, 아군은 해체와 다름없는 상태에 빠져 있을 때는 전투를 재개할 수 없다. 전투를 한 전투력이 적을수록, 승패에 영향을 미치는 예비 병력이 많을수록, 적의 새로운 병력이 아군의 승리를 다시 빼앗는 일은 그만큼 어려울 것이다. 병력을 최대한 절약하면서 전투를 수행하고, 많은 예비 병력의 정신적인 효과를 관철하는데 성공하는 것은 승리를 향한 확실한 길이다.

승리자가 이전의 전투 능력을 회복하는 것은 그 군대의 규모가 작을수록 빨라지고 클수록 늦어진다. 위기에 빠져 있는 승리자에게 밤이 찾아오면, 또는 지형이 끊어졌거나 감추어져 있을 때는 전투를 재개하는 것이 어렵다.

지원 병력이 배후에서 오지 않고 적의 측면이나 배후로 가면 그 효과를 크게 높일 수 있다. 첫째, 측면 공격과 배후 공격은 승패의 결정 자체보다 승패의 결정 후의 성과에 더 유리한 영향을 미친다. 둘째, 지원 병력은 측면과 배후에 대한 기습으로 정신적인 효과를 낸다.

전투 안 끝나 -	A + B	하나의 공통 결과, A는 사라짐
전투 끝나	지원 병력이 비슷하면	A 〈 B는 어렵다
	지원 병력이 많으면	A 〈 B, A는 사라지지 않음

아직 끝나지 않은 전투에서 지원 병력으로 시작하는 새 전투는 이전의 전투와 하나가 되고 하나의 공통 결과로 합쳐지고, 첫 번째 전투의 손실은 계산에서 사라진다. 전투의 승패가 결정되고 나면 두 개의 결과가 생긴다. 지원 병력이 적과 비슷한 수만큼 오면 두 번째 전투에서 유리한 성과를 기대하기는 어렵다. 지원 병력의 수가 많이 오면 지원 병력은 첫 번째 전투의 성과를 상쇄하고 우세해질 수 있지만, 첫 번째 전투의 성과는 계산에서 사

라지지 않는다. 부분 전투의 성과는 전체 전투가 끝날 때까지 보류된 판결에 지나지 않는다.

첫 번째 전투가 끝난 다음에 새로운 전투를 하지 않고 첫 번째 전투를 재개하는 것은 대개 복수심 때문이다. 치욕을 씻으려고 할 때보다 높은 사기를 보여 주는 군대는 없다. 다만 이는 패배한 부대가 지나치게 중요한 부대가 아니라는 것을 전제로 한다. 중요하지 않은 전투에서 보복의 예를 많이 볼 수 있다. 큰 전투는 복수심과는 다른 동기를 많이 갖고 있다.

하나의 전투	-	전술적 배치		
병력이 멀리	-	전략적 배치	행군, 전위와 측면, 예비 병력	잔돈
			주력 전투, 이와 동일한 수준	금화

공동으로 전투를 하는 부대가 얼마의 거리를 두고 배치되어야 하는지는 전투의 지속 시간과 승패의 순간에 달려 있다. 하나의 전투를 목표로 배치된다면 그 배치는 전술적인 배치이다. 공동으로 공격하는 병력도 멀리 있어야 하는 경우가 있는데, 그것은 전략적인 배치이다.

전략적인 배치는 분산되어 있는 군대와 종대의 행군, 전위 부대와 측면 부대, 하나 이상의 전략적인 지점을 지원하는데 쓰이는 예비 병력, 넓은 사영지에 분산되어 있는 하나하나의 군대의 집결 등이다. 전략에서 이런 배치는 잔돈을 이루는 반면에, 주력 전투나 이와 동일한 수준에 있는 모든 것은 금화와 은화이다.

제8장 전투에 대한 양쪽의 합의

공격자		전투		방어자	
전진	➡	O	⬅	방어	
전진	➡	X	➡	후퇴	포위와 기습

양쪽이 전투를 하는데 합의하지 않으면 어떤 전투도 일어날 수 없다. 결투는 이 생각에 토대를 두고 있다.

고대 민족의 경우에는 어떤 장애물도 없는 탁 트인 벌판에서 전투를 벌였다. 전쟁술은 군대를 준비하고 편성하는 것, 즉 전투 대형을 의미했다. 보루를 쌓은 진지는 침범할 수 없는 것으로 간주되었다. 적이 자기 진영에서 나와야 전투를 할 수 있었다.

오늘날의 군대가 생긴 초기에도 대규모 전투는 그러했다. 대규모 병력이 전투 대형에 따라 전투를 수행했고 대형 안에서 지휘를 받았다. 전투 대형은 하나의 크고 부자연스러운 전체였기 때문에 평지를 필요로 했다. 심하게 끊어진 지형, 감추어진 지형, 산악 지형은 공격에도 방어에도 적당하지 않았다. 이런 상황은 제1차 슐레지엔 전쟁 때까지 계속되었다. 7년 전쟁에서 비로소 접근하기 어려운 지형에서도 적에 대해 공격을 할 수 있게 되었다.

30년 전부터 전쟁은 이런 의미에서 발전되었다. 전투로 승패의 결정을 내리려고 하는 최고 지휘관을 방해하는 것은 사라졌다. 그는 적을 찾아서 공격하면 되었다.

방어하는 쪽도 전투를 거부할 수 없게 되었다. 물론 진지를 버리고 방어를 포기하면 전투를 피할 수 있다. 하지만 이는 공격자의 우세함을 인정하는 것이 된다. 방어자가 후퇴하지 않는 한, 방어자도 전투를 바라고 있는 것이라고 보아야 한다.

공격자도 방어자의 후퇴로 얻는 것 이상을 바란다면 후퇴하는 적에게 특별한 기술로 전투를 강요하는 수단을 찾아내야 한다.

이때 제일 중요한 수단은 첫째로 적을 포위하는 것이다. 적에게 후퇴를 불가능하거나 곤란하게 해서 적이 전투를 받아들이도록 하는 것이다. 둘째로 적을 기습하는 것이다. 하지만 오늘날 기습은 효력을 크게 잃었다. 오늘날의 군대는 유연하고 민첩해졌기 때문에 적이 보는 앞에서도 후퇴하는 것을 주저하지 않는다. 지형의 상황이 특별히 불리할 때만 후퇴를 하는 것이 곤란해질 것이다. 이 두 가지 수단으로 적은 아군이 하려고 하는 전투에 합의하지 않을 수 없게 된다. 하지만 전체적으로 이런 예는 매우 드물다.

제9장 주력 전투—승패 결정의 순간

승패 결정의 순간	특징	징후
1 전투 대형의 파괴	기하학적	정신력
2 핵심 지점의 점령	지리적	지역의 상실
3 예비 병력의 비율	물리적	병력의 감소
+		
4 후퇴의 위험성		
5 밤이 다가오는 것		

주력 전투는 진정한 승리를 얻으려고 모든 노력을 들이는 주력 군대의 전투이다. 전쟁 본래의 중심이고 그 자체 때문에 존재하는 전투이다. 그러면 주력 전투의 승패의 이유도 그 자체 안에 있어야 한다. 승리는 주력 전투에서 찾아야 하고, 병력이 완전히 불충분한 것으로 나타날 때만 주력 전투를 포기해야 한다. 이 순간을 어떻게 알 수 있을까?

1. 군대의 대형을 갖추는 것이 승리의 조건일 때는 이 대형을 파괴하는 것이 승패를 결정했다.

2. 방어의 본질이 군대와 지형을 긴밀하게 결합하는데 있었던 때는 진지에서 핵심 지점을 점령하는 것이 승패를 결정했다. 오늘날에는 기하학적인 대형도 지리적인 핵심 지점도 더 이상 중요하지 않게 되었다.

3. 오늘날 주력 전투를 포기하는 결정은 그때까지 남아 있는 새 예비 병력의 비율에서 나온다. 그들만 온전한 정신력을 갖고 있기 때문이다.

전투는 보통 처음부터 일정한 방향으로 향한다. 전투의 과정은 일진일퇴의 진동이라기보다 양쪽의 균형이 서서히 기우는 것이다. 이 변화는 처음에는 눈에 띄지 않지만 시시각각 심해지고 뚜렷해진다. 뜻밖의 돌발 상황 때문에 전투에서 패배했다고 말하는 것은 대부분 변명에 지나지 않는다. 어느 전투를 패배한 것으로 간주해야 한다면 그 전투를 뒤집으려고 더 이상 병력을 투입해서는 안 될 것이고, 그 순간에 곧바로 후퇴해야 할 것이다.

전체 전투의 결과는 모든 부분 전투의 결과의 합으로 이루어진다. 하나하나의 전투의 결과는 세 가지의 대상에 나타난다. 첫째로 지도자의 의식에 있는 정신력에 나타난다. 둘째로 아군의 병력이 더 빠르게 줄어드는 것에서 나타난다. 셋째로 지역을 상실하는 데서 나타난다. 이 세 가지 대상은 최고 지휘관에게 전투의 승패의 방향을 알게 하는 나침반의 역할을 한다.

이 중에서 아직 남아 있는 새로운 예비 병력의 비율이 대부분 승패를 완전하게 결정하도록 하는 중요한 이유가 된다. 예비 병력이 적의 예비 병력보다 많이 줄어들기 시작하는 시점부터 승패는 결정된 것이라고 보아야 한다.

이 포괄적인 규정은 특별한 두 가지 계기를 더 필요로 하는데, 그것은 후퇴가 위험해진다는 것과 밤이 다가온다는 것이다.

4. 전투가 계속 진행되면서 후퇴를 하는 것이 점점 더 위험해진다면 패배를 받아들이고 질서정연하게 후퇴해야 한다.

5. 밤이 되면 대개 모든 전투도 끝난다. 야간 전투는 특별한 조건에서만 유리함을 약속하기 때문에 후퇴를 해야 하는 최고 지휘관은 후퇴하는 데 밤을 선호할 것이다.

후퇴를 해야 하는 경우에 최고 지휘관은 용기와 통찰력 사이의 갈등을 극복해야 한다. 한편으로 자부심, 불굴의 의지, 필사적인 저항이 전쟁터에서 물러나지 말도록 요구한다. 다른 한편으로 통찰력은 모든 힘을 쓰지 말고 질서정연한 후퇴에 필요한 만큼의 병력은 남겨 두라고 충고한다. 전쟁에서 용기의 가치를 아무리 높게 본다고 해도 어느 시점을 넘어 계속 버티는 것은 절망에 빠진 어리석음이라고 할 수밖에 없다. 나폴레옹은 벨-알리앙스 전투를 뒤집으려고 마지막 힘까지 쏟았지만, 그 전투는 더 이상 뒤집을 수 없는 전투였다.

주력 전투의 승리의 효과		
1 도구(최고 지휘관과 군대)에	➡	긴장, 패배감 ⬆
2 전쟁 당사국(인민과 정부)에	➡	용기, 자신감 ⬇
3 승리 이후의 전투 경과에	⬅	승리의 상황에

대규모 승리의 효과는 셋으로 구분할 수 있다. 최고 지휘관과 군대에 미치는 효과, 전쟁에 참여한 여러 나라들에 미치는 효과, 이 효과가 이후의 전쟁 경과에서 보여 주는 본래의 효과이다.

1. 대규모 전투의 정신적인 효과는 승리자보다 패배자에게 더 크고, 물리적인 힘을 더 많이 잃게 하고, 이것은 다시 정신적인 힘에 영향을 미치고, 둘은 상승 작용을 일으킨다. 정신적인 효과는 패배자의 힘을 무너뜨리는 것처럼 승리자의 힘과 활동력을 높인다. 하지만 중요한 효과는 패배자에게 나타난다. 패배자에게 정신적인 효과는 새로운 손실을 일으키는 직접적인 원인이 되기 때문이다. 패배자가 본래의 균형 아래로 내려가는 정도는 승리자가 본래의 균형 위로 올라가는 정도보다 훨씬 크다. 승리의 효과가 소규모 전투보다 대규모 전투에서 더 크다면, 하위 전투보다 주력 전투에서 훨씬 크다. 여기 이 자리에서 이 시간에 적을 제압하는 것이 목적이다. 이것이 최고 지휘관뿐만 아니라 군대 전체를 정신적으로 긴장하게 한다. 주력 전투는 모든 사람의 긴장을 높인다. 결과에 대한 긴장이 높을수록 그 결과의 효과도 그만큼 높아질 것이다.

불리한 전투에서 최고 지휘관의 상상력을 사로잡는 것은 첫째로 병력의 감소이고, 다음으로 지역의 상실이다. 그다음으로 대형의 파괴, 부대의 혼란, 퇴로의 위험성 등이다. 마지막으로 후퇴이다. 후퇴를 하면 패배감이 최고 지휘관부터 모든 병사들에게 전달되고, 병사들은 최고 지휘부에 책임을 돌리고 불신감을 갖게 된다. 패배감은 사람이 자기 마음대로 통제할 수 있는 감정이 아니라 적이 아군보다 우세하다는 명백한 진실을 가리킨다. 패배가 분명해지면 이를 우연, 행운과 운명, 용감성으로 막는 것은 어렵다. 패배감은 승리에 따르는 필연적인 효과이다.

2. 승리는 인민과 정부에도 영향을 미친다. 그것은 최고의 긴장 상태에 있던 희망이 갑자기 허물어지는 것이고, 모든 자신감이 무너지는 것이다. 공포심이 밀려들고, 인민과 정부는 완전히 마비 상태에 빠진다. 그것은 정신적인 충격 그 자체이다. 서둘러야 하는 곳에서 주저하고, 모든 것을 운명에 맡긴 채 용기를 잃고 팔을 축 늘어뜨린다.

3. 승리의 효과가 전쟁의 경과 자체에 만드는 결과는 부분적으로 최고 지휘관의 성격과 재능에도 달려 있지만, 대개 승리를 낳은 상황과 승리에 의해 생긴 상황에 더 많이 달려 있다. 최고 지휘관에게 대담성과 모험적인 정신이 없다면 빛나는 승리도 큰 성과를 내지 못할 것이다. 여러 상황이 대담성과 모험적인 정신을 방해하면 그것은 훨씬 빨리 소모될 것이다.

승리의 강도가 높을수록, 전투가 주력 전투가 될수록, 그 전투에 모든 전투력이 모일수록, 이 전투력에 모든 군사력이 포함될수록, 이 군사력에 나라 전체가 포함될수록, 승리의 효과는 그만큼 높아진다.

승리의 효과는 문제의 본질에 토대를 두고 있기 때문에 필연적으로 나타난다. 모든 전쟁은 인간이 약하다는 것을 전제로 하고 있고 그것을 공격하는 것을 목표로 하고 있다.

절망적인 상황에서도 아직 남아 있는 수단을 고려해야 한다. 하지만 이것이 패배의 효과를 점차 영으로 만드는 것은 아니다. 또한 주력 전투의 패배자에게 새로운 힘이 생길 수도 있다. 하지만 승리의 결과가 패배자에게 힘의 반작용을 일으켜서 승리자에게 더 불리해질 수 있다는 것은 드문 예외에 속한다.

제11장 주력 전투—승패 결정의 요소

전쟁의 개념에서 다음과 같은 결론이 나온다.

1. 적의 전투력을 파괴하는 것은 전쟁에서 제일 중요한 원리이고, 적극적으로 행동하는 쪽에게 목표에 이르도록 하는 제일 중요한 길이다.

2. 전투력의 파괴는 주로 전투에서만 일어난다.

3. 대규모의 일반적인 전투만 큰 성과를 낸다.

4. 전투의 성과는 많은 전투가 하나의 대규모 전투로 합칠 때 제일 높아진다.

5. 최고 지휘관은 주력 전투에서만 활동을 직접 지휘한다.

1~5에서 상호 보완적인 두 가지 법칙이 나온다. 첫째, 적의 전투력은 주로 대규모 전투와 그 결과로 파괴할 수 있다. 둘째, 대규모 전투의 중요한 목적은 적의 전투력을 파괴하는 것이어야 한다.

주력 전투는 적의 전투력을 파괴하려고 할 때만 수행하고, 이 파괴는 주력 전투를 통해서만 달성된다. 그래서 주력 전투는 모든 전쟁이나 원정의 중심이라고 보아야 한다. 전쟁의 힘과 상황은 주력 전투에서 제일 높은 집중 효과로 모인다. 전쟁이 전쟁답게 될수록, 전쟁이 적대감과 증오를 해결할수록, 모든 활동은 그만큼 피비린내 나는 전투로 집중되고, 주력 전투도 그만큼 격렬해진다.

적극적인 목적은 공격자에게 속하는 것이고, 주력 전투도 주로 공격자의 수단이다. 하지만 주력 전투는 방어자에게도 상황의 요구에 따르고 문제를 해결하는 효과적인 수단이다.

주력 전투는 피를 제일 많이 흘리는 해결 방식이다. 물론 주력 전투의 효과는 적의 병사들을 죽이는 것보다 적의 용기를 죽이는데 있다. 하지만

살육은 주력 전투의 특징이다.[22]

피를 흘리지 않고 목표에 이르는 것을 더 높은 전쟁술로 보는 생각은 인간의 약점에 호소하는데, 이론은 이런 착각에 대해 경고해야 한다. 대규모의 승패의 결정은 대규모의 전투에서만 있을 수 있다. 대규모의 승리만 대규모의 성과를 냈다. 피를 흘리지 않고 승리한다는 것은 있을 수 없다.

1) 전투력의 수	➡	주력 결전	⬅	자기 힘에 대한 신뢰(용기)
2) 성과의 크기				필요성에 대한 의식(통찰력)

대규모 전투는 주력 결전으로 간주된다. 주력 결전의 승패는 주력 전투 자체에 달려 있다. 즉 전투를 하는 전투력의 규모와 성과의 크기에 달려 있다.

1) 주력 전투의 규모에 따라 주력 전투를 통해 승패를 결정하게 되는 경우도 그만큼 많아진다. 최고 지휘관은 주력 전투에서 전투력의 대부분을 쓰면서도 그 때문에 다른 곳을 소홀히 하지 않는다.

2) 승리의 성과는 전투를 수행하는 전술적인 형태, 지형의 성질, 병과의 비율, 병력의 비율에 달려 있다. 정면 전투는 우회 전투보다 큰 성과를 내지 못한다. 끊어진 지형이나 산악 지역에서는 공격력이 약해지기 때문에 성과도 적다. 패배자가 승리자와 같거나 많은 기병을 갖고 있으면 추격의 효과는 줄어든다. 우세한 힘을 우회하거나 정면을 바꾸는데 쓰고 이를 통해 승리를 얻는다면, 이 승리는 승리자의 병력이 패배자의 병력보다 적을 때 더

22. 4편 9~11장의 전투는 'Schlacht'이다. 'Schlacht'는 적의 주력 군대를 완전히 쓰러뜨리는 것을 목표로 모든 병력을 집중하여 수행하는 한 번의 전투라고 할 수 있다. 이 단어는 '도살'이나 '살육'이라는 뜻도 갖고 있다(하워드 1983, 63). 나폴레옹 전쟁을 경험한 사람이라면 '전투의 속성은 살육이고, 그 대가는 피'라는 클라우제비츠의 말을 아무도 비난하지 못했을 것이다(하워드 1983, 65).

큰 성과를 낼 것이다.

전쟁에서 주력 전투보다 중요한 것은 없다. 전략에서 최고의 지혜는 주력 전투의 수단을 준비하는 데서, 주력 전투의 장소와 시간은 물론 병력의 방향을 적절하게 배치하는 데서, 주력 전투의 성과를 이용하는 데서 드러난다.

이 모든 것은 중요하지만 복잡하지는 않다. 전투를 결합하는 기술도 매우 적다. 하지만 현상에 대한 날카로운 판단력, 에네르기, 확고한 일관성, 생기에 넘치는 모험 정신은 많이 요구된다. 이런 것은 영웅적인 특성이다.

주력 전투에 대한 자극은 자기의 힘에 대한 신뢰에서, 그리고 주력 전투의 필요성에 대한 분명한 의식에서 비롯되어야 한다. 즉 타고난 용기에서, 그리고 예리한 통찰력에서 비롯되어야 한다.

훌륭한 사례가 좋은 선생이지만 그 사이에 놓인 이론적인 편견의 구름은 걷어내야 한다. 그것이 이론의 의무이다. 인간의 지성이 잘못 만드는 것은 지성으로만 다시 없앨 수 있기 때문이다.

제12장 승리를 이용하는 전략적 수단 — 추격

전투에서 얻은 승리를 효과적으로 이용하는 전략적인 수단은 추격이다. 전투 전에 승리를 잘 준비한다고 전략이 칭찬받지는 않는다. 그런데 전투 후에 승리를 잘 이용하면 전략은 화려하게 빛난다. 추격을 하지 않으면 어떤 승리도 큰 효과를 낼 수 없다. 승리를 얻는 길은 추격으로 마무리해야 한다.

타격을 입은 적에 대한 추격은 적이 전투를 포기하고 그 자리에서 벗어나는 순간부터 시작된다. 이 순간의 승리는 분명하지만 매우 작고 약하다. 이 승리를 그날의 추격으로 완성하지 않으면 그 승리는 앞으로 있을 일련의 사건에 크게 유리한 영향을 미치지 못할 것이다.

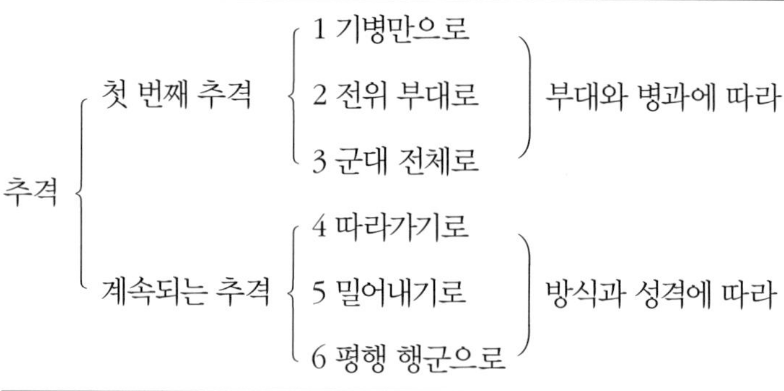

추격은 크게 첫 번째 추격과 계속되는 추격으로 나뉜다. 첫 번째 추격은 대체로 전투에서 승리한 그날 밤까지 하는 추격이고, 그 이후의 추격은 계속되는 추격이라고 할 수 있다. 첫 번째 추격은 어느 종류의 부대와 병과로 추격을 하느냐에 따라 구분된다. 계속되는 추격은 어떤 방식으로 추격을 하느냐에 따라, 즉 추격이 어떤 성격을 갖느냐에 따라 구분된다.

1. 첫 번째 추격의 첫 번째 단계는 추격이 오직 기병만으로 이루어지는 단계이다. 이 단계에서는 적을 놀라게 하고 감시하는 것이 중요하다. 끊어진 지형에서는 추격할 수 없다. 기병은 약해진 군대의 작은 부대를 추격할 수 있지만, 적의 군대 전체를 추격하는 데는 보조 병과에 지나지 않는다. 후퇴하는 군대가 새로운 예비 병력이나 지형의 도움으로 아군의 추격에 저항할 수 있기 때문이다.

2. 두 번째는 모든 병과로 이루어진 강력한 전위 부대로 추격을 하는 단계이다. 여기에서도 기병이 대다수를 이룬다. 이 추격은 적의 후위 부대가 있는 진지 또는 적의 군대의 다음 진지까지 적을 밀어낸다. 추격은 대부분 한 시간을 넘지 않고 길어야 두세 시간 동안 이루어진다. 그 시간을 넘으면 전위 부대가 아군의 지원을 받을 수 없기 때문이다.

3. 제일 강력한 단계는 승리한 군대 스스로 힘이 미치는 데까지 전진하는 추격이다. 이 경우에는 추격하는 쪽이 공격하거나 우회할 준비만 해도 타격을 입은 쪽은 자기의 진지를 버리고 떠나게 된다.

1~3에서는 밤이 되면 보통 추격이 끝난다. 밤새도록 추격을 계속하는 것은 특별히 강력한 단계의 추격이라고 보아야 한다. 야간 전투에서는 모든 것이 우연과 운명에 맡겨진다. 밤이 되면 패배자는 휴식을 하고 병력을 집결한다. 이때를 지나면 군대 전체는 새로운 질서를 갖추게 된다. 이제 패배자가 승리자에게 새롭게 저항하는 것은 새로운 전투이고 이전의 전투를 연장하는 것이 아니다.

승리자가 밤새도록 추격을 계속할 수 있는 경우에는 그것이 모든 병과로 이루어진 강력한 전위 부대만으로 추격을 하는 것이라고 해도 승리의 효과는 매우 높아질 것이다.

이전의 전쟁에는 추격에 관습적인 제한이 많았다. 승리의 개념과 명예가 중요했고, 적의 전투력을 파괴하는 것은 중요하지 않았다. 그것은 많은 전쟁 수단 중에 하나의 수단이었고 중요한 수단도 아니었고 유일한 수단도 아니었다. 적이 칼을 내리면 아군도 칼을 내렸다. 승패가 결정되면 전투를 중지했다. 그 이상으로 피를 흘리는 것은 쓸데없는 잔혹함처럼 보였다. 이전의 전쟁에서는 카알 12세, 말버러, 오이겐, 프리드리히 대왕과 같은 영웅들만 결정적인 승리를 거두고 나서도 강력한 추격을 계속했다. 최근에는 전쟁이 대규모로 강력하게 수행되기 때문에 관습적인 제한은 무너졌다. 최근의 전투에서 추격을 하지 않는 것은 예외에 속한다.

보로디노 전투는 바로 이 예외에 속한다. 이때 나폴레옹이 추격을 하지 않은 것은 완전한 승리를 얻는데 필요한 희생을 치를 만큼 병력이 충분하지 않았기 때문이다. 그런 희생을 치르면 모스크바에 도착할 수도 없고 평화 조약을 맺을 수도 없을 것이라고 생각했다. 보로디노 전투는 상대를 완전히 부수지 않은 전투라고 보아야 한다. 즉 승리자가 반쪽짜리 승리에 만족한 것이다.

1~3의 결과. 추격을 수행하는 에네르기가 승리의 가치를 결정하는 중요한 요소이다. 추격은 승리에 따르는 행동이지만 많은 경우에 승리보다 중요하다. 전략적인 행동의 첫 번째 권위는 추격을 통해 전략적인 승리의 완성을 요구하는데 있다.

계속되는 추격에서도 세 단계를 구분할 수 있다. 단순한 따라가기, 본래의 밀어내기, 적의 퇴로를 끊으려는 평행 행군이다.

4. 적을 단순히 따라가면 적은 다시 전투를 할 수 있다고 생각하는 지점까지 후퇴한다. 적은 후퇴하면서 부상병, 환자, 낙오병, 많은 짐, 마차 등을 아군의 손에 남기게 될 것이다.

5. 적의 후위 부대가 병력을 배치하려고 할 때마다 그들을 아군의 전위 부대로 공격한다면, 적의 후퇴는 빨라지고 적은 해체될 것이다. 힘든 행군

을 마치고 휴식을 하는 순간에 적의 대포 소리를 듣는 것보다 불길한 것은 없다. 이런 일이 반복되면 병사들은 정신적인 공황과 저항 불능의 상태에 빠진다. 밀어내기의 효과는 적에게 야간 행군을 강요할 때 크게 높아진다. 이 단계의 추격은 식량 조달, 지형이 얼마나 끊어져 있는지 하는 것, 도시의 크기 등에 달려 있다. 이것은 추격하는 군대에게도 어렵기 때문에 이 추격은 드물게 일어난다.

6. 평행 행군은 제일 효과적인 추격이다. 패배한 군대는 배후에 하나의 지점을 정하여 이곳에 도착하는 것이 중요하다. 이때 적의 옆에 있는 도로를 통해 적의 다음 후퇴 지점으로 행군하면서 적을 추격하는 것이다. 그러면 후퇴는 도망치는 것으로 바뀔 수 있다. 이에 맞서는 길은 세 가지뿐이다.

평행 행군에 대한 대응
1) 예상치 못한 반격으로
2) 더 빨리 후퇴하는 것으로
3) 적을 피하는 것으로

1) 예상치 못한 반격으로 적에게 직접 달려들어 승리의 개연성을 만드는 것이다. 이는 패배자의 일반적인 상황을 고려할 때 실패할 것이다. 이것은 대담한 최고 지휘관과 우수한 군대가 있다는 것을 전제로 하고, 이 군대는 패배했지만 전멸하지 않은 상태에 있어야 한다. 패배자가 이 수단을 쓰는 일은 거의 없을 것이다.

2) 더 빨리 후퇴하는 것이다. 하지만 이것은 바로 승리자가 바라는 것이고, 그 군대를 엄청난 고통에 빠뜨린다. 낙오병의 무리가 생기고, 각종 대포와 마차가 부서지는 등의 엄청난 손실이 생긴다.

3) 적을 피하는 것이다. 그래서 적이 차단하는 지점을 우회하여 적으로

부터 멀리 있으면서 힘들이지 않고 행군하여 손실을 줄이면서 신속하게 후퇴하는 것이다. 적과 만나게 되는 불안 때문에 적을 피하는 것이다. 하지만 이것은 제일 나쁜 수단이다. 불안에 빠지는 최고 지휘관에게는 불행이 닥칠 것이고, 불안 때문에 매번 적을 피한다면 그 해악은 더욱 나쁜 것이다.

적을 피하는 것은 대개 승리자의 의도를 돕는 것이고 패배자의 완전한 몰락으로 끝나게 된다. 이때 추격하는 군대의 부대 하나는 추격을 당하는 군대가 후퇴하는 바로 그 길로 따라가야 한다. 그래서 뒤에 남긴 것을 전부 주워 모으고, 추격을 당하는 군대에게 적이 늘 가까이 있다는 인상을 심어 주어야 한다.

이렇게 완전한 승리가 찾아오면 승리자는 병력을 나누어야 한다. 그래서 자기 군대로 이룰 수 있는 모든 것을 승리의 소용돌이 안으로 끌어들여야 한다.

제13장 전투에서 패배한 후의 후퇴

1 일반적인 후퇴에서	저항하면서 천천히 후퇴하는 것
2 위험한 상황에서	위험에서 재빨리 빠져나오는 것

전투에 패배한 후의 후퇴는 힘의 균형이 회복되는 지점까지 계속된다. 균형을 회복하는 시점은 손실의 정도와 패배의 규모에 따라 빨라질 수도 있고 늦어질 수도 있지만, 그 시점에는 적의 성격이 더 중요하다.

1. 상황이 요구하는 것보다 더 뒤로 물러나지 않으려면 추격하는 자에게 끊임없이 저항하면서 천천히 후퇴하는 것, 필요할 때마다 추격하는 자에게 대담하고 용감하게 대항하는 것이 절대로 필요하다. 즉 상처 입은 사자처럼 물러나는 것이 최선의 후퇴 이론이다.

2. 위험한 상황에서 벗어나려고 할 때는 위험에서 재빨리 빠져나오는 것이 제일 중요하다.

아래에서는 1의 상황에 대해서만 언급한다.

일반적인 후퇴에서 첫 번째 이동은 되도록 소규모이어야 하고, 추격하는 자의 법칙에 따른 강요된 후퇴가 되어서는 안 된다. 이 원칙을 지키지 않으면 낙오자 때문에 생기는 희생이 후위 부대의 전투 때문에 생기는 희생보다 많을 것이다.

그 원칙을 지키려면 중요한 순간에 군대 전체의 지원을 받는 강력한 후위 부대를 갖추고, 지형을 주의 깊게 이용하고, 필요한 경우에 강력한 매복을 펼쳐야 한다. 즉 소규모의 정규 전투를 치를 준비를 해야 한다.

후퇴할 때는 군대를 작은 부대로 분할하거나 중심에서 바깥으로 분산할 것을 권한다. 하지만 공동 공격을 할 의도로 분할하는 경우 이외에 다른 분할은 위험하다. 전투에서 패배한 군대에게 필요한 것은 병력을 집결하는 것이고 이 집결에서 질서, 용기, 신뢰를 되찾는 것이다.

프리드리히 대왕이 콜린 전투 후에 병력을 나눈 것은 병력의 배치와 작센을 보호해야 할 필요 때문이었다. 나폴레옹이 브리엔 전투 후에 병력을 나누고도 불리해지지 않은 것은 동맹 군대의 잘못된 행동 때문이었다.

제14장 야간 전투

기본적으로 야간 공격은 강력한 기습에 지나지 않는다. 언뜻 보면 야간 공격은 특별한 효과를 내는 것처럼 보인다. 이런 생각은 다음의 전제를 바탕으로 한다. 공격자는 방어자의 조치를 알고 있다. 또한 공격자는 공격하는 순간에 조치를 내리기 때문에 이 조치는 방어자에게 알려져 있지 않다. 하지만 이 두 전제는 잘못된 것이다. 공격자가 방어자의 위치와 배치에 대해 알고 있는 것은 매우 불완전하다. 또한 방어자가 전투 과정에서 어떤 조치를 내리는지 아는 것도 쉽지 않다. 오늘날 방어자의 배치는 최종적인 것이 아니라 잠정적인 것이다. 방어자에게도 자신이 배치되어 있는 지역을 공격자보다 잘 알고 있다는 유리함이 있다.

결론. 야간 전투에서는 공격자도 방어자만큼 좋은 눈을 갖고 있어야 한다. 특별한 이유가 있을 때만 야간 공격을 하려고 결정할 수 있다. 특별한 이유는 대개 군대 전체가 아니라 군대의 하위 부대와 관련되어 있다. 그래서 야간 기습은 대개 하위 전투에서만 일어나고, 대규모 전투에서 일어나는 경우는 드물다.

적의 부대가 클수록 야간 기습은 그만큼 곤란해진다. 보통 적의 군대 전체는 야간 기습의 대상이 될 수 없다. 야간 행동을 소규모로 제한하는 것은 그것이 모험일 뿐만 아니라 그것을 수행하는 것이 매우 어렵기 때문이다.

하나의 군대 전체에 대해 야간 기습을 할 만한 충분한 동기는 매우 드물 수밖에 없다. 그래도 야간 기습을 한다면 다음과 같은 동기 때문이다.

1. 적이 특별히 경솔하거나 무모한 경우.

2. 적의 군대가 공황 상태에 빠지는 경우, 또는 아군의 정신력이 매우 높은 경우.

3. 아군을 포위하고 있는 적의 우세한 군대를 뚫고 나아가야 하는 경우. 이런 경우에는 모든 것이 기습에 달려 있다.

4. 아군이 절망으로 가득 찬 경우. 이 경우에 아군은 특별한 모험을 해야 한다.

이 모든 경우에도 아군이 적군을 직접 눈으로 보고 있고, 적군이 어느 전위 부대에 의해서도 보호받고 있지 않아야 한다.

대부분의 야간 전투는 새벽이 되면 끝나도록 준비해서 적에 대한 접근과 첫 번째 습격은 어둠의 보호 아래에서 이루어지게 해야 한다.

제2권

제5편 전투력

제1장 개요

전투력은

1. 전투력의 수와 편성에 따라

2. 전투 이외의 상태에서

3. 식량 조달 문제를 고려하면서

4. 지형과 갖는 일반적인 관계에서 살펴본다.

즉 전투력의 상황 중에 (전투를 하는 것이 아니라) 전투를 하는데 필요한 조건이 되는 상황만 다룬다. 그 상황을 독립된 전체로서 보고 그 상황의 본질과 특성을 살펴보도록 한다.

제2장 군대, 전쟁터, 원정

1 전쟁터	측면이 보호되어 있는 독립적 공간
2 군대	한 전쟁터에 한 최고 지휘권 아래에 있는 전투 집단
3 원정	한 전쟁터에서 일어난 전쟁 사건

군대, 전쟁터, 원정을 각각 인간, 공간, 시간(1년)에 대응하여 정의하는 것은 문제의 본질상 받아들일 수 없다.

1. 본래 전쟁터는 전체 전쟁 공간 중에 측면이 보호되어 있고, 이 때문에 어느 정도 독립성을 갖는 부분을 말한다. 그 부분은 전체의 일부분이 아니라 그 자체로 하나의 작은 전체이다. 전쟁터에서는 한쪽이 전진을 생각하는 반면에 다른 쪽은 후퇴하고, 한쪽이 방어하는 반면에 다른 쪽은 공격적으로 행동할 것이다.

2. 하나의 군대는 하나의 동일한 전쟁터에 있는 전투 집단이다. 하나의 전쟁터에 최고 지휘관이 두 명이면 그 군대는 두 개의 군대라고 보아야 한다. 하나의 전쟁터에 하나의 독립적인 최고 지휘관이 있을 때만 그 군대는 하나의 군대이다.

병사들의 절대적인 수는 군대라는 이름을 부여하는데 별로 중요하지 않다. 슐레지엔 군대나 북방 군대처럼 관습 때문에 군대의 이름을 부여하는 경우도 있고, 방데의 군대는 소규모라도 군대라고 부른다. 군대와 전쟁터의 개념은 대체로 같이 쓰이고 상호 보완적인 관계에 놓일 것이다.

3. 흔히 원정을 1년 동안에 모든 전쟁터에서 일어난 전쟁 사건이라고 이해한다. 하지만 하나의 전쟁터에서 일어난 사건이라고 이해하는 것이 더 일상적이고 분명한 정의이다. 오늘날의 전쟁은 장기간의 동계 야영을 경계로 올해의 원정과 내년의 원정으로 나누어지지 않기 때문이다.

요약. 전쟁터는 하나의 독립된 공간이고, 군대는 하나의 전쟁터에 있는 전투 집단이고, 원정은 하나의 전쟁터에서 일어난 사건이다. 즉 군대와 원정의 개념은 전쟁터의 개념에서 나온다.

제3장 병력의 비율

병력의 열세 ➡	군대	긴장과 에네르기
	최고 지휘관	자제심과 신중함

결정적인 전투에 되도록 많은 수의 병력을 집결한다는 원칙은 오늘날 매우 중요하게 되었다.

전쟁에서 군대의 장비와 무장의 수준, 이동성, 새로운 전술 체계, 지형을 정교하게 이용하려는 노력 등이 중요한 적이 있었다. 하지만 이런 현상은 이제 별로 보이지 않는다. 오늘날 많은 나라들은 무기, 장비, 훈련에서, 군대에 과학적인 장비를 갖추게 하는 데서, 고급 지휘관들이 이 장비를 다루는 기술에서 비슷하고 비슷해졌다. 이 많은 측면에 많은 균형이 생길수록 병력의 비율은 그만큼 중요해질 것이다.

오늘날의 전투의 성격은 이와 같은 균형의 결과이다. 보로디노 전투를 보면 알 수 있다. 세계 최강의 프랑스 군대와 이보다 훨씬 낮은 수준의 러시아 군대의 전투에서 기술이나 지성의 우세함은 나타나지 않았다.

최근의 전쟁에서 두 배 많은 병력의 적을 이긴 전투는 거의 찾을 수 없다. 나폴레옹도 라이프치히, 브리엔, 랑, 벨-알리앙스 등의 전투처럼 수의 우세를 확보할 수 없는 전투에서는 패배했다. 병력의 수에서 열세에 놓일수록 전투의 목적은 그만큼 작아야 하고, 전투의 지속 시간도 그만큼 줄여야 한다.

불리한 전투를 해야 하는 경우에 병력의 수가 부족할수록 군대의 내면적인 긴장과 에네르기는 그만큼 높아야 한다. 이런 경우에 전쟁의 목적을 지혜롭게 축소하고 이를 군대의 에네르기와 결합하면 빛나는 공격과 신중한 자제심이 합쳐질 수 있다. 프리드리히 대왕의 전쟁이 대개 그러했다.

자제심과 신중함으로 이룰 수 있는 것이 적을수록 병력의 긴장과 에네르기는 그만큼 중요해질 수밖에 없다. 병력의 불균형이 심해서 목표를 제한해도 파멸을 막을 수 없을 때는, 또는 병력을 절약해서 투입해도 목표를 이룰 수 없을 때는, 군대의 모든 긴장이 마지막의 절망스러운 공격으로 집중될 것이고 집중되어야 한다.

절망적인 상황에 빠진 최고 지휘관은 최고의 대담성을 최고의 지혜라고 여길 것이고, 필요하다면 무모한 책략도 쓸 것이다. 그럼에도 승산이 보이지 않으면 그는 패배를 받아들이고 나중에 부활할 권리를 찾을 것이다.

제4장 병과의 비율

	보병	기병	포병
활동	각개 전투+화력	각개 전투	화력
본질	유지(+이동)	이동(공격)	파괴 원리
독립성	1위	2위	3위
중요성	1위	3위	2위
국력	인구의 수	말의 수	국고
비용	800명의 대대	말 150필의 중대	대포 8문의 중대

전투에서는 적을 화력으로 파괴할 수도 있고 육박전이나 각개 전투로 파괴할 수도 있다. 포병은 화력을 통한 파괴를 원리로 하고, 기병은 각개 전투로만 활동하고, 보병은 이 둘을 모두 활용하여 활동한다.

각개 전투에서 방어의 본질은 자리를 확고하게 지키는 것이고, 공격의 본질은 이동이다. 기병은 주로 이동의 특징을 갖고 있기 때문에 공격을 하는 데만 적합하다. 보병은 주로 자리를 유지하는 특징을 갖고 있지만 이동을 전혀 하지 않는 것은 아니다.

보병은 그 자체 안에 세 개의 병과를 모두 갖고 있기 때문에 포병과 기병에 비해 우월하다. 세 병과를 결합하면 전쟁에서 힘을 더 완전하게 쓸 수 있다.

화력에 의한 파괴 원리는 오늘날의 전쟁에서 월등한 효과를 내는 원리이다. 1대 1의 각개 전투도 전투 본래의 독자적인 토대이다. 포병만으로 이루어진 군대는 전쟁에서 무의미하다. 기병만으로 이루어진 군대는 생각할 수 있지만 별로 강력하지 않을 것이다. 보병만으로 이루어진 군대는 생각할 수 있을 뿐만 아니라 다른 두 병과에 비해 훨씬 강력할 것이다. 세 병과를 독립성의 측면에서 보면 보병, 기병, 포병의 순서를 띤다.

이 고찰 결과, 보병은 모든 병과 중에 제일 독립적인 병과이다. 포병에는 독립성이 전혀 없다. 여러 병과가 결합할 때는 보병이 제일 중요한 병과이다. 기병은 제일 중요하지 않은 병과이다. 세 병과를 결합했을 때 최대의 힘이 나온다.

세 병과의 최선의 비율을 말하는 것은 거의 불가능하다. 세 병과를 만들고 유지하는데 필요한 힘의 소모와 각 병과가 전쟁에서 이루는 성과를 비교하는 것이 어렵기 때문이다. 힘의 소모에는 비용뿐만 아니라 인간의 목숨이 갖는 가치도 포함된다. 보병은 인구의 수에, 기병은 말의 수에, 포병은 나라의 돈에 토대를 두고 있다. 비용만 고려하면 말 150필의 1개 기병 중대, 800명의 1개 보병 대대, 6파운드짜리 대포 8문의 1개 포병 중대는 장비를 갖추는 비용은 물론 유지 비용에서도 거의 같은 비용이 든다.

병과의 비율	➡ 병과의 성과
	⬅ 전쟁의 성격

병과의 성과를 비교하는 것은 훨씬 어렵다. 단지 적과 같은 병과에 비해 우세하거나 열세할 때 어떤 효과를 불러일으킬지 말할 수 있을 뿐이다.

포병이 부족하면 군대의 힘이 약해진다. 하지만 포병은 제일 느리고 군대의 움직임을 둔하게 만든다. 포병이 지나치게 많아서 제대로 보호를 받지 못하면 대포를 잃는 일이 생기고, 적이 그 대포를 아군을 향해 쏠 수 있다.

기병이 지나치게 적으면 모든 것이 느려지고 모든 것을 신중하게 준비해야 한다. 그래서 전쟁 요소의 빠른 불길이 약해진다. 기병이 지나치게 많은 것은 간접적으로 전투력의 약화나 내부적인 불균형이라고 간주할 수 있다.

포병이 지나치게 많으면 행동이 매우 방어적이고 소극적인 성격을 띠게 된다. 이런 전쟁은 전체적으로 신중하게 수행될 것이다. 포병이 부족하면 아군은 공격하고 이동하고 적극적으로 행동할 수 있다. 행군, 노력, 긴장 등이 아군의 독특한 무기의 역할을 수행한다. 전쟁은 더 다양해지고 활기를 띠고 복잡해진다.

기병이 매우 많으면 아군은 넓은 평지를 찾고 대규모의 이동을 선호하고 대담한 우회와 과감한 이동을 할 것이다. 또한 견제와 침입을 할 수 있다. 기병이 크게 부족하면 군대의 이동 능력이 줄어들고 신중함과 방법이 전쟁의 중요한 성격이 된다. 적을 잘 관찰하려면 적을 직접 볼 수 있는 곳에 머무는 것, 성급하게 이동하지 않는 것, 집결한 병력을 천천히 움직이는 것, 방어를 우선으로 하는 것, 끊어진 지형을 이용하는 것, 공격할 경우에 적의 중심을 향해 제일 짧은 방향을 잡는 것이 기병이 부족한 경우에 해야 하는 자연스러운 경향이다.

전쟁의 성격도 병과의 비율에 영향을 미칠 수 있다.

첫째, 민병대와 농민군에 의존하는 인민 전쟁에서는 많은 보병을 두어야 한다. 8문의 대포를 갖는 1개 포병 중대에 1개 보병 대대를 두는 것이 아니라 2~3세 개의 보병 대대를 배치할 수 있다.

둘째, 인민 무장 투쟁이나 민병대를 동원해도 강한 나라에 맞설 수 없을 때는 포병을 늘리는 것이 약한 나라의 전투력이 강한 나라와 균형 상태에 접근하는 제일 빠른 수단이다.

셋째, 기병은 이동하는 병과이고 대규모 결전에 쓰이는 병과이다. 기병이 많으면 넓은 공간에서 이동하고 적에게 결정적인 공격을 할 때 큰 도움이 된다.

공격과 방어는 그 자체로 병과의 비율에 아무런 영향을 미칠 수 없다.

중세에 기병이 보병에 비해 훨씬 많았다는 것은 부분적으로 오해이다. 하지만 기병의 중요성은 오늘날보다 훨씬 컸다. 기병은 건장한 인민들로 이루어진 강력한 병과였다. 소규모 전쟁에서 소규모의 군대는 기병만으로 이루어진 경우도 자주 있었다. 전쟁에서 봉건적인 구속이 끝나고 용병이 전쟁을 수행했을 때, 별로 도움이 되지 않는 많은 보병을 이용하던 관례는 끝났다.

총의 성능이 현저하게 발달하여 보병이 크게 중요해지면서 이 시대에 보병 대 기병의 비율은 보병이 많지 않을 때는 1대 1이었고, 많을 때는 3대 1이었다. 총의 성능이 좋아질수록 기병은 중요성을 점점 더 잃게 되었다. 몰비츠 전투 이후로 끊어진 지형에서도 보병을 이용하고, 넓게 퍼진 전투에서도 총을 쓰게 되었다.

기병의 비율은 수치로 보면 별로 변하지 않았지만 중요성으로 보면 많이 변했다. 오스트리아 왕위 계승 전쟁 이후로 보병 대 기병의 비율은 4대 1에서 6대 1이었다.

몇몇 유명한 전쟁에서는 기병이 매우 많았다. 러시아와 오스트리아에는 타타르적인 제도의 흔적이 약간 남아 있었기 때문에, 나폴레옹 군대의 행군 대열은 어마어마한 규모였기 때문에, 프리드리히 대왕의 전쟁은 우세한 이동 능력에 토대를 두고 있었기 때문에 많은 기병이 필요했다. 물론 얼마 안 되는 기병으로도 크게 승리할 수 있다. 하지만 기병이 많으면 전리품을 많이 빼앗기지 않게 된다.

대포의 발명 이래 대포는 가벼워지고 대포의 성능은 좋아지고 대포의 숫자도 늘어났다. 프리드리히 대왕 이래 보병 1000명에 대포 2~3문의 일정한 비율을 유지했다. 이는 원정을 시작할 때만 맞는 말이다. 원정이 진행되면서 보병이 많이 줄어들면, 원정이 끝날 때 보병 1000명에 대포 3~5문의 비율이 되기도 한다.

이 장의 중요한 결과는 아래와 같다.

1. 보병이 제일 중요한 병과이고, 다른 두 병과는 보병에 딸려 있다.

2. 전쟁에서 보병의 기술과 활동을 잘 활용하면 다른 두 병과의 부족을 어느 정도 보충할 수 있다. 보병이 수적으로 월등하게 많고 우수할수록 그만큼 잘 보충할 수 있다.

3. 포병이 없는 것은 기병이 없는 것보다 불리하다. 포병이 기병보다 보병의 전투와 더 긴밀하게 관련되어 있기 때문이다.

4. 적을 파괴하는 행동에서는 포병이 제일 강하고 기병이 제일 약하다. 그렇다면 전투를 불리하게 치르지 않으면서 갖출 수 있는 최대한의 포병과 최소한의 기병은 얼마나 될까?

전투 대형은 군대 전체의 각 부대에 병과를 분할하고 편성하는 것이고, 모든 원정이나 전쟁에서 기준이 되어야 하는 부대의 배치 형태이다.

전투 대형은 산술적인 분할과 기하학적인 배치로 이루어져 있다. 분할은 군대의 평소 조직에서 비롯되고, 일정한 규모를 하나의 단위로 삼고, 상황에 따라 더 큰 규모로 확대될 수 있다. 배치는 평소의 교육과 훈련으로 군대에 스며들어 있는 기본 전술에서 비롯되고, 전쟁을 하는 순간에도 더 이상 근본적으로 변경될 수 없는 군대의 특징이다.

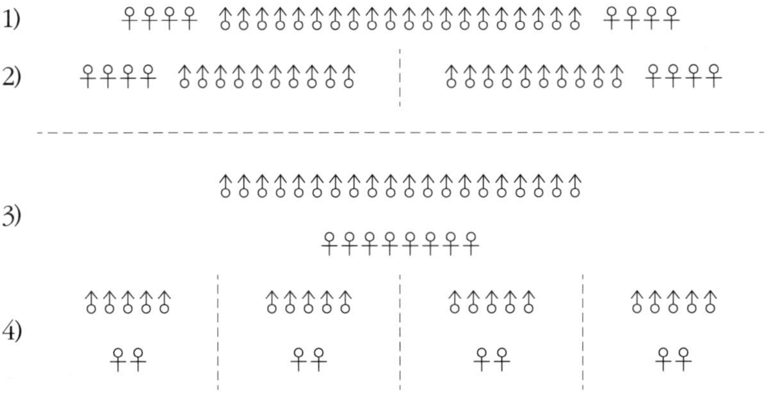

---

1) ♀♀♀♀ ♂♂♂♂♂♂♂♂♂♂♂♂♂♂♂♂♂♂♂♂ ♀♀♀♀

2) ♀♀♀♀ ♂♂♂♂♂♂♂♂♂♂ ¦ ♂♂♂♂♂♂♂♂♂♂ ♀♀♀♀

- - - - - - - - - - - - - - - - - - - -

3) ♂♂♂♂♂♂♂♂♂♂♂♂♂♂♂♂♂♂♂♂
♀♀♀♀♀♀♀♀

4) ♂♂♂♂♂ ¦ ♂♂♂♂♂ ¦ ♂♂♂♂♂ ¦ ♂♂♂♂♂
♀♀ ¦ ♀♀ ¦ ♀♀ ¦ ♀♀

(편의상 ♂을 보병, ♀을 기병이라고 한다.) 17~18세기에 총이 발달하여 보병이 늘었고, 보병은 1)처럼 가늘고 긴 선에 분산되었다. 전투 대형은 단순해졌지만, 전투 수행은 곤란해지고 부자연스럽게 되었다. 1)을 가운데에서 자르면 군대는 2)처럼 몸뚱이를 잘린 지렁이처럼 되었다. 2)의 안쪽의 양 측면은 측면의 기능을 상실했다. 전투력을 분할할 때마다 해체와 재편성이

필요해졌다. 군대 전체의 행군은 혼란에 빠져들게 되었다.

18세기 후반에 3)의 대형이 개발되었다. 3)의 각 부분은 4)처럼 동질적인 요소로 이루어진다. 군대는 많은 부분으로 나뉠 수 있는 전체의 모습을 띠게 되었고 유연하고 부드럽게 되었다. 군대는 4)처럼 전체에서 쉽게 분리될 수 있었고 3)처럼 전체로 쉽게 합쳐질 수 있었다. 전투 대형은 늘 동일했다. 이렇게 해서 모든 병과로 이루어진 군단이 생겨났다.

군대의 병력이 많고 넓은 공간에 분산될수록 전략은 그만큼 넓은 공간을 얻게 되었다. 그래서 전투 대형도 전략과 상호 작용을 맺게 되었다.

분할, 병과의 결합, 배치의 측면을 전략적 관점에서 살펴본다.

1. 분할. 전략에서는 하나의 군대에 얼마나 많은 사단이나 군단이 있어야 하느냐는 것이 중요하다.

정면	⇧⇧⇧⇧⇧	⇧⇧⇧⇧⇧
중앙	⇧⇧⇧⇧⇧	⇧⇧⇧⇧⇧ ⇧⇧⇧⇧⇧
배후	⇧⇧⇧⇧⇧	⇧⇧⇧⇧⇧

(이 그림에서 ⇧은 보병이 아니라 부대를 가리킨다. 아래 동일.) 제일 작은 규모의 전체라고 해도 그것이 독립되어 있다면 한 부분은 앞에 두고 다른 부분은 배후에 배치하여 전체를 세 부분으로 구분할 수 있다. 중앙에 있는 부분이 주력 군대로서 다른 두 부분 각각의 수보다 많아야 한다면 전체를 넷으로 구분할 수도 있다.

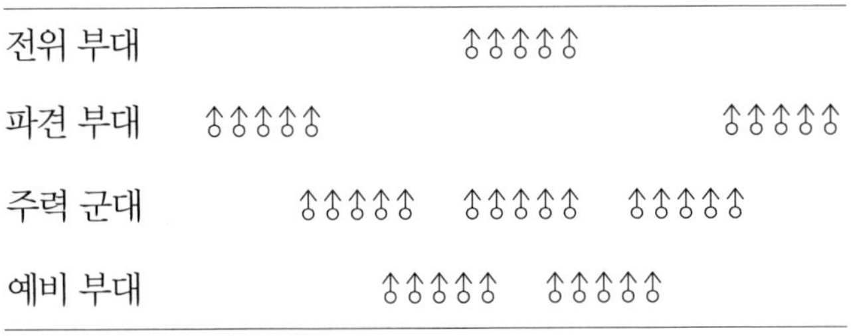

전위 부대				♂♂♂♂♂			
파견 부대	♂♂♂♂♂						♂♂♂♂♂
주력 군대		♂♂♂♂♂		♂♂♂♂♂		♂♂♂♂♂	
예비 부대			♂♂♂♂♂		♂♂♂♂♂		

이렇게 하면 군대를 8개로 분할할 수도 있다. 하나는 전위 부대, 셋은 좌익과 중앙과 우익의 주력 군대, 둘은 예비 부대, 둘은 우익과 좌익의 파견 부대로 분할하는 것이다. 이것이 늘 반복되는 평범한 전략적인 배치이고 만족스러운 분할이다.

최고 지휘관이 직접 명령하는 지휘관의 수를 3~4명으로 제한하면 군대를 편하게 지휘할 수 있는 것처럼 보인다. 하지만 명령 단계가 늘수록 명령의 신속성, 힘, 정확성을 그만큼 많이 잃게 된다. 최고 지휘관 아래의 지휘관들의 활동 영역이 늘어날수록 최고 지휘관은 본래의 권위와 영향력을 그만큼 많이 잃게 된다. 다른 한편으로 군대를 지나치게 많이 나누면 군대에 혼란을 일으킬 수 있다.

여단은 2000~5000명으로 편성하는 것이 보통이다. 5000명으로 한계를 긋는 데는 두 가지 이유가 있는 것 같다. 여단이라고 말할 때는 한 사람의 지휘관이 직접, 즉 그의 목소리가 미치는 범위에서 지휘할 수 있는 부대를 생각한다. 또한 5000명 이상의 보병 부대에는 포병이 있어야 하는데, 병과가 결합하면 하나의 특별한 부대가 되고 여단의 범위를 벗어나게 된다.

병과의 결합만이 한 부대의 자립을 이루도록 하고, 전쟁에서 자주 고립될 수밖에 없는 부대에는 병과의 결합이 매우 바람직하다

200,000명의 군대를 10개의 사단으로, 1개의 사단을 5개의 여단으로 나누면 1개의 여단은 4000명이 될 것이다. 그런데 200,000명의 군대를 5개

의 군단으로, 1개의 군단을 4개의 사단으로, 1개의 사단을 4개의 여단으로 나누면 1개의 여단은 2500명이 될 것이다.

추상적으로는 전자의 분할이 좋은 것 같다. 후자에는 편성 단계가 하나 더 많고, 1개 군대를 5개의 군단으로 분할하는 것은 수적으로 너무 적고 군대의 활동이 둔해지기 때문이다. 1개 군단을 4개의 사단으로 나누는 것도 마찬가지이다. 2500명은 여단으로서는 적은 편이다. 이 분할에는 여단이 80개나 되는 반면에 전자에는 50개밖에 안 되고, 그래서 더 단순하다. 전자의 유리함을 포기하는 것은 단지 절반의 장군들에게 명령을 내리려고 하기 때문이다. 200,000명보다 작은 군대에서 군단으로 분할하는 것은 더욱 부적절하다.

이것은 분할에 관한 추상적인 견해이다. 넓은 산악 진지에서는 8~10개의 사단을 지휘할 수 없다. 큰 강이 군대를 절반으로 나누면 다른 절반의 군대에도 최고 지휘관이 필요해진다. 이런 경우에 추상적인 규칙은 뒤로 물러나야 한다. 하지만 추상적인 규칙이 제일 많이 쓰이고 있고, 이 규칙을 배제해야 하는 경우는 드물다.

하나의 군대 전체의 부분을 1차의 직접적인 분할이라고 이해하면 다음과 같이 말할 수 있다. 첫째로 전체에서 부분이 지나치게 작으면 전체는 둔해진다. 둘째로 전체에서 부분이 지나치게 많으면 최고 지휘관의 의지의 영향력이 약해진다. 셋째로 명령의 단계가 하나씩 새로 생길 때마다 명령의 힘은 두 가지 방식으로 약해진다. 먼저 그 힘이 아래로 전달되면서 손상되고, 그다음으로 명령을 수행하는데 필요한 시간이 늘어나면서 손상된다.

종합. 같은 단계의 부대는 되도록 많이 나누고, 상하 단계의 부대는 되도록 적게 나누는 것이 좋다. 하나의 군대를 8~10개 이상으로 분할하고 이 부대를 4~6개 이상으로 나누면 그 부대를 편하게 지휘할 수 없다는 말은 잘못이다.

2. 병과의 결합. 전략적으로 병과의 결합은 분리되어 배치되는 부대에서만, 즉 독자적인 전투를 하지 않을 수 없는 부대에서만 중요하다. 그런데 1차 분할에 의한 부대 그리고 주로 이 부대만 분리되어 배치되도록 결정된다. 분리된 배치는 대부분 하나의 전체라는 개념과 필요에서 비롯되기 때문이다.

전략은 병과의 지속적인 결합을 군단에만 요구하고, 이것이 이루어지지 않을 경우에 한해 사단에 요구하게 될 것이다. 사단보다 낮은 단계의 부대일 경우에는 필요에 따라 일시적인 결합을 하는 것에 지나지 않는다.

30,000~40,000명에 이르는 군단을 분할하지 않고 그대로 배치하는 것은 매우 드문 경우에 해당할 것이다. 이런 경우에는 사단의 단계에서 병과를 결합하는 것이 필요하다.

3. 배치. 전투 대형에서 배치는 완전히 전술적인 문제이고 전투와 관련될 뿐이다. 전략적인 배치도 있지만, 그것은 거의 그 순간의 결정과 필요에 달려 있다. 그 순간의 합리적인 배치는 전투 대형의 의미와 다르다. 대체적으로 말하면 군대의 전투 대형(5장)에서 병력의 배치는 전술의 문제이고, 군대의 배치(6장)는 전략의 문제이다.

요컨대 군대의 전투 대형은 전투를 하는데 적합한 집단이 되도록 군대를 분할하고 배치하는 것이다.

이 장의 핵심을 아래와 같이 정리한다.

1 분할	같은 단계는 많이, 상하 단계는 적게 분할
2 병과의 결합	1차 분할에 의해 독자적 전투를 하는 부대만 결합
3 배치	전투 대형에서는 전투와 관련되어 있는 전술적 문제

결전을 준비할 때부터 결전을 할 때까지, 어느 하나의 파국에서 다른 파국까지는 시간 간격이 있게 마련이다. 이전에는 이 시간 간격을 전쟁에 전혀 속하지 않는 문제로 간주했다.

이전에는 야영지를 선택할 때 편안함을 중요하게 생각했고, 야영의 상태를 본래의 전쟁 상태가 아니라고 생각했다. 행군할 때도 포병은 안전한 길로 행군했다. 양쪽 측면의 기병은 좌우의 자리를 바꾸었는데, 이는 명예라고 생각되는 오른쪽 측면으로 행군하려고 했기 때문이다. 이전에 전투 이외의 상태는 전투와 완전히 분리되어 있었다.

슐레지엔 전쟁 이후로 오늘날에 전투 이외의 상태는 전투와 내부적으로 긴밀한 상호 작용의 관계에 놓이게 되었다. 이전의 원정에서 전투는 본래의 칼이고 전투 이외의 상태는 손잡이에 불과했다면, 이제 전투는 칼날이고 전투 이외의 상태는 칼등이고, 전체는 잘 용접된 금속이라고 보아야 한다.

전투력이 놓일 수 있는 전투 이외의 상태는 사영, 행군, 야영이다.

전투력의 일반적인 배치는 하나의 단위, 즉 공동 공격을 하도록 정해진 하나의 전체라고 생각할 수 있다. 여기에서 하나의 군대의 개념이 생겨난다.

또한 특별한 목적이 없을 때는 군대의 유지와 안전도 일반적인 배치의 유일한 목적으로서 나타난다. 군대를 특별한 불리함 없이 유지하는 것, 군대를 특별한 불리함 없이 집결하고 적을 공격할 수 있다는 것이 일반적인 배치의 두 가지 조건이다. 이 두 가지는 다음의 문제를 고려해야 한다.

1. 식량 조달이 쉬워야 한다.

2. 군대의 숙영이 쉬워야 한다. 1~2를 하려면 경작지, 대도시, 큰 도로를 찾아야 한다.

3. 배후가 안전해야 한다. 배후의 안전에서 제일 중요한 것은 일반적인 배치의 근처에 중요한 후퇴로를 두고 있을 때 병력을 그 방향에 대해 수직으로 배치하는 것이다.

4. 탁 트인 지대를 정면에 두어야 한다. 전술적인 배치에서는 정면을 조망할 수 있지만 전략적인 배치에서는 앞에 있는 지역을 전부 조망할 수 없다. 하지만 전략에는 전위 부대, 전초 부대, 스파이 등과 같은 전략의 눈이 있다. 물론 이들도 탁 트인 지형에서 적을 더 쉽게 관찰할 수 있다.

5. 끊어진 지형에도 진지를 두어야 한다. 이것은 4를 반대로 이해하면 된다.

6. 전략적인 근거 지점을 마련해야 한다. 바닷가, 큰 강, 큰 요새는 전략적인 근거 지점으로 쓸 수 있지만, 그다지 크지 않은 호수는 그렇지 않다. 요새가 매우 크고 요새에서 비롯되는 공격 행동이 미치는 지역이 넓으면, 이런 요새는 훌륭한 근거 지점이 될 것이다.

7. 군대를 목적에 맞게 분할해야 한다. 첫째로 전위 부대를 앞으로 보내야 하기 때문에, 둘째로 대규모의 군대에는 예비 부대를 몇 마일 멀리 있는 배후에 남겨 두어야 하기 때문에, 셋째로 군대의 양쪽 측면을 보호해야 하기 때문에 군대를 분할하여 배치해야 한다.

양쪽 측면은 약하지는 않지만 특별히 중요한 부분이다. 측면에서는 적의 우회 때문에 적에게 저항하는 것이 정면만큼 간단하지 않기 때문이다. 그래서 적의 예상치 못한 행동으로부터 아군의 측면을 보호하는 것이 필요하다. 측면 부대는 측면 전위 부대라고 간주할 수 있다. 이 측면 전위는 적이 아군의 측면을 넘어 아군의 공간으로 돌진하는 것을 늦추고, 아군에게 이에 대항하는데 필요한 시간을 마련한다. 측면 부대는 주력 군대와 동일 선상이 아니라 약간 그 앞에 배치되어 있어야 한다.

이런 내부적인 이유 때문에 군대는 자연스럽게 네 개나 다섯 개의 부분으로 분할된다. 앞의 1~2는 군대의 일반적인 배치에 결정적인 영향을 미치는 것처럼 7에도 영향을 미친다. 대개 군대를 5개의 군단으로 나누면 숙소와 식량 조달의 어려움은 해결될 것이다.

분할된 군단 간의 거리 문제에는 절대적인 병력의 수, 상대적인 우세함, 병과, 지형 등이 큰 영향을 미친다. 거리에 관해서는 절대적인 규정이 있을 수 없기 때문에 일반적인 규정으로서 평균치만 말한다. 전위는 후퇴할 때 주력 군대를 만나기 때문에 전위 혼자 적에게 전투를 당하지 않도록 하려면 그 거리는 하루 동안에 행군할 수 있는 정도라야 한다. 측면 군단과 관련해서 보면 보통의 사단은 주력 군대에서 2~3시간, 즉 1~2마일 정도 떨어진 곳에 배치하게 된다. 3~4개의 사단을 갖는 군단은 하루의 행군 거리만큼, 즉 3~4마일 정도 떨어진 곳에 둘 수 있다.

주력 군대를 4~5개의 부분으로 나누고 그 부분 사이에 적당한 거리를 두는 일반적인 배치는 문제의 본질에 토대를 두고 있는데, 이런 배치에서 일종의 방법론이 생겨날 것이다.

일반적 배치	유지, 안전	분할 배치	-	배치의 조건
	집결, 공격	공동 공격	-	배치의 목적

분할하여 공격하는 것이 분할 배치의 본래의 목적은 아니다. 분할 배치는 군대를 유지하는 조건에 지나지 않는다. 전면 전투를 통해 승패를 결정하려고 하면 병력을 분할하여 배치하는 목적도 끝난다. 이제 모든 것은 대규모의 주력 전투로 방향을 돌리게 된다. 분할은 배치의 조건이자 필요악이라고 생각하고, 공동 공격을 배치의 목적이라고 생각해야 한다.

제7장 전위와 전초

전위	배치와 전투	통합 군단 개념	이동할 때
전초		점과 선의 개념	주둔할 때

전위와 전초는 전술과 전략 모두에 해당하는 문제이다. 그것은 한편으로는 병력의 배치이고, 다른 한편으로는 독자적인 전투를 수행하는 것이다. 전투를 충분히 준비하지 못한 군대는 적의 접근을 알아내려고 전위를 필요로 한다. 전초는 군대의 눈이다.

군대가 전진할 때는 앞에 있는 많은 병사들이 전위 부대를, 후퇴할 때는 그 병사들이 후위 부대를 이룬다. 군대가 사영이나 야영을 하면 초병으로 이루어진 넓은 선이 그 지역의 전위, 즉 전초를 이룬다. 즉 주둔할 때는 초병선의 개념이, 이동할 때는 통합된 군단의 개념이 생겨난다.

전위와 전초의 수. 전위와 전초는 병력, 병과, 임무 등에서 여러 단계로 구성된다. 프리드리히 대왕은 강력한 전초를 필요로 하지 않았다. 대왕은 늘 바로 적의 눈앞에서 야영했고, 대규모의 전위와 전초 없이 군대의 안전을 확보했다. 행군할 때는 측면에 있는 몇천 명의 기병이 전위를 이루었고, 행군이 끝나면 주력 군대로 돌아갔다. 한 군단이 지속적으로 전위를 맡는 경우는 드물었다.

나폴레옹은 거의 언제나 강력한 전위를 앞에 두었다. 이는 첫째로 전술의 변화 때문이다. 이때에는 전투력을 지형과 상황의 특징에 잘 적응하도록 하고, 전투 대형과 전투에서 하나의 전체를 만들었다. 그래서 단순한 결단은 복합적인 계획이 되고, 단순한 명령은 시간이 오래 걸리는 배치 계획이 되었다. 둘째로 그 당시의 군대에서 병력의 수가 늘어났기 때문이다.

프리드리히 대왕은 30,000~40,000명을 이끌고 전투에 나섰는데, 나폴레옹은 100,000~200,000명으로 전투를 수행했다.

전위의 배치. 군단 규모의 전위는 중앙에서 전진하는 주력 군대의 안전을 확보하는 임무만 맡는다. 중앙에 있는 주력 군대의 병력이 대규모 군단을 전위로 삼고 있으면 그 군단은 군대 전체의 전위라고 생각할 수 있다. 양쪽 측면보다 중앙에 훨씬 많은 전위를 두는 이유는 다음과 같다.

1. 보통 중앙에서 매우 많은 병력이 전진하기 때문이다.

2. 중심이 제일 중요하고, 모든 계획은 대부분 중심과 관련되어 있고, 그래서 전쟁터도 중심에 가깝게 놓여 있기 때문이다.

3. 중앙에서 전진하는 전위 군단은 간접적으로 양쪽 측면의 안전에 크게 이바지하기 때문이다.

중앙의 전위가 측면의 전위보다 훨씬 강력하다면, 그것은 전진 부대로서 더 일반적인 전략적인 관점에서 활동하게 된다. 그 부대의 효용은 다음의 목적에서 비롯된다.

1. 아군을 배치하는데 많은 시간이 요구되는 경우에 적에게 더 강력하게 저항할 수 있다.

2. 주력 군대의 병력이 너무 많아서 이동이 어려운 경우에 주력 군대를 약간 뒤에 남겨둘 수 있고, 이동 능력이 높은 전위 군단을 적의 근처에 둘 수 있다.

3. 주력 군대를 적으로부터 먼 곳에 두어야 하는 경우에도 전위 군단은 적의 근처에서 적을 관찰할 수 있다.

4. 중앙의 전위 군단은 적을 추격할 때도 유용하다. 전위 군단에 많은 기병을 덧붙이면 이 부대는 군대 전체보다 빠르게 이동할 수 있다.

5. 후퇴할 때는 후위 부대로서 유용하다. 중요한 지형을 방어하는데

후위 부대를 쓸 수 있기 때문이다. 적이 주력 군대로 온 힘을 다해 아군의 중앙으로 추격할 때 아군의 후위 부대는 매우 중요하다.

군대 전체를 중앙에 두고 이와 분리된 두 측면을 양쪽에 둘 때는 전위 군단을 가운데 앞쪽에 측면을 잇는 선보다 앞에 두는 것이 자연스러운 배치이다.

전위 병력의 수. 군대 전체를 나누는 1차 분할의 대형에서는 1~3개의 부분을 전위로 삼고 이를 기병으로 강화하는 것이 오늘날 일반적으로 쓰이는 방식이다. 군단으로 분할된 군대에서는 1개의 군단이, 사단으로 분할된 군대에서는 1~3개의 사단이 전위를 형성한다.

전위의 거리. 전위는 주력 군대에서 하루의 행군 거리보다 멀리 있을 수도 있고 주력 군대 앞에 바싹 붙어 있을 수도 있다. 전위가 대부분 1~3마일 정도 떨어져 있다면 이 정도의 거리를 요구하는 일이 제일 많기 때문이다. 하지만 이것을 규칙으로 삼을 수는 없다.

전초. 전초는 주둔 중인 군대에 어울리고 전위는 행군 중인 군대에 어울린다고 말한 것은 개념의 유래에서 비롯된 것이고, 그 개념을 먼저 구분하려고 했기 때문이다.

행군 중인 군대가 저녁에 행군을 멈추면 전위도 멈추어야 한다. 전위는 그때마다 자신과 전체의 안전을 고려하여 초병을 두어야 하는데, 그렇다고 전위가 전초로 바뀌는 것은 아니다.

휴식 시간이 짧을수록 군대의 보호는 그만큼 덜 완벽해도 되고, 휴식 시간이 길수록 관찰과 보호는 그만큼 완벽해야 한다. 주둔 기간이 길어지면 전위는 초병선처럼 점점 넓어질 것이다. 전위가 초병선처럼 되어야 하는지, 통합 군단의 개념이 여전히 중요한지 하는 것은 대치하고 있는 양쪽 군대의 거리와 지형의 성질에 달려 있다.

첫째로 양쪽 군대가 넓게 퍼져 있는데 매우 가까이 있다면 두 군대 사이에 전위 군단을 배치할 수 없을 것이고, 군대의 안전은 일련의 작은 초병을 통해서만 유지할 수 있을 것이다. 예를 들면 겨울 사영은 대부분 전초 초병선으로 보호된다. 둘째로 심하게 끊어진 지형이 별로 힘들이지 않고 강력한 초병선을 만들 기회를 줄 때 그 지형을 쓰지 않은 채 내버려 두지는 않을 것이다. 마지막으로 겨울 사영에서 혹독한 추위는 전위 부대를 초병선으로 해체하도록 할 수 있다. 그러면 전위 군단이 편하게 숙영을 할 수 있기 때문이다.

제일 완벽한 것으로는 1794~1795년의 겨울 원정에서 영국과 홀란트의 동맹 군대가 네덜란드에서 쓴 강력한 전초선을 들 수 있다. 이때 모든 병과로 이루어진 여단을 하나하나의 초병 진지에 배치하여 방어선을 만들었고, 이 방어선은 예비 부대의 지원을 받았다. 하지만 최근에는 이런 방어선이 별로 쓰이지 않는데, 이는 최근의 전쟁에서 이동이 매우 많아졌기 때문이다.

임무	적을 관찰하는 것 적의 전진 속도를 늦추는 것	저항 방식	후퇴 행군 저항 전투

전위와 측면 부대를 전진 부대라고 할 수 있다. 전진 부대의 임무는 적을 관찰하는 것, 적의 전진 속도를 늦추는 것이다. 적을 관찰할 때는 적이 아군의 전진 부대 앞에서 모든 병력뿐만 아니라 계획도 분명하게 드러내 보이도록 관찰해야 한다. 적의 전진 속도를 늦추려면 본격적인 저항을 해야 한다. 이때 전진 부대는 큰 손실을 입지 않는다. 적도 전위 부대를 두고 있고, 아군의 상황을 신중하고 조심스럽게 관찰하고 우회하기 때문이다.

저항 방식. 전진 부대의 저항의 지속 시간은 주로 지형의 성질과 지원 병력의 접근 정도에 달려 있다. 적절한 정도를 넘어서 저항하면 엄청난 손실을 입을 것이다. 이 지속 시간은 적이 신중하게 천천히 전진하는 것으로, 실질적인 저항의 지속을 통해, 후퇴 자체를 통해 벌어야 한다. 안전이 허락하는 한 후퇴는 천천히 이루어져야 한다. 어느 지역에 후퇴하는 부대를 새로 배치할 수도 있다. 적이 공격이나 우회를 하려고 준비하는 동안 아군은 시간을 번다. 저항 전투와 후퇴 행군은 긴밀하게 결합되어 있다.

저항 방식의 성과. 성과는 전진 부대의 인원, 지형의 성질, 퇴로의 길이, 주력 군대의 지원과 수용 능력에 달려 있다. 소규모 부대는 대규모 부대만큼 오래 저항할 수 없다. 산에 배치된 부대는 오래 저항할 수 있고 부대의 위험도 낮다. 전진 부대를 멀리 보내면 후퇴의 길이도 늘어나고 부대의 저항으로 얻는 시간도 늘어난다. 전진 부대를 수용하고 지원할 수 있는 주력 군대의 능력은 전진 부대의 저항의 지속 시간에 영향을 미칠 것이다.

측면 부대는 주력 군대의 측면에 배치된 전위로 간주하는 것이 제일 간단하다. 측면 부대는 주력 군대보다 약간 전진해 있고, 후퇴할 때는 주력 군대에 비스듬한 방향으로 후퇴한다. 전진 부대가 후퇴할 때는 이를 강력한 기병으로 수용하는 것이 바람직하다. 주력 군대와 전진 부대의 거리가 먼 경우에 그 사이에 예비 기병대를 배치하는 것도 그 때문이다.

결론. 전진 부대는 실제로 힘을 쓰는 것보다 그곳에 있다는 것 때문에, 실제로 수행하는 전투보다 전투를 할 수 있다는 가능성 때문에 효과를 낸다. 전진 부대는 적의 움직임을 막지 못하지만 그것을 완화하고 조절하여 예측할 수 있게 한다.

천막 야영 ➡ 프랑스 혁명 전쟁 ➡ 야영 폐지 → 병력 소모 증대 / 토지의 황폐화

야영은 천막, 산막, 들판을 불문하고 사영 이외의 모든 배치라고 이해한다. 야영의 배치는 야영을 전제로 하는 전투와 전략적으로 똑같다.

프랑스 혁명 이전에 군대는 늘 천막에서 야영했다. 그것이 야영의 정상 상태였다. 봄이 오면 사영을 떠났고, 겨울이 되면 사영으로 돌아갔다. 겨울 사영은 어느 의미에서 전쟁을 하지 않는 상태라고 보아야 한다. 이 기간에는 힘도 약해졌고 모든 톱니바퀴의 움직임도 멈추었다. 겨울이 되면 전쟁은 자발적으로 중지되었다.

프랑스 혁명 전쟁 이후로 군대는 천막을 모두 없앴다. 천막을 운반하는데 드는 엄청난 수송대 때문이었다. 100,000명의 군대의 천막을 운반하는 6000마리의 말 대신에 5000명의 기병이나 몇백 문의 대포를 더 보유하는 것이 낫다고 생각했다. 또한 대규모로 신속하게 이동해야 하는 경우에 수송대는 방해만 되고 도움이 되지 않았다.

천막을 없애자 병력이 더 많이 소모되었고 토지는 더 심하게 황폐해졌다. 1년에 200~300일을 천막 없이 (들판에서) 지내면 질병이 발생하여 많은 병력을 잃게 된다. 천막이 없으면 병력이 주둔하고 있는 토지는 많이 황폐해진다.

이 폐해 때문에 전쟁이 덜 격렬해졌다고 생각할 수도 있다. 전쟁이 프랑스 혁명 전쟁 이래 엄청난 변화를 겪지 않았다면 그렇게 될 수도 있었을 것이다. 하지만 이 엄청난 변화 앞에서 병력의 소모나 땅의 황폐화는 잘 드러나지 않는다.

이제 전쟁의 화력은 엄청나게 증대되었고, 전쟁의 힘은 더 격렬해졌다. 겨울마다 전쟁을 하지 않는 상태도 사라졌고, 모든 힘은 격렬하게 결전을 향해 치달았다. 이런 상황에서 천막을 없앴다는 것이 전투력을 쓰는데 어떤 변화를 일으켰다고 할 수도 없다. 전쟁의 전체적인 목적과 계획이 요구하는 대로 산막이나 벌판에서 야영했고 날씨, 계절, 지형도 고려하지 않았다. 전쟁의 화력이 엄청나게 증대된 이후로 전쟁의 모습은 이전의 상태로 돌아갈 수 없을 것이다.

제10장 행군의 조건과 종류

조건	편하게 행군 정확히 이동	종류	전투를 예상하지 않을 때 전투를 할 것으로 예상할 때

행군은 어느 배치에서 다른 배치로 이동하는 것이다. 군대는 편하게 행군해야 한다. 그러면 유용하게 쓸 수 있는 힘을 헛되이 낭비하지 않게 된다. 또한 정확하게 이동해야 한다. 그러면 목표 지점에 정확하게 도달하게 된다.

종대의 인원이 적을수록 행군은 그만큼 쉽고 정확하게 이루어질 것이다. 행군할 때 전투를 하지 않을 것이라고 예상되면 (휴식을 하는 경우라면, 이를테면 전쟁터로 여행을 하는 것이라면) 행군의 조건이 중요해지고, 이 때문에 주로 편한 길을 선택하게 된다. 사영과 야영을 하는데 적당하고, 종대에서 제일 가까운 큰 도로를 선택하여 이동하게 된다. 전투를 할 것으로 예상되고, 많은 병력으로 적절한 지점에 도달하는 것이 중요할 때는 험한 샛길을 통하더라도 주저하지 말고 그 지점에 도달해야 한다.

행군의 일반 원칙. 전쟁이 일어날 수 있는 지역에서는 행군 중인 군대의 병력이 독자적인 전투를 치르는데 적합하도록 종대를 편성해야 한다. 그래서 세 개의 병과를 결합하고, 군대 전체를 유기적으로 분할하고, 각 부대에 적절한 최고 사령관을 임명해야 한다. 오늘날의 전투 대형을 확립하고 그 효과를 극대화하도록 하는 것은 주로 행군이다.

18세기 중엽에, 특히 프리드리히 2세의 전쟁터에서는 이동을 공격의 고유한 원리로 보았지만, 유기적인 전투 대형이 부족해서 행군 중에는 군대를 부자연스럽고 둔하게 배치할 수밖에 없었다. 그 후로 새로운 전쟁술이 개발되어 군대는 유기적인 분할을 할 수 있게 되었고, 이 분할에서 주력 군대는 하나의 작은 전체로서 간주되었고 전투에서 군대 전체와 같은 효과를 낼 수 있게 되었다.

군대의 병력이 적을수록 그 군대는 그만큼 쉽게 이동할 수 있고, 분할의 필요성은 그만큼 줄어든다. 군대의 병력이 늘어날수록 분할의 필요성, 종대의 수, 큰 도로에 대한 필요, 종대 간의 거리는 그만큼 늘어난다. 분할의 필요성과 분할의 위험성은 반비례 관계에 놓여 있다. 군대의 병력이 적을수록 군대는 그만큼 다른 군대와 도움을 주고받아야 하고, 병력이 많을수록 군대는 그만큼 모든 문제를 스스로 해결해야 한다.

평평한 지형에서는 상당히 많은 병력을 하나로 집결하는 것이 신속하게 전진하고 정확하게 도착하는 것과 양립할 수 있다. 산악 지형에서는 이것이 어렵지만, 하나하나의 종대가 갖는 저항력은 훨씬 높다.

오늘날의 전쟁 수행에서 행군을 준비하는 것은 크게 어렵지 않다. 신속하고 정확한 행군을 하는데 독특한 기술과 지형에 대한 정확한 지식은 더 이상 필요하지 않게 되었다. 군대의 유기적인 분할 덕분에 행군은 거의 저절로 이루어지고, 적어도 대규모의 계획을 필요로 하지 않는다. 이전에는 전투를 지휘하는데 단순한 명령만 필요했고 행군하는데 오랜 계획이 필요했다면, 오늘날에는 전투 대형을 배치하는 데는 오랜 계획이 필요하지만 행군하는 데는 단순한 명령만으로도 충분하게 되었다.

수직 행군		앞뒤로	종대 행군	전진 행군	
평행 행군	측면 행군	옆으로	횡대 행군	후퇴 행군	반대 행군

모든 행군은 수직 행군과 평행 행군으로 구분된다. 평행 행군은 측면 행군으로도 불리는데, 군대의 기하학적인 형태를 바꾸어 놓는다. 배치될

때는 옆으로 있던 군대가 행군할 때는 앞뒤로 있을 수도 있고, 그 반대가 되기도 한다.

이런 기하학적인 변화는 전술에서만 완전하게 할 수 있을 것이고, 이것도 전술이 이른바 횡대 행군을 쓸 때만 할 수 있을 것이다. 횡대 행군은 대규모의 병력에서는 할 수 없다. 전략에서는 횡대 행군을 더욱 할 수 없다. 군대의 기하학적인 상태를 바꾸는 것은 오늘날의 전투 대형에서 보통 군대의 첫 번째 분할과 관련된다.

전진 행군이나 후퇴 행군을 할 때 행군 대형은 본래 길의 상태에 따라 달라져야 하는데, 이 길은 나중에 병력을 분산하는 선이 될 것이다. 전술에서는 대부분 이렇게 될 수도 있지만, 전략에서는 이것이 불가능하다. 이전의 군대는 행군 중에도 분할되지 않은 하나의 전체로서 존재했고 하나의 전면 전투만 생각했기 때문에 모든 행군 대형은 전술적인 문제였다.

오늘날의 전쟁술에서는 많은 부대가 행군하는 동안에 각자 멀리 있는 상태에서 독자적으로 행동한다. 행군 중에 각 부대가 혼자 치르는 전투는 그 부대의 전면 전투라고 간주해야 한다.

종대의 개념은 하나의 군대 병력이 이동하는 길에서 비롯될 뿐만 아니라 며칠 동안 같은 도로를 이동하는 병력도 전략적으로 종대라고 불러야 한다. 군대를 여러 종대로 나누면 빠르고 쉽게 행군할 수 있기 때문이고, 소규모 병력은 대규모 병력보다 빠르고 편하게 행군할 수 있기 때문이다. 이 목적은 병력이 여러 길로 행군하지 않고 같은 길을 여러 날에 걸쳐 행군하는 것으로도 달성된다.

제11장 행군의 거리와 시간

행군의 거리와 시간은 경험의 명제를 따른다. 오늘날의 군대는 하루에 보통 3마일 행군한다. 대열이 길면 2마일로 줄여야 한다. 8000명 규모의 사단은 평평한 지형과 보통의 길을 3마일 행군하는데 8~10시간 걸린다. 산악 지형이라면 10~12시간 걸린다.

단 한 번만 행군하는 경우에 하루 5~6마일이면 강행군에 속하고, 며칠 동안 행군하는 경우에는 하루 4마일이면 강행군에 속한다. 5마일의 행군에는 휴식이 필요하다. 8000명 규모의 사단이라면 좋은 길로 행군해도 5마일을 16시간 이내에 전진할 수 없을 것이다. 몇 개의 사단이 모여 6마일을 행군한다면 적어도 20시간은 걸릴 것이다.

여기에서 행군은 여러 사단이 모여 하나의 야영지에서 다른 야영지로 이동하는 것을 말한다. 이것이 전쟁터에서 일어나는 보통의 행군 형태이기 때문이다. 여러 사단이 하나의 종대로 행군할 때는 두 사단 간의 거리가 한 사단의 길이만큼 벌어져서는 안 된다.

험한 길이나 산악 지대를 이동한다면 시간이나 거리에 대한 기준은 달라질 수밖에 없다. 행군할 때는 날씨와 군대의 상태도 고려하게 된다.

천막의 폐지
식량의 강제 징발 → ⬆ 행군 속도 ⬇ ← 식량의 자체 조달

천막을 없애고 식량을 현지에서 강제 징발을 통해 조달하게 된 이후로 수송 부대는 눈에 띄게 줄어들었다. 군대는 매우 빠른 속도로 이동하게 되었고 행군 거리를 늘릴 수 있게 되었다. 수송대도 고려하지 않았다. 그래서 지금도 넘을 수 없을 정도의 강행군이 7년 전쟁 중에 일어났다. 라시는

1760년에 슈바이드니츠에서 라우지츠를 지나 베를린에 이르는 45마일이나 되는 길을 10일 동안에 행군했다. 매일 4.5마일을 행군한 것이다. 라시의 병력이 15,000명 규모의 군단이었다는 것을 고려하면, 이는 오늘날에도 상당한 강행군이라고 할 수 있을 것이다.

군대의 이동은 오늘날 식량 조달 방식의 변화 때문에 다시 억제되었다고 볼 수 있다. 군대가 식량의 일부를 스스로 조달해야 한다면 행군에 많은 시간이 걸린다. 긴 대열을 이루는 군대를 한 곳에 야영하게 할 수도 없다. 식량을 쉽게 조달할 수 있는 수단을 찾으려면 사단을 나누어야 한다. 특히 기병은 사영을 하는 경우도 드물지 않다. 이 모든 것이 행군 속도를 크게 늦추는 요인이 된다.

그동안에 전쟁터에서 크고 작은 군대의 이동성과 그 군대를 다루는 편리함은 수송대의 감소로 눈에 띄게 증대되었다. 기병과 포병의 수는 같아도 말의 수가 줄어들어서 사료 때문에 생기는 걱정을 크게 덜게 되었다. 길게 늘어진 수송대의 꼬리를 걱정하지 않아도 되어서 진지를 선정할 때 제한을 덜 받게 되었다. 일반적으로 수송대를 줄이면 군대의 이동이 빨라진다기보다 병력을 크게 절약하게 된다.

제12장 행군의 파괴적인 영향

한 번의 적당한 행군으로 병력이 손상되지는 않는다. 하지만 적당한 행군도 여러 번 하면 병력은 손상되고, 강행군을 거듭하면 더 큰 손실을 입는다.

병사들이 무거운 짐을 지고 오물과 흙탕으로 된 비 오는 길을 행군하면 병사들의 건강은 악화된다. 한여름의 흙먼지와 뜨거운 햇볕에서는 적당한 행군도 무서운 일사병을 일으킨다. 병사들은 타는 목마름으로 고통받고 질병에 걸리고 죽음에 이른다. 전쟁에서 강력한 기습, 신속한 이동, 끊임없는 활동에는 병사들의 희생이 따른다. 기병대에는 다리를 절고 다리에 마비를 일으키는 말이 급격히 늘고, 수송대의 많은 마차는 정체되고 혼란에 빠진다.

100마일 이상 행군하는 군대는 매우 약해진 상태에서 목적지에 도착하게 된다. 적의 눈앞에서 행군을 해야 한다면 손실은 믿을 수 없을 만큼 늘어난다.

1812년 나폴레옹의 러시아 원정을 예로 든다. 52일 동안 (네만 강에서 스몰렌스크까지) 약 70마일을 행군하는데 질병과 낙오병 등으로 인한 손실이 95,000명으로 전체의 약 1/3이나 된다. 모스크바에 도착했을 때는 총 손실이 198,000명이었다. 120마일을 (네만 강에서 모스크바까지) 행군하는데 82일이나 걸렸다. 전진하는 14주 동안 계절과 길이 최악의 상태는 아니었다. 때는 여름이었고 길은 대부분 모래땅이었다. 하지만 수많은 병력이 하나의 길에 집결했고, 식량 조달이 충분하지 않았고, 러시아 군대는 후퇴는 하되 도망은 치지 않았다. 이런 것이 프랑스 군대의 원정을 어렵게 만들었다.

나라	때	장소	내용	손실	현 인원
프랑스	1812. 6. 24	네만 강			301,000
			파견	-13,500	287,500
	1812. 8. 15	스몰렌스크	전투	-10,000	
			행군	-95,000	
			*(500?)	-105,500	182,000
	3주 후	보로디노		-144,000	*143,000
	8일 후	모스크바		-198,000	*89,000
러시아		칼루가			120,000
		빌나		*-90,000	30,000

* 이 수치는 『전쟁론』 본문에 없고 저자의 계산으로 넣은 것임.

프랑스 군대를 추격한 러시아 군대도 칼루가 지역에서 출발했을 때는 120,000명 규모였지만, 빌나에 도착했을 때는 30,000명 규모로 줄었다. 이 기간에 실제 전투에서 입은 병력의 손실은 매우 적었다.

많은 이동을 필요로 하는 전쟁을 수행하려면 군대 병력의 대규모 손실을 각오해야 한다. 이 점을 고려하여 다른 계획을 준비해야 하고, 무엇보다 증원 병력을 준비해야 한다.

[그림 3] 러시아 원정에서 프랑스 군대의 이동과 병력의 감소

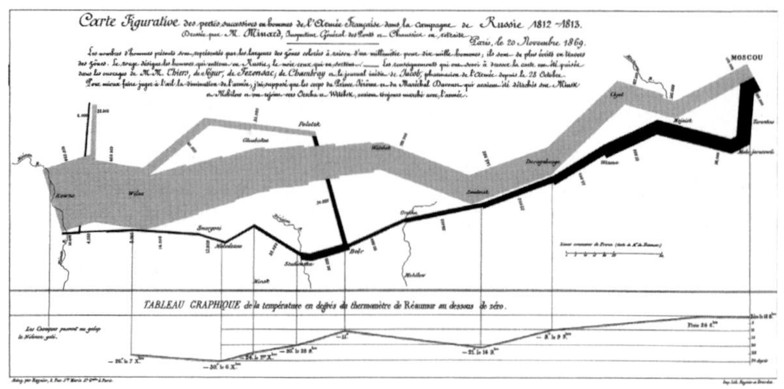

Charles Minard의 1869년 그림
날짜 1869년 11월 20일 발행.
작가 Charles Minard
업로드 Hispa 2005. 8. 29
업데이트 Mahahahaneapneap 2008. 1. 17
출처 https://commons.wikimedia.org/wiki/File:Minard.png

이것은 미나르(Charles Joseph Minard, 1781~1870)가 만든 유명한 그래프이다. 이 그래프는 나폴레옹이 러시아 원정을 하는 동안에 겪은 병사들의 손실, 군대의 이동 경로, 해당 지역의 기온을 보여 준다. 석판화로서 원본 크기는 62×30센티미터이다. 1869년 11월 20일에 발행되었다.

미나르는 공학과 통계학에서 그래프로 정보를 전달하는 분야의 선구자이다. 그의 그래프 중에 제일 유명한 것이 바로 이 그래프이다. 이 생키 도표(또는 생키 다이어그램, Sankey Diagram)는 프랑스 군대의 파멸적인 감소를 극명하게 보여 준다. 미국의 프린스턴 대학과 예일 대학의 교수를 지낸 터프트(Edward Rolf Tufte, 1943~)는 이 그래프를 유일무이한 것으로서 "모든 시대를 통틀어 최고의 그래프"라고 불렀다. 단 한 장의 2차원 그림에 많은 정보를 담았기 때문이다. 이 그래프에는 군대의 행군 위치와 방향, 군대의 분할과 재집결, 병력의 수와 감소(이는 특히 베레지나 강의 후퇴

에서 두드러지게 나타나는데), 혹독한 겨울의 낮은 기온 등이 표현되어 있다.

이 그래프에 따르면 프랑스 군대의 병력은 네만 강을 건널 때 422,000명이었는데, 비쳅스크에서는 175,000명으로, 스몰렌스크에서는 145,000명으로 줄었고, 모스크바에는 100,000명만 도착했다. 이 100,000명 중에 다시 네만 강으로 돌아온 병력은 10,000명밖에 안 된다.[23] 병사들의 수(의 감소)가 색칠한 부분의 두께로 극명하게 표현되어 있다.[24]

윗부분의 작은 글자로 된 불어를 우리말로 옮기고 약간 보충한다.

이것은 1812~1813년에 러시아 원정에서 프랑스 군대가 잃은 병력의 수를 나타낸다.

토목 기술자 협회(Corps des ingénieurs des ponts et chaussées, 이전에 프랑스에서 교량과 도로 건설을 담당하던 고위 공무원 단체)의 수석 감독관이었던 미나르는 퇴직 후에 1869년 11월 20일에 파리에서 이 그림을 만들었다.

병사들의 수를 색칠한 영역의 넓이(두께)로 표현했다. 여기에서 1밀리미터는 10,000명을 나타낸다.[25] 병사들의 수는 색칠한 영역이 진행되는 동안 숫자로도 표시되어 있다. 연한 색 막대는 러시아로 전진한 병사들의 수이고, 검은색 막대는 러시아에서 프랑스로 후퇴한 병사들의 수이다. — 이 그림을 만들려고 이용한 (병사들의 수에 관한) 자료는 티에르(Thiers), 세귀르, 샹브레 등의 저서와 자콥(Jacob, 1812년 10월 28일부터 프랑스 군대의 약제사로 활동)의 미출간된 일기에서 인용했다. 병사들의 감소를 더 분명

---

23. 앞의 12장에서는 모스크바까지 전진하는 경우의 병력 손실을 주로 언급하고 있다. 모스크바에서 후퇴할 때의 병력 손실에 대해서는 『전쟁론』 3권 8편 9장 참조.
24. 이 서술은 https://de.wikipedia.org/wiki/Charles_Joseph_Minard 참조.
25. 위의 그림은 원본의 크기가 아니기 때문에 실제의 밀리미터와 다르다.

하게 보여 주려고 나는 제롬 왕자의 군단과 다부 장군의 군단이 (민스크와 모길료프에서 나누어지고, 나중에 오르샤와 비쳅스크에서 나폴레옹의 군대에 다시 합쳤는데) 원정의 전 기간에 나폴레옹의 군대와 함께 행군한 것으로 간주했다.

거리의 척도는 리에(lieues communes de France, 이전의 프랑스의 거리 단위)로 표시했고, 1리에는 4444미터에 해당한다. 그래프의 아랫부분은 오른쪽에서 왼쪽으로 읽어야 하는데, 이는 프랑스 군대가 모스크바로부터 후퇴할 때의 기온을 나타낸다. 여기의 기온은 열씨(列氏, 레오뮈르(Réaumur), 1기압에서 물의 어는점은 0도, 끓는점은 80도)로 표시되었는데, 열씨 1도는 섭씨 1.25도에 해당한다. 예를 들어 열씨 -30도는 섭씨 -37.5도이다.

제13장 사영의 종류와 형태

종류	중요한 문제 - 휴식과 건강 회복 부차적 문제 - 전술적, 전략적 이유		형태	얇고 긴 직사각형 정사각형이나 원형

오늘날의 전쟁술에서 사영은 다시 중요해졌다. 천막도 완벽한 수송대도 군대의 자유로운 이동을 방해하기 때문이다.

사영을 방해하는 두 가지 상황이 있다. 하나는 적이 아군의 근처에 있는 경우이고, 다른 하나는 신속하게 이동해야 하는 경우이다. 그래서 결전이 가까워지면 사영지를 떠나고, 결전이 끝날 때까지는 다시 사영할 수 없게 된다. 지난 25년 동안 모든 원정에서 전쟁의 요소는 모든 에너지를 쏟아 부었다. 이렇게 하는 동안에 사영을 할 수는 없을 것이다. 또한 승리자가 추격을 할 때도 신속히 이동해야 하기 때문에 사영할 수 없게 된다.

사영의 필요성은 전쟁을 수행하는 데도 영향을 미친다. 강력한 전초나 중요한 전위를 정면에 배치하여 시간과 안전을 확보하고, 그 지역의 자원과 농산물을 얻을 수 있다.

사영은 중요한 문제일 수도 있고 부차적인 문제일 수도 있다. 원정 중에 군대를 전술적인 이유와 전략적인 이유만으로 배치한다면, 군대를 편하게 하려고 이미 배치되어 있는 지점 근처에 사영을 할당한다면, 사영은 부차적인 문제이고 야영을 대신하는 것이다. 이와 달리 충분한 휴식으로 건강을 회복할 수 있는 숙소에 군대를 둔다면 사영은 중요한 문제이다.

이때 먼저 고려해야 하는 것은 전체 사영 지역의 형태와 관련된다. 이 형태는 보통 매우 얇고 긴 직사각형으로서 전술적인 전투 대형의 확대에 불과하다. 군대의 집결 지점은 직사각형 앞에, 본부는 그 배후에 둔다.

사영이 정사각형이나 원형에 가까울수록 군대는 중심에 있는 지점에 그만큼 빨리 집결한다. 집결 지점이 중심의 배후에 멀리 있을수록 적은 그 지점에 그만큼 늦게 도달하게 되고, 아군은 집결하는 시간을 그만큼 많이 벌게 된다. 본부를 사영의 앞에 두면 많은 정보는 그만큼 일찍 도착하고, 최고 지휘관이 정보를 얻는데 그만큼 유리해진다.

사영을 얇고 긴 직사각형으로 배치하는 것이 그 지역을 보호하는 것이라는 주장이 있다. 이 주장은 옳지도 않고 중요하지도 않다. 집결 지점을 사영의 정면에 두는 것은 사영을 보호하려는 의도 때문이라는 주장이 있다. 이것은 어느 정도 타당하다. 사영의 본부는 늘 제일 안전한 곳에 있어야 한다.

사영 지역은 정사각형이나 원형에 가까운 직사각형으로 하고, 집결 지점은 중앙에 두고, 군대의 병력이 상당히 많은 경우에는 본부를 앞쪽에 두는 것이 사영에서 최선의 배치이다.

끊어진 지형의 일부를 이용하여 그 지형의 성질에 따라 사영을 배치하기도 하고, 도시와 마을의 형태에 따라 사영의 위치를 결정하기도 한다. 기하학적인 형태는 사영지를 결정하는데 거의 중요하지 않다. 끊어진 동시에 보호되어 있는 지형의 배후에서 사영을 하면 소규모의 부대도 적을 관찰하는데 유리해진다. 사영을 요새의 배후에 둘 수도 있다.

행군 중인 군대의 사영은 도로를 따라 배치되어야 한다. 이는 신속하게 집결하는데 유리하다. 적이 아군의 바로 앞에 있을 때는 사영 지역의 넓이와 부대의 집결에 필요한 시간이 전위와 전초의 수와 위치를 결정한다. 이런 결정이 제한되는 경우에는 전위의 저항이 보장하는 시간에 따라 사영 지역의 넓이를 결정해야 한다. 전진 부대의 저항 시간에는 군대에 소식을 전달하는 시간과 군대의 출동 시간을 제외해야 한다. 그다음에 남는 시간만 군대의 행군에 쓸 수 있는 시간이다.

전위와 여러 사영 간의 거리를 반지름으로 하고 군대의 집결 지점을 여러 사영의 중앙에 두면, 적의 전진이 지체되면서 얻는 시간에 여러 군대에게 적의 전진을 통보하고 아군의 출동 시간을 벌 수 있을 것이다.

적이 지나치게 가까이 있지 않고 아군이 적절한 규모의 전위를 배치해 두었을 경우에는 적이 집결해 있어도 아군은 사영에 머물 수 있을 것이다. 프리드리히 대왕도 1762년 초에 브레슬라우에서 그렇게 했고, 나폴레옹도 1812년에 비쳅스크에서 그렇게 했다.

군대는 다음의 세 가지 경우에만 완전하게 사영으로 옮길 것이다. 1. 적도 똑같이 사영할 때. 2. 군대의 상황이 사영을 절대로 필요로 하는 경우. 3. 군대의 직접적인 활동이 강력한 진지를 방어하는 데만 제한되어 있는 경우, 그래서 군대를 그 진지에 집결하는 것이 중요한 경우.

사영과 관련된 개념을 아래와 같이 정리한다.

병영(兵營)

숙영(宿營) { 야영(野營) / 사영(舍營) }

병영 – 군대 안 (또는 주둔지의) 숙소 = 병사(兵舍)

숙영 – 병영 밖 숙소 (또는 그곳에 머물러 지냄.)

야영 – 천막, 산막, 들판 등에 머물러 지냄. = 노영(露營)

천막 없는 들판 야영은 비바크.

사영 – 병영 이외에 임시 건물, 특히 민가 등에 머물러 지냄.

6~13장을 정리한다. 클라우제비츠는 앞의 1장에서 전투력을 전투 이외의 상태에서 살펴본다고 말했다. 전투력이 놓일 수 있는 전투 이외의 세

가지 상태는 야영(9장), 행군(10~12장), 사영(13장)이다. 야영은 사영 이외의 모든 배치이고, 행군은 어느 배치에서 다른 배치로 이동하는 것이다. 즉 야영, 사영, 행군은 배치의 문제에 속한다. 전투력의 일반적인 배치(6장)는 야영, 사영, 행군보다 높은 수준의 포괄적인 배치이다.

전위와 전초(7장) 그리고 전진 부대(8장)도 군대의 배치의 문제(6장)에 속한다. 전위와 전초(7장)는 전진(하여 있는) 부대(8장)에 포함된다고 할 수 있다. 이에 따라 6~13장을 아래의 그림처럼 나타낼 수 있다.

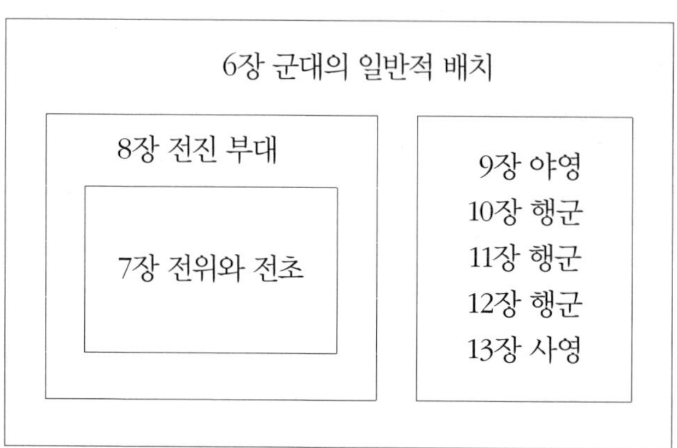

제14장 식량 조달

1. 식량 조달 문제의 역사적인 고찰

식량 조달 문제는 오늘날의 전쟁에서 훨씬 중요해졌는데, 이는 두 가지 이유 때문이다. 첫째로 오늘날의 군대는 중세와 고대의 군대보다 훨씬 대규모이다. 둘째로 베스트팔렌 평화 조약 이후의 오늘날의 전쟁은 내부적으로 더 긴밀한 연관성을 갖고, 전투력은 끊임없이 전투 준비의 상태에 놓이게 되었다.

많은 나라가 봉건 군대 대신에 용병을 이용하게 되었다. 봉건 의무는 조세로 바뀌었고, 신분상의 의무는 완전히 폐지되었고, 모병제가 도입되었다. 군대는 정부의 도구가 되었고, 국고나 정부의 조세 수입이 군대를 유지하는 재원이 되었다. 전투력을 편성하고 보충하는 것이 정부의 일이 된 것처럼, 군대를 유지하는 문제도 국고로 충당해야 했다. 즉 군대를 유지하는 것은 완전히 정부의 부담이 되었고, 전투력은 늘 적의 눈앞에 노출되어 있어야 했다.

식량은 돈을 주고 사든지, 왕실 소유지에서 공급받아 창고에 비축했다. 군대의 마차를 이용하여 창고에서 군대로 운반했다. 군대 근처의 자체 빵 제조소에서 빵을 굽고, 이 빵은 군대 전용 마차로 각 부대에 배급되었다. 이런 식으로 전쟁 시설은 점차 인민이나 영토와 관련을 갖지 않는 방향으로 나아가게 되었다. 전쟁은 식량 창고에 얽매이게 되었고 마차의 활동 범위 이내로 제한되었다. 전체적으로 식량 보급을 절약하게 되었고, 이는 병사들에게 큰 고통을 일으켰다.

말의 사료는 엄청난 부피 때문에 운반하는데 큰 어려움을 겪었다. 한 마리 말의 사료 무게는 대략 한 사람의 식량 무게의 10배쯤 된다. 그런데 군대에서 말의 수는 사람 수의 1/4에서 1/3 정도 되고, 그러면 사료의 무게는 식량 무게의 3~5배 정도 된다. 그래서 사료를 채취하는 방식을 쓰기 시작했다. 이 방식을 쓰려면 전쟁을 반드시 적의 영토에서 해야 했고, 이 방식은 한 지역에 오래 머무는 것을 허락하지 않았다. 이런 이유로 사료 채취는 잘 쓰지 않게 되었다. 그 방식이 그 지방을 황폐하게 하고, 그 지방에서 사료를 조달하고 징발하는 것이 낫다는 것을 알게 되었기 때문이다.

프랑스 혁명으로 제한적인 전쟁 체계는 무너졌다. 이 체계와 함께 제한적인 식량 조달 체계도 무너졌다. 혁명 지도자들은 식량 문제를 신경 쓰지 않고 병사들을 전쟁터로 내보냈고 장군들을 전투로 내몰았다. 그들은 필요한 것을 징발하고 약탈했고, 그것으로 병사들을 먹이고 생기를 불어넣었다. 나폴레옹 아래의 전쟁은 (국고에 의한 식량 조달과 약탈에 의한 식량 조달의) 양 극단 사이의 중간에서 수행되었다.

2. 새로운 식량 조달 방식과 그 영향

1 민가나 공동체를 통하여
2 군대의 징발을 통하여
3 정규적인 공고문을 통하여
4 식량 창고를 통하여

1. 민가나 공동체를 통한 식량 조달. 어느 공동체에는 늘 며칠 동안의 식량이 있다. 매우 높은 인구 밀도를 갖는 도시에는 주민과 거의 같은 수의 군대도 하루분의 식량을 조달할 수 있을 것이다. 농민 한 집의 빵 저장량은 보통 농민 한 가족이 8~14일 동안 먹을 양이 된다. 고기는 매일 조달할 수 있고, 채소도 다음 수확 때까지 먹을 양을 갖고 있다. 그래서 그 지방 주

민의 서너 배에 이르는 병사들이 며칠 동안 먹을 식량을 조달하는 것은 어렵지 않다.

말의 사료를 조달하는 것은 더 쉽다. 사료는 빵거나 구울 필요가 없고, 대개 다음 수확 때까지 사료를 저장하고 있고, 마구간의 사료가 부족할 때도 군대의 말에게 줄 사료가 부족한 경우는 드물 것이다. 사료는 그 지방 당국에서 조달해야 하고 민가에 직접 요구해서는 안 된다.

1제곱마일에 2000~3000명이 살고 있는 지방에서 150,000명의 군대는 분산되지 않은 상태에서도 민가나 공동체에서 하루나 이틀 정도의 식량을 조달할 수 있을 것이다. 즉 그 군대는 식량 창고와 그 밖의 다른 것을 준비하지 않아도 중단 없이 행군할 수 있다.

프랑스 혁명 전쟁에서, 그리고 나폴레옹 아래에서 프랑스 군대는 라인 강에서 비스와 강까지 이동하는 동안에 민가에서 식량을 조달했다. 그렇다고 식량의 부족으로 고통을 겪은 적도 없었다.

한 곳에 며칠 동안 머물게 되면 다른 수단으로 준비한 것이 없을 경우에 최악의 식량 부족 사태에 빠질 것이다. 이에 대한 대책으로 첫째, 수송대를 이용하여 3~4일분의 빵이나 밀을 운반할 수 있다. 여기에 병사들이 갖고 있는 3~4일 분량의 식량을 더하면 8일분의 식량은 안전하게 확보할 수 있다. 둘째, 병참부에서 군대의 휴식 때마다 먼 지역에 저장되어 있는 식량을 조달할 수 있다.

이처럼 사영에 의한 식량 조달은 운송 수단을 전혀 필요로 하지 않고, 식량을 최단 시간 내에 조달할 수 있다는 장점을 갖고 있다.

2. 군대의 징발을 통한 식량 조달. 군대에 필요한 식량을 일정한 지역에서 공동으로 징발하여 군대에 분배하는 방식은 8000~10,000명에 이르는 사단의 경우에만 순조롭게 이루어질 수 있다. 이 사단도 불가피한 경우에만 이 방식을 이용해야 할 것이다.

전진 이동을 하는 전위나 전초와 같이 대개 적을 바로 앞에 두고 있는 부대는 이 방식을 쓰지 않을 수 없다. 그 부대는 식량 준비를 할 수 없는 지점에 이를 때도 있고, 식량 저장소에서 멀리 있기 때문이다. 독자적으로 행동하는 순찰대의 경우에도 징발을 통해 식량을 조달해야 할 것이다. 우연 때문에 다른 방식으로는 식량을 조달할 시간과 수단이 없는 경우에도 식량을 징발해야 할 것이다.

3. 정규적인 공고문을 통한 식량 조달. 이것은 식량을 조달하는 제일 간단하고 효과적인 수단이고, 오늘날의 전쟁의 토대를 이루고 있다. 특히 지방 당국의 협력을 얻는다는 점에서 앞의 방식과 구분된다. 저장 식량을 강제로 빼앗지 않고 그 지역 주민들에게 합리적으로 할당하여 질서 있게 조달한다. 이 할당은 그 지방 당국만 수행할 수 있다.

이 방식에는 모든 것이 시간에 달려 있다. 시간이 많을수록 그만큼 공평하게 할당되고, 주민들의 부담은 그만큼 줄어들고, 성과는 그만큼 높아질 것이다. 현금을 주고 식량을 구매하는 방식을 보조 수단으로 쓸 수도 있다. (이것은 아래의 4의 방식과 비슷해진다.) 자기 나라에서 병력을 집결할 때나 후퇴할 때 이 방식을 쓸 수 있다.

이 방식이 효과적으로 이루어지려면 하나하나의 파견 부대에 강제적인 집행력이 있어야 하고, 지방 당국은 그 부대를 대신하여 그것을 수행하게 된다.

병력이 많은 군대라도 며칠 동안의 식량을 갖고 있다면, 어느 지방에 도착하는 순간에 공고문을 통해 아무런 문제없이 식량을 조달할 수 있다.

군대가 어느 곳에 오래 머물면 징발 명령은 그 지방의 최고 당국까지 올라가게 되고, 그러면 최고 당국은 주민들의 부담을 되도록 공평하게 나누고, 주민들의 식량을 구매하여 주민들에 대한 압박을 줄이려고 할 것이다. 그러면 이 체계는 4에 가까워진다.

프랑스 혁명 전쟁의 초기 원정 이래 3은 프랑스 군대의 바탕이 되었다. 프랑스에 맞선 동맹 군대도 3으로 전환하지 않을 수 없었다. 전쟁 수행의 에네르기, 민첩성, 자유로움과 관련해서 볼 때도 다른 수단이 없었다. 이런 식으로 전쟁 활동은 완벽한 자유를 얻었다고 할 수도 있다. 단 하나의 예외적인 상황은 적의 영토에서 후퇴하는 경우이다. 후퇴 이동은 끊임없이 계속되기 때문에 식량을 조달할 시간이 없다. 상황이 불리하기 때문에 군대는 집결해 있어야 한다. 분산하거나 행군 거리를 넓히는 일은 생각할 수 없다. 강제적인 집행력이 없는 단순한 공고문만으로 식량을 조달할 수도 없다. 이런 때는 그 지역 주민들의 저항과 적의를 자극할 수도 있다. 이 모든 것을 종합하면 그런 경우에 식량 조달은 병참선과 후퇴로로 제한된다.

나폴레옹이 1812년에 후퇴하려고 했을 때 그는 왔던 길로 후퇴할 수밖에 없었다. 이것도 식량 조달 때문이었다. 다른 길로 후퇴했다면 그의 군대는 더 일찍 무너졌을 것이다.

4. 식량 창고를 통한 식량 조달. 이것은 17~18세기의 식량 조달 방식이다. 한 곳에서 7~12년 동안 대규모의 군대로 전쟁을 치른다면 이 방식밖에 없을 것이다. 하지만 2나 3의 방식이 4의 방식보다 훨씬 유리하기 때문에 4의 방식으로 2와 3의 방식에 맞서지는 않을 것이다.

전쟁이 좁은 지역에서 오랫동안 계속되면 2와 3의 방식 때문에 그 지방의 자원은 고갈될 것이다. 두 나라는 평화 협정을 맺든지, 식량을 독자적으로 조달할 방안을 마련해야 한다. 이런 측면에서 오늘날에 수행되는 전쟁은 전쟁 기간을 줄이는 결과를 낳을 것이다. 하지만 4의 방식은 변칙적인 방식에 지나지 않고, 본래 의미의 전쟁에서는 결코 생겨날 수 없다.

1~4의 어느 방식을 선택하든지 부유하고 인구가 많은 지방에서는 가난하고 인구가 적은 지방보다 쉽게 식량을 조달할 수 있다. 많이 먹는 곳에는 저장되어 있는 식량도 많을 것이고, 인구가 많으면 식량 생산량도 많기

때문이다. 또한 인구가 많은 지방에는 도로와 수로가 많고 잘 이어져 있고, 운송 수단이 풍부하고, 상업적인 거래도 쉽고 안전하다. 한마디로 폴란드보다 플랑드르에서 식량을 조달하는 것이 이루 말할 수 없을 만큼 쉽다.

전쟁은 네 개의 더듬이를 큰 도로, 인구가 많은 도시, 큰 강 주변의 비옥한 계곡, 마차가 다닐 수 있는 해안에 내려놓는 것을 제일 좋아한다.

3. 식량 조달이 전쟁 수행에 미치는 영향

절대 전쟁에서	중요하지만 부차적인 문제
현실 전쟁에서	제일 중요한 문제

전쟁이 전쟁 본래의 정신에 따라 일어난다면, 군대의 식량 조달은 중요하지만 부차적인 문제이다. 양쪽 군대가 한 지방을 두고 몇 년 동안 밀고 당긴다면, 식량 조달은 제일 중요한 문제이다. 이런 경우에는 병참부 사령관이 최고 지휘관이 되고, 수송대 관리국이 최고 사령부가 된다.

아무것도 하지 않았고 목적은 이루지 못했고 병력은 쓸모없이 낭비되었는데도 이 모든 것을 식량 부족 때문이라고 변명하는 원정은 수없이 많다. 이와 반대로 나폴레옹은 늘 다음과 같이 말했다. "나에게 식량에 대해 말하지 말라!"

하지만 나폴레옹도 러시아 원정에서는 식량 문제를 심각하게 무시했다. 전진할 때 병력이 엄청나게 줄어들고 후퇴할 때 병력이 전멸한 것은 식량 문제를 별로 고려하지 않았기 때문이라고 할 수밖에 없다. 물론 나폴레옹과 혁명 전쟁 때의 최고 지휘관들은 식량 조달 문제에서 편견을 깨뜨렸다. 식량 조달은 전쟁에서 단지 하나의 조건에 불과하고, 목적이라고 생각해서는 안 된다는 것을 보여 주었다.

전쟁에서 식량의 결핍과 고통은 일시적인 상황으로 보아야 한다. 그런 상태는 풍부한 식량으로, 아니 그 이상의 식량으로 보충되어야 한다. 큰 목적을 이루려고 병사들에게 심한 결핍의 짐을 지우는 최고 지휘관은 그들의 고통에 대해 나중에 지불해야 할 보상도 염두에 두어야 한다.

4. 공격과 방어에 나타나는 식량 조달의 차이

방어자는 미리 준비한 식량을 방어하는 동안에 언제든지 이용할 수 있다. 공격자는 보급 원천에서 멀어지고, 전진하는 동안에 식량을 매일 조달해야 하고, 식량 부족으로 곤란을 겪는 일도 드물지 않다.

이 곤란은 두 가지 경우에 심해진다. 첫째로 승패가 결정되기 전에 공격자가 전진하는 경우이다. 방어자는 식량이 저장된 곳에 있지만, 공격자는 저장된 식량을 남겨 두고 그곳을 떠나야 한다. 공격자는 병력을 집결해야 하고 넓은 공간을 차지할 수 없다. 전투 이동이 시작되면 수송대도 공격하는 군대를 따라갈 수 없다. 이때 결전을 앞두고 결핍과 곤란에 시달리게 된다. 둘째로 결핍은 승리의 마지막 단계에 병참선이 지나치게 길어지기 시작할 때, 특히 땅이 메마르고 인구가 희박하고 아군에게 적대감을 품고 있는 지방에서 전쟁이 수행될 때 발생한다. 이 때문에 빛나는 승리의 영광은 사라지고 병력은 줄어들고 후퇴를 하지 않을 수 없게 되고 결정적인 패배의 모든 징후가 점차로 늘어난다.

군대					나무
⬆	식량	적의 영토에도	개방지에	그 순간에	⬆
	물자	자기 나라에서	먼 곳에	오랫동안	
기지					땅

어느 군대의 바로 배후에 있으면서 그 군대의 진지를 통해 보호를 받고 있는 지역은 행동을 할 때 그 군대에 식량과 무기를 공급한다. 이 지역은 군대의 바탕이자 모든 행동의 토대이고, 군대와 이 지역은 하나라고 간주해야 한다.

적의 영토에서 필요한 것을 징발할 수 있다고 해도 그것은 아군의 필요를 충족하는데 제한적일 수밖에 없다. 많은 것은 자기 나라에서 공급해야 한다. 그래서 아군의 배후에 있는 지역을 기지의 중요한 요소로서 고려해야 한다.

군대의 필요는 식량과 보충 물자이다. 식량은 경작지라면 어디에나 있고 적의 영토에서도 조달할 수 있다. 보충 물자는 대개 자기 나라에서만 얻을 수 있는데, 예를 들면 병력, 무기, 대부분의 탄약 등이 그런 것이다.

식량은 대부분 개방된 장소에 모아 둔다. 하지만 무기, 탄약, 장비 등과 같은 보충 물자는 개방된 장소에 잘 보관하지 않고 멀리 있는 곳에서 조달한다. 이런 이유 때문에도 기지는 식량보다 보충 물자를 조달하는데 더 중요하다.

식량과 보충 물자를 대규모 창고에 모을수록 이 창고는 그만큼 나라 전체의 대표 창고로 간주될 수 있고, 기지의 개념은 주로 이 대규모 비축

장소와 결부될 것이다.

기지의 모든 유리함을 작전 기지의 크기로, 작전 기지의 극점과 작전 목표 사이의 각도로 표현하려고 한 적이 있다. 이런 기하학은 현실의 전쟁에 아무런 의미도 없고 개념의 세계에서는 잘못된 노력만 불러일으켰다. 기지가 행동하는데 일반적으로 영향을 미친다는 것을 인정하는 것으로 만족해야 한다.

어느 지역과 방향에 기지를 설치하면 그곳이 자기 나라라고 해도 그 지역만 기지로 간주해야 한다. 또한 기지는 쉽게 다른 곳으로 옮길 수 없다.

기지에 대한 의존의 정도는 군대의 규모가 확대됨에 따라 내부적으로도 외부적으로도 증대된다. 군대는 나무와 같다. 나무는 자신이 자라는 땅에서 생명력을 얻는다. 그것이 아직 작고 어릴 때는 쉽게 옮겨 심을 수 있지만, 성장할수록 이식은 그만큼 곤란해진다. 작은 군대는 이식된 곳에 쉽게 뿌리를 내릴 수 있지만, 대규모 군대는 그렇지 않다. 그래서 기지가 행동하는데 미치는 영향을 말할 때는 군대의 규모를 모든 생각의 척도로 삼아야 한다.

군대에 당장 필요한 것으로는 식량이 더 중요하고, 오랫동안 군대를 유지하는데 필요한 것으로는 보충 물자가 더 중요하다. 보충 물자는 특정한 원천에서만 나오지만, 식량은 여러 가지 방식으로 조달할 수 있기 때문이다.

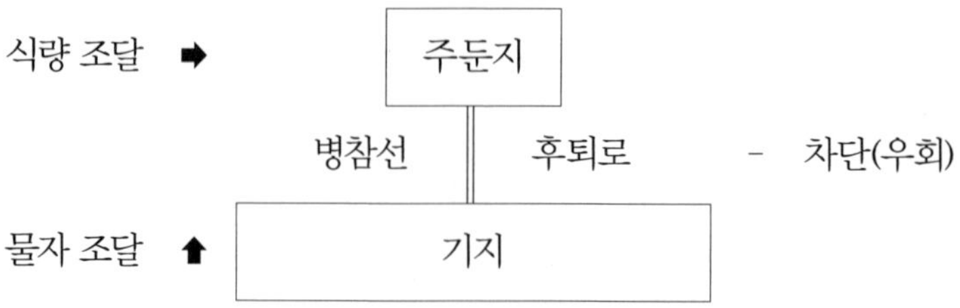

군대의 주둔지에서 식량 및 보충 물자의 원천이 주로 모여 있는 지점으로 이어지는 도로는 전투력에 끊임없이 식량과 물자를 공급하는 병참선이고, 이와 동시에 후퇴로이다.

병참선은 기지와 군대를 이어주는 생명선이라고 보아야 한다. 일체의 군수품 보급이 병참선에서 이루어진다. 이 혈관은 오래 끊어져 있어도 안 되고 지나치게 길어도 안 되고 험난해서도 안 된다. 이 혈관이 너무 길면 중요한 자원을 잃게 되고 군대의 상태는 약해진다. 이 혈관을 후퇴로라고 보면 그 혈관은 군대의 본래의 전략적인 배후를 이룬다.

이 도로에서는 도로의 길이, 수, 위치 등이 중요하다. 즉 도로의 방향과 상태, 지형의 험난함, 주민들의 상황과 분위기, 요새와 장애물을 통한 도로의 보호 등이 중요하다.

모든 도로를 본래의 병참선이라고 볼 수는 없다. 병참선은 병참선으로 이용하려고 마련된 도로로 제한된다. 창고, 야전 병원, 병참부 등을 설치하고 사령관을 임명하고 헌병과 수비대를 배치한 도로만 본래의 병참선으로 볼 수 있다.

자기 나라에도 병참선을 설치하지만 아군의 병참선은 그곳에만 제한되지 않는다. 급한 경우에는 다른 도로를 선택할 수도 있고 어느 도로를 우회할 수도 있다. 그 반대로 적의 영토에 있는 군대는 스스로 전진한 도로만 병참선으로 간주할 수 있다. 전진하면서 병참선에 필요한 핵심 시설을 설치한다. 이에 반해 외진 곳에 병참선을 설치하면 그곳 주민들은 적의를 품고 저항할 것이다. 적의 영토에서는 무기 외에 주민에게 복종을 요구할 수단도 없다. 그래서 적의 영토에 있는 군대는 기지를 거의 옮길 수 없다. 군대는 이동할 때 크게 제한을 받고 우회를 하면 큰 피해를 입게 된다.

병참선은 일반적으로 큰 도로이어야 한다. 도로가 넓을수록, 많은 인구를 갖는 부유한 도시가 많을수록, 요새가 병참선을 많이 보호할수록, 병참선은 그만큼 유리해진다. 강은 수로로 쓰이고 다리도 강을 건너는데 쓰이기 때문에 강과 다리도 병참선을 선택하는데 중요하다. 즉 병참선의 정확한 위치는 지리적인 조건의 제한을 받는다.

군대와 기지의 연결은 강할 수도 있고 약할 수도 있다. 이 결과가 어느 쪽이 상대의 병참선을 차단할 수 있는지, 즉 상대를 우회할 수 있는지 결정한다.

우회도 이중의 목적을 갖는다. 첫째로 적의 병참선을 방해하거나 차단하여 적이 식량 부족으로 굶주리게 하고, 이런 식으로 적이 후퇴하지 않을 수 없게 만든다. 둘째로 적의 후퇴 자체를 불가능하게 만든다.

첫째, 오늘날의 식량 조달 방식에서 병참선의 일시적인 차단이 효과를 내는 일은 드물다. 그것은 한 번의 수송을 파괴하는데 지나지 않는다. 불리한 상황에 놓여 있는 긴 병참선만, 특히 무장 인민군의 습격이 있을 때만 적의 병참선을 위태롭게 할 수 있다.

둘째, 적의 후퇴로를 제한하고 위협하는 측면을 지나치게 과장해서는 안 된다. 대담한 지도자가 이끄는 우수한 군대의 경우에 그 군대를 포로로 잡는 것은 돌파하는 것보다 어렵다.

긴 병참선을 짧고 안전하게 만드는 수단은 점령한 진지 근처와 지나온 도로에 있는 요새를 점령하는 것, 그 지방에 요새가 없는 경우에는 적절한 장소에 보루를 쌓는 것, 주민들을 관대하게 대우하는 것, 병참선에 엄격한 군기를 유지하는 것, 도로를 자주 보수하는 것 등이다.

매우 부유한 도시와 잘 경작된 지방을 지나는 큰 도로는 최고의 병참선이다.

제17장 지형과 전투력의 관계

지형	전투력의 특성	군대의 성격	병과
1 산	접근을 막는 장애물	상비군	기병
2 숲, 습지	조망을 막는 장애물	인민군	포병
3 경작지	대포의 효과를 막는 수단		보병

지형은 전투의 준비, 경과, 결과에 결정적인 영향을 미친다. 완전하게 탁 트인 평지, 즉 지형으로서 아무런 영향이 없는 지형의 개념은 1의 산악지역, 2의 숲이나 습지로 되어 있는 미경작지, 3의 잘 경작된 지역의 지형과 구분된다. 1~3의 지형은 접근을 막는 장애물로서, 전체를 조망하지 못하게 하는 장애물로서, 대포의 효과를 막는 보호 수단으로서 갖는 특성을 통해 전쟁 활동에 영향을 미친다.

지형이 전투력의 일반적인 특성과 갖는 관계. 3에서 전쟁을 제일 쉽게 수행할 수 있다. 2에서는 전쟁터 전체를 조망하는데 방해를 받는다. 1에서는 그곳에 접근하는데 방해를 받는다. 3에서는 조망과 접근의 곤란함이 1과 2의 중간 정도 된다.

2에서는 이동하는데 방해를 받고 접근하는 것도 곤란을 겪는다. 2에서는 전쟁터 전체를 전혀 조망하지 못하기 때문에 2를 통과하는 것은 어렵다. 2에서는 모든 병력을 전투에 집결하는 것이 매우 어렵지만, 1처럼 병력이 많은 부분으로 분할되지는 않는다. 2에서 병력의 분할은 피할 수 없지만 심한 것은 아니다.

1에서는 접근하는 것이 주로 방해를 받는다. 즉 1에서는 아무 곳이나 통과할 수 없고, 통과할 수 있는 곳에서도 평지보다 오래 걸리고 많은 고통이 따른다. 1에서 이동 속도는 느려지고, 어떤 효과를 내는 데는 많은 시간이 걸린다. 하지만 1은 다른 지점보다 높다는 유리함이 있다. 1은 병력을 크게 분할하도록 하는 특징을 갖는다.

지형이 전투력의 정치적인 특성과 갖는 관계. 이것은 전투력이 집결되어 있는 상비군인지 분산되어 있는 인민군인지 하는 문제이다. 1~3은 최고 지휘관의 영향을 약하게 만드는 만큼 하급 지휘관들과 일반 병사들의 역량을 돋보이게 한다. 병력이 분할될수록, 전쟁터에 대한 조망이 불가능해질수록, 병사들은 각자 스스로 행동해야 한다. 이런 경우에는 병사 하나하나의 용기, 민첩성, 군인 정신이 모든 것을 결정할 것이다. 인민 무장 투쟁에서 병사 하나하나는 병력이 크게 분산되어 있고 심하게 끊어진 지형에서 탁월한 능력을 보여 준다.

결정적인 순간이 되면 집중만 할 수 없고 전투의 승리를 분산의 효과에만 기대할 수도 없다. 프랑스 군대도 스페인에서는 병력을 나누어야 했고, 인민 무장 투쟁으로 자기 나라를 방어하는 스페인 군대도 큰 전쟁터에서는 병력의 일부를 집중하지 않을 수 없었다.

지형이 세 개의 병과와 갖는 관계. 접근이 곤란한 지형에서는 기병이 쓸모없다. 숲이 많은 지역에서는 포병을 쓸 공간도, 포병이 통과할 길도, 말에게 먹일 사료도 없을 수 있다. 포병에게 3은 별로 불리하지 않고, 1은 전혀 불리하지 않다. 1과 3에는 포병이 쓸 공간이 없지 않고, 1에서는 포병이 매우 유리하다. 1에서 적의 느린 이동이 대포의 효과를 더 높이기 때문이다. 어느 곳이든지 험난한 지형에서는 보병이 다른 병과보다 결정적으로 유리하다.

제18장 고지의 전략적인 유리함

전술적 유리함		전략적 유리함	
접근을 곤란하게	➡	1 전술적 능력의 증대	방어
명중률을 높인다		2 접근을 곤란하게	
더 잘 조망하도록		3 더 잘 조망하도록	- 방어 + 공격

내려다본다는 말은 전쟁술에서 독특한 매력을 갖는다. 물리적인 힘을 아래에서 위로 나타내는 것은 그 반대로 하는 것보다 어렵다. 전투에서도 그러할 것이다. 모든 고지는 접근을 곤란하게 하는 장애물로 볼 수 있고, 위에서 아래로 총을 쏘면 총의 명중률이 그 반대의 경우보다 훨씬 높아질 것이고, 전체를 더 잘 조망할 수 있다. 이런 이유로 고지에 있는 군대의 전술적인 능력은 높아진다.

고지의 전략적인 유리함은 전술적인 능력이 높아진다는 것, 고지에 대한 접근이 곤란해진다는 것, 아래를 더 잘 조망할 수 있다는 것이다. 1~2의 유리함은 본래 방어자에게만 해당한다. 이 방식은 진지에 있는 군대만 이용할 수 있기 때문이다. 3의 유리함은 공격자와 방어자 모두 쓸 수 있다. 결과적으로 고지는 방어자에게 매우 중요하고 유리하다. 어느 진지에 있는 고지의 전략적인 유리함은 전투가 한 번 유리하게 진행된다는 전술적인 유리함으로 줄어든다. 고지가 매우 넓은 지역이라면 이 지역의 전략적인 유리함은 증대된다. 이 경우에는 많은 전투를 결합할 때도 고지의 유리함을 누릴 수 있다. 고지는 공격자에게도 유리하다. 전략적인 공격은 단 한 번의 행동으로 이루어지는 것이 아니기 때문이다.

고지의 적극적인 효과라고 할 수 있는 것은 공격과 방어 모두 아래를 더 잘 조망할 수 있다는 유리함에서 비롯된다. 이 경우에는 군대를 분할해도 쉽게 효과를 낼 수 있다. 고지의 진지는 군대 전체에게 유리한 경우에 그 일부에게도 유리하기 때문이다. 아군의 고지가 다른 지리적인 유리함과 결합되는 반면에 적은 이동하는데 제한을 받는다면, 적은 결정적으로 불리해질 것이고 그 불리함에서 재빨리 벗어날 수 없게 된다.

하지만 고지 지형, 보호 진지, 나라의 관문 등의 표현이 단지 땅의 높음에 토대를 두고 있는 말이라면 이는 껍데기에 지나지 않는다. 전쟁의 모든 유리함과 승리를 고지 덕분이라고 말하는 이들은 고지를 요술 지팡이로 만드는 관념의 놀이를 하는 것이다. 그들은 고지라는 조건을 사실 그 자체로 받아들인다. 고지의 점령을 힘을 드러내는 것이라고 보고, 적을 찌르고 베는 것이라고 생각하고, 지형 자체를 현실의 힘이라고 생각한다. 하지만 고지의 점령은 칼을 쓰려고 팔을 들어 올린 것에 지나지 않고, 고지는 죽은 도구에 지나지 않는다. 고지는 적을 대상으로 실현되어야 하는 특성에 지나지 않고, 숫자 없는 더하기와 빼기의 부호에 불과하다. 찌르고 베는 행동, 적이라는 대상, 숫자 등은 전투에서 승리를 얻는 것이다. 승리한 전투만 중요하고, 전투를 해야만 그 부호로 더하기와 빼기를 할 수 있다. 달리 표현하면, 고지가 아무리 높고 유리하다고 해도 전쟁은 고지가 하는 것이 아니다.

승리를 얻은 전투의 중요성만이 결정적인 것이라면 지형의 영향이 미치는 역할은 부차적인 것이 될 수밖에 없다. 그래서 양쪽의 병력의 비율과 지도자의 역량을 살펴보아야 한다.

제6편 방어

제1장 공격과 방어

1. 방어의 개념

	방어	공격
정의	막는 것	(파괴)
특징	기다리는 것	(전진)
목적	유지하는 것	점령하는 것
성격	소극적	적극적

방어의 개념은 공격을 막는 것이다. 방어의 특징은 공격을 기다리는 것이다. 이 특징이 모든 행동을 방어적인 행동으로 만들고, 방어는 이 특징으로만 공격과 구분된다. 한쪽만 전쟁을 수행하는 절대적인 방어는 전쟁의 개념과 모순된다. 전쟁에서 방어는 상대적일 수밖에 없다. 방어의 특징은 방어의 전체 개념에만 적용해야 한다. 전쟁을 수행하려면 적의 공격에 대해 반격을 하게 되는데, 방어 전쟁 안에서 수행하는 공격 행동은 방어의 틀 안에서 이루어진다. 전쟁에서 방어 형태는 방어만 하는 방패가 아니라 적절한 반격을 동반하는 방패이다.

방어의 목적은 유지하는 것이다. 유지하는 것은 획득하는 것보다 쉽고, 그래서 방어는 공격보다 쉽다. 첫째로 쓰지 않고 지나가는 모든 시간이 방어자에게 유리하기 때문이다. 이 유리함이 방어의 본질이고, 이는 전쟁과 비슷한 법률에도 나타난다. '소유한 자는 행복할지니.'라는 라틴어 속담이 증명한다. 둘째로 지형이 도움을 주는데, 이것도 주로 방어자가 누린다. 달리 말하면, 방어는 시간상으로나 공간상으로 공격보다 유리하다.

2. 방어의 내용

방어는 유지한다는 소극적인 목적을, 공격은 점령한다는 적극적인 목적을 갖고 있다. 이를 좀 더 분명히 표현하면, 전쟁 수행에서 방어 형태는 그 자체로 공격 형태보다 강력하다.

그래서 힘이 약하여 필요한 동안에만 방어를 해야 하고, 적극적인 목적을 내세울 만큼 강해지면 방어를 버려야 한다. 방어의 도움으로 전투에서 승리하면 방어자가 유리해지기 때문에 방어로 시작해서 공격으로 끝내는 것이 전쟁의 자연스러운 흐름이다. 그래서 방어의 소극적인 성격을 전쟁의 모든 부분으로 확대하는 것도, 전쟁의 마지막 목적을 방어에 두는 것도 모순이다. 모든 전투 수단을 절대적인 방어에만 쓰는 것도, 전투의 승리를 적을 막는 데만 쓰고 적에게 반격을 하지 않는 것도 모순이 될 것이다.

이것은 일반론이다. 이와 반대되는 예는 공격적인 반격의 가능성이 없는 경우였다. 예를 들어 프리드리히 대왕은 7년 전쟁에서 마지막 3년 동안 공격을 생각하지 않았다. 모든 상황을 고려할 때 대왕에게는 공격적인 반격을 할 수 있는 상황이 없었다.

방어는 공격보다 강한데, 이에 대한 반론이 있다. 그 반론에 따르면 공격이 방어보다 강하다. 그러면 공격만 하면 되고 방어를 할 일은 없다. 전쟁의 본질상 이것은 생각할 수 없다. 반론은 논리적으로 모순이다. 또한 경험을 보면 어느 나라가 두 군데의 전쟁터에서 약한 군대로는 공격을 하고 강한 군대로는 방어만 한 예도 없다. 반론은 경험상으로도 모순이다.

제2장 전술에서 공격과 방어의 관계

전투에서 승리를 얻는 요소	방어		공격
1 기습	O	〉	o
2 지형의 유리함	O	〉	X
3 여러 방향에서 하는 공격	O	〉	o

전투에서 승리를 얻는 요소로 기습, 지형의 유리함, 여러 방향에서 하는 공격이 결정적으로 중요하다. 공격자는 1과 3의 극히 일부만 쓸 수 있는 반면에, 1과 3의 대부분과 2는 오로지 방어자의 뜻대로 쓸 수 있다.

1. 기습은 어느 지점에 적이 예상했던 것보다 훨씬 많은 병력을 투입하여 효과를 낸다. 이런 우세는 일반적인 수의 우세와 다르고, 전쟁술에서 제일 중요한 원동력이다.

공격자는 본래의 기습에서 비롯되는 유리함만 갖고 있다. 그 반면에 방어자는 전투 도중에 공격의 강도와 형태를 달리하여 적에게 끊임없이 기습을 할 수 있다.

2. 가파른 계곡, 높은 산, 습지로 된 강, 숲 등과 같은 장애물뿐만 아니라 방어자를 은폐하여 배치할 수 있게 하는 지역도 지형의 유리함이 된다. 전혀 중요하지 않은 지역도 그 지역을 잘 아는 군대에게는 도움이 된다.

지형의 도움은 주로 방어자가 누린다. 도로와 길에서 행군하는 공격자를 관찰하는 것은 어렵지 않은 반면에, 방어자는 은폐한 상태로 병력을 배치하여 결정적인 순간까지 공격자의 눈에 거의 띄지 않는다. 정찰로 많은 정보를 얻는 일도 드물어졌다. 방어자는 병력을 배치할 지역을 고를 수 있고 그 지역을 잘 알고 있고 그 지역에 매복할 수 있다.

사람들은 적이 먼저 시작하여 일어난 전투는 반쯤 진 전투라는 낡은 개념에서 벗어나지 못하고 있다. 이런 생각은 이전의 낡은 방어 방식에서 비롯된다. 그때에는 지형으로 적의 접근을 곤란하게 하는 것만 생각했다. 이동이나 기습은 생각할 수 없었다.

지형의 특성은 오늘날의 전쟁 활동에 더 깊이 스며들어 있기 때문에 지형은 방어자에게 자연스러운 우위를 보장할 것이다.

3. 여러 방향에서 하는 공격은 크고 작은 모든 전술적인 우회를 포함한다. 이런 공격의 효과는 화기의 효과와 길이 막히게 된다는 두려움에서 비롯된다.

전투 도중에 하나하나의 부대가 여러 방향에서 하는 공격은 방어자에게 더 쉽다. 방어자는 공격의 강도와 형태를 달리하여 기습을 더 많이 할 수 있기 때문이다.

제3장 전략에서 공격과 방어의 관계

전략적 성과를 얻는 원리	방어		공격
1 지형의 유리함	O	〉	X
2 기습	o	〈	O
3 여러 방향에서 하는 공격	O	〉	o
4 전쟁터에서 얻는 도움	O	〉	o
5 인민의 협력	O	〉	o
6 훌륭한 정신력	O	≈	O
7 용기		〈	?

전략적인 성과는 전술적인 승리를 성공적으로 준비하는 것이고 전투의 승리를 이용하는 것이다. 전략적인 성과를 얻는 중요한 원리는 다음과 같다.

1. 지형의 유리함은 대개 방어자가 갖는다.

2. 기습의 유리함은 대개 공격자가 갖는다. 전략에서는 기습으로 전쟁을 한 번에 끝내는 경우도 드물지 않다. 물론 기습을 할 때는 적이 크고 결정적인 실수를 한다는 것을 전제로 한다. 이것이 드물기 때문에 기습이 공격자에게 결정적으로 유리한 경우는 드물다.

방어자가 병력을 전쟁터의 몇 개 지점에 분산해서 배치하면, 공격자는 모든 병력으로 방어자의 어느 부대를 공격하는 데서 유리함을 얻을 것이다. 공격자가 병력을 나누어서 전진해야 한다면, 방어자는 모든 병력으로 적의 어느 부대를 공격할 수 있는 유리함을 갖게 된다.

3. 측면 공격이나 배후 공격의 효과는 전략에서는 사라진다. 전쟁터에

서는 한쪽 끝에서 다른 쪽 끝까지 대포를 쏠 수 없기 때문에 포격의 효과는 사라진다. 넓은 공간을 전부 막을 수 없기 때문에 우회할 때 퇴로를 잃을 수 있다는 두려움은 많이 줄어든다. 공간이 매우 넓기 때문에 내선의 효과는 더 강력해지고, 여러 방향에서 하는 공격에 대해서도 강력하게 맞서게 된다. 또 다른 원리는 병참선이 끊어지기 쉽다는 (특히 원정이 진행되는 동안에 공격자가 적의 영토에서 방어자의 입장이 될 때) 데서 비롯되는 효과에서 나타난다.

4. 전쟁터에서 도움을 얻는 것은 방어자이다. 공격자는 원정을 하면 자기 나라에서 벗어나게 되고 이 때문에 약해진다. 요새와 창고를 자기 나라에 남겨 두게 된다. 작전 지역이 넓을수록 행군의 피로와 점령지에 남겨 둔 수비대 때문에 병력은 그만큼 줄어든다. 이와 달리 방어자는 이 모든 것과 연결되어 있다. 요새의 도움을 받고 보급품 근처에 있다.

5. 인민의 협력은 방어의 개념에서만 나오고, 대부분의 경우에 방어에서만 쓸 수 있다. 이것은 주로 농민군과 무장 인민군의 효과를 말한다. 인민의 협력으로 일체의 마찰이 줄어들고, 모든 보급의 원천이 근처에 있고 더 풍족하게 조달된다.

3~5. 방어에도 공격의 요소가 있고, 공격에도 방어의 요소가 있다. 공격에 방어적인 요소가 포함되기 때문에 공격이 약해진다면, 이것은 아마 모든 공격에 공통되는 불리함이라고 해야 할 것이다. 전략적인 공격 계획에서는 공격 다음의 방어에 주의를 기울여야 한다.

6. 훌륭한 정신력은 공격에도 있고 방어에도 있다. 이것은 대개 결정적인 공격 이후에 비로소 나타나고, 그것이 적에게 결정적인 피해를 입히는데 이바지하는 경우는 드물다.

1~6에서 알 수 있는 것처럼, 방어는 공격보다 강력한 전쟁 형태이다.

7. 용기는 공격자에 속한다는 의식에서 생겨나는 군대의 우월감을 말

한다. 이 감정은 승리나 패배의 일반적인 감정 앞에서 곧바로 사라지기 때문에 그다지 중요하지 않다.

제4장 공격의 집중성과 방어의 분산성

집중 형태	빛나는 성과	적극적 목적	약한 형태	내선	≈	공격
분산 형태	확실한 성과	소극적 목적	강한 형태	외선	≈	방어

집중성은 공격에, 분산성은 방어에 필연적으로 내재하는 형태라고 생각하는 것은 잘못이다. 방어자는 정지하고 있고 공격자는 움직이고 있는 것으로 간주되는 한, 포위는 공격자의 자유 의지에 달려 있다. 이때 집중할 수도 있고 분산할 수도 있는 자유는 공격자의 유리함이다. 공격자에게 이런 선택은 주로 전술의 경우에만 주어진다. 전략의 경우에는 반드시 그렇지 않다.

전술과 전략에서 집중의 첫 번째 유리함은 둘레에서 중심으로 집중할 때 병력이 많이 합친다는 것이다. 두 번째 유리함은 집중적으로 움직이는 병력은 병력의 효과를 하나의 공통된 지점으로 향하지만, 분산적으로 움직이는 병력은 그렇지 않다는 것이다. 이 효과의 유리함은 아래와 같다.

1. 모든 것이 어느 정도 집결하면 포격의 효과는 강력해진다. 이는 전략이 다룰 대상이 아니지만, 적이 상대의 배후에 대한 포격으로 승리를 거두면 그 상대는 정신적인 충격을 받는다.

2. 적의 어느 한 부대를 여러 방향에서 공격한다. 이는 부대의 인원이 적을수록 그만큼 효과적이고 결정적인 공격이 된다. 군대보다 사단을, 사단보다 대대를 여러 방향에서 더 잘 공격할 수 있다. 전략은 대규모의 병력, 넓은 공간, 많은 시간을 필요로 하기 때문에 여러 방향에서 하는 공격이 전술만큼 효과를 낼 수 없다.

3. 적의 후퇴로를 차단한다. 이는 전략적으로도 생각할 수 있지만 전술보다 어렵다.

분산의 형태는 병력이 근처에 모여 있다는 것과 내선에서 움직인다는 것으로 집중의 유리함에 맞설 수 있다. 방어자도 이동의 원리를 받아들이면, 대규모의 집결과 내선이 주는 유리함은 공격의 집중적인 형태보다 결정적이고 효과적일 것이다.

집중 형태는 빛나는 성과를 내고, 분산 형태는 확실한 성과를 낸다. 전자는 적극적인 목적을 갖는 약한 형태이고, 후자는 소극적인 목적을 갖는 강한 형태이다. 방어에서도 병력을 집중적으로 쓸 수 있고, 공격이 집중적인 형태의 효과만으로 방어에 비해 우월한 것은 아니다.

내선과 관련되는 공간이 늘어나면 내선의 유리함도 증대된다. 전략에서는 한쪽 부대의 움직임을 재빨리 알아낼 수 없다. 그 움직임이 상당히 먼 곳에서 이루어지면 그 움직임을 몇 주 동안 숨길 수도 있다. 지형을 이용하는 쪽에게 은폐의 유리함은 매우 크다.

제5장 전략적 방어의 성격

침략자	공격하고 파괴하고	평화롭고 조용하게	기습과 침략
방어자	방어에서 공격으로	무장하고 준비하고	보복의 칼날

방어는 어느 정도 우세해진 다음에 공격으로, 즉 전쟁의 적극적인 목적으로 넘어가는 좀 더 강력한 전쟁 형태이다. 상대의 공격을 물리치기만 하는 것은 전쟁의 개념과 모순된다. 고통을 견디기만 하는 것은 전쟁이 아니기 때문이다. 방어자가 유리해졌다면 방어는 그 본분을 다한 것이다. 이 유리함을 활용하여 반격을 하고 적의 다음 공격을 막아야 한다. 방어에서 반격으로 넘어가는 것이 방어의 본질이다.

방어에서 공격으로 신속하고 강력하게 넘어가는 것은 보복의 칼날이고, 방어에서 제일 빛나는 순간이다. 방어하면서 공격을 생각하지 않고, 방어의 개념에 공격을 받아들이지 않는 것은 방어의 우월함을 이해하지 못한 것이다. 공격을 기습으로만 이해하고 방어를 고통스러운 혼란이라고 생각하는 것은 심각한 착각이다.

전쟁은 침략자보다 방어자에게 존재한다. 침략이 방어를 일으키고, 방어와 더불어 비로소 전쟁이 시작되기 때문이다. 침략자는 (나폴레옹의 주장처럼) 언제나 평화를 사랑하고, 우리 나라에 매우 조용히 들어오고 싶어 한다.[26] 그렇게 둘 수 없기 때문에 전쟁을 해야 하고 전쟁 준비를 해야 한다.

---

26. 프로이센은 1806년 10월 14일의 예나 전투와 아우어슈테트 전투에서 크게 패배했고, 이때 프로이센 군대는 프랑스 군대의 추격을 받고 10월 28일에 항복했다. 프랑스 군대는 아우구스트 왕자와 클라우제비츠를 (베를린에 머물고 있던) 나폴레옹에게 보냈는데, 이때 나폴레옹은 그들과 한 간결하고 오만한 대화에서 "나는 늘 평화를 바라는데, 왜 프로이센이 나에게 선전 포고를 했는지 전혀 이해할 수 없다."고 말했다. 나폴레옹의 이 주장을 클라우제비츠가 재치 있는 역설로 『전쟁론』에 옮긴 것이다. 클라우제비츠의 이 재치를 특히 레닌이 높이 평가했다. 이에 대해서는 https://de.wikipedia.org/wiki/Carl_von_Clausewitz 참조.

방어자는 늘 무장을 갖추어야 하고 기습을 받지 않도록 해야 한다.

이상적인 방어는 모든 수단에 대한 최선의 준비, 전쟁에 익숙한 군대, 침착하고 신중한 선택에 의해 적을 기다리는 최고 지휘관, 적의 포위 공격에도 끄떡없는 요새, 적이 두려워하는 용감한 인민 등을 갖추어야 한다. 이런 방어는 공격에 비해 약하지 않을 것이다. 하지만 공격에서 용기, 의지력, 신속한 움직임만 생각하고 방어에서 무기력, 마비 상태만 생각하면 그렇게 보일 것이다.

제6장 방어 수단의 범위

1 민병대	분산, 유연함, 병력의 증대, 방어 전쟁에서
2 요새	적의 포위를 유발하고 그 포위를 견디는 요새
3 인민	충성심에 의한 주민들의 자발적 협력, 정보 획득
4 인민군	진정으로 새로운 힘, 인민 전쟁에서
5 동맹국	균형과 현상 유지의 경향 (폴란드는 예외)

이 방어 수단은 방어자 마음대로 쓸 수 있는 것이고, 방어의 건물을 받치는 기둥으로 간주할 수 있는 것이다.

1. 민병대는 주로 방어 전쟁에서 쓰인다. 민병대의 개념에는 인민이 생명, 재산, 신념을 희생하여 전쟁에 특별하게 자발적으로 협력한다는 생각이 들어 있다. 이 개념에서 멀어질수록 민병대는 상비군과 비슷해지고, 민병대 본래의 유리함은 그만큼 많이 잃게 된다. 그것은 넓은 지역에 퍼져 있고 유연하고 신념에 의해 병력의 규모를 쉽게 늘릴 수 있다는 것이다.

민병대의 본질은 방어의 개념과 긴밀한 관계에 있다. 그래서 민병대는 공격보다 방어에 적합하고, 공격보다 방어에서 더 훌륭한 효과를 낸다.

2. 공격자에게 도움이 되는 요새는 국경 부근에 있는 요새로 제한된다. 방어자의 요새는 자기 나라 안에 깊이 있기 때문에 많은 요새가 효과를 낼 수 있고, 그 효과도 크고 강력하다. 적에게 요새를 포위하도록 자극하고 그 포위를 견뎌 내는 요새도 있고, 너무 견고하여 요새를 빼앗으려는 생각을 그만두게 하고, 그래서 적의 전투력이 소모되고 파괴되는 일이 없는 요새도 있다. 전자가 후자보다 전쟁에서 훨씬 큰 의의를 갖는다.

3. 인민이 전쟁에 미치는 전체적인 영향은 하찮은 것이 아니다. 자기 나

라에서 전쟁을 할 때 인민의 협력을 얻을 수 있다. 인민은 시민적인 복종에 의해 또는 자발적으로 협력한다. 나라에 대한 진정한 충성심에서 나오는 자발적인 협력이 중요하다. 이 협력에서 중요한 것은 정보이다. 이때 정보는 주민들과 접촉하여 얻는 불확실하지만 평범한 수많은 정보이다.

4. 이런 일반적인 협력에서 전쟁에 직접 참여하는 경우를 지나 스페인처럼 인민 스스로 인민 전쟁을 통해 전쟁의 대부분을 수행하는 최고의 단계에 이르면, 이것은 진정으로 새로운 힘이 생겨나는 것이다. 그래서 인민 무장 투쟁 또는 인민군은 특별한 방어 수단이다.

5. 동맹국은 어느 한 나라를 보존하는데 중대한 관심을 갖고 참여하는 동맹국을 말한다. 국제 관계에서는 이해 관계의 충돌이 정치적으로 균형을 이룬다. 균형을 이루려는 경향은 현상을 유지하려는 경향이다. 방어자는 공격자보다 동맹국의 도움을 많이 기대할 수 있다.

폴란드의 분할은 정치적인 균형이라는 보편적인 생각을 반박하는 예로서 부적절하다. 폴란드는 타타르 민족의 나라였고, 지난 100년 동안 정치적인 역할을 제대로 수행하지 못했다. 러시아는 폴란드를 자기 나라처럼 생각했고, 폴란드에는 독립국의 개념이 전혀 없었다. 이름만 남은 나라의 불가침성을 다른 나라들이 보장할 수는 없다.

어느 나라의 존재가 다른 모든 나라에게 중요할수록, 그 나라의 정치적인 상태와 전쟁의 상황이 건전하고 강력할수록, 그 나라는 다른 나라의 도움을 그만큼 많이 기대할 수 있을 것이다.

제7장 공격과 방어의 상호 작용

공격	점령	점령으로	전투 수단을 갖고	전진한다
방어 ✓	전투	막는 것으로	전투 수단을 배치하고	전진을 막는다

공격과 방어에 대한 분석을 따로따로 하려면 아래의 두 가지 이유에 의해 방어부터 분석해야 한다.

첫째. 철학적으로 생각하면 전쟁의 개념은 공격에서 비롯되지 않는다. 공격은 점령을 목적으로 삼기 때문이다. 전쟁의 개념은 방어에서 비롯된다. 방어는 전투를 직접적인 목적으로 삼고, 막는 것은 전투와 똑같은 것이기 때문이다. 막는 것은 오로지 공격으로 향하고, 그래서 반드시 공격을 전제로 한다. 공격은 막는 것으로 향하지 않고 점령으로 향하고, 그래서 반드시 막는 것을 전제로 하지 않는다. 전쟁의 요소를 먼저 행동으로 옮기는 자, 자신의 입장에서 상대를 적대 관계로 생각하는 자는 전쟁의 첫 번째 법칙도 내세우는데, 이는 방어자이다.

방어자의 행동은 전투 수단의 배치를 포함해야 한다. 공격자는 전투 수단을 가져가는 것 외에 달리 할 일이 없다. 전투 수단을 가져가는 것은 그것을 쓰는 것이 아니다. 군대로 그 나라를 점령해도 공격자는 적극적인 전쟁 행동을 하는 것이 아니다. 전투 수단을 집결하고 배치하는 방어자의 행동이 전쟁의 개념에 맞는 행동이다.

둘째. 방어하려고 병력을 배치한다면 이것은 점령을 하려는 공격자의 전진에서 비롯된다. 전진은 전쟁 행동의 첫 번째 단계이고, 방어자는 이 전진을 막아야 한다. 이 전진을 자기 나라의 영토와 관련지어 생각해야 하기 때문에 방어에 관한 결정이 생겨난다. 이 결정이 확립되면 공격자는 그것을 공격한다. 그러면 공격자가 쓰는 수단을 고려하여 새로운 방어 원칙이 생겨난다. 이제 상호 작용이 생겨난다. 이론은 이 상호 작용을 연구해야 한다.

제8장 저항의 유형

1. 방어의 단계

저항의 유형		방어의 단계	반격의 유형
기다림	➡	1 적이 전쟁터에 침입하자마자	
행동		2 적이 국경 근처 진지에 나타나면	칼
		3 적이 국경 근처 진지에서 공격하면	
		4 저항을 나라 안으로 옮기면서 –	고통

방어의 개념은 막는 것이다. 막으려면 기다려야 한다. 기다리는 것은 방어의 특징인 동시에 이익이다. 방어는 고통을 견디기만 하는 것일 수 없기 때문에 기다림도 절대적일 수 없고 상대적일 수밖에 없다. 상대적인 기다림이 관련되는 대상은 공간상으로 나라, 전쟁터, 진지이고 시간상으로 전쟁, 원정, 전투이다.[27] 기다린 다음에 적극적이고 공격적인 행동을 하는 것은 방어의 개념과 모순되지 않을 것이다. 이미 기다리는 것을 수행했기 때문이다.

방어는 기다리는 것과 행동하는 것의 두 부분으로 이루어져 있다. 대개 소규모의 전투에서는 기다린 다음에 행동하지만, 대규모의 원정이나 전쟁에서는 두 상황이 번갈아 나타난다. 기다림은 모든 전쟁 행동의 기본적인 요소이기 때문에 전쟁 행동은 기다림 없이는 거의 불가능해 보인다.

기다림과 행동(반격)은 방어의 본질이다. 방어는 기다리지 않으면 방어가 아닐 것이고, 행동하지 않으면 전쟁이 아닐 것이다. 반격을 구분하려는

27. 이 세 개념에 대한 자세한 논의는 프란츠 1986 참조.

주장이 있다. 나라, 전쟁터, 진지를 막는 것만 필수적인 부분으로 보고, 실제의 전략적인 공격으로 넘어가는 그 이상의 반격 가능성은 방어와 무관한 것으로 보려는 것이다. 이것은 본질적인 구분이 아니다. 모든 방어의 바탕에는 보복의 관념이 있어야 한다.

전쟁터를 방어하는 군대는 아래와 같이 방어할 수 있다.

1. 적이 전쟁터에 침입하자마자 적을 공격하면서 방어한다.

2. 적이 공격하려고 국경 근처의 진지 앞에 나타날 때까지 기다린 다음에 적을 공격하면서 방어한다.

3. 국경 근처의 진지 앞에 적이 나타나는 것뿐만 아니라 실제로 공격하는 것을 기다리면서 방어한다. 이때 방어자는 본격적인 방어 전투를 하게 된다.

4. 방어자가 저항을 나라 안으로 옮기면서 방어한다. 이 후퇴의 목적은 공격자의 힘을 약하게 만드는데 있다. 그래서 공격자가 전진을 포기하는 것, 전진의 마지막에 방어자의 저항을 감당할 수 없게 되는 것을 기다린다. 시간적인 여유를 얻는 것이 4의 최대의 유리함이다. 이 전진의 마지막에 이르면 방어자와 공격자 사이에 병력의 비율이 달라지고, 공격자는 오랜 전진으로 병력이 줄어든다. 방어자에게 기다림의 유리함이 증대된다.

1~4의 단계에서 방어자는 지형의 도움, 요새의 유리함, 인민의 협력을 얻을 수 있다. 이 효과는 1에서 4의 단계로 갈수록 증대되고, 특히 4의 단계에서 잘 나타난다. 기다림의 유리함은 이 단계에 따라 증대되기 때문에 1에서 4의 단계는 방어 수준이 강화되는 방향이다. 즉 모든 방어 중에 제일 수동적인 방어가 제일 강력한 방어이다. 저항 행동은 이 단계에 따라 약해지는 것이 아니라 단지 연기되고 옮겨지는 것이어야 한다. 방어자의 대항력도, 반격의 강도도 증대된다.

2. 영토의 손실

1에서 4의 단계로 이행하면 영토의 손실이 일어나고, 이는 힘의 손실을 일으킨다. 물론 이것은 간접적으로만 영향을 미친다. 이 경우에 적의 공격 목적은 아군의 전쟁터를 점령하는 것이다. 그래서 공격자가 전쟁터를 점령하지 않는 한, 방어의 목적은 달성된 것이다. 공격자가 낭비한 시간은 잃는 시간이고, 모든 시간 손실은 불리하다. 1~3의 단계에서는 결전이 일어나지 않는 것이 방어의 성공이라고 할 수 있지만, 4의 단계에서는 그렇지 않다.

공격자의 공격이 정점에 이르면 결전을 하려는 행동은 방어자에게 달려 있고, 기다림의 유리함은 모두 쓴 것이라고 보아야 한다. 정점의 시점을 결정하는 일반적인 기준은 없다. 다가오는 겨울이 정점이 될 수 있다. 적이 점령한 지역에서 겨울을 보내는 것을 아군이 막을 수 없다면 그 지역은 포기한 것으로 간주해야 할 것이다.

3. 반격의 유형

결전을 한 번의 전투로 생각할 수도 있고, 분할된 병력으로 수행하는 수많은 전투의 조합으로 생각할 수도 있다. 전쟁터에서 이것 외에 다른 결전은 있을 수 없다. 적이 식량 부족 때문에 후퇴한다고 해도 이것은 아군의 칼이 적을 그런 궁핍으로 몰아넣었기 때문이다. 아군에게 전투력이 없다면 적은 식량을 얻을 수단을 찾았을 것이다. 4의 단계에서 적이 어려운 조건에 굴복한다면, 부대의 파견, 굶주림, 질병 등으로 병력이 줄어들고 약해진다면, 그래서 적이 후퇴한다면, 이렇게 하도록 만들 수 있는 것은 아군의 칼에 대한 두려움뿐이다. 그럼에도 1~3의 단계의 결전과 4의 단계의 결전에는 큰 차이가 있다.

1~3의 단계에서 적의 무력에 맞서는 것은 아군의 무력뿐이다. 4의 단계에서 적의 전투력은 오랜 전진의 고통 때문에 절반쯤 파괴되어 있다. 이때에도 아군의 무력이 승패를 결정하는 마지막 수단이지만 유일한 수단은 아니다. 승패는 적의 전진에 따른 고통에 의해 결정된다.

방어에는 두 가지의 반격 유형이 있다. 공격자가 방어자의 칼 때문에 망하느냐, 전진에 따른 고통 때문에 망하느냐 하는 것이다. 1~3의 단계에서는 전자가, 4의 단계에서는 후자가 우세하다. 4의 단계는 방어자가 자기 나라 안으로 깊이 후퇴하는 경우에만 일어날 수 있다.

이 두 원리는 순수하게 분리된 모습으로 나타날 수도 있고 결합되어 있을 수도 있다. 결합되어 있는 예에서도 하나의 원리가 분명하게 나타난다. 1812년의 원정에서 그러했다. 이 원정에서는 전투가 많이 일어났기 때문에 다른 경우라면 승패의 결정이 칼을 통해 일어났을 것이다. 그런데도 이것은 공격자가 오랜 전진에 의한 고통으로 망한 예에 해당한다.

시간을 끄는 것을 특징으로 하는 원정이 있다. 이것은 적이 스스로 만든 고통을 통해 파괴되도록 계획한다. 기다림은 방어 체계 전체를 관통하고 적극적인 행동으로 연결된다.

4. 칼의 힘

공격자가 견고한 진지에 있는 방어자를 공략할 수 없다고 생각한다면, 큰 강을 (그 건너편에 방어자가 있는데) 건널 수 없다고 생각한다면, 전진하면서 식량을 확보할 수 없다는 두려움을 갖는다면, 이 모든 효과를 불러일으키는 것은 늘 방어자의 칼뿐이다. 공격자의 행동을 멈추게 하는 것은 이 칼에 의해 패배할지도 모른다는 두려움 때문이다. 피를 흘리지 않는 결전에서도 승패를 결정하는 것은 결국 전투이고, 이 전투는 실제로 일어나지는 않았지만 하려고 했던 전투이다. 이른바 전략적인 조합은 오직 전술적인 승리에 토대를 두고 있다. 전술적인 승리는 피를 흘리든지 흘리지 않든지 승패 결정의 근본 토대이다. 전술적인 승리를 의심하지 않을 때만 전투를 하지 않는 전략적인 조합에서도 무엇을 바랄 수 있다.

공격자가 공격을 그만두고 방어자의 전략적인 조합이 큰 효과를 낸 원정은 전쟁사에 매우 많다. 이런 경우를 보면 전략적인 조합이 그 자체로 강력한 힘을 갖고 있고, 공격자가 전술적으로 우세하지 않을 때는 방어자의 전략적인 조합만이 승패를 결정할 수 있다고 생각한다. 하지만 이런 생각은 잘못이다. 대부분의 공격이 효과를 내지 못하는 이유는 대개 전쟁보다 높은 곳에 있는 상황, 즉 전쟁의 정치적인 상황 때문이다.

전쟁을 일어나게 하는 일반적인 상황은 전쟁의 성격도 규정한다. 이 일반적인 상황이 대부분의 전쟁을 반쪽짜리 전쟁으로 만들었다. 본래의 적대감은 관계의 갈등으로 완화된다. 숨 돌릴 틈 없이 빠르게 진행되던 공격이 손가락 하나의 압력만 받고도 멈추게 된다. 공격자의 결단이 흐릿해지면 방어자는 저항하는 모습만으로도 공격자에게 맞설 수 있다. 난공불락의 진지, 험준한 산, 넓은 강, 방어자의 민첩함, 이런 것은 방어자가 피를 흘리지 않고 승리를 얻는 원인이 아니다. 진정한 원인은 전진을 망설이게 만드는 공격자의 박약한 의지이다.

5. 원정의 통속적인 모습

공격자가 적의 영토에 침입했지만 결정적인 전투를 하는 데는 머뭇거린다. 적이 전투를 하려고 했던 것처럼 수동적으로 행동한다. 이것은 자기 군대, 자기 왕실, 세상, 심지어 자기 자신도 속이는 것이다. 이렇게 행동하는 진정한 이유는 적이 너무 강하기 때문이다.

이것을 유리한 상황이 오기를 기다리는 것이라고 말할 수 있지만, 그런 상황이 있어야 할 이유는 없다. 행동하지 않는 이유를 다른 군대의 지원 부족, 극복할 수 없는 어려움, 혼란스러운 상황 때문이라고 말하기도 한다. 공격자가 불충분하고 무의미한 활동을 하는 동안에 방어자는 시간을 번다. 겨울이 오면 공격은 끝난다. 이런 전략(적 조합)이 역사에 기록되고, 이것이 전쟁에서 승리하지 못한 간단하고 분명한 원인, 즉 적의 칼에 대한 두려움을 몰아낸다.

이런 거짓말은 나쁜 습관일 뿐만 아니라 문제의 본질에 뿌리를 두고 있기도 하다. 공격을 약하게 만드는 원인은 대개 그 나라의 정치적인 상황과 정치적인 목적에서 비롯되는데, 이것은 늘 비밀에 부쳐진다. 공격자가 전쟁을 멈추거나 포기할 때 그것을 적에 대한 두려움 때문이라고 말하는 최고 지휘관은 없다. 그럴듯한 이유를 들어 설명하는 거짓말이 이론으로 화석화되지만, 그런 이론은 아무도 진실도 담고 있지 않다.

이론은 전쟁에 내재하는 연관성의 단순한 핵심을 따라갈 때만 문제의 본질에 이를 수 있다. 우리의 단순한 종류의 생각이 방어의 모든 영역에서 타당하다고 생각한다. 이런 종류의 생각을 확고하게 믿을 때만 많은 전쟁 사건을 분명한 통찰력으로 판단할 수 있다.

6. 방어 단계의 이용에 따르는 조건

최고 지휘관은 방어의 여러 단계 중에 자신의 전투력이 저항하는데 꼭 맞는 단계를 선택할 것이다. 예를 들어 4의 단계를 쓰려면 나라의 면적이 넓어야 한다. 요새가 국경 근처에 많이 있는지 나라 안에 많이 있는지 하는 것도 4의 단계의 성공이나 실패에 큰 영향을 미칠 수 있다. 하지만 영토와 지형의 성질, 주민들의 성격, 관습, 성향 등이 더 큰 영향을 미칠 수도 있다.

공격 전투와 방어 전투 중의 선택은 적의 전쟁 계획, 양쪽 군대와 최고 지휘관의 특성에 의해 결정될 수 있다. 훌륭한 진지나 방어선을 점령하고 있는지 아닌지 하는 것이 이런저런 계획의 선택에 영향을 미칠 수 있다.

이 여러 가지 요인의 영향도 병력의 비율이 지나치게 불균형을 이루지 않을 때만 결정적인 영향을 미칠 것이다. 일반적으로는 병력의 비율이 결정적인 영향을 미친다. 프리드리히 대왕도 병력의 비율이 심한 불균형을 이룰 때는 원래의 방어 진지로 돌아갔다. 나폴레옹도 1813년 8월과 9월에 병력의 비율이 불리해졌을 때는 새장에 갇힌 새처럼 우왕좌왕했다. 그해 10월에 병력의 불균형이 극에 달했을 때 그는 라이프치히 근처에 진을 치고 적을 기다릴 수밖에 없지 않았는가?

제9장 방어 전투

공격 전투	중심으로 집중	밖에서 포위	포위 공격
방어 전투	주변으로 분산	안에서 포위	적극적 반격

승리를 얻으려면 전투에 공격적인 측면이 없어서는 안 된다. 결정적인 승리의 모든 결과는 공격적인 측면에서 나올 수 있고 나와야 한다. 이 점에서는 전략과 전술에 차이가 없다.

방어 전투에 들어 있는 공격적인 요소가 승리의 조건이라면, 그 요소를 전략적으로 조합할 때 공격과 방어 전투 사이에 근본적으로 아무런 차이도 없어야 할 것이다. 그런데 겉으로는 다르게 보인다.

보통 방어자는 진지에서 공격자를 기다리고 전투 준비를 했고 강력한 정면을 두고 있다. 측면의 안전과 후퇴할 때의 안전도 도모한다. 만일의 경우에 대비하여 지원 병력을 둔다. 전투의 마지막 3분의 1의 단계에 공격자의 계획이 드러나고 병력이 소모되면, 어느 한 병력을 먼저 공격하고 그다음에 적 전체에 대해 반격을 할 것이다.

방어 전투에서 공격자는 방어자를 밖에서 포위하는데 반해, 방어자는 이 포위 병력 일부를 안에서 포위하는 것으로 대항한다. 공격 전투에서는 적의 군대를 포위하고 적의 중심을 공격하여 승리를 얻고, 방어 전투에서는 중심에서 적의 주변을 공격하여 승리를 얻는다. 공격자는 포위를 극한 지점까지 수행할 수 있고, 방어자는 후퇴를 제한받을 위험이 있다. 그래서 방어자의 적극적인 반격은 이 극한 지점으로 향한다. 하지만 다음 날이 되면 포위는 끝난다. 또한 포위는 전쟁터 밖으로 멀리 미칠 수 없다.

그런데 방어자가 승리하면 패배한 공격자는 분산된다. 방어자가 결정적인 전투에서 승리하고 공격자를 강력하게 추격하면, 공격자는 병력을 집결하지 못한다. 이런 분산에서 최악의 결과가 생기고, 이는 파멸의 단계에 이를 수 있다.

공격자에게 집중의 형태가 승리를 높이는 수단이라면, 방어자에게는 분산의 형태가 더 큰 승리를 얻는 수단이 된다. 분산적인 형태는 집중적인 형태만큼 효과를 낼 수 있다. 방어 전투도 공격 전투만큼 승리를 얻을 수 있다.

물론 전쟁사에는 공격 전투에서 승리를 얻는 만큼 방어 전투에서 승리를 얻은 일이 드물다. 그 원인은 병력뿐만 아니라 전체적인 상황을 볼 때 방어자가 대체로 약자이기 때문이다. 이처럼 어쩔 수 없는 상황의 결과에 지나지 않는 것을 방어자로서 수행하는 역할 때문이라고 생각했다. 그래서 방어 전투는 적을 막는 일에만 신경 쓰고 적을 파괴하는 일에는 신경 쓰지 말아야 한다고 말했다. 이것은 극히 해로운 오류이고, 형식과 내용의 심각한 혼동이다. 방어 형태도 공격과 같은 규모와 효과로 승리를 얻을 수 있다. 모든 전투의 승리의 합계에서도, 하나하나의 전투에서도 그러하다.

제10장 요새의 목적과 조건

요새는 성곽과 성벽을 쌓은 도시이다. 대규모 상비군을 두기 이전에 요새의 목적은 도시의 주민을 보호하는 것이었다. 봉건 영주는 모든 방향에서 적의 공격을 받으면 시간을 벌고 유리한 때를 기다리려고 자기의 성안으로 들어갔다. 그런데 요새의 의미는 성벽 밖으로 확대되었다. 요새는 다른 나라를 점령하고 자기 나라를 유지하는 데도, 전쟁의 승패를 결정하는 데도 이바지했다. 요새는 전략적인 중요성을 갖게 되었다. 적의 요새를 점령하는 것이 적의 전투력을 파괴하는 것보다 중요한 때도 있었다. 요새를 만들 곳을 정할 때 극히 면밀하고 정교하고 추상적으로 생각하게 되었다. 추상적이라는 말은 도시나 주민과 상관없이 순전히 군사적인 의미의 요새를 생각하게 되었다는 말이다.

달리 보면 담으로만 이루어진 성곽이 어느 지역을 완전하게 보호하는 시대는 지났다. 그것이 가능했던 것은 작은 나라에 여러 민족이 나뉘어 있었기 때문이고, 그 당시 공격의 주기적인 성격 때문이다. 대규모의 상비군이 포병 부대로 요새의 저항을 분쇄한 이후로 어느 도시도 요새의 병력을 그런 위험에 드러내려고 하지 않았다. 요새는 반드시 점령되었다. 이런 이유로 요새의 수는 줄어들었다. 이 때문에 최근에는 요새를 통해 도시 주민의 생명과 재산을 직접 보호한다는 개념에서 벗어나서 요새를 나라의 간접적인 보호 수단으로 생각하는 개념으로 바뀌었다. 즉 요새의 전략적인 중요성에 의해 나라를 간접적으로 보호한다는 것이다.

요새의 효과는 수동적인 요소와 능동적인 요소로 이루어져 있다. 요새는 전자로 요새 지역과 그 지역에 포함되는 모든 것을 보호한다. 후자로 대포의 포격 거리를 넘는 지역에도 어느 정도 영향을 미친다. 후자는 어느 지점까지 접근하는 모든 적에 대해 요새의 수비대가 할 수 있는 공격을 뜻한다.

요새의 의미 중에서 어느 의미는 수동적인 효과를, 다른 의미는 능동적인 효과를 더 많이 요구한다. 이 의미는 어느 때는 단순하고 직접적으로 나타나고, 다른 때는 복합적이고 간접적으로 나타난다. 요새는 방어에서 첫 번째의 제일 중요한 근거지이고, 아래와 같은 방식으로 나타난다.

단순한 방식 (직접적 효과)	1 안전한 보급 창고	수동적 효과
	2 부유한 대도시의 보호	
	3 본래의 성	능동적 효과
	4 전술적 근거 지점	
	5 편안한 주둔지	
	6 열세에 놓인 부대의 피난처	
	7 적의 공격을 막는 본래의 방패	
복합적인 방식 (간접적 효과)	8 넓은 사영지의 보호	
	9 점령하지 않은 지방의 보호	
기타	10 인민 무장 투쟁의 중심	
	11 강과 산의 방어	

1. 안전한 보급 창고. 방어자는 보통 오래전에 식량을 준비해야 하고 주둔지에서 식량을 징발하지 않는다. 방어자의 식량이 요새에 보관되어 있지 않으면, 이것은 방어자의 전쟁 행동에 매우 불리한 영향을 미칠 것이다. 요새 없는 방어 군대는 갑옷 없는 몸과 같다.

2. 부유한 대도시의 보호. 이런 도시는 군대의 자연스러운 보급 창고이다. 부유함에서 간접적으로 힘이 나오고, 평화 협상에서 (교환 수단으로서)

유리하기 때문이다. 요새 덕분에 적의 공격 속도는 그만큼 느려질 것이다. 1~2의 목적은 요새의 수동적인 효과만 요구한다.

3. 본래의 성. 성은 도로를 막고, 성 옆에 강이 있으면 그 강도 막는다. 공격자는 요새를 우회해야 하고, 이 우회를 요새에 있는 대포의 포격 거리 밖에서 해야 한다. 성이 그 근처를 흐르는 강의 뱃길을 막으면 적의 행동은 크게 방해를 받는다.

4. 전술적인 근거 지점. 요새의 대포로 보호할 수 있는 범위는 몇 시간의 행군 거리에 미친다. 요새는 진지의 측면 부대에게 최고의 근거 지점으로 간주할 수 있다.

5. 주둔지. 요새는 대개 방어자의 병참선에 있게 되고, 병참선을 왕래하는 모든 아군 부대에게 편안한 주둔지이다. 병참선을 오고 가는 부대는 요새에서 쉬고 그다음 행군 속도를 높일 수 있다. 30마일의 병참선은 그 중간의 요새 덕분에 절반으로 줄어드는 효과를 갖는다.

6. 열세에 놓인 부대의 피난처. 열세에 놓인 부대는 요새에 안전하게 머물 수 있다. 요새는 부상병들에게 안전한 피난처이다. 요새에는 화약과 총이 있고, 귀리와 빵이 있다. 요새는 부상병에게 숙소를, 건강한 병사에게 안전을, 공포에 질린 병사에게 냉정함을 준다. 요새는 사막의 오아시스이다. 3~6은 요새의 능동적인 효과를 약간 더 많이 요구한다.

7. 본래의 방패. 요새는 적의 공격 흐름을 얼음덩이처럼 깨뜨린다. 적은 요새를 포위해야 하는데, 요새의 수비대 병력보다 두 배나 네 배쯤 많은 병력을 필요로 한다. 적의 병력은 큰 열세에 빠지고 후퇴할 때 제한을 받는다. 적이 요새를 점령할 수 없다면 그 요새는 공격자의 전진을 방해한다. 이 점에서 요새는 방어 활동에 결정적인 영향을 미치고, 그래서 이것을 요새의 제일 중요한 목적이라고 보아야 한다. 이 목적에는 주로 요새의 공격력이 요구된다.

1~7의 효과는 상당히 직접적이고 단순한 방식으로 실현된다. 아래의 8~9의 효과는 좀 더 복합적인 방식으로 나타난다.

8. 넓은 사영지의 보호. 요새는 그 배후의 3~4마일 넓이의 사영지로 접근하는 길을 막을 수 있다. 전쟁사에는 15~20마일의 긴 사영선을 보호한다고 언급되어 있다. 강력한 요새는 대규모의 사영지에 어느 정도의 안전을 준다. 요새의 간접적인 효과는 적의 전진을 좀 더 곤란하고 위험하게 하는 것이다. 그리고 이것이 요새에 요구하는 전부이고 안전의 참뜻이다. 방어자의 본래의 직접적인 안전은 전초와 사영의 설치로 확보해야 한다.

9. 점령하지 않은 지방의 보호. 어느 지방을 점령하지 않았다면 그 지방에 있는 요새는 그 지방을 보호하고 안전하게 할 수 있다. 이때의 보호는 매우 간접적인 보호라고 생각할 수밖에 없고 본래의 보호라고 이해할 수 없다.

10. 인민 무장 투쟁의 중심. 식량, 무기, 탄약 등은 인민 전쟁에서 정규적인 공급 대상이 될 수 없다. 그런 대상을 임시로 보관하는 요새는 모든 저항에 더 많은 긴밀성, 견고함, 연관성을 주고 더 많은 성과를 낼 것이다. 그 밖에도 요새는 부상병들의 피난처이고, 주요 관청의 소재지이고, 공공재산의 보관소이고, 대규모 행동에 필요한 집결 지점이고, 저항의 핵심이다.

11. 강과 산의 방어. 큰 강 옆의 요새는 아군이 강을 안전하게 건널 수 있게 하고, 적이 강을 건너는 것을 방해한다. 강 주변의 상업을 지배하고 다리와 도로를 막는다. 강 건너편의 진지를 통해 간접적으로 강을 방어한다. 강과 비슷하게 산에 있는 요새는 모든 산길의 연결고리이고, 산길을 열기도 하고 막기도 한다. 이를 통해 산길이 통하는 지역 전체를 지배한다. 요새는 강과 산악 지역을 방어하는 중요한 요소이다.

제11장 요새의 위치

전쟁터에 두 나라를 잇는 큰 도로를 따라 부유한 대도시가 있다면, 그것도 항구, 항만, 큰 강, 산의 옆에 있다면, 앞 장에서 말한 모든 요구는 동시에 충족된다. 대도시와 큰 도로는 같이 나타나고, 이 둘은 큰 강이나 해안과 긴밀하게 연결된다. 이 네 요소는 같이 나타날 수 있다. 하지만 산은 그렇지 않다. 산악 지역에 대도시가 있는 경우는 드물기 때문이다.

요새의 수는 자연 발생적으로 생겨난 대도시나 큰 도로의 수와 맞지 않는다. 요새는 너무 많을 수도 있고 너무 적을 수도 있다. 이런 경우에는 앞 장에서 본 것과 다른 목적이 필요해진다. 요새를 설치할 때 살펴보아야 할 문제는 아래와 같다.

1. 주요 도로가 요새보다 많은 경우에 어느 도로를 선택할지의 문제.

2. 요새가 국경 부근에만 있어야 하는지, 나라 전체에 퍼져 있어야 하는지의 문제.

3. 요새가 나라 전체에 고르게, 아니면 집단으로 묶여 배치되어야 하는지의 문제.

4. 요새를 만들 때 고려해야 하는 그 지역의 지리적 상황에 관한 문제.

1. 이 경우에는 전략적으로 중요한 도로, 적의 자연스러운 공격 지점, 적의 나라에서 우리 나라의 수도를 향해 곧바로 놓여 있는 도로, 적이 쉽게 행동할 수 있는 도로에 요새를 만들 것이다. 프랑스와 오스트리아의 관계만 보면, 비인의 입장에서 뉘른베르크나 뷔르츠부르크보다 아욱스부르크나 뮌헨에 요새를 두는 것이 낫다.

2. 요새는 국경 부근에 있는 것이 자연스럽다. 요새는 나라를 방어해야 하고, 국경을 방어하면 나라도 방어하는 것이기 때문이다. 그런데 나라의 방어를 주로 외국의 도움에 의존하는 경우에, 또는 적이 긴 병참선과 보급

의 곤란함 때문에 패배하게 되는 경우에, 요새를 국경 부근에만 두는 것은 모순이 될 것이다. 수도의 방어, 지방의 주요 도시와 상업 지역의 보호, 강이나 산과 끊어진 지역 등의 활용, 천연의 요새지로 적합한 도시, 무기 공장 등을 고려하면 요새를 나라 안에 두게 된다.

3. 이 문제는 거의 일어나지 않는다. 물론 두서너 개의 요새 집단이 공통의 중심에서 며칠 동안의 행군 거리에 있다면 그 중심과 중심에 있는 군대를 강력하게 만들 것이다.

4. 바닷가, 큰 강, 산에 있는 요새는 두 배의 효과를 낸다. 요새를 큰 강 바로 옆에 둘 수 없다면 강에서 10~12마일 정도 먼 곳에 두는 것이 낫다. 적이 산 부근에 있을 때 그 산 부근에 요새를 두는 것은 좋지 않다. 아군이 산 부근에 있을 때는 적이 아군의 요새를 포위하기 어렵다. 접근할 수 없는 큰 숲과 습지는 강과 비슷하다.

어느 나라의 요새 체계는 나라의 토대와 직접적으로 관련되는 중요하고 지속적인 문제나 상황에 바탕을 두고 있다. 이 체계에는 일시적으로 유행하는 견해, 비현실적으로 정교한 전략, 어느 순간의 개별적인 필요 등이 나타나서는 안 된다. 이런 것은 오랫동안 쓸 요새를 만드는데 절망적인 결과를 낳는 잘못이 될 것이다.

제12장 방어 진지

보통 진지	적에게 전진하는 동안에	시간 개념이 중요
방어 진지	지형을 보호 수단으로	장소 개념이 중요
요새 진지	적의 공격을 불가능하게	전투 없이 승리를

방어 진지는 지형을 보호 수단으로 쓰는 진지이다. 아군이 적에게 전진하는 동안에 적의 전투를 받아들일 때의 진지는 행군 야영에 반대되는 진지의 개념으로 불러도 충분하다. 이런 보통의 진지에서 일어나는 결전에서는 시간의 개념이 중요하다. 즉 양쪽 군대 모두 상대를 만나려고 앞으로 나아간다. 하지만 본래의 방어 진지에서는 장소의 개념이 중요하다. 결전은 그 장소에서 일어나든지, 주로 그 장소를 통해 일어나야 한다.

어느 장소에 배치된 전투력이 전체에 효과를 낼 수도 있고, 어느 장소가 전투력을 보호하고 강력하게 만드는 수단으로 쓰일 수도 있다. 전자는 전략적인 관점이고, 후자는 전술적인 관점이다. 엄밀히 말해 방어 진지라는 말은 전술적인 관점에서만 나온다. 전략적인 관점은 공격자에게도 해당되기 때문이다.

우회	측면이나 배후에서 공격하려고	-	전술적 성질
	후퇴로나 병참선을 막으려고	-	전략적 문제
통과	- 다른 길로 전진한다면		

진지의 전략적인 효과에서는 진지의 우회와 통과를 구분해야 한다. 우회는 진지의 정면과 관련된다. 우회는 진지를 측면이나 배후에서 공격하려고 할 때, 또는 진지의 후퇴로나 병참선을 막으려고 할 때 수행된다. 측면

및 배후 공격은 전술적인 성질을 띤다. 적이 진지를 측면이나 배후에서 공격하려고 우회하는 것이 그 진지의 중요성을 말해 주고 있다. 공격자가 진지의 병참선을 막을 의도로 진지를 우회한다면 이는 전략적인 측면의 문제이다.

공격자가 방어 진지에 있는 전투력에 대해 걱정하지 않고 주력 군대와 함께 다른 길로 전진한다면, 이는 진지를 통과하는 것이다. 그러면 진지는 효력을 잃을 것이다. 이 세상에 통과할 수 없는 진지는 거의 없기 때문에 적이 진지를 통과할 때 적을 불리한 상황에 빠뜨려야 한다.

이상으로 방어 진지의 두 가지 전략적인 특징이 밝혀졌다.

1. 방어 진지는 통과할 수 없다는 것.

2. 방어 진지는 병참선을 얻으려는 전투에서 방어자에게 유리하게 작용한다는 것.

이제 두 가지의 다른 전략적인 특징을 덧붙여야 한다.

3. 병참선의 상황은 전투의 형태에도 유리하게 작용한다는 것.

4. 지형의 일반적인 영향은 방어자에게 유리하다는 것.

3에 대해. 병참선의 상황은 공격자가 진지를 통과할 수 있는지 없는지, 적의 식량 조달을 끊을 수 있는지 없는지 하는 것뿐만 아니라 전투의 모든 과정에도 영향을 미친다. 방어자의 비스듬한 후퇴로는 전술에서 공격자의 움직임을 쉽게 하고 방어자의 움직임을 어렵게 한다. 공격자에게는 후퇴하는데 많은 길이 있는 반면에 방어자는 하나의 길에 제한되어 있다면, 공격자는 훨씬 많은 전술적인 자유를 누린다.

4에 대해. 지형이 불리함을 줄 수 있다. 이런 경우에는 첫째, 방어자는 적을 조망하고 진지 안에서 적을 재빨리 공격할 수 있는 유리함을 가져야 한다. 여기에 덧붙여 공격자가 방어 진지에 접근하는 것이 지형적으로 방해를 받을 때만 지형이 방어자에게 유리해진다. 산을 뒤에 두고 있는 진지는 방어 진지로서는 최고의 위치라고 할 수 있다. 둘째, 지형은 군대의 성격이나 편성과 관련된다. 기병이 많으면 평지를 얻으려고 할 것이다. 기병과 포병이 부족한데 용감한 보병이 많으면 험하고 복잡한 지형을 이용하는 것이 좋다.

진지의 모든 부분이 적의 공격을 불가능하게 할 수 있다. 이런 진지의 목적은 전투를 치르지 않고 전쟁에서 승리를 얻는 것이다. 이 경우의 진지는 요새 진지라고 한다. 이와 달리 여기에서 말하는 방어 진지는 많은 유리함을 갖고 있는 전쟁터에 지나지 않는다.

적이 진지의 정면을 공격할 수 없다면 이는 진지 전체의 강력함을 증명하는 것이다. 방어자가 큰 강을 바로 앞에 두고 병력을 배치하면 강은 정면을 강력하게 하는 것과 같은 효과를 낸다. 진지의 강력함이 은폐되어 있을수록 진지는 그만큼 이상적인 진지에 근접하게 될 것이다.

중요한 요새 근처에 진지가 있으면 진지는 병력을 이동하고 이용할 때 적에 비해 크게 우세해진다. 보루를 잘 이용하면 어느 지점에 천연 장애물이 부족한 것을 보충할 수 있다. 방어자는 전쟁터를 정확히 알고 있고 적은 알지 못한다는 것, 아군은 대책을 잘 숨길 수 있지만 적은 잘 숨길 수 없다는 것, 전투 중에 기습을 할 때도 적보다 우세한 상황에 있다는 것 등에서 많은 유리함을 얻으려고 한다면, 이 많은 상황이 하나로 합쳐지면서 지형에서 압도적으로 우세한 영향력이 생길 수 있다. 적은 지형의 영향 때문에 패배하면서 패배의 진정한 원인을 알지 못하게 된다. 이것이 바로 우리가 방어 진지라고 이해하고 있는 것이고, 방어 전쟁의 최고의 유리함이라고 간주하는 것이다.

제13장 요새 진지와 보루 진지

1. 이 수단의 발생

진지

요새 진지 { 공간 보호 - 직접적
　　　　　 전투력 보호 - 간접적 }

보루 진지

자연의 조건과 기술이 결합하여 난공불락으로 인정될 만큼 강력해진 진지는 유리한 전쟁터라는 의미에서 완전히 벗어나서 독자적인 의미를 갖는다. 이런 진지는 요새 진지라고 부른다. 보루만으로 만든 진지는 보루 진지라고 불리고, 이것은 요새 진지와 공통점이 없다.

요새 진지의 목적은 이 진지에 배치된 전투력을 적이 공격할 수 없도록 하고, 그래서 실제로 어느 공간을 직접적으로 보호하는 것이다. 혹은 이 공간에 배치되어 있는 전투력만 보호하는 것이고, 이 전투력에 의해 다른 방식으로 어느 지역을 간접적으로 보호할 수 있다.

적이 공격할 수 없을 만큼 강력하고 길게 펼쳐진 정면과 훌륭한 근거 지점을 갖고 있으면, 방어자는 매우 넓은 공간을 적의 침입으로부터 직접 방어할 수 있었다. 길고 강력한 정면과 훌륭한 근거 지점이 없는 곳에서는 모든 방향에 정면을 갖도록 전투력과 진지를 배치하여 적의 우회에 대해 전투력을 보호해야 한다. 이때 보호받는 것은 전투력뿐이고, 전투력은 이를 통해 그 지역을 보호할 수 있어야 한다.

2. 이 수단의 가치

1 보루선	우회, 점령			
2 요새 진지	식량 확보	⇔	a) 통과 b) 포위 c) 머무름	공격자
3 보루 진지				

1. 보루선은 포병의 보호를 받을 때만 공격자의 움직임을 방해할 수 있다. 포격으로 효과를 낼 수 있는 면적은 작기 때문에 보루선은 짧아야 하고 제한된 지역만 보호할 수 있다. 보루선이 짧고 많은 병력이 보루선을 방어하고 있다면 공격자는 보루선을 우회한다. 그렇지 않으면 보루선은 정면에서 공격자에게 점령된다. 보루선은 전투력을 국지적인 방어에 묶고 전투력의 이동을 막기 때문에 모험적인 적에 대해서는 잘못된 수단이다.

2. 요새 진지. 우세한 적의 공격을 받는 지역을 점령해야 한다면 아군의 전투력을 난공불락의 진지에 두고 보호해야 한다. 이런 진지는 모든 방향에 정면을 두고 있어야 하기 때문에 매우 작은 공간만 차지할 것이다. 공간의 면적이 넓은데도 진지의 모든 방향을 강력하게 하려면 축성술만으로는 충분하지 않다. 지형의 장애물을 통해 강력하게 해야 한다.

전략적으로 요새 진지의 조건은 진지에 배치된 전투력이 식량을 확보해야 한다는 것이다. 이는 진지가 배후에 항구를 두고 있을 때, 요새와 긴밀하게 연결되어 있을 때, 진지 안이나 그 근처에 많은 식량을 갖고 있을 때만 할 수 있다. 이런 진지에 대해 공격자는 아래와 같이 행동할 수 있다.

a) 공격자는 요새 진지를 통과하여 행동을 계속하고 관찰할 수 있다. 이때 방어자의 주력 군대도, 하위 부대도 진지를 방어할 수 있다. 첫 번째 경우에는 방어자의 주력 군대 외에 요새나 수도 등의 점령과 같은 결정적

인 공격 대상이 있을 때만 도움이 된다. 이때는 공격자에게 강력한 기지와 좋은 병참선이 있어야 한다. 두 번째 경우에는 공격자에게 진지에 있는 전투력 외에도 다른 공격 대상이 있다. 그것이 방어자의 주력 군대일 수 있기 때문이다. 이 경우에 진지의 의미는 공격자의 측면에 미치는 효과로 제한된다.

b) 공격자가 진지를 통과하지 않는 경우에 공격자는 진지를 포위하고 진지의 병력을 굶주림에 빠뜨려서 항복을 강요할 수 있다. 진지를 포위하려면 진지에 후퇴할 수 있는 자유로운 배후가 없어야 하고, 공격자에게 포위를 할 만큼 병력이 많아야 한다.

방어자가 주력 군대로 요새 진지를 방어하려면 aa) 배후가 매우 안전하든지, bb) 공격자의 병력이 많지 않든지, cc) 공격자의 포위를 풀 수 있어야 한다. bb), cc)의 조건에서는 방어자도 큰 위험에 빠질 수 있다. 하위 부대로 요새를 방어한다면 세 가지 조건은 사라진다. 하위 부대의 희생으로 더 큰 불행을 막을 수 있는지 하는 것만 문제 된다.

c) 공격자에게 a)와 b)의 활동이 일어나지 않고 방어자에게 aa), bb), cc)의 조건이 모두 충족된다면, 공격자는 진지 앞에 머물러 있는 것 외에 달리 할 일이 없게 된다. 그 지역에 병력을 되도록 넓게 배치하고, 작은 이익에 만족하고, 그 지역을 점령하는 결정적인 공격은 후일에 맡겨둘 수밖에 없다.

3. 요새의 보호 아래에 있는 보루 진지. 이 진지의 목적이 적의 공격에 대해 공간이 아니라 전투력을 보호하는데 있는 한, 이 진지는 일반적으로 보루 진지에 속한다. 다만 이 진지는 요새와 분리될 수 없는 전체를 이루고 있고, 이 때문에 다른 보루 진지보다 훨씬 강력하다.

a) 이런 종류의 보루 진지에는 요새에 대한 적의 포위 공격을 완전히 불가능하게 하거나 매우 곤란하게 하는 특별한 목적이 더 있을 수 있다.

b) 이 진지는 넓은 들판에 있는 진지보다 소규모의 병력을 수용하려고 마련된 것이다. 4천~5천 명의 병력은 요새의 담 아래 있을 때는 정복할 수 없지만, 넓은 들판에서는 매우 강력한 진지에 있을 때도 전멸을 당할 수 있다.

c) 이 진지는 정신적으로 아직 성숙하지 않은 신병, 민병대, 농민군 등을 집결하고 훈련하는데 쓰일 수 있다. 그러면 그들도 요새의 담벼락의 보호 없이 적과 맞닥뜨릴 수 있을 것이다.

요약. 요새 진지와 보루 진지는

1. 나라의 면적이 작고 피할 수 있는 공간이 좁을수록 그만큼 없어서는 안 된다.

2. 다른 나라의 전투력, 혹독한 계절, 인민 봉기, 공격자의 물자 부족 등을 통해 도움을 받고 포위를 풀 수 있다는 예상이 확실할수록 그만큼 덜 위험하다.

3. 적의 공격의 기본적인 힘이 약할수록 그만큼 큰 효과를 낸다.

제14장 측면 진지

공격할 수 없으면

공격할 수 있으면	전진을 막으면	- 효과적 또는 위험한 수단
	전진을 못 막으면	- 모험적 또는 최고의 수단

적이 진지를 통과해도 유지하고 있어야 하는 모든 진지는 측면 진지이다. 적이 진지를 통과하는 순간부터 이 진지는 적의 전략적인 측면에 효과를 내기 때문이다. 그래서 모든 요새 진지는 요새 진지인 동시에 측면 진지일 수밖에 없다.

난공불락의 요새 진지는 적이 통과할 수밖에 없기 때문에 적의 전략적인 측면에 효력을 나타낼 때만 그 중요성을 인정받을 수 있다.

난공불락이 아닌 진지에서 적이 이 진지를 통과해도 아군은 그 진지를 계속 유지하려는 목적을 가질 수 있다. 진지의 위치가 아군의 후퇴로나 병참선에 매우 유리하게 작용하는 경우에, 그래서 적의 전략적인 측면에 효과적인 공격을 할 수 있고 적이 후퇴를 걱정하느라고 아군의 후퇴를 막을 수 없는 경우에 그런 목적을 가질 수 있다.

적이 진지를 통과하는 것을 견딜 수 없고, 그래서 그 진지에서 공격자의 측면을 공격하는 경우에 측면에서 공격한다는 이유만으로 그 진지도 측면 진지라고 부르는 것은 올바른 생각이 될 수 없다. 이 측면 공격은 진지와 상관없고 진지의 특성에서 비롯되지 않기 때문이다.

난공불락이 아닌 측면 진지는 방어자에게 매우 효과적인 수단이기도 하지만 그만큼 위험한 수단이기도 하다. 방어자가 이 진지로 공격자의 전진을 막는다면 이것은 약간의 힘으로 큰 효과를 얻는 것이다. 측면 진지의 효력이 약해서 공격자의 전진을 막을 수 없다면 방어자의 퇴로는 막힌 것이나 다름없다. 그래서 과감하고 정신적으로 우세한 적이 강력한 결전을 하려고 할 때 측면 진지는 극히 모험적인 수단이고, 결코 적절한 수단이라고 할 수 없다. 그 반대로 적이 신중하게 행동하고 정찰 전쟁에만 만족한다면, 측면 진지는 방어자에게 최고의 수단이라고 할 수 있다.

제15장 산악 방어 – 산악 전투의 전술적 성질

1. 산악 방어의 성질

긴 종대로 산길을 행군하는 것은 매우 어렵다. 험한 벼랑과 깊은 계곡 때문에 산에서는 하나의 소규모 초병 부대도 큰 힘을 얻는다. 좁은 산길에서는 한 줌의 병사들도 적의 군대 전체를 막을 수 있다고 말했다. 하지만 산악 행군은 산악 공격이 아니다. 산악 행군이 힘들다고 해서 산악 공격이 훨씬 힘들 것이라는 생각은 잘못이다.

30년 전쟁 이전에 지형의 장애물을 이용하는 일은 드물었고, 정규 군대로 정식으로 산악 방어를 하는 것은 거의 불가능했다. 그 후로 산의 초병 부대는 강력한 저항 능력을 갖게 되었다. 중세 이후에 병력이 증대되면서 산악 지형도 군사 행동의 범주 안에 포함되었다.

산악 방어의 중요한 성격은 철저한 수동성이다. 병력이 활발하게 이동하기 전에 산악 방어는 자연스러운 경향이었다. 그 후로 군대의 병력은 늘었고, 화기의 효과 때문에 더 길고 얇게 배치되었다. 선의 결합은 부자연스러워졌고, 선의 움직임은 곤란해졌다. 병력을 배치하는데 한나절이 걸렸고, 배치를 완료하고 나면 그것을 바꾸는 것이 곤란했다. 공격자는 방어자의 진지를 본 후에 전진하고, 방어자는 이에 대응할 수 없었다. 공격자의 우세함.

방어자는 산악 지형을 장애물로 이용했다. 군대와 지형을 접목하려고 노력했다. 보병 대대는 산을 방어했고, 산은 보병 대대를 보호했다. 이런 식으로 수동적인 방어는 산악 지형에 의해 강력해졌다. 방어자의 우세함.

방어자가 견고한 초병 부대에 자리 잡고 있으면, 공격자는 방어자를 대담하게 우회하게 된다. 이 때문에 방어자의 진지는 넓게 퍼지고, 진지의 정면에 소홀해지고, 공격이 이 지점으로 방향을 바꾸게 되었다. 그러면 공격자는 병력을 넓게 배치하여 방어자를 우회하는 대신에 한 지점에 집결하여 방어선을 돌파하게 된다. 공격자의 우세함.

공격자가 이동성에 의해 압도적으로 우세해졌다. 방어자도 이동성에서 도움을 찾았지만, 산악 지형은 그 본질상 이동성에 대립된다. 산악 방어는 패배를 당했다.

2. 상대적 저항

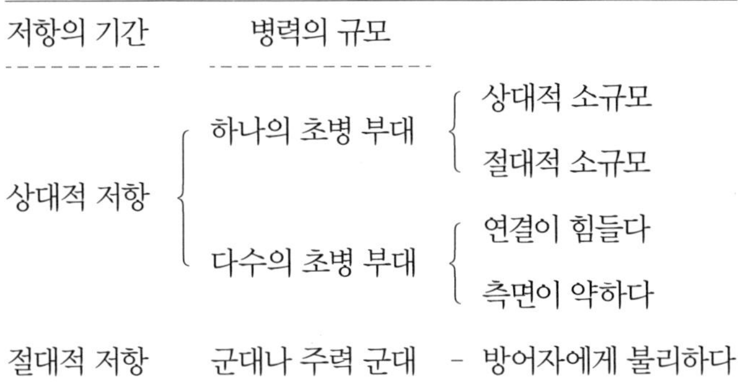

저항의 기간	병력의 규모	
상대적 저항	하나의 초병 부대	상대적 소규모
		절대적 소규모
	다수의 초병 부대	연결이 힘들다
		측면이 약하다
절대적 저항	군대나 주력 군대	- 방어자에게 불리하다

중요한 문제는 산악 방어로 의도하는 저항이 상대적인 저항인지, 절대적인 저항인지 하는 것이다. 즉 저항을 일정한 기간만 지속해야 하는지, 결정인 승리를 얻을 때까지 계속해야 하는지 하는 것이다. 산악 지형은 전자의 경우에 최고로 적절하고, 후자의 경우에는 몇몇 특별한 경우를 제외하면 적절하지 않다.

상대적인 저항은 절대적인 저항보다 훨씬 많은 수동성을 허락한다. 또한 이 수동성을 전투의 마지막까지 무제한으로 연장할 수 있다. 이런 연장은 절대적인 저항에서는 결코 있을 수 없다.

소규모의 초병 부대도 산에서는 지형의 특성에 의해 특별히 강력한 힘을 발휘한다고 말했다. 우리는 이 소규모 초병 부대에서 상대적인 소규모와 절대적인 소규모를 구분해야 한다. 상대적인 소규모의 병력은 대개 상대적인 저항을 목표로 삼는다. 절대적인 소규모의 병력도 이 부대와 비슷한 규모의 적에 맞설 경우에, 그래서 절대적인 저항과 결정적인 승리를 생각할 수 있는 경우에 훨씬 유리할 것이고, 지형의 강력함에서 많은 이익을 끌어낼 것이다.

결론적으로 소규모의 초병 부대도 산에서는 매우 강력하다. 상대적인 저항에서 결정적인 이익을 준다. 그런데 군대 전체의 절대적인 저항에서도 똑같이 결정적인 이익을 줄까? 소규모의 초병 부대 몇 개로 이루어진 정면의 선이 하나하나의 초병 부대가 갖고 있던 강력함을 그대로 갖게 될까? 그렇지 않다. 그렇다는 결론을 내리면 다음의 두 가지 오류 중에 하나를 범하게 될 것이다.

첫 번째 오류. 사람들은 통행이 곤란한 지형과 접근이 곤란한 지형을 혼동한다. 포병과 기병의 종대로는 행군할 수 없는 곳도 보병의 종대로는 전진할 수 있다. 전투 중의 이동을 보통의 행군 척도로 측정할 수는 없다. 그래서 하나하나의 초병 부대를 안전하게 연결한다는 생각은 환상에 지나지 않는다. 초병 부대의 양쪽 측면은 위협을 받게 된다.

두 번째 오류. 사람들은 초병 부대의 정면이 강력하면 측면도 강력하다고 생각한다. 적이 초병 부대를 우회할 때 시간과 병력을 소모하기 때문이다. 하지만 넓은 산악 진지에 속하는 초병 부대는 그렇지 않다. 적이 우세한 힘으로 어느 지점을 공격하고, 배후의 지원은 보잘것없고, 그런데도 적의 공격을 절대적으로 막아야 한다. 이런 상황에서 초병 부대가 측면에 의존한다는 것은 아무런 의미도 없다.

공격자는 이런 약점을 노린다. 한 곳에 집결하여 우세한 병력으로 초병 부대의 한 지점을 공격하면, 방어자는 이 지점에서는 격렬한 저항을 하지만 정면 전체에서는 하찮은 저항을 하게 된다. 공격자가 이 저항을 극복하면 정면 전체는 무너지고 공격자의 목적은 달성된다.

결론. 산에서 수행하는 상대적인 저항은 평지의 저항보다 강력하다. 소규모 초병 부대의 경우에 제일 강력하다. 하지만 초병 부대의 병력이 늘어나는 만큼 강력해지는 것은 아니다.

3. 절대적 저항

대규모 전투의 본래의 목적, 즉 적극적인 승리를 얻는 것은 산악 방어의 목표이기도 하다. 방어자의 군대 전체나 주력 군대가 산악 방어를 하는 순간부터 산악 방어는 산에서 수행하는 방어 전투로 바뀐다. 적의 전투력을 파괴하려고 전투력을 쓰는 것은 형식이 되고, 승리를 얻는 것이 목적이 된다. 산악 방어는 부차적인 것이고 수단이 된다.

방어 전투의 성격은 정면에서 수동적으로 반격하고 배후에서 강력하고 능동적으로 반격하는 것이다. 이때 산악 지형은 활동력을 떨어뜨린다. 그 이유는 첫째, 산에서는 배후에서 정면으로 재빨리 행군할 수 있는 길이 없고, 전술적인 습격도 지형이 평탄하지 않아 방해를 받는다. 둘째, 지형과 적의 움직임을 내려다볼 수 없다. 셋째, 퇴로를 차단당할 위험이 더해진다.

산악 지형은 방어자에게 후퇴를 유리하게 만드는 것처럼, 적이 아군을 우회할 때 적에게 시간 손실을 일으킨다. 하지만 이것은 방어자가 상대적인 저항을 할 때만 유리함이 되고 절대적인 저항에서는 유리함을 주지 않는다. 이 경우에도 적이 아군의 퇴로를 위협하거나 막는 지점을 점령할 때까지는 많은 시간이 걸린다. 하지만 적이 그 지점을 점령하고 나면 방어자에게는 아무런 수단도 남지 않는다. 방어자는 전투 수단의 대부분을 잃었고 혼란에 빠졌고 탄약도 떨어졌다. 방어자에게 승리의 전망은 매우 낮아졌다.

물론 군대 전체를 넓은 고원 지대에 배치하여 산악 방어를 하면 앞에서 말한 불리함은 대부분 사라진다. 이 경우에 방어자는 강력한 정면, 적의 접근이 곤란한 측면, 모든 움직임의 자유를 얻을 수 있을 것이다. 하지만 대부분의 고원은 지나치게 작다.

제16장 산악 방어—산악 전투의 전략적 이용

- 1 전쟁터로 쓰일 때
  - a) 주력 전투 방어자에게 불리
  - b) 하위 전투
    - (a) 단지 시간을 버는 것
    - (b) 적의 양동을 막는 것
    - (c) 직접 양동을 하는 것
    - (d) 주력 전투에 응하지 않는 것
    - (e) 인민 무장 투쟁
- 2 다른 지역에 영향
- 3 전략적 바리케이드
  - 결정적인 전투
  - 병참선의 차단
- 4 식량 조달과 관련

전략에서는 산악 방어를 몇 가지로 구분해서 이해한다.

1. 산이 전쟁터로 쓰이는 경우. 이 경우에는 주력 전투인지 하위 전투인지 구분해야 한다.

a) 주력 전투에서 산악 지형은 방어자에게 불리하고 공격자에게 유리하다. 수적으로 열세에 놓인 방어자가 산에 병력을 배치해야 한다면 지형의 장애물을 최대한 이용해야 한다. 이때 산악 지대를 방어자의 피난처로 보아서는 안 되고, 그런 상황에 빠지는 것을 최대한 피해야 한다. 그 상황을 피할 수 없는 경우에도 그 전투의 방어는 수동적인 산악 방어로 바뀌어서는 안 된다. 방어의 지배적인 성격은 산에 전투력을 집결하여 배치하는 것이어야 한다.

b) 하위 전투에서는 산이 방어자에게 유리할 수 있다. 이 전투로 절대

적인 저항을 하는 것도, 전쟁의 승패를 결정짓는 것도 아니기 때문이다.

하위 전투의 목적은 다음과 같다.

(a) 단지 시간을 버는 것. 적의 상황을 정찰하려는 경우나 지원 병력의 도착을 예상하는 경우에 이 목적이 나타난다.

(b) 적의 단순한 양동이나 소규모의 부차적인 행동을 막는 것. 산이 몇 개의 부대에 의해 방어되어 있고 어느 지방을 보호하고 있으면, 소규모의 병력도 적의 행동이나 순찰대를 막을 수 있다.

(c) 스스로 양동을 펴는 것. 적이 산을 두려워하여 행동을 망설이는 경우에는 방어자의 주력 군대도 산을 방어하는데 쓸 수 있다.

(d) 적의 주력 전투에 응하지 않으려고만 한다면 산에는 어떤 형태로든 병력을 배치할 수 있다. 산에 배치되어 있는 하나하나의 부대는 매우 강력하다. 산에서는 기습을 받고 결정적인 전투를 하도록 강요받는 일이 거의 없다.

(e) 산은 인민 무장 투쟁의 최적의 장소이다. 하지만 인민 무장 투쟁은 군대의 소규모 부대를 통해 지원을 받아야 한다.

2. 산이 다른 지역에 미치는 영향. 산악 지형은 큰 독립성을 갖고 있고, 산을 점령하면 그 효과는 결정적이고, 산의 점령자는 쉽게 바꿀 수 없다. 산은 산을 점령하지 않은 상태로 산에서 전투를 하는 군대에게 매우 불리하다. 산의 영향권 안에 빠져들지 않고 불리한 전투에 말려들지 않으려면 병력을 산에서 멀리 있는 곳에 두어야 한다.

이런 식으로 산은 그 산에서 어느 정도 멀리 있는 평지에 영향을 미친다. 이 영향은 적의 병참선에 즉시 또는 오랜 시간이 지난 다음에 효과를 낼 수 있다. 그것은 공간적인 상황에 달려 있다. 그 영향이 결정적인 전투로 극복될 수 있는지 없는지는 전투력의 상황에 달려 있다.

일진일퇴의 원정에서는 산이 주는 불리함에 드러나지 않을 것이다. 그래서 아군의 공격이 이루어지는 중요한 전선에 따라 산의 일부만 점령하고 이를 유지해야 한다. 이 경우에 산은 양쪽 군대의 소규모 전투에서 중요한 무대이다. 이 무대를 과대평가하여 산을 전쟁 전체를 결정하는 비결처럼 생각하거나, 산에 대한 점령을 중요한 문제처럼 여기지 않도록 해야 한다.

3. 산이 전략적인 바리케이드로 간주되는 경우. 여기에서는 두 가지 경우를 구분해야 한다. 첫째로 결정적인 전투를 하는 경우이다. 이때 산은 약간의 접근 지점만 갖는 바리케이드라고 볼 수 있다. 이 때문에 공격자는 특정한 길로만 갈 수 있고 전진할 때 병력을 나누어야 한다. 또한 산에서 하나의 종대를 유지하면 단 하나의 후퇴로만 갖고 결정적인 전투를 치러야 하는 위험에 빠질 수 있다.

둘째로 산이 적의 병참선을 차단하는 경우이다. 이때는 보루로 산길을 막고 인민 무장 투쟁으로 효과적으로 대응할 수 있다. 혹독한 계절의 험준한 산길은 공격자에게 절망적인 감정을 불러일으킬 수 있다. 유격대가 자주 나타나고 인민 전쟁의 성격이 더해지면, 적은 병력을 사방으로 보내야 하고 산에 강력한 초병 부대를 배치해야 한다. 그래서 적은 공격 전쟁에서 일어날 수 있는 최악의 상태에 빠지게 된다.

4. 산이 군대의 식량 조달과 관련되는 경우. 방어자가 이 점에서 얻을 수 있는 최대의 이익은 공격자가 산에 머물러야 하는 경우에, 또는 산을 배후에 두어야 하는 경우에 나타날 것이다.

산은 일반적으로 전술에서도 전략에서도 방어에 불리하다. 이때 방어는 한 나라를 점령하느냐 잃느냐 하는 것이 달려 있는 결정적인 방어를 말한다. 산에서는 전체를 내려다볼 수도, 모든 방향으로 움직일 수도 없다. 산은 모든 활동을 수동적으로 만들고 산에서는 모든 접근로를 막아야 하는데, 이렇게 되면 산악 전쟁은 초병선 전쟁이나 다름없게 된다. 그래서 주력 군대로 산을 방어하는 것은 되도록 피해야 한다.

이와 반대로 방어의 목적과 역할이 부차적일 때는 산악 지형에서도 강력하게 방어할 수 있다. 산은 열세에 놓인 군대에게 진정한 피난처이다. 산악 지형에 대해 부차적인 역할을 요구하기 때문에 주력 군대는 산에서 멀리 두게 된다.

산이 일반적으로 방어에 불리하기 때문에 예를 들어 스페인은 피레네 산맥이 없었다면 더 강력했을 것이라는 잘못된 결론을 끌어내서는 안 된다. 첫째, 우리는 스페인이 피레네 산맥이 있을 때보다 없을 때 더 강력할 것이라고 주장하는 것이 아니다. 스페인이 결정적인 전투를 할 만큼 강하다고 느낀다면, 병력을 피레네 산맥의 열다섯 개의 고개에 분산하는 것보다 에브로 강의 배후에 집결하여 배치하는 것이 낫다고 주장하는 것이다. 둘째, 평지에서 수행하는 주력 전투 때문에 하위 부대의 병력으로 산을 임시로 방어하는 일을 소홀히 해서는 안 된다. 특히 알프스 산맥이나 피레네 산맥처럼 큰 규모의 산에서는 그런 방어도 매우 좋을 것이다. 셋째, 한 번의 승리로 적이 완전히 무력해지는 것이 아니라면 평지를 점령하는 것이 산악 지대를 점령하는 것보다 쉽다고 말할 수 없다. 한 번의 승리 다음에 점령자는 방어의 상태에 들어가고, 이 상태에서 산악 지형은 점령자에게도 똑같이 불리하다.

산에서 방어하는 것이 약해지면 공격자는 산을 주된 공격 방향으로 삼을 것이다. 하지만 이런 일은 드물다. 식량 조달이 어렵고 길이 험하기 때문이고, 적이 산에서 주력 전투를 하려고 하는지 그리고 산에 주력 군대를 배치할 것인지 하는 것이 불확실하기 때문이다. 그리고 이런 불리함이 산악 공격의 유리함을 상쇄하기 때문이다.

제17장 산악 방어의 형태와 배치

산악 방어의 도식을 지질학적인 구조에 따라 설명할 수 있다. 하지만 이른바 지형학은 침식 작용의 법칙과 전쟁 수행을 섞어 놓았다. 그래서 모든 것이 잘못된 전제 조건과 부정확한 치환으로 이루어져 있다. 그 이론은 산에 군대를 질서정연하게 배치한다는 것이 얼마나 어리석은 생각인지, 그런 배치를 병력 배치의 기본적인 생각으로 확립한다는 것이 얼마나 비현실적인 생각인지 고민하지 않는다.

산악 전쟁에는 전술적으로 산비탈의 방어와 계곡의 방어의 두 가지 요소가 있다. 후자는 저항할 때 더 큰 효과를 내지만 산등성의 배치와 양립할 수 없다.

산의 방어선은 지질학적인 선과 일치하지 않는다. 산은 울퉁불퉁한 장애물로 덮인 표면처럼 보아야 한다. 그런 표면의 일부라도 상황이 허락하는 한 잘 쓰려고 노력해야 한다. 지형의 지질학적인 특징은 방어 수단을 결정하는데 별로 나타나지 않는다.

어느 경우에도 산맥 전체에, 산맥의 중요한 윤곽에, 중요한 산등성에 병력을 배치하지 않았다. 언제나 산비탈에 배치했다. 알프스처럼 높은 산맥에서는 계곡을 따라 길게 병력을 배치한 경우도 있다. 알프스의 산등성에는 길다운 길도 없고 병력을 둘 수도 없기 때문에 그런 산등성을 많은 병력으로 점령할 수는 없을 것이다. 그런 경우에는 병력을 계곡에 배치하는 것 외에 다른 수단이 없다.

계곡을 방어할 때 병력을 분할하는 문제. 주력 군대의 진지 좌우로 대여섯 개의 초병 부대를 하나의 선에 배치할 수 있다. 이 선의 길이는 그때그때의 필요에 따라 달라진다. 6~8마일이 적당하지만 20~30마일로 늘어날 수도 있다. 병력을 분할하는데 일반적인 제한은 없지만, 하나하나의 초병 부대의 인원은 군대 전체의 인원에 달려 있다. 이 문제에 관한 약간의 명제는 다음과 같다.

1. 산이 높을수록 그리고 산에 접근하는 것이 곤란할수록 병력은 그만큼 많이 분할될 수 있고 분할되어야 한다. 알프스 산맥을 방어할 때는 병력을 많이 나누어야 한다.

2. 산악 방어에서 중요한 초병 부대는 대체로 1선에 보병을 두었고 2선에 약간의 기병 중대를 두었다. 중앙에 배치된 주력 군대에만 2선에도 약간의 보병 대대를 두었다.

3. 전략적인 예비 병력을 두는 일은 드물었다. 방어의 정면을 확대하면 방어는 어디든지 약해진다고 느끼기 때문이다. 공격받은 초병 부대는 그 선에서 공격받지 않은 다른 초병 부대의 도움을 받았다.

4. 초병 부대의 저항은 지역 방어로 제한되었다. 적이 아군의 초병 부대를 점령하고 나면 지원 병력도 도움을 줄 수 없었다.

이상의 논의에 따르면 산악 방어에서 무엇을 기대할 수 있는지, 어느 경우에 산악 방어를 쓸 수 있는지, 정면을 확대하고 병력을 분할할 때 이것을 어느 정도까지 할 수 있고 해야 하는지 등은 최고 지휘관의 재능에 맡겨야 한다.

제18장 하천 방어의 의미와 종류

큰 강은 하천 방어에서 산처럼 전략적인 바리케이드의 범주에 속한다. 강은 상대적인 방어와 절대적인 방어에서 산과 구분된다.

첫째로 강은 산처럼 상대적인 저항을 강화하지만, 금방 부러지는 물질로 된 도구와 같다는 특성을 갖는다. 강은 모든 충격을 견뎌 내든지, 금방 부러지든지 둘 중의 하나이다. 강이 넓고 다른 조건이 유리하면 그 강을 건너는 것은 절대로 불가능할 것이다. 하지만 강의 어느 지점을 방어하는데 실패하면 그 후의 저항은 없고, 이 한 번의 실패로 모든 것은 끝난다.

둘째로 강은 결정적인 전투에서 많은 전투를 매우 잘 결합할 수 있고, 산에서 하는 것보다 일반적으로 더 잘 결합할 수 있다.

산과 강에는 공통점도 있다. 이 둘은 잘못된 수단을 쓰도록 유혹하는 위험하면서도 매혹적인 지형이다.

의미, 목적	단계 또는 종류	
절대적 저항		1) 강의 특성
거짓 저항	1 도하를 막는 직접 방어	2) 도하 수단
상대적 저항		3) 요새의 영향
	2 전투 조합의 간접 방어	
	3 진지를 통한 직접 방어	

하천 방어 자체는 전략적으로 세 가지의 다른 의미를 가질 수 있다.

첫째로 주력 군대에 의한 절대적인 저항.

둘째로 단순한 거짓 저항.

셋째로 전초, 엄호선, 파견 부대 등과 같은 하위 부대에 의한 상대적인 저항.

하천 방어에서는 세 가지의 단계 또는 종류를 구분해야 한다.

1. 적의 도하를 막는 직접적인 방어.

2. 강과 그 계곡을 더 나은 전투 조합을 얻는 수단으로만 쓰는 매우 간접적인 방어.

3. 강 건너편에 난공불락의 진지를 확보하는 완전히 직접적인 방어.

첫째 의미와 관련하여.

1. 직접적인 방어는 큰 강에만 해당된다. 방어자가 대략 적의 두 배의 병력으로 (적이 다리를 완성하기 전에) 강을 건넌 적의 부대를 공격할 수 있을 때만 적은 도하를 강행하지 않을 것이다. 여기에서는 강의 너비, 도하 수단, 방어자의 수의 세 가지 상황이 중요하다. 이 이론에 따르면, 적은 어느 지점에서도 아무리 많은 병력으로도 도하할 수 없을 것이다.

하천 방어를 할 부대는 일반적으로 강 바로 옆에 집결하여 배치되어야 한다. 이 일반적인 원칙 외에 1) 강의 개별적인 특성을 고려해야 하고, 2) 적의 도하 수단을 없애야 하고, 3) 강 옆에 있는 요새의 영향을 고려해야 한다.

1) 방어선으로 간주되는 강은 강의 상류나 하류에 의존할 수 있는 지점을 갖고 있어야 한다. 그렇지 않으면 방어선의 양쪽 끝에 강을 건널 수 없도록 하는 상황이 있어야 한다. 직접적인 하천 방어는 일종의 초병선의 체계를 띠기 때문에 적의 우회 공격을 막는 데는 적합하지 않다. 강에 이르는 도로, 샛강, 강 옆의 대도시, 강에 있는 섬은 도하를 유리하게 하는 대상이다. 이와 반대로 강가의 고지대, 도하 지점에 있는 강의 굴곡은 도하에 별로 영향을 미치지 않는다. 강의 어느 지점이 도하에 곤란하다는 것을 지나치

게 신뢰하는 것은 현명하지 않다. 적이 불리한 장소에서 강을 건널 때 아군을 만날 위험이 적다고 확신하면 적은 그곳을 선택할 것이다. 되도록 많은 병력을 강에 있는 섬에 두는 것은 권장할 만하다. 섬에 대한 맹렬한 공격을 보면 적의 도하 지점을 확실하게 알 수 있기 때문이다. 강을 따라 평행으로 된 도로가 부족하면 그 근처에 작은 길을 준비하든지 새로운 길을 내야 한다.

2) 적의 도하 수단을 바로 강에서 없애는 것은 쉽지 않다. 그렇게 하려면 많은 시간이 필요하다. 큰 강에 부교가 충분한 경우는 드물다. 부교는 강이나 강변의 대도시에 배가 얼마나 많은지, 강 근처에 배와 뗏목을 만드는데 필요한 숲이 얼마나 많은지 하는데 달려 있다.

3) 강 옆의 요새는 요새의 상류와 하류에서 적의 도하를 막고 방어자를 보호하는 방패이고, 샛강을 막고 적의 도하 수단을 빼앗는 수단이다.

강에 절벽이나 습지가 있다면 도하의 어려움과 방어의 효과는 증대되겠지만, 그런 것은 많은 강물이 주는 어려움을 대신할 수 없다. 1로 결정적인 승리를 얻을 수는 없지만 시간은 벌 수 있다. 적이 도하 수단을 마련하는 데는 많은 시간이 걸린다. 강 때문에 병력을 다른 방향으로 돌릴 수도 있다. 강은 적의 움직임을 멈추게 한다. 1은 양쪽의 대규모 병력 사이에 큰 강이 있을 때 훌륭한 방어 수단이다. 이것은 라인 강이나 도나우 강과 같은 큰 강에 해당된다. 1은 실패로 끝나도 전투의 패배에 비교할 수 없다. 방어자가 소극적인 태도를 보이는데 만족한다면, 부대의 병력이 많고 조건이 유리하다면, 1은 좋은 결과를 낼 수 있다. 하지만 부대의 병력이 소규모일 때는 그렇지 않다. 1에서는 각 부대에 일정한 길이의 강을 방어하도록 배당되어 있기 때문에 공격자의 거짓 도하는 매우 어렵다.

2. 간접적인 방어는 작은 강이나 깊게 갈라진 계곡에 적합한 수단이다. 이때 공격자에게 중요한 상황은 강과 계곡이 만드는 좁은 길을 통과하느

냐 하는 것이다. 여기에서는 강물의 양뿐만 아니라 좁은 길의 전체적인 지형도 중요하고, 가파른 암석 계곡이 넓은 강보다 훨씬 많은 일을 수행한다. 끊어진 지형을 통과하는 것은 대담한 행동이든지, 공격자에게 월등하게 많은 병력이 있다는 것을 전제로 한다.

2의 방어선은 1과 비슷한 길이로 늘어날 수 없다. 이 강을 건너는 것이 공격자에게 아무리 어렵다고 해도 이것은 큰 강의 도하와 비교할 수 없다. 그래서 공격자는 우회를 생각하게 되지만, 우회는 공격자를 자연스러운 공격 방향에서 벗어나게 한다.

이런 조건에서는 방어 군대를 큰 강이나 심하게 끊어진 계곡의 배후에 배치하는 것이 유리하고, 이런 식의 하천 방어는 전략적으로 최고의 수단에 속한다. 이런 조건에서는 병력을 지나치게 넓게 배치해서는 안 되고 적이 강을 건너는 그날 밤에는 병력을 집결해야 하는데, 그런 다음에 시간, 병력, 공간을 효율적으로 결합할 수 있다. 이런 상황에서 일어나는 전투는 방어자의 행동이 극도로 격렬해진다는 특징을 띤다. 2는 압도적으로 우세한 적의 병력에게 저항할 때는 쓸 수 없다.

강의 굴곡이 매우 심할 때는 2를 쓰는 것이 위험하다. 이런 경우는 심하게 끊어진 계곡에서 많이 볼 수 있는데, 이는 독일의 모젤 강의 흐름만 보면 알 수 있다.

어느 군대가 군대의 정면 바로 앞에 강과 계곡을 두고 이를 적의 접근을 막는 전술적인 장애물로 쓰는 것, 이른바 전술적인 정면 강화는 자기 기만이다. 그 진지는 공격을 받지 않겠지만, 그 때문에 공격자는 그 진지를 통과하게 된다. 이는 공격자에게 길을 열어 주는 것과 다름없다.

2에서 거짓 도하는 방어자에게 훨씬 위험하다. 이 경우에 공격자는 거짓 도하를 쉽게 할 수 있고, 방어자는 모든 병력을 적의 진짜 도하 지점에 집결해야 하기 때문이다.

1과 2의 요약. 분명한 의식과 확고한 의지 없이 하는 일은 모두 실패하고 만다. 전쟁에서도 그러하다. 넓은 강과 험한 계곡이 공격자를 막아 줄 것이라는 기대로 하천 방어를 선택한다면 그것은 나쁜 결과를 낼 것이다. 탁 트인 평지에서 치르는 전투에서 신속한 행군, 지형에 대한 지식, 이동의 자유 등과 같은 특징으로부터 유리함을 얻을 줄 모른다면, 그런 방어자에게는 강과 계곡도 도움이 될 수 없을 것이다.

3. 적이 있는 강 건너편의 요새 진지를 통한 방어의 효과는 강이 적의 병참선을 끊고 적이 한두 개의 다리로 강을 건너지 않을 수 없도록 제한하는 데서 생기는 위험에 토대를 두고 있다. 이 때문에 이 방어는 매우 큰 강에서만 할 수 있다.

그 진지는 매우 견고하고 난공불락의 수준이어야 한다. 그러면 적은 강기슭에 묶인 것처럼 꼼짝하지 못하게 된다. 이때 적이 강을 건너면 적은 자기의 병참선을 포기하겠지만 아군의 병참선도 위협할 것이다. 이 경우에는 어느 쪽의 병참선이 더 안전한지 하는 것이 중요하다. 방어자가 요새 진지의 도움으로 공격자보다 안전하게 강을 건널 수 있다면 이 방어를 할 수 있다. 물론 강은 군대로 방어하는 것이 아니고 군대도 강으로 방어하는 것이 아니지만, 나라는 이 둘의 결합으로 방어하게 된다. 그리고 중요한 것은 나라를 방어하는 것이다.

3은 결정적인 공격을 하지 않고, 그래서 그다지 강력하지 않은 충격을 막는 데만 적합하다. 병력이 매우 많은데도 신중하고 우유부단한 최고 지휘관에게 3을 쓸 수 있을 것이다. 양쪽의 병력이 거의 균형 상태에 있고 약간의 유리함만 얻으려고 할 때도 3을 쓸 수 있을 것이다. 우세하면서도 과감한 적을 상대해야 한다면 3은 금방 파멸에 빠질 수 있는 위험한 길이다.

3은 1~2를 돕는 특별한 수단으로 발전할 수 있는데, 그것은 다리나 교두보를 확보하여 언제든지 적의 도하를 위협하는 것이다.

둘째 의미와 관련하여.

1~3은 주력 군대로 절대적인 저항을 한다는 목적 외에 거짓 저항을 목적으로 삼을 수도 있다. 거짓 저항은 실제로는 하려고 하지 않는 저항이다. 큰 강에서 거짓 방어로 적을 속일 수 있다면 그것은 상황에 맞는 수단을 많이 쓰기 때문이고, 그 영향이 다른 수단보다 크고 오래 계속되기 때문이다.

거짓 방어를 하려면 진지한 방어를 할 때처럼 주력 군대를 강에 분산하여 배치해야 한다. 그런데 병력이 분산된 상태에서 어느 한 지점에서 정말로 저항을 해야 한다면 방어 병력은 큰 손실을 입을 수 있다. 그래서 거짓 방어에서는 모든 것이 군대를 배후의 어느 한 지점에 확실하게 집결할 수 있느냐 하는데 달려 있다. 거짓 저항은 군대의 집결에 지장을 주지 않을 만큼만 수행해야 한다.

거짓 방어의 중요성은 1813년 원정의 마지막 단계에서 볼 수 있다. 나폴레옹이 라인 강에서 수행한 거짓 방어는 동맹 군대의 전진 이동을 막는 데도, 지원 병력이 도착할 때까지 동맹 군대의 도하를 6주 동안 연기하도록 결심하게 하는 데도 충분했다. 이 6주는 나폴레옹에게 엄청난 의미를 가졌을 것이다. 라인 강에서 거짓 방어를 하지 않았다면 동맹 군대가 라이프치히 전투에서 얻은 승리는 곧바로 파리로 이어졌을 것이고, 파리에 이르는 동안에 전투를 한다는 것은 프랑스 군대에게 완전히 불가능했을 것이다.

2와 3에서 양동은 별로 효과를 내지 못할 것이다.

셋째 의미와 관련하여.

전초선이나 다른 방어선에서 또는 하위의 부대에게 1~2는 강이 없는 곳에서 방어할 때보다 크고 확실한 효과를 낼 것이다.

상대적인 저항에서는 전투 자체의 저항에 걸리는 시간만 생각해서는 안 되고, 도하를 할 수 없을지 모른다는 공격자의 불안도 생각해야 한다. 이런 불안 때문에 공격자는 급한 상황이 아니면 100번 가운데 99번은 강을 건너지 않는다.

제19장 강이 나라의 방어에 미치는 영향

강과 국경의 방향		평행으로 흐르는 경우	군대와 강의 거리
1 평행으로 흐른다	➡	강이 방어자의 배후에	가까이 있는지
2 비스듬히 흐른다		강이 공격자의 배후에	멀리 있는지
3 수직으로 흐른다			

계곡이 있는 큰 강은 훌륭한 천연 장애물이고 방어하는데 유리하다. 강의 특별한 영향은 강이 전략적인 정면이 되는 국경에 평행으로, 비스듬히, 수직으로 흐르는지에 따라 다르다. 평행으로 흐를 때는 강이 아군의 배후에 있는지 적의 배후에 있는지 구분해야 한다. 이 두 경우에도 강이 군대와 얼마나 가까이 또는 멀리 있는지 구분해야 한다.

1. 평행으로 흐르는 경우. 방어자가 큰 강 근처에 있고 이 강에 안전한 도하 지점을 충분히 갖고 있으면 훨씬 강력한 위치에 있게 된다. 전략적인 배후, 즉 병참선이 안전하기 때문이다. 이는 자기 나라에서 방어하는 경우이고 적의 영토에서는 약간 불리하다. 강은 군대의 배후에서 멀수록 그만큼 덜 유용할 것이고, 어느 거리에서는 강의 영향이 영이 될 것이다.

공격자가 강을 등지고 전진하면 강은 군대의 이동에 불리할 수밖에 없다. 강이 군대의 병참선을 몇 개의 도하 지점으로 제한하기 때문이다.

2와 3의 경우. 강이 전쟁터를 어느 정도 수직으로 흐르면 강은 방어자에게 유리하다. 첫째로 강과 이 강에 수직을 이루는 계곡을 이용하여 많은 진지를 잘 배치하면 군대의 정면을 강화할 수 있기 때문이다. 둘째로 공격자는 강의 양쪽 중에 한쪽을 포기하든지 병력을 나누어야 하기 때문이다. 이런 분할에서는 방어자가 유리할 수밖에 없다. 방어자는 공격자보다 안전한 도하 지점을 갖고 있기 때문이다.

강이 정면에 대해 어느 정도 수직의 방향으로 흐르고 수송로로 쓰이면 공격자에게 유리하다. 공격자는 훨씬 긴 병참선을 갖고 있고 필수품을 수송하는데 곤란을 겪는데, 하천 수송이 이 어려움을 해결하기 때문이다.

다른 관점에서 보면 매우 넓은데도 배로 다닐 수 없는 강이 있고, 계절에 따라 다닐 수 없는 강도 많고, 강의 상류를 거슬러 올라가는 것은 매우 느리고 힘들고, 심한 굴곡은 강의 길을 두 배 이상으로 늘리고, 여러 나라를 잇는 중요한 도로는 대부분 포장되었고, 이제 대부분의 필수품은 먼 곳의 상인이 아니라 가까운 지방에서 조달한다. 이 모든 것을 생각하면 수상운송은 군대를 유지하는데 큰 역할을 하지 않고, 강이 전쟁의 전체적인 흐름에 미치는 영향은 매우 간접적이고 불확실하다.

제20장 A. 습지 방어

습지 방어의 특징
습지 도하는 강의 도하보다 어렵다
둑은 완전히 파괴할 수 없다

습지 방어와 하천 방어의 비교
1단계보다 병력이 많아야 한다
2단계는 습지 방어에도 적용된다
3단계는 습지에서는 무모하다

습지 방어는 하천 방어와 거의 같다. 습지 방어의 첫 번째 특징은 습지에는 둑 외에 보병이 통행할 수 있는 길이 없고, 습지를 건너는 것은 강을 건너는 것보다 훨씬 어렵다는 것이다. 둑은 다리처럼 신속하게 만들 수 없고, 둑의 건설을 보호하는 군대를 습지 저편에 보낼 임시의 도하 수단이 없기 때문이다.

두 번째 특징은 습지의 도하 수단은 강의 도하 수단처럼 완전히 파괴할 수 없다는 것이다. 둑은 어느 부분을 뚫을 수 있을 뿐이고, 이것이 큰 효과를 내지는 않는다. 그래서 습지에서 이익을 얻으려면 둑을 매번 많은 병력으로 점령하고 철저하게 방어해야 한다.

그래서 습지 방어는 국지적인 방어로 제한되고, 다른 곳으로 건너는 것을 어렵게 해서 국지적인 방어의 부담을 덜어 준다. 이 두 가지 특징은 습지 방어를 하천 방어보다 국지적이고 수동적인 방어로 만든다.

그 결과로 습지 방어에는 직접적인 하천 방어(18장의 1단계)보다 많은 병력이 있어야 한다. 달리 말하면 습지 방어에서는 방어선을 길게 만들 수 없다. 이런 점을 고려하면 습지는 큰 강보다 불리하다. 하지만 그런 습지와 저지대는 큰 강의 너비보다 훨씬 넓고, 적의 도하를 방어하려고 배치된 초병 부대는 적의 포격에 제압당할 위험에 빠지지 않고, 아군의 포격 효과는 좁고 긴 둑 때문에 높아지고, 그렇게 좁은 길을 통과하는 것은 같은 길이의 다리를 건너는 것보다 오래 걸린다. 그런 저지대와 습지는 이 지대를 건너는 길이 많지 않다면 제일 강력한 방어선에 속한다.

간접적인 방어(18장의 2단계)는 주력 전투를 유리하게 이끌려고 끊어진 지형을 이용한다. 습지를 방어하는 데도 간접적인 방어는 똑같이 적용될 수 있다.

적이 있는 강 건너편의 진지를 통해 하천을 방어하는 세 번째 방법(18장의 3단계)을 습지에 적용하는 것은 무모하다. 습지를 건너는 것이 너무 오래 걸리기 때문이다.

제일 위험한 일은 둑 이외에도 통행할 수 있는 습지, 초지, 늪지 등을 방어하려는 것이다. 적이 한 곳이라도 통행할 수 있는 곳을 발견한다면 그곳은 아군의 방어선을 파괴하는데 충분하고, 이는 아군이 그곳에서 진지하게 저항하려는 경우에 큰 손실을 일으킨다.

제20장 B. 범람지

범람지는 방어 수단이자 자연 현상으로서 대규모의 습지와 비슷하다. 유럽에서 범람 현상을 살펴볼 만한 유일한 나라는 홀란트일 것이다. 홀란트의 범람의 성격은 다음과 같은 점에서 습지로 된 보통의 저지대와 다르다.

1. 땅 자체는 건조하고, 대부분 마른 목초지나 비옥한 토지로 이루어져 있다.

2. 수많은 수로들이 나라를 가로지르고 있다.

3. 큰 운하는 둑으로 둘러싸여 있고, 나라의 모든 방향으로 흐르고, 다리 없이는 건널 수 없다.

4. 모든 범람 지역의 지표면이 해수면보다 낮고, 그래서 운하의 수면보다 낮다.

5. 그래서 둑을 뚫고 수문을 열면 육지를 물 아래에 잠기게 할 수 있다.

이상으로 다음과 같은 결론이 나온다.

1. 공격자는 소수의 접근로에 제한되어 있다. 그 접근로는 좁은 둑에 있고 좌우에 하나의 수로를 갖고 있다.

2. 둑의 방어 시설은 함락되지 않을 정도로 강력하게 만들 수 있다.

3. 방어자의 행동이 제한되기 때문에 방어자는 수동적인 방어에 머물고, 모든 효과를 수동적인 저항에서 기대해야 한다.

4. 여기에서는 단 하나의 방어선만 있는 것이 아니라 동일한 장애물이 어디에나 있다. 방어자는 끊임없이 새로운 초병 부대를 설치할 수 있고, 첫 번째 방어선에서 잃은 초병 부대의 일부를 새로운 초병 부대로 바꿀 수 있다.

5. 이 모든 상태는 넓은 경작지와 많은 인구를 전제로 했을 때만 생각

할 수 있기 때문에 통행로의 수는 물론 초병 부대의 수도 매우 많을 것이고, 그러면 그런 방어선은 길어서는 안 된다.

홀란트에서 제일 중요한 방어선은 자위더르 해의 나르덴에서 비스보스 만까지 약 8마일이다. 이 선에서 1672년에는 매우 많은 프랑스 병력에 맞서 성공적으로 저항했지만, 1787년에 프로이센에 맞서 이루어진 저항은 완전한 실패로 끝났다. 이런 다른 결과는 최고 지휘부의 성격이 달랐기 때문에 생긴 것이다.

1672년에 홀란트 군대는 평소의 준비 상태에서 방어다운 방어도 하지 못한 채 루이 14세의 프랑스 군대에게 요새를 빼앗기고 말았다. 하지만 그 해 8월에 오라니에 왕자가 정권을 장악하여 나라의 방어 정책을 통일했고 앞에 말한 방어선을 봉쇄했다. 그래서 홀란트에 남은 콩데나 뤽상부르도 초병 부대에 대해 이렇다 할 행동을 하지 못했다.

1787년에는 상황이 완전히 달랐다. 일곱 개의 지방으로 이루어진 연합 공화국이 아니라 실제로 홀란트 주 하나만 저항을 했고, 지휘 계통에 통일성이 없었다. 이른바 방어 위원회가 지휘를 맡았고, 방어에서 통일적인 조치를 내릴 수 없었다. 그래서 방어 위원회는 전체적으로 불완전하고 무능하다는 것을 보여 주었을 뿐이다.

초병 부대에서 방어하는 것이 수동적이라고 해도 방어선의 어느 한 지점에서 하는 공세적인 반격은 적의 병력이 많지 않은 경우에 좋은 결과를 냈을 것이다. 공격자는 모든 둑과 길을 점령할 수 없고, 방어자는 지리를 잘 알고 있고 요새를 점령하고 있다. 그래서 공격자의 종대에 측면 공격을 할 수도 있을 것이고, 공격자와 보급 창고의 연결을 끊을 수도 있을 것이다. 이런 상황에서 방어자의 반격은 큰 효과를 내는 양동이 될 수 있다. 홀란트 군대가 위트레흐트에서 한 번이라도 양동을 했다면, (앞의 1787년에) 신중한 브라운슈바이크 공작이 암스테르담에 접근하려는 모험을 했을지는 매우 의심스럽다.

[도표 3] 베네룩스 국가의 역사

<table>
<tr><td colspan="3">프랑크 왕국 ≈ 800~843</td></tr>
<tr><td colspan="3">중 프랑크 왕국(로타르 왕국) 843~855</td></tr>
<tr><td colspan="3">로타르 왕국 855~977</td></tr>
<tr><td colspan="2">많은 귀족들의 소유지 977~1384</td><td rowspan="6">리에주 후작 주교구
985~1795</td></tr>
<tr><td colspan="2">부르고뉴의 네덜란드(부르고뉴 가문) 1384~1477</td></tr>
<tr><td colspan="2">부르고뉴의 네덜란드(합스부르크 가문) 1477~1556</td></tr>
<tr><td colspan="2">스페인의 네덜란드 1556~1581</td></tr>
<tr><td rowspan="2">일곱 개 지방의
연합 공화국
1579/1581~1795</td><td>스페인의 네덜란드
1581~1713</td></tr>
<tr><td>오스트리아의 네덜란드
1713~1795</td></tr>
<tr><td>바타비아 공화국
1795~1806</td><td colspan="2" rowspan="2">프랑스(제1공화국) 1795~1805</td></tr>
<tr><td>홀란트 왕국
1806~1810</td></tr>
<tr><td colspan="3">프랑스 제국(제1제국) 1805~1815</td></tr>
<tr><td colspan="2">네덜란드 연합 왕국(오라니에-나사우 가문)
1815~1830</td><td>룩셈부르크 대공국
(오라니에-나사우 가문)
1815~1890</td></tr>
<tr><td>네덜란드 왕국
(오라니에-나사우 가문)
1830부터</td><td>벨기에 왕국
(작센-코부르크, 고타 가문)
1830부터</td><td>룩셈부르크 대공국
(나사우-바일부르크 가문)
1890부터</td></tr>
</table>

출처 https://de.wikipedia.org/wiki/Benelux

'일곱 개의 지방으로 이루어진 네덜란드 연합 공화국'을 포함하여 베네룩스 국가의 역사를 이와 같이 간략하게 표로 정리했다.

제21장 삼림 방어

숲을 배후에 둘 때	간접적 방어에서	-	유리하다
숲을 정면에 둘 때	직접적 방어에서	-	무모하다

여기에서는 밀림과 삼림을 구분해야 하고, 삼림에 대해서만 언급한다. 또한 삼림 중에서도 평평한 지역에 있는 숲에 대해서만 언급한다. 산에 있는 숲은 숲의 영향보다 산의 영향이 더 클 것이다.

방어선을 설정할 때 숲은 배후에 두든지 아니면 되도록 피해야 한다. 배후에서 일어나고 있는 일이 숲 때문에 적에게 감추어지고, 숲이 방어자의 후퇴를 보호하고 쉽게 한다. 숲을 정면에 두면 장님이 눈뜬 사람과 전쟁을 하는 격이 된다.

숲은 간접적인 방어에 유리하다. 군대는 숲의 배후에 있는 진지에서 병력을 어느 정도 집결하여 적을 기다릴 수 있는데, 이는 적이 숲의 좁은 길에서 나오는 순간에 적을 공격하려고 하기 때문이다. 숲의 직접적인 방어는 숲에 길이 없다고 해도, 그리고 신속한 전초 부대에게도 매우 무모한 행동이다. 작은 부대로 통과할 수 없을 만큼 길이 없는 숲은 없다. 이 부대는 일련의 방어망에서 둑에 스며드는 첫 번째 물방울과 같고, 그 물방울로 인해 곧 둑이 전부 무너지게 된다.

모든 종류의 큰 숲은 인민 무장 투쟁에 큰 영향을 미친다. 숲은 인민 무장 투쟁에 알맞은 영역이다.

제22장 초병선

1 약세의 적에 대해 어느 지역을 보호한다

2 적의 부차적 행동을 막는다

3 사영을 보호하고 저항을 수행한다

4 나라를 방어하는 주력 군대로 적의 주력 군대에?

1. 초병선은 일련의 초병 부대를 연결하여 어느 지역을 직접적으로 보호하는 방어 시설이다. 넓은 지역을 직접 보호해야 한다면 방어선은 길고, 저항 능력은 낮을 수밖에 없다. 그래서 초병선의 목적은 약세에 있는 (의지력이 약하든지 병력이 약하든지) 적의 공격에 맞서 어느 지역을 보호하는 것일 수밖에 없다.

2. 초병선의 대표적인 예는 중국의 만리장성이다. 초병선으로 적의 모든 침입을 막을 수는 없지만, 적의 침입은 곤란해지고 드물어진다. 유럽에도 라인 강과 네덜란드에 프랑스의 방어선이 생겨났다. 이 선은 적의 행동, 즉 군세(軍稅)를 걷고 식량을 조달하는 것을 목표로 삼는 부차적인 행동을 막기만 하면 되기 때문에 방어자도 하위 병력으로 맞서기만 하면 된다. 오늘날에는 이런 목적의 방어선이 해로운 수단으로 간주되는데, 적의 주력 군대가 이 선으로 방향을 잡는 일이 많기 때문이다.

3. 넓게 퍼진 전초선이 군대의 사영을 보호하고 어느 정도 저항을 수행한다면, 이것은 진정한 초병선이라고 보아야 한다. 이런 저항의 목적은 적의 소규모 행동을 막는 것이다. 이 저항은 적의 주력 군대에 대해서는 단지 시간을 벌려고 하는 상대적인 저항일 수밖에 없다.

4. 나라를 방어하는 주력 군대가 적의 주력 군대에 맞서 초병선으로 해체되는 것은 모순으로 보인다. 이런 분산은 어떻게 어떤 동기로 일어날

까? 산악 지역의 진지는 지형의 도움으로 저항 능력이 높아지기 때문에 넓게 분산될 수 있고, 넓은 후퇴 기지를 필요로 하기 때문에 넓게 분산되어야 한다. 전투를 할 전망이 높지 않고 적과 오랫동안 대치하는 것이 확실하다면, 안전이 허락되는 한 넓은 지역을 점령하는 것은 당연하다.

산에서는 처음에 영토를 보호하고 점령하려고, 나중에는 전투력 자체의 안전을 확보하려고 병력을 나누고 분산해서 배치하게 된다.

그래서 주력 군대로 초병선 전쟁을 한다면 그것은 적의 모든 공격을 막을 의도로 선택한 형태라고 보아서는 안 된다. 그것은 주력 전투를 할 생각이 없는 적에 대해 나라를 방어하고 보호한다는 목표를 추구하는 동안에 자기도 모르게 빠져든 상태라고 보아야 한다. 이런 잘못된 상태는 최고 지휘관들이 적과 아군의 상태를 잘못 판단했기 때문에 일어나는데, 사람들은 방어 체계(초병선)의 잘못 때문에 일어난다고 말한다.

최고 지휘관들이 초병선 체계의 본래 의의를 간과하고, 초병선의 상대적인 가치를 보편적인 가치로 여기고, 초병선을 적의 모든 공격에 대한 보호로서 적절하다고 생각하는 경우는 그들이 수단을 혼동하는 것이 아니라 수단을 완전히 오해하는 것이다.

제23장 나라의 관문

어느 지역을 점령해야 적의 나라를 점령한다면	- 관문
어느 지역을 점령한 결과로 적의 나라를 점령한다면	- 고지

어느 지역을 점령하지 않고는 적의 나라에 침입하려는 모험을 해서는 안 된다면 그 지역은 나라의 관문이라고 불러야 할 것이다. 그런데 이론가들은 나라 전체의 점령을 결정하는 지점을 관문이라고 생각했다. 전자는 어느 지역을 점령해야 적의 나라를 점령할 수 있다는 생각이고, 후자는 어느 지역을 점령한 결과로 적의 나라를 점령할 수 있다는 생각이다. 후자와 같은 신비설은 나폴레옹의 전쟁으로 무력화되었다.

관문의 개념을 버린다고 해도 모든 나라에는 지배적인 중요성을 갖는 지점이 있다. 그 지점에는 많은 도로가 모이고 식량을 쉽게 조달하고 방향을 쉽게 바꿀 수 있다. 한마디로 그 지점을 점령하면 여러 가지 필요를 충족하고 많은 유리함을 얻게 된다. 이런 지점을 나라의 관문이라고 부르는 것은 적절한 표현이라고 할 수 있을 것이다.

관문에서 고지의 의미를 끌어내는 이들이 있다. 이들은 산을 통과하는 최고 지점을 결정적인 지점으로 간주하고, 이 고지를 그 나라의 관문이라고 생각한다. 이 생각은 산악 방어와 섞였고, 산악 방어에서 중요하게 생각하는 전술적인 요소가 개입하게 되었다. 전체 산악 지형에서 제일 높은 분수령을 나라의 관문으로 간주하게 되었다.

이런 생각은 18세기 후반에 침식 과정을 통한 지구 표면의 형성에 관한 지질학적인 체계의 영향으로 생겨났다. 경험적인 진실은 무너졌고, 이성적인 판단은 지질학적인 유추의 체계에 잠겼다. 고지를 찾으려고 강의 원천이 어디 있는지를 찾았다.

하지만 고지는 고지에 지나지 않는다. 나라의 관문이 되는 진지를 산에서 제일 높은 수원지가 있는 곳에서 찾는 것은 책에만 있는 생각이고 자연과 모순된다. 어느 지역의 지질학적인 최고 지점은 전쟁에 불규칙적인 영향을 미칠 뿐이다.

관문이 전략에서 독자적인 개념이 되려면, 그것은 어느 지역을 점령하지 않고는 어느 한 나라에 침입하려는 모험을 해서는 안 되는 지역이라는 개념일 수밖에 없다. 어느 나라에 접근하는데 편리한 모든 지점도 관문의 개념으로 표현하려고 한다면, 그 이름은 본래의 개념과 의미를 잃게 된다.

어느 나라로 향하는 제일 좋은 관문은 대부분 그 나라 군대의 손에 놓여 있다. 지역의 개념이 전투력의 개념보다 중요한 곳에서는 첫째로 관문에 배치된 전투력이 지형의 도움으로 강력한 전술적인 저항을 할 수 있고, 둘째로 관문은 적이 그 나라의 병참선을 위협하기 전에 적의 병참선을 효과적으로 위협하게 된다.

제24장 측면 행동

여기에서 말하는 것은 전략적인 측면, 즉 전쟁터의 측면이다. 측면 행동의 원칙은 적의 배후와 측면에서 행동을 하는 병력은 적의 정면에서 행동을 할 수 없다는 것이다. 전략적인 측면에 대한 행동에서는 병참선에 대한 행동과 후퇴로에 대한 행동을 구분해야 한다.

병참선	1 방어자의 정면에는 소수의 병력만으로도 충분하다
	2 적이 전진의 한계에 달했고 승리를 이용할 수 없다
후퇴로	3 모든 병력으로 적을 배후에서 공격한다
	4 병력을 분할하여 적의 배후와 정면을 위협한다

병참선에 대한 행동은 적의 수송대, 소규모의 후속 부대, 전령, 여행 중인 병사, 소규모 창고 등에 대한 공격만 목표로 삼는다. 즉 적이 강력하고 튼튼하게 유지되는데 필요한 대상에 대해서만 공격의 초점을 맞춘다. 이 행동은 적의 상태를 약하게 만들고, 적이 후퇴하지 않을 수 없도록 해야 한다.

후퇴로에 대한 행동의 목적은 적의 후퇴로를 끊는 것이다. 이 목적은 적이 후퇴를 결심했을 때만 이룰 수 있다.

병참선에 대한 행동. 이 행동에는 두 가지 중요한 조건을 제시해야 하는데, 둘 중의 하나는 반드시 있어야 한다.

1. 방어자의 정면에는 소수의 전투력만 있어도 충분하다.

2. 적의 전진이 한계에 달했고, 적이 아군에게 새로운 승리를 얻어도 이를 더 이상 이용할 수 없든지 또는 아군이 후퇴할 때 아군을 더 이상 추

격할 수 없다.

1. 소수의 병력으로 충분한 경우의 조건은 다음과 같다.

---

1) 적의 병참선이 길다

2) 적의 병참선의 노출 { (1) 적의 정면에 대해 수직이 아니다 / (2) 병참선이 방어자의 영토를 지난다

---

1) 적의 병참선이 상당히 길고, 두세 개의 초병 부대로는 병참선을 보호할 수 없다.

2) 그런 상태 때문에 적의 병참선이 아군의 행동에 노출된다. 병참선의 노출도 이중의 방식으로 일어나는데,

(1) 병참선의 방향이 적이 배치된 정면에 대해 수직을 이루지 않는 경우이다.

(2) 병참선이 방어자의 영토를 지나는 경우이다. 이 두 가지 상황이 합쳐지면 적은 아군의 행동에 그만큼 많이 노출될 것이다.

(1) 적의 정면이 병참선과 수직을 이루는 경우에 적의 병참선을 아군의 순찰대로 막는 것은 어렵다. 이와 달리 적의 정면이 병참선과 비스듬하게 배치된 경우에는 병참선에서 제일 가까운 부대도 안전하지 않다. 방어자로부터 하찮은 공격을 받아도 이는 공격자의 급소에 영향을 미친다. 배치의 정면이 병참선과 수직으로 되어 있지 않은 것은 방어자의 정면 때문이다. 하지만 방어자의 정면도 공격자의 정면 때문이라고 생각할 수 있다.

(2) 병참선이 적의 영토를 지나는 경우에 이 병참선 전체에 적의 주민들이 무기를 들고 나타난다면 병참선은 큰 위험에 노출될 것이다.

병참선이 상당히 길고 군대의 정면이 병참선에 비스듬한 방향으로 있고 병참선이 적의 지역에 있으면, 병참선은 소수의 병력으로도 끊어질 수

있다. 이 차단이 효과를 내려면 일정한 지속 시간이 필요하다.

이 네 가지 조건에는 지역과 관련된 개별적인 상황이 결부되어 있는데, 이는 때로 더 중요하고 결정적인 영향을 미칠 수 있다. 그중에 핵심적인 것은 도로의 상황, 도로가 지나는 지형의 성질, 도로에 있을 수 있는 강, 산, 습지 등의 보호 수단, 계절과 일기, 포위 공격을 하는 수송대의 중요성, 경무장한 부대의 수 등이다.

2. 적이 전진하는데 아군의 저항 이외에 다른 이유로 방해를 받으면 아군은 많은 병력을 그곳으로 보내야 하고, 이 때문에 주력 군대의 병력이 줄어드는 것을 두렵게 생각해서는 안 된다. 적이 아군을 공격하여 응징하려고 하면 아군은 이를 피하면 된다. 이것이 1812년에 모스크바에서 있었던 러시아의 주력 군대의 경우였다. 이런 경우에 측면 행동에 쓰이는 병력은 많을 수 있기 때문에 다른 조건은 유리하지 않아도 된다. 이런 행동은 결단력이 부족하고 책임감에 대한 두려움 때문에 반격을 하지 못할 때도 수행할 수 있다.

중요한 결과를 요약하면 측면 행동은 방어할 때, 원정이 끝날 무렵에, 주로 나라 안으로 후퇴할 때, 인민 무장 투쟁과 결합할 때 제일 높은 효과를 낼 것이다.

병참선에 대한 측면 행동은 숙련된 유격대로 수행해야 한다. 유격대는 소규모의 병력으로 대담하게 행군하여 적의 수비대, 수송대, 이동 중인 소규모 부대를 무찌르고, 농민군의 용기를 북돋우면서 그들과 함께 행동을 수행한다.

후퇴로에 대한 행동. 적의 후퇴로를 막는 것이 진지하게 의도하는 것이라면, 결정적인 전투를 하든지 아니면 적어도 결전에 필요한 모든 조건을 갖추어야 한다.

이 행동에는 두 가지 형태를 구분해야 한다.

3. 최고 지휘관이 모든 병력으로 적을 배후에서 공격하려는 형태이다.

4. 병력을 분할하여 한 부분으로는 적의 배후를, 다른 부분으로는 적의 정면을 위협하는 형태이다. 두 경우에 성과는 같지만 위험은 다르다.

3. 아군의 모든 전투력이 적을 우회한다면 아군의 배후가 적에게 노출될 위험이 있다. 방어자는 자기 나라에 있기 때문에 우회를 더 많이 할 수 있다.

유리한 상황은 좁은 공간보다 넓은 공간에서 자주 보게 될 것이다. 외국의 지원을 바라는 약한 나라보다 독립적인 나라에서 자주 보게 될 것이다. 이 상황은 공격자의 공격력이 바닥나는 원정의 마지막에 방어자에게 제일 유리해진다. 그런 측면 진지로는 러시아 군대가 1812년에 매우 유리한 상태에서 모스크바로부터 칼루가에 이르는 도로에서 점령한 진지를 들 수 있는데, 이때 나폴레옹의 공격력은 바닥났다.

4. 이 형태는 아군의 병력이 분할된다는 위험을 안고 있다. 그 반면에 적은 내선의 유리함을 통해 병력을 집결하고 아군의 군대를 하나하나 공격할 수 있다. 이 불리함은 없앨 수 없기 때문에 이 형태는 다음의 경우에만 쓸 수 있다.

첫째, 병력이 처음부터 분할되어 있는 경우, 그래서 병력을 집결하려면 시간을 지나치게 많이 낭비하는 경우. 프리드리히 대왕은 1757년에 보헤미아에 침입했을 때 병력을 집결할 수 없었다.

둘째, 그 수단을 쓸 수 있을 만큼 물리적으로나 정신적으로 매우 우세한 경우. 동맹 군대가 1813년에 두 번째 원정을 했을 때 동맹 군대의 병력은 프랑스 군대의 병력에 비해 크게 우세했다.

셋째, 적이 전진의 마지막 단계에 이르러 공격력이 소진된 경우. 러시아 군대가 1812년에 몰다비아 군대에게 볼리니아와 리투아니아로 이동하게 한 것은 나중에 전진의 한계에 이른 프랑스 군대의 배후로 전진하려고 한 것이었다. 이 행동은 풀 장군이 제안한 것처럼 나폴레옹의 원정 초기에는 할 수 없었다.

제25장 나라 안으로 하는 후퇴

1. 이 후퇴의 유리함과 불리함

자발적 후퇴	비슷한 손실	장님처럼 전진	결전이 나중에
패배한 후의 후퇴	엄청난 손실	신처럼 전진	결전이 처음에

자기 나라 안으로 하는 자발적인 후퇴는 독특한 간접 저항 방식이다. 이 방식에서 적은 칼보다 자신의 고통 때문에 무너진다. 이 저항에서 주력 전투는 없든지 매우 늦게 나타난다.

공격자는 전진하면서 전투력의 감소를 겪는다. 하지만 방어자도 전투에서 패배한 다음에 후퇴할 때는 엄청난 손실을 입을 것이고, 이 때문에 겪는 손실은 엄청나게 클 것이고, 전투력은 완전히 무너지고 말 것이다.

그런데 방어자가 전투의 균형이 (불안하게나마) 유지될 수 있는 동안만 신중하게 저항하고, 후퇴하는 지역을 제때에 포기하면서 저항한다면, 방어자가 후퇴할 때 포로를 잃는 만큼 공격자도 방어자의 포격으로 손실을 입을 것이다. 양쪽 군대는 이 마찰에서 대략 같은 정도로 상대방의 힘을 소모하게 한다.

방어자가 타격을 입은 경우에 방어자는 전투력을 잃고 대형은 파괴되고 용기는 꺾이고 후퇴에 대한 걱정을 안게 된다. 이것은 후퇴하는 군대의 저항을 어렵게 한다.

추격하는 군대는 방어자의 자발적인 후퇴에서는 조심스럽게 장님처럼 겁먹은 채 전진하지만, 패배한 후의 후퇴에서는 확고한 발걸음으로 자만심을 갖고 반쯤 신이 된 것처럼 전진한다.

그래서 전진의 마지막 지점에 양쪽 군대가 어떤 식으로 도달하느냐, 결전이 공격의 처음에 일어나느냐 마지막에 일어나느냐에 따라 양쪽 군대의 상황은 많이 달라진다. 전진하는 군대가 얼마나 많은 병력의 손실을 겪느냐, 식량 조달에서 얼마나 심하게 불리해지느냐에 따라 양쪽 군대의 병력의 비율은 국경보다 나라 안에서 방어자에게 유리해지고 승리의 개연성도 높아지고 승리의 성과도 높아질 수 있다.

이 방어의 불리함은 첫째로 적의 침입으로 나라가 입는 손실이고, 둘째로 정신적인 충격이다. 영토의 손실은 아군의 전투력에 간접적으로 영향을 미친다. 그 반면에 후퇴 자체는 전투력을 직접 강하게 한다. 비옥하고 인구가 많은 지방이나 대규모 상업 도시가 희생된다면 이 손실은 매우 크고, 이와 함께 전투 수단도 잃게 된다면 제일 크다.

정신적인 충격은 인민과 군대의 활동이 마비되게 하는 힘이라고 할 수 있다. 나라 안으로 후퇴하는 상황을 인민과 군대가 이해하는 경우는 드물다. 인민과 군대는 그것이 자발적인 이동인지 배후로 비틀거리는 것인지, 그 계획이 현명함에 따른 것인지 적의 칼에 대한 두려움 때문에 생긴 것인지 구분하지 못할 것이다. 적에 의해 희생된 지방을 보면 인민은 연민과 불만을 느낄 것이고, 군대는 지도자에 대한 신뢰를 잃을 것이다. 후퇴하는 동안에 치르는 후위의 전투는 심각한 두려움이 될 것이다.

2. 이 후퇴의 조건과 상황

나라의 넓은 면적 또는 긴 후퇴로는 제일 중요한 근본 조건이다.

이 방어를 유리하게 하는 상황은 경작을 별로 하지 않은 지방, 충실하고 용감한 인민, 혹독한 계절이다. 이것은 적군의 유지를 어렵게 하고 대규모의 수송대를 필요하게 하고 병사들에게 질병을 일으키고 방어자의 측면 행동을 쉽게 한다.

그리고 전투력의 절대적인 수도 그런 상황에 속한다. 소규모의 병력은 대규모의 병력보다 일찍 소모되고 대규모의 병력만큼 오래 전진할 수 없다. 소규모 병력의 전쟁터는 대규모 병력의 전쟁터만큼 클 수 없다.

방어자의 후퇴로 적의 병력이 줄어드는 효과는 적의 병력이 많아질수록 높아질 것이다. 그것은

1. 적에게 식량과 숙소를 조달하는 것이 곤란해지기 때문이다. 병력이 늘어나는 만큼 그 공간에서 모든 식량을 조달할 수 없다. 나중에 수송되는 식량은 도중에 큰 손실을 입게 된다. 숙소를 마련하는 공간도 병력의 수에 비례해서 늘지 않는다.

2. 병력이 느는 만큼 전진이 늦어지기 때문이다. 그 결과로 공격 진로를 모두 통과할 때까지 시간이 오래 걸리고, 길에서 매일 일어나는 손실의 합계도 늘어난다.

3. 병력이 늘수록 매일의 힘의 소모도 그만큼 늘어나기 때문이다. 10만 명이 매일 행군하고 휴식하고 전투하고 요리하고 식량을 받는다. 이런 노력을 들이는데 10만 명은 5만 명보다 두 배 많은 시간이 필요할 것이다. 후퇴하는 군대나 전진하는 군대 모두 행군의 고통을 겪지만, 전진하는 군대의 고통이 훨씬 크다. 그 이유는 다음과 같다.

첫째, 전진하는 쪽의 병력이 더 많기 때문이다.

둘째, 방어자는 후퇴를 통해 상대방에게 자신의 법칙을 강요하는 결정권자로서 남기 때문이다. 그는 미리 계획을 만들고, 이 계획은 대부분 아무런 방해도 받지 않는다. 전진하는 군대는 적의 배치에 따라 계획을 만들 수밖에 없고, 적의 배치를 알아내려고 노력해야 한다. 이 특권으로 방어자는 시간과 힘을 얻는다.

셋째, 후퇴하는 군대는 후퇴를 쉽게 하려고 모든 일을 다 하기 때문이다. 길과 다리를 보수하고, 제일 편한 야영지를 찾는다. 또한 추격하는 군대

에게 전진을 어렵게 하려고 모든 일을 다 하기 때문이다. 다리를 파괴하고, 행군으로 이미 나빠진 길을 더욱 망가뜨리고, 최고의 야영지와 수원지를 먼저 차지하고, 적이 그런 곳을 차지하지 못하게 한다.

마지막으로 후퇴를 특별히 유리하게 하는 상황으로 (경작을 별로 하지 않은 지방, 충실하고 용감한 인민, 혹독한 계절, 특히 병력의 절대적인 수에 더해) 인민 전쟁을 들어야 한다.

3. 이 후퇴의 수행

후퇴의 방향. 후퇴는 나라의 안쪽으로 이루어져야 한다. 그래서 적의 양쪽 측면이 방어자의 많은 지방에 의해 포위되도록 하는 지점으로 후퇴해야 한다. 후퇴 방향이 중요한 지점에서 벗어나는 측면 방향에 있는 경우에 수도나 중요한 지점은 약간의 저항 능력을 갖고 있어야 한다.

후퇴 방향의 전환. 나라의 면적이 넓을 때는 후퇴로의 방향을 갑작스럽게 전환할 수 있는데, 이런 방향 전환은 매우 유리하다. 첫째, 방향 전환은 공격자가 이전의 병참선을 유지하는 것을 불가능하게 한다. 그렇다고 새로운 병참선을 설치하는 것도 어렵다. 둘째, 양쪽 군대는 이런 식으로 국경에 접근하게 된다. 공격자는 지금까지 얻은 점령지를 자신의 진지로 더 이상 보호하지 못하고 포기해야 할 것이다.

공격자가 나라 안으로 들어오는 방향이 한 번 정해지면, 방어자의 주력 군대도 이 방향을 잡아야 한다. 이때 병력을 나누지 않고 이 방향을 유지해야 하는지, 병력을 나누어 측면으로 피하고 후퇴를 분산적으로 수행해야 하는지만 문제로 남는다. 이때 분산적인 형태는 쓸모없는 것이라고 보아야 한다.

첫째, 병력이 더 많이 분할되기 때문이다.

둘째, 공격자가 내선의 유리함을 얻고 병력을 집결하여 하나하나의 지점에서 우세해질 수 있기 때문이다. 이런 후퇴의 조건은 공격자에게 두려운 상대로 남는 것, 군대가 하나하나 공격을 당할 수 있지만 그렇게 되지 않는 것이다. 병력이 분할되면 이것이 불확실해질 수밖에 없을 것이다.

셋째, 공격자에 대한 집중적인 행동은 수적으로 열세인 쪽에게 걸맞지 않기 때문이다.

넷째, 방어자의 병력이 분할하여 배치되어 있으면, 병참선이 길고 전략적인 측면이 노출된다는 공격자의 약점 중의 일부분이 없어지기 때문이다. 아군이 분산적인 후퇴로 많은 지방을 보호할 수 있고, 그렇지 않으면 적이 그 지방을 점령하게 될 때만 분산적인 후퇴를 할 수 있다.

나라 안으로 하는 후퇴는 패배하지 않고 분할되지 않은 병력으로 적의 주력 군대 앞에서 수행해야 한다. 천천히 후퇴하고, 지속적인 저항으로 적에게 끊임없는 전투 준비를 하도록 강요해야 한다. 양쪽이 공격 진로의 마지막에 이르면, 방어자는 이 진로의 방향에 대해 되도록 비스듬하게 병력을 배치할 것이고, 이제 모든 수단으로 적의 배후에 행동을 할 것이다.

1812년의 러시아 원정은 이 모든 현상을 선명하게 보여 주었다. 물론 러시아 외에 러시아만큼 크지 않은 나라에도 그런 사례가 있다. 전략적인 공격이 공격을 계속해야 한다는 어려움 때문에 실패하는 곳에서는, 전진하는 군대가 후퇴를 하지 않을 수 없는 곳에서는 어디에서나 이런 식의 저항을 할 수 있는 조건과 효과를 발견할 수 있다.

제26장 인민 무장 투쟁[28]

인민 전쟁에 대해서는 찬성도 있고 반대도 있다. 반대에도 정치적인 이유와 군사적인 이유가 있다. 정치적으로는 인민 전쟁을 혁명의 수단이자 합법적인 무정부 상태로 보기 때문에 반대한다. 군사적으로는 인민 전쟁의 승리가 소모된 힘에 상응하지 않기 때문에 반대한다. 정치적인 관점은 우리와 무관하다. 여기에서는 인민 전쟁을 단지 전투 수단으로만 보기 때문이다. 군사적인 관점에서 보면, 인민 전쟁은 오늘날의 전쟁이 이전의 제한적인 성벽을 무너뜨린 결과라고 보아야 한다. 징발 체계, 일반적인 병역 의무, 민병대, 농민군, 인민 무장 투쟁 등은 모두 인민 전쟁과 같은 방향에 있는 것이다.

인민 전쟁과 같은 분산적인 저항은 시간적으로나 공간적으로 집중하여 타격을 주려는 행동에는 적당하지 않다. 저항의 효과는 적이 넓게 퍼져 있을수록 그만큼 높아진다.

인민 전쟁이 효과를 내려면 다음과 같은 조건이 있어야 한다.

1. 전쟁이 나라 안에서 수행된다는 것.
2. 전쟁이 단 한 번의 파국으로 결정되지 않는다는 것.
3. 전쟁터가 나라의 넓은 면적에 걸쳐 있다는 것.
4. 인민의 성격이 그 수단을 지지하고 있다는 것.
5. 그 나라에 끊어지고 접근할 수 없는 지형이 많다는 것.

인구가 많은지 적은지는 중요하지 않다. 주민들이 부자인지 가난한지도 중요하지 않고 중요해서는 안 된다.

---

28. 하알벡(1986)에 따르면, 클라우제비츠는 '무장 인민군'의 개념으로 현대의 군사 이론의 맥락에 '게릴라전'을 포함한 최초의 인물이 되었다.

인민 전쟁의 효과를 유리하게 하는 특징은 집들이 나라 전체에 흩어져 있는 것이다. 이 때문에 나라에는 끊어진 지형이 많고 길은 나쁘고 군대에 숙소를 마련하는 일은 곤란해진다. 이런 경우에 저항의 요소는 어디에나 있지만 어디에도 보이지 않는다.

농민군과 무장한 인민 군중은 적의 주력 군대나 대규모 군단에 대한 저항을 목표로 삼을 수 없고 삼아서도 안 된다. 전쟁터의 측면이나 공격자가 강력하게 접근하지 않는 지방에서 전투를 해야 한다.

인민 전쟁은 안개나 구름과 같은 존재처럼 어느 곳에서도 고체로 수축해서는 안 된다. 그렇지 않으면 적은 인민군을 파괴할 것이다. 달리 보면 이 안개는 어느 지점에 모여 강력한 번갯불이 번쩍일 수 있도록 위협적인 구름을 이루는 것이 필요하다. 그 지점은 주로 적의 전쟁터의 측면이다.

소규모의 상비군이 인민군을 지원하면 인민군은 강력해질 것이다. 그런 상비군이 많을수록 주민을 당기는 힘은 그만큼 강력해진다. 여기에는 한계가 있다. 한편으로 군대 전체를 분할하여 이를테면 농민군으로 해체하고 넓게 펴져서 약한 방어선을 만드는 것은 해로울 것이다. 그러면 군대와 인민군 모두 파괴될 것이다. 다른 한편으로 지나치게 많은 정규군이 지방에 주둔하고 있으면 인민 전쟁의 힘과 효과는 줄어든다. 그 원인은 그렇게 하면 지나치게 많은 적을 그 지방으로 끌어들이게 되고, 주민들이 상비군에게만 의지하려고 하고, 엄청나게 많은 병력이 주민의 힘을 숙영, 수송, 보급 등과 같은 일에 너무 많이 요구하기 때문이다.

인민 전쟁을 쓰는 원칙은 이 전략적인 방어 수단을 전술적인 방어에 쓰는 일이 없어야 한다는 것이다. 농민군은 전투의 처음에는 매우 격렬하게 흥분하지만 전투 과정에서 냉정함과 지속성을 잃는다. 그들이 큰 희생을 당하며 패배하면 그들의 열정은 곧 식어버릴 것이다. 이 두 가지 특징은 전술적인 방어의 본질과 대립된다. 방어 전투는 지속적이고 계획적인 행동과 단호한 모험을 요구한다.

농민군은 결정적이고 중요한 방어 전투를 할 수 없다. 농민군은 산 어귀, 습지의 둑, 도하를 막는데 쓰는 것이 좋다. 그런 곳이 뚫리면 농민군은 사방으로 흩어져야 하고 진지로 모여들어서는 안 된다. 인민 전쟁은 적의 상비군과 정규군으로부터 먼 곳에서 수행해야 한다.

전략적인 방어 계획은 인민 무장 투쟁의 도움을 두 가지 방식으로 받아들일 수 있다. 첫째로 전투에서 패배한 후에 마지막 수단으로 받아들이든지, 둘째로 결정적인 전투를 치르기 전에 자연스러운 도움으로서 받아들이는 것이다. 후자는 나라 안으로 후퇴하고 간접적인 방식의 반격을 한다는 것을 전제로 한다.

전자에 대해. 어느 나라도 자기 나라의 운명을 한 번의 전투에 달려 있다고 생각해서는 안 된다. 한 번의 전투에서 패배해도 새로운 병력의 투입으로, 그리고 적의 오랜 공격에 의한 병력의 자연스러운 감소로 상황이 급변할 수 있고 다른 나라의 도움을 받을 수도 있다. 나락의 언저리에 던져졌다고 생각할 때 그 나라 인민이 자신을 구할 마지막 수단을 선택하는 것은 정신 세계의 자연스러운 질서이다.

한 나라가 적에 비해 아무리 작고 약해도 이 마지막 노력을 아껴서는 안 된다. 그렇지 않으면 그 나라에는 영혼이 존재하지 않는다고 해야 할 것이다. 한 나라가 아무리 심한 패배를 당해도 나라 안으로 후퇴할 때는 요새와 인민 무장 투쟁이 효과를 불러일으키도록 해야 한다.

후자에 대해. 승리자가 요새를 포위하고 있다면, 병참선을 만들려고 어디에나 많은 수비대를 남겨 두었다면, 자유롭게 행동하고 이웃 지방의 질서를 유지하려고 군단을 파견한다면, 산 전투 수단과 죽은 전투 수단의 손실 때문에 병력의 감소를 겪는다면, 그러면 방어자는 경기장으로 들어가야 하고, 불리한 상태에 있는 공격자를 적절한 충격으로 흔들리게 해야 한다.

제27장 전쟁터의 방어 – 전쟁터의 형성

병력의 유지와 파괴	병력의 집결	역학의 중심	➡ 전쟁터
영토의 보존과 점령	병력의 분할	영토에 분산	

자기 나라의 전투력을 보존하고 적의 전투력을 파괴하는 것, 즉 승리하는 것이 전투의 목표이다. 자기 나라를 보존하고 적의 나라를 쓰러뜨리는 것, 즉 의도한 대로 평화 조약을 맺는 것이 마지막 목적이다.

전쟁의 관점에서 적국은 먼저 그 나라의 전투력을 뜻하고 그다음으로 영토를 뜻한다.(이 외에 국내외의 정치적인 상황을 뜻하기도 하고, 이것이 매우 중요한 경우도 있다.) 전투력은 자기 나라의 영토를 보호해야 하고 적의 영토를 점령해야 한다. 영토는 전투력을 끊임없이 생산하고 재생산한다. 이 둘은 상호 관계에 있다. 전투력이 파괴되면 자연히 영토의 상실이 따른다. 하지만 영토를 점령당했다고 반드시 전투력이 파괴되는 것은 아니다. 전투력의 유지와 파괴는 언제나 영토의 점령보다 중요하다.

적의 모든 전투력이 하나의 군대에 집결되어 있고 모든 전쟁이 한 번의 전투로 이루어져 있다면, 영토의 점령은 이 전투 결과에 의해 결정될 것이다. 방어자가 병력을 집결하지 않고 넓은 공간에 분산하는 이유는 집결된 병력으로 얻을 수 있는 승리가 불충분하기 때문이다. 영토는 군사력처럼 한 지점에 모을 수 없기 때문에 영토를 방어하려면 병력을 나누어야 한다. 넓은 범위에서 국경을 맞대고 있는 큰 나라의 경우에는 병력을 분할할 수밖에 없고, 그래서 여러 곳에 전쟁터가 생길 것이다.

승리의 효과는 승리의 규모에 달려 있고, 승리의 규모는 패배한 군대의 규모에 달려 있다. 그래서 대부분 적의 전투력이 집결되어 있는 지점을 공격할 것이다. 그 지점은 역학의 중심과 같다. 대부분의 질량이 모여 있는 곳에 중심이 있는 것처럼 전쟁에서도 그러하다. 전투력은 일정한 통일성을 이루고 이 통일성에 의해 연결된다. 이런 연결이 있는 곳에 역학의 중심과 같은 현상이 나타난다. 전투력에는 일정한 중심이 있고, 중심의 움직임과 방향은 다른 지점의 움직임과 방향을 결정한다.

하나의 깃발 아래 한 명의 최고 지휘관의 직접적인 명령으로 전투를 수행하는 군대의 연결과 100마일에 걸쳐 분산되어 있는 동맹 군대의 연결은 매우 다르다. 전자의 경우에 연결은 제일 강력하고 통일성은 제일 긴밀하다. 후자의 경우에 통일성은 매우 느슨하고 연결은 매우 약하다. 적에게 주려고 하는 충격의 폭력성은 병력을 최대한 집결할 것을 명령하지만, 지나친 집중은 힘의 낭비와 다른 지점에서 병력의 부족을 불러올 수 있다.

적의 군사력의 중심을 알아내고 이 중심이 미치는 효과의 범위를 아는 것은 전략적인 판단의 중요한 임무이다. 중심에 대한 공격은 병력을 집결하려고 하고, 영토의 점령은 병력을 분할하려고 한다. 그래서 전쟁터가 생기는 것이다. 전쟁터는 나라의 영토에, 그리고 영토에 분할되어 있는 전투력에게 설정한 지역이다.

하나의 전쟁터와 여기에 있는 전투력은 하나의 단위를 이루고, 이 단위는 하나의 중심으로 환원될 수 있다. 이 중심에서 결전이 일어나야 하고, 여기에서 승리하는 것은 넓은 의미에서 전쟁터를 방어하는 것이다.

제28장 전쟁터의 방어 — 결전을 하는 경우

결전	전투력의 파괴	주로 아래의 1~5단계
기다림	영토의 점령	주로 아래의 6단계

방어는 결전과 기다림으로 이루어져 있다. 한쪽 전투력이 자기 지역에서 버티고 있는 한 그 지역의 방어는 계속된다. 이런 의미에서 전쟁터의 방어는 전쟁터 안에서 하는 방어와 동일하다. 이 생각은 결전이 불가피할 때만 진실이다. 양쪽 병력의 중심과 이 중심에서 비롯되는 전쟁터는 결전을 할 때만 의미를 갖는다. 결전을 할 생각이 없으면 중심의 개념도, 어느 의미에서는 전투력 전체도 무의미해진다. 그러면 (전투력의 파괴가 아니라) 영토의 점령이 직접적인 목적으로서 나타난다.

방어자가 공격자의 결전을 기다리든지 스스로 결전을 하려는 경우에 전쟁터의 방어는 언제든지 결전을 유리하게 할 수 있는 방식으로 전쟁터에서 버티고 있는 것이다. 결전을 할 때는 전투력을 되도록 많이 집결해야 한다. 전쟁터에서 주력 전투는 중심과 중심의 충돌이다. 중심에 병력이 많을수록 효과는 그만큼 확실하고 높아진다. 또한 매우 유리한 상황에서 전투를 할 수 있도록 전투력을 배치해야 한다.

적의 중심을 찾는 문제. 적의 핵심 세력을 어느 길에서 만나게 될지 미리 알 수 있다면, 방어자는 그 길에서 적에게 대항할 수 있다. 많은 병력을 이끌고 적의 영토에 전진하려면 식량과 장비를 준비해야 하는데, 이 준비에 많은 시간이 걸리기 때문에 방어자는 이에 대비할 시간을 갖게 된다. 적이 전진하는 중요한 도로를 방어자가 모를 수도 있다. 공격자가 방어자에게 공격 전투를 하지 않고 방어자의 진지를 피할 수도 있다. 하지만 모든 전쟁터에는 공격이 특별히 효과를 내는 대상과 지점이 있다. 이것이 공격의 방향을 결정하는 기준이 된다면, 이 기준은 방어자에게도 영향을 미칠 것이다. 공격자가 이 방향을 잡지 않는다면, 그는 자연스러운 유리함의 일부를 스스로 포기하게 될 것이다. 그래서 적의 전진 방향을 놓치게 되는 방어자의 위험과 방어자를 통과하는 공격자의 능력은 그다지 크지 않다. 공격자가 어느 방향을 잡는 데는 분명하고 중요한 이유가 있다. 방어자가 올바른 곳에 진지를 설치했다면, 적은 대부분 방어자의 진지 쪽으로 전진할 것이다.

그래도 방어자가 공격자를 만나지 못하면, 즉 공격자가 방어자를 통과하고 나면 방어자에게는 다음과 같은 수단이 남는다.

1. 병력을 처음부터 나눈다.

2. 병력을 진지에 집결해 두고 적이 이 진지를 통과하면 진지를 측면으로 이동한다.

3. 집결된 병력으로 적의 측면을 공격한다.

4. 적의 병참선에 대해 행동을 한다.

5. 적의 전쟁터를 반격하여 적이 아군을 통과하며 한 것과 같은 행동을 적에게 한다.

5는 효과를 낼 수 있지만, 이는 근본적으로 방어를 선택한 이유에 어긋난다. 적의 중대한 잘못이나 다른 특징이 나타날 때만 쓸 수 있는 변칙적인 수단이라고 간주할 수 있을 뿐이다.

4를 보면, 하나하나의 전쟁터의 면적은 그다지 넓지 않기 때문에 적의 병참선은 심각한 영향을 받지 않을 것이다. 적이 공격을 하는데 필요한 시간은 극히 짧고, 적의 병참선에 대한 행동의 효과는 천천히 나타나기 때문에 적의 공격이 방해를 받지는 않을 것이다.

1~3은 중심과 중심이 만나는 직접적인 결전에 맞추어져 있다. 3은 1~2

보다 크게 유리하고 진정한 저항 수단이라고 생각한다.

1에서는 초병 전쟁에 말려들 위험이 있다. 초병 전쟁에서 단호한 적을 만나면 유리한 때도 강력한 상대적 저항 외에는 할 수 없다. 분산된 병력을 통해 일시적으로 저항하기 때문에 아군의 공격은 크게 약해질 것이다.

2에서는 적이 피하려는 방향에 도착할 위험이 있다. 그래서 3과 4 사이에서 이도 저도 못할 위험이 있다. 방어 전투는 침착함, 심사숙고, 그 지역에 대한 지식을 요구하는데, 이 모든 것은 급하게 이동할 때는 기대할 수 없다. 방어 전투를 하는데 좋은 전쟁터라고 할 수 있는 진지는 드물고, 이것이 모든 길과 지점에 있다고 전제할 수도 없다.

3. 공격자를 측면에서 공격하는 것은 방어자에게 큰 이익을 줄 것이다. 이 경우에는 공격자의 병참선이 노출된다. 방어자를 통과하는 공격자는 대립되는 두 가지 노력을 해야 한다. 공격 대상에 도달하려고 정면에서는 전진을 해야 하고, 측면에서는 (측면에서 공격을 당할 수 있기 때문에) 반격을 할 수 있는 준비를 해야 한다. 이 두 가지 노력은 모순되고, 모든 경우에 걸맞은 수단을 쓰는 것을 어렵게 한다. 공격을 당하게 될 지점과 순간을 미리 알고 준비한다는 것도 불확실하다. 이와 같은 상황이 방어자에게 공격 전투를 할 수 있는 유리한 순간이다. 공격자가 방어자의 진지를 찾지 않고 공격자의 병참선에 대한 행동도 곤란하다면, 방어자가 수행하는 측면 공격은 결전을 치르는 매우 훌륭한 수단이 된다.

공격자가 방어자를 통과하자마자 방어자가 모든 병력으로 공격자를 공격하기로 결단을 내릴 때만 방어자는 두 가지 경우의 파멸을 피할 수 있다. 그것은 병력의 분산된 배치와 성급한 전진이다. 하지만 승리와 결전에 목마른 단호한 적이 그런 방어 체계를 만나면 적은 그 체계를 파괴할 것이다.

이와 관련된 큰 역사적인 사건으로는 1806년 10월에 프로이센 군대와 프랑스 군대의 전투를 들 수 있다. 브라운슈바이크 공작은 신속한 측면 행군으로 라이프치히에 먼저 전진하려고 했지만 때는 이미 늦었다. 나폴레옹은 이미 잘레 강을 건너는 중이었고, 예나 전투와 아우어슈테트 전투는 피할 수 없었다. 공작은 전진할 때는 그 지역을 너무 늦게 떠났고, 제대로 된 전투를 할 때는 너무 일찍 떠났다. 아우어슈테트에서는 절대로 확실한 승리를 굳게 지키려는 모험을 하지 않았고, 예나에서는 완전히 불가능한 승리를 얻을 수 있다고 생각했다. 나폴레옹은 잘레 강에 있는 진지의 전략적인 중요성을 충분히 알고 있었기 때문에 진지를 통과하는 모험을 하지 않았고, 프로이센 군대의 눈앞에서 잘레 강을 건너는 결단을 내렸다.

8장 '저항의 유형'에서 알게 된 방어의 단계와 전쟁터의 방어의 관계.

1. 공격자에게 공격 전투로 대항하는 계기.

a) 공격자가 크게 분할된 병력으로 전진할 것을 방어자가 알고 있는 경우. 하지만 공격자가 그렇게 전진할 개연성은 매우 낮다. 근거 없이 그런 전진을 예상하여 행동하면 방어자는 불리한 상태에 빠지게 된다.

b) 방어자의 병력이 전투를 하는데 충분히 많은 경우.

c) 공격자가 우유부단하여 방어자에게 공격 전투를 하도록 특별히 유혹하는 경우. 하지만 객관적이고 구체적인 이유 없이 기습이나 변칙적인 공격을 하는 것은 위험하다.

d) 방어자의 특성이 공격을 하는데 적당한 경우. 프리드리히 대왕은 용감하고 믿을 만하고 자부심에 넘치는 군대를 갖고 있었다. 이들을 확고하고 과감한 지휘 아래에 둔다면 대왕은 방어보다 공격을 하는데 훨씬 적절한 도구를 갖고 있는 것이다. 하지만 그런 우세함은 드물 것이고, 그런 군대는 군대 전체의 일부에 지나지 않는다. 공격 전투를 하는 자연스럽고 중요한 계기는 병과가 다수의 기병과 소수의 포병으로 구성되어 있을 때 찾을

수 있다.

e) 좋은 진지를 전혀 발견할 수 없는 경우.

f) 결전을 서둘러야 하는 경우.

g) 끝으로 이 이유들이 일부 또는 전부 영향을 미치는 경우.

2. 공격자를 어느 지역에서 기다린 다음에 공격하려고 하는 자연스러운 계기.

a) 병력의 불균형이 심하지 않고 방어자가 불리하지 않아서 강력한 진지를 찾을 수 있는 경우.

b) 그런 행동을 하는데 매우 적합한 지형을 발견하는 경우.

3. 실제로 공격자의 공격을 기다리려고 진지를 차지하는 경우.

a) 병력의 불균형 때문에 방어자가 지형의 장애물이나 보루의 배후로 피하지 않을 수 없는 경우.

b) 그 지형이 방어자에게 기다리는데 적합한 진지를 제공하는 경우.

2~3은 방어자는 결전을 하지 않으려고 하고 소극적인 성과에 만족하는 반면에, 공격자는 우유부단하여 계획을 포기하리라는 것을 예상할 수 있는 경우에 더 많이 고려될 것이다.

4. 난공불락의 보루 진지는 다음과 같은 때만 목적을 이룰 수 있다.

a) 전략적으로 매우 중요한 지점에 있는 경우. 이때 공격자는 다른 수단을 쓸 수밖에 없다. 진지를 고려하지 않은 채 목적을 달성하든지, 진지를 포위해서 진지의 병사들이 굶어 죽게 해야 한다.

b) 외부로부터 도움을 예상할 수 있는 경우.

a)와 b)의 경우는 매우 드물기 때문에 보루 진지는 드물게만 쓸 수 있다. 프리드리히 대왕이 이 수단으로 분첼비츠에서 목적을 이루었다면 적에 대한 그의 올바른 판단에 감탄해야 한다.

5. 국경 부근에 요새가 있다면, 방어자가 결전을 요새의 앞에서 해야

하는지 아니면 요새의 배후에서 해야 하는지 하는 문제가 생긴다. 후자로 결정하는 것은 다음과 같은 이유 때문이다.

a) 공격자가 우세하여 전투를 하기 전에 공격자의 힘을 꺾어 놓지 않을 수 없는 경우.

b) 그 요새가 국경 근처에 있어서 방어자의 영토의 상실이 그다지 많지 않은 경우.

c) 요새에 방어 능력이 있는 경우.

6. 나라 안으로 후퇴하는 것은 다음과 같은 상황에서만 자연스러운 수단이 된다.

a) 방어자의 물리적인 상황과 정신적인 상황이 공격자에 비해 약하기 때문에 국경이나 국경 부근에서 성공적인 저항을 생각할 수 없게 만드는 경우.

b) 시간을 버는 것이 중요한 문제인 경우.

c) 나라의 면적이 넓고 후퇴로가 긴 경우.

제29장 전쟁터의 방어 — 점차적 저항

이동할 수 있는 전투력	보병, 기병, 포병	동시에 투입
이동할 수 없는 전투력	요새, 지형, 영토	점차로 투입

전략에서 점차적인 저항은 문제의 본질에 어긋나고, 갖고 있는 모든 힘은 동시에 투입해야 한다. 보병, 기병, 포병 등은 이동할 수 있는 전투력이고, 이 전투력은 동시에 쓸 수 있다. 하지만 요새, 끊어진 지형, 영토의 면적에 지나지 않는 전쟁터는 이동할 수 없는 전투력이고, 이 전투력은 점차로 활동하도록 할 수밖에 없다. 공격자가 아군의 나라 안으로 계속 들어오면 이 전투력이 효과를 낸다. 방어자가 결전을 늦추면 방어자는 이동할 수 없는 전투력을 모두 동시에 투입할 수 있는 수단을 갖게 된다.

결전을 나라 안으로 옮기는 것은 나라 안으로 하는 후퇴라고 불렀고, 이것은 독자적인 저항 방식이다. 이 방식은 공격자가 전투의 칼에 쓰러지는 것보다 스스로 소모되도록 한다.

이동할 수 없는 전투력이 당장 필요하지 않다면 이는 훗날에 쓸 힘이 되고, 조금씩 쓸 수 있는 보충 병력과 같은 것이 된다. 이동할 수 있는 전투력으로 첫 번째 결전을 치른다면, 이동할 수 없는 전투력은 두 번째 결전을 치르는 수단이 된다. 이런 식으로 이동할 수 없는 전투력은 점차적으로 쓸 수 있다. 적이 단호하지 않으면 크게 끊어진 지형만으로도 적의 전진을 막을 수 있을 것이다.

전략은 전쟁터를 소비할 때도 다른 것을 소비할 때처럼 힘을 절약해야 한다. 물론 전쟁에서도 무역의 경우처럼 절약을 인색함과 혼동해서는 안 된다.

여기에서는 두 번째의 저항에서 얼마나 많은 성과를 기대할 수 있는지, 이 저항을 얼마나 많이 고려해야 하는지만 고찰한다. 이때 적을 그 성격과 형편에 따라 살펴보아야 한다. 적이 약하고 확신이 없고 명예심도 없다면, 그런 적은 적당한 이익으로 만족할 것이다. 방어자가 그런 적에게 새로운 결전을 하려고 하면, 적은 겁을 먹고 도중에 행동을 멈출 것이다. 이런 경우에 방어자는 전쟁터라는 저항 수단을 점차적으로 쓸 수 있다.

27장부터 30장까지는 전쟁터의 방어를 다루고 있는데, 클라우제비츠는 27~30장을 아래의 표에 보이는 논리에 따라 서술하고 있다.

27장 전쟁터의 방어 – 전쟁터의 형성	이론적 논의
28장 전쟁터의 방어 – 결전을 하는 경우	절대 전쟁
29장 전쟁터의 방어 – 점차적 저항의 경우	⬇
30장 전쟁터의 방어 – 결전을 하지 않는 경우	현실 전쟁

전쟁터의 방어에서는 먼저 전쟁터의 형성, 생성, 발생(27장)을 이론적으로 다룬다. 그다음에 결전을 하는 경우(28장), 점차적으로 저항하는 경우(29장), 결전을 하지 않는 경우(30장)의 순서로 전쟁터의 방어를 다룬다. 즉 28~30장을 절대 전쟁에서 현실 전쟁의 순서로, 달리 말해 추상성에서 구체성의 단계로 논의하고 있다.

제30장 전쟁터의 방어 — 결전을 하지 않는 경우

1. 방어의 네 가지 수단

양쪽 군대 중에 어느 쪽도 공격자가 아닌 전쟁이 있다. 이런 전쟁에서 공격자는 주어진 상황에서 나오는 이익 외에 다른 이익을 추구하지 않는다. 그런 공격은 방어와 별로 구분되지 않고, 그런 전쟁에는 결전이 없다. 역사를 보면 그런 전쟁이 전쟁의 대부분을 차지한다.

상대를 쓰러뜨리는 것을 목표로 삼는 전쟁에서 행동의 초점은 결전이지만, 그런 전쟁에서 중요한 것은 '소유한 자는 행복할지니.'라는 격언이다. 방어자는 되도록 많은 것을 소유하고 보호하려고 하고, 공격자는 되도록 많은 것을 결전을 치르지 않고 점령하려고 한다.

결전을 하지 않는 경우에 공격자의 목표는 다음과 같다.

1. 결정적인 전투를 치르지 않고 되도록 많은 지역을 점령한다.
2. 이와 동일한 조건에서 중요한 창고를 획득한다.
3. 보호되어 있지 않은 요새를 점령한다.
4. 약간 중요한 전투에서 승리한다.

공격의 네 가지 목표는 방어자에게 다음과 같은 노력을 불러일으킨다.

1 병력을 요새의 앞에 두고 요새를 보호한다	기다리는 데서
2 병력을 넓게 배치하여 많은 지역을 보호한다	기다리는 데서
3 측면으로 이동하여 적의 정면을 막는다	기다리는 데서
4 불리한 전투를 피한다	– 피하는 데서

1~3은 기다리는 데서 이익을 얻으려고 한다. 한니발과 파비우스, 프리

드리히 대왕과 다운은 결전을 추구하지도 않고 예상하지도 않았을 때 이 원리를 따랐다. 4는 1~3의 노력을 바로잡고 1~3의 필수 불가결의 조건이다.

1. 아군이 요새 앞에 배치되어 있으면, 적은 아군을 치지 않고는 요새를 공격할 수 없다. 이 전투는 결전이 될 수밖에 없다. 적이 이 결전을 하지 않으려고 하면 전투는 없을 것이고, 아군은 요새를 계속 갖고 있게 된다. 적이 공격해도 아군은 요새의 배후로 후퇴할 수 있다. 아군이 요새의 배후에 배치되어 있으면, 적은 요새를 포위할 수도 있고 점령할 수도 있다. 이 두 경우에 방어자는 더 좋은 상황에서 적을 치는 유리함보다 적을 전혀 치지 않고 얻는 다른 모든 유리함을 먼저 생각한다.

병력을 요새 앞에 배치하는 이런 결정적인 이유 외에 부차적인 이유도 있다. 그것은 군대가 근처에 있는 요새를 보급 창고로 이용한다는 것이다. 그러면 병력을 요새 앞에 배치하는 것은 필요하고 자연스러운 일이다.

전투를 감행하지 않고 요새를 점령하는 것은 결전을 치르지 않는 모든 공격의 자연스러운 목표이고, 방어자에게는 그 의도를 막는 것이 중요한 임무이다.

2. 병력을 넓게 배치하여 많은 지역을 보호하는 것은 지형의 큰 장애물과 결부되어야만 생각할 수 있다. 이때 크고 작은 초병 부대를 설치해야 한다. 자연의 장애물이 충분하지 않으면 축성술이 더해진다. 이때의 저항은 상대적인 저항에 지나지 않는다.

모험을 하지 않는 공격자의 공격은 중간 수준의 초병 부대로도 막을 수 있다. 길게 늘어선 많은 초병 부대에 넓게 배치된 병력의 상대적인 저항 능력은 강력하다.

지역, 보급 창고, 요새를 보호하는 넓은 배치의 방어에는 강, 산, 숲, 습지 등과 같은 지형의 대규모 장애물이 중요한 역할을 한다. 지형적인 요소의 중요성 때문에 이와 관련된 지식과 활동을 체계화하고, 하나의 사례에 대한 역사적인 분석에서 그다음 사례에 대한 일반적인 분석을 하는 경향이 생겨났다. 하지만 하나의 사례는 다른 사례와 다르고 또 다르게 다루어야 한다. 최고 지휘관은 산과 협곡만 보아서는 안 된다. 방어의 수단은 상황에 따라 결정되고 자유롭게 선택되어야 한다.

끊어진 지형을 따라 길게 늘어선 방어선은 초병선 전쟁을 할 수 있는 수단이 된다. 전쟁터의 전체 지역을 이런 식으로 직접 보호해야 한다면 초병선 전쟁이 나타나지 않을 수 없을 것이다. 공격자는 그때의 상황과 시설 때문에 일정한 방향과 도로에 묶여 있고, 여기에서 지나치게 많이 벗어나면 불편함과 불리함을 겪을 것이다.

이 방어 체계는 직접적인 보호에서 멀어질수록 이동, 적극적인 방어, 공격적인 수단에서 그만큼 많은 도움을 받아야 한다. 즉 이 방어는 적극적인 수단을 많이 받아들여야 한다.

3. 이 수단은 2의 도구에 속한다. 방어자는 병력을 배치할 수 있는 진지를 발견하고, 그 진지에 도달하면 적이 공격할 수 없을 만큼 충분히 유리해진다. 이런 진지에서 수행하는 전쟁을 초병선 전쟁이라고 부른다.

병력의 넓은 배치, 상대적인 저항, 측면 행군으로 적의 전진을 막는 것은 위험하지 않다. 하지만 이런 것은 결전을 하려는 단호한 적을 만나면 결정적인 패배로 이어질 것이다. 그 반대로 작은 희생으로 적당한 이익을 찾는 적에게는 이 방식의 저항을 성공적으로 할 수 있다. 이런 수단에 의해 공격자는 요새, 넓은 지역, 창고 등을 점령할 수 없게 된다.

4. 이런 상황에서 공격자는 군대의 명예만이라도 충족하는 것으로 해결책을 찾는다. 단지 승리하고 전리품을 얻으려고 약간의 중요한 전투에서 승리하는데 마지막 희망을 건다. 이것이 모순은 아니다.

방어자는 공격자에게 작은 승리도 그냥 주고 싶어 하지 않는다. 그런데 이때 최고 지휘관의 잘못된 결정으로 파국에 빠질 수 있다. 무모하지 않은 최고 지휘관도 잘못을 저지를 수 있다. 또한 부하 사령관들의 통찰력, 굳은 의지, 용기에서 바람직한 것을 기대할 수 없는 경우도 있다. 하지만 그는 말단 부대까지 침투하는 단호한 의지로 군대를 지휘해야 한다.

1~4는 현상의 유지를 목표로 하고 있다. 1~4의 노력이 순조롭게 진행되어 성과를 낼수록 그 지점의 전쟁은 그만큼 오래 계속될 것이다. 그럴수록 식량 조달 문제도 그만큼 중요해질 것이다. 식량은 창고에서 조달하게 된다. 상설 수송대를 설치할 수도 있다. 하지만 식량 조달이 이런 전쟁 수행에 큰 영향을 미치지는 않는다.

이와 달리 상대의 병참선에 대한 영향은 훨씬 중요하다. 전쟁터의 공간을 보호하는 수단은 병참선도 보호해야 한다. 그래서 병참선의 보호는 전쟁터의 보호 안에 들어 있다. 병참선의 안전을 확보하는 특별한 수단은 수송대를 호위하는 것이다.

2. 방어 수단에 들어 있는 공격 수단

1~4는 본질상 공격적인 요소와 전혀 상관없는 노력이고, 이 노력은 결전을 하지 않는 경우에 방어의 바탕을 이루는 것이다. 그런데 1~4에도 공격 수단을 어느 정도 섞을 수 있다. 이 공격 수단은 주로 다음과 같은 것이다.

1. 적의 병참선에 영향을 미친다.
2. 적을 견제하고 적이 있는 지역을 순찰한다.
3. 적의 군단과 초병 부대를 공격한다.

1. 이 수단은 끊임없이 효과를 내지만, 그 효과는 이를테면 조용하게 나타난다. 방어자의 진지는 공격자의 병참선을 불안하게 하는 것으로 효과를 낸다. 이 경우에는 식량 조달이 결정적으로 중요한 문제이다.

진지의 선택에 의한 공격의 효과는 역학의 압력처럼 눈에 보이지 않는 효과를 낸다. 일부 병력으로 적의 병참선에 공격을 하는 것도 그런 방어에 속한다. 그것을 유리하게 하려면 병참선의 위치, 지형의 성질, 전투력의 특징 등이 적절해야 한다.

2. 보복이나 약탈을 하려고 적의 지역을 순찰하는 것은 방어 수단이 아니라 공격 수단이고, 그런 순찰은 보통 견제의 목적과 결합된다. 견제는 적의 병력을 약하게 하려는 목적을 갖고 있고, 진정한 방어 수단이라고 할 수 있다. 하지만 견제는 공격에서도 잘 쓸 수 있다. 견제 수단은 공격의 범위와 중요성을 크게 높일 수 있고, 전쟁 전체에 공격의 겉모습과 명예를 부여한다.

3. 공격자가 약점을 보이는 경우에 공격자의 군단이나 주력 군대를 공격하는 것은 방어 전체를 보충하는데 필요한 수단이다. 이 경우에 방어자는 공격의 영역으로 나아갈 수도 있고, 유리한 일격에 필요한 때를 기다릴 수도 있다. 이런 종류의 방어에서 성과를 거두려면 방어자의 병력이 적보다 두드러지게 우세하든지, 병력을 대규모로 집결할 수 있는 체계를 갖추고 활발한 이동을 할 수 있어야 한다.

3. 전략적 기동의 일반적 성격

결전을 하려는 의욕이 낮은 경우의 전쟁터의 방어를 전체적으로 보면, 양쪽에 적극적인 자극은 매우 낮고 힘을 막고 억제하는 내부적인 균형은 많다. 이런 경우에 공격과 방어의 본질적인 차이는 점차 사라진다.

공격자가 전진을 포기할수록, 방어자가 방어에만 몰두할수록, 양쪽의 상황에 그만큼 많은 균형이 나타난다. 이런 균형 상태에서 양쪽은 적에게 유리함을 빼앗고 불리함을 예방하는 것을 목표로 삼게 된다. 즉 전략적인 기동을 하게 된다. 기동은 양쪽 병력의 균형 잡힌 움직임이다.

큰 목적이 없으면 이동이 없고, 이동이 없으면 균형이 존재한다. 이런 균형에서도 작은 목적을 갖는 작은 행동이 있다. 모든 행동은 작은 행동으로 나뉜다. 병력이 많이 나뉠수록, 시간과 공간이 개별적인 순간과 지점으로 나뉠수록, 계산의 영역, 즉 지성의 지배력은 그만큼 늘어날 것이다. 하지만 지성이 최고 지휘관의 유일한 정신력이라고 생각해서는 안 된다. 결전이 일어나지 않는 것은 전쟁을 양쪽 병력의 균형 잡힌 움직임으로 만드는 일반적인 상황 때문이다.

문명화된 나라의 전쟁은 대부분 상대를 쓰러뜨리는 것보다 관찰하는 것을 목적으로 삼았다. 그래서 대부분의 원정은 전략적인 기동의 성격을 띠었다. 예를 들어 튀렌과 몽테쿠콜리처럼 당대의 쟁쟁한 두 최고 지휘관이 대치했을 때 사람들은 그들의 이름 때문에 그들의 기동을 매우 훌륭하다고 말했다. 사람들은 이것을 전쟁술의 최고봉이라고 했고, 그래서 전쟁술이 주로 연구해야 하는 원천이라고 간주했다.

이런 견해는 프랑스 혁명 전쟁 이전의 이론에서 보편적인 견해였다. 그런데 프랑스 혁명 전쟁은 완전히 다른 전쟁의 세계를 열었다. 혁명으로 처음 나타난 자연 그대로의 거친 모습을 나폴레옹이 대규모로 통합하여 경탄할 만한 성과를 낳았다. 사람들은 이 모든 것을 새로운 발견과 위대한 사상 등의 결과라고 생각했다. 하지만 그것은 사회 상태의 변화로 생긴 결과였다.

새로운 현상을 거친 폭력의 충돌이자 전쟁술의 타락으로 보는 견해에는 논리와 철학의 결함이 있다. 낡은 전쟁은 쓸모없게 되었다고 말하는 것도 경솔한 생각이다. 전쟁술의 최근 현상 중에 극히 일부만 새로운 발명이나 생각에서 비롯된 것이고, 대부분은 새로운 사회 상태와 사회 관계에서 비롯된 것이다. 양쪽 병력의 균형 잡힌 움직임은 언제나 양쪽의 제한된 사회 관계의 산물이고, 폭력적인 요소가 매우 완화된 결과로 생긴 산물이다.

4. 전략적 기동의 특수한 영향

이 영향은 전략적인 기동이 전투력을 중요한 도로나 장소에서 멀리 있는 지역이나 중요하지 않은 지역으로 이동하게 하는 것을 말한다. 작은 이해 관계가 전쟁의 성격을 규정하는 경우에는 전쟁의 하나하나의 과정에서 일어나는 변화와 변동이 큰 결전을 치르는 전쟁보다 훨씬 많다.

대규모 결전이 일어나지 않는 경우의 전쟁터의 방어에서 방어자의 네 가지 노력을 보았는데, 이 노력을 모두 포괄하는 원칙을 말할 수 있을까? 여러 가지로 변할 수 있는 전쟁 전체에서는 경험의 원천에서 나오는 법칙 외에 다른 이론적인 법칙을 거의 인정할 수 없다. 대규모의 결전을 치르는 전쟁은 매우 단순하고 자연의 모습 그대로 일어나고 내부적인 모순으로부터 자유롭고 내부적인 필연성에 결부되어 있다. 그래서 이성이 그 전쟁에 형식과 법칙을 지시할 수 있다. 대규모의 결전이 일어나지 않는 전쟁에서는 그것이 훨씬 어렵다.

대규모의 전쟁 수행에 관한 이론의 중요한 두 원칙, 즉 뷜로의 기지의 넓이와[29] 조미니의 내선의 진지도[30] 전쟁터의 방어에 적용될 때 일관되고 효과적인 원칙을 보여 주지 못했다. 형식으로 보면 두 원칙은 대규모의 전쟁 수행에서 높은 효과를 나타내야 하는데도 그러하지 못했다. 수단과 상

---

29. 뷜로는 군사 작전의 타당성이 그 작전의 지리적인 목표와 기지 사이의 선이 갖는 기하학적인 관계에 달려 있다고 단언했다(파렛 1986, 264 참조).

30. 조미니는 전쟁에서 승리를 얻는 불변의 과학적, 수학적 원리를 찾아내어 체계화했다는 평을 듣는다. 하지만 그의 『전쟁술』은 명백히 기하학으로 보인다. 작전선이나 내선에 대한 반복된 강조를 보면 알 수 있다. 드리뉴(de Ligne) 공작은 '전쟁은 과학이므로 국제 육군사관학교와 같은 것을 설립하는 것이 자연스러울 것'이라고 공언할 정도였다(로트펠스 1944, 135).

황의 특징이 그 원칙을 무효로 만들 만큼 큰 영향을 미칠 수 있다. 전쟁에서 생겨날 수 있는 여러 가지 방식과 방법을 완전성의 여러 가지 단계로 보고, 하나의 단계를 다른 단계에 종속되어 있는 것으로 볼 권리는 비판에게 없다. 그것은 나란히 존재할 수 있고, 어느 방법을 쓰면 좋은지는 그때그때의 경우에 최고 지휘관의 판단에 맡겨야 한다.

결전을 하지 않는 경우에는 원칙, 규칙, 방법을 제시할 수 없다. 역사에서 그와 같은 것을 볼 수 없기 때문이다. 또한 그때그때의 순간마다 이해할 수 없고 때로 놀라운 충격을 주는 특징을 만나기 때문이다.

여기에서 말한 수단은 상대적인 가치만을 갖는다. 그것은 어느 정도 양쪽 군대의 무력함을 전제로 한다. 이 영역을 넘으면 더 높은 법칙이 지배하고 있고, 그곳은 완전히 다른 현상 세계이다. 최고 지휘관은 여기에 적용하는 수단을 반드시 필요한 유일한 것이라고 보아서는 안 된다. 그 수단의 불충분함을 인식하고 있다면 그 수단에 집착해서도 안 된다.

5. 올바른 기준의 설정

일반적으로 말하면 최고 지휘관은 적이 대규모의 결정적인 수단으로 아군을 압도할 의욕과 능력을 갖고 있는지 간파해야 한다. 그러하다면 작은 불리함을 피하려고 작은 수단을 쓰는 것은 포기해야 한다. 즉 최고 지휘관에게 제일 먼저 필요한 것은 자기 일을 준비하는데 필요한 올바른 기준을 설정하는 것이다. 이 생각을 분명하게 하려면 잘못된 기준을 쓴 예, 즉 적의 단호한 행동을 크게 얕보고 자신의 수단을 잘못 쓴 예를 드는 것이 좋다.

1757년의 원정에서 오스트리아 군대는 프리드리히 대왕이 그처럼 단호하게 공격할 것이라고 예상하지 못했다.

1758년에 프랑스 군대는 제벤 수도원 협약의 효력에 대해 착각했고, 프로이센 군대의 공격을 판단하는 데도 잘못 생각했다. 프리드리히 대왕의 오판에 대해서는 (1759년에 막센에서, 1760년에 란데스훗에서) 앞에서 말했다.

1792년에 동맹 군대는 적당한 보충 병력으로 내전에 결정적인 타격을 줄 수 있다고 생각했다. 그런데 정치적인 열정을 겪은 후에 근본적으로 변한 프랑스 인민의 엄청난 힘이 내전으로 밀려들었다. 전쟁 수행 자체에 대해 말하면, 사람들은 1794년의 원정이 그 이후의 모든 패배의 원인이라고 말했다. 동맹 군대 측은 이 원정에서 적의 공격이 얼마나 강력한지 완전히 오해한 채 넓게 배치한 진지와 전략적인 기동의 편협한 체계로 프랑스의 공격에 맞섰다. 1796년에 오스트리아 군대는 나폴레옹에게 대항하는데 무엇이 중요한지 전혀 이해하지 못하고 있었다.

1800년에 멜라스는 기습의 결과에 대해 잘못된 견해를 갖고 있었기 때문에 파국을 맞았다.

1805년에 울름의 전략적인 직물의 마지막 매듭은 다운을 묶는 데는 충분했지만, 나폴레옹을 묶는 데는 충분하지 않았다.

1806년에 프로이센 군대의 우유부단함과 혼란은 낡고 편협한 견해와 수단이 그 시기의 엄청난 중요성에 관한 약간의 현명한 통찰이나 올바른 감정과 섞인 결과였다. 자기 나라의 상태를 분명하게 의식하고 판단하고 있었다면, 어떻게 회의의 마지막 순간에도 여전히 창고의 위험이나 지역의 상실을 화제로 삼을 수 있었을까!

1812년의 원정 처음에 러시아 군대의 총사령부에는 국경에서 전투를 해야 한다는 주장이 있었다. 프랑스 군대가 손실을 입지 않고는 러시아의 영토에 발을 들여놓을 수 없도록 해야 한다는 것이었다. 총사령부는 국경의 전투에 얼마만큼의 의미를 두어야 하는지 몰랐다. 드리사의 야영지도

적에 관한 완전히 잘못된 기준에 바탕을 둔 수단이었다.

1813년의 휴전 후에 나폴레옹도 몇 개의 군단으로 블뤼허의 부대와 스웨덴 황태자의 부대를 막을 수 있다고 생각했다. 그는 블뤼허와 뷜로의 뿌리 깊은 증오와 절박한 위기감을 충분히 생각하지 않았다. 또한 블뤼허의 모험 정신을 충분히 고려하지 않았다.

1815년에 벨-알리앙스에서 나폴레옹의 잘못은 그를 파멸에 빠뜨렸다.

제3권

제7편 공격(초안)

제1장 방어와 공격의 관계에서 본 공격

하나의 개념	⬅ ⇔ ➡	다른 개념
방어의 개념		공격의 개념

두 개념이 진정한 논리적인 대립을 이루고 있고 한쪽이 다른 쪽을 보충하게 된다면, 기본적으로 한쪽 개념에서 다른 쪽 개념이 나온다. 인간의 정신 능력은 제한되어 있기 때문에 두 개념을 한 번에 개관할 수도 없고, 단순한 대립을 통해 한쪽 개념의 총체성에서 다른 쪽 개념의 총체성을 발견할 수도 없다. 하지만 한쪽 개념에서 다른 쪽 개념의 많은 부분을 알 수 있는 빛은 비출 것이다. 방어 편에서 살펴본 것이 공격 편에도 빛을 비추겠지만 공격의 모든 문제를 비추지는 않을 것이다. 이때 우리의 관점을 방어에서 공격으로 바꾸면 공격 문제에 접근하게 되고, 방어에서 살펴본 것을 공격에서 보게 된다. 이는 사고 체계의 보충이다. 그러면 드물지 않게 역으로 공격에 대해 말한 것이 방어에도 새로운 빛을 던질 것이다.

방어의 모든 긍정적인 가치를 공격에서 파기하는 것, 모든 방어 수단에 대해 이를 파괴할 공격 수단이 있다는 것을 증명하는 것은 우리의 생각도 아니고 문제의 본질도 아니다. 공격과 방어 수단의 대립을 남김없이 살펴보는 것도 우리의 의도가 아니다. 우리의 의도는 하나하나의 문제를 다룰 때 방어에서 직접 나오지 않는 공격의 독특한 상황을 설명하는 것이다.

제2장 전략적 공격의 성질

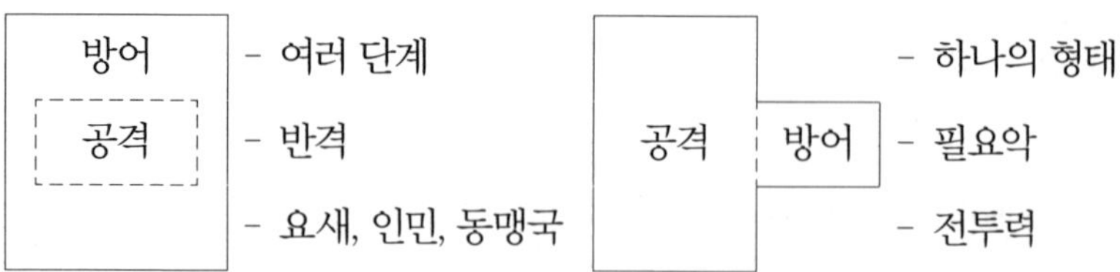

전쟁과 전략에서 방어는 많든 적든 공격의 요소를 포함하고 있다. 공격도 하나의 동질적인 전체가 아니라 방어와 끊임없이 섞인다. 방어는 반격 없이는 결코 생각할 수 없다. 하지만 공격은 그 자체로 완전한 개념이고, 이 개념에 방어는 필요하지 않다. 하지만 공격은 시간과 공간의 제약을 받기 때문에 방어로 넘어간다. 첫째, 공격은 휴식을 할 때 힘을 쓰지 않고 방어의 상태에 들어간다. 둘째, 전진하는 병력이 배후에 남겨 두는 공간은 공격이 아니라 특별한 방식으로 보호해야 한다.

전략적인 공격은 공격과 방어의 끊임없는 교대이자 결합이다. 이때의 방어는 단지 필요악이자 공격을 지체하게 만드는 힘이다. 공격에 들어 있는 방어적인 요소는 공격을 약하게 만든다. 공격을 하는 중에 방어를 해야 하는 순간이 방어를 하는 중에 공격적인 활동을 해야 하는 순간이다. 하루의 전투 후의 휴식에서 방어자는 잘 알고 엄선한 진지에 머무는 반면에, 공격자는 잘 모르는 행군 야영지에서 암중모색하게 된다. 방어자는 요새와 보급품 근처에 있지만, 공격자는 나뭇가지에 앉아 있는 새처럼 된다.

공격자가 빠지게 되는 불리함을 이해하고 이 불리함에 빠지지 않도록 대비할 수 있으려면, 모든 공격에 반드시 수반되는 방어를 고려해야 한다.

다른 관점에서 보면 공격은 그 자체로 완전히 동일한 성질을 갖는 것이다. 방어는 적을 얼마나 오래 기다려야 하는지에 따라 여러 가지 단계를 갖고, 이것은 본질적으로 각각 다른 형태이다. 공격에는 단 하나의 활동만 있고, 공격에 들어 있는 방어는 죽은 힘에 지나지 않기 때문에 공격에는 여러 가지 단계와 같은 것이 존재하지 않는다.

공격 수단의 범위는 대개 전투력으로만 존재한다. 전투력에는 요새도 계산해야 하지만, 그 영향은 전진하면서 점차 약해진다. 인민의 협력은 주민들이 자기 나라 군대보다 공격자에게 더 호의적인 경우에 공격과 결부해서 생각할 수 있다. 공격자도 동맹국의 도움을 받을 수 있지만, 그것은 특별하고 우연한 상황의 결과이고 공격의 성질에서 나오는 도움은 아니다. 즉 방어에서는 요새, 인민 무장 투쟁, 동맹국을 저항 수단의 범위에 넣었지만 공격에서는 그렇게 할 수 없다. 이런 것이 방어에서는 문제의 본질에 속하지만, 공격에서는 드물고 우연히 나타나는데 지나지 않는다.

제3장 전략적 공격의 대상

적을 쓰러뜨리는 것은 전쟁의 목표이고, 적의 전투력을 파괴하는 것은 수단이다. 적의 전투력을 파괴함으로써 방어는 공격이 되고, 공격은 적의 영토를 점령한다. 영토는 공격의 대상이다. 하지만 그것이 나라 전체일 필요는 없고 그 일부분, 즉 어느 지방, 지역, 요새 등으로 제한될 수 있다. 이 모든 대상은 평화 조약을 맺을 때 정치적으로 중요한 가치를 갖는다.

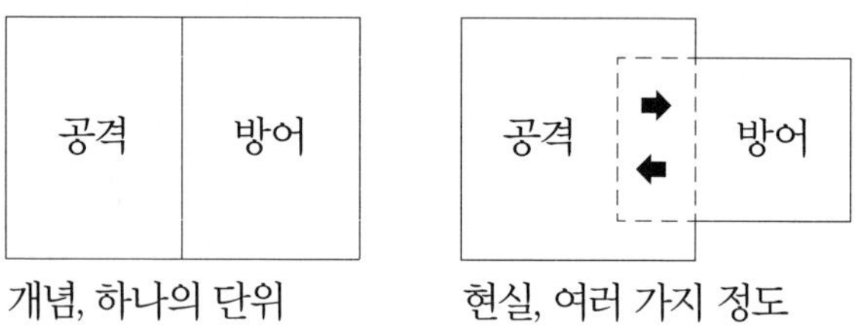

개념, 하나의 단위　　　　현실, 여러 가지 정도

전략적인 공격의 대상은 나라 전체의 점령부터 하찮은 장소의 점령까지 생각할 수 있다. 이 대상을 획득하여 공격을 멈추자마자 방어가 시작된다. 그래서 전략적인 공격은 분명하게 제한되어 있는 하나의 단위라고 생각할 수 있을 것이다.

하지만 현실에서는 공격의 목적과 수단이 방어로 흘러들고 방어 계획도 공격으로 흘러든다. 공격이 처음 생각 이상으로 나아갈 수도 있고 처음 생각보다 일찍 멈출 수도 있다. 방어가 부지중에 공격으로 넘어갈 수도 있고 공격이 부지중에 방어로 넘어갈 수도 있다. 공격에 대해 일반적으로 말할 때는 이런 여러 가지 정도의 차이에 주의를 기울여야 한다.

제4장 공격력의 감소

절대적인 병력의 감소는 다음과 같은 경우에 생겨난다.

1. 적의 영토를 점령하려는 공격의 목적에 의해서.
2. 전진하면서 배후에 있는 지역을 점령해야 하는 필요에 의해서.
3. 전투에서 입은 손실과 질병에 의해서.
4. 보급의 원천이 멀리 있기 때문에.
5. 방어자의 요새를 포위하기 때문에.
6. 긴장이 풀렸기 때문에.
7. 동맹 군대가 물러나기 때문에.

이 어려움의 반대편에는 공격을 강하게 할 수 있는 요소도 있다. 이런 여러 가지 요소가 상쇄되어 일반적인 결과를 낸다. 공격의 약화는 방어의 약화를 통해 상쇄될 수도 있다. 이때 양쪽의 선두 또는 결정적인 지점에서 대립하고 있는 병력만 비교하면 된다.

제5장 공격의 정점

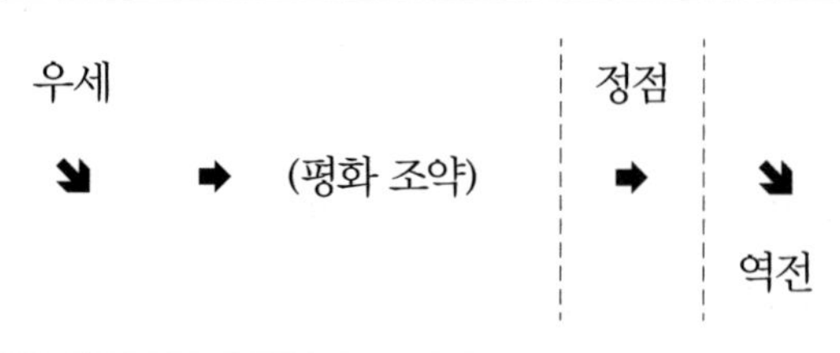

공격의 성과는 물리력과 정신력의 우세함의 결과이다. 우세함은 점차로 줄어든다. 공격자는 평화 조약에서 유리함을 구입하지만, 지금 즉시 전투력을 현찰로 지불해야 한다. 공격의 우세함이 평화 조약을 맺을 때까지 유지되면 목적은 이루어진다. 이 순간을 넘으면 급변과 역전이 일어난다. 이를 공격의 정점이라고 부르는데, 이를 알아내는 것은 매우 어렵다.

제6장 적의 전투력의 파괴

적의 전투력을 파괴할 때는 필요한 만큼만 파괴한다. 그렇지 않으면 되도록 많이 파괴한다. 이때 아군의 전투력을 보호해야 한다. 그래서 공격은 유리한 기회에만 적의 전투력을 파괴하게 된다.

전투력의 파괴	➡	직접적으로	전투
	➡	간접적으로	전투의 결합

적의 전투력을 파괴하는 유일한 수단은 전투이다. 적의 전투력의 파괴는 이중의 방식으로, 즉 전투라는 직접적인 방식과 많은 전투를 결합하는 간접적인 방식으로 이루어진다. 요새나 어느 지역의 점령도 적의 전투력의 파괴를 뜻한다. 이런 파괴는 더 큰 파괴로 이어질 수 있고, 그래서 간접적인 파괴이다.

적이 방어하지 않는 지역을 점령하는 것, 적이 방어하는 지역에서 적을 몰아내는 것도 적의 전투력의 파괴를 의미한다. 물론 이는 무력에 의한 본래의 성과는 아니다. 작은 이익만 주는 작은 노력이다. 제한된 상황과 약한 동기를 갖는 경우에만 적합하다.

제7장 공격 전투

공격 전투	포위, 우회, 도발	결전을 서둘러야
방어 전투	순수한 형태는 드물다	결전을 오랫동안

순수한 방어 전투는 드물다. 대부분의 전투는 절반의 접전이다. 공격 전투는 어떤 상황에서도 공격의 성격을 갖고 있다. 공격 전투의 중요한 특성은 포위와 우회를 하고 전투를 도발하는 것이다.

포위선을 치고 하는 전투는 그 자체로 크게 유리하다. 측면 공격, 즉 비스듬한 정면에서 하는 전투는 포위선을 치고 하는 전투보다 큰 효과를 낸다. 포위를 목적으로 하는 전략적인 전진이 처음부터 측면 공격과 결부되어야 한다는 것은 잘못된 생각이다.

방어 전투에서는 최고 지휘관이 결전을 되도록 오래 끌고 시간을 벌어야 하지만, 공격 전투에서는 결전을 서둘러야 한다.

공격 전투의 특징은 대부분 적의 상태에 대해 모른다는 것이다. 그것은 암중모색의 상황과 같다. 그럴수록 병력을 집결해야 하고 포위보다 우회를 해야 한다. 공격 전투에서 하는 추격은 전체 행동의 통합된 부분이 된다.

제8장 도하

대규모 결전이 있는 경우	공격자에게 유리하다
대규모 결전이 없는 경우	공격자에게 불리하다

1. 공격의 전진 방향을 가로막고 있는 큰 강은 공격자에게 매우 불편하다. 강을 건너면 공격자의 연결은 다리에 제한된다. 강의 저편에서 결전을 하거나 적이 공격자에게 대항할 것이 예상되면 공격자는 큰 위험에 빠지게 된다.

2. 방어자가 강을 방어하는데 실패해도 공격자는 강 근처에서 방어자의 저항을 겪는다.

3. 대규모 결전을 하지 않는 경우에는 많은 장애물과 우연이 공격자에게 불리한 영향을 미칠 것이다.

4. 하천 방어가 뚫려서 방어자가 큰 혼란과 파국에 빠지는 경우에만 하천 방어는 공격에 유리하다고 할 수 있다.

5. 1~4의 결론. 하천 방어는 대규모의 결전을 하지 않을 때 큰 가치를 갖는다. 대규모 결전을 예상할 수 있을 때 이 수단을 잘못 쓰면 하천 방어는 공격자에게 유리해질 수 있다.

6. 대규모 공격을 하는 공격자는 한 지점에서 양동을 수행하고 다른 지점에서 강을 건널 수 있다. 도하의 강행은 전략적으로만 이해해야 한다. 전술적인 도하의 강행은 드물게 일어나든지 전혀 일어나지 않는다.

7. 방어자가 강 이편에 있을 때 방어자에게 전략적으로 승리할 수 있는 길은 공격자가 방어자보다 먼저 강의 저편으로 건너든지 혹은 강 이편에서 전투를 하는 것이다.

8. 전체 결과. 대규모의 결전을 하지 않는 경우에는 도하의 결과와 도하

후의 상황에 대해 깊이 생각해야 한다. 대규모의 결전을 하는 경우에도 강은 늘 중대한 장애물이다. 강이 공격을 약하게 하고 방해하기 때문이다.

제9장 방어 진지의 공격

공격자로 하여금 공격을 하게 하든지 전진을 포기하게 하는 방어 진지만 진지의 목적에 합당하고, 공격력을 전부 또는 일부 소모하거나 무력하게 하는데 적합하다. 이런 방어 진지에 대해 공격자는 아무것도 할 수 없다.

공격자가 방어 진지를 공격하지 않아도 목표를 이룰 수 있다면 진지에 대한 공격은 잘못이다. 공격을 해야 한다면 방어 진지의 측면에 대한 기동을 생각할 수 있다. 이 수단이 효력이 없을 때만 적의 진지에 대한 공격을 하도록 결정하게 된다. 이때에도 진지를 측면에서 공격하는 것이 덜 어렵다. 어느 측면을 선택하는지는 적의 후퇴를 위협하는 방향으로 결정하게 된다. 그것이 공격적인 성질을 갖고 있기 때문이다. 하지만 견고한 진지에 있는 강력한 적을 공격하는 것은 어렵다. 이런 경우에 방어자의 위험은 매우 낮다.

방어 진지에 대한 공격과 보통의 전투는 다르다. 대부분의 전투는 양쪽이 만나서 치르는 전투, 즉 접전이기 때문이다.

제10장 보루 진지의 공격

보루와 보루의 효과를 하찮게 보는 것이 유행한 적이 있다. 하지만 그 유행을 보루의 개념 자체로 확대하는 것은 모순이다. 잘 준비되어 있고 많은 수비대로 잘 방어되어 있는 보루는 일반적으로 빼앗을 수 없는 지점이라고 보아야 한다. 이렇게 보면 보루 진지에 대한 공격은 매우 어렵다.

보루 진지에는 일반적으로 수비대 병력이 많지 않다. 하지만 지형상의 장애물이 있고 보루가 강력하다면 많은 병력도 막을 수 있다.

그래서 보루 진지를 공격하는 데는 매우 특별한 공격 수단이 필요하다. 보루가 급히 만들어졌고 완성되지 않았고 접근을 막는 장애물로 보강되어 있지 않은 경우에만, 또는 진지가 뼈대만 갖추고 절반쯤 완성된 폐허에 지나지 않는 경우에만 보루에 대한 공격을 추천할 수 있다.

제11장 산악 공격

주력 전투에서	산악 공격이 유리하다
하위 전투에서	산악 공격이 불리하다

하위 전투에서는 모든 상황이 불리하기 때문에 산악 공격은 필요악으로 간주할 수밖에 없다. 주력 전투에서는 공격자에게 유리하다.

첫째로 주력 전투를 하려고 산을 넘으려는 군대는 산의 고갯길로 적이 마지막 순간에 오는 것은 아닌지 하는 불안감을 갖게 된다. 그러면 적이 주력 전투를 유리하게 수행할 수 있다. 하지만 적이 전투의 마지막 순간에 산의 진지에 자리를 잡는다는 것은 매우 어렵다. 둘째로 적이 전위나 일련의 전초로 산을 일시적으로 방어할 수 있다. 이 수단도 방어자에게 이익을 주는 경우는 드물다. 셋째로 어느 진지는 산의 지형적인 특징 때문에 난공불락이 될 수 있다. 이런 진지에서는 방어자가 불리하지 않지만 그런 고원 진지는 드물다. 결론적으로 결정적인 방어 전투를 하는데 산은 매우 부적당하다.

방어자가 분산되어 있으면	집결된 병력으로 공격한다
방어자가 집결되어 있으면	우회하여 후퇴로를 막는다

1. 산에서는 군대가 대부분 길고 좁은 길에 막히게 된다. 그래서 전진을 할 때도 두세 개의 길로 하든지, 약간 넓은 정면을 두고 해야 한다.

2. 넓게 분산되어 있는 산악 방어에 대해서는 집결된 병력으로 공격하게 될 것이다. 산에서 큰 승리를 얻어야 한다면 적의 방어선을 뚫고 양쪽 측면에서 적을 물리치는 것이 적을 포위하는 것보다 낫다.

3. 적이 산에 다소 집결되어 있는 경우에는 우회를 하는 것이 중요하다. 정면에서 공격하면 방어자 중에 최강의 병력과 충돌하기 때문이다. 우회는 적의 후퇴로를 실질적으로 막는 것을 목표로 삼아야 한다. 적에게 후퇴로를 잃을지 모른다는 불안감을 주는 것이 산에서 승리를 기대할 수 있는 제일 빠른 길이다.

제12장 초병선의 공격

초병선에서 중요한 결전이 일어나면 공격자에게 유리하다. 초병선이 지나치게 길다는 것은 결정적인 전투의 모든 요구와 모순되기 때문이다.

결정적인 공격을 하지 않는 경우에 적의 주력 군대에 의해 점령되어 있는 선은 존중해야 한다. 하지만 하위 부대로 그 선을 수비하고 있는 경우에는 저항도 강력하지 않고, 승리의 결과도 큰 의미를 갖지 않는다.

공격자에게 전진할 생각도 없고 결전을 할 생각도 없다면 초병선식 배치에 대한 공격은 작은 성과를 내는데 그친다.

1. 기동은 방어의 성질보다 공격의 성질을 좀 더 많이 갖고 있다.

2. 기동은 대규모 전투로 수행되는 강력한 공격과 대립될 뿐만 아니라 대규모 전투의 수단에서 직접 나오는 공격과도 대립된다.

3. 기동의 개념은 양쪽의 균형으로부터 적에게 잘못을 저지르게 하여 생기는 효과를 뜻한다. 이는 체스 경기에서 선수를 두는 것과 같다.

4. 이것으로 얻는 이익은 아래와 같은데, 그것은 기동의 목표이기도 하고 근거이기도 하다.

a) 적의 식량 조달을 막든지 제한하려고 노력한다.

b) 적이 다른 군단과 결합하는 것을 방해한다.

c) 적의 군대와 적의 나라(또는 다른 군단)의 병참선을 위협한다.

d) 적의 후퇴로를 위협한다.

e) 우세한 병력으로 하나하나의 지점을 공격한다.

f) 적의 영토 일부나 창고 등을 얻는다.

공격자에게	포위	⇔	내선	방어자에게
병력이 적으면	집결	⇔	분산	병력이 많으면

g) 전략적인 기동에는 두 가지의 대립이 나타난다. 이 대립을 이루는 네 부분은 전략적인 기동에 필요한 요소이다. 첫째는 적에 대한 포위와 내선에 대한 행동의 대립이고, 둘째는 병력의 집결과 분산의 대립이다.

h) 포위 대 내선 행동에서는 어느 한쪽이 유리하다고 말할 수 없다. 한쪽의 노력은 다른 쪽의 노력을 불러일으키기 때문이다. 또한 포위는 공격과, 내선에 머무는 것은 방어와 동질적이기 때문이다. 포위는 공격자에게,

내선은 방어자에게 더 적합하다.

i) 집결 대 분산에서도 어느 한쪽이 유리할 수 없다. 병력이 많은 쪽은 병력을 초병 진지에 분산하고 전략적인 배치를 편하게 할 수 있다. 병력이 적은 쪽은 병력을 집결해야 하고, 집결하지 않아서 생기는 손실은 이동을 통해 메우려고 노력해야 한다. 큰 이동성은 높은 수준의 행군 기술을 전제로 한다.

j) 두 대립의 네 부분에서 잘못된 원칙과 규칙을 끌어내서는 안 되는 것처럼, 예를 들어 기지나 지형에 비현실적인 중요성을 부여해서도 안 된다. 기동의 이익이 적을수록 어느 장소와 순간에 일어나는 일이 그만큼 중요해지고, 일반적이고 큰 문제는 그만큼 덜 나타난다.

k) 기동에는 어떠한 규칙도 없다. 어떠한 일반 원칙도 행동의 가치를 규정할 수 없다. 개별적인 상황의 작은 부분에서는 훌륭한 활동, 정확성, 질서, 복종심, 대담성 등을 지닌 쪽이 이익을 얻을 수단을 발견할 수 있다. 기동에서 승리는 이런 특성에 달려 있다.

제14장 습지, 범람지, 숲의 공격

습지. 둑으로만 지날 수 있는 습지를 전술적으로 공격하는 것은 매우 어렵다. 습지의 폭이 넓기 때문에 포격으로 습지의 저편에 있는 적을 몰아낼 수도 없고, 습지를 건널 수단을 만들 수도 없다. 그래서 전략적으로는 습지에 대한 공격을 피하고 습지를 우회해야 한다.

범람지. 홀란트처럼 저지대의 지면이 범람 때문에 높아지면 그 지대의 저항은 절대적인 수준으로 높아질 수 있고, 모든 공격은 실패할 것이다. 홀란트는 1672년에 이를 증명했다. 1787년의 원정에서 프로이센 군대가 범람선을 뚫은 것은 범람지 때문이 아니라 홀란트의 정치적인 분열 때문이고, 이에 따라 명령 계통에 통일성이 없었기 때문이다. 홀란트 군대는 하를럼 호수에 대한 감시를 하지 않았다. 프로이센 군대는 방어선을 우회했고, 암스텔벤 초병 진지의 배후를 치고 들어와서 암스테르담 바로 앞까지 전진했다. 하지만 프랑스 군대가 1794년과 1795년에 보여 준 것처럼, 혹독하게 추운 겨울에는 이 방어 수단을 쓸 수 없다.

숲. 통과하는데 어려움을 겪는 숲도 방어의 힘을 크게 높인다. 러시아나 폴란드의 경우를 보면 알 수 있다. 이런 경우에는 식량 조달에서, 그리고 어디 있는지 모르는 적에 대해 수의 우세함을 확보하는 데서 어려움을 겪는다. 이는 공격자가 빠질 수 있는 최악의 상태에 속한다.

제15장 결전을 하는 경우에 전쟁터의 공격

대담성	공격 ➡	❙ 방어	신중함

1. 공격의 직접적인 목표는 승리이다. 방어자가 방어의 상태에서 갖는 모든 유리함을 공격자는 우세함으로 얻을 수밖에 없다. 대규모 결전에서 습격이나 기습은 배제된다. 공격하는데 물리적으로 우세하지 않은 경우에 이 불리함을 메우려면 정신력이 우세해야 한다.

2. 신중함이 방어의 정신이라면 대담성과 자신감은 공격의 정신이다. 방어자의 정신력이 약할수록 공격자는 그만큼 대담하게 행동할 것이다.

3. 양쪽의 주력 군대는 승리를 얻으려고 만나게 된다. 이는 공격에서 더 분명하게 나타난다. 공격자는 진지에 있는 방어자를 찾아내야 하기 때문이다. 이때 방어자가 공격자를 속이는 지점에 있으면, 방어자는 전투 준비를 하지 않은 공격자를 만나는 유리함을 얻게 된다.

4. 공격의 직접적인 대상이 공격을 하는 전쟁터 안에 있으면, 그 대상으로 향하는 길이 공격의 자연스러운 방향이 된다. 공격자에게는 승리자로서 그 대상에 도착하는 것이 중요하기 때문에 공격 방향도 대상 자체보다 적군이 가는 길로 향해야 할 것이다.

승리를 얻는 지역에 중요한 목표가 없는 경우에는 그다음으로 큰 목표와 적을 연결하는 지점이 중요하다. 공격자가 선택하는 길 중에 큰 상업 도로는 언제나 최고의 도로이다.

5. 대규모 결전을 하려는 공격자에게 병력을 분할해야 하는 이유는 전혀 없다. 그런데도 병력을 분할한다면 이는 상황의 불분명함에서 비롯된 잘못이다. 적도 병력을 나누었다면 이는 공격자에게 그만큼 유리해질 것이다. 하지만 이 경우에도 소규모의 양동, 즉 전략적인 위장 공격만 일어날 수

있는데, 이것이 공격자에게 유리하다면 이때의 병력 분할은 정당화될 것이다.

전술적인 포위 공격을 하도록 병력을 배치하려면 병력을 몇 개의 종대로 나누어야 한다. 이는 전술적인 성격에 머물러야 하는데, 대규모 공격을 하는 동안에 전략적인 포위를 하는 것은 병력의 완전한 낭비이기 때문이다. 이는 공격자의 병력이 많아서 승리를 의심할 수 없을 때만 용납할 수 있을 것이다.

6. 공격에도 신중함이 요구된다. 공격자도 배후와 병참선을 안전하게 해야 하기 때문이다. 이는 공격자의 전진 방식에 따라, 즉 군대 자체에 의해 자연스럽게 수행되어야 한다. 안전을 확보하는데 특별한 병력을 두어야 한다면 공격의 힘은 손실을 입을 수밖에 없다.

전진이 끝나고 공격자가 방어의 상태로 넘어가면, 공격자에게 배후의 보호는 그만큼 필요해지고 중요해진다. 공격자의 배후는 방어자의 배후보다 약하기 때문에 방어자는 공격으로 넘어가기 훨씬 전에, 심지어 나라 안으로 후퇴할 때에도 공격자의 병참선에 행동을 시작했을 수 있다.

제16장 결전을 하지 않는 경우에 전쟁터의 공격

1. 대규모 결전을 하지 않을 때는 일시적인 공격이나 전략적인 기동을 하게 된다.

2. 일시적인 공격의 목표를 이루는 대상은 다음과 같다.

a) 어느 지역. 식량 조달에서 유리해지고 점령 분담금을 걷고 평화 협상에서 배상을 얻는 것은 적의 어느 지역에서 나오는 유리함이다. 무공을 얻으려고 지역을 점령하기도 했다.

b) 적의 중요한 창고. 창고를 빼앗는 것은 방어자에게 손실을, 공격자에게 이익을 주는데 지나지 않는다. 공격자에게 제일 중요한 유리함은 방어자가 그 때문에 후퇴해야 하고 그 지역을 포기해야 한다는 것이다. 이런 경우에 창고의 점령은 직접적인 목표가 된다.

c) 요새의 점령. 적을 완전히 쓰러뜨리거나 적의 영토에서 중요한 지역을 점령할 수 없는 경우에 요새는 중요한 공격 대상이 된다. 중요한 요새에 대한 포위 공격은 전략적인 공격의 중요한 대상에 속한다. 중요하지 않은 요새에 대한 공격은 명예로운 원정을 하는 겉치레의 전투에 지나지 않는다.

d) 유리한 전투, 소규모 전투, 대규모 전투. 이런 전투는 전리품이나 무공을 얻으려고, 때로는 최고 지휘관의 명예심 때문에 일어난다. 물론 이런 전투도 평화 조약을 맺는데 큰 영향을 미치고, 상당히 직접적으로 목표에 이르게 한다. 이런 전투를 하려면 승리를 얻을 수 있는 전망이 높고, 전투에서 패배해도 지나치게 큰 모험을 하지 않는다는 것을 전제로 한다.

3. d)를 제외한 a)~c)는 중요한 전투 없이도 얻을 수 있다. 방어자의 병참선에 대한 위협, 진지의 점령, 지역의 점령, 약한 동맹국에 대한 위협 등을 할 수 있다.

4. 대규모 결전을 하지 않는 전쟁에서는 방어자도 공격자의 병참선에

반격을 하게 된다. 이런 전쟁에서는 공격자의 병참선을 약간만 공격하는 것도 충분한 효과를 낸다.

5. 이런 전쟁에서 공격자가 얼마나 모험적이고 과감하게 행동할지 예상하는 것은 방어자가 대규모 반격을 생각하고 있는지 예상하는 것보다 훨씬 어렵다. 이런 전쟁에서 방어자는 적극적인 행동을 할 생각이 없다. 대규모 반격은 보통의 방어보다 많은 것을 준비해야 한다. 결국 방어자는 먼저 조치를 내리고, 공격자는 후수의 유리함을 누린다.

제17장 요새의 공격

대규모 결전을 하는 경우	필요악
대규모 결전을 하지 않는 경우	수단이 아니라 목적

요새 공격의 전략적인 목적. 요새의 상실은 방어자의 방어를 약하게 한다. 공격자가 요새를 점령하면 요새를 창고나 저장고로 쓸 수 있고, 그 지역과 사영을 보호할 수 있다.

대규모 결전을 하는 원정에서 요새의 점령은 필요악으로 보아야 한다. 즉 절대로 포위하지 않을 수 없는 요새만 포위해야 한다. 대규모 결전을 하지 않는 (제한된 목표를 갖는) 원정에서 요새의 점령은 수단이 아니라 목적이다. 요새의 공격은 명확히 제한된 목표를 갖는 소규모의 점령이다. 요새는 평화 협상에서 배상을 얻는데 유효하게 쓰일 수 있다. 이때 포위는 공격을 강력하게 추진하는 수단이고, 파국을 수반하지 않는 행동이다.

포위할 요새의 선택. 이 선택의 근거는 요새를 편하게 유지하여 평화 협상에서 배상을 얻는데 적절한지 하는 것, 점령의 수단, 축성의 견고함, 무장의 정도와 수비대의 규모, 요새를 포위하는데 필요한 물자를 수송하는 것이 쉬운지 하는 것, 포위 공격을 엄호하는 용이함 등이다.

요새의 포위 공격을 엄호하는 방식. 포위 공격은 포위 보루선 또는 정찰선으로 엄호할 수 있다. 포위 보루선을 쓰면 포위자는 병력을 분할해도 힘이 약해지지 않지만, 포위자의 힘은 다른 방식으로 크게 약해진다. 포위 보루선이 다시 쓰이는 일은 별로 없을 것이다. 포위 보루선은 적이 매우 약하고 전쟁터가 매우 작을 때만 다시 쓰일 것이다. 포위 보루선 때문에 방어자가 반격을 할 수 없었던 예도 많다. 포위에 실패했을 경우에 포위 공격에 쓰인 대포를 건지는 것은 어렵다. 하지만 결전이 포위 지점에서 멀리 있으면 포위를 풀 수도 있고 대포를 수송할 수도 있다.

정찰대를 배치할 때는 포위하는 곳에서 얼마나 멀리 있어야 하는지를 주로 고려하게 된다. 이 문제는 대체로 지형에 의해, 또는 포위하는 부대가 연락을 유지하고 있어야 하는 다른 군대나 군단의 진지에 의해 결정된다. 그 밖의 경우에는 요새와 정찰대의 거리가 넓을수록 포위에 대한 엄호도 그만큼 잘할 수 있다.

제18장 수송대에 대한 공격

수송대에 대한 공격과 방어는 전술의 문제이기 때문에 전략적인 이유와 상황에 의해 일어나는 경우만 여기에서 다룬다.

몇 마일에 이르는 긴 수송대를 얼마 안 되는 병력으로 보호하는 것은 매우 어렵다. 수송대의 움직임이 느리고, 습격을 받으면 수송대는 정체되고 혼란에 빠진다. 그런 수송대를 어떻게 보호하고 방어할 수 있을까?

대부분의 수송대는 수송의 전략적인 의미 때문에 다른 어느 부대도 갖지 못한 월등하게 높은 수준의 안전을 누리고 있고, 약간의 방어 수단도 훨씬 큰 효과를 낸다. 즉 수송은 늘 군대의 배후에서 또는 적으로부터 먼 곳에서 수행된다.

수송대에 대한 공격에는 약간의 병력만 보낼 수 있고, 이 병력도 예비 병력의 보호를 받아야 한다. 마차가 무겁기 때문에 수송대를 공격하는 쪽에서도 마차를 운반하는 것이 어렵다. 대개 마차와 말을 잇는 밧줄을 끊고 말을 데려가고 탄약 마차를 폭파하는데 만족해야 한다. 그러면 수송대는 전체적으로 정체되고 혼란에 빠지겠지만 모든 것을 잃는 것은 아니다. 즉 수송대의 안전은 이런 일반적인 상황에 달려 있다.

또한 수송대를 습격당한 쪽의 군대나 군단이 수송대를 습격한 공격자에게 보복을 하고, 그래서 이 공격자가 나중에 패배하게 되는 위험이 있다. 전쟁사를 보면 수송대를 공격하지 못한 것은 대부분 수송을 하는 군대에게 심한 역습을 당할지 모른다는 두려움 때문이었다.

군대의 전략적인 상황이 그 군대를 부자연스러운 상태에 빠져들게 하고, 수송대를 측면이나 정면에 배치해야 하는 경우에만 수송대는 큰 위험에 빠질 것이다.

결론. 수송대에 대한 공격은 전술적으로는 쉬운 것처럼 보이지만, 전략적인 이유 때문에 성공할 확률이 높지 않다. 병참선을 포기할 수도 있는 예외적인 경우에만 큰 성공을 약속한다.

제19장 사영에 있는 적군의 공격

사영선은 방어 수단이 아니라 군대의 전투 능력을 떨어뜨리는 상태로 간주할 수 있다. 사영에 있는 적군의 공격은 특별한 목표라고 생각해야 한다. 그 공격이 매우 독특하고, 특별한 효과를 내는 전략적인 수단으로 간주될 수 있기 때문이다. 여기에서 문제로 삼고 있는 것은 넓은 사영지에 분산되어 있는 대규모 병력에 대한 공격이다. 이때 목표는 적군이 사영에 집결하지 못하도록 방해하는 것이다.

그래서 사영에 있는 적군의 공격은 집결하지 않은 군대를 습격하는 것이다. 습격이 성공하는 경우에 적은 예정된 집결 지점에 도달할 수 없고, 그곳보다 훨씬 먼 배후의 지점을 선택하지 않을 수 없다. 매우 급한 순간에 배후로 이동하는 것은 며칠의 행군 거리에 이르는데, 이때 생기는 지역의 상실이 공격자에게 첫 번째 유리함이다.

전진하는 종대의 방향에서 볼 때 제일 앞에 있는 적의 사영이 먼저 습격을 받게 될 것이고, 이런 활동에서 생겨나는 성과를 습격의 두 번째 유리함이라고 간주한다.

세 번째 유리함은 사영에 있는 적과 부분적인 전투를 벌여 적에게 큰 손실을 입히는 것이다. 공격자는 이 부분 전투에서 엄청난 전리품을 얻게 된다.

네 번째 유리함이자 공격 전체의 핵심은 적의 군대를 일종의 일시적인 분열 상태에 빠뜨리고 적의 용기를 꺾는 것이다. 적은 간신히 집결한 병력도 제대로 쓰지 못하고 더 많은 지역을 포기하게 된다.

사영에 대한 공격의 성공에도 크고 작은 많은 단계가 있다. 큰 성과를 낸 경우에도 이를 주력 전투에서 얻은 성과와 비교할 수는 없다. 그래서 이런 행동이 수행할 수 있는 것보다 많은 것을 얻으려고 해서는 안 된다. 일반적인 성과는 적의 의지와 성격이 약한 경우에만 나타날 수 있다. 이 수단을 막연히 생각하고 수행하면 이 수단을 잘못 쓰게 된다.

사영에 대한 전략적인 공격의 자연스러운 준비.

첫째, 적의 사영의 정면을 광범위하게 공격한다.

둘째, 여러 종대의 공격 방향은 집결하려는 하나의 지점으로 집중되어야 한다.

셋째, 하나하나의 종대는 단호하고 대담하게 적의 전투력을 공격해야 한다.

넷째, 먼저 진지를 마련하려는 적에 대한 전술적인 공격은 우회를 목표로 삼아야 한다.

다섯째, 하나하나의 종대는 모든 병과로 이루어져 있어야 하고 기병이 지나치게 적어서는 안 된다.

여섯째, 적의 사영선에서 이미 전투를 시작했고 본래의 습격으로 얻을 수 있는 것을 이미 얻었다면, 공격자의 종대는 모든 병과로 이루어진 전위 부대를 되도록 앞으로 보내야 한다. 이 전위 부대는 우회와 퇴로의 차단에서 중요한 수단이 되어야 한다.

일곱째, 공격이 실패할 경우에 대비하여 군대의 후퇴와 집결 지점을 정해 두어야 한다.

제20장 견제

견제는 적의 영토에 대한 공격이지만, 이는 보통의 공격과 달리 적의 병력을 중요한 지점에서 후퇴하게 만드는 것이다. 이것이 중요한 목적일 때만 견제는 특별한 종류의 행동이다. 하지만 견제도 공격 목표를 갖고 있어야 한다. 그 목표는 요새, 중요한 창고, 부유한 대도시, 수도, 다양한 형태의 점령 분담금이 될 수 있다. 자기 나라에 불만을 품고 있는 적의 백성을 지원하는 것이 될 수도 있다.

견제의 중요한 조건은 아군이 견제에 쓰는 병력보다 많은 적의 병력을 중요한 전쟁터에서 후퇴하도록 하는 것이다.

양쪽 군대의 병력이 많을수록 견제의 유리함은 줄어든다. 견제로 좋은 성과를 내야 한다면, 견제하는 병력이 많을수록 다른 상황도 그만큼 결정적으로 유리해야 한다. 그 상황은 아래와 같다.

a) 공격자가 주요 공격력을 줄이지 않고도 견제를 하는데 쓸 수 있는 전투력이 있을 것.

b) 방어자에게 매우 중요하면서 공격자의 견제로 위협을 받을 수 있는 지점이 있을 것.

c) 방어자의 정부에 불만을 품고 있는 백성이 있을 것.

d) 막대한 전쟁 물자를 내놓을 수 있는 부유한 지방이 있을 것.

견제를 하지 않았으면 휴식을 하고 있었을 적의 전투력이 견제를 받고 각성할 수 있다. 적이 민병대와 국민 무장 투쟁으로 전쟁을 준비하고 있다면, 전투력의 각성 상태는 극히 민감한 수준으로 높아질 것이다. 여기에서 새로운 저항력이 생기고, 이 힘은 곧바로 인민 전쟁으로 발전할 수 있다. 견제를 할 때는 이 점에 유의해야 한다. 그렇지 않으면 공격자는 스스로 자신의 무덤을 파게 된다.

전쟁에서 대규모 결전이 적게 나타날수록 견제는 그만큼 많이 할 수 있지만, 견제에서 얻을 수 있는 이익도 그만큼 줄어들 것이다. 견제는 지나치게 침체되어 있는 군대를 움직이는 수단에 지나지 않는다.

1. 견제는 실제의 공격을 포함할 수 있다. 그러면 견제를 수행하는 데는 대담성과 신속성이 필요하다.

2. 견제는 본래의 모습 이상이 될 수 있는데, 그러면 견제는 동시에 양동이 된다. 이때는 병력을 많이 분산해야 한다.

3. 견제를 수행하는 병력이 많고 후퇴로가 몇 개의 지점에 제한되어 있다면, 예비 병력을 두고 모든 병력이 이 예비 병력과 연락을 유지해야 한다.

제21장 침략

프랑스 사람들에게 침략은 적의 영토에 깊숙이 침입하는 공격을 뜻한다. 그들은 이 공격을 국경 부근에만 머무는 방법론적인 공격과 대립되는 것으로 보고 싶어 한다. 하지만 이는 용어의 비철학적인 혼란이다. 공격이 국경에만 머물러야 하는지, 적의 영토 깊이 전진해야 하는지는 그때그때의 상황에 따라 결정된다. 침략은 대부분의 경우에 강력하게 수행된 공격의 성공적인 결과에 지나지 않고, 그래서 공격과 다르지 않다.

[제22장][31] 승리의 정점

전쟁에는 대부분 승리의 정점이 나타난다. 승리는 대개 모든 물리력과 정신력의 합이 우세한 데서 나온다. 승리가 우세함을 높이기도 한다. 우세함은 승리 자체에 의해서도, 승리의 결과에 의해서도 증대된다. 승리의 결과는 대체로 일정한 시점까지만 나타난다. 이 시점은 가까이 있을 수도 있고 멀리 있을 수도 있다.

전쟁 행동이 계속되면 전투력은 전투력을 늘리고 줄이는 요소를 끊임없이 만나게 된다. 그래서 수의 우세함을 유지하는 것이 중요하다.

전진할(후퇴할) 때 병력이 늘어나는 원인.

1. 적의 전투력이 입는 손실. 그 손실이 대개 아군의 손실보다 큰 경우를 말한다. 패배한 후에 적의 전투력이 입는 손실은 패배하는 순간에 제일 많고 그다음에는 매일 줄어들 수 있다. 하지만 손실이 늘어날 수도 있다. 군대의 정신에 따라 훌륭한 군대에서는 손실이 줄어들고 나쁜 군대에서는 늘어난다. 정부의 정신에 따라 전투를 시작해야 할 때 중지하게 되고, 전투를 중지해야 할 때 시작하게 된다.

2. 적이 창고, 군수품 창고, 다리 등과 같이 죽은 전투력에서 입는 손실. 이는 적의 보급품이 그때 어디에 어떤 상태에 있는지에 달려 있다.

3. 적의 지역에 침입하는 순간부터 적은 어느 지방을 잃게 되고, 그 결과로 새 전투력을 공급받을 원천도 잃는 것. 이 유리함은 공격자의 전진과 함께 늘게 되어 있다.

4. 아군이 이 원천의 일부를 얻는 것. 이 유리함도 공격자의 전진과 함께 늘어난다. 3~4의 유리함은 전투 중인 전투력에게 매우 느리게 우회적으

---

31. 『전쟁론』 원전과 번역서에는 장의 번호가 없지만, 이 『전쟁론 강의』에서는 해설의 편의를 고려하여 장의 번호를 넣는다.

로 영향을 미친다.

5. 적의 내부적인 연락이 손상되고, 적의 모든 부대가 정상적인 이동을 하지 못하게 되는 것. 이 유리함도 공격자가 적의 영토에 상당한 정도로 침입해 있고, 적의 나라의 지형이 몇몇 지방을 주력 군대로부터 분리되도록 할 때 고려된다.

6. 적의 동맹 군대가 적과 동맹을 끊고, 다른 동맹국이 아군과 동맹을 맺는 것.

7. 적이 용기를 잃고 무기를 내려놓는 것. 6~7의 유리함은 전진과 함께 늘어난다.

병력이 줄어드는 원인.

1. 아군이 적의 요새를 포위, 공격, 감시해야 하는 경우, 또는 적이 승리하기 전에 같은 일을 하고 후퇴할 때 그 병력과 합치는 경우. 이는 병력의 감소를 일으키고, 이 불리함은 다른 모든 유리함을 상쇄할 수 있다. 병참선에 있는 요새에 대해 공격자는 수비대의 두 배 정도 되는 병력을 배치해야 한다. 중요한 요새를 단 하나라도 정식으로 포위하든지 굶주리게 하려면 소규모의 군대 병력이 필요하다.

2. 적의 영토에 있는 전쟁터는 아군을 곤경에 빠뜨리고 아군의 활동을 약하게 만든다. 공격자가 전쟁터에 남겨 두는 수비대의 병력은 전투력을 눈에 띄게 줄어들게 한다. 또한 전략적인 측면에서 병력의 감소를 느끼게 된다. 병참선이 보호되지 않은 경우에 적의 공격을 받으면 병참선을 잃을 수도 있다.

3. 아군은 아군의 근거지에서 멀어지는 반면에, 적은 자기 근거지 근처에 머물고 있다. 점령한 지방에서 얻은 자원으로 이 불리함을 줄이는 데는 한계가 있다. 전투력은 자기 나라에서 데리고 가야 하고, 예상치 못한 상황에서 신속하게 행동할 수 없게 된다. 군주가 군대를 직접 지휘하지 않으면

군주와 최고 지휘관 간의 서신 왕래로 시간이 낭비된다.

4. 정치적인 동맹 관계의 변화. 침입을 당한 나라를 다른 강한 나라들이 보호하려고 나설 수 있다. 정치적인 동맹 관계에서 작은 나라가 패배하여 나라의 존립이 위태롭게 되면, 많은 나라들이 그 나라의 후원자로 자처하고 나선다.

5. 적의 더 강력한 저항. 큰 위험 앞에서 적군은 크게 분발하는데, 승리한 나라는 긴장을 늦출 수 있다. 그러면 적의 저항이 훨씬 강력해질 것이다. 인민과 정부의 성격, 정치적인 동맹 관계 등으로 저항의 정도를 짐작할 수 있다. 4~5만으로도 계획은 매우 다양해질 수 있다.

별로 위험하지 않은 경우에 공격자는 무력감에 빠질 수도 있다. 승리를 유지하려면 긴장해야 한다. 그래서 공격 전쟁에서 승리를 이용하여 계속 전진하면 우세함이 줄어든다.

이 모든 것은 공존할 수도, 겹칠 수도, 반대 방향으로 나아갈 수도 있다. 병력을 강화하는 7과 약화하는 5만 진정한 대립 관계이고, 이 둘은 양립할 수 없으므로 상대를 배제한다.

그러면 무엇이 승리자에게 계속 전진하고 공격하도록 하는 것일까? 전투력의 우세함은 목적이 아니라 수단이다. 목적은 적을 쓰러뜨리든지 아니면 적의 영토 일부를 점령하는 것이고, 그래서 평화 조약을 맺을 때 유리한 상황을 만드는 것이다. 적을 (완전히) 쓰러뜨리려고 할 때도 전진하면서 아군의 우세함이 줄어드는 것은 감수해야 한다.

이 우세함은 수단이고 목적을 이루는데 투입해야 한다. 그런데 이 수단이 목적에 이르는 시점을 알아야 하고 그 시점을 넘지 않도록 해야 한다. 이것을 넘으면 유리함을 얻는 대신에 치욕을 당하게 된다.

적을 완전히 쓰러뜨리는 것을 목표로 삼을 수 없는 모든 원정 계획에서 자연스러운 목표는 공격에서 방어로 넘어가는 전환점이다. 이 목표를 넘는 것은 쓸데없는 노력이고, 반격을 불러일으키는 해로운 노력이 되기도 한다. 공격자의 전투 준비의 부족, 예상했던 성과에 반대되는 큰 손실이 병사들의 감정에 만드는 심각한 모순이 반격을 받는 제일 중요한 원인이다.

전세의 급격한 변화가 생기는 최대 위험은 공격이 약해지고 방어로 넘어가는 순간에 나타난다. 방어의 전쟁 형태의 우세함으로 간주되는 것은 다음과 같다.

1. 지형을 이용한다는 것.

2. 미리 준비한 전쟁터를 갖고 있다는 것.

3. 인민의 협력을 얻는다는 것.

4. 기다리는 유리함을 갖고 있다는 것.

여기에서는 4에 대해서만 언급한다.

점령한 지역에서 준비하는 방어에는 어느 정도 공격의 원리가 주입되고, 그래서 방어의 성질이 약해진다. 방어도 방어만으로 되어 있지 않고, 공격도 공격만으로 되어 있지 않다. 공격은 반드시 방어로 끝나야 한다. 이렇게 보면 공격을 약하게 하는데 이바지하는 것은 공격의 마지막 단계에 나타나는 방어 자체이다. 이것이 공격의 제일 큰 불리함이고, 이 때문에 공격이 나중에 더 불리한 방어 상태에 빠져들게 된다.

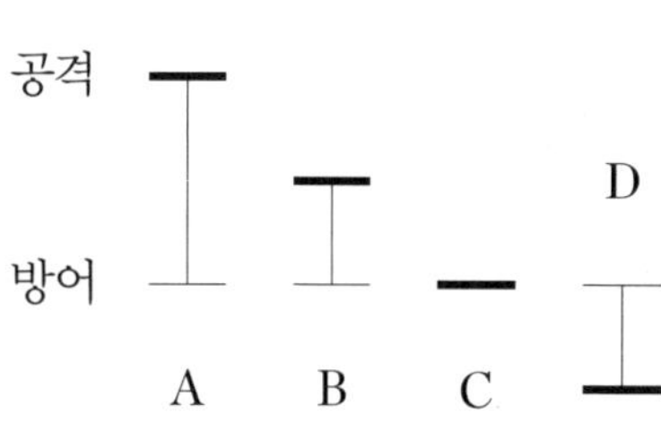

A는 공격이 방어에 비해 상당히 우세한 것을 나타내고, B는 공격이 방어에 비해 여전히 우세하지만 그 우세함이 줄어든 것을 나타낸다. C는 (전진이 진행되고 시간이 지나면서) 공격의 우세함이 완전히 사라진 것, 즉 공격 = 방어이자 공격과 방어의 균형 상태를 나타내는데, 이것이 승리의 정점이다. 이 시점을 넘으면 방어의 반격이 나타나고, D처럼 방어가 공격에 비해 우세해지는 역전 현상이 나타난다.

인간은 목표를 향해 어느 방향으로 움직일 수도 있고, 목표에서 눈을 돌리고 피할 수도 있다. 그런데 한 번 마음을 먹으면 전진을 멈추게 하는 이유가 있어도, 행동을 정당화하는 이유가 있어도 그것을 온전히 느끼지 못한다. 계속 전진하기 때문에 균형의 한계를 넘고 승리의 정점을 넘으면서도 그것을 의식하지 못한다. 그래서 원정 계획을 짤 때는 그 시점을 올바르게 확립하는 것이 공격자와 방어자 모두에게 중요하다. 그러면 공격자는 자신의 능력 이상으로 모험을 하지 않고, 방어자도 공격자가 그 시점을 넘어 불리함에 빠지는 경우에 그 불리함을 알아내고 이용하게 된다.

최고 지휘관은 제일 중요한 문제의 방향과 의의를 전쟁에 나타나는 직간접적인 수많은 상황에 대한 통찰을 통해 판단해야 한다. 적과 처음으로 충돌한 후에 적이 더 견고해지는지 아니면 작은 상처만 받아도 산산이 조각나는지, 적의 보급원이 고갈되고 병참선이 끊어질 때 적이 얼마만큼 약해지고 마비되는지, 적이 공격을 받은 고통 때문에 쓰러지는지 아니면 더 격분하는지, 다른 나라들이 공격에 대해 놀라고 있는지 아니면 격분하고 있는지, 적과 다른 나라들의 정치적인 관계는 어떠한지, 그 관계는 끊어지는지 아니면 맺어지는지 등을 추측해야 한다. 이런 문제는 복잡하고 다양하고, 그 문제에는 위험과 책임이 따른다.

제8편 전쟁 계획

제1장 전쟁의 이론과 정신의 관계

이 편은 전쟁 전체를 다루어야 하고, 제일 포괄적이고 중요한 본래의 전략을 논의한다. 즉 전략의 제일 깊은 영역으로 들어간다.

전쟁	단순하다 / 복잡하다	➡	이론	➡	정신에게 빛을

한편으로 전쟁 행동은 지극히 단순해 보인다. 최고 지휘관들은 전쟁을 지극히 간단하고 솔직하게 표현한다. 대규모의 전쟁 행동을 결투로 환원한다. 다른 한편으로 전쟁에는 수많은 상황과 경우의 수가 놓여 있다. 이론은 이것을 분명하고 완전하게, 즉 체계적으로 이해해야 한다. 전쟁 행동이 일어나는 충분하고 필연적인 이유를 설명해야 한다.

최고 지휘관의 높은 통찰력, 단순한 사고 방식, 전쟁 행동의 의인화 등이 훌륭한 전쟁 수행의 영혼이다. 영혼의 자유는 영혼이 전쟁의 지배를 받지 않고 전쟁을 지배해야 할 때 필요한 것이다.

이론이 밝은 빛으로 많은 문제를 비추면 지성은 문제를 잘 찾게 된다. 이론은 문제 간의 관계를 보여 주어야 하고, 중요한 것과 중요하지 않은 것을 구분해야 한다. 생각이 진실의 핵심(원칙)으로 모여들고 그 방향(규칙)을 유지하는 경우에 이론은 그것을 말해야 한다.

이론은 정신으로 하여금 문제의 기본적인 생각을 이해하도록 한다. 이론은 정신에게 문제를 해결하는 공식을 줄 수 없다. 정신의 활동을 필연성의 좁은 선으로 제한할 수도 없다. (이론은 개연성의 영역도 연구해야 하기 때문이다.) 이론은 정신에게 많은 문제와 상황을 보는 눈을 줄 것이고, 정신을 더 높은 수준의 행동 영역으로 보낼 것이다.

제2장 절대 전쟁과 현실 전쟁[32]

전쟁으로 무엇을 이루려고	목적	➡	전쟁의 방향, 수단, 힘
전쟁에서 무엇을 이루려고	목표		

전쟁으로 무엇을 이루려고 하는지, 전쟁에서 무엇을 이루려고 하는지 분명해야 한다. 전자는 목적이고, 후자는 목표이다. 이 근본 생각을 통해 전쟁의 모든 방향, 수단, 힘이 주어진다.[33]

전쟁의 목표는 적을 쓰러뜨리는 것이다. 양쪽 모두 똑같이 생각하고 있기 때문에 전쟁 행동을 중지한다는 것은 있을 수 없다. 한쪽이 쓰러지지 않는 한 휴식은 없다.

하지만 양쪽의 적대적인 원리는 기계의 내부적인 이유 때문에 멈추고 완화될 수 있다. 또한 대부분의 전쟁은 상대에 대한 분노의 표현에 지나지 않는 것처럼 보인다.

양쪽의 전면적인 폭발을 방해하는 장벽은 전쟁이 현실에서 맞닥뜨리는 많은 문제, 힘, 상황 등이다. 이것은 복잡하게 얽혀 있기 때문에 논리적인 일관성으로 설명할 수 없다. 인간은 전쟁에서 그때그때의 지배적인 생각과 감정에 따라 행동한다. 복잡한 상황에서 결단성과 일관성의 부족을 의식하지 못한다. 또 다른 장벽은 한 나라의 정치가와 군인들의 집단적인 무기력이다. 이런 모순이 원인이 되어 전쟁은 본래의 순수한 개념에서 멀어지고, 내부적인 연관성을 갖지 않는 반쪽짜리 행동으로 전락한다.

32. 클라우제비츠의 절대 전쟁과 현실 전쟁의 개념을 섬멸전과 소모전의 개념으로 '완성'하려고 한 저서가 델브뤼크의 『병법사』이다.

33. 전쟁의 절대 형태에서는 '전쟁으로' 이루려고 하는 것과 '전쟁에서' 이루려고 하는 것이 완전히 동일시된다(라우헨슈타이너 1980, 235).

절대 전쟁	순수 개념	끊임없이	필연성	전쟁 같은	➡ 이론
현실 전쟁	낯선 것에	중지, 휴식	개연성	전쟁 같지 않은	

그런데 프랑스 혁명 이후에 나폴레옹이 전쟁을 절대 전쟁의 수준으로 올려놓았다. 적이 쓰러질 때까지 전쟁이 끊임없이 이루어졌고, 반격도 끊임없이 이루어졌다.

전쟁이 절대 전쟁의 모습만 띠어야 하는지 또는 다른 모습을 띨 수 있는지 분명히 해야 한다. 전자로 결정하면 이론은 필연성에 더 접근할 것이다. 그러면 알렉산드로스 대왕과 고대 로마의 몇몇 원정 이래 나폴레옹에 이르기까지 수행된 모든 전쟁은 비난해야 한다. 하지만 절대 전쟁의 이론에 반대되는 종류의 전쟁이 다시 나타나면 그 이론은 무력해질 수 있다.

그래서 전쟁이 어떤 모습을 띠어야 하는지는 순수한 개념에서 끌어낼 수 없다. 전쟁에 들어오는 낯선 것, 즉 전쟁의 어려움과 마찰, 인간 정신의 비일관성, 불확실함, 절망을 고려해야 한다. 전쟁(의 모습)은 전쟁에 앞선 이념, 감정, 상황에서 비롯된다. 전쟁이 나폴레옹의 절대 전쟁의 모습을 갖게 된 때에도 그러했다.

전쟁이 맞닥뜨리는 현재의 지배적인 상황 때문에 전쟁이 지금과 같은 모습을 보이는 것이다. 전쟁은 가능성과 개연성, 행운과 불운의 도박에 뿌리박고 있다. 그래서 전쟁은 때로 전쟁 같을 수도 있고, 때로 전쟁 같지 않을 수도 있다.

이론은 이 모든 것을 인정해야 한다. 하지만 전쟁의 절대적인 형태를 제일 높은 곳에 두고 그것을 일반적인 표준점으로 쓰는 것은 이론의 의무이다. 그러면 전쟁에서 무엇을 할 수 있는지 또는 무엇을 해야 하는지 하는 문제에서 이론에 접근하게 된다.

우리의 생각과 행동의 바탕이 되는 근본 생각은 절대 전쟁과 현실 전쟁의 구분이다.[34]

34. 클라우제비츠의 절대 전쟁과 현실 전쟁을 오스굿(1957)은 무제한 전쟁과 제한 전쟁으로 재개념화했다.

제3장 A. 전쟁의 내부적인 연관성

1 절대 형태	전체	하나의 결과	본질에서	근본 개념	➡ 이론
2 현실 형태	부분	여러 결과	역사에서	제한된 의미	

1. 전쟁의 절대적인 형태에서는 모든 것이 필연적인 이유에 의해 일어나고 빠르게 상호 관련을 맺는다. 1에서는 단 하나의 마지막 결과만 존재한다. 즉 끝이 좋으면 다 좋다. 전쟁은 나눌 수 없는 하나의 전체이고, 부분은 전체와 맺는 관계에서만 가치를 갖는다.

2. 전쟁의 현실 형태에 따르면 전쟁은 그 자체로서 존재하는 하나하나의 결과로 이루어져 있고, 이전의 승리는 다음의 승리에 영향을 미치지 않는다. 결과의 합계만 중요하다.

1이 진실이라는 것은 문제의 본질에서, 2가 진실이라는 것은 역사에서 찾을 수 있다. 전쟁의 폭력적인 요소가 줄어들수록 2는 그만큼 많이 나타난다. 전쟁에는 1의 전쟁만 있는 것도 아니고 2의 전쟁만 있는 것도 아니다.

1에서는 전쟁을 처음부터 하나의 전체로서 이해해야 하고, 첫 단계부터 전쟁의 목표를 생각해야 한다. 2에서는 부차적인 유리함을 얻을 목적을 갖고 있어도 그 유리함을 추구할 수 있다. 이론에는 1과 2 모두 있어야 한다. 1은 근본 개념으로서 모든 것의 바탕으로 삼을 것을 요구하고, 2는 그때그때의 상황에 따라 정당화되는 제한된 의미로 쓸 것을 요구한다.

프리드리히 대왕이 1742년, 1744년, 1757년, 1758년에 슐레지엔과 작센에서 오스트리아를 공격한 것은 2에 해당한다. 오스트리아를 쓰러뜨릴 수는 없지만 시간을 벌고 힘을 얻을 수 있었다. 프로이센은 1806년에, 오스트리아는 1805년과 1809년에 프랑스를 공격했다. 이때 목표는 프랑스 군대를 라인 강 너머로 몰아낸다는 매우 소극적인 것이었다. 그런데도 이것은 1에 해당한다.

18세기	슐레지엔 전쟁	정부만의 일	군주의 위임	➡ 이론
19세기 초	나폴레옹 전쟁	인민의 참여	전쟁의 신	

두 상황의 차이는 분명하다. 18세기의 슐레지엔 전쟁 시대에 전쟁은 순전히 정부의 일이었고, 인민은 눈에 띄지 않는 도구로만 전쟁에 참여했다. 19세기 초에는 두 나라의 인민이 중요해졌다. 프리드리히 대왕에게 대항한 최고 지휘관들은 그 나라 군주의 위임을 받고 신중하게 행동했다. 오스트리아와 프로이센의 적은 한마디로 전쟁의 신 그 자체였다.[35]

이론은 정치적인 역학 관계에서 생겨나는 전쟁의 성격과 윤곽을 개연성에 따라 이해해야 한다. 전쟁의 성격이 절대 전쟁에 접근할수록, 전쟁이 많은 나라를 포괄할수록, 전쟁 사건의 연관성은 그만큼 긴밀해지고, 전쟁의 마지막 단계를 생각하지 않고 첫 번째 단계를 수행할 수 없게 되는 일은 그만큼 많이 필요해진다.

---

35. 프리드리히 대왕은 현실 전쟁의 대가로서, 나폴레옹은 절대 전쟁의 대가로서 클라우제비츠에게 많은 가르침을 주었다(루바스 1986a 참조).

전쟁에 정치적으로 요구하는 것이 달라서, 각 나라의 입장과 상황이 달라서, 각 정부의 의지, 성격, 능력 등이 달라서 양쪽이 전쟁에서 쓰는 수단은 달라진다. 그래서 적의 저항, 즉 적의 수단과 목표를 확실하게 예측할 수 없게 된다.

양쪽 군대는 상대보다 우세해지려고 경쟁하고, 이 때문에 상호 작용이 생겨난다. 이것은 양측의 노력을 무제한의 수준으로 끌어올릴 것이다. 그러면 정치적인 요구를 고려하지 않게 되고, 수단과 목적의 관계는 사라진다. 하지만 이런 무제한의 노력은 그것에 반발하는 국내 상황에 의해 실패할 것이다. 전쟁은 중도(中道)로 돌아간다. 중도에서는 전쟁의 정치적인 목적을 이루는데 충분할 만큼의 병력만 쓴다. 일체의 절대적인 필연성을 버리게 된다.

이 경우에 지성의 활동은 엄밀한 과학의 영역을 떠나 넓은 의미의 기술이 된다. 많은 문제와 상황에서 제일 중요하고 결정적인 것을 재능 있는 판단력으로 찾아내는 능력이 된다. 이 판단력이란 희미한 상태에 있는 모든 힘과 상황을 비교하는 것이다.

전쟁을 하는데 어느 정도의 수단을 투입해야 하는지 알고 싶으면 아군과 적군의 입장에서 전쟁의 정치적인 목적을 고려해야 한다. 즉 적군과 아군의 힘과 상황, 적의 정부와 인민의 성격과 능력, 적과 다른 여러 나라의 동맹 관계, 전쟁이 이 동맹 관계에 미칠 영향을 고려해야 한다.

여러 시대와 많은 나라의 일반적인 상황을 살펴보면 복잡한 문제를 일반화하고 추상화하여 다룰 수 있다. 타타르 민족, 고대의 공화국, 중세의 영주와 상업 도시, 18세기의 왕, 19세기의 군주와 인민은 모두 다른 방식으로 전쟁을 수행했다.

1 타타르 민족	이동 생활
2 고대의 공화국	소규모, 정치적 균형
로마	동맹 → 영토 확장 → 점령 전쟁
알렉산드로스 대왕	소규모의 완벽한 군대
3 중세 시대	봉건 군대, 연합 관계
상업 도시, 공화국	용병의 전쟁
유럽의 변화	봉신, 용병, 상비군의 공존
4 18세기	군대와 인민의 분리
5 19세기	프랑스 혁명, 인민의 참여

1. 타타르 민족은 늘 살 곳을 찾아 이동했다. 그들의 인구는 많았다. 그들의 목표는 적을 정복하든지 추방하는 것이었다.

2. 고대의 공화국은 소규모였다. 천민을 군대에서 제외하여 군대의 규모는 더 작았다. 작은 공화국들이 균형을 이루었고, 이런 상태는 큰 전쟁이 일어나는 것을 막았다. 전쟁은 적의 평야를 황폐하게 만들고 몇몇 도시를 점령하는 것으로 제한되었다.

로마의 영토는 동맹으로 확장되었고 이웃 민족들을 하나로 융합했다. 로마는 남부 이탈리아 전체로 확장된 후에 점령 전쟁을 시작했다. 로마의 지배는 아시아와 이집트로 넓혀졌다.

알렉산드로스 대왕은 내부적인 완벽함을 갖춘 소규모의 탁월한 군대로 아시아의 여러 나라들을 무너뜨렸다. 스스로 자신의 용병 대장이었던 대왕만이 그것을 그처럼 빠르게 이룰 수 있었다.

3. 중세 시대의 크고 작은 군주국은 봉건 군대로 전쟁을 수행했다. 봉건 군대는 봉신들의 연결로 이루어져 있었다. 그들은 법적인 의무나 자유 의지에 의한 계약으로 묶여 있었다. 전쟁의 목적은 적을 응징하는 것이었다. 적의 무리를 쫓아내고 성에 불을 지르고 나면 사람들은 고향으로 돌아갔다.

큰 상업 도시와 작은 공화국은 용병을 고용했다. 용병은 비용이 많이 들기 때문에 제한된 범위에서 쓸 수밖에 없었다. 용병은 전투의 흉내만 냈고, 전쟁은 상업의 문제가 되었다.

봉건 제도는 영토에 대한 지배로 축소되었고, 신분상의 의무는 물질상의 의무로 바뀌었고, 봉건 군대는 용병이 되었다. 그 후에 단기간 고용되던 군인은 상설 용병이 되었다. 그다음에 상비군이 등장했다. 앙리 4세 시대에는 봉신, 용병, 상비군을 함께 발견하게 되었다.

유럽은 작은 나라들로 분열되어 있었다. 일부는 불안한 공화국이었고, 일부는 불안정한 소규모 군주국이었다. 이런 나라는 느슨하게 연합된 여러 세력의 집합체였다. 이런 혼돈에서 나라의 힘은 주로 국내의 통일을 완성하는데 집중되었다. 외부의 적에 대한 전쟁은 별로 없었고, 있다고 해도 그런 전쟁은 그 나라의 내부적인 결합의 미숙함을 보여 주는 것이었다.

영국 대 프랑스의 전쟁은 외부의 적에 대한 전쟁으로서 제일 먼저 나타난 것이다. 하지만 프랑스는 군주국이 아니라 공작령과 백작령의 집합체라고 보아야 한다. 영국은 많은 통일성을 갖추었지만 봉건 군대로 전쟁을 했다. 프랑스는 루이 11세 시대에, 스페인은 가톨릭의 페르난도 5세 시대에 국내의 통일을 시작했다. 카알 5세 시대에 대(大)스페인 군주국이 생겨났다. 그 후에 이 대국은 스페인과 오스트리아로 분열되었다. 오스트리아는 보헤미아와 헝가리를 합병하여 강대국으로 등장했고 독일의 영주 연합을 자신의 영향력 아래에 두었다.

17세기 말의 루이 14세 시대는 상비군이 역사상 최고 수준에 도달한 때였다. 유럽의 많은 나라들이 통일을 이루었고 군주제로 단순화되었다. 정부가 나라를 대표하는 통일체를 이루었다. 강력한 군대와 독립적인 의지를 갖고 있으면 전쟁을 할 수 있었다.

4. 이때 세 명의 알렉산드로스 대왕이 등장했다. 구스타브 아돌프, 카알 12세, 프리드리히 대왕이 그들이었다. 그들은 소규모의 완벽한 군대로 작은 나라를 큰 나라로 만들었고, 나폴레옹의 선구자라고 볼 수 있다.

군대는 국고로 유지되었지만, 국고는 인민에게 속하지 않았다. 다른 나라와 맺는 관계는 인민의 이해와 무관했다. 전쟁은 정부만 하는 일이 되었고, 인민은 정부에서 분리되었다. 정부는 유랑자들을 이용하여 전쟁을 했고, 전쟁의 수단은 제한되었다.

이때는 적의 국력도, 적군의 규모도 알고 있었다. 목표를 낮게 잡고 모험을 하지 않았다. 군대는 비용이 많이 드는 조직이기 때문에 파괴되지 않도록 조심스럽게 다루어야 했다. 결정적인 유리함을 얻을 수 있을 때만 군대를 쓰는 것이 최고 지휘관의 기술이었다. 전쟁은 본질상으로 시간과 우연에 의해 결정되는 도박이 되었다. 의미상으로는 좀 더 강력한 방식으로 협상하는 약간 강력한 외교에 지나지 않았다.

전쟁이 제한된 형태를 보이는 것은 전쟁이 의지하고 있는 협소한 토대, 즉 유럽의 정치적인 균형 때문이었다. 정치적인 이해 관계가 정교한 체계로 완성되었고, 유럽에서 대포 소리를 듣게 된다면 모든 정부가 그 전쟁에 관여하게 되었다. 그래서 새로운 알렉산드로스 대왕은 좋은 칼 외에 좋은 펜도 갖고 있어야 했다.

적의 영토를 빼앗고 황폐하게 하는 것은 시대 정신과 맞지 않게 되었고 쓸데없는 난폭함이 되었다. 전쟁은 수단뿐만 아니라 목표 상으로도 군대 자체로 제한되었다. 요새와 진지가 나라 안의 나라를 이루었고, 그 안에서 전쟁의 격렬함은 완화되었다. 전쟁은 정부만 하는 일이 되었고 인민의 관심에서 멀어졌다. 전투를 피할 수 있는데 승리에 대한 욕구 때문에 전투를 하려는 사람은 무모한 최고 지휘관으로 간주되었다. 전쟁의 폭력성은 제한되었다.

5. 프랑스 혁명이 일어났을 때의 상황이 이러했다. 하지만 이제 엄청난 규모의 군사력이 나타났다. 전쟁이 자신을 시민이라고 생각하는 3000만 명의 인민의 일이 되었다. 전쟁의 수단과 노력에서 한계가 사라졌다. 전쟁은 엄청난 힘으로 수행되었고, 이 힘을 막을 것은 없었다.

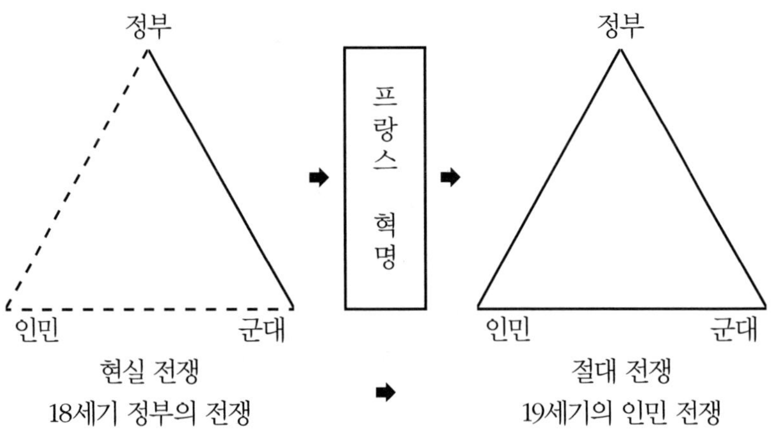

프랑스 혁명 전쟁이 끝나기 전에는 사람들이 그 전쟁의 격렬함을 잘 알지 못했다. 나폴레옹의 손에서 이 모든 것이 완전한 모습으로 변했다. 전체 인민의 힘에 바탕을 둔 프랑스의 군사력이 유럽을 파괴했다. 곧바로 이에 대한 반응이 일어났다. 스페인, 오스트리아, 러시아 등이 인민, 예비대, 민병대로 병력을 늘렸다. 독일에서는 프로이센이 먼저 전쟁을 인민의 문제로 만들었고, 독일의 다른 나라들도 프로이센을 따랐다. 독일과 러시아는

1813년과 1814년의 전쟁에 100만 명의 병력으로 프랑스에 대항했다.[36]

이런 상황에서 전쟁을 수행하는 힘도 달라졌다. 전쟁은 새로운 방식에 따르게 되었다. 전쟁터는 8개월 만에 오더 강에서 센 강으로 옮겨졌다. 파리는 머리를 숙여야 했고, 나폴레옹은 무릎을 꿇어야 했다.

나폴레옹의 등장 이래 전쟁은 다시 전체 인민의 일이 되었다. 전쟁이 그 본질과 절대적인 완전함에 접근하게 되었다. 전쟁의 수단에서 한계가 없어졌다. 전쟁의 목표는 적을 쓰러뜨리는 것이 되었다. 적이 쓰러져야 전쟁을 멈출 수 있었다. 전쟁의 폭력적인 요소는 일체의 관습적인 한계에서 벗어났고 본래의 격렬한 힘으로 폭발했다.[37] 그 원인은 인민이 전쟁에 참여한데 있다. 이 참여는 프랑스 혁명이 다른 나라들의 내부에 일으킨 상황에서, 다른 모든 나라의 인민이 프랑스 인민에게 위협을 느낀 데서 비롯되었다.

이런 상황이 앞으로 계속될지, 정부와 인민이 다시 분리될 것인지 판단하는 것은 어려울 것이다. 다만 (이전의 어떤) 한계는 할 수 있는 것을 의식하지 못할 때만 존재한다. 한계는 한 번 무너지면 다시 짓는 것이 어렵다.

모든 시대에는 그 시대의 독특한 전쟁이 있고, 그래서 독특한 전쟁 이론이 있을 것이다. 하지만 전쟁은 어느 정도 일반적인 성격을 띠고 수행될 수도 있다. 최근의 전쟁은 절대적인 폭력성의 수준에 이르렀고 보편타당한 필연성을 많이 담고 있다.

이론은 절대 전쟁과 현실 전쟁을 모두 다루어야 한다. 이론은 관념적

---

36. 앞의 그림은 이 변화를 나타낸다. 앞의 그림에서 왼쪽은 프랑스 혁명 전쟁 이전의 유럽의 상황을, 오른쪽은 그 이후의 상황을 나타낸다. 왼쪽의 상황에서 전쟁은 정부만의 전쟁이었고 왕조 간의 전쟁이었다. 하지만 혁명을 겪은 프랑스와 그에 맞선 유럽의 다른 나라에 엄청난 군사력이 나타났다. 인민과 군대, 인민과 정부의 긴밀한 관련이 있느냐 없느냐 하는 것을 그림에서 실선(—)과 점선(…)으로 표현했고, 이를 통해 절대 전쟁과 현실 전쟁을 표현했다.

37. "나폴레옹의 전투는 자연력의 폭발과 같았다. 나폴레옹은 전쟁의 모든 관례를 무너뜨렸다."(로트펠스 1944, 133 참조)

인 상황이 아니라 현실의 상황에서 일어나는 전쟁에 대한 이론이어야 한다.

전쟁의 목표와 수단은 그때의 상황에 나타나는 개별적인 특성에 따른다. 하지만 그 특성은 그 시대와 일반적인 상황의 성격을 담을 것이다. 그리고 그 특성은 전쟁의 본질에서 나올 수밖에 없는 일반적인 결론을 따르게 된다.

제4장 적의 중심의 파괴와 시간의 관계

전쟁의 목표는 개념상으로 늘 적을 쓰러뜨리는 것이어야 한다. 이것이 논의의 출발점이 되는 근본 개념이다.

적을 쓰러뜨리려고 적의 나라 전체를 점령할 필요는 없다. 수도를 점령하는 것으로 충분한 경우도 있다. 다른 경우에는 한 나라를 완전히 점령하는 것도 충분하지 않다.

즉 전쟁의 성과는 일반적인 원인으로 결정되지 않는다. 전쟁을 하는 양쪽 나라의 지배적인 정치 상황을 주의 깊게 살펴보아야 한다. 이 상황에서 힘과 이동의 중심이 생기고, 모든 것은 이 중심에 달려 있다. 모든 공격은 중심을 향해야 한다. 작은 것은 큰 것에, 중요하지 않은 것은 중요한 것에, 우연적인 것은 본질적인 것에 달려 있다.

중심	신속한 공격	⇔	방법론적 공격
군대	결정적 승리		1 요새의 점령
수도	전투력의 소모		2 보급품 축적
동맹국	정치적 상황의 안정		3 보루 건설
이해 관계			4 병사들의 휴식
지도자의 인격			5 증원 병력

알렉산드로스 대왕, 구스타브 아돌프, 카알 12세, 프리드리히 대왕의 중심은 군대에 있었다. 군대를 쓰러뜨리면 그들의 역할도 끝났다. 내부의 당파에 의해 분열되어 있는 나라에는 중심이 대부분 수도에 있다. 강대국에 의존하는 작은 나라에는 중심이 동맹국의 군대에 있다. 동맹 관계에서

중심은 이해 관계의 통일에 있다. 인민 무장 투쟁에서는 중심이 지도자의 인격과 여론에 있다. 공격은 이 중심을 향해야 한다.

적의 전투력을 제압하고 파괴하는 것이 제일 확실한 출발점이고 매우 중요한 것이다. 경험에 따르면 다음의 상황이 적을 쓰러뜨리는데 특히 중요하다. 적의 군대에 중심이 있으면 군대를 파괴한다. 적의 수도에 중심이 있으면 수도를 점령한다.[38] 적의 동맹국이 중요하면 동맹국을 공격한다. 어느 한 나라의 점령으로 다른 나라들도 점령할 수 있다면, 그 한 나라를 쓰러뜨리는 것이 전쟁의 목표이어야 한다.

여러 개의 중심을 하나의 중심으로 환원할 수 없는 경우에는 두 개 이상의 전쟁을 생각해야 한다. 이런 상황에서 아군의 전투력은 적의 전투력에게 결정적인 승리를 얻을 수 있을 만큼 충분해야 한다. 또한 적이 균형을 회복하지 못할 정도의 승리를 얻는데 필요한 전투력을 소모할 수 있을 만큼 충분해야 한다. 또한 아군의 정치적인 상황이 안정되어 있어야 한다. 그래서 그 승리로 새로운 적을 만들지 않도록 해야 한다.

일정한 힘으로 1년에 할 수 있는 것을 2년에 끝내는 데는 절반의 노력과 힘으로 충분하다는 생각이 있다. 이것은 잘못된 생각이다. 시간에서 유리함을 얻는 쪽은 대개 패배한 쪽이다. 심리학의 법칙에 따를 때 그러하다. 시기, 질투, 불안 등은 패배자의 편이 된다. 그것은 패배자의 동맹국을 자극하고 승리자의 동맹국이 약해지고 분열되도록 한다. 추격을 할 때는 많은

---

38. 스트레이천의 『전쟁론 이펙트』를 번역한 허남성은 이 부분에서 '수도'를 '자본'이라고 번역하는 오류를 범했다. 그래서 '자본'이 들어간 몇 개의 번역 문장이 전혀 이해할 수 없게 되어 있다. 같은 페이지에서 프랑스의 수도 '파리'를 언급했으면서 어떻게 수도를 자본이라고 번역한 것일까? capital에 자본뿐만 아니라 수도라는 뜻이 있다는 사실을 몰랐던지, 『전쟁론』의 이 부분을 읽지 않았기 때문일 것이다. 영어와 달리 독일어에는 수도(Hauptstadt)와 자본(Kapital)이 다른 단어이기 때문이다. 허남성의 '자본' 번역 부분에 대해서는 스트레이천 2008, 168 참조.

힘을 소모하게 된다. 병력의 보충은 충분하지 않고, 식량을 얻는 노력은 곤란해지고 불충분해질 수 있다. 그래서 시간은 상황의 급격한 변화를 불러올 수 있다.

시간은 점령한 자에게도 중요한 힘이 될 수 있다. 하지만 이것은 패배한 쪽이 더 이상 반격을 할 수 없고 형세를 역전할 수 없는 경우에만 해당한다.

점령은 되도록 신속하게 완수해야 한다. 점령하는데 많은 시간을 들이는 것은 점령을 어렵게 한다. 병력이 충분하다면 그 지역을 중간의 휴식 없이 단숨에 점령해야 한다. 공격 전쟁에서는 신속하게 끊임없이 행동해야 한다. 이에 반해 느리고 확실하고 신중한 방법론적인 점령은 바람직하지 않다. 물론 가까운 목표에 도달하는 것은 먼 목표에 도달하는 것보다 쉽다. 작은 도약은 큰 도약보다 쉽다. 하지만 넓은 도랑을 뛰어넘으려고 하는데, 먼저 절반만 뛰고 그다음에 나머지 절반을 뛰려고 하는 사람은 없을 것이다.

이른바 방법론적인 공격 전쟁 개념의 바탕을 이루고 있는 것은 다음과 같다.

1. 공격자가 전진하는 도중에 있는 적의 요새를 점령하는 것.
2. 필요한 보급품을 쌓아 두는 것.
3. 창고, 다리, 진지 등으로 쓰이는 중요한 지점에 보루를 쌓는 것.
4. 겨울에, 휴식을 하는 사영에서 병사들이 휴식을 하도록 하는 것.
5. 다음 해의 증원 병력을 기다리는 것.

이 모든 목적은 공격 전쟁을 좀 더 편하게 하겠지만 공격 전쟁의 결과를 더 확실하게 하는 것은 아니다. 최고 지휘관의 감성이나 정부의 우유부단함을 감추려고 표면상으로 붙인 이름에 지나지 않는다. 이것을 역순으로 살펴본다.

5. 새로운 병력을 기다리는 것은 방어자에게 더 좋은 일이다.

4. 아군이 휴식을 하면 적도 휴식을 한다.

3. 요새를 짓고 진지에 보루를 쌓는 일은 군대의 일이 아니고, 그래서 전진을 멈추게 하는 이유가 되지 않는다.

2. 군대는 스스로 식량을 조달하기 때문에 창고는 전진할 때보다 주둔할 때 더 많이 필요하다.

1. 요새를 점령하는 것은 공격의 중단으로 볼 수 없다. 그것은 강력한 전진이다.

어떠한 중단, 휴식, 멈춤도 공격 전쟁의 본질에 맞지 않는다. 그것이 불가피한 경우에도 그것은 성과를 불확실하게 만드는 필요악이라고 보아야 한다. 병력의 약화로 휴식을 하지 않을 수 없을 때 목표를 향한 두 번째의 도전은 없다. 두 번째의 도전을 할 수 있다면 휴식이 필요하지 않았다. 어느 병력에게 처음부터 너무 멀리 있는 목표는 결국 언제나 너무 멀리 있는 목표로 남을 것이다. 시간은 그 자체로 공격자에게 유리하지 않다.

적을 쓰러뜨리는 것을 목표로 삼는 쪽이 방어만 하지는 않을 것이다. 또한 적극적으로 반격을 하지 않는 방어는 모순이다. 방어는 방어의 유리함을 누리고 나면 힘닿는 대로 공격으로 넘어가려고 할 것이다. 이 반격의 목표도 적을 쓰러뜨리는 것이다. 1812년의 원정에서 러시아 군대는 처음에 방어로 전쟁을 시작했지만 반격을 통해 적을 무너뜨렸다.

제5장 제한된 목표 아래의 전쟁

적의 지역의 점령	현재에 유리한	정치적으로 적극적인	공격 전쟁
자기 영토의 유지	장래에 유리한	정치적으로 소극적인	방어 전쟁

적을 쓰러뜨리는 것이 전쟁 행동에서 본래의 절대적인 목표이다. 이 목표를 이룰 조건이 충족되지 않는 경우에는 무엇을 해야 할까?

적의 영토에 있는 어느 작은 부분을 점령한다. 현재의 순간을 이용하는 공격 전쟁은 앞으로의 전망이 적에게 더 좋을 때 하게 된다.

더 좋은 순간이 올 때까지 자기 나라의 영토를 유지한다. 이것은 방어 전쟁에서 흔히 볼 수 있다. 더 좋은 순간을 기다리려면 그런 순간을 예상할 수 있어야 한다.

양쪽이 장래에 확실한 결과를 예상할 수도 없고, 행동에 나설 자극을 받을 수 없는 경우도 있다. 이때는 정치적으로 적극적인 쪽이 공격 전쟁을 하게 된다.

공격 전쟁이냐 방어 전쟁이냐 하는 결정은 병력의 비율과 무관하다. 많은 병력을 갖고 있는 나라와 갈등에 빠진 작은 나라는 공격을 해야 한다. 공격이 유리함을 보장하기 때문이 아니다. 더 나쁜 때를 만나기 전에 이 갈등에 대해 완전한 결말을 내든지, 일시적인 유리함을 얻고 그것을 이용하는 것이 필요하기 때문이다.

지금까지 전쟁 목표의 제한을 전쟁의 내부적인 이유에서만 끌어냈다. 정치적인 의도에서는 적극적인지 아닌지 하는 것만 살펴보았다. 이것 이외의 다른 모든 정치적인 의도는 전쟁 자체와 (전쟁의 내부적인 이유와) 상관없고 다음 장의 주제이다.

4장 적을 쓰러뜨린다는 목표	5장 제한된 목표(전쟁의 내부적 이유) 6장 제한된 목표(전쟁의 정치적 목적)

4장은 적을 쓰러뜨린다는 목표를 다룬다. 5장은 이 목표의 제한을 전쟁의 내부적인 이유에서만 끌어낸다. 6장은 정치적인 목적이 전쟁의 목표를 제한하는데 어떤 영향을 미치는지 연구한다. 달리 표현하면 4장은 주로 절대 전쟁의 목표를, 5~6장은 현실 전쟁의 목표를 다룬다. 세 개의 장을 앞의 그림처럼 대비하여 표현한다.

제6장 A. 전쟁 목표에 미치는 정치적 목적의 영향

정치적 목적	동맹국에 대한 협력에서	상거래처럼
	나폴레옹의 등장으로	긴밀한 동맹으로
	자기 나라의 전쟁에서	협상을 유리하게

전쟁을 하는 어느 나라와 동맹을 맺고 그 나라에 병력을 보내는 나라는 본래의 전쟁을 한다고 생각하지 않는다. 약속한 대로 일정한 지원 병력을 동맹국에 보내는 것으로 동맹의 의무를 끝낸다.

동맹을 맺은 여러 나라가 제3의 나라에 대해 전쟁을 하는 경우에도 지원 병력만 보낸 나라는 제3의 나라를 자기 나라의 적으로 간주하지 않는다. 그러면 제3의 나라도 그 나라를 적으로 여기지 않을 것이다. 이 문제는 때로 상거래처럼 해결된다. 이 거래에서는 예상되는 위험과 수익에 따라 주식을 투자하고 그 이상의 손실을 보지 않으려고 한다. 이런 관점에서는 외교적인 고려와 협상이 필요하고 요구된다. 제한된 협력에만 동의하고, 다른 병력은 정치적인 상황에 의해 결정되는 특별한 이유에 따라 쓰도록 협의한다.

동맹 전쟁을 바라보는 이런 일반적인 관점이 나폴레옹의 등장으로 불완전한 비정상이 되었다. 무제한의 폭력을 쓰는 나폴레옹에게 많은 나라가 굴복하게 되자 나폴레옹을 적으로 삼는 긴밀한 동맹을 맺게 되었다.

자기 나라의 전쟁에서도 정치적인 동기는 전쟁을 수행하는데 강력한 영향을 미친다. 적에게 약간의 희생만 요구하면 전쟁으로 약간의 보상을 얻는 것에도 만족하고 적당한 노력만 기울인다. 그러면 전쟁은 약해지고 장

기화된다.

이런 식으로 정치적인 목적은 전쟁에 영향을 미친다. 상대를 압도하려는 전쟁은 침체에 빠지고 축소된 범위에서 안전하게 움직인다. 그러면 단지 협상을 유리하게 하려는 전쟁에서도 정치의 목적이 영향을 미친다.

전쟁에 온건주의적인 원리가 늘어날수록 행동은 그만큼 덜 일어나고, 모든 전쟁술은 단순한 신중함으로 변한다. 이 신중함은 불안정한 균형이 갑자기 아군에게 불리한 모습으로 변하지 않도록 하는데, 절반의 전쟁이 완전한 전쟁이 되지 않도록 하는데 특히 많은 준비를 하게 된다.

제6장 B. 전쟁은 정치의 수단이다[39]

1. 이론적 고찰

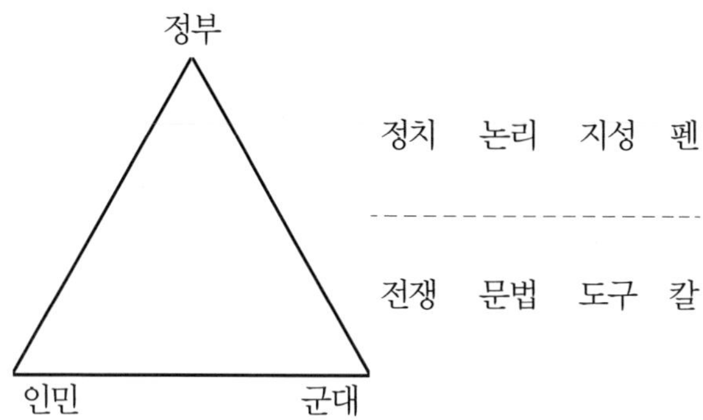

전쟁은 정치적인 교섭의 일부에 지나지 않고, 그래서 결코 독립적인 것이 아니다.

사람들은 보통 전쟁을 하면 정치적인 교섭이 끝나고, 완전히 다른 상황이 일어나고, 그 상황은 그 자체의 법칙에만 따른다고 생각한다. 그렇지 않다. 전쟁은 다른 수단의 개입으로 정치적인 교섭을 계속하는 것에 지나지 않는다. 정치적인 교섭은 전쟁 때문에 끝나지도 않고, 다른 것으로 변하지도 않는다. 전쟁에서 일어나는 사건을 연결하는 선은 평화 조약을 맺을 때까지 이어지는 정치적인 교섭에 지나지 않는다. 선전을 포고하는 외교 문서도 정치적인 관계를 끊지 못한다. 전쟁은 인민과 정부의 생각을 쓰고 말하는 다른 방식에 지나지 않는다. 전쟁에는 전쟁 자체의 문법은 있지만, 전쟁 자체의 논리는 없다.

---

39. 레닌에 따르면 이 장이 『전쟁론』에서 제일 중요한 장이다. 레닌은 정치와 전쟁의 관계를 자세히 연구하고 특별히 강조했다.

이 생각은 전쟁이 무제한의 적대감을 드러내는 것이라고 해도 없어서는 안 된다. 전쟁의 방향을 결정하는 양쪽의 군사력, 동맹국, 인민과 정부의 성격 등은 정치적인 성질을 갖는다. 이 생각은 현실 전쟁이 개념상의 전쟁과 달리 절반의 전쟁이기 때문에, 그리고 현실 전쟁은 그 자체로서 전쟁 자체의 법칙에 따를 수 없고 또 다른 전체의 일부에 지나지 않기 때문에 없어서는 안 된다. 그리고 이 전체는 정치이다.

현실 전쟁과 절대 전쟁을 모두 고려해야 전쟁은 통일성을 되찾고, 전쟁을 통일적으로, 즉 한 가지 종류의 문제로 볼 때만 판단을 할 때 올바르고 정확한 입장과 관점을 갖게 된다. 이 하나의 관점에서만 수많은 현상을 통일성 있게 파악할 수 있고, 관점의 통일성만이 우리를 모순에 빠지지 않도록 한다.

전쟁 계획에서 모든 것은 정치를 따라야 한다. 정치는 모든 이해 관계를 조정하고 통합하고, 다른 나라에 대해 우리의 이해 관계를 주장하고 대변한다. 정치는 때로 잘못된 방향을 잡을 수 있지만, 어떤 경우에도 전쟁이 정치의 스승으로 간주될 수는 없다.

정치가 전쟁의 시작과 더불어 완전히 끝나야 한다는 것은 전쟁이 적대감에 의해 죽느냐 사느냐 하는 투쟁이 될 때만 생각할 수 있다. 전쟁의 현상은 정치의 표현에 지나지 않는다. 정치적인 관점이 군사적인 관점에 종속되는 것은 모순이다. 전쟁을 낳은 것은 정치이다. 정치는 지성이고, 전쟁은 도구이다. 그 반대가 아니다. 군사적인 관점이 정치적인 관점에 종속될 수밖에 없다.

2. 현실적 고찰

전쟁은 그 나라의 정치 상황의 결과로 생겨난다. 전쟁은 하나의 유기적인 전체처럼 보아야 한다. 전쟁의 윤곽은 전쟁을 이끄는 제일 높은 관점에서 나오고, 그 관점은 정치의 관점일 수밖에 없다.

정치가 전쟁이 수행할 수 없는 것을 전쟁에 요구한다는 것은 정치가 자신이 쓰려고 하는 도구를 알고 있다는 전제와 모순될 것이다. 정치가 전쟁의 사건을 올바르게 판단하고 있다면, 어느 사건과 방향이 전쟁의 목표에 합당한지 결정하는 것은 정치의 문제일 수밖에 없다.

전쟁술은 제일 높은 관점에서 보면 정치가 된다. 외교 문서를 작성하는 대신에 전투로 하는 정치가 된다. 달리 표현하면 전쟁은 총으로 하는 외교이고, 외교는 말로 하는 전쟁이다.

이 견해에 따르면, 대규모 전쟁에서 군사적인 판단만 허락해야 한다는 것은 인정할 수 없다. 전쟁 계획을 만들 때 군부의 조언을 듣고, 정부가 할 일에 대해 군부가 순전히 군사적으로 판단해야 한다는 것은 잘못된 방식이다. 전쟁 수단을 어떻게 쓸 것인지를 최고 지휘관에게 맡겨야 한다는 것은 더욱 잘못된 것이다. 오늘날처럼 매우 복잡한 전쟁 체계에서도 전쟁의 기본 골격은 정부에 의해 결정된다. 군사 당국이 아니라 오직 정치 당국에 의해 결정된다.

정치가 전쟁을 수행하는데 해로운 영향을 미친다면, 비난해야 하는 것은 영향이 아니라 정치 자체이다. 정치를 올바르고 목표에 맞게 한다면 정치는 전쟁에 유리한 영향을 미칠 수밖에 없다. 이 영향이 목표에서 벗어나는 것은 잘못된 정치 때문이다.

최고의 정치 지도자가 반드시 전쟁 체계에 대한 통찰을 갖출 필요는 없다. 훌륭하고 탁월한 두뇌와 성격의 힘이 중요하다. 전쟁 체계에 대한 통찰은 어떤 식으로든지 보충할 수 있다.

전쟁은 정치의 목적과 일치해야 하고, 정치는 전쟁의 수단과 맞아야 한다. 그렇다면 정치가와 최고 지휘관이 한 사람이 아닌 경우에는 최고 지휘관을 정부의 구성원으로 만들고, 정부가 전쟁에 관한 일을 논의할 때 그 구성원을 참여하게 해야 한다. 최고 지휘관 이외에 다른 군인이 정부에서 영향을 미치는 것은 극히 위험하다. 그것이 건전하고 훌륭한 행동으로 이어지는 일이 드물기 때문이다.

3. 역사적 고찰

프랑스 혁명의 영향으로 1790년대에 유럽의 전쟁술에 변혁이 일어났다. 그때까지 생각지도 못했던 대규모의 전쟁이 일어났다. 이때는 모든 책임이 전쟁술에 있는 것처럼, 즉 전쟁술이 좁은 범위의 개념에 제한되어 있기 때문인 것처럼 보였다. 어느 관찰자들은 이 현상을 지난 몇백 년 동안 전쟁술에 미친 정치의 해로운 영향 때문이라고 말했다. 다른 관찰자들은 모든 것을 오스트리아, 프로이센, 영국 등과 같은 나라의 특별한 정치에서 나온 일시적인 영향으로 설명할 수 있다고 생각했다.

이 변혁이 전쟁에서는 일어났는데 정치에서는 일어나지 않을까? 이 변혁의 불행이 전쟁에 미치는 정치의 영향에서 비롯된 것일까, 아니면 잘못된 정치에서 비롯된 것일까?

프랑스 혁명이 대외적으로 엄청난 영향을 미친 것은 완전히 변화된 정치, 행정 조직, 정부의 성격, 인민의 상태 등에서 찾아야 한다. 다른 나라들은 이 모든 것을 잘못 보았다. 보통의 수단으로 새로 나타난 압도적인 병력과 균형을 유지하려고 했다. 이것은 정치의 잘못이다. 정치의 잘못을 군사적인 이해의 관점에서 바라보고 바로잡을 수는 없을 것이다.[40]

---

40. 프랑스 군대의 승리는 그 이면에 놓여 있는 프랑스 사회의 변혁, 즉 프랑스 국가라는 이념의 발현과 밀접하게 관련되어 있다. 이 점을 처음 깨달은 사람은 클라우제비츠가 아니라 그의 스승인 샤른호스트였다. 나폴레옹의 전쟁은 막대한 에너지와 위대한 목표를 갖고 수행되었

프랑스 혁명의 20년 동안의 승리는 혁명에 맞선 정부의 잘못된 정치의 결과라고 할 수 있다. 이 잘못은 먼저 전쟁의 내부에서 나타났다. 전쟁의 많은 현상이 정치의 기대와 완전히 어긋난 것이다. 이는 전쟁술이 정치의 잘못에 연루된 것이고, 정치에 더 좋은 것을 가르칠 수 없었던 것이다. 전쟁의 본질과 형태의 중대한 변화는 프랑스 혁명에 의해 프랑스뿐만 아니라 온 유럽에 일어난 정치의 변화에서 생긴 것이다. 달라진 정치는 다른 수단과 힘을 낳았고, 이전에는 생각할 수 없었던 힘으로 전쟁을 수행하게 되었다. 그래서 전쟁술이 변한 것도 정치 변화의 결과이다.

전쟁은 정치의 수단이다.[41] 전쟁은 정치의 성격을 지녀야 하고 정치의

다. 이런 전쟁은 자신을 국가와 동일시하고 국가에서 요구하는 희생을 불평 없이 감수하는 인민에 의해 수행될 수 있다. 또한 정부는 인민의 지지를 받는 정부라야 한다. 이와 반대로 프로이센의 인민은 예나 전투를 자신들과는 아무런 상관없는 일로 여기고, 왕의 군대의 패배를 무관심한 눈으로 방관했다. 인민에 대한 절대 군주와 보수 지배층(융커)의 착취와 수탈은 프로이센 인민을 무기력, 비겁함, 두려움에 빠뜨렸다(하워드 1983, 14 및 26~28). 프로이센 사회는 활력을 잃었다. 국가는 전쟁을 군대의 일로만 생각했다. 정부는 사회를 피동적이고 총체적인 복종의 상태로 유지했다. 이런 사회는 위기에 빠져도 인민의 잠재적인 역량을 모으고 표출할 수 없다(파렛 1986, 267).

41. 이것이 『전쟁론』 전체를 관통하는 근본 철학이다. 클라우제비츠에 앞선 몇백 년 동안 정치 문헌도 군사 문헌도 전쟁의 정치성, 즉 전쟁과 정치의 상호 관계를 간과했다. 클라우제비츠는 전쟁의 전체상을 분석하는 정의에 최초로 정치를 포함하여 하나의 개념과 방법론을 발전시켰다(파렛 1980, 171).
티볼트(1973)는 전쟁이 정치의 수단이 아니라 정책 붕괴의 결과라고 주장하면서 클라우제비츠를 비난한다. 그러면 예를 들어 베트남 전쟁에서 미국이 베트남을 '평화적으로' 지배하려는 정책이 붕괴해서 (베트남이 미국의 지배에 순응하지 않아서) 베트남 전쟁이라는 결과가 생겨난 것인가? 베트남이 미국의 지배에 순응해야 하는 정치적, 논리적인 이유는 무엇인가? 티볼트의 주장은 자신의 말처럼 미국적이고 경험주의적이고 실용주의적이다. 클라우제비츠의 의도는 목표(적의 파괴)를 목적(의지의 실현)으로 삼는데 대한 경고라고 할 수 있다. 클라우제비츠의 논리를 (『전쟁론』 2편 3장의 해설에 있는 그림을 참조하여) 아래와 같이 티볼트의 주장과 비교할 수 있다.

정치
전쟁

정책 | 전쟁 | 정책 | 전쟁

기준으로 측정해야 한다. 전쟁을 수행하는 것은 그 주요 윤곽을 볼 때 정치 그 자체이다. 정치는 전쟁에서 펜 대신에 칼을 들지만, 그럼에도 정치의 고유한 법칙에 따라 생각하는 것을 그만두지 않는다.[42]

이 그림에서 왼쪽은 클라우제비츠의 이론이고, 오른쪽은 티볼트의 주장을 나타낸다. 티볼트에 따르면, 전쟁은 정치와 (여기에서 정치와 정책의 개념의 차이를 다루지는 않는데) 상관없이 별개로 존재한다. 그래서 티볼트의 주장은 클라우제비츠의 이론에 대한 비판이나 비난이 아니라 클라우제비츠와 무관한 독백으로 보인다.

42. 첨단 자연 과학과 기술의 발달, 핵무기의 등장으로 전쟁을 정치의 도구라고 생각할 수 없다는 생각이 널리 퍼져 있다. 그런 견해는 연구할 만한 문제점을 지적하고 있지만, 하알벡(1980a, 247~248)에 따르면 그 견해는 현재에 국한된 현실의 척도로 문제를 판단함으로써 전쟁의 많은 요소를 과소평가하는 오류를 범하고 있다. 핵무기를 몰랐던 클라우제비츠는 오늘날 시대착오적인가? 그렇다면 레닌의 유명한 말을 떠올리게 된다. "역사상의 업적이란 역사상의 인물이 오늘날의 요구에 대해 무엇을 이루지 못했는지에 따라 판단할 것이 아니라 그 선배들과 비교할 때 어떤 새로운 것을 제시했는지에 따라 판단해야 한다."(하알벡 1980a, 291에서 재인용)

적을 쓰러뜨리는 것을 목표로 삼을 수 없을 때 직접적이고 적극적인 목표는 적의 영토 일부를 점령하는 것이다. 이 점령으로 적의 전투력은 줄어들고 아군의 전투력은 늘어난다. 평화 조약을 맺을 때 그 지역을 다른 이익과 교환할 수도 있다.

승리의 정점에서 본 것처럼, 적의 어느 지역을 점령하면 아군의 전투력은 약해진다. 약해지는 정도는 대체로 그 지역의 지리적인 위치에 달려 있다. 그 지역이 우리 나라의 영토를 보충할수록, 아군의 주력 군대의 방향에 있을수록, 그 지역은 아군의 전투력을 그만큼 덜 약하게 할 것이다.

이와 반대로 점령한 지역이 적의 지역에 있든지 크게 분산되어 있든지 불리한 지형에 있으면, 아군의 전투력은 눈에 띄게 줄어든다. 어느 지역을 점령하느라고 병력이 줄어들었기 때문에 점령한 지역을 유지할 수 없었던 예는 흔히 볼 수 있다.

적의 영토 일부를 점령해야 하는지 하는 문제는 점령 상태를 계속 유지할 수 있는지, 일시적인 점령이 점령에 따른 병력의 소모를 충분히 보상하는지, 특히 적의 강력한 반격에 의해 아군이 불리하게 될 위험은 없는지 하는데 달려 있다.

아군이 적의 영토 일부를 점령하는 동안에 적도 아군의 영토 일부를 점령할 수 있다. 한편에서 얻는 것이 있어도 다른 한편에서 잃는 것이 있다. 두 나라의 어느 지방이 똑같이 중요한 경우에 아군이 적의 어느 지방을 점령하여 얻는 것보다 적이 아군의 어느 지방을 점령하여 잃는 것이 더 많다. 사람들이 자기 나라를 지키는 일을 당연하게 생각하기 때문이다.

결론. 적의 영토 일부에 대한 전략적인 공격에서는 자기 나라의 많은 지점을 방어할 수 없고, 적의 영토의 중심을 향하는 공격을 할 수 없게 된다. 모든 전쟁 행동은 하나의 중요한 행동으로 집결할 수 없다. 전쟁 행동은 더 넓게 퍼지고, 마찰은 더 심해지고, 우연은 더 많은 자리를 차지한다.

7장 제한된 공격 전쟁 8장 제한된 방어 전쟁	9장 적을 쓰러뜨리는 경우의 전쟁 계획

7장과 8장은 현실 전쟁에 나타나는 제한된 수준의 공격과 방어의 계획을 다루고 있다. 9장은 적을 쓰러뜨리는 절대 전쟁의 계획을 논의하고 있다. 7~9장은 현실 전쟁과 절대 전쟁의 계획을 다루고 있다. 앞의 그림처럼 대비하여 표현한다.

제8장 제한된 목표. 방어

1 반격 X	기다리는 것	자기 나라의 유지	소규모 공격	7년 전쟁
2 반격 O	강력한 반격	나라 안으로 후퇴	적극적 공격	러시아 원정

방어 전쟁의 마지막 목표는 절대적인 수동성이 될 수 없다. 적에게 상처를 입히고 적을 위협할 수 있어야 한다. 물론 방어 전쟁의 목표는 적을 피로하게 하는데 있다고 할 수도 있다. 이런 생각은 공격자가 몇 번 공격한 후에 반드시 피로해지고 약해질 때만 통용된다. 병력이 소모된 상태를 전체적으로 비교하면 방어자가 불리하다. 방어자가 더 약한 쪽이고 공격자보다 큰 손실을 입기 때문이다. 또한 공격자가 방어자의 영토와 자원의 일부를 차지하고 있기 때문이다.

1. 약한 나라의 경우에 방어의 목표는 방어의 본래의 특징에서, 즉 기다린다는 개념에서 찾을 수밖에 없다. 이 개념은 상황의 개선을 포함하고 있다. 이 변화를 저항 자체로 얻을 수 없다면 방어자에게 새로운 동맹이 생겨나든지, 또는 방어자에게 대항하던 동맹이 무너져야 한다. 이때의 목표는 자기 나라를 되도록 오랫동안 온전한 상태로 유지하는 것이다. 또한 시간을 버는 것이다. 방어자가 지나치게 약하지 않은 경우에는 침략, 견제, 요새에 대한 행동으로 일시적인 유리함을 얻으려고 소규모의 공격 행동을 할 수 있다.

2. 방어는 강력한 전쟁 형태이고, 이 유리함 때문에 강력한 반격을 목표로 할 때도 쓰인다. 적에게 확실하게 반격하려고 방어자가 자발적으로 방어를 선택할수록 방어자는 그만큼 대담하게 행동한다. 제일 대담하고 효과적인 것은 자기 나라 안으로 후퇴하는 것이다.

프리드리히 대왕이 7년 전쟁에서 쓴 것은 1에 해당하고, 러시아 군대가

1812년에 쓴 것은 2에 해당한다.

7년 전쟁이 시작되었을 때 프리드리히 대왕은 곧 작센을 점령할 수 있었다. 1757년에는 공격에 실패했고, 대왕은 원정이 끝날 때까지 방어를 하게 되었다. 1758년에는 모라비아에서 소규모의 공격을 하여 올로모우츠를 점령하려고 했다. 이 공격도 실패로 끝났다. 대왕은 공격에 대한 모든 생각을 단념했다. 대왕의 전쟁 계획은 수동적인 모습을 띠게 되었다. 시간을 버는 것과 자신이 점령한 지역을 유지하고 있는 것만 중요했다. 대왕은 침착하게 기다리면서 목표를 이루었고 어려움을 피했다.

1812년의 원정에서 러시아의 전투력의 비율은 7년 전쟁 때 대왕의 경우보다 훨씬 불리했다. 러시아는 자기 나라 안으로 깊숙이 후퇴했다. 러시아가 100마일이나 되는 긴 후퇴를 하는 동안에 프랑스의 전투력은 극단적으로 약해졌다. 최고의 지혜를 지닌 사람도 러시아 군대가 의도하지 않은 채 따랐던 전쟁 계획보다 나은 계획을 내놓을 수 없었을 것이다. 러시아는 희생을 치르고 위험을 겪었지만 엄청난 유리함을 얻었다. 이 사례에서 보듯이, 대규모의 적극적인 승리는 기다리는 것이 아니라 결전을 목표로 하는 적극적인 수단으로만 얻게 된다. 방어에서도 많이 투자해야 큰 이익을 얻는다.

제9장 적을 쓰러뜨리는 것을 목표로 하는 전쟁 계획

1. 전쟁 계획의 원칙과 단계

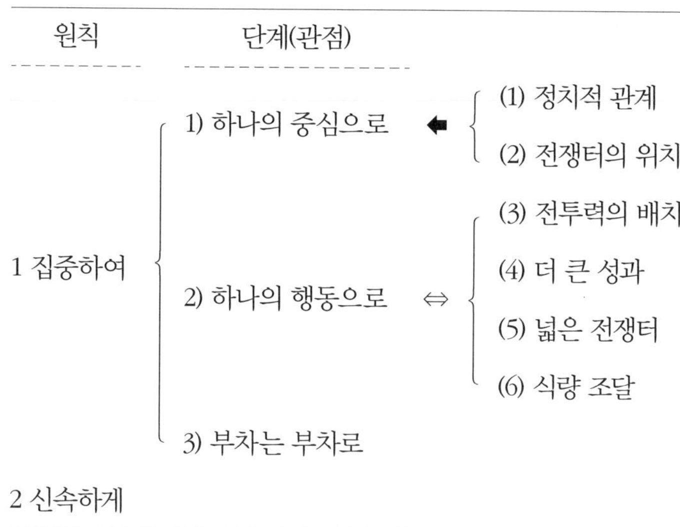

전쟁의 여러 목표에 의해 두 가지 원칙이 전체 전쟁 계획을 포괄한다.

1. 첫째 원칙은 되도록 집중적으로 행동하는 것이다.

1) 구체적으로 말해 적의 군사력을 되도록 하나의 중심으로 줄이고,

2) 중심에 대한 공격을 되도록 하나의 행동으로 줄이고,

3) 이 외의 부차적 행동을 되도록 부차적 행동으로 간주하는 것이다.

2. 둘째 원칙은 되도록 신속하게 행동하고, 충분한 이유 없이 멈추거나 우회하지 않는 것이다.

1)의 관점은 아래의 상황에 달려 있다.

(1) 이것은 먼저 적의 군사력의 정치적인 관계에 달려 있다. 즉 적이 한 명의 최고 지휘관 아래에 있는지, 동맹 군대이지만 특별한 이해 관계 없이

행동하는지, 공동의 목적으로 맺어진 동맹이라면 어느 정도 우호적인 관계인지 하는 것이 중요하다.

(2) 이는 또한 전쟁터의 위치에 달려 있다. 적이 하나의 전쟁터에 하나의 군대로 있는지, 여러 나라에 속한 분리된 군대로 있는지, 옆에 있는 몇 개의 전쟁터에 있는지, 여러 전쟁터가 매우 멀리 있고 그 사이에 중립 지대나 큰 산맥 등이 있는지, 전쟁을 치르고 있는 나라에서 완전히 다른 방향에 있는지 등의 상황이 있을 수 있다.

적의 군사력은 분리되어 있을 수도 있고 연결되어 있을 수도 있다. 어느 전쟁터의 일이 다른 전쟁터에 어떤 영향을 미치는지는 그때그때의 경우를 보아야 알 수 있다. 이것을 파악해야 적의 많은 중심을 어느 정도까지 하나의 중심으로 줄일 수 있는지도 결정할 수 있다.

1)에는 하나의 예외만 존재한다. 그것은 부차적인 행동이 특별한 유리함을 약속하는 경우이다.

2)의 관점과 다르게 전투력을 분리하는 것이 좋은 경우가 있다.

(3) 전투력의 본래의 배치, 그래서 공격을 하고 있는 여러 나라의 위치. 전투력을 집결하는데 우회와 시간 손실이 일어나고, 전투력을 분할하여 전진해도 크게 위험하지 않은 경우에 분할 전진이 정당화될 수 있다. 동맹국에 의해 수행되는 공격이 공격을 받는 나라에 대해 옆으로 나란히 늘어 있는 경우에도 병력을 나누어서 공격할 수 있다.

(4) 병력을 분할하여 전진하면 더 큰 성과를 얻을 수 있는 경우. 이는 하나의 중심을 향하는 분할된 전진이기 때문에 집중적인 전진이라는 것을 전제로 한다. 이런 집중 공격은 병력이 처음부터 분할되어 있는 경우에만 수행되어야 한다.

(5) 전쟁터가 넓다는 것도 병력을 분할하여 전진하는 이유라고 할 수 있다. 공격자가 적의 나라 깊숙이 침입하면 적의 영토에서 일정한 면적을

차지하게 된다. 적이 어느 지점에 집결하면 공격자도 집결하고, 적이 넓게 배치하면 공격자도 넓게 배치하게 된다.

(6) 식량을 편하게 조달할 수 있다는 이유 때문에 병력을 나누기도 한다. 소규모 군대로 부유한 지방을 이동하는 것은 대규모 군대로 가난한 지방을 이동하는 것보다 훨씬 편하다.

(3)~(6)을 종합하면, 병력 분할이 목적에 대한 분명한 의식과 장단점에 대한 신중한 고려를 통해 일어난다면 그런 분할은 비난받지 않을 것이다.

3) 전쟁에서 1)과 2)에 집중하면 나머지 접점은 독립성을 잃고 부차적인 행동이 된다. 그런 접점을 되도록 줄이고, 그 접점이 중요한 행동에 쓸 병력을 많이 빼앗지 않도록 하는 것이 중요하다.

중요한 측면에서만 공격적으로 행동하고 다른 측면에서는 방어적으로 행동하는 것이 합리적인 행동이다. 부차적인 전쟁터에서 중요한 충돌이 일어나는 일은 있을 수 없다. 주력 결전이 중요하고, 주력 결전에서 승리하면 모든 손실은 보상된다. 주력 결전을 할 만큼 병력이 충분하면 실패에 대비하여 다른 지점에서 손실을 막는 대책을 쓸 이유는 없다. 그런 대책에 병력을 쓰면 주력 결전에서 패배할 개연성이 훨씬 높아진다.

2. 둘째 원칙은 전투력의 신속한 이용과 관련된다. 쓸데없이 시간을 소비하고 우회하는 것은 전투력의 낭비이다. 일반적으로 공격은 기습으로 이익을 얻는다. 갑작스럽게 일어나서 끊임없이 전진하는 것이 제일 강한 충격이다. 이론은 목표를 향한 제일 짧은 길을 요구한다. 나폴레옹은 결코 이와 다르게 행동하지 않았다. 군대에서 군대로, 또는 수도에서 수도로 통하는 제일 짧은 중요한 도로는 나폴레옹이 제일 좋아하는 길이었다.

2. 중요한 행동의 필연적인 경향과 위험성

중요한 행동의 (주로 앞의 1)과 2)의 단계를 말하는데) 본질은 적을 쓰러뜨리고 파괴하여 대규모의 승리를 얻는 것이다. 아군이 그다지 우세하지 않은 경우에 적의 주력 군대가 아군의 전진 방향에 있는데 적 옆으로 지나가는 것은 잘못이다. 아군이 적에 비해 결정적으로 우세한 경우에는 적 옆으로 지나갈 수 있고, 나중에 더 결정적인 전투를 할 수도 있다.

대규모 승리를 얻은 경우에도 휴식, 호흡 조절, 심사숙고를 화제로 삼아서는 안 된다. 오직 추격, 새로운 돌격, 적의 수도의 점령, 적의 지원 병력에 대한 공격, 그 밖에 적의 근거 지점에 대한 공격만 화제로 삼아야 한다.

공격자가 계속 전진하는 모험을 하지 않는다면, 또는 배후를 염려하여 병력을 좌우로 넓혀야 한다면, 그곳이 공격의 정점이 될 것이다. 그것으로 전진은 끝난다. 적이 쓰러지지 않으면 그 전진으로는 아무것도 이루지 못할 것이다.

공격자가 공격력을 강화하려고 적의 요새, 고갯길, 어느 지방을 점령하는 것은 전진을 느리게 한다. 전진이 한 번 중단되고 나면 대개 제2의 전진은 없다. 적을 쓰러뜨리려는 생각을 갖고 있다면 적을 향해 끊임없이 전진해야 한다. 7년 전쟁에서 오스트리아 군대는 여유 있고 신중하고 조심스럽게 목표를 이루려고 했지만, 그 목표를 완전히 놓치고 말았다.

1812년의 나폴레옹의 예도 우리의 주장을 지지한다. 나폴레옹의 원정이 실패한 것은 성공하는데 필요한 단 하나의 수단이 없었기 때문이다. 러시아와 같은 나라는 그 나라 자체의 약점과 내부적인 분열의 결과로 정복할 수밖에 없다. 이 정치적인 약점을 찌르려면 그 나라의 심장부까지 흔들 만한 충격이 필요하다. 나폴레옹의 공격이 모스크바에 이를 때까지 충분할 때만 그는 러시아 정부의 용기와 인민의 충성심과 단호함에 충격을 줄 수 있었다.

그래서 그는 자기의 주력 군대를 러시아의 주력 군대에 맞서게 했다. 이

때에도 그는 늘 하던 대로 행동했다. 이 방식으로만 그는 유럽의 지배자가 되었고 될 수 있었다.

나폴레옹의 이전의 모든 원정에서 그를 제일 위대한 최고 지휘관이라고 감탄했던 사람들은 러시아 원정을 보고 그를 비난해서는 안 된다. 그 원정이 엄청난 반격을 받았기 때문에 황당무계하다고 생각하는 사람은 그 원정이 성공했다면 그 원정을 최고로 훌륭한 행동이라고 보았을 것이다. 이는 판단 능력이 전혀 없는 것이다.

1812년의 원정이 성공하지 못한 것은 러시아 정부가 확고했고 인민이 충성스럽고 단호했기 때문이고, 그래서 그 원정이 성공할 수 없었기 때문이다. 원정을 수행한 것은 나폴레옹의 잘못이었을지 모른다. 결과는 그의 계산이 잘못되었다는 것을 보여 주었다. 하지만 그 목표를 이루어야 했다면 그 이외의 다른 길은 없었다.

나폴레옹은 막대한 비용이 드는 끝없는 방어 전쟁을 동유럽에서는 하지 않으려고 했다. 대담한 공격을 통해 적에게 평화 조약을 얻어내려는 단 하나의 수단에 도전했다. 그의 군대는 모스크바 원정에서 파괴되었지만 그것은 어쩔 수 없었다. 병력이 필요 이상으로 파괴된 것은 원정을 늦게 시작한 것, 그의 전술이 인명을 낭비한 것, 군대에 식량을 조달하고 후퇴로를 마련하는데 주도면밀하지 못한 것, 모스크바에서 약간 늦게 철수한 것 때문이었다.

1812년에 네만 강을 건넌 60만 명의 병력 중에 후퇴한 것은 5만 명에 지나지 않았다. 25만 명이 후퇴했다고 해도 그것은 패배한 원정이었다. 하지만 이론은 그 원정을 비난할 수 없을 것이다. 이런 경우에 군대의 절반 이상을 잃는 것은 이상한 일이 아니고, 엄청난 규모 때문에 우리에게 그렇게 보이는데 지나지 않는다.

부차적인 행동에는 (주로 앞의 3)의 단계를 말하는데) 공통 목표가 있어야 하고, 이 목표는 각 군대의 활동이 마비되지 않게 해야 한다. 예를 들어 라인 강 상류, 라인 강 중류, 홀란트에서 프랑스로 전진하여 파리에 집결하는데 각 군대가 어떠한 모험도 해서는 안 된다면, 이것은 타락한 계획이라고 할 수 있다. 모든 군대는 전진할 때 망설이고 우유부단하고 겁을 먹기 때문에 이런 경우에는 각 군대에게 독립된 임무를 주는 것이 낫다.

이런 상황에서 전체 공격의 기하학적인 형태와 통일성은 중요하지 않다. 군대 전체를 몇 개의 종대로 나누어서 공격을 하는 경우에 이 모든 종대의 정확한 연결을 유지하는 것은 어렵다. 전략에서는 각 군대에게 독립된 임무를 주어야 한다.

3. 여러 군대의 역할의 분배

공동 전쟁의 경우	상비군, 기병대, 신중한 노장	탁 트인 지형
동맹국의 협력	민병대, 인민군, 젊은 지휘관	산, 숲, 고갯길
장군의 개인적 특성	외국의 지원 병력	부유한 지방

이 문제에서는 몇 가지 중요한 차이를 살펴보아야 한다.

첫째로 아군이 다른 나라들과 공동으로 전쟁을 하는 경우인데, 이때 이 나라들은 우리 나라의 동맹국일 뿐만 아니라 이 전쟁에 대해 독자적인 이해 관계도 갖고 있다.

둘째로 어느 한 동맹국의 군대가 우리 나라를 도우려고 오는 경우.

셋째로 장군의 개인적인 특성만 문제 되는 경우.

앞의 두 경우에는 여러 나라의 군대를 완전히 혼합하는 것이 나은지, 분리하여 독자적으로 행동하도록 하는 것이 나은지 하는 것이 문제 된다. 전자가 제일 높은 효과를 낸다. 군대가 완전히 분리되어 있으면 전략에서 해로운 영향이 나타난다. 이것을 막으려면 어느 정부의 희생이 요구된다. 전투력을 계속 결합할 수 없다면 병력을 완전히 나누는 것이 낫다. 최악의 상황은 각각 다른 나라의 두 명의 독립된 최고 지휘관이 하나의 동일한 전쟁터에 있을 때 나타난다.

첫째 경우에는 병력을 완전히 나누는데 어려움이 없을 것이다. 모든 나라의 자연스러운 이해 관계에 의해 각 나라의 병력에게 이미 다른 방향이 할당되기 때문이다. 둘째 경우에는 병력을 나누지 못할 수 있다. 이때 지원 병력은 종속적인 위치에 두는 것이 적절하다. 셋째 경우에는 일반적으로 하급 군대의 지휘관으로는 모험적인 장군을 임명해야 한다. 분리되어 있는 병력의 전략적인 효과에서는 각 군대가 용감하게 행동하고 모든 힘을 드러내는 것이 중요하기 때문이다.

군대와 최고 지휘관을 선택할 때는 그들의 임무와 지형의 성질을 고려해야 한다. 상비군, 우수한 군대, 다수의 기병대, 신중하고 분별력 있는 노장에게는 탁 트인 지형이 적당하다. 민병대, 무장 인민군, 천민, 모험심에 찬 젊은 지휘관에게는 숲, 산, 고갯길이 적절하다. 다른 나라에서 온 지원 병력은 부유한 지방에 두는 것이 좋다.

4. 전쟁 계획의 예

	↙	브뤼셀	영국, 네덜란드, 프로이센, 북부 독일
파리		중간 지대	베를린, 드레스덴, 비인, 뮌헨
	↖	라인 강 상류	오스트리아, 남부 독일

오스트리아, 프로이센, 독일 연방, 네덜란드, 영국이 프랑스에 대해 전쟁을 하기로 결정하고, 러시아가 중립적인 입장에 머문 경우는 많았다. 스

페인은 너무 멀고, 이탈리아는 너무 약하다.

앞의 나라의 인구는 7500만 명을 넘는 반면에, 프랑스의 인구는 3000만 명에 지나지 않는다. 이 나라가 동원할 수 있는 병력은 약 725,000명이고, 이 병력은 프랑스에 대해 압도적으로 우세한 병력이다.

프랑스의 중심은 군사력과 파리에 있다. 프랑스의 군사력을 무찌르고 파리를 점령하고 나머지 군대를 루아르 강 너머로 물러나게 하는 것이 동맹 군대의 목표이어야 한다. 프랑스의 급소는 파리와 브뤼셀의 중간에 있고, 파리에서 벨기에의 국경에 이르는 길은 30마일이다. 영국, 네덜란드, 프로이센, 북부 독일은 이곳에 병력을 배치한다. 오스트리아, 남부 독일은 라인 강 상류에서 전쟁을 수행할 수 있다. 네덜란드와 라인 강 상류의 두 곳에서 하는 공격이 직접적이고 자연스럽고 간결하고 강력하다. 모두 적의 중심을 향하고 있다. 동맹 군대는 이 두 지점에 모든 병력을 배치해야 한다.

이 전쟁 계획을 수행하려면 두 가지 측면을 고려해야 한다. 첫째, 이탈리아에 남아 있는 오스트리아 군대의 병력은 소규모를 유지해야 한다는 것이다. 50,000명이면 충분할 것이다. 둘째, 프랑스에는 해안이 있다는 것이다. 영국이 20,000~30,000명의 상륙 군대로 프랑스를 위협하면 프랑스는 그 2~3배의 병력을 소모해야 할 것이다. 영국의 병력을 25,000명으로 잡는다.

네덜란드에서 파리로 전진하는 병력은 약 300,000명이다. 라인 강 상류에 집결하는 병력도 300,000명이 된다. 이 두 공격은 루아르 강에서 하나의 공격으로 합쳐질 것이다. 이 계획에서는 몇 가지를 고려해야 한다.

첫째, 최고 지휘관은 결정적인 승리를 약속하는 병력의 비율과 상황에서 주력 전투를 해야 한다. 이 목적에 모든 것을 바쳐야 하고 그 밖에 포위, 봉쇄, 수비 등에는 되도록 적은 병력을 투입해야 한다. 공격은 힘껏 당긴 화살과 같아야 한다.

둘째, 스위스는 스위스 자체의 병력에 맡겨야 한다. 스위스의 중립으로 동맹 군대는 라인 강 상류에 훌륭한 근거 지점을 갖게 된다.

셋째, 두 공격 사이의 공간은 무시해야 한다. 프랑스의 심장부로 전진하려고 600,000명의 병력이 파리에서 30~40마일 떨어진 곳에 모이는 동안에 라인 강 중류의 지역, 즉 베를린, 드레스덴, 비인, 뮌헨을 보호하는 것은 상식에서 벗어날 것이다. 병참선을 보호해야 할 때도 최소한의 병력으로 해야 한다. 두 방향의 공격은 다른 쪽 방향의 공격에 유리한 영향을 미칠 것이고, 이것이 이 두 공격의 참된 관계이다. 적이 순찰대의 지원을 받는 주민들의 협력으로 두 공격의 연결을 차단하면, 주로 기병으로 이루어진 10,000~15,000명 규모의 군단을 트리어에서 랭스 방향에 두는 것으로 충분하다.

넷째, 이탈리아에 있는 오스트리아 군대와 영국 상륙 군대의 부차적인 행동은 각각의 목적을 각각의 방식에 따라 추구할 수 있다. 그 행동으로 무엇이든지 수행하고 있으면 그 목적에서 중요한 것은 달성된 것이다.

5. 이 전쟁 계획의 조건

유럽을 150년 동안 억누른 프랑스의 오만함이 다시 나타나면 이런 방식으로 프랑스를 응징할 수 있다. 프랑스가 파리 저편의 루아르 강변에 있을 때만 유럽이 안정될 것이다. 프랑스를 덩케르크에서 제노바까지 하나의 띠로 이루어진 군대로 조여야 한다다면, 많은 동맹 군대에게 준 목적이 무기력, 마찰, 외부의 영향에 의해 실현되지 못한다면, 이런 것이 동맹 군대에게 늘 반복된다면, 동맹 군대는 프랑스를 응징할 수 없을 것이다.

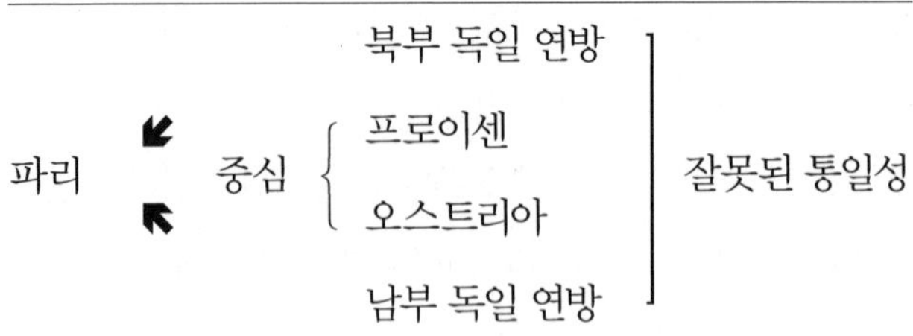

두 방향에서 파리로 향하는 병력의 배치에서 독일 연방 군대의 잠정적인 배치는 부적절하다. 이 배치에서 독일 연방의 나라들이 독일 군대의 핵심을 이루고 있고, 프로이센과 오스트리아는 독일 연방 때문에 약해지고 중요성을 잃게 된다. 연방에서는 통일성과 힘을, 그리고 최고 지휘관의 합리적인 선택, 권위, 책임 등을 생각할 수 없다.

오스트리아와 프로이센이 독일 제국에서 공격의 자연스러운 두 중심이다. 두 나라는 활동의 출발점과 날카로운 칼날을 이룬다. 군주 국가이고 전쟁에 익숙하고 분명한 이해 관계와 독자적인 군사력을 갖고 있고 다른 연방 국가들보다 앞서 있다. 이런 자연스러운 골격에 따라 전쟁을 준비해야 하고, 잘못된 통일성에 따라 전쟁을 준비해서는 안 된다. 그런 통일성은 이 경우에 완전히 불가능하다. 그리고 불가능한 것 때문에 가능한 것을 놓치는 사람은 바보이다.

제2편

『전쟁론』의 재구성

LECTURES ON CLAUSEWITZ'S ON WAR

앞의 1편이 (특히 2장이)『전쟁론』의 '나무'에 해당한다면, 이 2편의 목적은『전쟁론』의 '숲'을 살펴보는 것이다. 여기에서는『전쟁론』의 125개의 장과 8개의 편을 어떻게 정리할 수 있는지, 그래서 그것을 어떻게 재구성할 수 있는지 분석한다.[1] 이 분석을 통해『전쟁론』의 '숲'을 좀 더 잘 볼 수 있기 때문이다.

이 목적을 달성하는데 에른스트 블로흐의 방법론이 우리에게 깊은 영감을 주었다. 미완성의 글을 재구성한 유명한 글로 블로흐의 마르크스 해설을 꼽을 수 있기 때문이다. 또한「포이어바흐에 관한 테제」에 대한 블로흐의 해설보다 탁월한 재구성과 체계화는 드물기 때문이다. 블로흐의 표현을 인용하고 따라 하면 우리가 하는 재구성의 방법론이 자연스럽게 밝혀질 것이다.

「포이어바흐에 관한 테제」로 알려진 글처럼 함축적이고 간결하고 신선한 문헌은 이 세상에 없을 것이다.[2] 마르크스의 메모는 이후의 작업을 위해 순식간에 쓰인 것이고 출간을 위한 것이 아니었다. 하지만 그것은 마르크스의 새로운 세계관의 천부적인 맹아를 담고 있다.[3]

『전쟁론』처럼 길고 난해하면서도 함축적인 문헌은 아마 이 세상에 없을 것이다.『전쟁론』에는 클라우제비츠의 30년의 전쟁 경험이 녹아 있고『전쟁론』 원고는 12년 동안 집필되었지만, 클라우제비츠는 생전에 원고를 출간할 생각이 없었다. 하지만 그것은 클라우제비츠의 새로운 세계관의 천부적인 맹아를 담고 있는 고전이다.

마르크스의 명제를 어떤 방식으로 정리해야 하는지는 새로우면서도

---

1. 클라우제비츠는『전쟁론』의 '저자의 머리말'에서『전쟁론』의 125개 장에 '내적인 연관성이 없지 않을 것이라고'(전면 개정판 54쪽) 분명하게 언급했다.
2. 블로흐 1959(1권), 514.
3. 엥겔스,「루트비히 포이어바흐」의 발문, 블로흐 1959(1권), 514~515에서 재인용.

오래된 물음이다. 명제는 출판을 위한 것이 아니라 자기 이해를 위해 집필되었기 때문이다. 열한 개의 명제는 여러 가지 면에서 엇갈린다. 같은 내용을 다른 곳에 옮겨놓으면 구분이나 순서의 이유 등이 불분명해진다. 마르크스의 명제를 상호 연관성에 의해 재정리한다든지 그룹으로 배치하는 일은 명확한 해명을 필요로 한다. 마르크스의 명제를 번호로 나누는 것은 의미를 갖지 못한다. 명제의 번호는 조직적인 구성이 아니다. 열한 개의 명제는 산술적으로 구분할 것이 아니라 철학적으로 구분해야 한다. 다시 말해, 마르크스의 명제를 정확하게 배열하려면 우리는 오직 '주제'와 '내용'에 따라 배열해야 한다.[4]

『전쟁론』의 125개의 장과 8개의 편을 어떤 방식으로 정리해야 하는지는 새로우면서도 오래된 물음이다. 『전쟁론』은 생전에 출판을 하려고 한 것이 아니기 때문이다. 『전쟁론』의 장과 편은 여러 가지 면에서 엇갈린다. 『전쟁론』의 장과 편을 상호 연관성에 의해 재정리한다든지 그룹으로 배치하는 일은 명확한 해명을 필요로 한다. 클라우제비츠의 장과 편의 체계를 그대로 따르는 것은 큰 의미를 갖지 못한다. 장과 편의 번호는 조직적인 구성이 아니다. 『전쟁론』의 장과 편은 산술적으로 구분할 것이 아니라 철학적으로 구분해야 한다. 다시 말해, 클라우제비츠의 의도를 정확하게 재구성하려면 우리는 『전쟁론』의 장과 편을 오직 '주제'와 '내용'에 따라 배열해야 한다.

4. 블로흐 1959(1권), 521~522.

제1장

125개 장의 재구성

블로흐의 방법론에 따라 먼저 125개 장을 재구성한다. 장의 재구성은 편별로 이루어진다.

1편 '전쟁의 본질'은 8개의 장으로 이루어져 있다. 이 중에 4~8장은 1편 8장의 해설에서 보여 준 것처럼 전쟁의 일반적인 마찰의 개념으로 묶인다.[1]

4~8장과 달리 1장 전쟁이란 무엇인가?, 2장 전쟁의 목적과 수단, 3장 전쟁 천재는 그 자체로 독립된 장을 이룬다. 1장은 클라우제비츠 스스로 완성했다고 생각하는 유일한 부분이다. 1장은 원고 전체에 유지하려고 했던 방향을 드러낸다. 그것은 절대 전쟁과 현실 전쟁의 구분이고, 전쟁이 정치의 수단이라는 관점이다. 2장의 제목은 '전쟁의 목적과 수단'이지만, 클라우제비츠는 목적과 관련되는 정치적인 성격을 1장에서 다루었다. 그래서 2장의 제목은 '전쟁의 목표와 수단'으로 고치는 것이 적절하다고 생각한다. 3장은 전쟁 천재를 다루는데, 전쟁 천재에서는 지성과 감성의 힘이 중요하

1. 즉 우리는 '숲'을 보여 주는 이 2편의 임무를 '나무'를 보여 주는 앞의 1편에서 부분적으로 이미 수행했다. 그리고 3편, 5편, 6편, 8편에 대한 해설에서도 부분적으로 이 임무를 수행했다.

다. 그래서 우리는 1편의 8개 장을 아래와 같이 4개로 재구성한다.

1편의 차례		1편의 재구성
1장 전쟁이란 무엇인가?		
2장 전쟁의 목적과 수단		
3장 전쟁 천재		1. 전쟁의 본질과 목적(1장)
4장 전쟁의 위험	➡	2. 전쟁의 목표와 수단(2장)
5장 전쟁의 육체적 고통		3. 전쟁 천재(3장)
6장 전쟁의 정보		4. 전쟁의 일반적 마찰(4~8장)
7장 전쟁의 마찰		
8장 1편의 결론[2]		

2편 '전쟁의 이론'은 6개의 장으로 이루어져 있다. 1장은 이중의 방식으로 두 가지 종류의 전쟁술을 다룬다. 하나는 과거의 전쟁술과 클라우제비츠의 전쟁술이고, 다른 하나는 넓은 의미의 전쟁술과 좁은 의미의 전쟁술이다. 클라우제비츠는 과거의 전쟁술을 비판적으로 검토하여 자신의 전쟁술을 확립한다.

2장에는 과거의 전쟁 이론과 클라우제비츠의 전쟁 이론이 나온다. 과거의 실증적인 전쟁 이론에 대해 비판적인 검토를 한 후에 자신의 새로운 전쟁 이론을 확립한다. 이전의 전쟁 이론은 전쟁 준비 이론이었고, 새로운 이론은 전쟁 수행 이론이다.

전쟁술이라고 불러야 하는지 전쟁학이라고 불러야 하는지 하는 문제(3장)는 전쟁술에 관한 논의의 연장선에 있다. 방법과 방법론(4장)도 명백히 전쟁술의 영역에 있다. 그래서 이 두 장을 전쟁술을 활용하여 논의한 것

---

2. 이 재구성의 표에서는 각 장의 제목을 두 줄이 아니라 한 줄로 만들려고 장의 제목을 줄이거나 수정한다. 그래서 『전쟁론』 번역의 차례에 있는 제목과 똑같지 않을 수 있다. 아래 동일.

으로 간주한다.

전쟁의 원인을 연구하고 수단을 검토하는 일(5장), 전쟁의 사례를 쓰는 일(6장)은 전쟁술보다 전쟁 이론에 더 밀접하게 관련되어 있다. 즉 비판(5장)과 사례(6장)는 이론적인 부분, 이론과 관련되는 부분, 전쟁 이론을 응용, 활용, 확장하여 논의한 부분이다. 그래서 우리는 2편의 6개 장을 아래와 같이 4개로 재구성한다.

2편의 차례		2편의 재구성
1장 전쟁술의 분류		
2장 전쟁 이론		1. 전쟁술(1장)
3장 전쟁술 또는 전쟁학	➡	2. 전쟁 이론(2장)
4장 방법론		3. 전쟁술의 활용(3~4장)
5장 비판		4. 전쟁 이론의 활용(5~6장)
6장 사례		

3편 '전략 일반'은 18개의 장으로 이루어져 있다. 3편에서는 전략의 정신적, 물리적, 수학적, 지리적, 통계적 요소를 언급하고 있다.

3편은 정신적인 요소(3~7장)와 물리적인 요소(8~14장)를 자세히 다루고 있다. 그다음에 수학적인 요소(15장)를 간략하게 언급한다. 그다음의 세 장(16~18장)은 전쟁 행동의 중지와 계속, 긴장과 휴식을 포함하는 오늘날의 전쟁의 성격을 다룬다.

3편에서 1장은 전략이 무엇인지, 전략의 목적을 달성하는 천재성이 어떤 것인지 다루고 있다. 2장은 전략의 5개의 요소를 열거하고 있다. 이 두 개의 장은 전략과 전략의 요소를 언급하는 부분으로 묶을 수 있다. 그래서 우리는 3편의 18개 장을 아래와 같이 5개로 재구성한다.

3편의 차례	3편의 재구성
1장 전략 2장 전략의 요소 3장 정신적 요소 4장 중요한 정신력 5장 군대의 무덕 6장 대담성 7장 인내심 8장 수의 우세 9장 기습 10장 책략 11장 병력의 공간적 집결 12장 병력의 시간적 집결 13장 전략적 예비 병력 14장 병력의 절약 15장 기하학적 요소 16장 전쟁 행동의 중지 17장 오늘날의 전쟁의 성격 18장 긴장과 휴식	1. 전략과 그 요소(1~2장) 2. 정신적 요소(3~7장) ➡ 3. 물리적 요소(8~14장) 4. 수학적 요소(15장) 5. 오늘날의 전쟁(16~18장)

4편 '전투'는 14개의 장으로 이루어져 있다. 9~11장은 주력 전투로 쉽게 묶을 수 있다. 전투의 승패가 결정되는 순간을 어떻게 알 수 있는지(9장), 패배한 군대에게 나타나는 승리의 효과에는 어떤 것이 있는지(10장), 승패를 결정하는 요소에는 무엇이 있는지(11장) 하는 것은 모두 주력 전투의 관점에서 논의되고 있다.

승리를 이용하는 전략적인 수단(12장)은 추격을 말한다. 후퇴(13장)는 추격과 대비되는 개념이다. 승리한 후에 적을 추격하고, 패배하면 아군이 후퇴한다. 추격과 후퇴(12~13장)는 동전의 양면으로서 논리적으로 하나의 범주로 묶을 수 있다. 이와 달리 야간 전투(14장)는 『전쟁론』 전체에서 보면 별로 중요하지 않은데도 어느 곳에 묶을 수 없다.

오늘날의 전투(2장)에서 전투는 적의 전투력을 파괴하는 것이고(3장), 적의 전투력의 파괴는 적의 손실이 아군의 손실보다 상당히 많은 것을 뜻하고(4장), 전투의 의의는 적의 전투력을 파괴하는데 있다(5장). 개요에 해당하는 1장은 이 앞부분에 묶을 수 있다. 1~5장은 전투 일반, 전투 자체를 다룬다.

이와 달리 전투의 특징(6~8장)에서는 전투와 전투력의 관계를 다룬다. 전투가 빨리 끝나는지 오래 계속되는지(6장) 하는 것은 전투력의 힘을 높이고 손실을 보충하는데 큰 영향을 미친다. 전투에서 승패의 결정이 났는지 아닌지, 새로운 전투를 해야 하는지 말아야 하는지(7장) 하는 것은 새로운 전투력을 투입해야 하는지 말아야 하는지를 판단하는데 중요한 기준이 된다. 오늘날의 전투가 전투에 대한 합의에 의해 일어나는지 아닌지(8장) 하는 것도 전투력을 쓰는데 영향을 미친다. 이러한 분석에 따라 우리는 4편의 14개 장을 아래와 같이 5개로 재구성한다.

4편의 차례	4편의 재구성
1장 개요 2장 오늘날의 전투의 성격 3장 전투 일반 4장 계속 5장 전투의 의의 6장 전투의 지속 시간 7장 전투의 승패의 결정 8장 전투에 대한 양쪽의 합의 9장 주력 전투 10장 계속 11장 계속 12장 승리를 이용하는 전략적 수단 13장 전투에서 패배한 후의 후퇴 14장 야간 전투	➡ 1. 전투 일반(1~5장) 2. 전투의 특징(6~8장) 3. 주력 전투(9~11장) 4. 추격과 후퇴(12~13장) 5. 야간 전투(14장)

5편 '전투력'은 18개 장으로 되어 있다. 5편의 재구성은 5편 1장의 설명을 따른다. 5편 1장에는 전투력의 수와 편성에 따라, 전투 이외의 상태에서, 식량 조달 문제를 고려하면서, 지형과 갖는 일반적인 관계에서 전투력을 살펴본다고 언급되어 있다.

앞의 5편 6장의 해설에서 6~13장을 전투 이외의 상태로 묶었다.

작전 기지(15장)와 병참선(16장)은 식량 조달(14장)과 관련된다. 식량 조달은 넓은 의미에서 군대를 유지하는 문제를 포함하는데, 작전 기지와 병참선도 식량 조달과 물자 조달로 군대를 유지하도록 하기 때문이다.

지형(17장)과 고지(18장)는 모두 지형의 문제이고, 이것은 어느 전투력을 어느 때 어떻게 쓰는지 하는 것을 고려할 때 중요한 문제이다. 그래서 지형과 고지를 하나의 범주로 묶는다.

병력의 비율(3장), 병과의 비율(4장), 전투력의 분할과 결합, 군대의 전투 대형(5장)은 전투력의 수와 편성에 관한 문제이다.

2장은 군대(전투력)와 원정의 개념을 전쟁터의 개념을 토대로 정의하고 있다. 5편의 구성을 설명하는 1장을 2장의 개념 정의와 묶을 수 있다. 그래서 우리는 5편의 18개 장을 아래와 같이 5개로 재구성한다.

5편의 차례	5편의 재구성
1장 개요	
2장 군대, 전쟁터, 원정	
3장 병력의 비율	
4장 병과의 비율	
5장 군대의 전투 대형	
6장 군대의 일반적 배치	
7장 전위와 전초	
8장 전진 부대의 행동 방식	1. 전투력 일반(1~2장)
9장 야영	2. 전투력의 수와 편성(3~5장)
10장 행군	➡ 3. 전투 이외의 상태(6~13장)
11장 계속	4. 식량 조달(14~16장)
12장 계속	5. 전투력과 지형(17~18장)
13장 사영	
14장 식량 조달	
15장 작전 기지	
16장 병참선	
17장 지형	
18장 고지	

6편 '방어'는 30개의 장으로 이루어져 있다. 분량으로 『전쟁론』 전체에서 약 31퍼센트를 차지하고 있는데, 이는 다른 7개의 편에 비해 압도적으로

많은 분량이다. 분량은 많지만 6편을 묶고 분류하는 것은 어렵지 않다. 6편에 나오는 공간에 주의를 기울이면 공간에 따라 여러 개의 장을 같은 범주로 묶을 수 있다.[3] 10장부터 30장까지 나라 안의 지리적인 공간의 방어 문제를 대략 작은 공간부터 큰 공간의 순서로 다루고 있다. 10장부터 논의한다.

10장은 요새의 목적과 조건을 다루고, 11장은 요새의 위치를 다룬다. 10~11장은 요새 방어로 묶인다. 12장은 방어 진지를, 13장은 요새 진지와 보루 진지를, 14장은 측면 진지를 다룬다. 12~14장은 진지 방어로 묶인다. 15~17장은 산악 방어를 다룬다. 15장은 산악 전투의 전술적인 성질을 다루고, 16장은 산악 전투를 전략적으로 이용하는 문제를 언급하고 있다. 17장은 산악 방어의 형태와 배치에 대해 논한다. 하천 방어의 의미와 종류(18장), 강이 나라의 방어에 미치는 영향(19장)은 명백히 하천 방어로 묶을 수 있다. 그런데 20장의 습지와 범람지, 21장의 삼림도 방어에서는 하천과 같거나 비슷한 성질을 띤다. 그래서 18~21장을 하천 방어로 묶을 수 있다. 초병선(22장)과 나라의 관문(23장)은 선과 점이라는 점에서 하나로 묶었다. 측면 행동(24장), 나라 안으로 하는 후퇴(25장), 인민 무장 투쟁(26장)은 한 나라를 방어하는 문제를 다루고 있는 것처럼 보인다. 하지만 클라우제비츠가 나라의 방어 문제는 8편에서 다룬다고 했기 때문에 이 세 장(24~26장)을 대규모의 방어라고 이름 붙인다. 27장부터 30장까지는 전쟁터의 방어를 다루고 있다.

이제 1~9장을 보도록 한다. 6편의 주제는 방어이지만, 6편의 1~4장은 공격과 방어를 함께 다루고 있다. 방어에 대한 논의는 5장부터 본격적으로 시작된다. 7장의 제목은 공격과 방어의 상호 작용이지만, 클라우제비츠의

---

3. 6편과 7편에 나오는 공간을 점, 선, 각으로 이해하는 것은 클라우제비츠의 이론을 계량적, 실증적, 과학적 측면으로 오해하는 것이다. 이 문제에 관한 자세한 논의는 넬슨 1986 참조.

관심은 주로 방어에 있다. 공격과 방어를 따로따로 분석하려면 철학적으로 방어부터 논의해야 한다는 것이다. 그래서 이 부분은 1~4장을 공격과 방어로, 5~9장을 방어로 묶는다. 이 분석의 결과로 우리는 6편의 30개 장을 아래와 같이 9개로 재구성한다.

6편의 차례		6편의 재구성
1장 공격과 방어		
2장 전술에서 공격과 방어의 관계		
3장 전략에서 공격과 방어의 관계		
4장 공격의 집중성과 방어의 분산성		
5장 전략적인 방어의 성격		
6장 방어 수단의 범위		
7장 공격과 방어의 상호 작용		
8장 저항의 유형		1. 공격과 방어(1~4장)
9장 방어 전투		2. 방어(5~9장)
10장 요새		3. 요새 방어(10~11장)
11장 앞 장의 계속		4. 진지 방어(12~14장)
12장 방어 진지	➡	5. 산악 방어(15~17장)
13장 요새 진지와 보루 진지		6. 하천 방어(18~21장)
14장 측면 진지		7. 초병선과 관문(22~23장)
15장 산악 방어		8. 대규모의 방어(24~26장)
16장 계속		9. 전쟁터의 방어(27~30장)
17장 계속		
18장 하천 방어		
19장 계속		
20장 A. 습지 방어		
B. 범람지		
21장 삼림 방어		
22장 초병선		

23장 나라의 관문
24장 측면 행동
25장 나라 안으로 하는 후퇴
26장 인민 무장 투쟁
27장 전쟁터의 방어
28장 계속
29장 계속. 점차적인 저항
30장 계속. 결전을 하지 않는 경우

7편 '공격'은 22개의 장으로 이루어져 있다. 공격이 방어와 동전의 양면 관계에 있는 것처럼, 7편의 차례는 6편과 비슷하다. 7편은 공격의 특징을 설명한 다음에 8~20장에서 여러 가지 종류의 공격을 언급하고 있다. 앞에서 방어를 언급했기 때문인지 7편의 분량은 매우 적다. 6편의 약 4분의 1로서, 이는 『전쟁론』 전체의 약 8퍼센트에 지나지 않는다. 분량으로 보면 클라우제비츠는 공격보다 방어에 훨씬 많은 관심을 갖고 있다.[4]

7편은 초안이라서 그런지 7편을 논리적으로 재구성하는 것이 매우 어렵다. 방어 편의 재구성을 참조하여 비슷한 내용끼리 묶었다고 말할 수밖에 없다. 분량이 많지 않기 때문에 산과 강의 공격, 진지와 요새의 공격을 합쳤다. 또한 초병선과 수송대는 선의 특징을 갖는다는 점에서 같은 범주로 묶었다. 아래와 같이 7편 22개의 장을 5개로 재구성한다.

---

4. 클라우제비츠는 공격보다는 방어의 입장, 강한 프랑스보다는 약한 프로이센의 입장에 있는 것으로 보인다.

7편의 차례		7편의 재구성
1장 방어에서 본 공격		
2장 전략적인 공격의 성질		
3장 전략적인 공격의 대상		
4장 공격력의 감소		
5장 공격의 정점		
6장 적의 전투력의 파괴		
7장 공격 전투		
8장 도하		
9장 방어 진지의 공격		
10장 보루 진지의 공격		1. 전략적 공격(1~7, 21~22장)
11장 산악 공격		2. 산과 강의 공격(8, 11, 14장)
12장 초병선의 공격	➡	3. 진지와 요새의 공격(9~10, 17, 20장)
13장 기동		4. 초병선과 수송대의 공격(12, 18장)
14장 습지, 범람지, 숲의 공격		5. 전쟁터의 공격(13, 15~16, 19장)
15장 전쟁터의 공격 - 결전		
16장 결전이 없는 전쟁터		
17장 요새의 공격		
18장 수송대에 대한 공격		
19장 사영에 있는 적군		
20장 견제		
21장 침략		
22장 승리의 정점		

8편 '전쟁 계획'은 9개의 장으로 이루어져 있다. 8편은 1편과 짝을 이룬다. 특히 1편의 1~2장과 밀접한 관련을 갖는다. 8편의 1~3장은 절대 전쟁과 현실 전쟁을 논하고 있는데, 그것보다 이론은 절대 전쟁과 현실 전쟁을 모두 다루어야 한다는 것을 강조한 것으로 해석한다. 즉 클라우제비츠는 이 부분에서 이론과 정신의 관계, 전쟁과 이론의 관계를 강조하고 있다.

그리고 앞의 8편의 해설에서 보여 준 것처럼 4~6장은 절대 전쟁과 현실 전쟁의 목표를 다루고, 7~9장은 현실 전쟁과 절대 전쟁의 계획을 다루고 있다. 이런 이해에 따라 8편의 9개 장을 아래와 같이 3개로 재구성한다.

8편의 차례		8편의 재구성
1장 머리말		
2장 절대 전쟁과 현실 전쟁		
3장 A. 전쟁의 내부적인 연관성		
B. 전쟁 목적과 노력의 정도		
4장 적을 쓰러뜨리는 전쟁 목표		1. 전쟁과 이론(1~3장)
5장 계속. 제한된 목표	➡	2. 절대 전쟁과 현실 전쟁의 목표(4~6장)
6장 A. 정치적인 목적의 영향		3. 현실 전쟁과 절대 전쟁의 계획(7~9장)
B. 전쟁은 정치의 수단이다		
7장 제한된 목표. 공격 전쟁		
8장 제한된 목표. 방어		
9장 적을 쓰러뜨리는 전쟁 계획		

아래에 125개 장을 재구성한 부분만 따로 모아 정리한다. 125개의 장이 40개로 재구성되고 정리되었다.[5]

5. 이 재구성은 '보수적인' 재구성이다. 즉 클라우제비츠가 말한 것에 토대를 두고 그것을 충실히 따르는 범위에서 125개의 장을 재구성한 것이다. 텍스트에 대한 적극적인 해석과 재해석을 개입하여 좀 더 과감하게 재구성하는 것은 보류했다. 달리 말하면 재구성의 가능성은 여러 가지이고, 이 재구성은 여러 가지 가능성 중의 하나이다.

125개 장의 재구성

1편 전쟁의 본질
- 1. 전쟁의 본질과 목적(1장)
- 2. 전쟁의 목표와 수단(2장)
- 3. 전쟁 천재 (3장)
- 4. 전쟁의 일반적 마찰(4~8장)

2편 전쟁의 이론
- 1. 전쟁술(1장)
- 2. 전쟁 이론(2장)
- 3. 전쟁술의 활용(3~4장)
- 4. 전쟁 이론의 활용(5~6장)

3편 전략 일반
- 1. 전략과 그 요소(1~2장)
- 2. 정신적 요소(3~7장)
- 3. 물리적 요소(8~14장)
- 4. 수학적 요소(15장)
- 5. 오늘날의 전쟁(16~18장)

4편 전투
- 1. 전투 일반(1~5장)
- 2. 전투의 특징(6~8장)
- 3. 주력 전투(9~11장)
- 4. 추격과 후퇴(12~13장)
- 5. 야간 전투(14장)

5편 전투력
- 1. 전투력 일반(1~2장)
- 2. 전투력의 수와 편성(3~5장)
- 3. 전투 이외의 상태(6~13장)
- 4. 식량 조달(14~16장)
- 5. 전투력과 지형(17~18장)

6편 방어
- 1. 공격과 방어(1~4장)
- 2. 방어(5~9장)
- 3. 요새 방어(10~11장)
- 4. 진지 방어(12~14장)
- 5. 산악 방어(15~17장)
- 6. 하천 방어(18~21장)
- 7. 초병선과 관문(22~23장)
- 8. 대규모의 방어(24~26장)
- 9. 전쟁터의 방어(27~30장)

7편 공격
- 1. 전략적 공격(1~7, 21~22장)
- 2. 산과 강의 공격(8, 11, 14장)
- 3. 진지와 요새의 공격(9~10, 17, 20장)
- 4. 초병선과 수송대의 공격(12, 18장)
- 5. 전쟁터의 공격(13, 15~16, 19장)

8편 전쟁 계획
- 1. 전쟁과 이론(1~3장)
- 2. 절대 전쟁과 현실 전쟁의 목표(4~6장)
- 3. 현실 전쟁과 절대 전쟁의 계획(7~9장)

제2장

8개 편의 재구성

『전쟁론』의 8개 편의 재구성에서 우리는 다시 블로흐를 인용하는 것으로 시작한다.

이런 방법으로 우리는 마르크스의 명제를 다음과 같이 묶을 수 있다. 첫째로 '관조와 행위'와 관련되는 인식 이론적 그룹(명제 5, 1, 3), 둘째로 '자기 소외, 그 실제적 원인, 진정한 유물론'과 관련되는 인간학적이고 역사적인 그룹(명제 4, 6, 7, 9, 10), 셋째로 '증명 및 검증'과 관련되는 이론과 실천의 그룹(명제 2, 8) 등이다. 테제는 제일 중요한 '표어'로 끝난다(명제 11).[1]

블로흐의 방법론에 따라 우리는 『전쟁론』의 8개의 편을[2] 다음과 같이 묶을 수 있다. 첫째로 '전쟁에 관한 인식 이론'과 관련되는 인식론 편(2편), 둘째로 '전쟁의 본질, 전쟁과 정치의 관계' 등과 관련되는 정치론 편(1, 8편), 셋째로 '전략'과 관련되는 편(3~7편) 등이다. 결론적으로 말해 『전쟁론』은

1. 블로흐 1959(1권), 523.
2. 8개의 편으로 이루어진 구성은 독자에게 큰 의미를 주지 못한다. 편의 구분은 각 편에 있는 주제의 연결에 비하면 더욱 무의미해 보인다(파렛 1986, 276).

'인식론'(2편), '정치론'(1, 8편), '전략론'(3~7편)으로 재구성할 수 있다.

그전에 먼저 『전쟁론』의 8개 편의 독립성을 그대로 유지하는 경우의 재구성을 아래와 같이 표현한다.

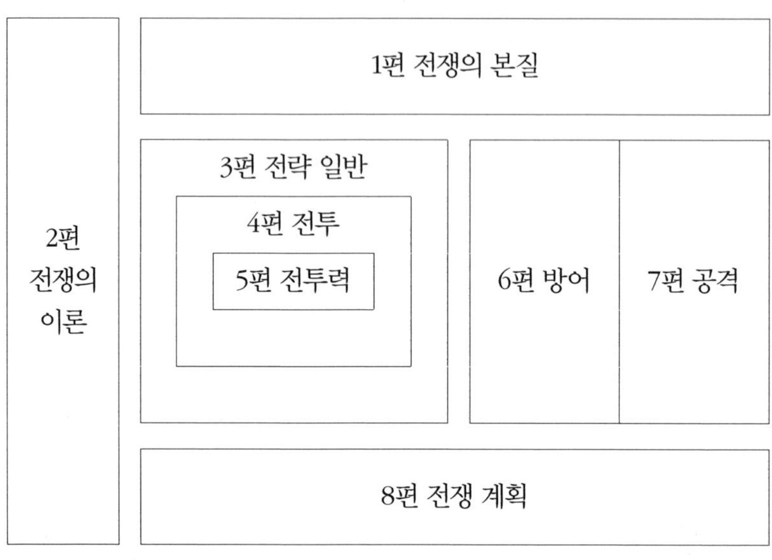

2편은 전쟁의 '이론'을 다룬다.[3] 『전쟁론』의 토대를 이룬다고 볼 수도 있고 『전쟁론』 전체를 시종일관 '동반'하고 있다고 볼 수도 있다.[4] 『전쟁론』은 2편을 제외하고는 직접 '전쟁'을 다룬다. 1편과 8편은 『전쟁론』의 처음과 끝에서 전쟁의 정치적인 측면을 다루고 있다. 전투(4편)는 전략(3편)의 수단이고, 전투력(5편)은 전술의 수단이기 때문에 3~5편은 이와 같이 포함 관계로 표현했다. 방어(6편)와 공격(7편)은 전략의 수준에서 논의되고 있고 동전의 양면과 같기 때문에 같이 두었다.

3. 아롱에 따르면 2편은 『전쟁론』의 '인식론'을 형성하는 '이론의 이론'에 해당한다. 아롱은 2편을 따로 자세하게 연구하고 있다(Aron 1976, 251~335 참조).

4. 그래서 2편은 그림의 상하좌우 어느 곳에 두어도 된다.

하지만 우리가 하려고 하는 재구성, 즉 블로흐의 방법론에 따른 재구성은 아래와 같은 모습을 띤다.

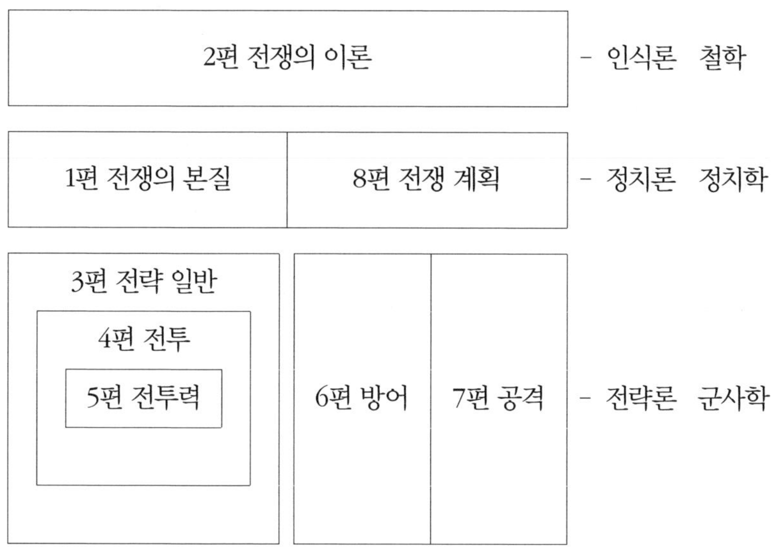

여기에서는 2편을 그림의 위에 두었다. 1편과 8편이 밀접한 관계에 있다고 판단하여 같이 두었다. 전쟁을 한 나라의 정치와 관련해서 보면 『전쟁론』은 '정치론'이 된다. 전쟁을 전쟁터에서 치르는 전투와 전쟁의 관점에서 보면 『전쟁론』은 '전략론'이 된다. 2편은 '인식론' 부분이다. 즉 『전쟁론』은 인식론, 정치론, 전략론을 포괄한다.[5] 인식론은 주로 철학의 주제이고, 정치론은 주로 정치학과 국제 정치학의 분야이고, 전략론은 주로 군사학의 관심 대상이다.[6]

---

5. 파렛의 연구(Paret 1976, 356~381)는 『전쟁론』의 재구성이라기보다 '이론'에 관한 연구라고 해야 할 것이다. 鄕田豊(2001)은 『전쟁론』을 전쟁의 본질, 전략, 전술, 전쟁 계획의 네 부분으로 나눈다. 이 설정은 체계적으로 보이지 않고, 분류의 논리적인 근거도 불분명하다. 『전쟁론』 4, 5편을 공격으로 묶고 6, 7편을 방어로 묶은 것도 동의하기 어렵다.

6. 물론 오로지 그러하다는 것은 아니다. 2편도 정치학이나 군사학의 관심 대상이 될 수 있고,

이 외에도 8개의 편을 재구성할 수 있는 가능성은 많다. 8개의 편을 이론의 이론(2편), 전쟁과 정치(1, 8편), 전략과 전술(3~5편), 방어와 공격(6~7편)으로 재구성할 수 있다. 각 편의 독립성을 허물면 이론의 이론(2편), 목적과 수단(1편 1~2장, 8편), 정신과 물리(1편 3~8장, 3편), 방어와 공격(6~7편), 역사와 관련되는 부분(4~5편)으로 재구성할 수도 있다.[7]

전투(4편)를 시간으로, 전투력(5편)을 인간으로, 방어와 공격(6~7편)을 방어와 공격이 일어나는 공간으로 이해하고, 이 네 개의 편(4~7편)을 전략(3편)에 포함되는 것으로 재구성할 수도 있다. 그러면 전략 외의 부분은 이론(2편)과 정치(1, 8편)로 이해하게 된다.[8]

1편과 8편도 철학의 대상이 될 수 있다. 세 개의 학문 영역으로 구분한 것은 '주로' 그러하다는 것이다.

7. 이것은 아롱의 재구성이다. Aron 1976, 139~250 참조.

8. 이 재구성 방식은 많은 토론과 논의를 요구한다. 이 몇 가지 외에도 8개의 편을 재구성할 수 있는 방법이 몇 가지 더 있다.

제3장

전체의 핵심

지금까지 살펴본 『전쟁론』의 해설(1편)과 재구성(2편 1~2장)을 바탕으로 여기에서는 『전쟁론』 전체의 핵심이라고 할 수 있는 내용을 정리한다. 클라우제비츠는 1827년에 쓴 '알리는 말'에서 원고를 고칠 뜻을 비쳤다. 원고를 개정할 때는 절대 전쟁과 현실 전쟁의 관계와 전쟁은 정치의 수단이라는 관점을 명확히 해야 한다고 언급했다. 이 관점은 『전쟁론』 1편 1장, 2편 3장, 8편 2, 3, 6장에 나온다. 우리는 이 관점을 『전쟁론』 1편 1장, 8편 3장 B, 8편 6장 B의 해설에서 삼각형의 그림으로 표현했다. 이 모든 것을 종합하여 『전쟁론』 전체의 핵심 내용을 다음과 같이 하나의 그림에 표현한다.

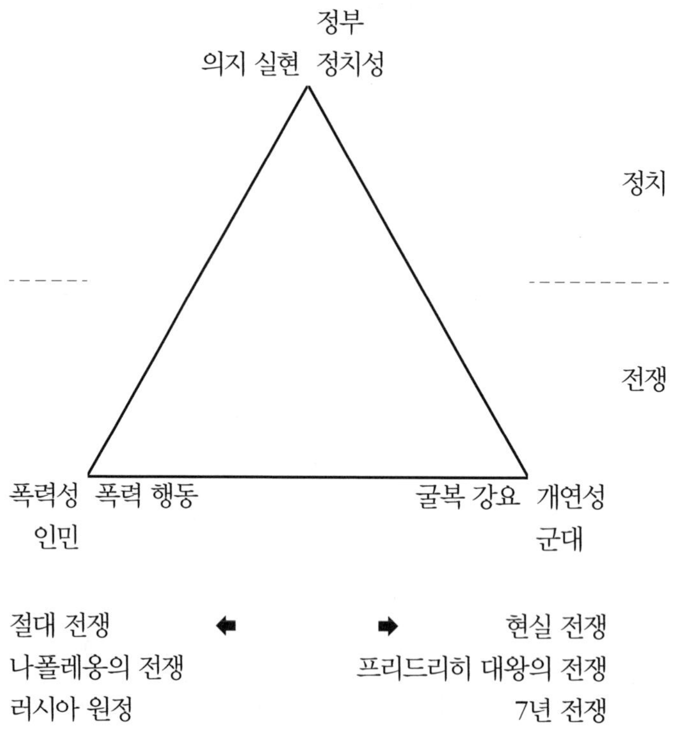

그림을 이렇게 그리면 전쟁의 정의, 전쟁의 삼중적인 성격, 절대 전쟁과 현실 전쟁의 관계, 전쟁은 정치의 수단이라는 관점을 하나의 그림에 모두 담을 수 있다. 전쟁은 우리의 의지를 실현하려고 적에게 굴복을 강요하는 폭력 행동이다. 우리의 의지를 실현하려고 하는 것은 목적이고, 적에게 굴복을 강요하는 것은 목표이고, 폭력 행동은 수단이다. 전쟁은 정치성, 개연성, 폭력성의 삼중성을 띤다. 전쟁은 정치의 수단이다. 군대에 대한 정부의 우위성의 관점은 정부를 삼각형의 위에 두고, 군대를 삼각형의 아래에 두는 것으로 표현했다.[1] 절대 전쟁과 현실 전쟁은 화살표의 방향으로 표현

1. 1편 1장의 해설에 있는 삼각형 그림 참조. 거의 대부분의 영어 문헌이나 (영어 문헌을 많이 참고한) 우리말 문헌들은 이것을 대부분 삼각형의 위로부터 시계 반대 방향으로 1극, 2극, 3극

했다. 인민이 전쟁에 많이 참여할수록 전쟁은 절대 전쟁에 가깝게 된다. 인민이 전쟁에서 멀어질수록, 즉 전쟁이 정부와 군대에 의해서만 수행될수록 전쟁은 현실 전쟁에 가깝게 될 것이다. 나폴레옹의 러시아 원정이 절대 전쟁의 예라면, 프리드리히 대왕의 7년 전쟁은 현실 전쟁의 예이다. 전쟁의 이론은 절대 전쟁뿐만 아니라 현실 전쟁도 포함하는 이론이 되어야 한다.

전쟁은 다른 수단으로 하는 정치의 계속이다.[2] 즉 전쟁은 정치의 수단이다. 전쟁은 정부의 생각을 말하고 쓰는 다른 방식에 지나지 않는다. 전쟁에는 전쟁 자체의 문법은 있지만, 전쟁 자체의 논리는 없다. 전쟁술은 제일 높은 관점에서 보면 정치이다. 외교 문서를 작성하는 대신에 전투로 하는 정치이다. 즉 전쟁은 총으로 하는 외교이고, 외교는 말로 하는 전쟁이다. 전쟁을 수행하는 것은 그 중요한 윤곽을 볼 때 정치 그 자체이다. 정치는 전쟁에서 펜 대신에 칼을 들지만 정치의 법칙에 따라 생각하는 것을 그만두지 않는다.

절대 전쟁에서는 적의 전투력을 파괴하는 것이 중요하고, 현실 전쟁에서는 아군의 전투력을 유지하는 것이 중요하다. 절대 전쟁은 현금 지불과 같고, 현실 전쟁은 어음 거래와 같다. 절대 전쟁은 필연성에 따라 수행되고, 현실 전쟁은 개연성에 따라 수행된다. 절대 전쟁은 전쟁 같은 모습을 보이

순서대로 그려서 위에 인민, 아래 왼쪽에 군대, 아래 오른쪽에 정부를 둔다. 또는 정삼각형 바깥에 이 정삼각형을 포함하는 더 큰 역삼각형을 그리고, 이 역삼각형을 포함하는 더 큰 정삼각형을 그려서 크기가 다른 세 개의 정삼각형을 만든다. 이런 식의 (복잡한) 그림으로는 전쟁이 정치의 수단이라는 관점과 군대에 대한 정부의 우위성을 제대로 표현하기 어렵다고 생각한다.

2. 푸코는 권력의 개념에 전쟁을 도입한다. 그래서 권력은 전쟁이고, 다른 수단으로 (즉 무기나 전투와는 다른 수단으로) 계속하는 전쟁이라고 주장한다. 그러면 클라우제비츠의 명제를 전복하게 되고, 정치는 다른 수단으로 계속하는 전쟁이라고 말할 수 있게 된다. 즉 정치는 전쟁에서 드러난 힘의 불균형을 승인하는 것이자 갱신하는 것이다. 평화의 내부에서 권력 투쟁이나 권력과 관련된 힘의 변경과 같은 것은 모두 하나의 정치 체제에서 전쟁의 계속으로 해석해야만 한다. 여기에서 푸코가 말하고 있는 전쟁은 늘 전쟁-억압, 또는 지배-억압의 도식이 작동하고 있는 시민 사회의 내전이다. 이에 대해서는 푸코 1997, 34~38 참조.

는 반면에, 현실 전쟁은 전쟁 같지 않은 모습을 보인다. 절대 전쟁은 완전한 전쟁이고, 현실 전쟁은 절반의 전쟁이다.

앞의 그림은 절대 전쟁과 현실 전쟁을 모두 담고 있지만, 화살표를 반영하여 그림을 아래와 같이 약간 변형할 수 있다. 이 경우에는 인민이 전쟁에서 일정한 역할을 하기는 하는데, 그 역할이 매우 미약하고 미미한 경우이다. 그래서 정삼각형이 아니라 인민의 역할이 축소된 삼각형이다. 인민이 군대 쪽으로 많이 접근하느냐(인민의 역할이 매우 미미한 경우), 아니면 멀어지느냐(인민의 역할이 매우 크고 지대한 경우)에 따라 여러 가지 형태의 삼각형을 생각할 수 있다.

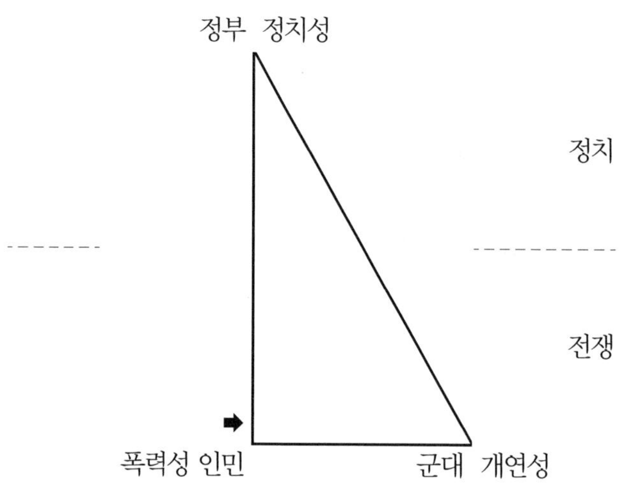

또 다른 형태와 모양의 삼각형에서는 인민이 전쟁에 전혀 또는 거의 참여하지 않고, 주로 정부와 군대만 전쟁을 수행한다. 인민과 정부, 인민과 군대의 연결이 거의 없다는 것을 다음의 그림과 같이 점선으로 표현했다. 이 경우에는 정부와 군대만 긴밀한 연결을 유지하고 있고, 그래서 정부와 군대만 실선으로 표현했다.[3] 이와 같은 형태의 현실 전쟁을 클라우제비츠는 본래의 개념에서 매우 멀리 있는 전쟁, 주로 용병이 전쟁을 하던 시대의 전쟁, 상업의 문제가 된 전쟁, 정부만의 전쟁 등으로 표현했다.

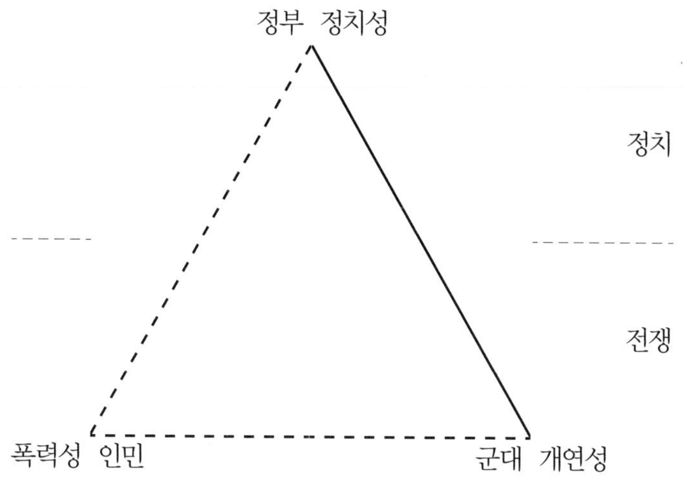

그렇다면 앞의 그림에 있는 실선의 위치를 아래와 같이 달리하여 또 다른 삼각형을 생각할 수도 있다.

3. 8편 3장 B의 해설에 있는 그림과 각주 참조. 이처럼 세 개의 주체 중에 정부와 군대만 전쟁을 수행하는 경우에는 전쟁의 삼중적인 성질이 이중적인 성질로 축소된다. 클라우제비츠에 따르면 18세기의 전쟁은 '정부만의 전쟁'이었다. 즉 전쟁은 이중적인 성질을 띨 수도 있고 삼중적인 성질을 띨 수도 있다. 그래서 우리 나라에서 삼중성이 아니라 '삼위일체'의 개념을 쓰는 것은 오류로 보인다. 그 개념은 클라우제비츠의 절대 전쟁과 현실 전쟁에서 절대 전쟁만 받아들이는 논리이다. 인민, 군대, 정부의 세 주체 또는 폭력성, 개연성, 정치성의 세 가지 성질이 '일체'를 이루지 않고 수행되는 현실 전쟁을 클라우제비츠의 이론에서 배제하는 오류를 범하게 되는 것이다.

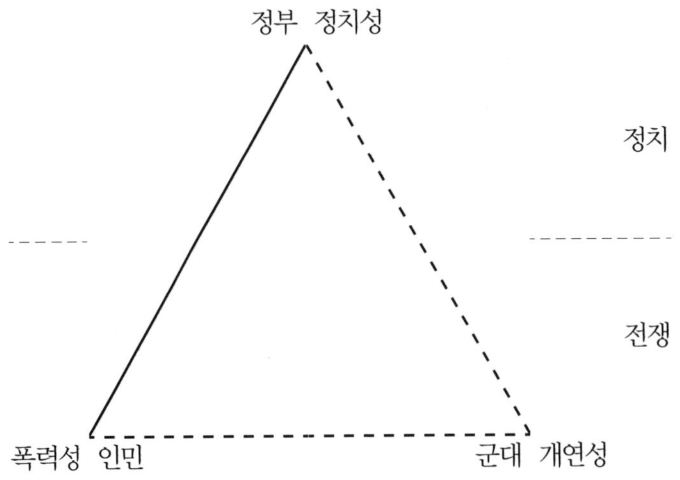

이 형태는 상비군 또는 정규군이 존재하지 않는 상태에서 정부와 인민만 전쟁을 수행하는 형태이다. 역사에서 예를 들면 농민군이 주로 전쟁을 수행한 동학 농민 전쟁이나 4세대 전쟁의 개념을 이 그림으로 설명할 수 있을 것이다. 물론 이때 정부는 근대 국민 국가에서 말하는 정부를 의미하는 것이 아니다. 즉 삼권 분립에 토대를 둔 행정부의 기능적인 성격을 지닌 조직으로서 정부를 말하는 것이 아니다. 전쟁의 정치적인 목적을 설정하는 조직, 그것을 실현하려고 전략과 전술을 고안하는 지도부, 즉 전쟁을 정치의 수단으로 보고 지성의 영역에 두는 제도적인 장치 일반을 의미한다.[4] 그러면 의병, 농민군, 시민군, 혁명군, 반군 세력, 빨치산, 게릴라, 이른바 테러 집단 등도 이 그림으로 포괄하고 이해할 수 있다.

이 그림을 생각할 수 있다면 실선의 위치를 한 번 더 달리하여 아래와 같은 삼각형의 그림도 생각할 수 있다.

4. 이와 같은 '정부'의 개념 정의에 대해서는 Echevarria 2005, 6~8과 조한승 2010, 161~162 참조.

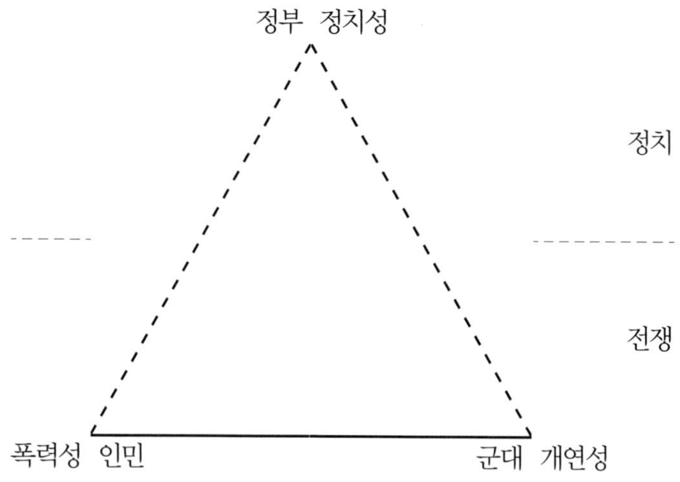

하지만 인민과 군대가 전쟁을 수행하는데 그 전쟁의 정치적인 목적을 설정할 정부가 없는 상태, 전쟁을 이끌 지도부가 없는 상태, 즉 전쟁의 정치적인 목적이 없고 정치가 실종된 형태의 전쟁은 삼각형의 그림으로만 생각할 수 있을 것이다. 이는 실선의 경우의 수를 고려하려고 순전히 관념적으로만 생각할 수 있는 형태이고, 현실에는 존재하기 어려운 형태로 보인다. 정치적인 목적이 전혀 없이 인민과 군대가 상대에게 굴복을 강요하는 폭력 행동만 쓰는 것은[5] 역사에도 클라우제비츠의 이론에도 나타나지 않는다.[6]

앞의 세 그림은 실선을 삼각형의 한 변에만 두었다. 그런데 실선을 삼각형의 두 변으로 확대하여 다음과 같이 오늘날의 전쟁을 표현할 수 있을

5. 예를 들어 '학살'을 이 그림으로 표현할 수 있을 것 같지만, 학살에도 정치적인 목적이 있다. 또한 학살은 한쪽만 고통을 당하는 것이기 때문에 클라우제비츠의 개념에 따른 전쟁이라고 할 수 없다.

6. 이 장에 있는 모든 그림 중에 이 그림을 제외한 네 개의 정삼각형은 1~4세대 전쟁의 모습으로 이해할 수도 있다. 정삼각형의 순서대로 대략 2, 1, 4, 3세대의 전쟁을 표현하고 있다. 달리 말하면, 우리의 정삼각형 그림은 실선과 점선의 위치를 바꾸는 여러 경우를 설정하여 여러 가지 형태와 세대의 전쟁을 표현할 수 있다.

것이다.[7]

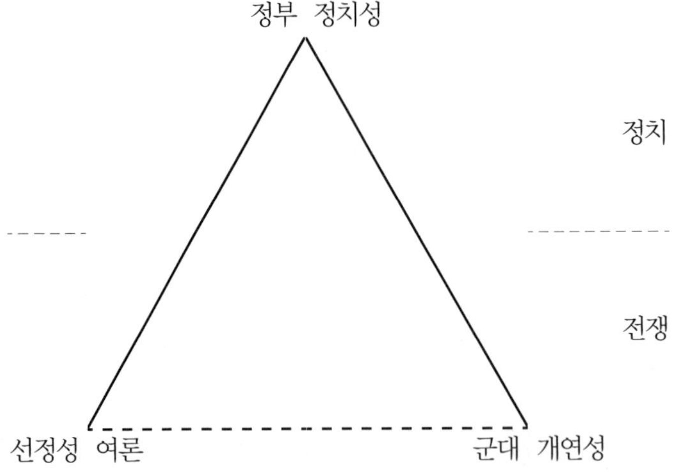

오늘날에는 전쟁이 인민 전체의 일로 간주되지 않는다. 오늘날에는 첨단 과학 기술의 발달에 의한 대규모의 효율적인 화력과 육해공군의 통합 군사력으로 전쟁을 수행하지만, 그것은 주로 전쟁을 계획하는 정부와 군대에 의해 이루어진다. 그렇다면 오늘날의 전쟁에서 인민은 어떤 역할을 맡을까? 인민은 자기 나라가 수행하는 전쟁을 지지하든지 반대하는 '여론'의 역할을 맡는다. 클라우제비츠는 이를 『전쟁론』 6편 6장의 '방어 수단의 범위'에서 '시민적인 복종이나 자발적인 협력'으로 설명했다. 클라우제비츠는 그곳에서 '동맹국'도 언급했는데, 이는 오늘날 연합군(동맹군)이나 국제적인 여론으로 나타날 것이다. 즉 어느 나라가 수행하는 전쟁에 대해 다른 나라들이 지지하는지 반대하는 것으로 나타난다.

---

7. 여기에서는 정부-인민, 정부-군대만 실선으로 표현한 예를 들었다. 이와 달리 인민-정부, 인민-군대의 두 변을 실선으로 하는 삼각형, 그리고 군대-정부, 군대-인민의 두 변을 실선으로 하는 삼각형은 극히 드문 경우에 해당하기 때문에 그리지 않는다.

예를 들도록 한다. 현대사에서 '인류의 양심을 시험한 전쟁'으로 불리는 베트남 전쟁은 미국 국내의 반전 운동에 직면했다. 미국 시민의 지지를 받지 못한 것이다. 미국의 대규모 반전 운동에서 미국 시민은 '시민적인 불복종'으로 베트남 전쟁에 대한 반대를 분명히 했다. 또한 국제적인 여론도 미국에 등을 돌렸다. 그 결과로 미국에게 베트남 전쟁은 '존슨의 전쟁'이고 '닉슨의 전쟁'이었다.[8] 미국은 베트남 전쟁에서 패배했다.

그로부터 약 20년 후의 걸프 전쟁에서 미국은 여론을 이용했다. 미국 시민의 지지를 받는데 텔레비전과 언론을 적극적으로 이용한 것이다. 전쟁에서 전투 행동 자체는 주로 전투원과 군대에 의해 수행된다. 인민이 전쟁에 참여하는 일은 없다. 하지만 걸프 전쟁에서 극명하게 보듯이, 오늘날의 '국민 국가' 단위에서 인민(국민, 시민, 대중)은 신문과 방송을 통해 정부의 전쟁을 지지하거나, 그 전쟁에 무관심해지거나, 그 전쟁을 '스포츠로서 관람하도록' 강요받는다. CNN에서 방영되는 걸프 전쟁의 여러 장면은 선정적이고 자극적이었다. 전쟁을 마치 비디오 게임처럼 보이게 했다. 전투기 조종사들은 컴퓨터 화면을 보고 버튼을 눌렀고, 화면상으로 폭탄이 명중한 것을 보았다. 전쟁은 '화면'에서 일어났고, 신문과 방송은 그 '화면'을 시민에게 전달했다. 현실의 전쟁이 '가상의 전쟁'으로 바뀌어서 시민에게 제공된 것이다.[9] 이런 식으로 미국의 전반적인 여론은 걸프 전쟁을 지지하든지, 적어도 반대하지 않도록 (또는 무관심하게 되도록) 통제되고 조종되었다.

---

8. 베트남 전쟁에 대한 미국 측의 연구로는 서머스 1982 참조.

9. 보드리야르는 이런 맥락에서 '걸프 전쟁은 일어나지 않았다.'고 말했다. 보드리야르 2002, 53~55 참조. 또한 그가 사진전을 열려고 2005년에 서울을 방문했을 때의 대담(http://gall.dcinside.com/board/view/?id=philosophy&no=11382) 참조.

제3편

『전쟁론』 관련 논문

LECTURES ON CLAUSEWITZ'S ON WAR

일러두기

여기에는 『전쟁론』과 관련되는 논문을 싣는다.

첫 번째 논문(1장)은 『전쟁론』을 완역한 후에 쓴 논문 형식의 후기이다. 이 논문에서 나는 번역 과정에서 겪은 어려움을 설명하고 『전쟁론』이 난해한 이유를 서술했다. 그리고 한국의 『전쟁론』 연구 방향을 제시했다.

두 번째 논문(2장)은 번역학에서 다루는 하나의 주제에 대한 철저한 분석을 통해 번역의 본질적인 문제를 근본적으로 성찰하는 글이다. 내가 쓴 책이나 논문이 내게 만족스러운 경우는 많지 않은데, 이 논문은 나 스스로 만족스럽게 생각하고 다른 비평가들로부터도 매우 우수하다는 평가를 받은 논문이다.

세 번째 논문(3장)은 『전쟁론』 번역의 비교 분석을 다루고 있는데, 이는 번역학의 전통적인 주제이다. 이 논문을 통해 지금까지 우리 나라에서 이루어진 『전쟁론』 번역의 실상을 자세히 알 수 있고, 이를 통해 우리 나라 번역 실태의 대체적인 단면을 볼 수 있을 것이다.

이 세 논문에서는 『전쟁론 강의』의 편집과 체계를 따르느라고 인용과 각주의 방식을 본래의 논문과 달리 약간 수정했다. 또한 내용상으로 조금씩 손을 보고 문장과 표현을 다듬었다. 그래서 여기에 있는 세 논문에는 그 논문이 원래 발표된 때의 문장이나 표현과 다른 부분이 있다.

세 논문은 다른 때 다른 목적으로 다른 학술지에 실린 글이다. 그래서 『전쟁론』의 우리말 번역서를 예로 들고 설명하는 부분에서 중복이 보인다. 그 부분을 삭제하려고 했는데 부적절하여 그대로 두었다. 독자들의 이해를 바란다.

네 번째 글(4장)은 『전쟁론』에 관해 우리말로 (번역)된 많은 글 중에 내가 최고 수준의 하나라고 생각하는 글이다. 우리 나라의 『전쟁론』 연구자들이 쓴 논문에는 아직 이 정도 수준의 철학적인 깊이로 『전쟁론』을 이해하고 해석한 글이 없다. 『전쟁론 강의』의 독자들에게 『전쟁론』에 관한 최고 수준의 해석을 보여 준다는 점에서 발리바르의 강연을 여기에 전부 옮겨 싣는다. 이 자리를 빌려 발리바르의 강연을 『전쟁론 강의』에 전재하도록 허락한 '사회진보연대 반전팀'에게 깊이 감사드린다.

발리바르의 글은 나의 번역이 아니기 때문에 번역 원문을 첨삭이나 수정 없이 그대로 실었다. 몇몇 용어에서 내 번역의 용어와 다른 것도 그대로 두었다. 다만 띄어쓰기와 문장 부호 등에서 잘못되거나 어색한 부분을 최소한으로 수정했다. 명백한 오기, 연도의 오류, 잘못된 조사를 바로잡았다. 구어체를 문어체로 바꾼 곳이 몇 군데 있다.

네 편 논문의 원래 출처는 각 논문 끝에 밝혔다.

제1장

『전쟁론』 완역 후기[1]

1. 머리말

나는 카알 폰 클라우제비츠의 『전쟁론』 독일어 원전 전 3권을 2009년 10월에 국내 최초로 완역, 출간하였다. 『전쟁론』 번역의 제1권은 2006년 1월에 출간하였고, 제2권과 제3권은 2009년 10월에 동시에 출간하였다. 『전

1. 이 논문의 초고를 읽고 비판적인 조언을 주신 대전대학교 김준호 교수님과 진석용 교수님께 깊이 감사드린다.

쟁론』의 많은 한국어 번역판 중에 독일어 원전을 번역의 텍스트로 삼아 원전 그대로 3권으로 출간된 것은 2006년과 2009년 갈무리 출판사에서 출간된 『전쟁론』이 유일하다.

대전대학교 군사 연구원의 초대 원장 김준호 교수로부터 2003년 여름에 『전쟁론』을 번역해 보라는 제안을 받았을 때 예상 번역 기간은 6개월이었다. 그것이 만 6년이나 걸린 것이다. 평균 1년 걸리는 일을 1개월에 끝낼 수 있다고 생각한 '무모함'이 역으로 이 일을 시작하고 완성하게 한 원동력이 아니었나 하는 생각이 든다. 김준호 교수의 배려로 2003년 『군사학 연구』 창간호에 『전쟁론』 번역서의 번역 문제를 다룬 논문을 게재한 적이 있다.[2] 이제 『전쟁론』을 완역했으니 『전쟁론』 번역자로서 『군사학 연구』에 이 번역 작업을 돌아보는 것도 의미 있는 일이라고 생각한다.

이 글에서는 『전쟁론』의 한국어 번역서의 현황을 알아보고 번역을 하게 된 이유를 설명한다. 그리고 7년 동안의 번역 과정을 간략히 소개하고 『전쟁론』이 난해한 책으로 악명 높은 이유를 학문적으로 살펴본다. 끝으로 『전쟁론』 연구와 관련하여 향후 계획과 바람직한 연구 방향을 제안하고자 한다.

2. 『전쟁론』 번역서 현황

번역을 시작하려고 독일어 원전, 영어 번역판, 일어 번역판, 한국어 번역본을 모두 찾았다. 대전대학교에 군사학과와 군사 연구원이 설치되면서 대전대학교는 『전쟁론』 독일어 원전 초판을 구매하였다. 그리고 한국어 번역본 검토에 착수했다. 한 달 정도 걸린 이 작업은 이해 불능으로 중도에

2. 김만수 2003 참조.

포기해야 했다. 무슨 말인지 이해할 수 없었기 때문이다. 번역서들은 내 한국어 실력과 학문 수준을 심각하게 회의하게 만들었다. 다음은 한국어 번역본들이다. 발행연도, 번역자, 출판사를 발행 연도순으로 정리하였다. 각 출판사의 이름으로 출판된 초판 1쇄만 언급한다. 발행연도가 같을 때는 역자 이름의 가나다순으로 정리하였다.

1. 1972, 권영길, 하서출판사
2. 1972, 이종학, 대양서적
3. 1974, 이종학, 일조각
4. 1977, 김홍철, 삼성출판사
5. 1977, 허문열, 동서문화사
6. 1982, 권영길, 양우당
7. 1982, 허문열, 범한출판사
8. 1983, 허문열, 학원출판공사
9. 1990, 맹은빈, 일신서적
10. 1991, 강창구, 병학사
11. 1993, , 합동참모본부
12. 1998, 류제승, 책세상
13. 2008, 정토웅, 지만지
14. 2009, 허문순, 동서문화사

이 외에도 『전쟁론』이라는 제목의 책이 몇 권 더 있다. 하지만 그것은 클라우제비츠의 『전쟁론』을 번역한 책이 아니어서 이 목록에서는 제외했다. 출간된 연도를 보면 알 수 있듯이, 2006년에 갈무리 출판사의 『전쟁론』 제1권이 출간되고 나서 두 종이 더 출간되었다. 갈무리 출판사의 『전쟁론』

을 포함하여 현재 우리 나라에는 총 열다섯 종의 『전쟁론』 번역서가 있다. 2000년 이전에 열두 종, 2000년 이후에 세 종이 출간되었다.

『전쟁론』을 번역하기 전에 『전쟁론』 열두 종의 번역서를 검토했다. 위의 목록을 보면 똑같은 번역자의 이름이 여러 번 보인다. 또한 쪽수까지 똑같은 책이 몇 권 있다. 이를 정리하면 다음과 같다.

하서출판사 = 양우당 = 합동참모본부 ≈ 병학사(1=6=11≈10)

대양서적 ≈ 일조각(2≈3)

동서문화사 = 범한출판사 = 학원출판공사 ≈ 일신서적(5=7=8≈9)

(=는 완전히 똑같음을, ≈는 비슷함을 표시한다.)

하서출판사, 양우당, 합동참모본부에서 나온 세 종은 권영길의 번역인데 쪽수까지 똑같다. 합동참모본부에서 나온 책에는 번역자의 이름이 없는데 권영길 번역의 불법 복사판이다. 강창구가 번역하여 병학사에서 나온 책은 권영길의 번역과 거의 똑같다. 이종학이 번역하여 대양서적과 일조각에서 나온 책도 거의 같다. 용어를 조금 바꾸거나 띄어쓰기에서 차이를 보이는데 불과하다. 일조각에서 나온 책은 대양서적에서 나온 책의 분량을 크게 줄인 책이다. 동서문화사, 범한출판사, 학원출판공사에서 나온 책은 허문열의 번역인데 쪽수까지 똑같은 책이다. 맹은빈이 번역하여 일신서적에서 나온 책은 허문열의 번역과 매우 비슷하다. 접속사나 문장을 약간 바꾼데 불과하다.

똑같거나 비슷한 책 또는 표절을 제외하면 『전쟁론』의 번역서라고 할 만한 책은 열두 종 가운데 다섯 종뿐이다. 번호로 1, 2, 4, 5, 12인데 이 번역서를 주로 검토하였다. 다섯 종 가운데 1만 완역이고 나머지는 모두 초역이다. 그런데 1은 일어 번역판의 중역이다. 2도 1과 크게 다르지 않다. 문체를 보면 2도 일어 번역판을 중역한 책이라는 것을 금방 알 수 있다. 4는 번역인지 창작인지 분간이 안 될 정도로 문장을 길게 늘여 놓았다. 그리고 김홍철이 번역하지 않은 것으로 추측되는 부분이 많이 보인다. 이 책은 영어 번역판을 중역한 것으로 짐작된다. 5는 분량이 극히 적은데 매우 '문학적인' 번역이다. 원전을 과감하게 삭제하고 의역하여 거의 창작을 하였다. 이 네 종은 어느 책을 원전으로 삼아 번역했는지 밝히지 않았다는 점에서 공통점을 갖고 있다. 12는 다섯 종 가운데 유일하게 독어판을 원전으로 삼았다고 밝히고 있다. 그런데 유감스럽게 독어의 발췌본을 번역하여 초역이 되었다. 그리고 독어를 직역한 탓에 이 책으로 『전쟁론』을 이해하는 것도 상당히 어려운 편이다. 결론적으로 2003년 6월에 『전쟁론』 번역에 참고하려고 검토했던 번역서들은 모두 일어 번역판이나 영어 번역판의 중역이든지 독어판의 초역으로서 원전 완역이 없는 실정이었다. 또한 모든 번역서를 읽고 이해하는데 큰 어려움을 겪었다. 모든 번역서에서 한두 문장을 빼고 번역한 부분도 여러 군데에서 찾을 수 있었다.

부언하면 2000년 이후에 출간된 책 중에 13은 독어의 초역이고 영역의 중역이며, 14는 완역이지만 일어판을 중역한 것으로 보인다. 13은 역자가 초역임을 밝히고 있다. 『전쟁론』 제1편과 제2편 그리고 제8편에서 중요한 부분만 번역했고, 분량은 『전쟁론』 원전의 약 10분의 1이라고 밝히고 있다.

관심을 끄는 책은 14이다.[3] 이 책 973쪽에서 역자는 "한국 최초 완역본"을 출간하여 "감개무량"하다고 밝히고 있다. 이 책은 2009년 10월에 출간되었는데, 이는 갈무리 출판사에서 『전쟁론』 제2권과 제3권이 나온 때와

3. 2009년 10월에 『전쟁론』 제2권과 제3권이 출간됨으로써 『전쟁론』 전 3권의 원전이 내 번역으로 국내 최초로 완역되었다. 그런데 14도 '한국 최초'라고 말하고 있다. 갈무리 출판사에서 나온 내 번역의 『전쟁론』과 동서문화사에서 출간된 허문순 번역의 『전쟁론』이 어떻게 같고 다른지 주변에서 묻는 사람들이 있었다. 여기에 두 책의 차이를 밝힌다.

같다. 14에서는 출간 일자와 역자의 이름이 특히 내 관심을 끌었다.

『전쟁론』과 같이 난해한 책은 문외한이 번역할 수 없다. 사회학이나 정치학과 같은 사회과학을 공부했든지, 군 관련 분야에 평생 종사한 사람만 『전쟁론』을 번역할 수 있다. 그런데 『전쟁론』 제1권의 원전 초판이 내 이름으로 갈무리 출판사에서 완역되고 나서 약 3년 10개월 후에 허문순이라는 이름으로 『전쟁론』이 출간된 것이다. 허문순이란 이름은 앞에서 살펴본 『전쟁론』 번역사에 나타나지 않은 이름이다. 그래서 나는 허문순이 허문열일 것이라고 직감했다. 허문순은 "30년 넘는 세월을 바쳐" 『전쟁론』을 번역했다고 밝히고 있다. 이 책의 981쪽에 나오는 허문순의 약력을 보고 허문순이 허문열과 동일 인물임을 확인했다.

두 번째로 관심을 끄는 것은 14의 출간일이다. 2006년 1월에 내 번역으로 『전쟁론』 제1권이 출간되자 허문순은 자극을 받은 것 같다. 그래서 자신의 1977년 번역을 토대로 약 3년 동안 『전쟁론』을 새로 번역한 것이다. 허문순이 밝히지 않아서 알 수 없지만, 허문순의 약력을 보면 그는 대략 1930~1933년생일 것이라고 추측된다. 곧 80을 바라보는 나이이다. 인생의 마지막 시기에 자신의 번역을 완성하려고 한 것 같다. 70을 훨씬 넘은 나이에 『전쟁론』 번역본을 새로 출간한 노고에 경의를 표한다.

그렇지만 이번에 동서문화사에서 출간된 『전쟁론』은 '한국 최초 완역본'이라고 말하기에는 몇 가지 문제점을 안고 있다. 먼저 이 책은 전체적으로 볼 때 명백히 일어 번역판의 중역이다. 이는 역자의 이력과 역서를 보아도 알 수 있다. 허문순은 『전쟁론』 외에도 여러 가지 종류의 영어책과 일어책 20여 종 이상을 번역하여 출간했는데, 『전쟁론』의 독어 원서를 번역하면서 어떻게 그 많은 영어책과 일어책을 번역할 수 있는지 놀라지 않을 수 없다. 하지만 이 의문은 곧 풀린다. 자세히 살펴보면 허문순은 일어 전문 번역가이고, 『전쟁론』 연구자라기보다 서양 책의 일어 번역을 우리말로 중역하는 번역가에 가깝다. 허문순의 번역서를 직접 읽어 보면 이 점을 금방 알 수 있다.

그다음으로 그는 『전쟁론』 독어판을 번역했다고 말하고 있고, 참고 문헌과 독어 원전 초판(1832~1834년 출간)의 서지 사항을 밝히고 있다. 그런데 한국에서 『전쟁론』 독어 원전 초판은 (내가 아는 한) 현재 대전대학교 지산도서관만 소장하고 있다.[4] 나는 이 원전 초판을 번역 대본으로 삼았다. 그래서 허문순이 그의 번역 973쪽에 밝힌 『전쟁론』 독일어 원전 초판의 서지 사항은 명백히 내 번역으로 나온 『전쟁론』 제1권에 있는 내 머리말의 표절이다.[5] 내용도 그러하고 표현도 그러하다.

허문순이 번역의 텍스트로 삼았다고 말하는 『전쟁론』 독어판에는 클라우제비츠의 부인 마리 폰 클라우제비츠의 머리말이 제1권뿐만 아니라 제3권 앞에도 있다. 그런데 허문순의 번역에는 제3권에 있는 마리 폰 클라우제비츠의 머리말이 없다. 따라서 허문순이 번역의 텍스트로 삼았다고 밝히는 1번 책을 신뢰할 수 없다. 그리고 허문순이 말한 2번 책은 독어판의 발췌본인데, 이 책을 텍스트로 삼아서는 『전쟁론』을 완역할 수 없다. 따라서 이 말도 신뢰할 수 없다.

마지막으로 내용과 관련된 것이다. 허문순의 번역본을 검토한 결과 각주는 일어판과 내 번역본을, 제1편~4편은 내 번역과 일어 번역을, 제5~8편은 기존의 일어 번역판을 참고한 것으로 보인다. 이 책에 보이는 우리말은 제1~4편 번역과 제5~8편의 번역에서 차이를 보인다. 제2권과 제3권의 내 번역이 출간되지 않은 마당에 허문순은 제5~8편에서 이미 나와 있는 일어 번

4. 내 번역의 모든 책에는 이 책의 사진이 실려 있다. 대전대학교 지산도서관에서는 (인터넷으로도) 이 책의 서지 사항을 볼 수 없다. 특별 도서로 특별 보관되어 있고, 책에 도서 번호 등을 붙이지 않았다. 일반 대출이 불가능하다. 국가전자도서관에서도 『전쟁론』 원전 초판은 검색되지 않는다.

5. 이 부분에서 허문순은 『전쟁론』 원전 초판을 어디에서 구했는지 밝히지 않았다.

역판을 주로 참고한 것으로 보인다. 이미 오역으로 밝혀진 부분에도 허문순은 기존의 일어나 영어 번역판을 답습하고 있다. 일어 번역판에 있는 연도의 오기도 허문순의 번역에 그대로 보이고, 유럽의 인명과 지명을 일어 번역판의 발음으로 옮겨 적은 것도 그대로 보인다. 동일한 지명이 번역의 여기저기에 다르게 표기되어 있기도 하고, 본문과 주에 다르게 표기된 것도 있다. 또한 이해할 수 없는 용어와 표현도 보인다. '조출한 분석'(520쪽)이나 '프리드리히 대왕이 러시아, 스웨덴 및 오스트리아군과 일을 저질러서'(491쪽) 등으로 상당히 많다. '분석이 조출하다는' 표현은 매우 어색하고, '일을 저질렀다는' 번역은 오역이다. 그리고 본문을 한 문장이나 여러 문장씩 빼먹고 번역한 흔적이 여기저기에 많이 보인다. 그래서 예를 들어 〈주〉에서 설명한 '리젠게비르게'(612쪽)에 해당하는 문장은 허문순이 번역하지 않았든지 빼먹었고, 그래서 본문에 없다. 본문에 없는 문장에 대해 〈주〉만 달아 놓은 것이다.[6] 이런 예는 몇 개 더 있는데, 842쪽에서 볼로냐의 유리병에 관해 서술한 각주도 본문에는 그에 해당하는 내용이 없다. 전체적으로 허문순 번역의 『전쟁론』을 보면 문장이 혼란스럽고 내용을 이해하는 것이 어렵다. 또한 본문과 각주에 잘못된 부분이 적지 않게 보인다.

요약한다. 허문순은 자신이 수행한 일어 번역의 중역을 '한국 최초의 완역본'이라고 말할 '용기'를 갖고 있는 것인가? 그렇다면 허문순의 중역이 아니라 권영길의 1972년 『전쟁론』의 일어 번역의 중역이 '한국 최초의 완역본'이 아닐까?

3. 『전쟁론』 번역 작업 과정

6. 그렇다면 번역은 누가 한 것이고 각주는 누가 단 것인가?

『전쟁론』처럼 난해한 책을 혼자 번역한 역자의 '넋두리'를 너그러운 독자들은 이해할 것이라고 생각한다. 그래서 여기에 번역 작업 과정을 간략히 소개한다. 『전쟁론』을 번역한 지난 7년은 '악랄한 책을 붙들고 발악을 한 시간'이었다.

7년 동안 원서를 다섯 번 읽었다. 방학 때는 하루 17시간씩 강행군한 적도 많았다. 무더운 여름에 의자에 너무 오래 앉아 엉덩이는 짓물렀다. 의자에 앉지 못하고 무릎을 꿇고 번역한 적도 있고 선 채로 번역한 적도 많았다. 정약용 선생이 너무 오래 앉아 책을 읽으니 더 이상 앉을 수 없었고 선 채로 책을 읽었다고 하는데, 그 심정을 이해할 수 있을 것 같았다.

나는 고시용 독서대라는 것이 있는 줄 몰랐다. 『전쟁론』을 번역하면서 처음으로 그런 것이 있다는 것을 알았다. 고시용 독서대는 2층으로 되어 있다. 보통 한 층에 책 두 권을 펼쳐 놓을 수 있는 넓이이다. 그러니 독서대 한 개에는 책 네 권을 한꺼번에 펼쳐 볼 수 있다. 문고판 책은 한 층에 세 권도 펼쳐 놓을 수 있다. 번역을 하는데 그 독서대 두 개를 좌우로 두고 독일어 원문, 영어 번역판, 일어 번역판, 다섯 개의 한글 번역판, 총 여덟 권을 펼쳐 놓았다. 책상 가운데에는 모니터와 자판, 독한사전이 자리 잡고 있다. 의자 좌우에 있는 작은 책상에는 각종 사전이 열 권 정도 놓여 있다. 준비는 끝났고 번역이 시작된다.

독어 원전, 영어 번역본, 일어 번역본 순서로 읽고 이를 우리말 번역본과 일일이 대조하면서 번역을 진행했다. 그것은 너무나 느린 속도였다. 이런 식으로 하루에 약 10시간 번역하면 독일어 원문 두 쪽을 못 넘긴다. 물론 두 쪽을 넘겨 번역할 수도 있다. 하지만 세 쪽으로 넘어가는 순간 내 눈에 바로 '날림'과 '부실'이 보이기 시작한다. 그래서 느리고 또 느리게 번역했다. 앞에서 번역한 낱말이 다음에 또 나오는데, 다음에 번역한 낱말이 더 적절하다. 표에 적어두고 계속 앞으로 나아간다. 나중에 좀 더 적절한 번역어를 고르게 된다. 뒤로 갈수록 번역이 좋아지고 매끄러워지는 것 같다. 군 관련 전문 용어들이 보이거나 번역본마다 다른 낱말이 보이는 경우 등이 나타나면 대전대학교 군사 연구원에 있는 전 현직 영관급 장교들에게 문의한다. 그들과 토론하며 논쟁도 벌인다. 이런 작업에 약 2년이 걸렸다. 하지만 이것은 1차 번역에 불과하다.

이제 다시 원전의 처음으로 돌아간다. 그리고 1차 번역에서 했던 일을 반복한다. 번역해 놓은 몇 개의 낱말 중에 제일 적절한 낱말을 고른다. 표로 만들어 둔 용어집을 참고하면서 낱말을 계속 고친다. 1차 번역 때보다 좀 빨리할 수 있지만 이 작업에도 상당히 많은 시간이 걸린다. 여기까지 2차 번역이다.

이제 모든 영어판, 일어판, 다른 한국어 번역서를 책상에서 치운다. 독어 원문과 내 원고만 바라본다. 모든 말을 될 수 있는 대로 쉬운 우리말로 바꾸고 고치고 다듬는다. 이것은 국어와 '전쟁'을 벌이는 일이다. 이것이 3차 번역이다.

이 원고로 대전대학교 군사학과 학부와 대학원에서 『전쟁론』을 강의했다. 그런데 학생들이 번역을 읽고 제대로 이해하지 못하는 부분이 있었다. 그들이 어렵다고 표시한 부분을 쳐다본다. 어떤 말로 써야 쉽게 이해할 수 있을지 고민한다. 번역을 했다기보다 생각하고 고민하는 시간이었다. 쉽고 좋은 말이 떠오를 때까지 사전을 뒤진다. 낱말 하나, 문장 하나를 붙들고 비교하고 대조하고 검토하고 생각했다. 단어를 찾지 않을 수도 있지만 거의 모든 단어를 사전에서 찾았다. 알고 있는 단어도 찾았다. 원문의 문맥과 맥락을 보고 사전을 보고 눈으로 확인하면서 제일 적절한 단어를 고른다. 이때 필요하면 다섯 권의 우리말 번역본, 영역판, 일역판도 다시 참고한다. 이런 식으로 하면 시간이 무한정 늘어난다. 적절한 말을 찾느라고 상상력도 발휘해야 하는 것을 보면 번역은 창작 활동이고 예술 활동이라는 생각마저 든다. 새롭고 적절하고 쉬운 낱말이 떠오를 때의 기쁨은 말로 표현할 수 없다. 이런 과정이 4차 번역이다.

통계를 내지는 않았지만 사전에서 제일 많이 찾은 낱말은 groß(big, large, tall, great)라는 낱말이 아닐까 한다. '큰, 대, 긴, 넓은, 크기, 넓이, 높이, 오래 걸리는, 어른, 커진, 성장한, 나이가 든, 손위의, 많은, 대규모의, 대단한, 심한, 중대한, 중요한, 위대한, 훌륭한, 굉장한, 뛰어난, 호사스러운, 화려한, 대체의, 대개의, 일반적인, 숭고한, 고상한, 사리사욕이 없는.' 대략 이 정도의 뜻이 사전에 보인다. 다른 말과 함께 관례적으로 쓰이는 용법이나 부정문에서 쓰이는 경우는 제외했다. 이러면 번역은 선택이 된다. 수많은 말 중에 문맥에 맞게 제일 적절한 말을 고르는 일이다. 그러니 생각하고 고민해야 한다. 시간을 잡아먹는 일이고, 시간만 잡아먹는 일이다.

본문 중간마다 해설을 넣을 생각은 4차 번역 과정에서 생겨났다. 원고로 수업을 받은 대전대학교 군사학과 학부와 대학원 학생들의 의견을 받아들여 원고를 이해하기 쉽도록 고쳤다. 원문의 수준을 지나치게 벗어나면 안 되는 번역의 '굴레' 때문에 쉽게 고치는 일에도 제한이 따랐다. 학생들에게 설명하면 학생들은 이해했다. 원문의 난해함, 내가 직접 쓰지 않는 한 바꿀 수 없는 원전의 완고함, 나의 설명, 이런 것들을 '화해'하도록 만드는 길은 해설을 붙이는 것이었다.

1차와 2차 번역보다 3차와 4차 번역에 더 많은 시간이 들었던 것 같다. 그리고 그 작업이 더 고통스러웠다. 우리말과 우리글을 '씹어 먹고' 살았다고 할까? 4차 과정을 끝낸 후에 주변의 친구들에게 원고를 보냈다. 친구들 중에는 교정과 교열을 전문으로 하는 친구도 있었다. 그들에게 원고를 주며 교정과 교열을 부탁했다. 네 번이나 읽고 검토한 원고에 빨간색으로 '도배된' 교정지를 돌려받고 경악을 금치 못했다. 그런 것을 대하면 며칠이나 몇 주 동안 원고를 보고 싶은 마음이 싹 달아난다. 겨우 정신을 차려 새빨간 교정지를 자세히 살펴보고 검토하여 교정과 교열에서 내가 받아들일 부분을 찾고 고치고 다듬는다. 이것이 5차 번역이다. 이제 모든 작업을 끝내고 원고를 출판사에 넘긴다. 그런데 출판사에 원고를 넘기고 난 후에도 교정과 교열은 최소한 한 달 이상 더 이어지는 것 같다. 출판사에서 원고를 검토한 분들의 교정지를 받아서 읽고 원고를 고치는 일을 끝낼 때쯤 나는 완전히 탈진 상태에 빠진다. 솔직히 말하면 『전쟁론』 책을 쳐다보고 싶지도 않다.

『전쟁론』 번역에 많은 시간이 걸린 데는 다른 이유도 있다. 그것은 경제적인 문제였고, 이는 무시할 수 없는 문제였다. 이 문제를 해결하느라고 시간이 오래 걸렸다. 이런 상황에서 제1권이라도 먼저 출간되지 않으면 언제 이 일을 끝낼지 나 스스로 자신할 수 없었다. 그래서 제1권을 먼저 출간하기로 결심했다.

재정적인 지원을 받을 생각으로 학술진흥재단을 알아보기도 했고, '학진'을 추천하는 사람도 있었다. 학진의 '동서양 명저 번역 사업'에 재정적인 지원을 요청해 보라는 것이었다. 결론부터 말하면 학진은 포기하고 말았다. 우선 내가 '강사 재벌'이라는 우스개 이름으로 불릴 수 있는 '학진형 인간'이 아니라는 사실을 깨달았다. 그리고 『전쟁론』은 1년이나 2년 안에 끝낼 수 있는 일도 아니었다. 또한 학진의 관료적인 절차와 시스템도 내게는 사람을 번거롭게 하는 것으로 보였다.

4. 『전쟁론』 읽기의 어려움

『전쟁론』은 전쟁에 관한 최고의 고전이라는 평가를[7] 들으면서도 난해

7. 전쟁에 관한 책을 쓴 작가들 가운데 클라우제비츠만큼 날카로운 통찰력을 보인 작가는 거의 없다. 손자, 조미니, 리델 하트, 풀러, 마르크스, 엥겔스, 레닌, 트로츠키, 투키디데스, 마키

한 책으로 악명 높다. 『전쟁론』이 왜 난해한 책인가? 하나의 책이 어떤 형태로 완성될 것인지는 저자의 머릿속에 있는 생각이므로 오로지 그 저자만이 알 수 있다. 그런데 클라우제비츠는 『전쟁론』을 원고의 상태로 남겨 둔 채 원고를 완결하지 못했다. 그러다 보니 자연스럽게 『전쟁론』의 내용이 난해해졌다.[8] 이제 클라우제비츠의 구상대로 『전쟁론』을 완성하는 것은 불가능하게 되었다.

둘째, 앞의 첫 번째 이유와 관련되는 것으로 『전쟁론』 탄생의 오랜 '역사'를 들 수 있다. 클라우제비츠는 전쟁에 관한 핵심을 짧고 정확하게 쓰려던 본래의 계획에서 자신의 생각을 되도록 자세하게 전개하여 체계를 확립하는 쪽으로 서술의 방향을 바꾸었다.[9] 그래서 『전쟁론』에는 금언과 자세한 설명이 섞여 있다.

셋째, 『전쟁론』이 복합적인 성격을 갖기 때문이다. 『전쟁론』은 정치학과 군사학뿐만 아니라 철학, 심리학, 역사학의 영역을 아우르고 있다.

넷째로 번역서의 문제인데, 우리말 번역서들이 이해할 수 없을 만큼 어렵기 때문이다. 애써 읽어도 국어를 이해할 수 없고, 무슨 의미인지 아는 것이 힘들기 때문이다. 그래서 주변에 『전쟁론』을 완독했다는 사람이 별로 없다. 이런 이유로 많은 사람들이 『전쟁론』의 부분만 알고 전체를 알지 못한다. 나무만 보고 숲을 보지 못하는 것이다. 전쟁은 우리의 의지를 실현하

아벨리 등의 저서들도 클라우제비츠의 저서에 필적할 만한 체계적인 연구서는 아니다(하워드 1983, 5~6). 클라우제비츠에게 관심을 갖는 것은 그의 사상이 사실적이면서도 독단적으로 경직되어 있지 않고, 변증법적이고 철학적인 비판적인 고찰 방식에 뿌리를 두고 있고, 그 방식에서 발전된 인식이 실제의 목적에 맞게 쓰일 수 있도록 전개되어 있기 때문이다(하알벡 1980a, 290). 반 크레벨드(1986)의 인상적인 논문은 그 이유를 '인간' 클라우제비츠에게 초점을 맞추어 논의하고 있다.

8. 클라우제비츠는 『전쟁론』의 혁명적인 성격뿐만 아니라 당대 프로이센의 군사학계에서 자신의 이론을 오해하리라는 것도 간파하고 있었다. 『전쟁론』을 생전에 출간하지 않겠다는 생각은 아내에게 그냥 한 말이 아니라 단호하고 확고한 결심이었다.

9. 『전쟁론』에 있는 '저자의 말' 참조.

려고 적에게 굴복을 강요하는 폭력 행동이라든지, 전쟁은 다른 수단으로 정치를 계속하는 것에 지나지 않는다는 몇몇 유명한 명제만 반복할 뿐이다.

물론 『전쟁론』이 난해하다는 지적은 우리 나라에서만 나오는 것이 아니고 다른 나라에서도 나온다. 오늘날만 그러한 것이 아니고 이전에도 그러했다. 즉 『전쟁론』은 동서고금을 막론하고 난해했고 난해하다. 클라우제비츠와 『전쟁론』 전문가들의 말을 종합하면, 『전쟁론』은 전체보다는 부분만 읽혔고 읽기보다는 인용되었고 이해되기보다는 오해되었다.[10]

앞에 든 이유 중에 첫 번째와 두 번째 이유는 해결할 수 없는 문제이고, 네 번째 이유는 이번 『전쟁론』의 완역으로 어느 정도 해결되었다고 생각한다. 중요한 것은 세 번째 이유이다.

『전쟁론』은 무엇보다 정치적인 성격을 갖고 있고 정치학적인 특징을 갖는다. 달리 말하면 『전쟁론』은 현실과 무관한 순수 이론의 관점을 멀리하고, 현실과 현실 정치에 깊이 관련되어 있는 책이다. 『전쟁론』의 학문 영역은 정치학, 그것도 국제 정치 분야이다. 바로 앞에 말한 전쟁과 정치의 관계에 관한 명제가 이 점을 잘 보여 준다.

그다음으로 『전쟁론』은 당연히 군사학의 성격을 갖는다. 『전쟁론』은 전쟁의 본질과 구성 요소의 관계, 전략과 전술, 전투와 전투력을 구체적으로 다루고 있다. 또한 전투력의 정신적인 측면뿐만 아니라 물리적인 측면도 다루고 있다. 요새, 진지, 보루, 산, 하천, 나라의 관문 등에서 수행해야 하

10. 클라우제비츠 이론의 전술적인 측면에 나타나는 문제점(이 또한 논쟁의 대상이 될 수 있는데)을 클라우제비츠 이론 전체의 오류로 보는 조미니(1838), 클라우제비츠를 19세기 프로이센의 군국주의와 전쟁광의 대표적인 인물이라고 보는 시각(로트펠스 1944, 128 참조), 클라우제비츠 이론을 독단론이라고 보는 리델 하트(1954), 풀러(루바스 1986b 참조) 등이 있다. 또한 독일 군부도 1차 세계 대전 이전부터 2차 세계 대전까지 클라우제비츠의 이론에서 방어의 우월성과 정치의 우월성에 대해 거부감을 보였다(왈라크 1986 참조). 클라우제비츠는 프랑스에서는 오해되었지만(포쉬 1986 참조), 이탈리아에서는 무시되었다(구치 1986 참조).

는 방어의 종류를 자세히 연구하고 도하, 기동, 견제, 침략을 언급하고 방어 진지, 보루 진지, 전쟁터, 수송대 등에 대한 공격, 사영하는 적군에 대한 공격 등과 같이 공격의 많은 종류를 검토한 것으로 보면, 『전쟁론』은 명백히 군사학의 성격을 갖는 책이다.

또한 『전쟁론』은 철학책이다. 『전쟁론』은 총만 잘 쏘면 전쟁에서 이긴다고 말한 책이 아니다. 승리는 무엇이고 승리의 목적이 무엇인지, 전쟁의 본질이 무엇인지 하는 문제를 다루고 있다. 『전쟁론』은 전쟁과 인간, 전쟁과 정치, 전쟁과 평화의 관계 등 전쟁의 본질에 관한 철학적인 성찰을 담고 있다.

전쟁과 전투의 특징을 고려할 때 『전쟁론』은 심리학의 성격도 아울러 갖고 있다. 아군이나 적군 병사들과 지휘관의 심성, 심리를 정확히 파악하는 것이 중요하고, 최고 지휘관은 어떤 자질과 심성을 갖추어야 하는지를 『전쟁론』은 특히 강조하고 있다.

그리고 『전쟁론』에 나오는 수많은 전쟁사를 고려하면 『전쟁론』은 역사학의 성격도 갖는다. 인류의 역사에 나오는 전쟁과 전투들을 언급하면서 자신의 이론을 만들고 확고하게 한다는 점에서 『전쟁론』은 역사학의 성격도 갖는다.

중요한 것은 『전쟁론』이 논리학의 성격도 갖고 있다는 점이다. 그리고 나는 이 점이 『전쟁론』을 이해하기 어렵게 만든 결정적인 요인이라고 생각한다. 『전쟁론』에는 형식 논리학이 아니라 변증법적 논리학이 보인다. 변증법적 논리학에서 『전쟁론』을 이해하는데 결정적으로 작용하는 요소는 개별성, 특수성, 일반성 또는 구체성, 추상성의 논리적인 위계 그리고 연구 방법과 서술 방법의 본질적인 차이이다.

클라우제비츠는 열세 살 때 전투에 참여하여 실전을 경험했고, 이후 군사 학교에 입학하여 이론을 공부했다. 이후에도 전투와 이론 공부를 병행했고, 1818년부터 약 12년 동안 『전쟁론』을 포함한 『저작집』의 원고를 집필했다. 그는 자기 시대의 많은 전투와 전쟁을 (개별성) 직접 경험했고, 다른 시대의 많은 전쟁과 전투를 (특수성) 연구했고, 이런 전투 경험과 연구를 일반화하여 그의 이론을 (일반성) 구축하게 된다. 많은 전쟁과 전투를 경험하고 전쟁사를 연구한 후에 전쟁의 일반적인 정의와 성격을 파악하게 되는 순서는 개별성에서 특수성을 지나 일반성으로 이행하는 것이고, 수많은 구체성에서 추상성으로 향하는 방식이다. 많은 전쟁의 사례를 연구하고 분석한 다음에 이를 일반화하여 법칙성을 찾고 이론화하는 것이다. 그리고 이것이 어느 주제에 대한 올바른 연구 방법이다. 전쟁은 정치의 수단이라는 명제는 그렇게 해서 찾아낸 것이다.

그런데 연구 방법의 순서대로 서술하면 많은 사례를 연구하여 일반적인 법칙과 이론을 끌어내는 데서 책이 끝나게 된다. 여기에서 질문이 생긴다. 그래서 어쨌다는 것인가? 즉 책을 서술할 때는 연구 방법에 따른 서술 방법이 아니라 새로운 서술 방법을 찾아야 한다. 바람직한 서술 방법은 연구 방법을 뒤집는 것이다. 일반성을 먼저 밝히고 일반성의 이런저런 예를 구체적인 현실에서 볼 수 있다는 순서로 서술하는 방식이 바람직한 서술 방식이다. 서술 방식은 일반성에서 특수성을 지나 개별성으로, 즉 추상성을 먼저 밝히고 구체성을 서술하는 방향을 잡는다. 그러면 현재 일어나지는 않았지만 앞으로 일어날 일도 일반적인 이론의 도움을 통해 예측할 수 있게 된다. 많은 사례를 통해 이론을 세우고(연구 방법) 이 이론으로 예를 설명하면(서술 방법), 앞으로 일어날 일을 판단하고 예측하는데 이론이 도움을 줄 수 있는 것이다.

이 방식에 따르면 변증법적 논리학의 체계로 서술된 책은 모두 앞부분이 어렵다. 앞부분에 추상적이고 일반적인 이론과 명제들이 나타나기 때문이다. 전쟁은 우리의 의지를 실현하려고 적에게 굴복을 강요하는 폭력 행동이라는 명제, 전쟁은 다른 수단으로 정치를 계속하는 것이라는 명제 등은 많은 전쟁을 연구하고 분석한 후에 비로소 얻은 결론이지만(연구 방법), 책을 서술할 때는 그 명제들이 제일 앞에 나오고 그 다음에 그 명제에 합당한 예들을 언급한다(서술 방법). 이 순서에 따라 우리는 아직 일어나지 않은 전쟁과 전투를 더 잘 이해하고 판단할 수 있게 된다.『전쟁론』의 거의 모든 장이 이런 구조를 보이고 있다. 만약 사례들이 더 이상 이론에 부합하지 않고 이론이 새로운 사례를 설명할 수도 없다면, 그 이론은 폐기되어야 하고 새로운 이론을 정립해야 할 것이다.

『전쟁론』은 완결되지 않은 원고이지만 이런 구조로 이루어져 있다. 이 변증법적 논리학의 구조에 따르면,『전쟁론』에서 오래되어 낡은 전투나 전쟁사 부분을 빼고 이론 부분만 발췌하여 번역하는 것은 논리적으로 치명적인 결함을 안게 된다. 일반화를 통해 도달한 결론이나 명제들이 증명할 수 있고 증명해야 하는 대상이 사라지기 때문이다.『전쟁론』을 학문적으로 연구할 때는 축약본을 대상으로 삼아서는 안 될 것이다.『전쟁론』을『전쟁론』으로 만드는 논리적인 체계가 무너지기 때문이다.

『전쟁론』 중에 '오래되어 낡은 부분을 줄여' 출판하는 역사는 독일에서 1935년부터 시작되었다.[11] 이 예에 따라 지금도 일반 독자를 대상으로 하는 축약본이 독일에서도 출간되고 있다. 이 축약본의 문제점은 앞에서 말한 것처럼, 추상적이고 난해한 내용을 구체적으로 이해할 수 있도록 하는 전쟁사의 예들이 사라진다는 것이다.[12]

11. W. Pickert/W. von Schramm, 1963, 248. 여기에 참고한 것은 이 책의 2002년 판.

12. 저술 분량으로 말하면 클라우제비츠는 이론가라기보다 역사가이다(파렛 1976, 425).『전쟁론』에는 역사적인 사례에 대한 많은 언급이 나온다. 이 사례들이 이른바『전쟁론』의 '축약본'에서는 삭제되기도 하는데, 사례들은 그 자체로 이론적인 상부 구조를 정당화하는 현실에 관한 서술이다(파렛 1976, 444). 그래서『전쟁론』을 요약하여 축소판으로 출판하는 것은 독자에게 클라우제비츠 사상의 진수를 빼앗는 일이다(하워드 1983, 75).

이것으로 『전쟁론』 읽기의 어려움을 전부 설명한 것은 아니다. 또 다른 이유가 있는데, 그것은 주로 일반 독자를 대상으로 하고 역사와 관련된다. 한마디로 『전쟁론』의 이해는 전쟁사에 대한 이해를 전제로 한다. 일반 독자를 대상으로 하는 것이니 예를 들어 설명하도록 한다. '한국 전쟁에서 1950년에 낙동강 전선이 무너졌다면 북한이 승리하고 한반도를 통일했을 것이다.' '압록강과 두만강에서 중국군이 개입하지 않았다면 한국 전쟁은 남한의 승리로 끝났을 것이다.' '대전에서 서울에 가려면 천안, 평택, 수원을 지나는 것이 좋다. 제천과 강릉을 지나 원주를 거쳐 서울로 가는 것은 미친 짓이다.' '박정희는 김재규의 총을 맞고 죽었다.' 이런 문장을 영어로 옮긴다면 유럽과 미국의 일반 독자들이 이 말을 우리들이 이해하는 것처럼 제대로 이해할 수 있을까? 어려울 것이다. 역사나 지리 또는 인물에 대한 배경 지식이 부족하기 때문이다. 『전쟁론』을 제대로 이해하려면 전쟁사에 대한 이해가 필요하다. 또한 그 당시 전쟁의 모습과 형태도 알아야 한다. 그리고 『전쟁론』에 나오는 많은 인물이나 지명도 알아야 한다. 이런 것에 대한 배경 지식이 많을수록 『전쟁론』을 더 잘 이해할 수 있을 것이다.

또한 우리말에는 산이나 강에 한라산이나 한강처럼 산과 강이란 말을 붙이지만 외국에서는 그런 말을 붙이지 않는다. 라인 강, 도나우 강을 그냥 라인, 도나우로 쓰고 알프스 산도 그냥 알프스로 쓴다. 우리에게 잘 알려진 지명은 별문제 없지만, 어느 낱말은 그것이 강인지 산인지 사람인지 알 수 없는 경우도 있다. 또한 많지는 않지만 클라우제비츠가 독일어만 쓰지 않았다는 것도 번역을 힘들게 했다. 독일어에서 seine(원형은 sein)는 영어의 his에 해당한다. 이 낱말은 소문자로 써야 하는데 Seine처럼 대문자로 쓰여 있다. '그의' 또는 '그 사람의'라고 해석해서는 문맥상 이해할 수 없었다. 여러 번 들여다보고 사전을 뒤진 끝에 Seine가 불어이고 센 강이라는 것을 알게 되었다. 이것은 내 불어 지식의 부족인데도 허탈해지지 않을 수 없었다. 독일어 문장에 갑자기 불어가 나오리라고 예상하지 못한 것이다.

『전쟁론』에 자주 등장하는 문학적인 비유나 논쟁적인 표현(Polemik, polemic)도 『전쟁론』을 이해하기 어렵게 하는 요인이다.[13] 특히 클라우제비츠의 문체, 긴 문장, 수사적인 표현이 내용에 대한 이해를 어렵게 한다. 독일의 학자나 저술가들은 논쟁적인 표현을 일상적으로 쓰는 편이다. 비유적인 표현이 없으면 글이 평범하고 '싱거워서' 읽는 즐거움이 떨어질 정도이다. 그런데 문학적인 색채를 지니는 글은 읽는 데는 즐겁지만, 번역을 하는 데는 고통스럽고 곤혹스럽다. 두 나라의 문화나 학문 전통이 달라서 그런 표현에 합당한 적절한 우리말을 찾는 것이 어렵기 때문이다. 내가 대학에서 배운 국어와 국문학은 『전쟁론』에서 문학적인 표현을 번역하는데 많은 도움이 되었다.

『전쟁론』이 우리말로 번역된 역사도 27년이나 되는데, 군사학 용어의 통일이 아직 이루어지지 않았다. 이런 사정도 『전쟁론』을 번역하는데 큰 어려움으로 작용한다. 현재 한국에는 군사학 사전이 없다. 육군에서 『군사 용어 사전』을 발간한 적이 있지만,[14] 이는 영어를 우리말로 번역하여 군 내부에서 쓰는 자료라고 할 수 있다. 독어 등 제2외국어는 그 사전에 반영되어 있지 않다. 군사학 사전이 얼마나 필요하고 중요한지 몇 개의 예를 보도록 한다.

『전쟁론』에서 싸움, 전투, 전쟁 등을 뜻하는 단어를 골라 작은 규모의 전투에서 큰 규모로 배열하면 대략 다음과 같다. Kampf(싸움), Treffen(싸우려고 만나는 것에 중점을 두는 말), Streit(다툼), Plänkelei(매우 작

13. 이런 경우에는 『전쟁론』의 문체(style)와 실체(substance)를 혼동하게 된다(한델 1986b, 26~27).

14. 육군본부 2006 참조. 이 외에 최근에 『군사 용어 대사전』이 출간되었는데, 이는 주로 과학기술 분야의 용어를 담은 사전이다.

은 소규모 전투), Gefecht(combat, engagement, 소규모 부대 간 단기 전투), 여기에 접두사를 붙여서 만든 말로서 Teil-gefecht, Total-gefecht, Gesamt-gefecht, Entscheidung(결전)이 있고, 또한 여기에 접두사를 붙인 Haupt-entscheidung, Schlacht(battle, 대규모 부대 간 장기 전투), 여기에 접두사를 붙인 Haupt-schlacht, Feldzug(campaign 원정, 대전투 또는 전쟁), Kampagne(campaign, 라틴어에서 온 말로 Feldzug과 동의어), Krieg(war) 등이 있다. 영어에도 encounter(우연한 충돌), skirmish(부대 간의 우연한 충돌), engagement(소부대의 충돌), combat(제일 널리 쓰이는 일반적인 말), battle(상당 기간 꽤 넓은 범위에 걸쳐 대대적으로 수행되는 전투), campaign(어떤 목적을 갖고 수행되는 일련의 작전), war(전쟁) 등 많은 용어를 볼 수 있다. 부대, 군, 군대 등을 나타내는 개념도 Streitkraft(전투력), Truppe(부대), Korps(군단, 군), Heer(군, 군대), Armee(군, 군대), Kolonne(종대), Teil, Masse, Haufen 등으로 다양하다. 전쟁터라는 개념에는 Kriegsfeld, Kriegstheater, Schlachtfeld 등이 있다. 장군이나 지휘관도 Feldherr, Oberfeldherr, Unterfeldherr 등이 있고 문맥에 따라 Führer, Herr, Befehlshaber 등도 지휘관이란 개념으로 쓰인다. 개념이 이렇게 많고 복잡하고 다양하기 때문에 한국의 군사학계나 군사학과 관련된 학회는 이 개념들에 대한 적절한 번역어를 제시하고 토론하여 용어의 통일성을 이루어야 할 것으로 보인다. 그래서 군사학 사전을 발간해야 할 것이다.

용어와 관련하여 한마디만 더 한다. 우리는 일상 생활에서 필요에 따라 '도둑이야!' 또는 '불이야!'라고 말하고 쓴다. 이는 내용상으로도 충분하고 문법적으로도 맞는 말이다. 그렇지만 글에서는 예를 들어 '남산에 불이 났다.'고 하지 '남산에 불이야!'라고 하지 않는다. 전투나 전쟁이 일어나는 급박한 상황에서 '돌격, 전진, 후퇴, 사격!' 등은 그 자체로 충분한 용어이고 의사 전달 수단이다. 전투를 하는 중에 '자, 지금부터 전진을 해야 합니다.'와 같이 태평스럽게 말하지는 않는다. 그런데 현실의 필요에 따라 줄여 쓰는 말을 역으로 원서를 번역할 때 쓰는 것은 곤란하지 않을까 생각한다. 예를 들어 공자(攻者)와 방자(防者)는 (사전에 없는 말이라고 해도) 현실의 급박한 필요에 따라 말로는 할 수 있지만, 원전을 번역할 때는 공격자와 방어자, 공격군과 방어군으로 하는 것이 바람직할 것이다.[15] 앞에서 학술진흥재단을 일부러 학진으로 줄여 썼는데, 그 말을 영어로 Hakjin으로 옮기면 외국인은 그것이 재단인지, 김학진이나 이학진처럼 사람 이름인지, 학진강이나 학진산처럼 강이나 산 이름인지 알 수 없을 것이다.

또한 우리 나라 군사학의 심각한 문제로서 군사학의 개념과 용어에 남아 있는 많은 일본식 군사 용어의 잔재를 들 수 있다. 이런 군사 용어를 보면 우리 나라의 군대가 한국 군대인지 일본 군대인지 구분하기 어려울 정도이다. 해방이 된지 60년이나 지났는데, 이제는 군사 용어에서 일본 식민 지배의 잔재를 떨쳐 버려야 하는 것이 아닌가 하는 생각이 든다.[16] 현재 한국의 군사 용어는 일본식 용어의 잔재와 미국식 용어의 범람으로 특징지을 수 있다.

이는 학문적으로도 깊이 성찰해야 하는 문제이다. 일본식 군사 용어나 2차 대전 이후에 비로소 확립된 미국식 군사 용어를 그보다 약 120년 이상 앞서 출간된 『전쟁론』에 무비판적으로 적용해서 『전쟁론』을 번역할 수 있는 것인지 학문적으로 의문이 들기 때문이다.

당연한 말이지만 내 번역은 사전의 수준을 넘을 수 없다. 번역하는데 제일 많이 읽고 참고한 책은 사전이다. 독한사전, 영한사전, 불한사전, 국어사전, 라틴어 사전, 독영사전, 비슷한말 사전, 반대말 사전, 각종 백과사전

---

15. 나는 한자가 병기되지 않은 상태의 공자와 방자를 즉각 반사적으로 공자(孔子)와 방자(房子)로 이해했다. 공격자를 공자로, 방어자를 방자로 줄여 쓰리라고는 상상하지 못했다.
16. 이 말은 일본 식민 지배의 잔재가 군사 용어와 군사학에만 국한되어 있다는 것은 아니다.

등등. 한 나라의 문화 수준은 사전으로 가늠할 수 있다는 말이 거짓이 아니라는 것을 많은 사전을 읽으면서 깨달았다. 사전을 만든다는 것은 정말 진지하게 생각해야 하는 국책 사업이라는 생각이 들었다. 프랑스에서 계몽 사상과 근대 사상이 싹트고 발전한 것이 백과전서파 덕분이라는 말의 의미를 깨닫게 되었다.

내 번역 이외에 앞으로 우리 나라에서 『전쟁론』의 가치와 위상에 합당한 새로운 번역이 나올 것이라고 기대한다. 그런 번역을 하는 사람은 먼저 뛰어난 독일어 실력을 갖추어야 할 것이다. 영어와 일어 능력도 갖추면 더욱 좋을 것이다. 학문적으로는 정치학, 군사학, 철학, 역사학, 심리학, 논리학에 대한 지식과 자질을 갖추어야 한다. 문학과 국어에 대한 이해와 소양도 갖추면 바람직할 것이다. 그리고 전쟁사에 대한 배경 지식, 유럽의 지리와 인물들에 대한 지식도 갖추어야 할 것이다. 한 사람이 이 일을 할 수 없다면 여러 사람의 공동 작업을 통해 이런 작업이 이루어져야 한다. 우리 나라의 일반적인 문화와 지식의 수준도 현재보다 높아져야 한다. 이런 토대에서만 앞으로 이해하기 쉬운 새로운 『전쟁론』 번역이 나올 수 있을 것이다. 정치학 학사, 석사, 박사 또는 군사학 학사, 석사, 박사 등과 같은 한국의 학문적인 순혈주의나 배타적인 토양에서는 『전쟁론』의 새로운 번역이 나오기도 어렵고, 21세기에 학문 간의 통섭을 이루고 학문의 발전을 이루는 것도 어려울 것으로 보인다.

내 주변에는 묵묵히 동서양의 고전을 번역하는 교수들도 있고, 1년에 30여 편 이상의 논문을 양산하는 교수들도 있다. 전통적인 논문 형식의 글쓰기를 폄하할 생각은 없다. 그런데 그런 논문은 학문의 수준을 높이는 독창적인 논문이라기보다 이론의 틀에 숫자를 대입하기만 하면 나오는 결과물이 대부분이다. 또한 하나의 논문을 제목이나 차례를 달리하고 약간 다르게 서술하여 발표하는 경우도 많다. 대학의 의미도 많이 달라지고 학문

간 통섭도 활발해진 21세기에 읽는 사람도 별로 없는 논문만 양산하는 것은 바람직하지 않을 것이다. 그런 논문을 쓰는 것보다는 동서고금의 고전과 원전을 제대로 충실하게 번역하여 다음 세대의 학문 발전에 초석으로 삼는 것이 낫지 않을까?

5.『전쟁론』 연구와 관련된 향후 계획

논리적으로 앞 장의 제목을 뒤집으면, 즉『전쟁론』 읽기의 어려움을 극복하려고 하면『전쟁론』 연구와 관련된 향후 계획이 나온다. 제일 중요한 계획은 난해한『전쟁론』을 이해하기 쉽게 하는 해설서를 출간하는 일이다.

『전쟁론』은 짓다 만 집과 같다. 해설서는 그 집을 클라우제비츠가 지으려고 했던 것과 최대한 비슷하게 마저 짓는 것을 목표로 삼는다. 물론 이 목표를 달성하는 데는 큰 난관이 따른다. 그 집의 설계도를 볼 수 없는 것이다. 짓다 말았기 때문에 벽이나 기둥은 볼 수 있지만 집 전체의 모양을 상상하는 것은 무척 어렵다. 이럴 때는 짓다 만 집을 오랜 시간을 들여 자세히 살펴보아야 한다. 클라우제비츠 자신이 그 집을 어떤 모양으로 지으려고 했는지 알 수 있다는 생각이 들 때까지 살펴본 다음에 확신이 들면 체계를 세워 해설서를 쓸 수 있을 것이다. 또한『전쟁론』은 큰 산과도 같다. 여러 번 산에 올라도 자신이 간 길만 알지 다른 길은 잘 모른다. 그래서 나무는 볼 수 있지만 숲을 볼 수 없다. 해설서는 나무와 숲을 동시에 볼 수 있는 해설서라야 할 것이다.

현재 이런 목표에 부합하는 것이 어떤 해설서인지 고민하고 있다. 여러 분량과 형태로 된 여러 가지 종류의 해설서를 생각하고 있다. 성격에 따라 해설서라고 할 수도 있고 요약서라고 할 수도 있다. 분량이『전쟁론』만큼 많을 수도 있고 핵심 내용을 정리한 짧은 분량이 될 수도 있다. 읽기 쉽고 이해하기 쉽도록 하는 것이 목표이니 표와 그림을 적절하게 활용하는 해설서를 생각할 수도 있다. 『전쟁론』의 체계, 이론, 개념을 계통도를 만들듯이 그림으로 표현하면 『전쟁론』을 이해하는데 도움이 될 것이다.

어떤 형태와 분량의 해설서가 되었든지 제대로 된 『전쟁론』 해설서를 출간하려면 다음과 같은 조건을 충족해야 할 것으로 보인다. 첫째, 『전쟁론』의 많은 전투와 전쟁에 대한 해설이 포함되어야 한다. 오늘날의 일반 독자는 한국 전쟁이나 베트남 전쟁이라고 하면 이해할 수 있지만, '1806년의 예나 전투'라고만 말하면 그 전투를 잘 이해할 수 없을 것이다. 많은 전쟁과 전투를 정리하면 좋을 것이다.[17] 둘째, 『전쟁론』에 나오는 많은 사람들에 대한 충분한 설명이 있어야 한다. 『전쟁론』에 나폴레옹과 프리드리히 대왕만 나오는 것이 아니기 때문이다. 셋째, 『전쟁론』에 나오는 많은 지명에 대한 설명이 있어야 한다. 그것이 강, 산, 숲인지를 말하고, 이런 지역을 지도로 보완할 수 있으면 좋을 것이다.[18] 나폴레옹 시대에 유럽 여러 나라의 영토와 국경이 표기된 유럽 지도를 찾고 만드는 일도 필요한 작업이다. 넷째, 체계적인 찾아보기를 만들어야 한다. 『전쟁론』에 나오는 이론과 개념, 체계와 구조를 알 수 있도록 개념 지도 수준으로 찾아보기를 만들어야 한다. 독일의 인문사회과학 분야의 고전에 이런 연구 작업이 축적되어 있으므로 이를 활용하면 좋을 것이다. 이런 조건을 충족하여 『전쟁론』 해설서를 출간한다면 이는 이번의 『전쟁론』 완역판과 함께 후학들에게 『전쟁론』 연구

17. 이것을 하려면 전쟁사 책을 많이 참고해야 할 것이다. 중요한 책 몇 권을 보면 몽고메리의 『전쟁의 역사』, 노병천의 『나쁜 전쟁 더 나쁜 전쟁』, 위어의 『세상을 바꾼 전쟁』, 육군사관학교 전사학과의 『세계 전쟁사』 등이 있다.

18. 참고할 만한 지도로는 육군사관학교 전사학과의 『세계 전쟁사 부도』 등 몇 권이 있다. 여러 전쟁사 책에 있는 지도도 참고하면 좋을 것이다. 장기적으로는 『전쟁론』에 나오는 지역을 답사할 수도 있을 것이다. 또는 국방대학교나 육군대학 또는 일반 대학교의 지리학과 교수나 지도 전문가와 공동 작업을 할 수도 있을 것이다.

의 초석을 놓는 역할을 하게 될 것이다.

해설서 이외의 향후 계획으로 『전쟁론』의 개정판 출간을 들 수 있다. 이것은 아킬레스건과 같다. 『전쟁론』 독어 원전 전 3권을 완역하여 출간한 그해에 개정판을 언급한다는 것은 역자로서 고통스러운 일이 아닐 수 없기 때문이다. 그렇지만 장기적으로 보면 개정판이 나와야 할 것이다. 10년이나 20년 후쯤 『전쟁론』 개정판이 나오지 않는다면 한국의 정치학계나 군사학계는 그동안 그만큼 고인 물로 머물렀다는 반증이 될 것이다.

개정판이 나올 수 있으려면 이번에 완역된 『전쟁론』으로 활발한 강의와 수업이 이루어져야 한다. 토론이 없는 곳에 발전이 있을 수 없다. 일반 대학과 대학원의 정치학과, 정치외교학과, 군사학과 등에서 체계적이고 지속적으로 『전쟁론』 강의와 수업이 이루어져야 한다. 군 관련 분야에서는 육사, 육군대학, 국방대학교 등이 『전쟁론』을 강의하는데 적절할 것으로 보인다.[19] 이런 연구와 강의 환경은 『전쟁론』 연구에 크게 이바지할 것이다.

6. 맺음말

장기적으로는 한국에 '클라우제비츠 학회'를 만들어야 할 것으로 보인다. 그리고 무엇보다 먼저 독일과 프랑스 그리고 영미권의 연구 결과와 클라우제비츠 연구 역사를 소개하고 정리해야 할 것이다. 일례로 클라우제비츠 홈페이지(http://www.clausewitz.com/index.htm)의 방대한 내용을 보면 클라우제비츠 연구와 관련하여 현재 한국이 얼마나 후진적인 수준에 머물러 있는지 알 수 있다. 또한 우리 나라에 있는 클라우제비츠 관련 연구

19. 물론 해사, 공사, 3사, 해군대학, 공군대학 등에서도 『전쟁론』 강의와 수업이 이루어질 수 있다. 그리고 그 대학의 학생보다 교수들에게 먼저 강의를 해야 할 것으로 보인다. 그래야 그들이 학생들에게 『전쟁론』을 제대로 강의할 수 있을 것이다.

도 체계적으로 정리해야 할 것이다. 이런 연구를 통해 앞으로 클라우제비츠와 『전쟁론』 연구의 올바른 방향을 정립할 수 있을 것이다. 클라우제비츠의 『전쟁론』 원전 완역은 우리들이 이 모든 연구의 출발점에 있음을 일깨운다.

『전쟁론』의 본래 영역은 정치학이고 군사학이다. 이 때문에 『전쟁론』은 정치가와 군인들의 연구 대상이었다. 하지만 경영학 분야에서 경영 전략, 마케팅 전략, 리더십 등을 연구하고 설명하는 데도 『전쟁론』을 많이 활용하고 있다. 그 외에 『전쟁론』은 철학이나 역사학 등 많은 영역에서 많은 사람들에게 사고의 지평을 넓혀 주는 고전으로 인식되고 있다. 이에 상응하도록 『전쟁론』에 관해 적절한 강의 및 연구 환경이 마련되어야 할 것이다.

출처:『군사학 연구』, 2009년, 7호, 305~331

제2장

수량 표현과 문화의 이해

클라우제비츠의 『전쟁론』을 중심으로

1. 문제 의식
2. 『전쟁론』 텍스트
3. 『전쟁론』의 수량 표현
4. 수량 표현 번역의 현상적인 차원
5. 수량 표현 번역의 본질적인 차원
6. 맺음말

1. 문제 의식

『전쟁론』에 자주 나오는 수량 표현 중에 본 논문의 관심 대상이 되는 것은 길이, 거리, 간격 그리고 넓이, 면적을 나타내는 표현이다.[1] 그리고 이는

1. 병사, 마차, 대포 등을 세는 몇 명, 몇 대, 몇 문 등의 수량 표현은 이 논문의 주제와 관련이 없어 다루지 않는다.

주로 프로이센 마일과 제곱마일로 표현된다.[2] 『전쟁론』 독자 중에 이 마일과 제곱마일을 모두 (현재 우리들이 쓰고 있는) 킬로미터와 제곱킬로미터로 바꾸어야 한다는 의견을 준 사람이 있었다. 『전쟁론』 번역서의 독자는 오늘의 한국 사람이니 200여 년 전의 프로이센 수량 표현도 당연히 200년 후 오늘의 한국 수량 표현으로 '번역'해야 한다는 것이다. 그 지적이 이 논문을 쓸 실마리를 마련했다.

그런데 번역이나 번역학에서[3] 중요한 문제는 원전 텍스트의 의미와 내용을 정확하게 이해하여 전달하는데 있다. 수량 표현은 일반적으로 중요한 문제로 논의되지 않고 있고 부차적인 문제에 지나지 않는다.[4] 일례로 번역(학) 문제를 전문으로 다루는 『번역학 연구』에도 지난 10년 동안 수량 표현과 직접 관련된 연구는 진실로/곽은주의 논문 하나뿐이었다.

> '도량 단위'는 사실 모든 언어에 발달되어 있고 번역에서도 크게 문제가 되지 않는 듯하다. 다만 언어마다 도량형이 다르므로 영어의 'pound'를 '파운드'로 음차하여 원어 도량형 단위를 그대로 남겨둘 것인지 아니면 한국어 독자의 수용성을 고려하여 '근'이나 '그램' 등으로 옮길지의 문제는 생각해볼 만하다. 이마저도 최근에는 규격화, 표준화 경향에 맞춰 '그램' 단위로 통일하여 사용하고 있으니 선택의 폭이 좁은 만큼 번역자의 고민도 덜하리라 생각된다.[5]

---

2. Meile/Meilen(단수/복수), Quadratmeile/Quardratmeilen으로 나타난다. '마일'의 외래어 표기법, 즉 음성 번역 단계에 나타나는 문제는 여기에서 다루지 않는다. 번역과 관련된 외래어 표기법에 관한 최근의 논의로는 김정우 2008 참조.
3. 이 논문이 '번역학'을 다루지는 않는다. 번역학의 이론적인 논의에 관해서는 콜러 1990 참조. 번역의 이론적 측면과 실제적인 문제에 관해서는 르드레르 2001 참조.
4. 번역학자보다 번역 현장의 전문 번역자들이 수량 표현에 대해 더 많은 관심을 갖고 있는 것 같다. 예를 들면 이근희 2008 참조.
5. 진실로/곽은주 2009, 188~189.

『전쟁론』 독자와 진실로/곽은주는 도량 단위 번역을 중요한 문제로 여기지 않고 있고 미터법으로 번역할 수 있다고 보고 있다.[6] 이 견해를 검토하여 수량 표현 번역에서 생길 수 있는 문제를 살펴보는 것이 이 논문의 목적이다.

아래에서는 먼저 『전쟁론』 독어판과 번역본 중에 이 논문에 쓸 텍스트를 선정한다. 그리고 『전쟁론』 원전에 나오는 수량 표현의 특징을 살펴본다. 그다음에 『전쟁론』의 번역에 나타나는 수량 표현 문제를 현상의 차원에서 살펴본다. 그리고 그런 표현 방식을 본질적인 차원에서 접근한다. 즉 현상에서 본질로 '내려가는' 연구 방법을 이용하여 수량 표현의 번역 문제를 근본적으로 살펴본다. 이 연구 방법은 그대로 이 논문의 서술 방법이자 차례를 이룬다.

이런 방법을 통해 이 논문에서 다음과 같은 점이 분명해질 것이다. 첫째로 수치를 정확하게 환산하지 않는다면 다른 문화의 도량 단위나 수량 표현을 우리 단위로 옮기는 일은 적지 않은 혼란을 일으킬 수 있다. 둘째로 그럴 경우 다른 문화를 잘못 이해하게 될 수도 있다. 셋째로 이는 우리 문화에 대한 이해 부족으로 이어질 수도 있다. 결과적으로 마일을 킬로미터로 옮기고 파운드를 그램으로 옮기는 일은 『전쟁론』과 같은 동서고금의 고전을 번역할 때는 신중하게 생각해야 하는 문제라고 할 수 있다.[7]

---

6. '최근'이 아니라면 또는 최근을 매우 넓게 해석하면 진실로/곽은주는 이 문제를 어떻게 논의했을지 궁금하다. 그런 점에서 이 논문은 도량형 단위의 번역 문제에 관해 진실로/곽은주에게 던지는 질문의 성격을 갖는다고 할 수도 있을 것이다.

7. 이 논문의 대상은 『전쟁론』처럼 주로 동서고금의 고전으로 제한된다. 신문, 방송, 문학 작품, 실용 서적, 아동 서적 등과 같은 글에 나오는 수량 표현은 논의 대상이 아니다. 그런 글의 수량 표현을 이 논문의 주장처럼 번역할 수 없을 것이고 그렇게 번역할 필요도 없을 것이다. 예를 들면 다른 문화의 도량형 단위를 모두 미터법으로 환산해야 한다고 주장하는 안정효 2006, 182~185 참조. 안정효와 같은 주장을 펼치는 이희재(2009, 218~220과 255~258)도 참조.

2. 『전쟁론』 텍스트

『전쟁론』은 카알 폰 클라우제비츠의 사망(1831년) 후에 출간되었다. 총 세 권으로 이루어진 『전쟁론』은 클라우제비츠 부인의 노력과 지인들의 도움으로 베를린에서 1년에 한 권씩 간행되었다.

(1) *Vom Kriege*, 1권, Ferdinand Dümmler, 1832

(2) *Vom Kriege*, 2권, Ferdinand Dümmler, 1833

(3) *Vom Kriege*, 3권, Ferdinand Dümmler, 1834

일반인들은 이 원전을 볼 수 없으므로 현재에는 원전[8] 세 권을 한 권으로 합쳐 출간한 아래의 책을 읽게 된다.

(4) *Vom Kriege - hinterlassenes Werk*, Ullstein, 2002

『전쟁론』 번역서에서는 먼저 영어 번역과 일어 번역을 살펴본다. 두 번역이 우리말 번역에 큰 영향을 미쳤고, 이 논문의 논의에도 매우 중요하기 때문이다.

(5) *On War*, M. Howard/P. Paret 옮김, Alfred Knopf, 1993

(6) 『戰爭論』, 篠田英雄 옮김, 岩波書店, 1968

『전쟁론』의 우리말 번역서는 모두 열다섯 종이다. 『전쟁론』 번역의 역사를 보여 준다는 측면에서 번역서를 발행 연도순으로, 같은 연도의 경우에는 역자 이름을 가나다순으로 정리한다.

(7) 1972, 『전쟁론』, 권영길 옮김, 하서출판사

(8) 1972, 『전쟁론』, 이종학 옮김, 대양서적

(9) 1974, 『전쟁론』, 이종학 옮김, 일조각

(10) 1977, 『전쟁론』, 김홍철 옮김, 삼성출판사

---

8. '원전' 개념도 번역학계에서는 성찰의 대상이다. 이 점에 관해서는 김영환 2006, 16 참조.

(11) 1977,『전쟁론』, 허문열 옮김, 동서문화사

(12) 1982,『전쟁론』, 권영길 옮김, 양우당

(13) 1982,『전쟁론』, 허문열 옮김, 범한출판사

(14) 1983,『전쟁론』, 허문열 옮김, 학원출판공사

(15) 1990,『전쟁론』, 맹은빈 옮김, 일신서적

(16) 1991,『전쟁론』, 강창구 옮김, 병학사

(17) 1993,『전쟁론』, , 합동참모본부

(18) 1998,『전쟁론』, 류제승 옮김, 책세상

(19) 2008,『전쟁론』, 정토웅 옮김, 지만지

(20) 2009,『전쟁론』, 허문순 옮김, 동서문화사

(21) 2006~2009,『전쟁론』, 김만수 옮김, 갈무리

우리말 번역에서는 완역과 『전쟁론』 번역 역사에서 중요한 의의를 갖는 초역(抄譯)을 텍스트로 선정한다. 복사판이나 해적판은 배제하고 중복 번역도 제외한다. 번역자를 밝히지 않은 번역도 제외한다. 이 원칙에 따라 『전쟁론』의 우리말 번역에서 여섯 종을 선정한다.

권영길의 번역이 두 종 보이지만 실제로는 세 종이다. (12)는 (7)의 복사판이고, (17)은 (7)의 해적판이다. (17)에는 번역자의 이름이 없다. (12)와 (17)은 (7)과 쪽수도 똑같다. 허문열의 번역이 세 종이나 되는데 (11), (13), (14)이다. 이 세 종의 책은 쪽수도 똑같다. 『전쟁론』 번역서를 살펴볼 때는 복사판이나 해적판에 해당하는 (12), (13), (14), (17)을 배제해야 한다.

분량상 방대하고 내용상 난해한 『전쟁론』 번역에는 초역이 압도적으로 많다. (19)는 121쪽이지만, 해설과 지은이에 대한 설명을 빼면 본문은 104쪽에 지나지 않는다. 역자는 『전쟁론』의 핵심 부분을 번역했다고 밝혔지만, 그 때문에 (19)에는 이 논문의 주제와 관련되는 수량 표현이 없다. (9)도 초역이고 분량 또한 매우 적은 편이다. 이 번역에는 수량 표현이 몇 군데

보이지만 같은 번역자의 (8)을 텍스트로 삼으면 될 것이다. (15)의 번역 분량도 매우 적다. (15)는 어느 책을 텍스트로 삼아 번역했는지 밝히지 않았고 역자 소개도 없다는 점에서 '독특한' 번역서라고 할 수 있다. (11)은 매우 '문학적인' 번역인데, 초역인 데다 수량 표현이 보이지 않는다. (10)도 초역이고 수량 표현이 없다. 결과적으로 초역인 데다 매우 적은 분량 때문에 (9), (10), (11), (15), (19)를 논의 대상에서 제외한다.

『전쟁론』의 우리말 텍스트로 선정된 책은 (7), (8), (16), (18), (20), (21) 여섯 종이다. 『전쟁론』의 독어판, 영어 번역과 일어 번역, 우리말 번역 여섯 종을 논의 대상으로 삼는다. 아래와 같은 순서로 정리한다.

① 2002, *Vom Kriege*, Ullstein

② 1993, *On War*, M. Howard/P. Paret 옮김, Alfred Knopf[9]

③ 1968, 『戰爭論』, 篠田英雄 옮김, 岩波書店

④ 1972, 『전쟁론』, 권영길 옮김, 하서출판사

⑤ 1972, 『전쟁론』, 이종학 옮김, 대양서적

⑥ 1991, 『전쟁론』, 강창구 옮김, 병학사

⑦ 1998, 『전쟁론』, 류제승 옮김, 책세상

⑧ 2009, 『전쟁론』, 허문순 옮김, 동서문화사

⑨ 2006~2009, 『전쟁론』, 김만수 옮김, 갈무리[10]

3. 『전쟁론』의 수량 표현

『전쟁론』에 마일과 제곱마일이 어떻게 표현되어 있는지, 그리고 그 표

9. 하워드/파렛의 영어 번역은 1976년에 프린스턴 대학 출판부에서 처음 출간되었다. 여기에서는 1993년 판을 이용한다.

10. ①~⑨의 번호를 각 책의 고유 번호로 삼고, 이제부터 각 책을 이 번호로 표시한다.

현이 어느 편과 장에 얼마나 나오는지 ①을 통해 확인한다.

	편과 장	마일 표현	쪽수
1	5편 6장	in der Entfernung einer Meile	299
2	〃	meilen- und märscheweit	299
3	〃	ein See von einigen Meilen Umfang	299
4	〃	auf einige Meilen rechts oder links	300
5	〃	mehrere Meilen weit	300
6	〃	1 bis 2 Meilen von sich entfernt	302
7	〃	3 bis 4 Meilen entfernt	302
8	5편 7장	zwischen 1 und 3 Meilen Entfernung	308
9	5편 8장	noch nicht 2 Meilen	313
10	〃	von 3 bis 4 Meilen	313
11	〃	nur eine Meile weit	313
12	〃	bei 4 Meilen	313
13	〃	nur eine Meile weit vom Heere	313
14	5편 10장	nicht über eine Viertelmeile	318
15	〃	auf eine Viertelmeile	318
16	〃	auf einige Meilen Entfernung	319
17	〃	einen Marsch von 3 Meilen	320
18	5편 11장	ein Marsch von 3 Meilen	323
19	〃	auf 2 Meilen	323
20	〃	von 3 Meilen	324
21	〃	5, höchstens 6 Meilen, auf längere Dauer 4	324
22	〃	Ein Marsch von 5 Meilen	324
23	〃	Ist der Marsch 6 Meilen	324
24	〃	auf etwa 50 Meilen	325
25	〃	45 Meilen	325
26	〃	täglich 4 1/2 Meilen	325
27	〃	nur etwa 30 Meilen in 10 Tagen	326
28	5편 12장	dann meilenweit	327
29	〃	von 100 Meilen und darüber	328
30	〃	von etwa 70 Meilen	328
31	〃	nur etwa 120 Meilen	329
32	5편 13장	drei Meilen weit	334
33	〃	von etwa 30 Quadratmeilen	334
34	〃	nicht mehr als eine Meile	334
35	〃	nur einen Raum von 4 Quadratmeilen	334
36	〃	bei der Entfernung einer Meile	334

37	〃	nur 2 Meilen	335
38	〃	etwa 8 Meilen	335
39	〃	dann 6 1/2 Meilen	335
40	5편 14장	auf die Quadratmeile	339
41	〃	etwa 4 Quadratmeilen Raum	340
42	〃	von 2 Meilen	340
43	〃	nur eine Breite von 6 Meilen	340
44	〃	auf die Quadratmeile	340
45	〃	von 2 auf 3 Meilen	341
46	〃	statt vier neun Quadratmeilen Oberfläche	341
47	〃	in der Runde von einer Meile	342
48	〃	von einer 3 bis 4 Quadratmeilen	342
49	〃	ein paar Meilen	343
50	〃	nur 4 Quadratmeilen	343
51	〃	um mehr als 2 Meilen	344
52	〃	130 Meilen weit	345
53	〃	400 Quadratmeilen	348
54	〃	400 Quadratmeilen	348
55	6편 4장	einer halben Meile	383
56	〃	gar von 20 bis 30 Meilen	383
57	6편 8장	von wenigen Meilen	400
58	6편 10장	Ein See von mehreren Meilen Länge	420
59	〃	eine 30 Meilen lange Verbindungslinie	421
60	〃	auf 3 bis 4 Meilen Breite	423
61	〃	eine 15 bis 20 Meilen lange Quartierlinie	423
62	〃	auf 3 bis 4 Meilen Breite	423
63	〃	6 bis 8 Meilen	424
64	〃	auf einige Meilen	426
65	6편 11장	10~12 Meilen entfernt	430
66	6편 13장	15 Meilen langen	438
67	6편 15장	von etwa zehn Meilen und darüber	449
68	6편 17장	6 bis 8 Meilen	468
69	〃	bis zu 20 und 30 Meilen	468
70	6편 18장	4 Meilen	472
71	〃	alle 8 Meilen	472
72	〃	auf eine Strecke von 24 Meilen	472
73	〃	von 24 Meilen Länge	476
74	6편 20장	von einer Viertel- oder halben Meile	490
75	〃	von etwa 8 Meilen	492
76	6편 24장	einer 40 oder 50 Meilen	506

77	〃	80 Meilen	515
78	〃	nicht über 30 Meilen	515
79	6편 25장	90 Meilen von der Grenze	520
80	〃	von 100 Meilen	520
81	〃	nur nach 100 Meilen	520
82	〃	von 1, 2, höchstens 3 Meilen	521
83	〃	auf 50 Meilen	523
84	6편 27장	auf 50 oder 100 Meilen	539
85	6편 30장	eine gewisse Anzahl Meilen	567
86	7편 10장	mehrere Meilen Land	604
87	7편 13장	von 3 Meilen	611
88	7편 17장	nicht über einige Meilen	625
89	7편 18장	eine halbe Meile	625
90	〃	mehrere Meilen	625
91	〃	Zehn Meilen von seiner Hauptarmee	626
92	7편 19장	von einigen Meilen Raum	631
93	8편 8장	einen hundert Meilen langen	697
94	8편 9장	nur 30 Meilen entfernt	722
95	〃	30 und 40 Meilen	725

①에는 '마일'이 모두 95회 나온다. 이는 명시적으로 마일이 표현된 경우이다. 숫자만 나오고 마일 표현이 생략된 부분은 싣지 않았다. 그에 반해 마일 표현이 나오는 경우에는 똑같은 수치를 보여 주는 경우에도 표에 반영했다. 수치들이 매우 다양하게 나타난다. 4분의 1마일도 나오고 2분의 1마일도 보인다. 1, 2마일도 나오고 10마일, 20마일, 100마일, 400마일도 보인다. 수치를 정확하게 표현한 곳도 있고 대충 제시한 곳도 있다.

『전쟁론』은 총 8개의 편으로 이루어져 있는데, 1편 전쟁의 본질, 2편 전쟁의 이론, 3편 전략 일반, 4편 전투에는 마일 표현이 나오지 않는다. 5편 전투력에서 54회, 6편 방어에서 31회 마일 표현을 볼 수 있다. 7편 공격에는 7회, 8편 전쟁 계획에는 3회 마일 표현이 나온다. 5편과 6편의 마일 표현이 『전쟁론』 전체의 약 90퍼센트에 이른다.

내용상으로 길이와 넓이를 많이 다루는 곳에 마일이 많이 나올 것이다. 부대의 이동이나 병사들의 숙소와 관련되는 문제는 길이나 넓이와 밀접한 관련을 갖는다. 5편의 행군과 관련된 세 장(10~12장)에 마일이 18회 나오고, 식량 조달에 관한 장(14장)에 마일이 15회 나온다. 행군과 식량 조달에서 길이나 넓이 등이 중요한 문제라는 것을 알 수 있다. 이곳에 나오는 마일만 33회인데, 이는 5편의 약 61퍼센트이고 『전쟁론』 전체의 약 35퍼센트에 이른다.

4. 수량 표현 번역의 현상적인 차원

『전쟁론』 원전의 마일은 프로이센 마일이다. 이는 걸음걸이로 계산하는 마일인데, 1마일은 1만 걸음으로서 대략 7500미터이다(정확히 말하면 7532.484미터). ②는 프로이센 마일을 대부분 영미식 마일로 환산했다. 1959년 7월 1일까지 쓰인 대영 제국의 역사적인 법정 마일에서 1마일은 1609.3426미터이고, 현재 미국의 법정 1마일은 1760야드로서 1609.344미터이다.[11] 양쪽 마일의 차이는 1마일에 1.4밀리미터로 극히 미미하다. 1마일을 1609.34미터라고 해도 문제 되지 않을 것이다. 프로이센 마일이 영미식 마일보다 대략 다섯 배(정확히 4.68배) 길다. 그래서 ②는 프로이센 마일에 5를 곱했고 ①의 1마일을 5마일로 환산했다. 프로이센이든 영국이든 미국이든 단위 이름이 마일로 똑같으니 그렇게 할 수 있을 것이다. 그래서인지 ②는 이런 환산에 관해 설명을 달지 않았다.

마일에서 영어 번역의 영향을 받은 것으로 보이는 우리말 번역서로는 ⑤와 ⑦을 들 수 있다. ⑤는 영미식 마일을 썼고 프로이센 마일에 5를 곱한 수치를 제시했다. 초역이라서 마일이 네 번밖에 나오지 않는 ⑦에는 프로이

11. 위키피디아 독어판과 영어판의 '마일' 항목 참조.

센 마일과 영미식 마일이 섞여 있다. ⑤와 ⑦ 모두 프로이센 마일을 썼는지 영미식 마일을 썼는지에 관한 설명이 없다.

③은 프로이센 마일과 수치를 그대로 썼다. 또한 프로이센 마일에 자세한 해설을 달았다. ③의 중역인 ④, ⑥, ⑧은 ③의 예를 따랐다. ⑨는 독어 원전, 영어 번역, 일어 번역, 우리말 번역을 모두 참고하여 『전쟁론』을 번역했다고 '옮긴이 서문'에서 밝히고 있다.[12]

『전쟁론』의 수량 표현은 번역서에도 그 단위 이름을 음차하여 그대로 적어야 한다. 또한 같은 마일 이름을 쓴다고 해도 수치를 환산해서는 안 되고 원전의 수치를 그대로 써야 한다. 현상의 차원에서 보면 그렇게 하지 않을 경우에 길이나 넓이를 표현하는데 많은 혼란과 혼동이 일어난다. 이제부터 그런 혼란을 보도록 한다.

	텍스트 ①	텍스트 ②
(a)	einer Meile(299)	a mile(356)
(b)	einige Meilen(299)	a few miles(356)
(c)	1 bis 2 Meilen(302)	five to ten miles(358)
(d)	3 bis 4 Meilen(302)	fifteen to twenty miles(358)[13]

(c)와 (d)를 보면 영어 번역이 프로이센 마일에 5를 곱하여 수치를 환산했다는 것을 알 수 있다. ② 대부분에 이런 환산이 보인다. 그런데 (a)에서는 프로이센 마일에 5를 곱하지 않았다. 몇 마일 또는 2~3마일 정도라고 할 수 있는 (b)는 독어를 그대로 옮겼다. 프로이센의 몇 (또는 2~3) 마일은 영미식

12. 그래서인지 ⑨의 2권 66쪽에는 프로이센 마일에 대한 자세한 해설을 볼 수 있다. "여기에서 말하는 마일(Meile, mile)은 프로이센의 마일, 즉 걸음걸이로 계산하는 마일이다. 1마일은 1만 보(一萬步)로서 대략 7,500미터(정확히 7,532.484미터)이다. 『전쟁론』에 나오는 마일은 전부 프로이센 마일이다. 영국식 마일은 1609.3미터이니 프로이센 마일이 대략 다섯 배(정확히 4.68배) 길다. 프로이센 마일에 5를 곱해 프로이센 마일을 모두 영국식 마일로 환산한 번역책이 있다."

13. 괄호 안의 숫자는 모두 해당 텍스트의 쪽수를 나타낸다. 아래 동일.

으로 환산하면 10~15마일에 해당한다. 이 길이를 영어로 'a few miles'로 표현하지는 않는다. 즉 (a)는 잘못된 수치이고 (b)는 잘못된 번역이다.

'a few miles'는 ②에 여러 번(377, 400, 458, 670, 677) 나온다. 'a few miles' 외에 'several miles'도 몇 번(475, 479, 647) 보이고, 'a certain number of miles'도 한 번(613) 보인다. 프로이센의 2~3마일은 영미식으로 10~15마일이다. 프로이센 마일에 5를 곱하는 영어 번역의 '일반적인 원칙'에 따르면 이 표현들은 모두 다섯 배 차이를 보이게 된다. 잘못된 번역이다.

	텍스트 ①	텍스트 ②
(e)	einer Vierteil- oder halben Meile(490)	a mile or two(540)
(f)	einer halben Meile(383)	a few miles(441) two miles(671)

(e)에서 프로이센의 1/4마일과 1/2마일을 ②는 1마일과 2마일로 환산했다. 이런 환산은 ②의 376쪽에도 보이는데, 부정확하지만 인정할 수 있는 환산이다. (f)에는 반 마일을 '몇 마일' 또는 2마일로 번역했는데, 수치상으로 적절한 번역이라고 할 수 있다. 그렇다면 앞의 (b)는 명백히 잘못된 번역이다.

5를 엄밀하게 곱하지 않고 대충 곱한 경우도 있다. ①의 325쪽에 있는 45마일(45 Meilen)과 4 1/2마일(täglich 4 1/2 Meilen)을 ②의 384쪽에서는 220마일(220 miles)과 22마일(22 miles a day)로 옮겼다. 즉 환산이 정확하게 이루어지지 않았다.

길이의 경우에는 프로이센 마일에 5를 곱하면 영미식 마일이 된다고 생각할 수 있다. 그런데 넓이의 경우에는 이 환산이 더 혼란스러워진다.

	텍스트 ①	텍스트 ②
(g)	30 Quadratmeilen(334)	700 square miles(391)
(h)	4 Quadratmeilen(334)	80 square miles(392)
(i)	die Quadratmeile(339)	25 square miles(397)
(j)	4 Quadratmeilen(340)	100 square miles(397)
(k)	statt vier neun Quadratmeilen(341)	from 100 to 200 square miles(398)
(l)	3 bis 4 Quadratmeilen(342)	15 to 20 square miles(399)

(h), (j), (l)에 보이는 프로이센 4제곱마일이 영미식 마일로는 80제곱마일, 100제곱마일, 20제곱마일로 환산되어 있다. 영어 번역이 프로이센 1마일에 5를 곱하였으니 (i)처럼 1제곱마일이 25제곱마일로 환산된 것을 제외하면 다른 것에는 동의하기 어렵다. 즉 ②에서 환산의 임의성이나 비일관성을 볼 수 있다. 이런 예를 통해 ②에 나타나는 수치의 혼란을 충분히 알 수 있을 것이다.

전쟁터는 많은 병사들의 삶과 죽음이 달려 있는 곳이다. 목표 지점에 이르는 거리를 잘못 계산하는 치명적인 잘못으로 많은 병사들의 목숨이 위태로워질 수도 있다. 『전쟁론』과 같은 책은 번역에서도 이 점에 각별한 주의를 기울여야 한다.

이제 우리말 번역서의 수량 표현을 살펴보도록 한다. 수량 표현에서 영어 번역의 영향을 받은 번역서로는 먼저 ⑤를 들 수 있다.

	텍스트 ①	텍스트 ⑤
(ㄱ)	einer Meile(299)	一마일(296)
(ㄴ)	einige Meilen(300)	二, 三마일(296)
(ㄷ)	1 bis 2 Meilen(302)	五 내지 一O마일의(298)
(ㄹ)	3 bis 4 Meilen(302)	一五 내지 二O마일의(298)
(ㅁ)	eine Viertelmeile(318)	一마일 정도(310)
(ㅂ)	45 Meilen(325)	二二五마일의(317)
(ㅅ)	4 1/2 Meilen(325)	二二마일에(317)
(ㅇ)	mehreren Meilen(420)	수 마일의(384)

⑤는 내용상으로는 일어 번역의 중역이지만 마일 표현에서는 영어 번역의 예를 따랐다. 먼저 (ㄷ)과 (ㄹ)에서 보듯이, 마일에 대한 아무런 설명 없이 프로이센 마일에 5를 곱했다. (ㅁ)에서 보듯이, 프로이센의 1/4마일을 영미식의 1마일로 환산한 것도 ②의 예와 같다. (ㅂ)의 프로이센 45마일을 영미식의 225마일로 환산한 것은 ②보다 정확한 환산이지만, (ㅅ)에서는 프로이센의 4 1/2마일을 ②처럼 22마일로 환산했다. 그리고 (ㄱ)에서는 프로이센의 1마일을 ②처럼 1마일로 옮겼다. 또한 (ㄴ)과 (ㅇ)에서 보는 것처럼, 프로이센의 몇 마일 또는 2~3마일도 아무런 설명 없이 2~3마일이나 수 마일로 번역했다. 한마디로 프로이센 마일에 5를 곱한 경우도 있고 그렇지 않은 경우도 있고, 마일 표현에 대해서는 아무런 설명을 하지 않았다. 마일 표현이 매우 혼란스럽다는 점에서 ⑤는 ②와 같다. 이것으로 ⑤의 혼란은 충분히 드러났다고 생각한다.

	텍스트 ①	텍스트 ⑦
(ㅈ)	Meilenweit(327)	수 마일 거리를(245)
(ㅊ)	von wenigen Meilen(400)	수 마일에 불과한(281)
(ㅋ)	einen hundert Meilen langen(697)	수백 마일에 달하는(428)
(ㅌ)	nur 30 Meilen(722)	불과 30마일(461)

⑦에 보이는 마일 표현은 이것이 전부이다. 초역이라 마일 표현이 네 개뿐이다. ⑦은 영어 번역의 영향을 받았든 그렇지 않든 수량 표현에 대한 고민이 전혀 들어 있지 않은 번역이라고 할 수 있다. 프로이센의 수치를 그대로 쓰고 마일도 그냥 마일이라고 표현했다. (ㅈ)과 (ㅊ)에서 보듯이 몇 마일은 그냥 수 마일로 옮겼고, (ㅋ)에서 보듯이 프로이센의 100마일은 수백 마일로 옮겼다. (ㅌ)에 나타나듯이 프로이센의 30마일도 그냥 30마일이라고 옮겼다.

마일에 대한 설명이 전혀 없다는 점에서 ⑦은 ⑤와 공통된다. 현재 쓰고 있는 마일이든 고대에 쓰였던 마일이든, 마일은 세계적으로 약 80종류나 된다.[14] 이 마일은 대부분 다른 길이를 표현한다. 우리말 번역서에 마일에 대한 설명이 없다면 우리에게 미친 영어와 미국의 영향으로 볼 때 독자들은 그것을 곧바로 영미식 마일이라고 이해할 것이다. 수치로는 프로이센 수치를 쓰고 단위 이름은 영미식을 쓴다면 혼동이 생길 것이다. ㈒에서 보는 것처럼 프로이센의 30마일은 미터법으로 환산하면 약 225킬로미터인데, 이를 아무런 설명 없이 '30마일'이라고만 쓰면 우리 독자들은 이를 약 48킬로미터로 생각할 수밖에 없다.[15] 수치와 수량 표현에서도 정확한 번역이 요구된다. '전쟁'에 관한 책에서는 더욱 그러하다. 수치를 원전 그대로 쓸 것이면 프로이센 마일이라고 밝히든지, 마일 종류를 밝히지 않을 것이면 수치를 영미식으로 정확히 환산해야 할 것이다.

이제 ④, ⑥, ⑧을 살펴보도록 한다. 이 세 권의 우리말 번역은 일어 번역의 중역이기 때문에 내용상으로도 마일에서도 일어 번역을 그대로 썼다. 마일과 관련되는 부분을 보면 아래와 같다.

㈎ "本書で使用しているマイルは, すべてプロイセン·マイル卽ち步行マイル(一マイルは一万歩)で七五三二.四八四メートルに相當する." (③ 中, 154)

㈏ "1독일 마일은 7506미터" (④ 상, 370)

㈐ "1독일 마일은 7342미터" (⑥ 상, 382)

"이 책에서 사용한 1마일은 프로이센 마일, 즉 1만 步인 步行 마일로 7342.484미터이다." (⑥ 상, 383)

㈑ "이 책에서 사용하고 있는 마일은 모두 프로이센 마일, 즉 보행 마일(1마일은 1만 보)로 7532.484m에 해당된다." (⑧, 398)

14. http://de.wikipedia.org/wiki/Meile 참조. 또한 지명숙/왈라벤 2003, 7 참조.

15. 30처럼 개략적으로 표기한 숫자와 225처럼 구체적으로 표기한 숫자도 우리 눈에 다르게 보인다. 시각적인 측면과 효과를 고려하더라도 원전의 수치를 따르는 것이 좋을 것으로 생각한다.

(다)와 (라)에서 보듯이, ⑥과 ⑧은 해설도 일어 번역의 문장을 그대로 옮겼다. (나)와 (다)를 보면 ④와 ⑥의 마일 환산이 정확하지 않다. ⑥은 해설에서는 프로이센 마일이라고 하더니 본문에는 독일 마일이라고 쓰고 있다. ④도 독일 마일이라고 쓰고 있다. 그렇지만 '독일 마일'은 잘못된 표현이다. 독일 연방은 여러 왕국, 공국, 제후국으로 이루어져 있었고, 1871년 이전에 독일에 통일 국가는 없었다. 독일 마일이 있었지만, 이는 통일 국가로서 독일이 쓴 것이 아니라 독일 연방에 속한 나라 일부, 함부르크, 덴마크 일부에서 쓰던 마일이다. '프로이센 마일'이 정확한 표현이다.

끝으로 수량 표현과 관련하여 『전쟁론』 2권 6편 24장에 나오는 '112마일'에 대한 설명이 필요할 것 같다. 독어 원전, 영어 번역, 일어 번역, 우리말 번역이 차이를 보이기 때문이다. ①~⑨는 물론 1833년 판 독어 원전도 살펴본다.

(마) "112 (Meilen)" (『전쟁론』 2권, 1833, 354)
(바) "112 (Meilen)" (①, 515)
(사) "500 (miles)" (②, 564)
(아) "一二Oマイルにも達したのである." (③ 하권, 42)
(자) "백 20마일까지 달하였다." (④ 하권, 191)
(차) "백 20마일까지 달하였다." (⑥ 하권, 191)[16]
(카) "120마일이나 되었던 것이다." (⑧, 669)
(타) "112마일이었다." (⑨ 2권, 390)

16. ⑥의 문장은 ④와 똑같다. ⑥은 일어 번역의 중역이라기보다 ④를 베낀 것으로 보인다. ⑥은 내용상으로도 ④와 거의 똑같다. 강창구는 '완역본 출판에 대하여'(1991 하권, 470)에서 "1970년 초에 상·하권으로 번역된 『전쟁론』을 구입할 때의 기쁨은 책을 읽다가 실망으로 변했다. … [그래서] 『전쟁론』 완역을 다짐"했다고 밝히고 있다. 『전쟁론』을 번역했다는 사람이 『전쟁론』 번역서를 읽기 어려워서 실망했다는 말을 하는 것을 들으니 무척 '솔직하게' 들린다.

⑤와 ⑦은 초역이라 이 부분에 대한 번역이 없다. ㈒, ㈓, ㈔에서 보듯이, 1833년 판 『전쟁론』 2권, ①, ②에는 마일(Meilen/miles) 표현이 그 앞에 나왔기 때문에 생략되었다. ㈔의 영어 번역은 5를 정확히 곱하지 않았다. 끝을 과감하게 버렸는지도 모른다. 정확히 곱하면 '560 (miles)'로 표현했을 것이다. ㈕, ㈖, ㈗, ㈘를 보면 알 수 있듯이 ④, ⑥, ⑧은 여기에서도 ③을 그대로 따랐다. ④의 하권 191쪽의 '백 20마일', ⑥의 하권 191쪽의 '백 20마일', ⑧의 669쪽에 있는 '120마일'은 모두 ③의 하권 42쪽 "一二Oマイル" 그대로이다. ㈙에서 보듯이 모든 번역 중에 ⑨만 독어 원전대로 번역했다.

1833년에 간행된 독어 원전 2권 354쪽에는 명확히 '112마일'이라고 나오고, 오늘날 일반 독자들이 읽을 수 있는 2002년의 Ullstein 판 515쪽에도 '112마일'이라고 나온다. '112마일'이 ⑨를 제외하고 일어 번역이나 우리말 번역에서 왜 '120마일'이 되었는지 이해할 수 없다. 아마 ③의 경우는 오역이라고 생각되고 ④, ⑥, ⑧은 ③의 오역을 그대로 따른 것으로 생각된다.

5. 수량 표현 번역의 본질적인 차원

원전의 수치와 수량 표현을 번역에서 그대로 써야 하는 이유는 앞에서 말한 것과 같은 혼란을 막는 것보다 더 심각한 것이고, 그것은 무엇보다 문화적인 문제이다. 이런 점에서 번역은 문화적이고 상대적인 성격을 갖는다.[17] 문화를 설명하기 전에 원전의 수량 표현을 그대로 두어 역사에서 타당성이 입증된 극적인 사례를 보도록 한다.

2차 대전이 끝나고 1947년 동독에서 카알 마르크스의 『자본론』이 처음 간행되었을 때 동독의 편집진과 출판사는 1867년에 출간된 『자본론』 1

17. 번역에서 문화와 문화의 차이를 강조한 글로는 조홍섭 2000 참조. 번역에서는 글뿐만 아니라 문화도 '번역'하게 된다. 이 점에 관해서는 김욱동 2007, 27 참조.

권 초판의 수량 표현을 그대로 썼다. 그리고 책의 끝부분에 자세한 환산표를 붙였다. 1962년에 『자본론』의 개정판을 출간했을 때 (『자본론』의 내용은 바뀌지 않은 채) 환산표는 훨씬 자세해졌다. 그 책 924쪽에는 무게, 길이, 넓이, 부피에 관한 자세한 환산표를 볼 수 있다.[18] 이 논문과 관련되는 길이의 환산표를 『자본론』 924쪽에 있는 그대로 인용한다.

englische Meile(British mile)	=	5,280 Fuß	1609.329 m
Yard	=	3 Fuß	91.439 cm
Fuß(foot)	=	12 Zoll	30.480 cm
Zoll(inch)			2.540 cm
Elle(preußisch)			66.690 cm

매우 자세하고 정확한 환산표이다. 괄호 안에 영어를 병기했고 어느 나라의 단위인지도 밝혔다. 모든 단위를 미터와 센티미터로 정확히 환산했다. 숫자의 자릿수와 소수점 단위를 맞춘 편집도 돋보인다.

『자본론』에는 화폐와 관련된 수량 표현이 많이 나온다. 그리고 이 표현이 우리에게 중요한데, 『자본론』 925쪽에 있는 화폐 단위 환산표를 그대로 인용한다.

18. 여기에는 Karl Marx 1867의 1987년 판을 이용한다. 이 판은 1962년 판과 같은 판이다.

Pfund Sterling(Pfd.St., pound sterling, £)	=	20 Schilling	20.43 M
Schilling(shilling, sh.)	=	12 Pence	1.02 M
Penny(penny, pence, d.)	=	4 Farthing	8.51 Pf
Farthing(farthing)	=	1/4 Penny	2.12 Pf
Guinee(guinea)	=	21 Schilling	21.45 M
Sovereign(englische Goldmünze)	=	1 Pfund Sterling	20.43 M
Franc(franc, fr.)	=	100 Centimes	80 Pf
Centime(c.)(französische Scheidemünze)			0.80 Pf
Livre(französische Silbermünze)	=	1 Franc	80 Pf
Cent(amerikanische Münze)			ca. 4.20 Pf
Drachme(altgriechische Silbermünze)			
Dukat(Goldmünze in Europa, ursprünglich in Italien)			9 M
Maravedi(spanische Münze)	=		ca. 6 Pf
Rei(Reis)(portugiesische Münze)			ca. 0.45 Pf

* Die Umrechnung in Mark und Pfennig bezieht sich auf das Jahr 1871 (1 Mark = 1/2790 kg Feingold).

이 표를 보면 알 수 있듯이 『자본론』은 영국, 미국, 프랑스, 스페인, 포르투갈, 고대 희랍의 경화(硬貨 또는 鑄貨, Münze, Coin) 등 『자본론』에 나오는 화폐 단위에 대한 자세한 환산표를 실었다. 더욱 놀라운 것은 *표로 된 설명이다. *표에서 마르크와 페니히는 1871년을 기준으로 계산한 것이고, 이때 1마르크는 순금 2790분의 1킬로그램의 가치를 갖는다고 되어 있다. 순금의 무게로 표시되어 있으니 이 단위를 환산하여 현재 우리의 화폐 단위와도 비교할 수 있게 되었다.[19]

이처럼 정확하게 비교할 수 있는 환산표보다 더 중요한 사실이 있다. 알다시피 동독은 1990년에 서독에 흡수, 통합되었고 통일 독일이 생겨났

19. 2790분의 1킬로그램은 약 0.3584그램이다. 한 돈의 무게는 3.75그램이다. 한 돈이 1마르크에 해당하는 금의 무게보다 약 10.5배 무겁다. 2010년 현재 한국의 순금 한 돈을 대략 150,000원이라고 했을 때 1871년 독일의 1마르크는 오늘 한국에서는 14,286원, 대략 15,000원으로 환산할 수 있다. 또 1파운드 스털링이 20.43마르크였으니 1파운드는 오늘날 291,863원, 약 300,000원 정도 된다. 그 당시 1파운드 스털링이 대략 순금 두 돈에 해당하는 가치였다는 것을 알 수 있다.

다. 그래서 동독의 화폐(마르크, Mark, M으로 약칭)는 사라졌고, 서독의 화폐(도이체 마르크, Deutsche Mark, DM으로 약칭)가 통일 독일의 화폐가 되었다. 동독이 마르크를 기준으로 삼아 『자본론』에 나오는 수량 표현을 마르크로 '번역'했다면, 그 화폐 이름이 들어 있는 『자본론』은 역사의 유물이 되었을 것이다. 통일이 된 이상 이제 통일 독일의 도이체 마르크로 환산하여 『자본론』을 재출간해야 하는 일이 일어나야 했을 것이다.

문제는 여기에서 끝나지 않는다. 이제는 통일 독일의 화폐인 도이체 마르크도 사라지고 말았다! 독일에 (그리고 유럽에) 유로(Euro)라는 새로운 화폐가 생겨난 것이다. 유로화는 2002년에 발행되어 2008년부터 통용되고 있다. 그러면 이제 『자본론』에 나오는 화폐 단위를 '유로'로 환산하여 출간해야 하는가? 그렇게 할 수는 없을 것이다.

결과적으로 1940년대에 『자본론』을 편집한 동독의 편집진과 출판사의 원칙과 결정이 옳은 것으로 입증되었다. 『자본론』에 있는 파운드, 실링, 페니 등의 화폐 이름은 『자본론』의 내용과 더불어 그 시대의 문화이자 역사이다. 문화와 역사를 드러내는 수량 표현은 오늘 우리의 것으로 함부로 바꾸어서는 안 된다.

『자본론』 원전과 달리 우리말 번역의 수량 표현은 실망스럽다. 1987년 민주화 운동과 더불어 출간된 마르크스의 『자본』은 『자본론』의 독어 원전이라고 할 수 있는 MEW 판을 번역했다. 그런데 수량 표현은 『자본론』에 쓰인 그대로 쓴 채 우리 나라 독자들에게 수량 표현이나 수량의 환산에 관해 아무런 설명을 하지 않았다.[20] 이는 그 시대의 한계라고 이해할 수 있을 것이다. 그런데 20년이 지나 새로 번역된 『자본론』에도 수량 표현에 대한 언급은 없다.[21]

---

20. 마르크스 1987 참조.

21. 마르크스 2008 참조. 『자본론』 원전 1권을 2008년의 『자본』은 두 권으로 출판하였고,

김수행이 영어판 『자본론』을 텍스트로 삼아 『자본론』 전 3권을 다섯 권으로 옮긴 번역서에는 다음과 같은 독특한 표현을 읽을 수 있다.[22] "영국의 화폐 단위는 꼭 필요한 경우를 제외하고는 원으로 고쳤다."[23] 수치를 환산하지 않은 채 1파운드를 그냥 1원으로, 10파운드를 그냥 10원으로 옮기는 것은 상식으로도 이해가 안 된다. 그리고 "꼭 필요한 경우"는 어느 경우를 말하는지 김수행이 설명하지 않는다면 독자로서는 알 길이 없다.

『자본론』에서 '파운드'는 무게 이름으로도 나오고 화폐 이름으로도 나온다. 김수행은 무게 이름은 파운드로 쓰고 화폐 이름은 원으로 바꾸었다. 금이 곧 화폐인 금본위 제도에서 금의 무게 이름이 화폐 이름이 된 것이다. 파운드의 화폐 이름에는 이런 역사를 읽을 수 있다. '파운드'를 '원'으로 옮기면 파운드에 들어 있던 역사도 사라진다. 『자본론』의 파운드는 1800년대 영국의 문화와 역사를 보여 준다. 그것을 아무런 설명 없이 원으로 바꾸는 것은 바람직하지 않다고 할 수 있다.

『자본론』에서 우리의 주제인 『전쟁론』으로 돌아오자. 『전쟁론』의 영어 번역은 수량 표현에서 원전의 텍스트를 인정하지 않았다. 그래서 다른 나라, 문화, 시대를 인정하지 않았고 다른 척도와 단위를 인정하지도 않았다. 『전쟁론』을 영역하여 출간한 1976년에 프로이센은 더 이상 존재하지 않으니 프로이센 마일도 더 이상 존재하지 않는다. 영어 번역은 '죽은' 마일을 '살아있는' 마일로 옮긴 것이다. 이는 '살아있는 자'의 횡포이다. 자문화 중심주의이자 자문화 우월주의라고 할 수 있다.

1987년의 『자본』은 세 권으로 출간하였다.

22. 마르크스 1989~1990 참조. 김수행은 『자본론』 I권을 1990년에, 『자본론』 II권과 III권은 2004년에 개정했다. 마르크스 1990~2004 참조.

23. 마르크스 1989, 『자본론』 I권(상), iv 〈번역자의 말〉. 이 말은 1989~1990년에 출간된 『자본론』 번역 초판뿐만 아니라 1990~2004년에 이르는 동안 출간된 개정판에서도 볼 수 있다. 처음 『자본론』을 번역하고 15년 후에 개정판을 완간했다. 그런데 개정판 번역에도 수량 표현과 관련되는 설명은 〈번역자의 말〉 외에는 없다.

⑤와 ⑦은 수량 표현에서 영어 번역을 그대로 받아들였다. 이는 영어 번역에 대한 무비판적인 추종이라고 할 수 있다. ④, ⑥, ⑧은 마일에 대해 해설을 붙였지만, 텍스트 전부 일어 번역의 중역이고 일어 번역의 오류도 그대로 따랐다. ④, ⑥, ⑧은 ③을 맹목적으로 추종했다. 논문의 앞에 말한 『전쟁론』 독자의 지적처럼 마일을 킬로미터로 옮긴 우리말 번역이 없는 것은 『전쟁론』 번역자들이 우리 나라 독자를 무시하거나 프로이센의 수량 표현을 배려했기 때문이 아니다. 『전쟁론』의 첫 번째 우리말 번역이 일어 번역의 중역이었기 때문이고, 나중의 번역은 앞의 번역을 그대로 따랐기 때문이다. 이는 번역에서 글자를 옮기기 전에 그 문화를 이해하는 것이 중요하다는 점을 일깨운다. 이 점에서 리쾨르의 말은 의미심장하다.

> 내가 말할 수 있는 것은 번역가의 과제란 단어에서 시작해서 문장으로, 텍스트로, 문화 전체로 나아가는 것이 아니라 오히려 그 반대로 나아가야 한다는 것이다. 즉 번역가는 폭넓은 읽기를 통해 한 문화의 정신에 깊이 침잠하면서 텍스트에서 문장으로 그리고 끝으로 단어 차원으로 내려가야 한다는 것이다.[24]

먼저 다른 문화를 전체적으로 이해하느냐 아니면 그 문화의 낱말과 단어 등 '글자'부터 번역하느냐는 문제, 즉 번역을 수행하는 번역자의 접근 방법과 번역 태도는 번역의 수준과 질을 결정하는 문제라고 할 수 있다.

문화 상대주의 관점에서 보면 프로이센 마일을 킬로미터로 (다른 나라의 단위를 자기 나라 단위로) 옮기려는 (옮겨야 한다는) 생각에는 오늘 이

24. 리쾨르 2006, 137. 리쾨르의 말에는 낱말을 옮기는 수준의 번역에 관한 깊은 성찰이 담겨 있다.

곳을 영원한 것으로 보려는 무의식이 함축되어 있다.[25]

수량 표현에서 바람직한 번역은 ③과 ⑨라고 할 수 있다. 그 시대와 문화를 인정하는 태도를 보이면서도 미터법으로 환산하는 설명으로 자기 나라 독자를 배려했다. 독일의 번역자들은 "되도록 충실하게, 필요한 만큼 자유롭게"[26] 번역해야 한다고 말하는데, 수량 표현의 번역은 '충실하게' 번역해야 하는 경우에 해당한다고 할 수 있다.

원전의 수량 표현을 존중하는 태도는 외국의 텍스트를 우리말로 번역할 때뿐만 아니라 우리의 텍스트를 영어나 일어 등 다른 언어로 번역할 때도 필요하다. 특정한 나라, 시대, 문화를 이해하여 이를 다른 문화에 전달하는 것이 번역의 임무라면, 우리 것을 지나치게 일반화하여 서양인의 문화에 적응하려는 태도는 번역의 식민성과 서양 중심주의를 초래하고 강화할 것이다.[27] 이 역시 우리의 수량 표현을 그대로 쓰고 그들에게 필요한 환산표를 만들면 될 것이다.

수량 표현에서 『전쟁론』 원전의 영어 번역, 일어 번역, 우리말 번역을 수평 번역과 수직 번역의 차원에서[28] 그림으로 표현하면 다음과 같다.

---

25. 앞에서도 말했듯이 이런 주장은 100년이나 1000년의 수명을 갖는 동서고금의 고전에 해당될 것이다. 예를 들면 베누티(2006, 119~186, 특히 156)는 문화의 차이와 차이에 대한 이해를 강조하고 있는데, 이러한 논의 차원에서는 도량형 단위와 수량 표현 번역이 중요하지 않을 수도 있다. 번역 현실이나 번역 이론과 관련하여 베누티(2006)에서는 매우 깊은 성찰을 읽을 수 있다.

26. 원문은 "so treu wie möglich, so frei wie nötig"이다. 김효중 2004, 137 참조.

27. 번역의 식민성을 통렬하게 비판한 학자로는 원영희 2002 참조. 번역의 식민성과 번역에 나타나는 식민주의의 영향에 관한 이론적 논의는 로빈슨 2002 참조. 식민성과 서양 중심주의에 관한 폭넓은 논의로는 우리 시대의 고전이 된 사이드 1978 참조. 번역의 식민 상태에서 '식민지 아들'이 '제국주의 아버지'를 '부친 살해'하면 오독과 오역은 '미학'이 되는 역설이 생길 수도 있다. 이 문제에 관해서는 허명수 2006 참조.

28. 수평 번역과 수직 번역에 관해서는 유명우 2000 참조. 수직적 번역관(주종 관계)과 수평적 번역관(평등 관계)에 대해서는 김지원 2000 참조. 수직 번역의 문제를 문화 간에 존재하는 권력 관계의 불평등이라는 측면에서 살펴본 논문으로는 전현주 2008b 참조.

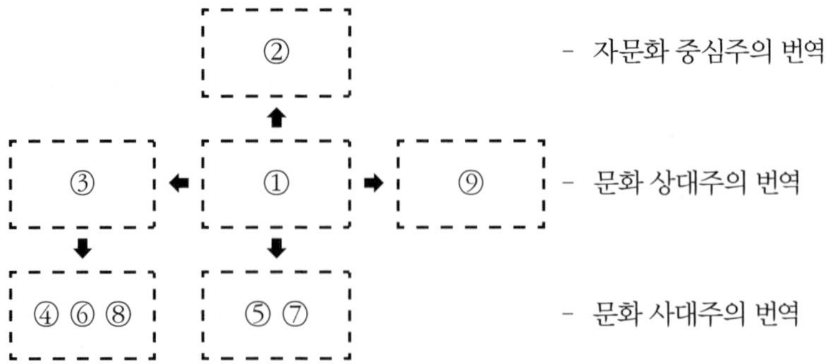

수량 표현에서 ③과 ⑨는 ①과 대등한 수준에서 번역했다. 두 번역은 원전의 양옆에 나란히, 즉 수평으로 배치했다. 두 번역 외에는 원전을 모두 (자문화 중심주의이든 문화 사대주의이든) 불평등하게 번역했다. ②는 자문화 중심주의적으로 번역하여 원전보다 높은 쪽에 수직으로 두었다. ④, ⑥, ⑧은 ③의 중역이므로 ③ 아래에 수직으로 두었다. ⑤와 ⑦은 ②의 영향을 받아 ② 아래에 (이 2차원 그림에서는 어쩔 수 없이 ① 아래에) 수직으로 배치하였다.

수량 표현의 번역 문제는 아직 끝나지 않았다. 수량 표현이 문화적인 성격을 갖는다고 했는데, 여기에 '시간'도 고려하면 수량 표현은 역사적인 성격도 갖는다. 번역이 아닌 경우에도 그러하다. 달리 말해, 수량 표현의 문제는 다른 나라의 텍스트를 우리 나라의 텍스트로 옮기는 문제에만 해당되는 것이 아니다. 100년 전이나 1000년 전 우리 조상의 텍스트를 오늘의 텍스트로 옮길 때도 해당되는 문제이다. '자[尺], 간(間), 리(里), 정(町), 평(坪), 단보(段步), 정보(町步), 푼[分], 돈[錢], 냥[兩], 근(斤), 관(貫), 홉[合], 되[升], 말[斗], 섬[石]' 등 우리 조상의 문헌에 나타나는 도량형 단위와 수량 표현을[29] 오늘 우리에게 익숙한 미터법으로 옮기면 되는 것일까? 우리에게 익

29. 이 외에도 우리말의 수량 표현은 매우 풍부하다. 오늘날 쓰이는 수량 표현뿐만 아니라 중세

숙한 것이 반드시 바람직한 것일까? 이런 단위들이 오늘날 잘 쓰이지 않고 점차 사라지고 있다는 것을 인정한다면, 지금 우리들이 쓰고 있는 미터법도 사라질 수 있다는 상대성은 왜 생각하지 않는 것일까? 오늘 여기의 단위는 왜 절대화하는 것일까? 오늘 '박지원'과 '정약용'을 읽는데, 그 천재들의 책에 나타나는 '미터법'은 얼마나 낯선 것일까? 한마디로, 그 시대의 수량 표현을 쓰고 오늘날의 단위로 옮기는 환산표를 붙이면 이 문제를 해결할 수 있을 것이다.[30]

과거를 현재로 '데려오지' 않고 과거를 있는 그대로 이해하는 데도 과거의 수량 표현이 결정적인 역할을 맡을 수 있다. 즉 우리의 주장과 태도는 다른 나라의 고대(현대) 문화뿐만 아니라 우리의 고대 문화를 이해하는 데도 반드시 필요하다. 『나의 문화유산 답사기』에 이 점이 감동적으로 서술되어 있다.

> 요네다가 석굴 조영 계획을 찾는 작업은 통일신라 사람들이 측량에 사용했던 자[尺]의 길이를 밝히는 데서 시작하였다. 그는 불국사와 석불사 석굴을 측량하면서 이때의 석공들이 사용했던 자는 곡척(曲尺, 30.3cm)이 아님을 알았다. 그는 석탑의 각 부위를 측량하여 0.98곡척, 1.96곡척, 23.6곡척 등의 수치가 반복적으로 나오는 것을 보고 통일신라의 석공이 쓴 자는 0.98곡척(29.7cm)이라는 결론에 도달했고 이 길이를 당척(唐尺)이라 이름 붙였다. 그는 놀랍게도 불국사의 조영척(造營尺)은 0.980125곡척이었

에도 쓰인 수량 표현을 보려면 조용상 1997, 24~29 및 40 참조.

30. 동독에서 간행된 『자본론』의 수량 표현은 이 경우에도 해당한다. 80년 전에 (『자본론』 1권 초판은 1867년에 출판되었다. 동독에서는 1947년에 출간되었다. 80년 전이다.) 출간된 독어로 된 『자본론』을 동독에서는 단지 새로 편집하여 다시 출간했을 뿐이다. 외국어로 된 책을 독어로 옮긴 것도 아니다. 독어를 독어로, 즉 우리식으로 말하면 국어를 국어로 재출간한 것이다. 그런데도 1867년 판의 수량 표현을 그대로 썼다.

고, 석불사 석굴의 조영척은 0.98207이었는데 이것의 평균치로 0.98이라는 치수를 얻어냈다. 그 숫자의 치밀함에 나는 눈앞이 캄캄해질 뿐이다. 그리고 그는 측량의 정확성을 위하여 통일신라 석공이 사용했을 자와 똑같은 자를 쇠자로 만들고 그것으로 측량했다.[31]

오늘 이곳의 측량 단위를 기준으로 삼아 석굴을 바라보려고 했다면 석굴은 제대로 이해할 수 없었을 것이다. 고대의 측량 단위를 알아내고 그것을 이용함으로써 석굴의 아름다움이 갖는 수학적인 비율의 비밀을 풀 수 있었던 것이다.[32]

여기에서 한 걸음 더 나아가도록 하자. 100년 전이나 1000년 전이 아니라 100년 후나 1000년 후를 생각할 수도 있다. 우리는 오늘 여전히 공자, 맹자를 읽고 플라톤, 아리스토텔레스를 읽는다. 그런데 오늘의 책이 100년이나 1000년 후에도 읽힐 것이라는 생각은 잘 하지 못한다. 인생은 짧고, 인간은 대개 자신의 일생만 생각하기 때문이다. 우리의 주제인 『전쟁론』을 예를 들어 말하자. 1832년의 프로이센 마일을 2000년경에 영미식 마일로 환산했는데, 2200년에 영국과 미국에 마일이 사라지고 미터법이 쓰인다면 영미식 마일로 환산된 번역서는 어떻게 되는 것일까? 2400년에는 미터법도 새 도량형 단위로 바뀐다면 어떻게 될까? 2600년에는 영국이나 미국이 멸망하고 새 단위도 사라진다면 어떻게 될까?

『전쟁론』을 읽는 것은 1800년대의 유럽으로 '여행'을 하는 것이다. 박지원과 정약용을 읽는 것도 조선 후기와 그 시대의 문화, 즉 그 세계로 '여행'을 하는 것이다. 오늘 우리글(한글)의 도움을 받아 여행을 하는 것이지만,

---

31. 유홍준 1994, 195.
32. 석굴 측량과 관련된 요네다 미요지(米田美代治)의 놀라운 장인 정신, 유홍준이 요네다에게 보내는 경외감, 석굴에 대한 찬탄 등은 유홍준 1994, 183~210 참고.

모든 것을 오늘 여기에 있는 우리 것이나 우리에게 익숙한 것으로 옮기면 그 여행은 '죽은' 여행이 될 것이다.

어제와 오늘의 우리(다른) 문화와 역사 이해의 관점에서 수량 표현의 번역 문제를 그림으로 나타내면 아래와 같이 표현할 수 있을 것이다.

과거 다른 문화(A)		과거 우리 문화		과거 다른 문화(B)
	㉮↘	↓㉯	↙㉰	
현재 다른 문화(A)	㉱ → ← ㉲	현재 우리 문화	㉳ ← → ㉴	현재 다른 문화(B)
	㉵↙	↓㉶	↘㉷	
미래 다른 문화(A)		미래 우리 문화		미래 다른 문화(B)

문화들을 점선으로 그렸다. 그것이 □처럼 닫힌 모습을 띠지 않는 것은 어느 문화든지 폐쇄된 공간이 아니라는 것을 가리킨다. 문화는 끊임없이 교류한다는 점에서 폐쇄될 수 없다.[33] 또한 (A)나 (B) 외에 다른 많은 문화 (C), (D) 등을 상정할 수도 있다.

번역이라고 할 때 우리는 주로 ㉮와 ㉰ 또는 ㉱와 ㉳만 생각한다. 그렇지만 우리 문화를 다른 문화로 번역하는 ㉲와 ㉴도 중요하다. 그리고 우리의 옛 문화를 오늘의 텍스트로 번역하는 ㉯도 중요하다. 조상의 고전이 대부분 한문으로 되어 있는 우리에게 ㉯는 특히 중요하다. 오늘 여기에서 글을 쓰고 번역할 때 우리는 ㉵, ㉶, ㉷도 생각할 수 있다. '넓은 의미의 번역'에

33. 이 때문에 앞의 수평 번역과 수직 번역의 그림에서도 텍스트들을 점선으로 그렸다.

서 제일 중요한 것은 ㉯와 ㉶일지 모른다. 그래야 다른 문화나 시대와 교류하는 것도 제대로 이루어질 것이다.

6. 맺음말

번역에서 텍스트의 내용을 되도록 적확(的確)하게 옮기는 일은 텍스트와 텍스트를 둘러싸고 있는 문화에 대한 올바른 이해를 전제로 한다. 그렇지만 번역이 텍스트의 모든 것을 지금 여기에 있는 우리에게 전부 '가져와야' 한다는 것을 뜻하지는 않는다. 우리들이 어제 그곳으로 '여행'을 떠나야 하는 경우도 있다. 100년 전이나 1000년 전의 고전을 번역할 때는 특히 그러하다. 이는 100년 전이나 1000년 전의 우리 문화를 오늘 이해하려고 할 때도 해당된다.

현상의 차원에서 보면 수량 표현을 전달하는데 따른 혼란을 막아야 한다. 그래서 『전쟁론』과 같은 고전을 번역할 때는 원전의 표현을 존중해야 한다. 도량형 단위와 수량 표현의 번역에는 그 표현을 음차하여 적고 수치도 그대로 쓴 다음에 해설을 다는 것이 적절한 번역 방법이 될 것이다.

동독에서 『자본론』의 출간, 동독의 몰락과 마르크의 퇴장, 동서독의 통일, 유로의 등장과 도이체 마르크의 퇴장을 통해 우리는 수량 표현의 단순한 '혼란'에서 한 걸음 더 나아갈 수 있다. 즉 100년이나 1000년 전의 수량 표현이 오늘 사라졌다면, 오늘 우리의 수량 표현도 100년이나 1000년 후에 사라질 수 있다고 생각하는 상대주의적인 시각이 요구된다. 그것이 다른 문화와 다른 시대를 바라보는 바람직한 관점이다. 번역은 근본적으로 다른 문화를 이해하(려)는 일이다. 그렇다면 고전의 수량 표현을 오늘 이곳의 수량 표현으로 함부로 옮길 수 없을 것이다. 그렇지 않으면 오늘 이곳을 절대화하고 영원으로 간주하게 된다. 결국 『전쟁론』 번역에서 프로이센 마일을 영미식 마일이나 킬로미터로 옮기는 것은 바람직하지 않다는 결론이 나온다. 이 논문이 주장하는 수량 표현의 번역 방법은 다른 문화를 제대로 이해하는데 필요할 뿐만 아니라 우리의 옛것을 올바르게 알고 이해하는 데도 요구된다. 미래를 오늘 알 수 있다고(미래에도 미터법이 쓰일 것이라고) 생각하는 것보다 미래는 미래에 맡기는(미래에는 미래의 수량 표현이 생길 것이라고 생각하는) 것이 후손에 대한 '예의'라고 생각한다.

다양한 언어와 표현 방식은 그만큼 다양한 문화와 역사를 담고 있다. 따라서 문화 상대주의 관점에서 보면 오늘날 이 땅의 영어 공용화 논쟁은 일종의 '폭력'이다. 그 논쟁을 영어로 하지 않는 것은 '코미디'이다. 공용화를 주장하지 않아도 공용화를 하지 않을 수 없게 되면 공용화는 이루어질 것이다.[34] 그렇지만 한글이 사라지면 번역을 해야 할 이유도 사라진다. 다른 문화와 역사를 이해해야 할 이유도 줄어드니 결국 우리 문화와 역사에 대한 이해도 줄어들 것이다.[35]

출처:『번역학 연구』, 2010년, 11권 1호, 97~126

34. "영어 공용화의 필요성을 끊임없이 주장하는 것, 그리하여 결국 한글이 사라지는 상황이 닥치는 것, 그것은 우리 사회 상류층과 주류 사이에 암암리에 합의된 어떤 의도들이 관철된 결과일지도 모른다."(박상익 2006, 225). 박상익의 의심이 지나치다고 할 수 없을 정도로 오늘 이 땅의 영어 범람은 심각한 상태에 빠져 있다. 이러한 심각성과 달리 박상익의 글은 우리의 번역 문화에 대한 깊은 문제 의식을 '유쾌한 문체'로 풀어내고 있다.

35. 언어의 종말이 문화의 종말을 동반한다고 경고하는 달비 2008, 379 참조.

제3장

클라우제비츠의 『전쟁론』 번역 비교 분석

1. 머리말

2009년에 김만수와 허문순이 번역한 『전쟁론』 완역 두 종이 출간되었다. 그래서 2011년 현재 클라우제비츠의 『전쟁론』 우리말 번역은 완역, 중역(重譯), 초역(抄譯)을 모두 포함하여 총 15종에 이른다.[1] 『전쟁론』의 방대한 분량과 난해한 내용을 고려할 때[2] 『전쟁론』의 새로운 번역본은 당분간 출간되기 어려울 것으로 예상된다. 이런 때 이 번역서들의 번역 내용을 비교 분석하고 문제점을 살펴보는 것은 앞으로 더 나은 『전쟁론』 번역본이 출간되는데 필요한 계기를 마련할 수 있을 것이다.

그런데 『전쟁론』의 번역 문제를 다룬 연구는 없다고 해도 과언이 아니다. 먼저 (인터넷) 독자 서평에서 흔히 보는 것과 달리 『전쟁론』의 일반 독자들이 『전쟁론』의 번역 문제를 언급하는 것이 어렵다. 『전쟁론』 원문이 영어도 아니고, 『전쟁론』이 대중적인 문학 작품도 아니고, 『전쟁론』의 내용이 매우 난해하기 때문이다. 그리고 그런 연구를 전문적으로 수행할 수 있는 연구자도 드물다. 그나마 『전쟁론』의 번역과 관련된 선행 연구로는 이종학(2002a, 2002b)과 김만수(2003)의 논문 정도를 들 수 있다. 하지만 이종학의 연구는 '번역' 문제를 다룬다기보다 『전쟁론』의 내용을 철학적으로 검토하고 있다고 하는 것이 적절할 것이다. 이종학의 연구와 달리 김만수의 연구는 『전쟁론』의 번역 문제를 다루고 있다. 그런 점에서 이 논문은 김만수의 2003년 연구를 잇고 있다.

이 논문이 대상으로 삼는 『전쟁론』의 번역 텍스트는 김만수의 연구에서[3] 살펴본 여섯 종의 번역이다.[4] 여기에 김홍철의 번역도 살펴볼 것이다. 김

---

1. 김만수 2010, 100.

2. 1832~1834년에 출간된 클라우제비츠의 『전쟁론』은 서양 사상이나 전쟁 철학 분야에서 고전으로 인정받고 있다(한델 1992 참조). 『전쟁론』은 미완으로 출간되었으며 매우 난해한 책이다. 클라우제비츠는 저술 과정에서 내용에 관한 결정적인 수정 의도를 비쳤지만, 그것은 이루어지지 않았다. 이런 저서에서 철학적인 수준의 일관성을 찾는 것은 매우 어려울 것이다(발리바르 2006, 114 참조).

3. 김만수 2010, 101.

4. 이상원(2005, 18)은 번역과 달리 따로 '출판 번역' 개념을 설정한다. 하지만 이 논문에서는 출판 번역의 개념이 전제되어 있으며, 번역은 곧 출판 번역을 뜻한다.

홍철이 많은 측면에서 번역의 '독특함'을 보여 주었기 때문이다. 즉 이 논문에서 다루는 TT는 출간 연도순으로 권영길, 이종학, 김홍철, 강창구, 류제승, 허문순, 김만수의 번역이다.[5] 그리고 우리말 TT와 갖는 관련성을 검토하는데 필요하면 영어 번역과 일어 번역도 살펴볼 것이다.

아래에서는 먼저 『전쟁론』 번역본을 비교 분석하는 기준을 설정하고, 이 기준을 바탕으로 이른바 '미시 분석' 방법론을 제안할 것이다(본론 2). 그리고 이 기준과 방법론에 따라 『전쟁론』 번역본의 일부분을 선택하여 자세하고 철저하게 독일어 원문과 비교 분석할 것이다(본론 3). 끝으로 이 비교 분석의 결과를 통해 『전쟁론』의 우리말 번역본의 특징을 정리하고, 이 연구의 장단점을 점검하여 향후 과제를 설정할 것이다(결론 4).

2. 비교 분석의 방법론

번역 비평에서 제일 중요한 임무와 목적은 ST(Source Text, 출발 언어)와 TT(Target Text, 도착 언어)를 비교하여 오류를 찾아 오류의 원인을 분석하고 확인하는데 있다.[6] 오류를 관찰하는 것은 번역 이론에 도움이 될 뿐만 아니라[7] 더 나은 번역물을 출간하는 데도 큰 도움이 되기 때문이다. 오류를 분석한 대표적인 예로 강대진(2004)과 이재호(2005)의 연구를 들 수 있다. 넓게 보면 영미문학연구회(이하 영미연) 번역평가사업단(2005)의 연구도 이 범주에 포함된다. 이 논문이 말하는 '비교 분석'은 근본적으로 이러한 '오류 분석'의 연장선에 있다.

---

5. 김만수(2010, 101)의 연구에 이 번역본들의 출간 이력과 관련된 상세한 정보들이 있으므로 이 논문에서는 참고 문헌으로 대신한다. 허문순 번역의 『전쟁론』에 관한 분석은 김만수 2009, 309~311 참조.

6. A. Popopič의 말, 전현주 2008a, 72에서 재인용.

7. M. Ballard의 말, 전성기 2008, 170에서 재인용.

논문의 이런 목표에 따라 비평의 기준은 '보수적으로' 설정한다. 달리 말해 번역학의 비평 이론에서 이미 확립되어 있는 이론을 따르고, 이미 축적되어 있는 연구 성과를 받아들인다. 그 이론과 성과의 최소 공통분모는 충실성과 가독성이다.[8] 아래에서는 원천 지향적인 접근을 토대로 ST와 TT들을 비교 분석하고, TT들 간의 비교에서는 목표 지향적인 접근도 수행한다. 즉 이 논문에서 수행하는 비교 분석의 기준은 (주로) 충실성과 (부차적으로) 가독성이다.[9] 이 기준의 세부 항목으로 오역, 오류, 고유명사 표기, 첨삭, 누락은 물론 지리, 우리말 어법, 한자어 사용, 번역자의 윤리 등을 들 수 있다.[10] 이 항목 중에 『전쟁론』의 내용과 관련을 갖는 항목을 아래의 『전쟁론』 번역서의 비교 분석에서 자세하게 다룰 것이다.

충실성과 가독성의 기준을 바탕으로 나는 이 논문에서 이른바 '미시 분석' 또는 '현미경 분석'의 방법론을 제안하고, 이 방법론에 따라 비교 분석을 수행할 것이다. 비교 분석의 방법론을 '미시 분석'으로 부르는 이유는 다음과 같다. 먼저 『전쟁론』 텍스트의 '일부' 내지 '특정 측면으로' 분석의 범위를 제한한다는 점에서[11] 그러하다. 이는 『전쟁론』의 방대한 분량 및 본 논문의 제한된 분량과 관련된다. 둘째로 그 일부에 관한 한, 우리말 TT를 '전부 자세하고 치밀하며 철저하게' ST와 비교 분석한다는 점에서 그러하다. 이는 본 논문이 수행하는 비교 분석의 객관성과 신뢰성을 높일 것이다. 셋째로 우리말 번역에 영향을 미쳤다고 판단되면 영어 번역과 일어 번역

8. 영미연 2005, 4~7과 21~22.

9. 이 논문은 『전쟁론』 번역의 비교 분석에 중점을 두고 있기 때문에 영미연(2005, 24~25)의 연구처럼 『전쟁론』 우리말 TT에 등급을 매기고 추천본을 선정하는 것을 목표로 삼지는 않는다.

10. 이상원 2005, 94~124와 전현주 2008a, 75~79.

11. 윌리엄스/체스터먼 2006, 48 참조.

도 논의 대상에 포함한다는 점에서 그러하다.[12]

3. 『전쟁론』 번역의 비교 분석

『전쟁론』 번역을 개괄적으로 살펴보면, 우리말 번역에서 권영길과 이종학의 번역은 일본어 번역을 중역하여 한자(어)를 많이 사용했다. 강창구, 허문순의 번역은 권영길의 번역을 많이 참조한 '우리말 중역' 수준의 번역이다. 김홍철의 번역은 지나친 의역과 '번안' 수준의 번역으로 원문의 이해를 벗어난 부분이 많이 보인다. 류제승의 번역은 초역이고 영역도 참고하였는데 직역 투의 문장을 많이 볼 수 있다. 김만수는 독어 원전을 텍스트로 삼아 영어 번역, 일어 번역, 기존의 우리말 번역을 모두 참고하여 번역하였다. 김만수의 번역에서는 큰 오류를 찾을 수 없고, 텍스트의 구성도 적절한 것으로 판단된다.

이제부터 『전쟁론』 번역에서 두드러지게 드러나는 문제점을 중심으로 비교 분석을 하고자 한다. 이 논문에서 살펴보는 문제점의 유형은 『전쟁론』의 핵심 개념이나 용어에서 오역이 나타나는 경우, 한자어를 지나치게 많이 쓰는 경우, 외국의 지명 표기와 관련된 오류, 우리말 문장이 지나치게 긴 경우 등이다.

3. 1. 개념의 오역 – 공법과 공론의 차이

『전쟁론』 본문의 첫 페이지에 나오는 다음의 문장에서 『전쟁론』의 우리말 번역의 많은 문제점이 복합적으로 드러난다. 그 문제점은 일본어 번역

12. '미시 분석' 또는 '현미경 분석'은 내가 고안하여 이 논문에서 처음으로 제안하는 새로운 개념이다. 번역학(계)에는 이러한 개념이 없(었)다.

의 중역, 표절, 핵심 개념의 오역, 문장을 임의로 나누기, 쓸데없는 덧붙임 등이다. 첫 문장을 보도록 한다.[13]

[TT1] 우리는 이제 전쟁에 관하여 번거로운 공법학적 정의(公法學的 定義)를 캐려는 것이 아니라 전쟁의 근원적 요소, 즉 두 사람 사이의 결투라는 점에 시점(視點)을 두려고 생각한다.(권영길 상권 27)

[TT2] 우리는 지금 전쟁의 정의(定義)에 대하여 어색하고 복잡한 의논을 하려고 하지 않고, 전쟁을 구성하고 있는 기본요소, 즉 두 사람 사이에서 벌어지는 결투(決鬪)를 생각하려 한다.(이종학 71)

[TT3] 우리는 전쟁에 관하여 국제공법학자(國際公法學者)들이 사용해 오고 있는 것과 같은 애매하고 난해한 정의에 대하여 논의하지는 않겠다. 우리는 곧바로 전쟁 그 자체의 본질적 요소에 대하여, 즉 결투에 대하여 논의하려 한다.(김홍철 53)

[TT4] 우리는 이제 전쟁에 관하여 번거로운 공법학적 정의(公法學的 定義)를 캐려는 것이 아니라 전쟁의 근원적 요소, 즉 두 사람 사이의 결투라는 점에 관점(觀點)을 두려고 생각한다.(강창구 상권 27)

[TT5] 여기서는 전쟁에 대한 난해한 정론(政論)적 정의를 다루지 않고, 전쟁의 요소, 즉 양자 결투에 관해 논급하고자 한다.(류제승 33)

[TT6] 우리는 공법학자(公法學者)들 사이에서 흔히 논의되고 있는 것 같은 번거로운 정의를 지금 여기에서 왈가왈부할 생각은 없다. 우리로서는 전쟁을 구성하고 있는 궁극적인 요소, 즉 두 사람 사이에 이루어지는 결투에 착안해 보고자 한다.(허문순 31)

---

13. 아래의 TT1~TT9를 각 책의 고유 번호로 삼는다. 우리말 번역본에는 역자의 이름과 쪽수만 밝힌다. 영어 번역, 일어 번역, 독어 원문에는 쪽수만 밝히고, 서지 사항은 참고 문헌으로 대신한다. 밑줄과 대안 번역은 저자의 것이다. 이 대안 번역은 『전쟁론』 번역의 전면 개정판에 반영되기도 했고 반영되지 않기도 했다. 번역서에서는 대안 번역에 있는 문장 위아래의 다른 문장들과 맥락을 고려하여 이 대안 번역과 다르게 번역한 경우도 있다. 아래의 대안 번역 부분도 마찬가지이다.

[TT7] 여기서는 전쟁에 관해 여론에 따르는 느려 터진 정의에 빠져들지 않고 곧바로 전쟁의 구성요소인 결투(Zweikampf, duel)를 살펴보기로 하겠다.(김만수 1권 45)

[TT8] I shall not begin by expounding a pedantic, literary definition of war, but go straight to the heart of the matter, to the duel.(83)

[TT9] 我々は戰爭について公法學者たちのあいだで論議されているようなこちたい定義を, 今さらここであげつらう積りはない. 我々としては, 戰爭を構成している窮極の要素, 卽ち二人のあいだで行われる決鬪に着目したい.(上 28)

[ST] Wir wollen hier nicht erst in eine schwerfällige publizistische Definition des Krieges hineinsteigen, sondern uns an das Element desselben halten, an den Zweikampf.(27)

[대안 번역] 여기에서는 여론을 듣고 오랜 시간을 들여 번거롭게 전쟁을 정의하지 않고 곧바로 전쟁의 요소인 결투를 살펴보도록 한다.

우리말 번역을 보면, TT1과 TT4 사이에는 '시점'을 '관점'이란 낱말로 바꾼 것 외에 차이점이 없다. 즉 TT4는 TT1의 표절이라고 간주할 수 있다. 일본어 번역과 우리말 번역을 비교하면 TT1, TT3, TT4, TT6은 TT9와 상당히 비슷하다. 출간 시점을 고려할 때 TT1은 TT9의 중역이고 TT3, TT4, TT6은 TT1의 표절 혐의에서 벗어나기 어렵다.[14]

TT3에는 '사용해 오고 있는 것과 같은'이나 '그 자체의 본질적'처럼 원문에 없는 말을 삽입한다든지 '대하여'를 세 번이나 중복했다. TT6에도 '흔히', '지금', '구성하고 있는 궁극적인', '두 사람 사이에 이루어지는' 등 원문에 없는 표현을 덧붙였다. 그래서 TT3과 TT6의 문장은 불필요하게 길어졌고

14. 이 논문에서는 독어를 텍스트로 삼고 일본어 번역을 참고했다고 밝힌 (또는 출처를 밝히지 않은) 우리말 번역본에서 독어의 흔적은 찾아볼 수 없고 일어 투의 문장만 (주로) 보일 경우에 그 번역본을 중역으로 정의한다. 또한 출간 시점을 기준으로 나중에 출간된 우리말 번역본이 먼저 출간된 우리말 번역본을 (상당한 정도로) 똑같이 옮겼으면 그 번역본을 표절로 정의한다.

원문의 한 문장을 두 문장으로 나누었다. 『전쟁론』과 같은 고전 번역에서 원문의 문장을 임의로 나누는 것은 신중하게 고려해야 한다. 이런 점을 고려하면 TT3과 TT6은 ST에 충실하지 않은 번역이라고 할 수 있다.

우리말 번역에서 TT3과 TT7을 제외한 모든 번역(TT1~TT6)이 '결투' 앞에 '두 사람'이나 '양자'라는 수식어를 붙였다. 이것은 일본어 번역의 영향으로서 군더더기라고 할 수 있다. 결투는 "승패를 결정하려고 벌이는 싸움"이나 "원한이나 모욕 따위를 풀려고 일정한 조건과 형식 아래에서 벌이는 싸움"이란[15] 뜻을 갖고 있고, 대개 두 집단이나 두 사람 사이에 일어난다. 즉 결투의 개념에는 두 사람이나 두 집단 사이에 (또는 드물게 한 사람과 한 집단 사이에) 싸움이 일어난다는 뜻이 이미 함축되어 있다. 독일어의 'Zweikampf'나 영어의 'duel'에 이미 두 사람이란 뜻이 들어 있다. 따라서 '두 사람 사이'나 '양자'라는 말을 덧붙일 필요는 없을 것이다.

여기에 있는 번역이 보이는 차이나 오역의 핵심으로 '여론에 따르는 느리고 번거로운 정의'(eine schwerfällige publizistische Definition)를 들 수 있다. 형용사 'publizistisch(e)'의 명사형은 'Publizistik'이고, 이 단어는 책, 언론, 방송, 영화, 텔레비전 등에서 공적으로 관심 있는 모든 일을 다루는 영역을 뜻한다. 또는 대중 매체에 관한 학문이나 여론(공론)에 미치는 대중 매체의 영향에 관한 학문으로 정의할 수 있다.[16] 학문 체계로 말하면 언론학, 언론 정보학, 신문 방송학이라고 번역할 수 있다. 학문 체계로 간주하지 않으면 여론이나 공론으로 이해하고 번역하는 것이 적절하다. 여론은 "사회 대중의 공통된 의견"을 뜻하고, 공론은 "여럿이 의논함 또는 그런 의논"을 의미하므로 이 뜻이 'Publizistik'에 합당하다.

---

15. http://stdweb2.korean.go.kr/search/List_dic.jsp 참조. 우리말 뜻은 모두 국립국어원의 홈페이지를 참조한다.
16. Duden 1990 참조.

전쟁의 개념은 공론이나 여론을 수렴하여 정의할 수도 있다. 그렇게 하려면 많은 사람들의 의견을 들어야 하고, 그래서 시간이 오래 걸리고 번거로울 것이다. 그래서 여론을 듣지 않고 곧바로 결투를 살펴보는데, 결투에서 두 사람은 상대를 폭력으로 쓰러뜨리고 자신의 의지를 상대에게 관철하려고 한다. 전쟁을 확대된 규모의 결투로 이해하면 전쟁을 곧바로 정의할 수 있다. 즉 결투의 개념을 토대로 하면 전쟁은 '자기의 의지를 실현하려고 적에게 굴복을 강요하는 폭력 행동'이라고 정의할 수 있는 것이다. 이와 같이 논의를 전개하려는 것이 이 문장에 나타난 클라우제비츠의 의도라고 할 수 있다. 즉 'Publizistik'을 '여론'이나 '공론'으로 번역하는 것이 정확한 번역이라고 판단된다. 또한 'schwerfällig(e)'는 '느리고 번거로운', '시간이 오래 걸리고 번잡스러운'이라는 뜻이다. 결론적으로 우리말 번역에서는 TT7이 ST에 충실한 번역이라고 할 수 있다.

TT7과 달리 다른 우리말 번역에서는 충실하지 못한 번역을 볼 수 있다. TT2는 이 부분을 '어색하고 복잡한 의논'이라고 번역했다. '의논'은 단어의 뜻으로도 문맥상으로도 'Publizistik'에 합당하지 않은 번역이다. TT5는 이 부분을 '난해한 정론적 정의'라고 번역했는데, 정론은 "정치에 관한 평론이나 의견"을 뜻하므로 원문의 뜻에서 벗어난 번역이다.

'공법학적 정의'(TT1), '국제 공법학자들이 사용해 오고 있는 것과 같은 애매하고 난해한 정의'(TT3), '공법학자들 사이에서 흔히 논의되고 있는 것 같은 번거로운 정의'(TT6) 등의 번역은 일본어 번역(TT9)의 중역이다. 공법은 "국가나 공공 단체 상호 간의 관계나 이들과 개인의 관계를 규정하는 법"이고, 이는 사법에 대응된다. 사법은 "민법, 상법 등으로 개인 사이의 재산, 신분 따위에 관한 법률 관계를 규정한 법"이다. 공법(公法)은 일본어로도 한국어로도 원문의 공론(Publizistik)과는 다른 뜻을 갖는다. 결국 TT9도 오역이고, 세 개의 우리말 번역은 TT9를 중역하였다.

영어 번역(TT8)은 독일어를 과감하게 의역했다. 그래서 TT8에서는 원문의 뜻이 제대로 전달되지 않는다. '전쟁에 관한 현학적이고 문학적인 정의'(a pedantic, literary definition of war)라는 번역은 원문의 뜻에서 상당히 멀어진 번역이다. 무엇이 전쟁에 관한 현학적이고 문학적인 정의인지 설명하지 않는다면 이해할 수 없는 번역이다. 따라서 이 부분에서는 TT8을 '현학적이고 문학적인 번역'이라고 할 수 있을 것이다.

이 부분에서 공론 이외에 논의할 수 있는 단어로 'Element'를 들 수 있다. 이 낱말은 '요소, 요인, 구성 요소, 활동 영역, 본령' 등 여러 뜻으로 번역할 수 있는데, 이 문장의 맥락에서는 '본령(本領)'이 적절해 보인다. 그런데 본령은 "근본이 되는 강령이나 특질"이란 뜻으로 근본이나 핵심이라고 이해할 수 있다. 본령이란 낱말이 약간 낯설기 때문에, 그리고 원문에 충실한 TT7을 존중한다는 뜻에서 이 논문에서는 앞에서 보는 대안 번역을 제안한다.

3. 2. 용어의 오류 — 야성과 잔인함

여기에서 클라우제비츠는 전쟁의 본질적인 성격을 언급하고 있다. 그것은 잔인한 폭력성이다. 나폴레옹이 등장하여 전쟁의 패러다임을 완전히 바꾸었다. 나폴레옹은 적이 쓰러질 때까지 끊임없이 전쟁을 수행했다. 프랑스 혁명 이전에, 그리고 주로 용병을 이용하는 전쟁에서는 군주들이 되도록 전투를 치르지 않고 승리하는 법을 고민했다. 용병은 매우 '값비싼' 전쟁 도구였으므로 한 번 파괴되면 용병을 복구하는데 많은 비용이 들기 때문이다. 그런데 프랑스 혁명으로 전쟁의 수단과 노력에서 제한이 사라지고, 전쟁은 잔인한 폭력성의 수준에 이르렀다. 프랑스 혁명으로 프랑스뿐만 아니라 유럽에 정치적인 격변이 일어났다. 정부의 성격, 통치술, 행정력, 인민의 상태 등이 급변했다. 이전에 볼 수 없었던 규모로, 즉 전 인민이 무장을 하게 된 것이다. 극한에 이르는 무제한의 폭력을 쓰는 방향으로 전쟁의 본질이 완전히 변했기 때문에 이는 잔인함이나 잔혹함이라고 말하는 것이 적절할 것이다.

[TT1] 우리는 전쟁을 이런 것으로 보아야 한다. 전쟁에 내포되어 있는 야성(野性)을 혐오하는 나머지 전쟁 자체의 본성을 무시하려는 것은 앞뒤가 전도된 생각이다.(권영길 상권 28)

[TT2] 우리들은 전쟁의 참 모습을 그대로 받아들여야 한다. 전쟁에 포함되어 있는 거친 요소를 싫어한 나머지 전쟁의 본질을 무시하려 한다면 그것은 무익할 뿐만 아니라 불합리한 생각이다.(이종학 72)

[TT3] 전쟁의 본질문제, 즉 힘의 극대 사용 문제는 이러한 방식으로 관찰하여야만 하는 것이다. 다시 말하면 전쟁 본연의 가장 실질적이고 현실적인 성질의 고려를 외면할 경우에는 하등의 목적도 없는, 더 나아가서는 스스로의 이익마저도 거역하는 무의미한 일이 되는 것이다.(김홍철 54~55)

[TT4] 우리는 전쟁을 이런 관점으로 보아야 한다. 전쟁에 내포되어 있는 야성(野性)을 혐오하는 나머지 전쟁 자체의 본성을 무시하려는 것은 앞뒤가 전도된 생각이다.(강창구 상권 28~29)

[TT5] 이상과 같이 전쟁을 인식해야 한다. 야만적 요소에 대한 거부 의지로 인해 전쟁의 본질을 무시하는 것은 헛되고 그릇된 노력이다.(류제승 35)

[TT6] 우리는 전쟁을 이와 같은 것으로 여겨야 한다. 전쟁에 포함되어 있는 조잡한 요소를 혐오한 나머지, 전쟁 그 자체의 본성을 무시하려는 것은 무익한, 아니 일의 앞뒤를 그르친 생각이다.(허문순 32~33)

[TT7] 전쟁은 위와 같이 보아야 하며, 전쟁의 잔인함을 혐오한다고 해서 전쟁의 본질을 무시하려 한다면 이는 쓸데없는 생각이며 잘못된 노력이 될 것이다.(김만수 1권 48)

[TT8] This is how the matter must be seen. It would be futile – even wrong – to try and shut one's eyes to what war really is from sheer distress at its brutality.(84)

[TT9] 我々は戰爭をこのようなものと見なさねばならない. 戰爭に含まれている粗野な要素を嫌惡するあまり, 戰爭そのものの本性を無視しようとするのは無益な, それどころか本末を誤った考えである.(上 30)

[ST] So muß man die Sache ansehen, und es ist ein unnützes, selbst verkehrtes Bestreben, aus Widerwillen gegen das rohe Element die Natur desselben außer acht zu lassen.(28)

[대안 번역] 전쟁은 이와 같이 보아야 하고, 전쟁의 잔인함을 혐오한다고 해서 전쟁의 본질을 간과하려고 한다면 이는 쓸모없고 잘못된 노력이 될 것이다.

이 부분에서는 TT7과 TT8이 ST의 의미를 잘 살린 충실한 번역에 해당한다. 이 두 번역을 참조하여 대안 번역을 제안한다. TT7을 제외한 대부분의 우리말 번역이 전쟁의 본질인 잔인함, 잔혹함, 극한에 이르는 무제한의 폭력성을 매우 '부드럽게' 또는 부적절하게 번역했다. 충실성이 떨어진다고 할 수 있다.

먼저 TT4는 TT1의 '것'을 '관점'이란 낱말로 바꾼 것 외에 TT1과 똑같다. 이 부분에서도 TT4는 TT1을 표절했다. TT1은 전쟁의 잔인함을 '야성'으로 번역했다. 야성은 "자연 그대로의 또는 본능 그대로의 거친 성질"인데, TT1은 '야성'으로 전쟁 본래의 잔인함을 의미하려고 한 것이다. 하지만 '잔인함' 없이 야성만으로는 전쟁 본연의 성질을 제대로 드러낼 수 없다. 또한 '야성'은 야성미, 야성적인 힘, 야성적인 눈빛 등 잔인함과는 먼 뜻으로 쓰이기도 한다. TT5는 이 부분을 '야만'으로 옮겼다. 야만은 "미개하여 문화 수준이 낮은 상태 또는 그런 종족"이나 "교양이 없고 무례함 또는 그런 사람"을 의미한다. 즉 야만은 '야만–문명' 또는 '야만–교양'과 짝을 이루며 대비되는 폭넓은 개념이다. 야만은 잔인함 이외의 많은 의미를 함축할 수 있고 다소 '부드럽게' 들린다.

TT6은 이 부분을 '전쟁에 포함되어 있는 조잡한 요소'라고 번역했다. '조잡하다'는 것은 "말이나 행동, 솜씨 따위가 거칠고 잡스러워 품위가 없다"는 뜻으로서 전쟁의 본질을 설명하는 말로는 부드럽고 약한 느낌을 준다. 그리고 TT9를 보면 알 수 있듯이 TT1, TT5, TT6의 '야성, 야만, 조잡'은 일본어 번역에 있는 '조야한 요소'를 변형한 느낌을 준다. '조야' 전후에 있는 낱말과 문장을 통해 이를 확인할 수 있다. TT2는 원문을 직역했다. 그런데 '거친 요소'에서 '거칠다'는 "나무나 살결 따위가 결이 곱지 않고 험하다" 또는 "행동이나 성격이 사납고 공격적인 면이 있다"는 뜻이다. 이 말도 전쟁의 맥락에서는 '부드럽게' 들린다.

TT3은 다른 우리말 번역과 달리 이 부분을 '전쟁 본연의 가장 실질적이고 현실적인 성질'이라고 번역했다. 하지만 이렇게만 말하면 독자들은 '전쟁 본연의 성질'이 무엇인지 알 수 없다. 이 말에서는 잔인함을 읽어낼 수도 없고 야성, 야만, 조잡, 조야를 읽어낼 수도 없다. 또한 TT3은 원문과 상관없이 쓸데없는 말을 많이 덧붙였다. '힘의 극대 사용 문제', '방식으로', '것이다', '다시 말하면', '고려' 등은 불필요한 부분이고, '가장 실질적이고 현실적인', '스스로의 이익마저도 거역하는' 등은 ST 지향적인 번역도 아니고 TT 지향적인 번역이라고 할 수도 없다.

3. 3. 한자어의 남용 — 중역의 영향

이 부분은 전쟁의 적극적인 목적과 소극적인 목적을 언급하고 있다. 적의 공격을 막기만 하는 전쟁, 방어만 하는 전쟁은 생각할 수 없다. 공격할 때도 방어를 생각하고, 방어할 때도 공격(반격)을 염두에 둔다. 그래서 적의 전투력을 파괴하는 것과 아군의 전투력을 유지하는 것을 대비해서 살펴보아야 한다. 적극적인 목적을 갖는 쪽은 적을 파괴하려고 한다. 소극적인 목적을 갖는 쪽은 적을 파괴하는 행동에 나서지 않고, 적이 아군에게 수행하는 행동을 기다리면서 아군의 전투력을 잘 유지하려고 할 것이다. 전쟁의 목적과 관련되는 특징은 이와 같이 이해할 수 있다.

[TT1] 적극적 목적을 수반하는 행동은 상대방에 대하여 격멸 행동을 취하고 또 소극적 목적을 수반하는 행동은 상대방이 취하는 괴멸 행동을 대기(待機)하는 것이 된다.(권영길 상권 69)

[TT2] 적극적 목적을 수반하는 행동은 분쇄 행동을 야기시키며 소극적 목적을 수반하는 행동은 다만 다가오는 분쇄 행동을 위한 시간을 기다리는 것이다.(이종학 101)

[TT3] 적극적인 목적을 성취시키려는 노력은 결국 상대방의 전투력을 파괴하는 행위를 벌이게 되는 것이며, 반면 소극적인 목적을 달성시키려는 노력은 상대방이 아측에게 도전해 오는 파괴행위의 사태 전개를 기다리고 있는 격(格)이 되는 것이다.(김홍철 98)

[TT4] 적극적 목적을 수반하는 행동은 상대방에 대하여 격멸 행동을 취하고 또 소극적 목적을 수반하는 행동은 상대방이 취하는 괴멸 행동을 대기(待機)하는 것이 된다.(강창구 상권 69)

[TT5] 적극적 목적을 지닌 노력은 격멸 행동을 수반하며 소극적 목적을 지닌 노력은 격멸 행동을 기다린다.(류제승 70~71)

[TT6] 적극적 목적을 위한 노력은 상대에게 격멸 행위를 가하고, 소극적 목적을 지닌 노력은 적이 행하는 격멸 행위를 기다리는 것이 된다.(허문순 72)

[TT7] 적극적 목적을 갖는 노력은 파괴 행위를 불러일으키며 소극적 목적을 갖는 노력은 파괴 행위를 기다린다.(김만수 1권 107)

[TT8] The policy with a positive purpose calls the act of destruction into being; the policy with a negative purpose waits for it.(112)

[TT9] 積極的目的を旨とする努力は, 相手に對して擊滅行爲を仕掛け, また消極的目的を旨とする努力は, 相手の仕掛ける擊滅行爲を待ち受けることになる.(상 85)

[ST] Das Bestreben mit dem positiven Zweck ruft den Vernichtungsakt ins Leben, das Bestreben mit dem negativen wartet ihn ab.(59)

[대안 번역] 적극적인 목적을 이루려는 노력은 파괴 행동을 일으키고, 소극적인 목적을 이루려는 노력은 그것을 기다린다.

이 부분에서 TT4는 TT1과 한 글자도 다르지 않다.[17] TT1, TT2, TT6은 '격멸, 괴멸, 수반, 대기'(TT1), '분쇄, 수반, 야기'(TT2), '격멸'(TT6) 등 어려운 한자어로 옮겼다. 그래서 세 번역이 상당히 비슷한 느낌을 준다. TT9를 보면 알 수 있듯이, 이는 일본어 번역을 중역했기 때문으로 보인다. 독어를 원전으로 삼아 번역했다고 밝힌 TT5도 이 부분을 '격멸'이라고 번역했다. 독일어 원문에 있는 'Vernichtung(destruction)'은 영어 번역처럼 '파괴'라고 번역하는 것이 적절할 것이다.

이런 비교 분석 결과는 번역 비평에서 유표성 논의를 무력하게 만든다. 번역 비평에서 "비평가는 번역본 간의 시차가 발생할 경우 반드시 '유표적(有標的, marked) 요소로 인지하여 번역 텍스트 비평에 반영할 의무가 있다."[18] TT1은 1972년에, TT6은 2009년에 출간되었다. 약 40년의 시차를 보이므로 번역 비평에서 유표성을 고려해야 한다. 하지만 앞에서 '공법'의 경우에도 본 것처럼, 『전쟁론』의 우리말 TT에서는 통시적인 유표성을 고려하려고 해도 TT들이 유표성을 무시하고 있다.

---

17. 이런 경우는 "우리말 번역을 다시 우리말로 중역한"(이인규 2002, 269) 표절에 해당한다. 그래서 번역 작업은 번역 윤리와 떼어놓을 수 없게 된다(윌리엄스/체스터먼 2006, 17~20). 강창구 번역의 TT4의 상권과 하권의 속표지에는 다음과 같은 말이 있다. "이 역서를 나의 어머님 고 이정임께 드립니다."

18. 전현주 2008a, 63.

물론 이전의 번역이 있다면 그것이 우리말이든 일본어든 영어든 그 번역을 참고할 수 있다. 또한 일본어 번역은 풍부한 각주를 담고 있기 때문에 매우 유용하게 참고할 수 있다. 하지만 그것이 '참고' 이상이 될 때 우리말 번역은 쓸데없이 어렵게 되고 중역의 혐의를 벗어나기 어렵게 된다.

그리고 원문에 있지 않은 단어를 덧붙이는 것도 『전쟁론』과 같은 고전을 번역할 때는 신중하고 제한적으로 수행해야 한다. '상대방에 대하여', '상대방이 취하는'(TT1), '다만 다가오는', '시간을'(TT2), '상대에게', '적이 행하는'(TT6) 등의 덧붙임 등도 일본어 번역의 영향으로 보인다. TT3은 'Vernichtung'을 파괴라고 번역했지만, 원문에 있지 않은 말을 ('결국', '상대방의 전투력을', '상대방이 아측에게 도전해 오는', '사태 전개를', '있는 격(格)이 되는 것이다' 등) 많이 넣어서 문장이 불필요하게 길어졌다. 이 부분에서도 TT7이 충실한 번역이라고 할 수 있다. 하지만 TT7은 '파괴 행위'를 중복해서 대안 번역에서는 그것을 원문에 맞게 대명사로 고쳤다.

이 비교 분석(3. 1. ~ 3. 3.)으로 알 수 있듯이, 『전쟁론』의 우리말 번역에서는 개념을 잘못 번역한다든지 용어에서 오류를 보이고 한자어를 많이 쓰는 등의 문제점을 볼 수 있다. 그런데 이는 근본적으로 우리말 번역이 일어 번역의 중역이라는 데서 비롯된다. 또한 나중에 출간된 번역이 먼저 출판된 번역을 표절한 데서 비롯된다. 이 점이 『전쟁론』의 번역에서 나타나는 제일 심각한 문제라고 할 수 있다. 우리말 번역에서 근본적으로 다른 것은 TT7뿐이다. 아래(3. 4. ~ 3. 5.)에서는 『전쟁론』의 초역에 해당하는 TT3과 TT5를 중점적으로 살펴본다. 두 번역에 나타나는 특징적인 오류나 문제점을 살펴볼 것이다.

3. 4. 지명 표기의 오류 — 발렌시아와 발랑시엔

여기에서는 외국의 지명 표기 및 지리와 관련된 배경 지식의 문제를 살펴본다. 그래서 우리말 번역에서는 TT5와 TT7의 번역을 주로 비교한다. 이 부분에서 TT5는 발랑시엔을 발렌시아로 표기하는 오류를 범했다.

[TT5] 모든 수송 수단을 강제로 조달해야 했던 빌나(Wilna)에서 모스크바(Moskau)에 이르는 연락선과, 상업 거래와 환어음으로 수백만 끼니의 식량을 조달하는 데 충분했던 병참선, 즉 쾰른(Köln)에서 뤼티히(Lüttich), 뢰벤(Löwen), 브뤼셀(Brüssel), 몬스(Mons), 발렌시아(Valenciennes), 캄브레(Cambrai)를 경유하여 파리(Paris)에 이르는 연락선 간에는 엄청난 차이가 있다.(류제승 247~248)

[TT7] 빌나에서 모스크바에 이르는 병참선과 쾰른(Köln, Cologne)에서 뤼티히, 뢰벤(Löwen, Louvain), 브뤼셀(Brüssel, Brussels), 몽스(Mons), 발랑시엔(Valenciennes), 캉브레(Cambrai)를 거쳐 파리에 이르는 병참선 사이의 차이란 실로 엄청난 것이다. 전자에서는 모든 식량을 강제로 빼앗아야 하지만, 후자에서는 몇백만 명의 식량을 조달하는 데 상거래상의 계약과 어음 한 장으로도 충분했다.(김만수 2권 143~144)

[TT8] How vast a difference there is between a supply line stretching from Vilna to Moscow, where every wagon has to be procured by force, and a line from Cologne to Paris, via Liège, Louvain, Brussels, Mons, Valenciennes and Cambrai, where a commercial transaction, a bill of exchange, is enough to produce millions of rations!(407)

[ST] Welch ein ungeheurer Unterschied zwischen einer Verbindung von Wilna auf Moskau, wo jede Fuhre mit Gewalt herbeigeschafft werden muß, oder von Köln über Lüttich, Löwen, Brüssel, Mons, Valenciennes, Cambrai nach Paris, wo ein kaufmännischer Auftrag, ein Wechsel hinreicht, Millionen von Rationen herbeizuschaffen. (350)

[대안 번역] 빌나에서 모스크바에 이르는 병참선과 쾰른에서 리에주, 브뤼셀, 몽스, 발랑시엔, 캉브레를 지나 파리에 이르는 병참선의 차이는 엄청난데, 전자에서는 식량을 무력으로 조달해야 하지만, 후자에서는 몇백만 명의 식량을 조달하는데 어음 한 장과 같은 상업상의 계약으로도 충분하다.

발렌시아(Valencia)는 스페인 동부 지중해 연안에 있는 도시로서 발렌시아 주의 주도(州都)이다. 그리고 발랑시엔(Valenciennes)은 프랑스 북부 노르-파드칼레(Nord-Pas de Calais) 지방에 있는 도시이다. 두 지역은 완전히 다른 곳에 있고, 우리 나라에서도 발랑시엔을 발렌시아로 표기하지는 않는다. 그런데 TT5에서는 발랑시엔의 알파벳[Valenciennes]은 제대로 적고 우리말로는 엉뚱하게 '발렌시아'로 표기했다.[19]

이 부분의 주제는 식량 조달이다. 쾰른, 리에주, 루뱅, 브뤼셀, 몽스, 발랑시엔, 캉브레, 파리는 모두 독일 북부, 벨기에, 프랑스 북부의 도시로서 상공업이 발달한 도시이다. 파리도 프랑스의 북부에 있다. 이런 도시에서는 어음과 같은 상업적인 계약으로도 병사들의 식량을 쉽게 조달할 수 있다. 하지만 빌나에서[20] 모스크바에 이르는 길에는 상공업이 발달하지 않았고 농업이 주를 이루므로 식량을 농민으로부터 무력으로 조달해야 한다. 즉 어느 지역의 산업적인 특성에 따라 이동 중인 병사들의 식량 조달 방식은 달라질 수밖에 없다. 그리고 이것이 이 부분이 말하는 내용의 전부이다.

외국의 인명이나 지명을 올바르게 표기하는 것은 어느 번역에서나 중요하겠지만, '전쟁'이나 '군사'와 관련된 책을 번역할 때는 특히 중요하다고 할 수 있다. 독일 북서쪽의 쾰른에서 프랑스 파리에 이르는 길에 스페인의

---

19. 안정효(2006, 16~29)는 St. Exupery를 '생텍쥐페리'로 적지 않고 '성 엑수퍼리'로 옮기는 황당한 예를 소개하면서 고유명사도 제대로 번역해야 한다고 강조한다.

20. '빌나'(Vilnius, Vilna, Wilna)는 현재 리투아니아의 수도인데 빌뉴스, 빌나 등 여러 가지로 표기되고 있다.

발렌시아는 등장하지 않는다. 벨기에의 몽스에서 파리를 약 200여 킬로미터 앞두고 스페인의 발렌시아로 방향을 바꾸어서 1600킬로미터 이상 남쪽으로 더 내려간 다음에 다시 북상하여 파리로 이동할 수는 없는 것이다.[21]

이 부분과 관련해서는 다른 번역에서 '발랑시엔' 부분만 살펴본다. 일본어 번역은 "ヴァランシエンヌ"(中 239)라고 적은 다음에, "フランス北部の都會"(中 240)라고 주를 달았다. TT1은 "발란시엔누"(상권 432), TT4는 "발란시엔누"(상권 446), TT2는 "발란시엔느"(327)로 표기했다. 이 세 번역은 일본어 발음을 '충실하게' 따른 인상을 준다. 이 점에서도 이 번역이 일본어 중역임을 확인할 수 있다. 그렇다고 해도 TT5가 이 번역을 참조했다면 발랑시엔을 발렌시아로 표기하는 오류는 피할 수 있었을 것이다.

이 부분에서도 TT7이 충실한 번역에 해당한다. 특히 쾰른, 뢰벤, 브뤼셀 등 독일어 표기와 영어식 표기에 차이를 보이는 경우에 TT7은 둘을 함께 적었다. 그리고 뢰벤이 "루뱅(Louvain)의 독일어 표기"(2권 144)라는 해설을 덧붙여 독자를 배려했다. 이런 배려를 뤼티히(Lüttich, Liège)의 독일어 표기에도 확대하여 '뤼티히'를 원음에 가깝게 '리에주'로 표기하지 않은 것은 아쉽다. 앞의 대안 번역에서는 이 점을 바로잡았고, TT7의 불필요한 과거형 '충분했다'를 '충분하다'는 현재형으로 고쳤다.

이 부분에서 TT7처럼 한 문장을 둘로 나누는 것이 바람직한지 고민했다. 여기에는 지명들이 많이 나오므로 대안 번역에서는 한편으로 지명들을 먼저 쓰고 그곳의 특성을 다른 문장으로 옮긴 TT7을 존중하면서도, 다른 한편으로 원문의 한 문장을 번역에서도 한 문장으로 만들었다.

---

21. 이를 우리 나라 지리에 적용하면, 이는 대략 경기도 포천에서 서울로 이동하는데 포천에서 의정부로 간 다음에 의정부에서 부산으로 갔다가 부산에서 다시 서울로 이동하는 격이 된다. 군사상으로도 상식으로도 이런 식으로 이동하지는 않는다.

3. 5. 표현상의 문제 — 장황한 문장

당연한 말이지만 긴 문장보다는 짧은 문장이 이해하기 쉽다. 내용을 이해할 수 있는 범위 안에서 문장은 짧을수록 좋다. 문장이 길어지면 문장의 뜻이 애매모호해지고 문장을 이해하기 어렵게 되고 비문이 될 확률도 높아진다. 이 문제와 관련해서는 TT3만 살펴본다. 그리고 그 문장을 TT7의 문장과 비교할 것이다.

[TT3] 어떠한 불의의 대화에 임했을 때, 즉 의외의 화제나 질문이 튀어나왔을 경우, 지극히 간단명료하면서도 함축성 있는 대답을 해줄 수 있는 것도 마음의 침착성에서 우러나오는 것이고, 어떤 갑작스런 위험에 처했을 경우라도 이를 임기응변적으로 잘 처리해 낼 수 있는 방책을 강구할 수 있는 것도 마음의 평온상태와 침착성에서 오는 것이기 때문에, 우리는 침착성을 소중하게 여기는 것이다.(김홍철 110)

[TT7] 예기치 않은 연설에서 적절한 반응을 보이면 사람들은 그 침착성에 감탄한다. 이와 마찬가지로 갑작스런 위험에 처해 신속한 조치를 찾아냈을 때도 그 침착성에 감탄한다.(김만수 1권 122)

[TT8] We admire presence of mind in an apt repartee, as we admire quick thinking in the face of danger.(119)

[ST] Man bewundert die Geistesgegenwart in einer treffenden Antwort auf eine unerwartete Anrede, wie man sie bewundert in der schnell gefundenen Aushilfe bei plötzlicher Gefahr.(67)

[대안 번역] 갑작스러운 위험에 처해 신속한 조치를 취했을 때 사람들이 그 침착성에 감탄하는 것처럼, 예상치 못한 연설에서 적절한 반응을 보일 때도 사람들은 그 침착성에 감탄한다.

이 부분에서 TT3은 자신의 말과 달리 '간단명료하지' 않고 문장이 너무 장황하다. 영어 번역은 원문과 달리 문장이 너무 짧다. 첨삭을 많이 수행하여 원문의 뜻이 다소 손상되었다.[22] TT7은 원문의 의미에 충실하게 번역했다. 하지만 한 문장을 두 문장으로 나누었다. 이 문장의 핵심 내용을 잘 전달하려고 하는 의도이고, 이것이 문학 작품이 아니므로 용인할 수도 있을 것이다. 하지만 대안 번역에서는 원문에 맞게 이 문장을 한 문장으로 고쳤다.

앞에서도 보았지만, TT3은 한두 군데에서만 이런 식으로 긴 문장으로 번역한 것이 아니다. 대부분 이런 식으로 문장을 장황하게 늘였다. 끝으로 한 군데만 더 살펴보도록 한다

[TT3] 다만 여기서 한 가지 말해 둘 것은, 적이 취해 올 행동을 기다리고만 있다는 것은, 그것이 곧 절대적인 인내 사항(忍耐 事項)으로 간주된다든가, 아니면 수세(守勢) 일변도의 행동이어서는 결코 안 된다는 점이다. 비록 수세적인 행동의 범위 속에 자기 자신을 묶어 두고 있는 경우일지라도 이 같은 아측의 행동으로 말미암아 야기되는 분쟁 상태 속에 말려들고, 결려 들어온 적의 전투력을 파괴하는 일에 목표를 두고 행동을 취한다는 것은, 적극적인 노력을 벌이는 경우에 있어서 취하는 행동 목표와 전적으로 동일한 종류의 것이라는 점을 지적해 두는 것으로 그치겠다.(김홍철 98)[23]

22. 반 크레벨드(1986, 58)는 하워드와 파렛의 『전쟁론』 영어 번역이 클라우제비츠의 모든 문장을 반으로 줄여서 클라우제비츠를 직선적인 사람으로 만들고 실제보다 더 깊이 없는 사람처럼 만들었다고 평했다. 우리의 번역 비교 분석의 결과에 따르면 반 크레벨드의 평은 적절한 것으로 판단된다. 현재 영미권에서는 하워드와 파렛의 번역이 표준판으로서 널리 읽히고 있지만, O. J. M. Jolles의 1943년 영어 번역이 더 정확하다는 평가를 받고 있다.

23. 이 부분과 바로 앞에 있는 TT3에는 ST나 다른 TT들과 비교하고 대조하려고 밑줄을 긋지 않는다. 어디에 밑줄을 그어야 할지 알 수 없을 만큼 번역자의 개입이 지나치게 많기 때문이다.

[TT7] 여기서는 기다림이 절대적 고통이 되어서는 안 되며 기다림과 관련된 행위에서도 이 행위와 갈등을 일으키는 적의 전투력의 파괴는 다른 모든 대상과 마찬가지로 목표가 될 수 있다는 걸 말하는 것으로 만족하겠다.(김만수 1권 107)

[TT8] For the moment we need only say that a policy of waiting must never become passive endurance, that any action involved in it may just as well seek the destruction of the opposing forces as any other objective.(113)

[ST] Hier müssen wir uns begnügen zu sagen, daß das Abwarten kein absolutes Leiden werden darf und daß in dem damit verbundenen Handeln die Vernichtung der in dem Konflikt dieses Handelns begriffenen feindlichen Streitkraft ebensogut das Ziel sein kann wie jeder andere Gegenstand.(59~60)

[대안 번역] 여기에서는 기다림이 절대적인 고통이 되어서는 안 된다는 것, 그리고 기다림과 관련된 행동에서도 그것과 모순에 빠지는 적군 전투력의 파괴는 다른 모든 대상처럼 목표로 삼을 수 있다는 것을 말하는 것으로 만족하겠다.

이 부분은 앞에서 본 전쟁의 적극적인 목적 및 소극적인 목적과 관련되는 부분이다. 여기에서 클라우제비츠는 기다림이 절대적인 고통이 되어서는 안 된다는 것, 기다리는 중에도 적의 전투력을 파괴하는 것이 전쟁의 목표일 수 있다는 것을 말하는 것으로 만족하고 있다. 절대적인 고통이란 맞기만 하는 것, 반격하지 않은 채 상대의 공격을 당하기만 하는 것이다. 이는 죽은 사람이 산 사람의 공격을 받을 때 일어날 수 있는데, 이것을 소극적인 목적이라고 할 수는 없다. 이런 것은 전쟁이라고 할 수도 없다. 기다림의 목적은 아군의 전투력을 잘 유지하는 것이다.

물론 기다리는 행동은 적에 대한 파괴와 모순에 빠질 수 있다. 기다리느라고, 즉 아군의 전투력을 유지하느라고 적을 파괴할 준비를 제대로 하지 못했을 때 적에 대한 공격은 제대로 수행할 수 없게 된다. 그래도 적에 대한 파괴는 기다릴 때도 전쟁의 목표로 삼을 수 있다. 이는 마치 적의 어느 지역, 다리, 건물 등과 같은 대상을 파괴하는 것을 전쟁의 목표로 삼을 수 있는 것과 같다.[24] 이런 이해를 토대로 할 때 TT3의 두 번째 문장은 이해할 수도 없고 내용상으로도 오역이다.[25]

TT3은 원문에 지나치게 개입하여 과도한 첨삭을 수행했다.[26] 무슨 말인지 이해할 수 없을 정도의 번역이다. 이 정도 수준의 번역은 '번안'이라고 할 수 있는데도 가독성을 크게 떨어뜨린다. TT7과 비교하면 확연하게 알 수 있다. 대안 번역에서는 TT7에서 약간 불분명한 부분을 명확하게 고쳤다.

4. 맺음말

『전쟁론』의 TT와 ST를 비교 분석한 결과로 다음과 같은 결론을 얻을 수 있다. 『전쟁론』의 우리말 번역에 나타난 제일 심각한 문제점은 많은

24. 이런 설명이 필요하다면 그것은 해설서에서 해야 할 것이다. 『전쟁론』처럼 방대하고 난해한 고전의 경우에는 해설서의 출간이 요구된다(김만수 2009, 323~325). 더욱이 『전쟁론』에 수많은 인물, 지리, 전쟁, 전투, 용어 등이 나오는 것을 고려할 때 『전쟁론』 번역에도 연구 번역이나 학술 번역 수준의 번역물이 출간되어야 할 것으로 생각한다. 학술 번역의 훌륭한 예로는 김진성이 번역하고 해설한 아리스토텔레스의 『형이상학』과 박상익의 번역과 해설로 출간된 밀턴의 『아레오파기티카』가 있다.

25. 일반 글쓰기와 달리 번역 글쓰기는 늘 출발어의 간섭을 받는다. 공동 번역이 아니라 단독 번역일 경우에 간섭은 더욱 심해진다. 이런 간섭에서 벗어나려면 초벌 번역 이후에 출발어 텍스트를 고려하지 말고 도착어 텍스트를 중심으로 일관된 재번역을 해야 한다. 이 과정에서 출발어 텍스트를 본 적이 없는 제3자의 도움이 매우 중요할 것이다(손지봉 2008, 76~77). 하지만 초벌 번역이 TT3처럼 되어 있다면 제3자는 그 번역을 어떻게 윤문해야 할까? 제3자의 윤문이 엉뚱한 방향으로 흐를 수 있지 않을까?

26. 피터 뉴마크의 번역 방법론에 따르면, TT3은 '자유 번역'이나 '번안'에 해당될 것이다(이근희 2008, 65 참조). 번역자의 자의적인 첨삭은 번역 윤리의 문제와도 관련된다(이상원 2005, 136).

번역이 일본어 번역의 중역이라는 점이다. 우리 나라에서 『전쟁론』을 처음으로 번역한 TT1이나 TT1과 같은 해에 출간된 TT2에서 그 점을 확인할 수 있다. TT4, TT6은 TT1을 지나치게 '참고한' 것으로 보인다. 특히 TT4는 TT1의 표절이다.[27] 이들 TT는 『전쟁론』의 핵심 개념을 오역한다든지 용어를 번역하는데 오류를 보이고, 한자어를 지나치게 많이 쓰는 등의 공통점을 보인다. 그래서 전반적으로 충실성과 가독성 모두 상당히 낮다. 우리 나라에서 『전쟁론』이 잘 읽히지 않고 주로 인용만 된 데는 이 번역들의 (무)책임이 적지 않은 (악)영향을 미친 것으로 보인다. 다른 고전 번역과[28] 달리 『전쟁론』의 우리말 번역에서는 중역과 표절의 악영향이 상당히 오래 계속되었다.

그다음 문제점으로 초역을 들 수 있다. 초역으로는 TT3과 TT5를 들 수 있다. TT3은 번안 수준의 '자유로운' 번역으로 텍스트에 대한 이해를 심각하게 떨어뜨린다. 문장이 너무 길어 번역인지 창작인지 분간하기 어려울 정도이다. 충실성과 가독성 모두 상당히 낮은 수준을 보인다. TT5는 직역투의 문장이나 배경 지식의 오류를 볼 수 있다. 충실하게 번역하려고 애썼지만 가독성은 떨어진다.

『전쟁론』의 우리말 번역에서 TT7만 독어 원전을 완역했다. 그리고 번역 과정에서 영어 번역과 일어 번역도 참고했다. 원문에 충실하게 번역했고 필요한 경우에는 해설을 달았고 이해하기 쉽게 번역하려고 했다. 충실성과 가독성 측면에서 최고 수준이라고 할 수는 없지만 현재로는 큰 오류를 찾

---

27. "비평가들은 표절 번역에 대한 강한 반감의 표시로 해당 텍스트에 대한 외적 용인성을 박탈한다."(전현주 2008a, 116) '미시 분석'의 방법론상 외적 용인성을 부여할지 문제는 본 논문의 1차적인 관심이 아니다. 아래에서 언급하듯이 그것은 이런 연구 결과를 축적한 후에 수행할 것이다. 용인성과 관련된 최근의 이론적인 논의로는 구하나 2010 참조.
28. 예를 들어 마르크스의 『자본론』의 경우에는 영어 중역본이 독어 원전의 번역본보다 낫다는 평가를 받고 있다(전현주 2008a, 245~246).

을 수 없는 번역본이다.

'미시 분석' 방법론은 이 논문의 장점이자 한계라고 할 수 있다. 『전쟁론』의 TT의 일부분과 ST를 자세하고 철저하게 비교 분석하였다는 긍정적인 측면이 있지만 번역본 전체를 살펴보지 못한 것이다. 또한 『전쟁론』 원문과 번역본을 약 3분의 1 정도 검토하였지만 여기에 든 사례가 너무 적다는 점도 간과할 수 없다. 개념이나 용어 또는 외국의 지명 표기 등 문장 (이하) 수준에서 분석이 이루어진 것도 '미시 분석' 방법론과 무관하지 않다.

이런 한계를 극복하려면 이와 같은 비교 분석 연구를 더 많이 수행하고 연구 결과를 더 많이 축적하여 그 결과를 더 많이 발표해야 할 것이다. 그러면 미시 분석은 '거시 분석'으로, 현미경 분석은 '망원경 분석'으로 확대될 수 있을 것이다. 또한 개념이나 문장 수준의 비평을 넘어 『전쟁론』 텍스트 전체에 대한 비평으로 비평의 지평이 확장될 것이다. 그렇게 되면 앞으로 『전쟁론』 번역에서도 학술 번역[29] 수준의 번역물 출간을 기대할 수 있을 것이다.

출처: 『번역학 연구』, 2011년, 12권 2호, 7~31

29. 학술 번역 또는 탐구 번역에 관해서는 전성기 2009 참조. 벤츠키(G. Venzky)는 이미 1700년대에 훌륭한 번역은 주석을 활용해야 한다는 진보적인 견해를 밝혔다(김효중 2000, 42).

참고 문헌[1]

[『전쟁론』과 『저작집』의 텍스트와 번역]

Vom Kriege. Hinterlassenes Werk des Generals Carl von Clausewitz, 1~3 Bd., Berlin: Ferdinand Dümmler, 1832~1834

Der Feldzug von 1796 in Italien, 4. Bd., 1833

Die Feldzüge von 1799 in Italien und der Schweiz, 5~6 Bd., 1833~1834

Der Feldzug von 1812 in Russland, der Feldzug von 1813 bis zum Waffenstillstand und der Feldzug von 1814 in Frankreich, 7. Bd., 1835

Der Feldzug von 1815 in Frankreich, 8. Bd., 1835

Strategische Beleuchtung mehrerer Feldzüge von Gustav Adolph, Turenne, Luxemburg und andere historische Materialien zur Strategie, 9. Bd., 1837

Strategische Beleuchtung mehrerer Feldzüge von Sobiesky, Münich, Friedrich dem Großen und dem Herzog Carl Wilhelm Ferdinand von Braunschweig und andere historische Materialien zur Strategie, 10. Bd., 1837[2]

1980, *Vom Kriege. Hinterlassenes Werk*, Neunzehnte Auflage, Jubi-

1. 아래의 문헌은 이 『전쟁론 강의』의 처음부터 바로 앞의 2편 3장까지 쓰는데 참고한 문헌 목록이다.
2. 『저작집』 전 10권의 공식 편집자는 클라우제비츠의 부인 마리 폰 클라우제비츠이다.

läumsausgabe mit erneut erweiterter historisch-kritischer Würdigung von Professor Dr. Werner Hahlweg, Bonn & Berlin : Ferdinand Dümmler, 1991

2002, *Vom Kriege*, herausgegeben von Wolfgang Pickert/Wilhelm Ritter von Schramm, Reinbek bei Hamburg : Rowohlt

2002, *Vom Kriege*, München : Ullstein

1943, *On War*, trans. O. J. Matthijs Jolles, New York : Random House

1976, *On War*, translated by M. Howard/P. Paret, Alfred Knopf 1993

1982, *On War*, ed. with an Introduction by A. Rapoport, Penguin Books

2004,『戰爭論』, 中国人民解放军 军事科学院 번역, 전 3권, 解放军出版社

1933,『戰爭論』, 馬込健之助 번역, 전 2권, 岩波書店

1965,『戰爭論』, 淡德三郎 번역, 전 3권, 德間書店

1968,『戰爭論』, 篠田英雄 번역, 전 3권, 岩波書店

1972,『전쟁론』, 권영길 옮김, 하서출판사

1972,『전쟁론』, 이종학 옮김, 대양서적

1974,『전쟁론』, 이종학 옮김, 일조각

1977,『전쟁론』, 김홍철 옮김, 삼성출판사

1977,『전쟁론』, 허문열 옮김, 동서문화사

1982,『전쟁론』, 권영길 옮김, 양우당

1982,『전쟁론』, 허문열 옮김, 범한출판사

1983,『전쟁론』, 허문열 옮김, 학원출판공사

1990,『전쟁론』, 맹은빈 옮김, 일신서적

1991,『전쟁론』, 강창구 옮김, 병학사
1993,『전쟁론』,   , 합동참모본부
1998,『전쟁론』, 류제승 옮김, 책세상
2008,『전쟁론』, 정토웅 옮김, 지만지
2009,『전쟁론』, 허문순 옮김, 동서문화사
2006~2009,『전쟁론』, 김만수 옮김, 갈무리

[일반 참고 문헌]

강대진, 2004,『잔혹한 책읽기』, 작은이야기
구치, 존, 1986,「무시된 클라우제비츠 : 이탈리아 군사 사상과 군사 교리(1815~1943)」, 마이클 한델 편,『클라우제비츠와 현대 전략』, 국방대 1991, 377~406
구하나, 2010,「번역 평가와 "용인성"」,『통번역학 연구』 13권 2호, 1~28
군사 용어 대사전 편집 위원회 편, 2006,『군사 용어 대사전』, 청미디어
김만수, 2003,「『전쟁론』 번역서 유감」,『군사학 연구』 창간호, 1~34
______, 2009,「『전쟁론』 완역 후기」,『군사학 연구』 7호, 305~331
______, 2010,「수량 표현과 문화의 이해 — 클라우제비츠의 『전쟁론』을 중심으로」,『번역학 연구』 11권 1호, 97~126
김영환, 2006,「번역 문화의 전통과 번역 정책에 대한 몇 가지 제안」,『번역학 연구』 7권 1호, 7~24
김욱동, 2007,『번역인가 반역인가』, 문학수첩
김정우, 2008,「번역의 관점에서 본 외래어 표기법과 로마자 표기법」,『번역학 연구』 9권 2호, 67~93
김지원, 2000,「번역 연구의 발전과 번역학의 현황」,『번역학 연구』 창간호,

9~31
김효중, 2000, 「번역의 역사와 이론 – 독일의 전통을 중심으로」, 『번역학 연구』 창간호, 33~57
______, 2004, 『새로운 번역을 위한 패러다임』, 푸른사상사
넬슨, 해럴드, 1986, 「『전쟁론』에서 시간과 공간」, 마이클 한델 편, 앞 책, 165~185
노병천, 2008, 『나쁜 전쟁 더 나쁜 전쟁』, 양서각
달비, 앤드루 (오영나), 2008, 『언어의 종말』, 작가정신
델브뤼크, 한스 (민경길), 1920, 『병법사』, 전 4권, 한국학술정보 2009
라우헨슈타이너, 만프리드, 1980, 「정치 목적과 군사 목표의 상호 관계에 관한 고찰」, 이풍석 편, 『클라우제비츠의 생애와 사상』, 박영사 1986, 220~246
로빈슨, 더글러스 (정혜욱), 2002, 『번역과 제국 – 포스트 식민주의 이론 해설』, 동문선
로트펠스, 한스, 1944, 「독일의 해설자, 클라우제비츠」, 에드워드 미드 얼 편, 『신 전략사상사』, 기린원 1980, 127~153
루바스, 제이, 1986a, 「스승과 제자: 프리드리히 대왕과 나폴레옹에게 배운 클라우제비츠」, 마이클 한델 편, 앞 책, 186~211
______, 1986b, 「클라우제비츠, 풀러 및 리델 하트」, 마이클 한델 편, 앞 책, 240~260
류재갑, 1996, 「클라우제비츠와 현대 국가 안보 전략」, 강진석, 『전략의 철학』, 평단문화사 1996, 25~72
르드레르, 마리안느 (전성기), 2001, 『번역의 오늘 – 해석 이론』, 고려대학교 출판부
리델 하트, 바실 헨리 (주은식), 1954, 『전략론』, 책세상 1999

리쾨르, 폴 (윤성우/이향), 2006,『번역론—번역에 관한 철학적 성찰』, 철학과현실사

마르크스, 카알 (강신준), 2008,『자본』 I-1, I-2, 길

______(김수행), 1989~1990,『자본론』 I권(상), I권(하), II권, III권(상), III권(하), 비봉출판사

______(김수행), 1990~2004,『자본론』 I권(상), I권(하), II권, III권(상), III권(하), 비봉출판사

______(김영민), 1987,『자본』 I-1, I-2, I-3, 이론과실천

몽고메리, 버나드 로 (승영조), 1968,『전쟁의 역사』, 책세상 2004

밀턴, 존 (박상익 역주), 1999,『언론 자유의 경전 아레오파기티카』, 소나무

박상익, 2006,『번역은 반역인가』, 푸른역사

반 크레벨드, 마틴, 1986,「불후의 클라우제비츠」, 마이클 한델 편, 앞 책, 41~61

발리바르, 에티엔 (사회진보연대 반전팀), 2006,「전쟁으로서의 정치, 정치로서의 전쟁 : 포스트-클라우제비츠적인 변이들」,『사회 운동』 68호, 108~142

베누티, 로렌스 (임호경), 2006,『번역의 윤리』, 열린책들

보드리야르, 장 (배영달), 2002,『토탈 스크린』, 동문선

블로흐, 에른스트 (박설호), 1959,『희망의 원리』, 1~5권, 열린책들 2004

사이드, 에드워드 (박홍규), 1978,『오리엔탈리즘』, 교보문고 2009

서머스, 해리 (민평식), 1982,『미국의 월남전 전략』, 병학사 1983

손자 (김광수), 1999,『손자병법』, 책세상

손지봉, 2008,「번역에서 글쓰기의 위상과 전략」,『번역학 연구』 9권 3호, 73~92

스트레이천, 휴 (허남성), 2008,『전쟁론 이펙트 : 전쟁의 방식은 어떻게 진화

되어 왔는가?』, 세종서적 2013
아롱, 레이몽, 1974, 「클라우제비츠의 개념 체계」, 강진석, 앞 책, 447~462
아리스토텔레스 (김진성 역주), 2007, 『형이상학』, 이제이북스
안정효, 2006, 『번역의 공격과 수비』, 세경
영미문학연구회 번역평가사업단, 2005, 『영미 명작, 좋은 번역을 찾아서』, 창비
오스굿, 로버트 E., 1957, 『제한 전쟁』, 국방부 정훈국 1958
왈라크, 유다, 1986, 「『전쟁론』에 대한 독일 군부의 잘못된 인식」, 마이클 한델 편, 앞 책, 261~293
원영희, 2002, 「번역의 식민주의적 기능과 탈식민주의적 기능 — 영한 번역에 나타나는 '그' 사용」, 『번역학 연구』 3권 1호, 99~123
위어, 윌리엄 (이덕열), 2001, 『세상을 바꾼 전쟁』, 시아출판사 2005
윌리엄스, 제니/체스터먼, 앤드루 (정연일), 2006, 『번역학 연구의 길잡이』, 이지북스
유명우, 2000, 「한국의 번역과 번역학」, 『번역학 연구』 창간호, 229~248
유홍준, 1994, 『나의 문화유산 답사기』 제2권, 창작과비평사
육군본부, 2006, 『군사 용어 사전』, 육군본부
육군사관학교 전사학과, 2004, 『세계 전쟁사』, 황금알
______, 2007, 『세계 전쟁사 부도』, 황금알
이근희, 2008, 『번역의 이론과 실제』, 한국문화사
이상원, 2005, 『한국 출판 번역 독자들의 번역 평가 규범 연구』, 한국학술정보
이인규, 2002, 「찰스 디킨스 소설의 번역 점검」, 『안과 밖』 13호, 254~279
이재호, 2005, 『문화의 오역』, 동인
이종학, 2002a, 「클라우제비츠 『전쟁론』 재번역에 관한 단상」, 『군사논단』

32호, 143~149

_____, 2002b, 「클라우제비츠 『전쟁론』의 연구(1)」, 『군사논단』 33호, 156~166

이희재, 2009, 『번역의 탄생』, 한예원

전성기, 2008, 『번역 인문학과 번역 비평』, 고려대학교 출판부

_____, 2009, 「탐구 번역론 — 하나의 인문학 번역론」, 『번역학 연구』 10권 2호, 133~157

전현주, 2008a, 『번역 비평의 패러다임』, 한국학술정보

_____, 2008b, 「번역의 불평등성과 해소 방안」, 『번역학 연구』 9권 3호, 113~130

조미니, 앙투안 앙리 (이내주), 1838, 『전쟁술』, 책세상 1999

조용상, 1997, 『중세 국어의 수량 표현에 대한 연구』, 홍익대학교 박사 학위 논문

조홍섭, 2000, 「영역의 사례 연구 — 문화 차이에서 기인한 오역을 중심으로」, 『번역학 연구』 창간호, 203~227

지명숙/왈라벤, 2003, 『보물섬은 어디에 — 네덜란드 공문서를 통해 본 한국과의 교류사』, 연세대학교 출판부

진실로/곽은주, 2009, 「언어 사용역을 고려한 영한 수량 표현 번역」, 『번역학 연구』 10권 1호, 171~197

코르쉬, 카알 (송병헌), 1923, 『마르크시즘과 철학』, 학민사 1986

콜러, 베르너 (박용삼), 1990, 『번역학이란 무엇인가?』, 숭실대학교 출판부

티볼트, 에드워드, 1973, 「정책의 붕괴로서의 전쟁 : 클라우제비츠 이론에 대한 재평가」, 『국방 연구』 18권 1호, 1975, 205~219

파렛, 피터 (강진석), 1976, 「『전쟁론』의 기원」, 강진석, 앞 책, 408~446

_____, 1980, 「클라우제비츠의 정치적 견해」, 이풍석 편, 앞 책, 171~196

_____ (류재갑), 1986, 「클라우제비츠」, 피터 파렛 편, 『현대 전략사상가』 (상), 국방대 안보문제연구소, 1988, 259~296

푸코, 미셸 (김상운), 1997, 『사회를 보호해야 한다 — 콜레주드프랑스 강의 1975~1976년』, 난장 2015

포쉬, 더글러스, 1986, 「클라우제비츠와 프랑스군(1871~1914)」, 마이클 한델 편, 앞 책, 356~376

프란츠, 왈라스, 1986, 「전략에 관한 두 서한: 전쟁의 작전 수준에 대한 클라우제비츠의 기여」, 마이클 한델 편, 앞 책, 212~235

하알벡, 베르너, 1980a, 「『전쟁론』의 수용과 유포」, 이풍석 편, 앞 책, 247~305

_____, 1980b, 「클라우제비츠의 철학과 이론」, 이풍석 편, 앞 책, 159~170

_____, 1986, 「클라우제비츠와 게릴라전」, 마이클 한델 편, 앞 책, 155~164

하워드, 마이클 (김한경), 1983, 『클라우제비츠』, 문경출판 1986

한델, 마이클, 1986a, 「기술 시대의 클라우제비츠」, 마이클 한델 편, 앞 책, 62~109

_____, 1986b, 「서론」, 마이클 한델 편, 앞 책, 5~37

_____ (박창희), 1992, 『클라우제비츠, 손자 & 조미니』, 평단문화사 2000

허명수, 2006, 「오독과 오역의 미학」, 『번역학 연구』 7권 1호, 199~213

Aron, R., 1976, *Clausewitz, den Krieg denken(Penser la guerre, Clausewitz)*, übersetzt von Irmela Arnsperger, Frankfurt: Propyläen 1980

Holmes, James R., 2014, *Everything You Know About Clausewitz Is Wrong*, (2014. 11. 12), http://thediplomat.com/2014/11/everything-you-know-about-clausewitz-is-wrong/

Marx, Karl, 1867, *Das Kapital — Kritik der politischen Ökonomie*,

MEW, 23. Bd., Berlin: Dietz Verlag 1987

Marx, K./Engels, F., *Marx Engels Werke*, 29. Bd., Berlin: Dietz Verlag 1987

Paret, Peter, 1976, *Clausewitz and the State: The Man, His Theories, and His Times*, Princeton University Press 2007

Pickert, W./Schramm, W., 1963, Zum Text, Carl von Clausewitz, in: *Vom Kriege*, Reinbek bei Hamburg: Rowohlt 2002

鄕田豊, 2001, クラウゼヴィッツの人物像と『戰爭論』, 鄕田豊 外,『『戰爭論』の讀み方』, 芙蓉書房出版, 13~51

위키피디아(https://wikipedia.org/wiki/)의 독어판, 불어판, 영어판

Duden, 1990, *Das Universalwörterbuch*, Dudenverlag

http://gall.dcinside.com/board/view/?id=philosophy&no=11382

제4장

전쟁으로서의 정치, 정치로서의 전쟁

포스트-클라우제비츠적인 변이들

에티엔 발리바르 (2006년 5월 8일)

* 번역 : 사회진보연대 반전팀

[편집자 주]

이 글은 에티엔 발리바르가 2006년 5월 8일 미국 에반스톤에 위치한 노스웨스턴 대학의 '앨리스 벌린 카플란 인문학 센터'에서 행한 공개 강좌의 강연문이다.

[중략]

이번에 소개하는 「전쟁으로서의 정치, 정치로서의 전쟁 : 포스트-클라우제비츠적인 변이들」은 이러한 관점에서 클라우제비츠의 『전쟁론』과 최근에 부각되고 있는 다양한 전쟁 이론을 고찰한다. 저자는 전쟁에 관한 클라우제비츠의 대표적인 명제들의 유효성에 대해 질문하고, 그의 이론 체계에 내재한 난제와 모순을 분석한다. 예를 들어 '전쟁은 다른 수단으로 정치를 계속하는 것'이라는 클라우제비츠의 대표적인 명제는 현실을 설명하는 묘사로 해석될 수 있지만, 역으로 군사적 목표가 정치의 목적에 종속되어야 한다는 처방으로도 해석될 수 있다. 달리 말하면 전투로 실현되는 군사 전략의 자율화와 파괴 경향이 억제되지 않는다면 '제한 전쟁'은 '절대 전쟁'으로 극단화되고, 정치의 조건 그 자체가 파괴될 수 있다는 것이다. 하지만 18세기 왕조 전쟁에서 19세기 국민 전쟁으로 현실의 전쟁이 전개된 역사는 '극단으로의 상승'이라는 클라우제비츠의 전쟁 개념이 극적으로 실현되는 과정이었다. 그런데 현재의 시점에 이르러서는 군사 전략의 근대적 주체였던 국가-인민-군대의 통일체가 해체되면서 폭력의 국가 독점과 민족 국가에 의한 이데올로기적 통합이 점점 더 의문시되고 있다. 이에 따라 전쟁의 역사는 한 단계 더 변화하고 있는 것이다.

한편 저자는 클라우제비츠의 전쟁론과 대별되는 마르크스주의 운동의 전통을 검토하면서 모택동의 '유격대·지구전' 이론이 클라우제비츠의 경고를 (마르크스주의 전통을 경유해서) 인식하고, 정치적 목적에 종속된 군사 전술이란 지향을 실천했다고 평가한다. 그러나 모택동 역시 혁명 정당이 국가로 전환되어야 한다는 관점을 (문화 혁명을 경과하면서도) 완전히 버리지 못했고, 유격대·지구전 이론을 통해 역전된 국가와 인민의 위계 관계가 다시 당-국가의 우위로 재역전되는 경향을 막지 못했다고 지적한다. 이에 따라 국가에 의한 폭력의 독점(억압적 국가 장치의 재건)과 절대 전쟁으로의 진화 경향(정치의 조건에 대한 파괴) 역시 재확립되었다는 것이다.

* * *

1. 전쟁은 다른 수단으로 정치를 계속하는 것이다
2. 공격 전략에 대한 방어 전략의 우월성
3. 제한 전쟁과 절대 전쟁
4. 전략에서 도덕적 요인의 최우선성
5. 전쟁과 마르크스주의 전통

우리는 이중적 의미에서 진정 포스트-클라우제비츠적인 시대에 살고 있는 듯하다. 우선 활기차게 진행 중인 논쟁이 있다. 이것은 동시대 전쟁의 클라우제비츠적인 또는 비-클라우제비츠적인 성격에 관한 논쟁으로, 이는 '전쟁학자'들의 협소한 논쟁으로 제한되지 않는다. 이 논쟁은 대략 25년 전에 [1980년대 초반 미국 레이건 정부 당시에] 시작되었다. 그 시점에서 [핵무기에 의한] 강대국의 상호 파괴에 대한 전형적인 냉전 시대의 강박증은 주로 제3세계에서 발발한 '저강도 분쟁'(low intensity conflicts)에 대한 군사 전문가와 정치 이론가의 첨예한 관심으로 대체되었다. (제3세계라는 범주는 제2세계가 붕괴한 후에도 여전히 많이 사용된다.) 저강도 전쟁은 극히 비대칭적이었는데, 게릴라 형태의 적에 대항하는 북반구의 기술적으로 정교한 군대의 개입을 포함했기 때문이다.

이스라엘의 마틴 반 크레벨드와 미국의 새뮤얼 헌팅턴은 포스트-클라우제비츠적 정치 환경에서 '비(非)-클라우제비츠적' 전쟁이라는 슬로건을 제시한 최초의 인물들인 듯하다. 그 후 전(前) 유고 연방과 다른 지역에서 '종족 전쟁'(ethnic war)이 일어났다. 이 전쟁들은 영국의 평화 이론가이자 정치학자인 매리 캘도어와 다른 학자들로 하여금 과거의 전쟁(Old War)과 대비되는 새로운 전쟁(New Wars)이란 슬로건을 제시하도록 자극했다. 새로운 전쟁은 정규군을 지닌 민족 국가가 아니라 [전쟁의 새로운] 역사적 '주체'를 동반한다. 또한 그들에 따르면, 클라우제비츠의 저명한 저작 『전쟁론』에서 파생한 관념들이 일반화되고 새로운 환경, 새로운 전략적 관심사, 새로운 기술에 적용되고 지난 150년 동안 전쟁 이론가의 주요한 관심사였더라도 그 관념들의 설명적 가치는 한계에 달했다. 전쟁과 정치뿐만 아니라 종교, 인종, 경제를 포함하는 [새로운] 종류의 상호 작용이 지금 일어나고 있지만, 그 관념들은 이를 설명할 수 없었다. 유클리드 기하학이 현실 물리 세계를 설명하며 영예로운 이력을 쌓은 후 어느 시점에서 비(非)-유클리드 기하학에게 자리를 내줄 수밖에 없었던 것과 마찬가지로 클라우제비츠의 전략과 전쟁학은 또 다른 유형의 [군사적] '계산'(calculation)을 고려하는, 역사적 현실에 대한 새로운 비-클라우제비츠적 이해에게 자리를 내주어야 한다. [그런데] 이는 현대 전쟁에 대한 분석가들이 클라우제비츠의 도식과 개념을 분석적으로나 규범적으로 계속 사용할 수 있다고 옹호하는 것을 가로막지 않는다. 나는 특히 『무질서의 제국』(Empire of Disorder)이라는 주목할 만한 저서를 발간한 알랭 족스가 그 사례라고 생각한다. 그는 클라우제비츠를 사회·정치적 현상이자 국가 주권의 상관물인 전쟁에 대한 이론가들 중 하나로 간주한다. 그는 투키디데스, 마키아벨리, 슈미트뿐만 아니라 홉스, 마르크스, 베버를 전쟁 이론가에 포함시킨다. 그러나 이제 상황이 다시 바뀌었다. 이러한 변화는 상당 부분 미국이 중동에서 전쟁을 개시하고 처음 3년 동안 전쟁이 전개된 방식의 결과이다.

[미국의 중동 전쟁에서] 신속히 이어진 성공적인 공격과 점점 더 어려워지는 방어 전투는 (심지어 퇴각의 가능성, 나아가 필연성에 늘 시달리는데) 베트남 전쟁과의 유사성만을 암시하는 것이 아니다. 그것은 특정한 지리적 또는 지리-문화적 조건에서 군사 작전 내부에서 정치적 요인의 복귀에 관한 고전적 논의와, 시간이 지날수록 공격군의 효율성이 감소하므로 결국 공격 전략보다 방어 전략이 우월하다는 클라우제비츠의 유명한 명제를 부활시킨다. 하지만 [클라우제비츠를 적용하기에는] 모두가 염두에 두는 난점

이 있다. 그것은 철학적 범주를 사용해서 말해 보자면, '순수한' 클라우제비츠 모델에서 결국 승리하게 되는 전략의 '주체'는 이미 형성된 것이든 전쟁 과정에서 형성된 것이든 전형적으로 근대적인 군대-인민-국가의 통일체와 동일시될 수 있다는 사실에 있다. 이는 미국의 침략에 대한 베트남의 저항에는 적용될 수 있지만, 이라크 전쟁의 경우에는 매우 의심스러우며 아마도 부적합한 주장이 될 것이다. '인민의 저항' 또는 '반제국주의 지하드'를 주창하는 일부 무명의 이데올로그들을 제외하면, 그 누구도 단순한 방식으로 반미 군사 행동의 '주체'를 식별할 수 없으며, '이라크' 국가와 통합된 인민의 존재 자체가 문제이다.

현재 상황을 이해하기 위하여 클라우제비츠적 관념, 용어 또는 그와 유사한 것을 적용하려고 할 때 이와 비슷한 난점이 작용하는 듯하다. 현재 상황에 관한 표상은 두 적들 간의 (세계적 규모의) '격투'이며 각각은 상대방의 섬멸을 추구한다. 미국 정부는 이를 '테러와의 전쟁'이라고 부른다. 두 적들 간에 명백한 비대칭성이 존재하지만, 현재 상황은 '순수한 전쟁'(pure war)의 법칙으로서 '극단으로의 상승'이라는 클라우제비츠의 관념을 환기시킨다. 그러나 이러한 유비 역시 난관에 부딪힌다. 클라우제비츠의 모델에서 폭력을 극단으로 상승하게 하는 가동 장치는 더 큰 위험을 감수함으로써 '사활적인' 정치적 목적을 이루려는 각 적대국의 의지이며, 이는 합리적인 도박으로 제시된다. 따라서 극단으로의 상승에는 제한 또는 자기 제한의 원칙 역시 포함된다. 전쟁을 위한 전쟁, 자신의 권력을 파괴하는 전쟁은 클라우제비츠의 관점에서는 불가능하며, 시공간의 제한이 없는 전쟁, '악마'와 동일시되는 불확정적인 적에 대항하는 전쟁이란 관념 역시 불가능하다. 이러한 전쟁을 상상할 수는 있지만 그것을 '전쟁'이라고 불러선 안 되며, 정치적이기보다는 신학적인 또는 신화적인 다른 이름을 찾아야 한다.

이러한 고찰이 매우 단순하고 추상적으로 들릴지도 모른다. 그러나 우리는 이를 통해 왜 전쟁과 정치의 본질적 또는 구성적인 관계에 대한 반성이 심원하게 포스트-클라우제비츠적인 채로 남아 있는지 사고할 수 있다. 그러나 이제는 더욱 비판적인 의미에서 클라우제비츠의 모든 명제와 정의를 재조사하고 전도하고 개조하는 것이 필수적이다. (마리 폰 클라우제비츠가 남편이 남긴 원고를 『전쟁론』으로 출판한 후 지난 150년 동안의 상황과 마찬가지로 현재에도 그것은 필수적이다.)[1] 나에게 시간이 있다면 나는 클로드 르포르와 알튀세르가 마키아벨리에 관해 쓴 모델에 근거해서 (그들은 정치적인 것에 대한 자신들의 정의를 클라우제비츠에서 발견한 것은 아니지만 클라우제비츠가 항상, 완전히 합리적이지는 않더라도 정치를 사고 가능하게 하는 핵심을 건드린다는 사실을 부정할 수 없는데) 현대 정치이론 내부에서 클라우제비츠의 문헌에 대한 '연구'는 결코 끝나지 않으며, 여기에는 클라우제비츠를 독해함으로써 생산되는 영속적인 곤란함이 동반된다고 주장할 것이다. 그러나 이는 충분한 문헌적 근거를 결여한 결론을 선취한 것이다. 따라서 우리는 정확히 문헌으로 돌아가서 개념적 독자성들을 개략적으로 평가하자.

나는 발표를 상당히 불균등한 두 부분으로 나눌 것이며, 각 부분은 논의를 훨씬 더 발전시켜야 할 것이다. 첫 번째, 훨씬 더 긴 부분에서는 전쟁과 정치의 접합에 관한 클라우제비츠의 이론을 해석 또는 재구성하는 문제를 다룰 것이다. 두 번째 부분에서는 마르크스주의 전통에서 발견할 수 있는 것으로서 클라우제비츠에게서 '파생'된 개념과 클라우제비츠에 대

1. [역주] 클라우제비츠는 1780년 프로이센 부르크에서 태어나 1831년 51세의 나이로 프로이센 브레슬라우에서 콜레라로 병사할 때까지 39년간 군인으로 일생을 보냈다. 마리는 1832년 유고를 정리하여 10권의 선집 계획 중 1차 저작 계획으로 1권에서 3권까지를 묶어 『전쟁론』이란 제목으로 출판하였다. (마리는 남편이 생전에 자신의 저작이 출판되는 것을 완강히 반대했다고 술회했다.) 그 후 1837년까지 『전쟁과 작전술에 관한 카알 폰 클라우제비츠 장군의 유작집』이 10권으로 출판되었다.

한 '대응'을 다룬다. 이는 상이한 방식으로 존재하며, 명시적으로 또는 암시적으로 나타난다. 여기에서는 클라우제비츠의 민족 전쟁 개념에 대한 마르크스주의 전통의 대응물로서 '계급'이 상기될 수 있다. 이어 매우 간략할 수밖에 없는 결론에서 나는 하나의 본질적 통일체 내에서 전쟁과 정치를 접합하는 방식들에 함축된 '주체'(또는 비(非) 주체 또는 불가능한 주체) 개념의 쟁점으로 되돌아갈 것이다.

이제 클라우제비츠의 저작을 읽을 때 제기되는 몇 가지 문제를 상기해 보자. 그의 저작은 미완성으로 남아 있고(이 사실을 결코 잊어선 안 된다), 저작의 상태는 파스칼의 『명상록』이나 안토니오 그람시의 『옥중 수고』와 비슷하다. 클라우제비츠는 저술 과정에서 결정적인 수정을 가해야 한다고 생각했고, 저작 전체를 다시 쓰기를 원한다고 선언했다. 이런 저작에서 철학적, 실용적 수준의 내적 일관성을 파악하는 것은 지금까지 수백 편의 논평들이 출판되었을 만큼 매우 어려운 과제이다. 나는 이 논평들을 무시하지 않으면서 불완전하고 편향적일 수 있으나 인위적이지 않기를 바라는 해석 절차를 단도직입적으로 제시할 것이다. 나의 해석은 클라우제비츠의 명제가 계속 난점을 제기하거나 새로운 재해석을 요청한다는 독해 결과에 근거를 둔다. 나는 네 가지 명제를 추려내서 그것들을 하나의 체계 또는 공리로 구성할 것이다. 나는 클라우제비츠의 이론적 기획이 각 명제들의 (서로 분리되어 있든 서로 반작용하든) 과도한 결론을 통제하려는 계속되는 시도라고 설명할 것이다. 나는 포스트-클라우제비츠적 사상가들이 상이하게 이해하든가 또는 재정식화하든가, 아니면 서로 분리하려고 시도하는 문제의 명제들이 동일한 집단을 이룬다고 제안할 것이다.

1. 전쟁은 다른 수단으로 정치를 계속하는 것이다

클라우제비츠의 명제 중에서 (최소한 현재에) 군사 전문가 집단을 넘어서 가장 유명하고 자주 논의된 것은 전쟁의 정의 또는 특징이 "다른 수단으로 정치를 계속하는(독일어로 Fortsetzung) 것"(때로는 단순한 계속)이라는 명제와 내가 앞에서 말한 것처럼 전략으로서 '방어'는 본질적으로 '공격'이나 '공세'보다 우월하다는 명제이다. (그런데 전략이란 무엇인가? 이 문제 역시 분명히 동반된다.) 나는 두 명제에 대해 간략히 언급할 것이지만, 다른 두 명제를 더 언급해야만 [체계 또는 공리가] 완성된다고 제안할 것이다. 나는 네 가지의 사실상 독립적인 명제들의 체계 또는 공리를 통해서만 클라우제비츠의 의도와 난점이 어디에 있는지 이해할 수 있다고 제안할 것이다.

'계속' 명제는 『전쟁론』의 분리된 두 곳, 1편과 8편에서 [서로 미묘한 차이를 드러내는] 의미심장한 뉘앙스로 두 번 반복된다. 그것은 저작의 양 끝에서 제시될 뿐만 아니라 저자의 암시에 따르면 대상에 대한 상이한 개념들에 상응한다.

첫 번째는 확실히 전쟁이 '계속해서' 정치적 목적을 추구하고 '다른 수단을 통해' 또는 '다른 수단을 도입함으로써' 정치적 목적을 추구하는 하나의 방식이라는 관념을 강조한다. 이때 다른 수단은 위협이나 압박뿐만 아니라 현실의 폭력, 심지어 극단적 폭력의 수단이다. 이것은 정치의 통상적 또는 정상적 수단은 비폭력이며, 그것은 어떤 상황에서는 [정치적 목적을 성취하기에] 불충분해지므로 정상적 수단을 넘어서 '다른 수단'(폭력적 수단)을 사용할 수 없다면, 즉 정치의 가능성(과 권력)을 확대하여 정치적 목적을 달성할 수 없다면, 정치 행위는 절대적 한계에 도달한다는 관념을 함의한다. 그러나 [폭력적 수단을 사용하는 것은] 상황을 통제할 수 없는 위험을 무릅쓰며, 정치적 주체의 존재가 위험에 빠질 뿐만 아니라 [정치]행위의 정치적 성격과 정치의 정치적 '논리' 자체가 전복될 수 있는 위험 지대, 제한 영역으로 진입한다는 관념 역시 함의한다. 동일한 맥락에서 클라우제비츠는 폭력적 수단(전쟁이라는 수단, 군사 제도와 애국주의의 발생과 같은 수단[전쟁]의 수단)의 사용은 정치에 반작용하거나 정치를 변화시킨다는 관념을 도입한다. 정치는 전쟁의 폭력적 수단을 사용하면 변형될 수밖에 없으며, 아마도 근본적으로 변형되고 변성될 것이다. 따라서 정치와 전쟁의 접합이라는 문제는 [전쟁은 다른 수단으로 정치를 계속하는 것이라는] 처음 진술의 본체가 위태로워지는 과정이라는 점에서 즉각 변증법적 진술로서 제시된다.

하지만 두 번째 정식이 있다. 두 번째 관념이 강조하는 것은 전쟁이 '다른 수단으로 정치를 계속하는 것일 뿐'이며 정치적인 것의 정상적 한계를 침해하지 않지만, 이러한 한계 내에는 또 하나의 가능성이 존재하는데, 정치적 주체는 상황, 세력, 이익에 따라 어떤 정치적 '도구'로부터 다른 도구로 이동할 수 있으며 (클라우제비츠는 '도구'라는 용어를 명시적으로 사용하는데) 이제 정치적 주체의 특징은 바로 폭력적 수단과 비폭력적 수단을 모두 사용할 수 있는 능력, 또는 비폭력적 수단의 사용에만 자신을 제한하지 않는 능력이라는 것이다. (우리는 이를 주권 능력이라고 부를 수 있다.) 확실히 이러한 정식으로부터 정치의 합리적 성격에 대한 어떤 표상이 나타난다. 특히 정치의 목적을 달성하거나 어떤 상황을 조정하기 위하여 폭력적 수단을 사용하는 방식에 의해 정치의 합리성이 설명된다. 하지만 이러한 표상 역시 변증법적 관념이라는 것, 또는 잠재적 긴장과 위험성을 동반한다는 것이 입증된다. 왜냐하면 그것은 [현실에 대한] 묘사로 해석될 수도 있고, 처방으로 해석될 수도 있기 때문이다. 즉 한편으로 정치는 자신의 본성을 바꾸지 않고, 자신의 한계를 침범하지 않으면서 전쟁의 폭력적 수단을 사용한다는 주장으로 해석될 수도 있다. 다른 한편으로 전쟁의 폭력적 수단은 전쟁의 결과, 전쟁을 사용하는 자에게 끼치는 반작용 효과, 전쟁의 '논리'가 정치적 합리성을 벗어나지 않거나 전복하지 않을 때만, 즉 독립적 논리가 되지 않을 때만 정치적 수단으로 남는다는 경고로 해석될 수도 있다. 그러나 이는 사실상 '독립적' 논리이지 않은가? 클라우제비츠가 함의하는 것은 정치가 전쟁을 도구화할 수도 있고 전쟁이 정치를 도구화할 수도 있지만, 후자는 불가능하거나 전혀 바람직하지 못하기 때문에 반드시 전자가 되어야 한다는 것이다. 따라서 클라우제비츠는 정치에는 '논리'(logic)가 있고 전쟁에는 오직 '문법'(grammar)만 있을 뿐이며, 전자가 후자에 대해 최우선권(primacy)을 지닌다고 썼다.

내가 보기에 바로 여기에 난점이 존재한다. 우리도 클라우제비츠도 이 난점을 결코 쉽게 해결할 수 없으며, 이 때문에 클라우제비츠는 다른 정식을 제시해야만 했다. 그러한 난점은 앞으로의 고찰을 통해 규명될 수 있다. 여기에서 문제는 정치와 관련하여 전쟁을 두 번, 서로 다른 두 각도에서 고찰해야 한다는 것이다. 전쟁은 정치의 전부가 아니지만 (왜냐하면 정치는 전쟁과 다른 절차를 지니며, 이 역시 동일하게 필수적인데) 정치의 본질과 관계를 맺고 그것에 영향을 끼친다. 정치가 전쟁에 의존하는 방식과 전쟁의 폭력적 수단을 정치적으로 활용하는 것이 정치에 미치는 결과는 정치의 본질을 드러내고 실제적으로 정치를 결정한다. 확실히 클라우제비츠가 피하고자 했던 것은 전쟁에 대한 의존이 정치의 본질이라는 주장이며, 전쟁의 폭력적 수단의 사용과 전쟁의 논리적이고 실존적 함의(예컨대 하나 이상의 '적'을 지목해야 할 필요성)가 정치적인 것의 개념을 정의한다는 주장이다. 이러한 주장은 처음 진술의 역('정치는 전쟁의 계속이다.', '정치는 전쟁의 결과이다.')으로 나아갈 수 있다. (우리는 클라우제비츠가 이러한 주장을 피하고자 했지만 이런 시도 역시 난점들을 지니며, 그 문제들은 클라우제비츠의 계승자들을 늘 괴롭혔다는 것을 앞으로 살펴볼 것이다.) 그러나 클라우제비츠는 '도구'로서 전쟁의 활용과 그것이 정치 그 자체에 미치는 역효과에 대해 문제 제기하기를 원한다(또는 필요로 한다).

클라우제비츠의 정식이 과거 로마의 사법적·정치적 원리를 근대적으로 다시 정식화한 것이라고 이해하고자 할 수도 있다. "문관이 군을 제압한다."(cedant arma togae) 이는 전쟁의 무장 행동과 군사 제도가 문관의 최우선권에 복종되어야 한다는 것이다.[2] 그러나 규범적 가치를 지닌 이 정식은 클라우제비츠를 괴롭혔던 문제를 설명하지 않는다. 그것은 정치적 수단으로서 활용되는 전쟁은 정치에 반작용하고, 정치를 가장 심원하고 어려운 문제에 봉착하게 하는 새로운 형태로 변형하며, 이러한 형태에서는 정치의 가능성 자체가 문제가 되고 위태로워진다는 것이다. 그 반면 전쟁을 정치적인 것의 최우선권에 영속적으로 종속시킨다는 것은 전쟁이 합리적이라고(또는 합리적인 채로 유지될 수 있다고) 주장하는 것이다. 이에 따르면 전쟁의 합리성은 하나의 고리를 형성하는 수단과 목적의 '실천적' 관계를 통해 본질적으로 표현된다. 따라서 전쟁의 합리성은 정치적인 것 자체로부터 유래하는 목적론적 합리성이며, 정치적인 것은 전쟁의 합리성에 대한 척도이다. 이러한 주장은 다른 무엇보다 놀라운데, 클라우제비츠가 전쟁이 폭력의 극단에 이른다는 사실을 강조하기 때문이다.

그러나 폭력의 극단, 즉 현실적 파괴가 문제가 되는 폭력의 극단에 이른다는 것은 '순수한 폭력'의 형태가 존재한다는 것이 아니다. 클라우제비츠가 전투(Gefecht)의 관리로 규정한 전술의 수준에서 폭력이 극단에 이르고, 여기에서 인간이 개별적으로, 집단적으로 서로 죽이고 죽는다. 그러

2. [역주] 마르쿠스 키케로(기원전 106~43년)는 카이사르와 동시대 사람으로 기원전 63년에 집정관의 자리에 올랐다. 같은 해 63년에 카틸리나의 역모 사건이 발생하자 키케로는 원로원 최종 권고를 무기 삼아 이를 진압한다. 키케로는 자신을 다음과 같이 표현하기를 좋아했다고 한다. Consul sine armis(군사력을 갖지 않은 집정관), Dux et imperator togae(토가 차림의 최고 사령관), Cedant arma togae(文이 武를 제압하다). 키케로는 '정의로운 전쟁'(just war)에 관한 이론을 제시했고, 이는 훗날 기독교 사상가들에게 계승된다.

나 전술과 전투는 그 자체로 목적이 아니라 전쟁의 일부이며, 정치적 목적에 봉사하는 '전략적' 목표에 종속되어야 한다. 여기에서 우리는 왜 전략의 문제(전략의 정의, 기능)가 클라우제비츠에게 가장 중요하고 또한 아마도 가장 곤란한 문제인지, 결국에는 이 문제가 [클라우제비츠에게서] 회피되고 마는지를 이미 이해할 수 있다. 전략은 전쟁에 대한 (역사적, 개념적) 분석 속에서 극단적 폭력(절대적 수단)의 수준과 정치적 합리성(절대적 목적)의 수준을 접합한다. 우리는 인간학의 용어법을 도입해서 클라우제비츠가 전쟁이란 이름으로 정치와 결합시키는 '폭력'은 무제한적 폭력이 아니라 제도적 폭력이며, 제도적 폭력으로 남아 있어야만 한다고 말할 수도 있다. (클라우제비츠의 정식은 '폭력이 정치의 계속'이 아니다.) 따라서 클라우제비츠에게 문제는 어떻게 폭력이 극단에 이르면서도 제도의 한계 내에서, 제도적인 것으로 남게 할 수 있느냐이다. 하지만 대립물의 통일이 유지될 수 없다면 무슨 일이 발생하는가, 또는 발생할 것인가?

아마도 우리는 포스트-클라우제비츠적 변이들이 실천적 동기와 특정한 역사적 상황에 따라 매번 어떻게 왜 발생하는지 이미 이해할 수 있다. 그러한 변이들은 '전쟁이 다른 수단, 즉 극단적 폭력의 수단으로 정치를 계속하는 것이며, (본래의 가설에 따라) 정치는 정치적 합리성 또는 목적에 종속된 도구로서 폭력을 사용한다.'는 원리를 형식적으로는 유지한다. 그러나 그러한 변이들은 정치적인 것에 관한 통념과 '전쟁'의 정의에 완전히 새로운 내용을 부여한다. 역으로 그 변이들은 정치, 전쟁, 폭력이라는 용어를 새롭게 해석함으로써만 '계속'이라는 관념을 주장하거나 문제로 삼을 수 있다. 이를 통해 그러한 변이들은 클라우제비츠의 관념이 지닌 순환성과 동시에 초기 조건을 훨씬 뛰어넘는 생산성을 보여줄 것이다. 그러나 이는 클라우제비츠가 더욱 구체적인 일련의 공리들 내에서 일반적 원리와 결부시킨 다른 명제들을 고려함으로써만 가능해질 것이다.

2. 공격 전략에 대한 방어 전략의 우월성

『전쟁론』에서 발견되는 아마도 가장 잘 알려진 두 번째 명제는 '공격'에 대한 '방어'의 전략적 우월성과 관련된다. 이 명제 역시 여러 곳에서 찾을 수 있고, 여러 번 다시 정식화된다. 하지만 방어와 공격을 다루고 이런 관점에서 상호 검토를 다루는 6편과 7편에서 주요 논의가 전개된다. 클라우제비츠는 방어의 우월성이 전술 수준과 관련된 것도 아니고 정치적인 것과 관련된 것도 아니며, 따라서 방어의 우월성이란 전략의 상대적으로 자율적인 수준에서 전형적으로 존재하고, 전략 이론의 전체 대상은 이 명제를 확립하고 여러 환경과 조건에 따라 방어의 전략적 우월성을 규명하는 것이라고 분명히 밝히고자 했다. 여기에서 우리는 다시금 전형적인 순환을 발견한다. 일반적으로 방어의 전술적 우월성이란 주장은 의심할 여지가 없다. [하지만] 전술적 공격이 모든 전략적 방어의 본질적인 부분이라는 관념은 그와 대단히 상반된다. (왜냐하면 전술적 공격은 적에게 피해를 주고, 적의 전쟁 수행 능력, 즉 기동과 판단 능력을 부단히 파괴하기 위해서 세력 관계에 나타나는 시공간적 불균형을 활용하며, 이는 특히 최초 공격에서 극대화되기 때문이다.) 클라우제비츠의 계승자 중에서 모택동은 유격대 전쟁을 이론화하면서 [방어 전략과 전술적 공격의] 상호 보완성을 일관되게 발전시킬 것이지만, 이는 클라우제비츠에게 이미 명백히 존재했다. 또한 '방어적 정치의 우월성' 또는 본질적으로 우월한 방어의 정치(예를 들어 민족의 방어, 민족 경계의 방어, 독립의 방어)라는 주장 역시 의심할 여지가 없는데, 이는 아마도 가장 어려운 지점일 것이다. 내가 보기에 방어의 정치는 정의로운 전쟁(just war) 이론의 '현실주의적' 판본과 같거나 그 일부이다.[3] 폭력

3. [역주] '정의로운 전쟁'(just war = bellum justum) 이론은 콘스탄티누스가 기독교를 공인하고 테오도시우스가 기독교를 국교화한 후 중세 기독교 전쟁 사상의 핵을 이룬다. (콘스탄티

의 적법성(ius ad bellum)의 근대적 판본은 오로지 외부의 침략에 반응하여 민족이 수행하는 방어적 전쟁만이 적법하다는 것이다. 이런 전쟁은 적법할 뿐만 아니라 적어도 그리고 모든 것들을 고려할 때 결국에는 승리를 거둘 수 있다. ('결국에는'이란 여러 예외도 있다는 뜻이다.) 그러나 방어의 정치는 클라우제비츠의 개념이 아니다. 그에게는 전쟁에 관한 도덕적이거나 신학적인 개념이 없다. 클라우제비츠는 훗날 카알 슈미트가 유럽 공법(ius pulicum Europaeum)으로 체계화한 관념, 즉 민족 국가는 정치적 목적을 성취하고 자신의 이익을 추구하기 위하여 전쟁에 호소할 고유한 권리를 지닌다는 관념의 전형적인 주창자이다. 방어의 우위라는 관념은 정치적 목적(Zweck)과 무관하고, 정치적 목적을 달성할 수 있게 하는 군사적 목표(Ziel)와 '오직' 관련된다. 확실히 방어의 전략적 우월성은 정치와 전쟁의 접합의 형식적 합리성에 본질적 한계를 부과한다. (물질적 한계 또는 유물론적 한계라고 말할 수 있을까?) 정치가 전쟁의 궁극적 목적을 부과하는 한에서만 이러한 접합은 합리적이거나 이론화할 수 있는 합리적 구조를 보여 준다. (의식적이든 아니든, 전쟁 행위자가 정치의 결정을 의식하든 못하든, 모든 전쟁의 궁극적 목적은 항상 정치적이라고 말할 수도 있다.) 그뿐만

누스(301~337년)는 군대를 로마로 진격시키면서 군대의 방패에 십자가 표지를 달게 했으며, 테오도시우스는 416년 칙령을 내려 기독교도만을 군인으로 받아들이게 했다.) 아우구스티누스(354~430년)는 키케로의 정의로운 전쟁 이론을 받아들여 전쟁이 다음의 조건을 갖추면 정당하다고 주장했다. 첫째, 전쟁이 사회의 보편적인 선을 위한 것으로 합법적 당국에 의해 선포되어야 한다. 둘째, 전쟁의 원인이 정당해야 하며, 결코 법질서에 위협이나 손상을 주어서는 안 된다. 셋째, 전쟁의 목적은 전쟁 이전보다 훨씬 더 법질서를 보장하는 것이어야 한다. 이는 합법적 당국을 황제로 규정하고 방어전이 아닌 공격전까지 정의로운 전쟁에 포함시키는 것이며, 정복 전쟁 이후 적대국을 포괄적인 법질서로 융화시켜야 한다는 함의를 담고 있다. 한편 십자군 전쟁의 참화가 지난 후 아퀴나스(1225~1274년)는 정의로운 전쟁의 원칙을 재정식화했다. 그는 아우구스티누스의 이론을 계승하면서도 전쟁 방식은 공격전이 아니라 방어전이어야 하며, 정당방위의 경우에만 살상이 인정되고, 전투 요원이 아닌 민간인은 결코 전쟁 대상이 되어서는 안 되고, 적을 살상하기보다는 적이 스스로 상용하는 처벌을 자임할 기회를 부여해야 한다는 원칙을 제시했다.

아니라 바로 군사적 목표의 달성 가능성이 정치가 합리적인지 아닌지를 결정하는 한에서만 (대개 사후적으로 결정하는데)[전쟁과 정치의 접합은 합리적이다], 그리고 이[군사적 목표의 달성 가능성]는 확실히 현실 전투의 형태로 결정된다. 이제 우리는 다시금 낯선 상황에 이르게 된다. '전략'이 클라우제비츠의 숙고의 주요 대상이라는 것은 의심할 여지가 없다. 그는 이를 위하여 역사적 상황을 비교하고, 전략의 천재성을 보여 주는 군사 천재의 사례들을 검토하고, '전쟁 계획' 또는 '전략적 통일성'의 개념이 되는 특유한 '문법적' 개념을 분리하고, 이러한 전쟁 계획이 고안되고 실험될 수 있는 지리적, 시간적 한계('전투', '전장' 등등)를 지적하려고 대부분의 분석을 할애했다.[4] 하지만 이러한 작업은 역설적이다. 그러한 작업이 점점 더 정교해지고 실체화될수록 작업의 대상[전략]의 자율성은 점점 더 모호해지거나 문제가 되는 듯하고, 또는 오히려 논리적 역설에 말려든다. 즉 이는 마치 전략적 사고와 전략적 계획의 주요 목표는 궁극적으로 전장에서 전략의 자율성과 같은 것이 실존할 수 있다는 것을 정확히 보여 주는 것처럼 된다. 전략은 내적 긴장과 아마도 전쟁 개념의 아포리아(aporia)[철학의 난제]를 응축한다. 세 가지 문제를 추가적으로 검토해서 이를 해명해 보자.

첫째, 이[전략의 문제]는 '이론'과 '역사'가 문제의 통일체에서 만나는 곳이다. 클라우제비츠는 전쟁이 항상 독자적(singular) 과정이며, 연역적인 전

4. [역주] 클라우제비츠는 전략 일반을 다음과 같이 설명한다. "전략이란 전쟁의 목적(적의 무장해제)을 획득하기 위한 전투의 원용이다. 그렇기 때문에 전략은 총체적인 군사 행동에 목표를 부여하는 것이며, 전쟁 계획을 형성하는 것이며, 이를 위하여 여러 행동 계열을 하나로 묶어서 최종적인 결정 행위로 유도하는 국면으로 연결시켜 주어야만 한다. 요컨대 전략은 분리된 전역을 수행하기 위하여 제반 계획을 마련하며, 각 전역에서 행해질 전투 행위를 통제하는 것이다." 그리고 전략의 구성 요소를 ① 정신적 요소, ② 물리적 요소(전투 병력, 조직과 편성, 3개 병종의 구성비), ③ 수학적 요소(작전선의 각도, 집중 운동과 원심 운동), ④ 지리적 요소(지형 지세의 영향, 지휘소의 지점, 야산·삼림·도로), ⑤ 통계적 요소(모든 종류의 자재 보급 수단)로 제시한다.

쟁 과학 같은 것은 없다는 사실을 항상 강조했다. 그러나 『판단력 비판』의 칸트적 의미에서 정치와 전쟁이 접합되는 규칙과 경향에 대한 반성은 존재할 수 있으며, 그러한 반성은 가설로 남는다. 우리는 전략의 자율성이란 개념은 전적으로 자신의 조건들과 한계들, 그것들의 역사적 변이들과 관련을 맺으며, 자신의 유효성을 영속적으로 시험해야 한다는 의미에서 [역사적으로] 조정되는 개념이며 판단의 범주라고 말할 수 있다. 또한 우리는 클라우제비츠가 합리적이며 주관적인 이유로 이러한 고찰에 흥미를 느꼈다고 짐작할 수 있다. 그는 주어진 역사적 정세에서 역사로부터 끌어낸, 더욱 정확히 말하자면 그가 참여한 전쟁인 프랑스와 나머지 유럽 국가들의 혁명 전쟁과 제국 전쟁으로부터 끌어낸 '교훈'이 결국 방어 전략이 승리하는지를 보여 주는지, 이런 교훈이 미래로 확장될 수 있는지를 결정하고자 했다. 그리고 이는 전쟁이 정치의 도구로 남는다는 것을 의미하는지, 또는 어떤 의미에서 더 이상 전쟁이 정치의 '계속'이 아닐지도 모른다는 것을 (또는 이미 아니라는 것을) 의미하는지, 또는 [정치의 계속이라는 전쟁의] 논리적 기능을 제거하는 위험을 무릅쓸 뿐이라고 의미하는지 결정하고자 했다. 클라우제비츠는 역사의 경향적 결과로서 방어 전략에 우월성을 부여했기 때문에 방어 전략의 우월성을 다루는 논증에는 이 문제가 [항상] 수반된다. 클라우제비츠를 늘 괴롭혔던 이 문제가 전쟁에 대한 포스트-클라우제비츠적인 반성에 영속적으로 출몰할 것이고, 현재에는 과거 어느 때보다 그러하다는 사실을 이해하는 것은 인상적이다. 클라우제비츠는 자신의 명제를 역설로서 제시했고 (어떻게 오직 소극적인 결과를 낳는 방어 전략이 적극적인 결과를 낳는 공격 또는 정복 전략에 비해 우월하다고 증명될 수 있는가?) 이러한 역설은 전쟁의 수단이 극단으로 나아갈 때 명백해질 어떤 잠재적 불가능성의 신호가 아닌지 의심했다.

둘째, 우리는 방어 전략과 공격 전략이 마치 분리된 채 존재하는 것처럼 두 가지 '상이한' 전략들 각각의 특질을 비교하는 표면적인 도식을 극복하기 위하여 클라우제비츠의 정식을 [다른 것으로] 변형해야 한다. 그것은 방어의 공격으로의 변형과 반전, 또는 방어가 공격으로 전환되는 변곡점의 탐색이라는 더욱 심원한 문제이다. 이것은 전쟁의 시간과 공간의 문제, 즉 전쟁의 '역사'의 문제이며, 전쟁 행위자의 문제이므로 다시금 실질적인 의미에서 전쟁의 역사의 문제이다. 클라우제비츠는 전쟁이 '격투'의 복합적 형태이고 시간에 따라 발전하며, 다시 말하자면 행위자들의 세력 관계를 부단히 변형한다고 썼다. 그 행위자들은 복합적일 수 있는데, 왜냐하면 정부와 인민을 포함하고, '군대'란 전형적인 형태로 통합된 제도와 인간을 포함하며 (군대는 역사의 행위자가 전쟁의 영역에 등장하는 일반적 형태인데) 동맹과 동맹의 변화를 포함하기 때문이다. 전쟁의 시간은 공격에서 방어로, 방어에서 공격으로 나아가는 방향성을 지닌 시간이다. 그것은 예정된 순환을 지닌 순전히 논리적인 시간이 아니며, 결국 전략적 '태세' 중 하나[방어 또는 공격]를 강화하는 모든 요인들의 경향적 우월성에 의해 지배되는 역사적 시간이다. 이러한 시간의 효과를 요약하기 위하여 클라우제비츠가 사용한 일반적인 통념은 마찰이다. 마찰이라는 용어가 암시할 수 있는 것과 반대로, 그것은 기계적인 개념이 아니라 역사적인 개념이다. 그것은 도덕적, 기술적, 심리적, 사회학적 요인을 '통합한다.' 따라서 클라우제비츠의 문제, 즉 전략적 숙고의 대상은 왜 즉각 성공하지 못한 (또는 완전히 성공하지 못한) 공격은 방어를 취하는 적에게 점차 굴복할 수밖에 없는지, 어떤 수단이 이런 불가피한 결과를 지연시키기 위하여 사용되어야 하는지 이해하는 것이며, 그리고 무엇보다 어떻게 방어 전략이 성공적인 반격의 준비인지를 이해하는 것이다. (이는 반격이 방어로부터 준비되며, 어떤 의미에서 방어는 내재적으로 공세 국면에서도 계속되고 연장된다(fortgesetzt)는 것을 뜻한다.) 이러한 이상적인 변곡점이 반드시 존재해야 하며, 따라서 모든 문제는 이런 변곡점을 규정할 수 있느냐, 어떤 종류의 사건이 이런 변곡점으로 규정될 수 있느냐가 된다. 클라우제비츠가 이 문제를 절대적으로 창안한 것은 아니지만, 그는 이 문제에 이론적 공식을 부여했다. 그것은 1812년 러시아 전쟁에서 나폴레옹의 '공세 전략'과 쿠투조프의 '방어 전략'의 대치 과정에서 거대한 규모로 실행되었다. 프로이센이 [프랑스와의 전쟁에서] 패배하고 승자가 주도하는 동맹에 다소 자발적으로 참여한 후 [프로이센과 프랑스가 대(對) 러시아 연합 전선을 펴게 되자] 클라우제비츠는 상대 진영으로 넘어가서 러시아 군대의 보좌관으로 참전하기로 결단하고 전쟁에 참여한다. 프리드리히 엥겔스와 레오 톨스토이를 포함해 19세기 이후 전쟁 이론가들이 반복해서 언급할 정도로 극적인 사건은 보로디노 전투였다.(엥겔스와 톨스토이는 클라우제비츠가 『전쟁론』에 착수하기 이전에 보로디노 전투에 대해 서술한 글을 신뢰했으며, 그 글은 나중에 클라우제비츠의 누이에 의해 출판되었다).[5] 비슷한 규모와 전력을 지닌 두 '대군'은 엄청난 사상자를 냈고, 보로디노 전투는 나폴레옹의 전술적 승리로 보였지만, 결국 나폴레옹의 전략적 패배로 입증되었다. 보로디노 전투는 즉각 러시아 수도의 정복을 낳았지만, 사실상 나폴레옹의 최후의 패배를 예비하였다. 그러나 이 대치 역시 [방어에서 공세로] 변곡점이 발생하는 어떤 전형적인 조건을 보여 주었다. 그 조건은 전투의 지속, 광대한 지리적 환경, 주민의 적대감

5. [역주] 1812년 9월 7일 나폴레옹의 모스크바 원정 도중에 있었던 최대의 격전. 초토화 전술을 써가며 후퇴만 계속하던 러시아군은 신임 총사령관 쿠투조프 장군 지휘 하에 모스크바 서쪽 약 90㎞ 지점인 보로디노에서 나폴레옹의 프랑스군을 맞아 싸웠다. 양군의 병력은 프랑스군 135,000명, 러시아군 126,000명이었으며, 쌍방 모두 500~600문의 대포를 가지고 있었다. 전투는 새벽부터 시작되었고, 맹렬한 포격전에 이어 치열한 백병전까지 벌였는데, 프랑스군 58,000명, 러시아군 44,000명의 많은 사상자를 냈으나, 저녁까지도 승패를 가리지 못하였다. 쿠투조프는 더 이상의 희생을 피하려고 야음을 틈타서 퇴각하였으므로 프랑스군은 그대로 전진하여 모스크바에 입성하였다. 이 전투는 표면상 나폴레옹군의 승리로 보이지만, 그 후 러시아군이 우위에 서게 되었다는 점에서 프랑스군의 러시아 원정 실패의 시초가 되었다.

상승으로 인한 정복 그 자체의 반(反)생산적 효과뿐만 아니라 정규전과 게릴라전의 결합, [정규전과 게릴라전] 양측에서 전쟁의 주요 행위자로서의 인민의 무장과 통합이었다. (게릴라전은 스페인에서 수입된 새로운 개념이다. 비록 그런 전투 형태가 스페인에서 처음 벌어진 것은 아니더라도.)[6]

이는 우리를 세 번째 고찰로 이끈다. 그곳에서 '정치', '전략', '전술'이라는 세 가지 수준은 더욱 명백히 변증법적으로 얽혀있다. 이는 아마도 클라우제비츠의 가장 심원한 딜레마일 것이다. 그것은 클라우제비츠가 전쟁을 이해할 때 두 개의 논리적 '대립항' 또는 '극단'이라고 묘사한 것들 간의 관계와 관련된다. 그것은 한편으로 전쟁이 있는 곳에는 전쟁이 추구하고 직면하는 섬멸의 가능성이 있다는 사실이고, 또 한편으로 전쟁에서 고유한 정치적 능력은 전쟁이 동반하는 특정한 위험과 전쟁이 정치적인 것에 미치는 특정한 효과 속에서 이미 시작된 전쟁을 계속해야 하는지 또는 중단해야 하는지 결정하는 능력, 즉 언제 어떤 대가로 '전쟁을 끝낼 것인지' 결정하는 능력이라는 사실이다. 클라우제비츠는 섬멸에는 한계가 있고, [섬멸이] 그 한계에 접근할 수는 있지만 넘어설 수는 없을 것이라고 분명히 믿는다. 그는 자신이 '절대 전쟁'(absolute war)이라고 부른 것을 고찰했지만, 훗날 '총력전'(total war)이라고 불린 것을 고려하지는 않았다. 절대 전쟁에서는 격

6. [역주] 게릴라는 스페인어로 '소규모 전투'를 뜻하는 말로서 나폴레옹이 스페인 원정에서 스페인 사람들의 무장 저항을 게릴라라고 부른 데서 비롯되었다. 전략적으로 열세한 측이 대중의 지지와 험준한 지리적 조건을 이용하여 스스로 선정한 시간과 장소에서 특정한 형태로 전술적 공격을 취하는 전쟁과정 중의 한 국면을 이루는 싸움의 한 형태이다. 참고로 빨치산(partisan)이란 parti, 즉 도당이라는 뜻이며, 이것은 게릴라전에 종사하는 인간의 집합체 조직을 뜻한다. 1812년 나폴레옹의 모스크바 원정 시에 고전하는 자국의 군대를 도와 이에 저항하였던 러시아 농민을 프랑스군이 호칭한 데서 비롯된다. 또한 유격전은 중국의 모택동이 사용한 용어이며, 1927년 이후의 국공 내전 및 대일 전쟁을 통하여 중국 공산당 무장 저항 조직의 별동대가 소부대로 유격하면서 틈을 보아 적을 치는 비정규적 방식의 전법을 지칭한 데서 비롯된다. 따라서 게릴라, 유격대, 빨치산이란 용어는 유래가 다르지만 지금은 대체로 혼용하여 사용된다.

투가 극단으로 상승하며 국가 또는 민족의 모든 세력이 전쟁에 참여하지만, 총력전에서는 군사력뿐만 아니라 비전투원도 목표물이 된다. 정치를 계속하는 전쟁에서 문제가 되는 섬멸은 군대를 물리적으로 섬멸하거나 무기력한 상태로 진압하거나 해산시키는 것이고, 적이 타인의 의지와 목적을 강요당하는 것에 대해 저항하지 못하게 하는 것이다. 그것은 역으로 전쟁을 중단하는 능력이라는 문제를 제기한다. 프리드리히 대왕이라고 불린 프로이센 국왕 프리드리히 2세를 클라우제비츠가 매우 존경했던 이유는 그가 정복지를 계속 보유하기 위하여 자신의 승리들을 통제하고 유리한 순간에 화친을 맺는 능력을 입증했기 때문이다. 그리고 나폴레옹의 천재성이 결국 비참하게 끝나고 그와 그의 나라를 패배로 떨어뜨릴 수밖에 없던 이유는 그가 정복의 논리에 처해 있었기 때문이다. 그 정복의 논리에서는 모든 예정된 한계를 넘어서 전쟁 규모를 확대해야만 [나폴레옹의] 정치적 목적이 달성될 수 있고, [러시아의] 방어가 우세하고 압도적인 반격을 준비하며 이전 상태를 회복할 수 있었다. 그러나 이러한 두 극단 사이에 강한 긴장이 있다. 왜냐하면 전쟁을 중단하는 능력(이는 '부정적인' 전략적 통념이고, 클라우제비츠는 역설적인 방식으로 여기에 최우선권을 두었는데)은 전쟁이 군사력과 자원의 일부분만을 포함할 때, 즉 적대국들 간에 섬멸의 가능성이 거의 없을 때만 극대화된다. 그 반면에 물리적 섬멸이라는 전략적 목적은 군사력과 자원, 무엇보다 인력의 동원을 초래하고, 이는 의지에 따른 전장으로부터 철수를 불가능하게 하며, [철수가 시도된다면] 국가의 실존에 대한 배후의 공격[내분]이라는 위험을 감수할 수밖에 없게 한다. 또다시 여기에서 문제가 되는 것은 아마도 존재하지 않을 '평형'점이며 또는 '불가능한' 지점, 즉 전쟁과 정치의 접합에 관한 '불가능성'의 지점이다. 즉 그것은 전쟁의 불가능성이란 유령을 되살리지만, 그 유령을 이해할 수 있게 한다. 이는 나를 마지막 고찰로 이끈다.

나는 시작 부분에서 클라우제비츠의 주요 명제를 하나의 공리 형태로 배열할 수 있으며, 그 공리의 지위 자체는 명백하다기보다는 가설적이며 문제적이라고 말했다. 나는 공리를 구성하는 두 명제만을 검토했고, 각각은 어려운 문제를 제기한다. 나는 남은 두 명제를 급히 다루어야 하지만 언급하지 않을 수 없다. 왜냐하면 내가 옹호하고자 하는 관념은 클라우제비츠의 담론이 네 명제의 결합으로서만 이해될 수 있고, 전쟁의 주체(또는 전쟁의 '정치적 주체', 따라서 전쟁에서 나타나는 '정치적 주체')라는 그의 궁극적 문제는 네 가지 명제 사이에서 아마도 끊임없이 모순적인 방식으로 순환한다는 것이기 때문이다.

3. 제한 전쟁과 절대 전쟁

세 번째 명제는 '절대 전쟁'과 '제한 전쟁'(limited war)의 구분과 관련된다. 이것은 그가 『전쟁론』을 저술하는 동안 생각을 바꿨고(그의 저작이 미완성으로 남아 있다는 사실을 기억해야 한다), 이론 전체를 고쳐 써야만 하는 '새로운' 입장에 도달했다고 주장하게 한 바로 그 지점이다. 그러나 이는 전혀 분명하지 않고, 사실상 징후적 독해를 필요로 한다. 그 후 해석자들은 클라우제비츠에게 다양한 인식론적 도식(변증법, 이념형 등)을 투사하여 모든 가능한 방향에서 수수께끼를 풀려고 노력했다. 여기에서 첫 번째로 살펴보아야 하는 것은 클라우제비츠가 '절대' 전쟁이 아닌 것을 가리키는 두 가지 용어를 두고 주저했다는 점이다. 그는 '제한' 전쟁과 '현실' 전쟁(real war)을 언급하지만, 거기에서 그는 실제로 벌어지는 현실 전쟁은 항상 제한 전쟁이고, 절대 전쟁은 가상적 모형이라는 관념으로 도약한다. 즉 가상적 모형에 따라 경험적 사례를 설명할 수는 있지만, 그것이 실제로 관찰되지는 않는다는 것이다. 이러한 관념은 너무나 단순하며, 문헌과 사실상 모순된다. 아주 성급히 말하자면, 나는 이런 관념이 레이몽 아롱과 어긋나며 엠마뉴엘 테레이와 일치한다고 생각한다. 나는 클라우제비츠의 이론이 '절대 전쟁'이라는 통념을 가상적 모형이나 이념형으로 환원하지 않으며, 역사적 현실, 즉 역사적으로 관찰되었던 전쟁의 성격 변화와 관련을 맺는다고 믿는다. [따라서] 그의 이론은 우리가 극적인 딜레마에 직면하게 한다고 믿는다. 분명히 '절대 전쟁'과 '제한 전쟁'은 상반되는 두 극점을 의미한다. 그것은 논리적 의미의 극점이고, 현실 전쟁은 두 극점 사이에서 움직이고 다양한 단계와 결합을 보여 준다. 그러나 현실은 최소한 두 가지 상황에서 거의 순수한 방식으로 두 극점에 접근했다. 나는 최근 시기에서 그에 관한 등가물을 발견할 수 있다고 믿는다. 18세기 절대 왕정 시기에 정부 간의 전쟁(Kabinettskriege)은 군사 카스트[특권 계급]의 지휘 하에 용병, 직업 군인, [모병된] 신병에 의해 강압적으로 수행되었고, 그것의 목적은 이른바 '유럽의 균형' 내부에서 세력 균형을 바꾸고 적대적 이익을 실현하는 것이었다. 그것은 심지어 피비린내 나는 전투를 동반하더라도 정의상 제한 전쟁이었다. 그러나 프랑스 혁명과 함께 개시된 '새로운 전쟁'(Volkskriege)은 절대 전쟁이었고, 규모와 폭력의 측면에서 극단으로의 상승을 동반했다. 새로운 전쟁은 인민 봉기에서 처음 나타난 '민족의 무장'을 동반했고, 나폴레옹은 이를 대륙의 헤게모니를 위한 제국주의 도구로 변형했다.[7] 그 후 무장

7. [역주] 1792년 4월 오스트리아와 프로이센이 프랑스 국내의 반혁명파와 손을 잡고 혁명파를 공격해온 이후로 프랑스 군대의 역할과 성격은 변용되었다. 더 넓은 범위의 프랑스 국민을 무장시킨다는 방침이 세워졌고, 정규군과 의용군의 통합이 이루어졌다. 1793년 프랑스 국민공회에서 가결된 법령의 문안은 다음과 같다. "모든 프랑스 국민은 군 복무를 위하여 징발된다. 젊은 남성은 전선의 전투 부대에 참여하고, 기혼 남성은 무기를 만들거나 군수품을 수송하며, 여성은 천막이나 의복을 만들거나 병원에서 복무하고, 어린이는 낡은 아마포로 붕대를 만들며, 노인은 광장에 나가서 병사들의 용기를 북돋우고 공화국의 단결과 국왕에 대한 증오를 선전한다." 이러한 국민 총동원령에 따라 징병제(국민 개병제·의무 병역제)가 도입된다.

한 민족들은 서로 경쟁하고 싸웠으며, 각자는 민족주의적 비책을 계발했으며, 그들은 자신의 실존이라고 믿는 것을 위하여 싸웠다. 이러한 전개는 전쟁의 세계사에 대한 클라우제비츠의 비범한 설명이 담겨 있는 8편에 약술되어 있고, 이것은 뒤따르는 시도들의 모형이 되었다.(여기에는 1860년대에 저술, 출판된 『신 아메리카 백과사전』(New American Cyclopedia)에 담긴 엥겔스의 항목도 포함된다.) 그리고 클라우제비츠의 질문은 명백하다. 우리는 어떤 이유로 이러한 전개가 비가역적이고 역사는 '전쟁의 절대화'를 향한 방향으로 전개한다고 믿어야만 하는가? 우리는 어떤 가능성에 의거해 이러한 경향에 저항해야만 하는가? 이런 경향은 민족과 국가의 실존을 위태롭게 하고, 모든 정치적 문제들 중에서 전쟁이 가장 '심각한' 문제가 되게 하며, 결국 정치의 도구인 전쟁에 대한 정치의 최우선권을 파기한다. 여기에서 클라우제비츠 개인이 누구였는지 회고하는 것이 유용할 것이다. 그는 불안한 귀족 가문 출신의 프로이센 장교로서 (주로 칸트적인) 철학 교육을 받았고, 대적(大敵) 프랑스와 계속 싸우기 위하여 자신의 나라를 떠나는 위험을 무릅썼고 직접적인 외교적 조정보다는 애국적인 관심을 우선시했다. 그는 인민 징병제에 기초해서 19~20세기에 이르러 거대한 군대로 발전할 것을 창안함으로써 프로이센 군대가 민족 군대로 변형되는데 결정적 역할을 했다.[8] 하지만 이러한 전개가 군사 카스트와 국가 관료로부터 정치적 결정의 완전한 독점권을 박탈할 가능성에 대해 그가 우려한 것은 분명하다.(나아가 빨치산이나 게릴라는 극단적 상황에서 궁극적인 무기이지

8. [역주] 나폴레옹이 프로이센의 프리드리히 빌헬름 3세에게 강요한 조약은 1808년 이후 프로이센 육군 규모를 42,000명으로 제한했다. 프랑스의 강제적인 동원 해제, 점령과 징발로 인해 프로이센 국민들의 감정은 악화되었고, 1813년 해방 전쟁이 시작되고 프로이센 정부가 대대적으로 징병에 돌입하자 국민들은 기꺼이 징병에 응했다. 클라우제비츠는 1812년 러시아로 넘어가서 러시아군 중위 계급의 옷을 입고 참전했다가 1813년 프로이센으로 돌아오고 3월에 프로이센군으로 복직한다. 그는 프로이센의 '국민 총동원'(Landsturm)과 '후방군 민병조직'(Landwehr)을 구상했지만 국왕의 냉대로 인해 그 활동에 직접 기여할 수 없었다.

만, 그들을 활용할 때 사회적 위험성이 동반된다는 점을 우려했던 것도 명백하다.) 이는 네 번째이자 마지막 명제로 우리를 이끈다.

4. 전략에서 도덕적 요인의 최우선성

네 번째 명제 역시 가장 크게 논쟁된 것 중 하나이다. 그것은 전쟁의 역사에서 다른 전략적 요인에 대한 '도덕적 요인'의 궁극적인 최우선성이다. 클라우제비츠가 '도덕적 요인'이라는 통념으로 열거한 일련의 복합적 요소들과 그것들이 철학적 견지에서 함의하는 바를 살펴보면, 우리는 매우 복합적인 힘들의 체계를 발견한다. '도덕적' 요인은 확실히 도덕성에 대한 고찰과 관련되지만, 그것은 역사에서 주체에게 생명을 불어넣는 개인적, 집단적 정서라는 더 광범위한 문제들과 분리할 수 없다. 도덕적 요인들은 집단적인 것뿐만 아니라 개인적인 것과 관련된다. 그래서 우리는 군대가 난폭한 죽음의 위험과 대치할 수 있게 하는 병사의 용맹과 어떤 전장 상황의 무한한 복잡성을 독자적인 직관으로 대체하고 어떻게 움직일지 결정하는 총사령관의 자질을 동시에 고려해야 한다. 그러나 또한 우리는 클라우제비츠가 국가의 '지성' 또는 국가의 정치적 합리성이라고 부른 것을 고려해야 한다. (이는 수단과 목적 간의 균형을 맞출 수 있는 개인의 능력으로 구현된다.) 그리고 우리는 인민의 애국심을 고려해야 하는데, 이는 군인의 전투 능력, 자원과 인명의 희생을 유지할 수 있는 민족적 능력의 배경을 형성한다. 애국심 역시 새로운, 즉 '근대적' 의미에서 정치적인 것이다. 이렇게 볼 때 이 모든 도덕적 요인은 집단적인 역사적 작용인, 또는 제도적 작용인의 차원 또는 계기로 간주될 수도 있다. 이는 내가 말했던 것처럼 상대적으로 자율적인 '전략'의 수준이 분리될 가능성을 반영하는 문제와 관련하여 도덕적 요인을 검토하는 것에 클라우제비츠가 대부분의 시간을 쏟은 이유이다. 즉 그는 도덕적 요인을 군대의 통일성이 형성되고, 그것의 소멸에 저항하고, 적의 폭력을 압도하는 능력을 갖추는 것에 기여하는 것으로서 검토했다. 역으로 다른 요인(예를 들어 경제적, 기술적 계기)을 무시하지 않는다면, 도덕적 요인에 부여된 중요성은 다른 요인의 유효성을 더욱 심원한 도덕적 심급에 종속시킨다.(예를 들어 조세 인상 등의 방식으로 경제 자원을 전쟁에 동원하는 민족적 능력.) 후대의 이론가들이 자신이 더욱 유물론적이고 현실주의적이라고 간주하고 클라우제비츠를 날카롭게 비판한 것이 바로 이 지점이다. 예를 들어 클라우제비츠가 군사 기술의 발전과 그것이 전략의 역사적 변형과 전쟁의 결과에 끼친 영향에 대해 상대적으로 관심이 부족했다는 것이다. 그러나 연속적으로 등장한 생산 양식과 결합된 기술 변화의 영향이라는 관점에서 전쟁의 역사를 다시 쓰기 위하여 긴 연구(『신 아메리카 백과사전』의 '군대' 항목)에 전념한 엥겔스와 같은 마르크스주의자조차 클라우제비츠가 '도덕적 요인'이라고 부른 것의 등가물을 고찰해야만 했다. 마르크스주의자들은 전쟁의 가능성과 전쟁의 발전에 관한 계급 의식, 더욱 일반적으로는 사회적 이데올로기의 영향에서 그것을 발견했다.

클라우제비츠의 네 명제 간 관계를 살펴보면 각각의 명제가 다른 명제의 결과를 지지하고 규명하거나 또는 제한한다는 것을 깨닫는다. 이는 우리가 무한한 논리적 순환에 들어서게 되는 이유이다. 예를 들어 제한 전쟁의 절대적 인민 전쟁으로의 근대적 변형은 어떤 도덕적 요인에 결정적 역할을 부여한다. 도덕적 요인은 전쟁의 '정치화'라는 의미에서 방어 전략과 방어의 반격으로의 전환에서 사활적 요소이다. 그러나 애국주의는 국가가 조종할 필요는 있지만 지배할 수 없는 대중의 정서이기 때문에 도덕적 요인은 정치의 합리성을 위협하는 양면성을 생산한다. 전쟁 시기에 애국주의는 공포를 포함하며, 공포를 압도하는 적에 대한 증오(Feindschaft)가 된다. 그것은 지배자에 대한 충성과 동일시될 수도 없으며(그것은 심지어 지배자에 반대하는 것으로 전환될 수 있는데), 이해 관계에 대한 고려를 통해 주관적으로 통제될 수도 없다. 그것은 정치를 파괴할 수 있는 정치를 실현한다. 여기에서 우리는 전쟁의 주체에 관한 클라우제비츠의 가차 없는 질문의 비밀을 만나게 된다. [전쟁의] 직접적인 주체는 군대이지만, 군대는 최소한 근대 시대에 결코 자율적인 존재가 아니며 그렇게 될 수 없다. 군대는 계속 생산·재생산되고, 전쟁의 환경과 그 누적된 효과는 이러한 재생산을 변조한다. 그러나 군대는 하나의 괴물이다. 군대는 국가와 인민의 결합이자 접합점이며, 민족이라는 관념은 [국가와 인민이라는] 두 가지 계기로 분열된다. 이것이 클라우제비츠의 딜레마였다. 이제 전쟁은 오직 민족 전쟁, 곧 민족주의적 전쟁의 형태로만 실현 가능하다는 사실로부터 모든 결론을 끌어내야 하지만, 역사의 무대에 출현한 새로운 인민 권력을 통제해야 하며, 인민 권력은 국가 자체가 인민의 정서를 영속적으로 능가하도록 할 수도 있다. 이것은 민족 국가가 일반적으로 직면하는 정치적 문제의 군사적, 전략적 등가물이었다. 즉 어떻게 '봉기를 제도화할 것인가?' 어떻게 대중들에게 고삐를 채울 것인가? 놀라운 것은 이 문제가 19세기 초반 혁명 전쟁과 제국 전쟁 직후 정치적인 것을 이해하기 위한 열쇠로 떠올랐던 상황을 넘어서 의제로서 남아 있었다는 것이다.

5. 전쟁과 마르크스주의 전통

복잡한 문제를 동반하지만, 나는 여기에서 매우 간략하게나마 포스트-클라우제비츠적 담론을 들여오고자 한다. 오늘은 [포스트-클라우제비츠 담론 중에서] 마르크스주의적 담론만을 다룰 것이다(만약 마르크스 자신이 마르크스주의자라면…). 그 차이는 마르크스가 최소한 초기에는 클라우제비츠를 읽지 않았다는 사실에 기인한다. 클라우제비츠를 감탄하여 읽고 마르크스에게 그 중요성을 조언해 준 사람은 엥겔스이다. (1849년 프로이센 군대와 맞선 혁명 세력의 분견대를 훌륭히 퇴각시킨 후 엥겔스에게 붙여진 별명은 '장군'이었고, 그는 항상 군사 문제에 관심을 두었다.)[9]

그렇지만 비교는 『공산주의자 선언』을 새롭게 독해하면서, 특히 1장의 구절들을 엄밀히 독해하면서 시작해야 한다. 1장은 계급 투쟁의 연속적 형태가 역사적 변형, 특히 국가의 상이한 형태와 정치적인 것의 상이한 제도들을 이해하기 위한 안내선을 구성하며, 계급 투쟁은 계속되는 내전(civil war)과 동일시되어야 한다고 설명한다. (내전이란 표현은 1장의 끝에 있으며, 분리되어 있지만 확실히 두드러진다.)[10] 내전의 행위자들(또는 정당들)은 전쟁 과정에서 생겨나며, 가시적일 수도 비가시적일 수도 있다. 마르크스가 1장의 서두에서 제시한 놀라운 정식처럼 내전은 상쟁하는 계급들 중 하나의 승리로 귀결될 수도 있고, 상호 파괴로 끝날 수도 있다.[11]

나아가 우리는 클라우제비츠와의 연결고리를 확립한 푸코가 제시한 논평을 따라 이러한 구절들을 독해하자. 1) 사실 클라우제비츠는 전쟁, 더 엄밀하게 말하면 '인종 전쟁'으로서의 정치라는 이전의 해석을 '전도했다.' 인종 전쟁은 프랑스 혁명 이전의 유럽 역사서를 지배했고 그 후에도 살아

---

9. [역주] 엥겔스는 1849년 프랑크푸르트 국민회의에서 독일 제국 헌법을 반혁명 세력으로부터 방어하기 위하여 독일 라인 지방에서 일어난 바덴-팔츠 봉기(badisch-pfälzischer Aufstand)에서 빌리히의 부관으로 직접 참여했다. (프로이센 포병 장교 출신 혁명가인 빌리히는 엥겔스를 '대단히 쓸모 있는 장교 가운데 하나'였다고 평가했다.) 그해 10월 영국으로 망명하기 전까지 그가 겪은 경험은 그의 혁명적 군사론에 큰 영향을 미쳤다.

10. [역주] "우리는 프롤레타리아 발전의 가장 일반적인 단계를 서술함으로써 다소간 가려져 있는 기존 사회 내부의 내란[내전]이 공개적인 혁명으로 바뀌고, 프롤레타리아가 부르주아지를 공개적으로 타도하여 자신의 지배권을 확립하게 되는 데까지 고찰했다."(『마르크스/엥겔스 저작선』, 거름 1991, 64)

11. [역주] "지금까지의 모든 사회의 역사는 계급 투쟁의 역사이다. (…) 서로 영원한 적대 관계에 있는 억압자와 피억압자가 때로는 은밀하게, 때로는 공공연하게 끊임없는 투쟁을 벌여 왔다. 그리고 이 투쟁은 항상 사회 전체가 혁명적으로 개조되거나, 그렇지 않으면 투쟁하는 계급들이 함께 몰락하는 것으로 끝났다."(『마르크스/엥겔스 저작선』, 거름 1991, 52)

남았다. 2) 계급 투쟁이라는 마르크스적 통념은 '인종 전쟁'의 변질된 형태로 이해되어야 한다.(여기에서 계급은 구체제 사회 내부의 인종으로 이해되어야 한다.) 이와 마찬가지로 계급 투쟁은 19세기의 적대적 통념, 즉 '인종 투쟁'의 통념으로 이해되어야 한다. 클라우제비츠와 마르크스를 넘어서 '인종 전쟁'이라는 초기 관념으로 돌아가는 것은 투쟁 또는 갈등과 동일시되는 정치적인 것의 어떤 순수성 또는 확실성을 부활시키는 것이다. 이러한 통념에서 나는 계급 투쟁의 관점에서 역사에 대한 새로운 이해가 출현하는 것을 둘러싸고 전쟁과 정치의 통념에 대한 역사적, 논리적으로 엇갈리는 스텝(chasse croisé)이 존재한다는 관념만을 유지할 것이다. 하지만 나는 푸코가 아무런 관심도 두지 않은 문제에 초점을 맞출 것이다. 그것은 전쟁과 정치의 접합에 대한 클라우제비츠의 관념과 마르크스의 관념의 대결이다.

확실히 가장 인상적인 차이는 마르크스가 계급 투쟁을 분산과 집적의 단계, 잠재와 발현의 단계를 지닌 내전(즉 일반적인 의미에서 혁명)으로 이해함으로써 클라우제비츠가 '전쟁'의 범주에서 배제하기를 원했던 바로 그것을 '전쟁'이라고 확실히 부른다는 사실이다. 인간학적 관점에서 볼 때 대외 전쟁, 민족 전쟁처럼 내전도 '순수한', 무차별적 폭력의 형태가 아니며, 그 역시 제도적 폭력의 형태이다. 내전은 심지어 문명의 한계를 넘어선다고 보일 정도로 (또는 과거에 그렇게 보였을 정도로) 잔혹한 수준에 도달할 수 있더라도 제도적 폭력의 형태이다. 그러나 내전은 특정한 유형의 정치 제도, 즉 '도시' 또는 '국가'의 파괴로서 나타난다(또는 그리스 이후로 그렇게 나타났다). 바로 이런 이유로 클라우제비츠의 용어법은 '폭력의 합법적 사용에 대한 독점'이란 국가의 정의를 예상하며(이는 폭력의 정치적 활용에 대한 독점이라고도 말할 수 있는데), 그 용어법에 따르면 내전은 정치의 도구가 아니라 반(反)정치의 도구이다. 슈미트에 이르러서야 내전을 포함하는 반정치의 도구가 정치적인 것의 개념에 이율배반적으로 통합된다(나는 이 문제를 잠시 뒤로 미루겠다). 사실 마르크스는 정치적인 것에 대한 두 가지 개념을 두고 분열을 겪었던 듯하다(우리는 이러한 딜레마가 결코 해소되지 않았으며, 마르크스와 마르크스주의자들이 '정치 이론'을 발전시키는데 계속 짐이 되었다는 사실을 알고 있다). 정치적인 것이 '정치 국가'를 의미하며, 국가를 둘러싸고 정치적인 것의 분리된 공간이 공적 대행자로서 출현하는 것을 의미한다면(그것은 지배 계급의 이익에 따라 행동하지만 외형적으로 또는 사법적으로 계급 이익을 초월하는 것처럼 행동하는데), 계급 투쟁은 '정치적인 것'이 아니다. 계급 투쟁은 정치적인 것을 초월하며, 결국 분리된 공간으로서의 정치 국가를 억압할 것이다(마르크스는 이를 '정치 국가의 종언'이라고 불렀다). 그러나 정치적인 것이 투쟁, 투쟁의 증대되는 양극화, 투쟁에 대한 '의식'과 '조직'의 형성, 역사의 변화를 생산하는 투쟁의 역할을 의미한다면 정치는 바로 영속적, 초역사적 '내전'으로 정의된다. 그러한 내전은 결코 정확히 동일한 형태를 취하지 않지만('최후'까지, 즉 부르주아와 프롤레타리아의 최종 대결까지) 결코 소멸하지 않는다.

이것은 '전쟁'이란 용어의 은유적 활용인가? 나는 그렇지 않다고 생각한다. 클라우제비츠와 비교한다면 그 이유를 이해할 수 있다. 그러나 마르크스의 내전은 전쟁의 개념을 확실히 반성적으로 활용하며, 특정한 전쟁 개념을 단순히 적용하지 않으며 그것에 대한 문제 제기와 변형을 동반한다. 우리는 여기에서 다음과 같은 명제 또는 가설을 독해할 수 있다. 1) 오직 '내전'으로서 사회적 전쟁(social war)만이 '절대' 전쟁, 또는 근본적으로 적대적인 전쟁이 된다. 그것은 극단에 도달하고, 절멸의 위험이 작동한다. 따라서 그것은 '본연의 의미에서' 전쟁이다. 2) 이러한 전쟁은 '정치'를 구성하고 클라우제비츠의 정식을 전도하지만, 클라우제비츠에게는 단지 경향(그리고 앞에서 살펴본 것처럼 공포)으로 남아 있던 것을 논리적 결론으로 나아가게 한다. 즉 그 결론은 정치의 '수단'으로서 폭력은 정치적인 것에 반작용하며, 정치가 전쟁의 계속이 되게 한다는 관념이다. 나아가 이것은 전쟁 '주체'의 표상의 총체적인 변화와 분리할 수 없다. 그것은 더 이상 제도적·사법적 주체, 곧 국가가 아니며 오히려 내재적인 사회적 주체이다. 전쟁의 사회적 주체는 자신의 역사적 형성과 부단한 자율화 과정 자체와 진정 구분될 수 없다. 물론 이는 마르크스가 (또는 마르크스를 클라우제비츠의 관점에서 독해하는 사람들이 – 그렇지만 우리는 이런 이들이 매우 적다는 것을 알게 될 것인데) 계급 투쟁이라는 약호를 통해 클라우제비츠의 명제 또는 클라우제비츠의 문제를 치환 또는 '번역'함으로써 그 명제와 문제를 부활시키게 한다.

그러한 문제들 중 하나는 계급을 '군대'로 표현할 수 있는 가능성과 관련된다. 이것은 계급 투쟁을 점점 더 통일되고 양극화되는 두 적대적 세력들 간의 대결로 표현하는 것에 따른 불가피한 결과일 것이다. 마르크스의 설명에 따르면 이는 자격 부여(qualification)에 종속된다. 그것은 계급 투쟁의 결과일 것이며, 이런 의미에서 계급 투쟁은 진정으로 자신의 행위자를 창조하거나 생산한다. 그 조건은 피착취 계급과 착취 계급의 초역사적 대결의 마지막 무대 또는 등장 인물, 즉 자본주의 사회에서 오직 최종적으로 실현되는 경향이다. 오직 자본주의 사회에서 국가는 지배 계급의 편에서 계급 투쟁의 조직자로서 직접적으로 기능한다. 그러나 그 적대자는 어떠한가? 프롤레타리아의 관점에서 볼 때 조직화된 세력은 국제 노동자 협회(International Association)나 '정당'이라고 생각할 수도 있다. 그러나 바로 여기에서 마르크스는 그 개념[군대로서의 계급]을 최종적 결론으로 밀고 나아가는데 주저했고, 좀 더 은유적인 활용으로 돌아갔다. 우리는 혁명을 계급 전쟁(class war)으로 표현하는 것이 적어도 공산주의 전통에서 1세기 동안 매우 강력했다는 것을 알지만, 마르크스에게서 군대 형태의 혁명 정당, 즉 계급 정당 또는 '전체 계급의 정당'이라는 개념의 가능성만을 발견한다(왜 그런지는 조금 후에 말하겠다). 그러나 그전에 방어의 문제와 관련된 두 번째 포스트-클라우제비츠적 파생 개념, 또는 클라우제비츠와 유사한 파생 개념을 강조해야 한다. 우리는 『공산주의자 선언』에서 '비정치적' 요소의 복귀를 준비하는 놀라운 역전을 목격한다. 마르크스는 프롤레타리아의 투쟁이 심지어 혁명을 준비하고 자본가 계급을 전복할 때라도 '방어적' 투쟁이라고 설명하지만, 이는 정치 철학이 되며 사실상 묵시론이 된다. 이는 자본주의 생산 양식이 임금 노동자를 절대적 빈곤과 실업에 빠뜨리고 그들의 생존을 위협하며, 바로 이런 의미에서 (임금 노동자, 더욱 일반적으로는 노동자[임금 노동자뿐만 아니라 농노나 노예]가 사회를 부양하고 유지하므로) 사회의 재생산과 생존을 위협한다는 관념과 결합된다. 마르크스가 여기에서 묘사한 것처럼 자본주의에는 허무주의적 요소가 있으며, 이 때문에 자본주의에 대한 공격을 사회 내부의 적에 대항하여 사회를 방어하는 것과 동일시할 수 있다. 그러나 그다음에 더욱 전략적, 또는 준(準) 전략적 고려가 나타난다. 그것은 프롤레타리아 계급 투쟁은 자신의 힘, 의식, 조직을 경쟁하는 부르주아 조직으로부터 끌어낸다는 관념에 있다. 마르크스는 프롤레타리아 계급 정당을 반(反)국가로 가상하지 않았고, 오히려 국가가 착취적 사회 질서를 위하여 사회를 억압하는 한에서 국가의 부정, 즉 '부정의 부정'으로 간주했다. 이 모든 것은 대외 전쟁의 상황과 반대로 '내전'으로 인식되는 '사회적 전쟁'에서 적대자들은 진정 외부적이지 않고, 서로 분리될 수 없다는 사실로부터 유래한다. 그들은 하나의 분할[분업] 형태에서 동일한 사회적 주체의 진화 양식이며, 그렇게 남아 있다.

마지막으로 전쟁과 정치의 접합을 이해한 결과는 결정적인 동시에 모호하다. 적대의 화해 불가능한 성격을 현실화함으로써 내전의 모형은 계급 사회, 특히 자본주의에서 정치적인 것의 본질을 폭로한다. 그러나 동시에 그것은 정치적인 것의 종언을 준비하는 '사라지는 매개자'라는 이행의 형태로 명백히 나타나며, 우리는 이를 자기 절멸이라고 말할 수 있다.

무엇이 마르크스가 후속 작업에서 이러한 설명을 단념하거나 무시하게 하였는가? 후속 작업은 그가 계급 투쟁의 전개에 관한 다른 모형을 모색하도록 이끌었고, 그가 『공산주의자 선언』에서 제시했던 반정치로서의 정치적인 것이라는 날카로운 서술로부터 어떤 의미에서 물러나게 하였다. 왜 그런가? 내 견해로는 일련의 긍정적인 요인들이 작동했다. 그것에는 점증하는 빈곤과 부의 양극화라는 '묵시론적'인 선형 모형을 희생시키는 자본주의 발전의 경제적 축적 사이클에 부여된 중요성의 증대도 포함된다. 그러나 전쟁과 내전의 현상들에 대한 더 많은 경험 역시 부정적인 요인이 되었다. 그 현상들은 계급 투쟁을 내전과 유비하는 것을 어렵거나 불가능하게 했고, 그것은 극단으로 밀린 내전, 즉 '절대적 내전'으로서 혁명 모형에 관한 모든 부정적 측면을 보여 주었다(그 교훈은 마르크스주의 전통 내에서 '개량주의'와 '혁명주의' 간에 뜨겁게 논쟁되었다). '제한적 내전' 또는 '억제된' 내전은 형용 모순으로 보였다. 1848년과 1872년(파리 코뮌)에 일어난 현실의 내전은 대량 학살의 비극적 경험이었다. 이때 부르주아 국가는 프롤레타리아를 궤멸시키기 위해서 (식민지 전쟁을 포함해) 대외 전쟁 동안 형성된 군사 장치를 손쉽게 사용했고, 프롤레타리아는 결코 '군대'가 아니었다(심지어 게릴라 군대도 아니었다). 게다가 (20세기는 물론이거니와) 19세기 동안 민족 전쟁은 계급 투쟁에게 자리를 내주지 않았고, 정치와 전쟁이 접합하는 바로 그 장소이자 전략적 사고의 장소로서 남았다는 사실을 보여 주는 압도적인 증거가 있었다. 민족 전쟁을 '현실'과 현실의 '정치' 과정을 은폐하는 외양 또는 인공 현실로 묘사하려는 시도가 있었지만 결코 완전히 설득력을 얻지 못했다. 민족 전쟁은 서로 다른 나라의 지배계급이 '자신의' 노동자가 서로를 절멸하도록 하고, 민족주의 담론으로 노동자를 기만하려는 노력을 결합해야 한다. 하지만 이처럼 민족 전쟁의 엄연한 현실은 반드시 고려되어야 했으며, 이는 클라우제비츠와 그의 문제를 직접 이해하는 것으로 복귀해야 한다고 요청한 것이었다.

이는 엥겔스에 의해 준비되었다. 그는 클라우제비츠가 도덕적 요인을 '관념론적'으로 강조했다고 비판했고 그것의 유물론적 등가물을 모색했다. 그것은 전쟁의 기술적, 경제적, 사회적 요인에 대한 강조와 양립할 수 있다고 입증되어야 했다. 이러한 등가물은 인민의 군대 또는 대중 징병이 (최소한 민주 공화국에서는) 군대 내부에 계급 투쟁을 잠재적으로 도입할 것이며, 따라서 군사 문제에서 대중들에 대한 클라우제비츠의 공포를 대중들이 국가와 군사 장치를 희생시키며 새로운 전략적 행위자로서 부상한다는 예언으로 역전시킬 것이라는 관념에서 발견되었다. 그러나 레닌과 모택동에 이르러서야 이러한 변증법적 원칙이 전쟁과 정치의 새로운 접합으로 나아갈 수 있었고, 전략적 결합체에 대한 관념이 국가-군대-인민의 통일체로부터 계급, 인민, 혁명 정당이라는 새로운 통일체로 대체되었다. 알다시피 레닌은 클라우제비츠를 철저히 읽었고, 1차 세계 대전이 발발되고 제2인터내셔널과 반전 결의안이 붕괴된 후 『전쟁론』에 관한 주석과 논평을 남겼다. 레닌은 "제국주의 전쟁을 혁명적 내전으로"라는 구호를 기초했고, (적어도 자신의 나라에서는) 성공적으로 이행했다. 그 구호는 '도덕적 요인'(국제주의적 계급 의식)이 시간이 지남에 따른 '대중' 전쟁(즉 대중으로 구성된 민족 군대가 수행하는 전쟁)에 대한 정치적 공포의 결과라고 설명했다. 그것은 '방어'로부터 준비되는 '공세'라는 관념에 대해 완전히 독창적인 해석을 제공하며, '절대' 전쟁은 유지될 수 없거나 유지될 수 없게 된다는 사실로부터 그 필연성을 끌어낸다. 따라서 그것[내전으로 전환]은 반드시 국가를 파괴해야 하며 차라리 국가를 희생시켜 정치의 조건들을 반드시 재창조해야 한다. 국가는 인민을 무장시키고 인민의 무장력 활용을 통제하는 능력을 보유하는 한에서만 정치를 구현할 수 있지만, 그러한 능력을 박탈당하자마자 정치적 환영(幻影)이 될 것이다. 또는 합법적 폭력의 국가 독점으로부터 역사적으로 결정적인 폭력의 계급 독점으로 변화되자마자 그렇게 될 것이다. 바로 이러한 클라우제비츠의 전위가 '정치적인 것'에 대한 카알 슈미트의 비정치적 개념의 출발점을 형성한다는 것에 잠시 주목하자.[12] 여기에서 주권은 계급 투쟁을 예방적으로 억압하기 위해서 국가의 핵심에 '예외 상태'를 설치할 수 있는 능력으로 동일시되며, '내부의 적', 즉 '계급적 내전'의 적에 대한 정의는 대외 전쟁을 수행하기 위한 [폭력의] 국가 독점과 그 능력을 항상 재창조한다.

그러나 우리는 모택동의 '유격대의 지구전' 이론에 이르러서야 '다른 수단으로 정치를 계속하는 것'이란 클라우제비츠의 전쟁 개념에 대한 마르크스주의적인 방식의 탈환이자 정치적인 것에 대한 클라우제비츠의 관념에 대한 대안으로 간주할 수 있는 것을 발견한다. 그것은 영속적으로 클라우제비츠를 괴롭혔던 아포리아를 해결하고자 시도한다. 사실 나는 여러 논평자들이 인정했던 것처럼, 모택동이 마르크스주의 전통에서 가장 일관된 클라우제비츠주의자였을 뿐만 아니라 클라우제비츠 이후 가장 일관된 클라우제비츠주의자라고 믿는 편이다. 왜냐하면 그는 클라우제비츠의 공리 중 일부가 아니라 전체를 모두 재해석했기 때문이다. 사실 그가 실제로 클라우제비츠를 직접 읽었거나 일부 인용문을 읽었는지 알기 어렵다(나는 클라우제비츠의 저작이 그가 읽을 수 있던 유일한 언어인 중국어로 번역되었는지 확인해야 할 것이다). 1930년대 후반과 1940년대 항일 전쟁 이후 (더

---

12. [역주] 카알 슈미트(1888~1985년)는 독일의 법학자이자 정치학자이다. 1933년 그는 베를린 대학의 교수가 되었으며, 같은 해에 나치당에 입당했고, 2차 세계 대전이 끝날 때까지 나치 당원으로 활동했다. 그가 쓴 주권에 대한 저작들은 논쟁적인 저서로 남아 있다. 그에 따르면 주권이 존재하는 장소는 사법적 질서의 안과 바깥 모두이며, 주권은 어떠한 법률로도 제한할 수 없는 권력이고, 주권자란 예외 상태에 대해 결정하는 자이다.

정확히는 대장정의 종료 이후) 모택동의 다양한 소책자와 논문에서는 레닌이 제국주의에 대한 에세이에서 클라우제비츠를 직접 인용한 대목에서 다시 인용한 것만을 발견할 수 있다. 이는 모택동이 그 문제틀을 실질적으로 재구성했다고 시사한다. 모택동의 핵심적인 관념은, 처음에는 제국주의 적국과 지배 부르주아는 군대가 있지만 프롤레타리아와 농민은 군대가 없기 때문에 방어 전략이 강요되지만, 이는 결국 대립물[공격 전략]로 역전되고, '가장 강한 적'의 실제 절멸에 이른다는 것이다. 그래서 이제 '지구전'(또는 전쟁의 대장정)이라고 불리는 전쟁의 지속 시간은 '마찰'의 변증법적 등가물이며, 농민 대중들 내부에서 피난처를 찾는 혁명적 노동자와 지식인의 소규모 핵심에게 필요한 시간이다(그들은 물속에서 헤엄치는 물고기처럼 인민 속에서 자신을 발견한다). 그들은 세 가지 결과를 동시에 추구한다. 첫째, 침략군의 고립된 분견대에 맞서 지역적 게릴라 공격을 감행함으로써 적군의 희생을 대가로 스스로 무장한다. 둘째, 전장을 전국적 수준으로 (중국에서는 반(半)대륙 수준으로) 확장함으로써 전략의 기술을 '배운다.' 셋째, 헤게모니를 외부의 권력(식민지 정복자 또는 민족의 특권 계급)으로부터 내재적 권력으로 이동하고, 피지배 계급들의 공통 이익을 대변함으로써 최종적으로 '인민 내부의 모순을 해결하고' 인민을 인민의 적(또는 당의 적)으로부터 분리한다. 공산당은 바로 그 내재적 권력으로 간주된다(그리고 장기간 내재적 권력으로 머문다고 간주된다).

오늘 이런 분석의 맹목점은 오히려 더 분명해 보인다(그리고 그에 따른 결과를 낳았다). 즉 반제국주의 투쟁에서 민족 내부의 세력들만이 전략적으로 중요하다는 것처럼, 2차 세계 대전의 국제적 맥락을 사실상 무시한다는 것이다. '자력 갱생'이라는 모택동주의의 위대한 구호는 잠재적으로 민족주의적 차원을 지닌다. 그러나 정치적인 것으로서의 전쟁의 합리성이란 관념(이는 정치적 주체를 함축하는데)에 대해 하나의 새로운 역사적 해석을 제시했다는 점에서 그 결과는 인상적으로 남는다. 그래서 어떤 의미에서 우리는 완전한 순환에 이르렀다. 그리고 이러한 순환의 종결이 특히 국가가 수행하는 제도적 전쟁과 인민의 게릴라 전쟁 간에 확립된 위계적 관계의 역전이라는 것은 필시 우연이 아니다. 그러나 내가 보기에, 이러한 역전이 클라우제비츠에서 발견되는 아포리아를 완전히 해결하는 것은 아니다. 차라리 그 아포리아를 전위할 것이다. 클라우제비츠의 난점은 전쟁을 '절대 전쟁', 즉 무장한 인민이 수행하는 전쟁으로 변형하는 과정을 통해서 수립되고 활용되어야 하는 '도구'에 대해 국가가 선험적으로 절대적 지배자라고 말할 수 없다는 사실에서 유래했다. 또한 중국 혁명의 역사로부터 어떤 교훈을 끌어오면서 생기는 모택동의 난점 또는 우리가 그를 사후적으로 독해할 때의 난점은 특정한 역사적 조건에서 계급 이데올로기를 통해 인민을 군대 또는 '인민군'으로 내부로부터 변형한 조직[공산당]의 내재적 권력, 즉 혁명 정당이 스스로 국가가 되는 조건에서만 [방어에서 공세로] 전략적 반전을 완전히 수행할 수 있으며 정치적 대행자로 남을 수 있다는 사실에서 유래한다(이는 심지어 국가가 혁명적 사건들에 의해 주기적으로 파괴되고 재건된다고 하더라도 그러하며, '문화 혁명'으로 나아갔던 모택동주의적 전망 또는 문화 혁명 동안 교육되었던 모택동주의적 전망에서도 그러하다). 사고할 수 있는 유일한 대안은 (민족 해방 전쟁의 조건에서는 가망성이 매우 낮지만) 혁명 정당이 '권력 장악'을 삼가거나, 또는 적의 완전한 파괴라는 '최종' 목적(Zweck)까지 혁명 전쟁을 수행하는 것을 그만두는 것이며, 따라서 '절대 전쟁'을 '제한 전쟁'으로 어떻게든지 축소하는 것이다.

따라서 전략적 과정의 주체(또는 전략적 과정 내부로부터 결정되는 주체)는 모든 상황에서 분열된 주체 또는 주권과 봉기 사이에서 동요하는 주체로 머문다. '분자 전쟁'(엔첸스베르거)에 대한 일부 근대 이론가와 논평자는 주체의 범주를 단순히 제거하거나 그것을 부정적이거나 불완전한 형상으로 환원함으로써 아포리아를 해결한다. 그러나 이런 경우에는 어떻게 '전쟁'의 범주 그 자체가 유지될 수 있는지를 설명해야 하는 문제가 남는다.

출처 : 월간 『사회 운동』, 2006년 10월, 108~142

제4편

『전쟁론』 관련 참고 문헌

LECTURES ON CLAUSEWITZ'S ON WAR

일러두기

『전쟁론』과 관련된 세계의 모든 문헌을 망라하는 것은 한편으로 불가능하고 다른 한편으로 불필요하기 때문에 다음의 1~4장은 완전하지 않다. 특히 4장에서는 주로 독어, 불어, 영어로 된 참고 문헌을 실었다. 스페인어, 러시아어 등의 저서와 논문은 제외했다. (이 문헌에 대해서는 클라우제비츠 홈페이지(http://www.clausewitz.com/index.htm) 참조.) 예외로 몇 개의 일어 해설서를 실었다.

1장과 4장의 문헌 목록을 작성하는 데는 주로 하알벡이 편집한 『전쟁론』 독일어 19판의 해설과 문헌 목록, 레이몽 아롱의 *Penser la guerre. Clausewitz*에 있는 문헌 목록을 많이 참고했다. 또한 클라우제비츠 홈페이지에 있는 문헌 목록을 참고했다. 2~3장의 목록을 작성하는 데는 국회도서관과 『전쟁론』 관련 서적의 참고 문헌 목록을 참조했다. 논문집, 콜로키움 등에 실린 각 논문의 제목은 일일이 밝히지 않고 저서의 제목만 밝혔다. 참고 문헌에는 설명을 넣을 수 있는 한 간략한 설명을 넣었다.

1장은 대략 발표된 연대순으로 배열했다. 2~3장은 저자의 가나다 순서로 배열했다. 한 저자가 여러 번 나올 때는 저서나 논문의 발표 연도 순서로 배열했다. 4장은 저자의 알파벳 순서로, 같은 저자의 경우에는 저서의 알파벳 순서로 배열했다.

2~3장의 경우에 '저자 (역자), (초판 또는 원본의) 출판 연도, 책 제목, 출판사 (현재 또는 한국어의) 출간 연도'의 순으로 배열했다.

제1장

클라우제비츠의 저서와 논문

Hinterlassene Werke des Generals Carl von Clausewitz über Krieg und Kriegführung, 1~10 Bde., Berlin: Ferdinand Dümmler 1832~1837 (이 『저작집』 전 10권의 2판은 1853~1863년에 출간.)

1. Bd., *Vom Kriege*, 1. Theil, 1832
2. Bd., *Vom Kriege*, 2. Theil, 1833
3. Bd., *Vom Kriege*, 3. Theil, 1834
4. Bd., *Der Feldzug von 1796 in Italien*, 1833
5. Bd., *Die Feldzüge von 1799 in Italien und der Schweiz*, 1. Theil, 1833
6. Bd., *Die Feldzüge von 1799 in Italien und der Schweiz*, 2. Theil, 1834
7. Bd., *Der Feldzug von 1812 in Russland, der Feldzug von 1813 bis zum Waffenstillstand und der Feldzug von 1814 in Frankreich*, 1835
8. Bd., *Der Feldzug von 1815 in Frankreich*, 1835
9. Bd., *Strategische Beleuchtung mehrerer Feldzüge von Gustav Adolph, Turenne, Luxembourg, und andere historische Materialien zur Stra-*

tegie, 1837

10. Bd., *Strategische Beleuchtung mehrerer Feldzüge von Sobiesky, Münich, Friedrich dem Grossen und dem Herzog Carl Wilhelm Ferdinand von Braunschweig, und andere historische Materialien zur Strategie*, 1837

Vom Kriege. Hinterlassenes Werk, Neunzehnte Auflage, Jubiläumsausgabe mit erneut erweiterter historisch-kritischer Würdigung von Professor Dr. Werner Hahlweg, Bonn & Berlin: Ferdinand Dümmler 1980 (『전쟁론』 독일어 19판, 1991년에 이 19판의 2쇄가 간행되었다. 현재 학문적인 수준의 독일어 표준판이다.)

Vom Kriege. Hinterlassenes Werk des Generals Carl von Clausewitz, Eingeleitet von Prof. Dr. Ernst Engelberg/Generalmajor a. D. Dr. Otto Korfes, Berlin: Verlag des Ministeriums für Nationale Verteidigung 1957 (이전에 동독에서 간행된 학문적인 수준의 『전쟁론』)

Bemerkungen über die reine und angewandte Strategie des Herrn von Bülow; oder Kritik der darin enthaltenen Ansichten, in: Neue Bellona 9(3), 1805 (이 글은 E. A. Nohn (Hg), *Der unzeitgemäße Clausewitz. Notwendige Bemerkungen über zeitgemäße Denkfehler*, Wehrwissenschaftliche Rundschau 5, 1956에 다시 실렸다.)

Historische Briefe über die großen Kriegsereignisse im Oktober 1806, in: Minerva 1/2, 1807 (이 글은 J. Niemeyer의 편집으로 1977년에 재출간되었다.)

Über das Leben und den Charakter von Scharnhorst. Aus dem Nachlasse des Generals von Clausewitz, in : Historisch-politische Zeitschrift 1, hg. von Leopold von Ranke, 1832 (클라우제비츠 연구의 필독서. 인터넷에서 열람 가능.)

Das Wesentlichste in der Organisation eines Landsturmes und einer Miliz, in : Errichtung der Landwehr und des Landsturms in Ostpreußen, Westpreußen am recten Weichsel-Ufer und Litauen im Jahre 1813, Beihefte zum Militär-Wochenblatt, Januar~Oktober, 1846

Unsere Kriegsverfassung, in : Zeitschrift für Kunst, Wissenschaft und Geschichte des Krieges 104, 1858

Über das Fortschreiten und den Stillstand der kriegerischen Begebenheiten, hg. von Hans Delbrück, in : Zeitschrift für Preußische Geschichte und Landeskunde 15, 1878 (1818년에 그나이제나우 장군에게 보낸 텍스트)

Nachrichten über Preußen in seiner großen Katastrophe, Kriegsgeschichtliche Einzelschriften 10, Berlin 1888 (1908년에 2판 출간.)

Zwei Denkschriften von Clausewitz 1830/1831, in : Militär-Wochenblatt 29~31, 1891

Carl und Marie von Clausewitz, Ein Lebensbild in Briefen und Tagebuchblättern, hg. und eingeleitet von K. Linnebach, Berlin 1916

Zwei Briefe des Generals von Clausewitz : Gedanken zur Abwehr, in : Militärwissenschaftliche Rundschau 2, Sonderheft 1937 (이 편지는 완전하지 않은 모습으로 Deutsche Rundschau, Dezember 1917에 H. Rothfels에 의해 출간된 적이 있다.)

Strategie aus dem Jahr 1804 mit Zusätzen von 1808 und 1809, hg. von

Eberhard Kessel, Hamburg: Hanseatische Verlagsanstalt 1937

Carl von Clausewitz, Schriften — Aufsätze — Studien — Briefe, Dokumente aus dem Clausewitz-, Scharnhorst- und Gneisenau-Nachlaß sowie aus öffentlichen und privaten Sammlungen, hg. Werner Hahlweg, 1. Bd. und 2. Bd., Göttingen: Vandenhoeck & Ruprecht, 1966~1990

제2장

한국 저자의 문헌

일러두기

한국의 『전쟁론』 연구는 전반적으로 부실하고 일면적이고 단편적이고 왜곡된 모습을 보인다. 먼저 1950~1960년대는 물론 1970~1990년대에도 일본 문헌에 대한 표절이 광범위하게 관찰된다. (최근으로 올수록 영어 문헌에 대한 표절이 늘고 있다.) 최근에도 저서나 논문의 거의 전부가 (자기)표절과 짜깁기로 이루어진 경우를 볼 수 있다. 많은 저서와 논문이 클라우제비츠와 관련된 부분을 『전쟁론』의 '소개'나 일부 내용의 '요약'으로 채우고 있다. 클라우제비츠 이론과 사상의 독창적인 (재)해석처럼 보이는 부분도 외국 학자들의 해설이나 해석인 경우가 적지 않다.[1] 『전쟁론』의 해석을 냉

1. 이런 현실에서는 외국 문헌 중에 클라우제비츠의 이해와 해석에 중요하고 독창적인 기여를 한 것으로 인정받고 있는 문헌에 대한 지속적인 번역 연구가 선행되어야 할 것으로 생각한다. 외국 문헌의 번역에서도 영어로 된 문헌의 번역에 치우쳐 있다. 독어나 불어 문헌의 경우에도 그 문헌의 영어나 일어 번역의 중역이 많다.

전 시대의 반공 이데올로기에 접목한 그로테스크한 연구도 보인다.[2] 군 출신 연구자들이 군대의 선배 교수들의 연구를 많이 참고하다 보니 이 책(논문)에 보이는 내용과 문장이 저 책(논문)에도 나온다. 『전쟁론』을 적용, 응용한 논문이 이론 연구보다 훨씬 많다. 클라우제비츠의 사상과 이론에 대한 논의는 많지 않다. 이론 연구에서는 몇 개의 분야, 즉 전쟁과 정치의 관계, 전쟁의 삼중성, 전쟁 천재에 관한 연구가 대부분을 차지하고 있다. 최근에는 4세대 전쟁과 '적의 중심'이 유행하고 있는 주제이다. 그 결과로 한국의 『전쟁론』 연구는 산발적으로 발표되고 있지만 그 결과물이 축적되지 않고, 그래서 연구 수준의 향상이 잘 이루어지지 않고 있다.[3]

그럼에도(그래서) 아래에 우리 나라 저자들의 연구를 선별하고 제한하여 실었다.[4] 중복되어 게재되고 출판된 경우는 되도록 배제하였다. (몇몇 저자의 경우에는 이것이 너무 많다.) 국회도서관이나 국가전자도서관의 홈페이지에서 '클라우제비츠'나 '전쟁론'으로 검색하면 더 많은 자료를 찾을 수 있다.

---

2. 클라우제비츠와 『전쟁론』에 대한 이해와 수용은 좌익인 마르크스주의부터 극우인 나치즘에 걸쳐 있다. 전쟁이 좌익과 우익을 '차별'하지 않고 일어나기 때문에 『전쟁론』에 대한 해석도 이념적인 스펙트럼이 매우 넓다. 독일과 프랑스 등 유럽에는 『전쟁론』에 대한 해석이 대체로 좌익과 우익에서 균형을 보이는 편이다. 하지만 미국과 (미국의 영향을 많이 받은) 한국의 경우에는 우익 및 극우적인 해석이 많은 편이다. 그런 해석에도 이론적인 해석보다 편견과 선입견에 바탕을 둔 해석이 많다.

3. 이 언급은 자기 반성의 차원에서 한 것이다.

4. 아래의 목록은 각 문헌의 질을 (절대로) 결정하지 않는다. 즉 여기에 그 문헌이 실렸다는 것이 그 문헌이 우수한 문헌이라는 것을 보증하지 않는다. 이 목록은 말 그대로 참고 목록이다. 집단 지성을 통해 우수한 문헌의 목록을 만드는 것이 필요해 보인다. 또한 한국에서 '『전쟁론』의 수용의 역사'로 학위 논문을 쓸 때가 된 것으로 보인다.

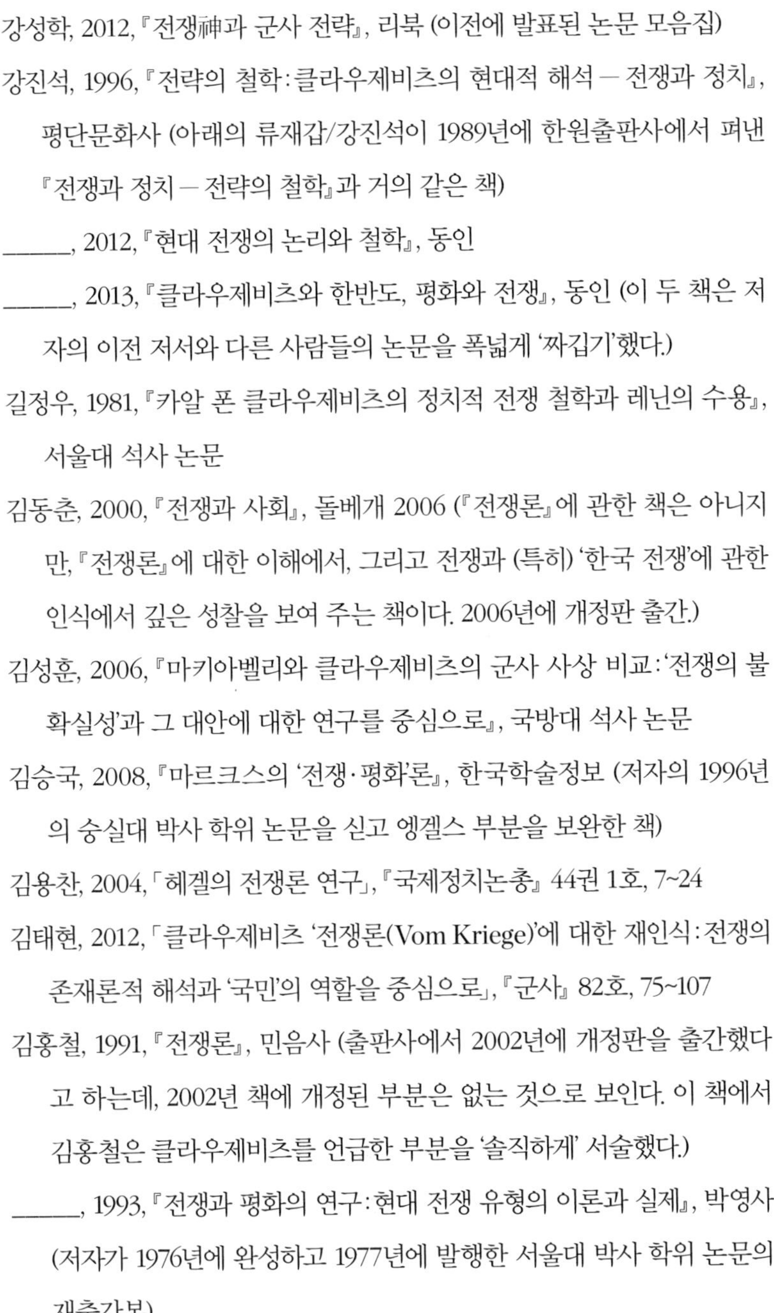

강성학, 2012, 『전쟁神과 군사 전략』, 리북 (이전에 발표된 논문 모음집)

강진석, 1996, 『전략의 철학 : 클라우제비츠의 현대적 해석 — 전쟁과 정치』, 평단문화사 (아래의 류재갑/강진석이 1989년에 한원출판사에서 펴낸 『전쟁과 정치 — 전략의 철학』과 거의 같은 책)

______, 2012, 『현대 전쟁의 논리와 철학』, 동인

______, 2013, 『클라우제비츠와 한반도, 평화와 전쟁』, 동인 (이 두 책은 저자의 이전 저서와 다른 사람들의 논문을 폭넓게 '짜깁기'했다.)

길정우, 1981, 『카알 폰 클라우제비츠의 정치적 전쟁 철학과 레닌의 수용』, 서울대 석사 논문

김동춘, 2000, 『전쟁과 사회』, 돌베개 2006 (『전쟁론』에 관한 책은 아니지만, 『전쟁론』에 대한 이해에서, 그리고 전쟁과 (특히) '한국 전쟁'에 관한 인식에서 깊은 성찰을 보여 주는 책이다. 2006년에 개정판 출간.)

김성훈, 2006, 『마키아벨리와 클라우제비츠의 군사 사상 비교 : '전쟁의 불확실성'과 그 대안에 대한 연구를 중심으로』, 국방대 석사 논문

김승국, 2008, 『마르크스의 '전쟁·평화'론』, 한국학술정보 (저자의 1996년의 숭실대 박사 학위 논문을 싣고 엥겔스 부분을 보완한 책)

김용찬, 2004, 「헤겔의 전쟁론 연구」, 『국제정치논총』 44권 1호, 7~24

김태현, 2012, 「클라우제비츠 '전쟁론(Vom Kriege)'에 대한 재인식 : 전쟁의 존재론적 해석과 '국민'의 역할을 중심으로」, 『군사』 82호, 75~107

김홍철, 1991, 『전쟁론』, 민음사 (출판사에서 2002년에 개정판을 출간했다고 하는데, 2002년 책에 개정된 부분은 없는 것으로 보인다. 이 책에서 김홍철은 클라우제비츠를 언급한 부분을 '솔직하게' 서술했다.)

______, 1993, 『전쟁과 평화의 연구 : 현대 전쟁 유형의 이론과 실제』, 박영사 (저자가 1976년에 완성하고 1977년에 발행한 서울대 박사 학위 논문의 재출간본)

류재갑, 1996, 「클라우제비츠와 현대 국가 안보 전략」, 강진석, 1996, 앞 책, 25~72

류재갑/강진석, 1989, 『전쟁과 정치 — 전략의 철학 : 클라우제비츠 논고』, 한원

박상섭, 1996, 『근대 국가와 전쟁 : 근대 국가의 군사적 기초 1500~1900』, 나남

박호성, 1996, 「마르크스주의와 폭력 : 전쟁 및 혁명을 중심으로」, 서강대 『사회과학 연구』 5집, 1~39

손주영, 1994, 『클라우제비츠의 전쟁 철학에 대한 고찰 : 도박성을 중심으로』, 서울대 석사 논문

신진희, 1995, 『손자와 클라우제비츠의 전쟁 사상 비교 : 국가 정책 수단으로서의 전쟁』, 국방대 석사 논문

신태영 편, 1985, 『나폴레온의 전쟁 : 전쟁의 천재아, 그 전략과 생애』, 도남서사 (나폴레옹의 생애와 전쟁, 클라우제비츠 이론에 대한 수준 높은 해설. 전쟁 이론, 역사 지식, 역사 인식 등으로 볼 때 한 사람이 쓸 수 없는 책으로 보인다. 신태영이 누구인지, 圖南書肆가 어떤 출판사인지 궁금하다. 하지만 이 책은 명백히 일본 책의 표절로 보인다. 나폴레옹을 나폴레온으로 표기한 것으로도 알 수 있다. 그래서 '편서'인지 '편역'인지 밝히지 않은 채 '편'이라고만 표기했다.)

이수훈, 2012, 『미국의 '테러와의 전쟁'으로 본 21세기 전쟁 양상 연구 : 클라우제비츠의 삼위일체론을 중심으로』, 고려대 박사 학위 논문

이재유, 2009, 「클라우제비츠의 『전쟁론』에 대한 철학적 고찰 : 근대적 주체의 해체와 새로운 주체 가능성을 중심으로」, 『시대와 철학』 20권 2호, 187~222 (앞의 3편 4장의 발리바르 논문과 비교하여 읽으면 매우 '흥미로운' 점을 발견할 것이다.)

이종학, 2004, 『클라우제비츠와 전쟁론: 클라우제비츠의 생애와 사상』, 주류성 (이전의 여러 논문을 모아서 펴낸 책)

_____, 2012, 『군사 고전의 지혜를 찾아서』, 충남대 출판문화원 (이전의 여러 논문과 글의 중복, 변경, 일부 개정.)

_____ 편저, 2012, 『전략이론이란 무엇인가: 「손자병법」과 「전쟁론」을 중심으로』, 충남대학교 출판문화원 ('편저'라고 되어 있지만 「손자병법」과 「전쟁론」의 일부분을 번역한 책으로서 편역이 적절할 것으로 생각된다. 2002년에 출간된 책의 개정판.)

이주천, 2013, 「클라우제비츠의 『전쟁론』이 마르크스주의에 미친 영향」, 『서양사학 연구』 29집, 73~96

이진우, 2015, 『클라우제비츠의 전쟁론』, 흐름출판 (내 번역 초판과 비교해서 읽으면 매우 '흥미로울' 것이다.)

이풍석 편, 1986, 『클라우제비츠의 생애와 사상』, 박영사 (이 책은 편저가 아니라 편역이다. 1980년에 독일에서 출간된 클라우제비츠 탄생 200주년 기념 국제 학술 회의 논문집 『전쟁 없는 자유란? 현대의 정치와 전략의 사명』의 일어 번역에 있는 전체 26편의 논문 중에 일부 논문을 우리말로 중역한 책. 풍석은 앞의 이종학의 호.)

이해영, 1995, 「전쟁, 정치 그리고 자본주의」, 『이론』 11호, 9~34

조상제, 2004, 「클라우제비츠의 전쟁론 사상과 논리: 전쟁의 이중성과 삼위일체 중심으로」, 『군사평론』 367호, 73~137

_____, 2005, 「클라우제비츠의 전쟁론 사상과 논리 2: 군사적 천재 중심으로」, 『군사평론』 373호, 171~213

_____, 2007, 「클라우제비츠의 사상과 논리 3: 전쟁의 과학과 술 중심으로」, 『군사평론』 388호, 34~67

조성환, 1985, 『레이몽 아롱의 전쟁 및 전략 사상 연구 — 현대 전쟁의 클라

우제비츠적 해석을 중심으로』, 서울대 석사 논문

조한승, 2010,「전쟁의 삼위일체에 대한 4세대 전쟁 주창자들의 비판 고찰」, 『대한정치학회보』 17집 3호, 145~168

최희욱, 1989,『버나드 브로디(Bernard Brodie)의 전략 사상:목적과 수단에 대한 인식을 중심으로』, 국방대 석사 논문

한설, 1996,「걸프전에서 여론의 역할:클라우제비츠의 중심 개념의 적용을 중심으로」,『군사』 32호, 313~352

______, 2004,『레닌(B. И. Ленин)의 전쟁관 연구:러일 전쟁부터 브레스트-리토프스크 조약까지』, 고려대 박사 학위 논문

허남성, 2005,「클라우제비츠 『전쟁론』의 '3위1체론' 소고」,『군사』 57호, 305~339

황성칠, 2008,『북한군의 한국 전쟁 수행 전략에 관한 연구:클라우제비츠의 마찰 이론을 중심으로』, 고려대 박사 학위 논문

황현덕, 1988,『클라우제비츠의 전쟁 철학이 핵시대에 가지는 의미』, 고려대 석사 논문

제3장

한국어로 번역된 문헌

일러두기

클라우제비츠나 『전쟁론』에 관해 한국어로 번역된 문헌은 많지 않은 편이다. 그래서 아래에서는 클라우제비츠나 『전쟁론』과 직접 관련되지 않고 간접적으로 관련된다고 생각하는 문헌도 일부 포함했다. 또한 다음 제4장에 있는 문헌의 번역도 일부 포함되어 있다.

갈로, 막스 (임헌), 1997, 『나폴레옹』, 1~5권, 문학동네 1998

______ (박상준), 2008, 『프랑스 대혁명』, 1~2권, 민음사 2013

갈리, W. B. (이춘근), 1996, 『전쟁과 평화의 철학』, 서광사

그레이, 콜린 S. (최연희), 2007, 『전쟁을 읽으며 인생을 깨우다』, 가람기획 2014

기쿠치 요시오 (이경덕), 2010, 『결코 사라지지 않는 로마, 신성 로마 제국』, 다른세상

델브뤼크, 한스 (민경길), 1920, 『병법사』, 전 4권, 한국학술정보 2009

듀푸이, 트레버 (주은식), 1994, 『전쟁의 이론과 해석』, 한원

라이더, 줄리안, 1983, 『군사 이론』, 국방대 1985

루덴도르프, 에리히 (최석), 1935, 『국가 총력전론』, 대한재향군인회 1972

리델 하트, 바실 헨리 (주은식), 1954, 『전략론』, 책세상 1999

마키아벨리, 니콜로 (박상훈), 1532, 『군주론』, 후마니타스 2014

매클린, 프랭크 (조행복), 『나폴레옹 — 야망과 운명』, 교양인 2016

모택동 (김승일), 『모택동 선집』, 1~4, 범우사 2001~2008

몽고메리, 버나드 로 (승영조), 1996, 『전쟁의 역사』, 책세상 2004

뮌클러, 헤어프리트 (공진성), 2002, 『새로운 전쟁』, 책세상 2012

반 크레벨드, 마틴, 1991, 『전쟁의 역사적 변화』, 국방대 1994

발리바르, 에티엔 (윤소영), 「레닌 1914~1916 : 전쟁에 의해 규정된 정치에서의 철학적 계기」, 에티엔 발리바르 (윤소영), 『맑스주의의 역사』, 민맥 1991

_____ (사회진보연대 반전팀), 2006, 「전쟁으로서의 정치, 정치로서의 전쟁 : 포스트-클라우제비츠적인 변이들」, 『사회 운동』 68호, 108~142

_____ (임필수), 2013, 「마르크스주의와 전쟁」, 『사회 운동』 111호, 119~145

보스턴컨설팅그룹 전략연구소 편, 2002, 『전쟁과 경영 — 클라우제비츠에게 배우는 전략의 지혜』, 21세기북스

보프르, 앙드레, 1963, 『전략론』, 국방대 1974

부트, 맥스 (송대범), 2006, 『전쟁이 만든 신세계』, 플래닛미디어 2007

브로디, 버나드, 1976, 「『전쟁론』의 항구적 가치」, 류재갑/강진석, 1989, 앞 책, 384~404 (유려한 만연체로 독서의 즐거움을 주는 글. 새로운 것을

알게 하고 새로운 시각을 주는 논문이다.)
비거, P. H. (권인태, 이민룡), 1975, 『소련의 전쟁관, 평화관, 중립관』, 형성사 1984
서머스, 해리 (민평식), 1982, 『미국의 월남전 전략』, 병학사 1983
슈미트, 카알 (김효전), 1963, 『파르티잔: 그 존재와 의미』, 문학과지성사 1998
스미스, 루퍼트 (황보영조), 2005, 『전쟁의 패러다임 — 무력의 유용성에 대하여』, 까치 2008
스트레이천, 휴 (허남성), 2008, 『전쟁론 이펙트: 전쟁의 방식은 어떻게 진화되어 왔는가?』, 세종서적 2013
아롱, 레이몽, 1974, 「클라우제비츠의 개념 체계」, 강진석, 1996, 앞 책, 447~462
_____, 1989, 「클라우제비츠에 있어서의 정치적 전략 개념」, 『국제문제』 230호, 52~63
얼, 에드워드 미드 편 (곽철), 1941, 『신 전략사상사』, 기린원 1980
오스굿, 로버트 E., 1957, 『제한 전쟁』, 국방부 정훈국 1958
_____, 1979, 『신 제한 전쟁론』, 국방대 1981
웨지우드 C. V. (남경태), 1938, 『30년 전쟁』, 휴머니스트 2011
조미니, 앙투안 앙리 (이내주), 1838, 『전쟁술』, 책세상 1999 (영어 번역의 중역.)
코널리, 오언, 2009, 「전투에서 조미니와 클라우제비츠 (사례 연구)」, 대한민국 공군, 출처: http://www.airforce.mil.kr/PF/PFG/PFGA_0100.html (예나, 아우어슈테트, 프리트란트 전투 1806~1807) 또는 http://dl.nanet.go.kr/OpenFlashViewer.do
클라우제비츠 협회 편, 1980, 『전쟁 없는 자유란? 현대의 정치와 전략의 사명』, 국방대 1984 (앞의 2장에서 말한 것처럼, 이는 이풍석이 1986년에 박영사에서 펴낸 『클라우제비츠의 생애와 사상』의 완역판이다.)

클라우제비츠 (송항섭), 1984, 『클라우제비츠의 전쟁 원칙』, 육군대학 (클라우제비츠가 1812년에 황태자에게 한 강의 『전쟁의 원칙』의 일어 번역을 우리말로 중역한 (것으로 추정되는) 책. 책의 표지에는 '少領 宋亢燮'으로만 되어 있다. 송항섭이 번역자로 되어 있지 않아 송항섭이 저자인 것으로 착각하게 된다. 3쪽의 '역자 주'에도 송항섭은 서지 사항을 밝히지 않았다.)

클라우제비츠/프라이탁 로링호벤 (정토웅), 1999, 『클라우제비츠의 전쟁 원칙과 리더십론』, 육사 화랑대연구소 (이는 클라우제비츠가 1812년에 황태자에게 한 강의 『전쟁의 원칙』의 영어 번역(1942년), 그리고 프라이탁 로링호벤이 1905년에 출간하고 1911년에 개정한 Die Macht der Persönlichkeit im Kriege의 영어 번역(The Power of personality in War, 1955)의 두 글을 우리말로 중역한 책이다.)

키건, 존 (유병진), 1993, 『세계 전쟁사』, 까치 1996

______(정병선), 1996, 『전쟁의 얼굴』, 지호 2005

티볼트, 에드워드, 1973, 「정책의 붕괴로서의 전쟁 : 클라우제비츠 이론에 대한 재평가」, 『국방 연구』 18권 1호, 1975, 205~219

파렛, 피터, 1976, 「『전쟁론』의 기원」, 강진석, 1996, 앞 책, 408~446

파렛, 피터 편, 1986, 『현대 전략사상가 — 마키아벨리부터 핵시대까지』 전 3권, 국방대 1988~1989 (앞의 에드워드 얼의 『신 전략사상사』의 새로운 판이다.)

푸코, 미셸 (김상운), 1997, 『사회를 보호해야 한다 — 콜레주드프랑스 강의 1975~1976년』, 난장 2015 ('전쟁은 정치의 계속'이라는 클라우제비츠의 명제를 '정치는 전쟁의 계속'이라는 명제로 전복한 저서. 1998년에 박정

자의 번역으로 동문선에서 출판된 번역이 있다.)
풀러, J. F. C., 1961, 『전쟁의 지도』, 국방대 1981
프라이탁 로링호벤 (정토웅), 1911, 『전쟁과 리더십 : 클라우제비츠로부터 배운다』, 황금알 2006 (이는 정토웅이 1999년에 번역하여 육사에서 출간한 『클라우제비츠의 전쟁 원칙과 리더십론』에서 프라이탁 로링호벤의 글만 다시 번역하고 보완하여 재출간한 책이다.)
프루트, 딘/스나이더, 리처드 편, 1969, 『전쟁 원인론』, 국방대 1980
프리드먼, 로렌스 (이경식), 2013, 『전략의 역사』 전 2권, 비즈니스북스 2014
하워드, M., 1976, 「클라우제비츠의 영향」, 강진석, 1996, 앞 책, 463~491
______ (김한경), 1983, 『클라우제비츠』, 문경출판 1986
한델, 마이클 편, 1986, 『클라우제비츠와 현대 전략』, 국방대 1991 (논문 모음집)
한델, 마이클, 1986, 「클라우제비츠와 현대 전략」, 강진석, 1996, 앞 책, 357~407 (앞의 마이클 한델 편, 『클라우제비츠와 현대 전략』, 5~37쪽의 『서론』을 강진석이 자기의 책에 붙인 글.)
______ (박창희), 1992, 『클라우제비츠, 손자 & 조미니』, 평단문화사 2000
햄즈, 토머스 (하광희), 2004, 『21세기 전쟁 : 비대칭의 4세대 전쟁』, 국방연구원 2010
히로세 다카시 (위정훈), 『왜 인간은 전쟁을 하는가』, 프로메테우스 2011

제4장

외국어 문헌과 『전쟁론』 관련 사이트

일러두기

아래의 목록에는 저자와 책(또는 논문)을 알 수 있는 최소한의 정보만 담았다. 문헌 표기 방식은 통일하지 않았다. 책과 논문의 제목은 이탤릭체로 표시했다. Werner Hahlweg, Eberhard Kessel, Karl Linnebach, Walther Malmsten Schering, Eric Weil의 책과 논문은 클라우제비츠와 『전쟁론』 연구에 중요하므로 번역하는 것이 바람직할 것으로 생각한다.

Albertini, R. v., *Politik und Kriegführung in der deutschen Kriegstheorie von Clausewitz bis Ludendorff. Eine Untersuchung über die geistesgeschichtlichen Voraussetzungen der Theorie des totalen Krieges*, in : Schweizerische Monatsschrift Offiziere aller Waffen,

59(1~3), 1947

Ancona, C., *L'influenza del "Vom Kriege" di Clausewitz sul pensiero marxista da Marx a Lenin*, in : Rivista storica del socialismo, 8(25/26), 1965

Angstrom, J./Duyvesteyn, I. (eds.), *The Nature of Modern War : Clausewitz and His Critics Revisited*, Stockholm 2003 (*Rethinking the Nature of War*, London 2005로 논문을 줄이고 새로운 논문을 실어 재출간.)

Arndt, H. J., *Bleiben die Staaten die Herren der Kriege? Zum Clausewitz-Buch von Raymond Aron*, in : Der Staat. Zeitschrift für Staatslehre, Öffentliches Recht und Verfassungsgeschichte, 16(2), 1977

______, *Clausewitz aus der Sicht eines Deutschen und eines Amerikaners*, in : Der Staat. Zeitschrift für Staatslehre, Öffentliches Recht und Verfassungsgeschichte, 17(3), 1978

Aron, R., *Clausewitz et L'État. Note critique*, in : Annales Économies, Sociétés Civilisations, 32(6), 1977

______, *Clausewitz et la conception de l'État*, in : Vom Staat des Ancien Regime zum modernen Parteienstaat. Festschrift für Theodor Schieder, München 1978

______, *Clausewitz et la guerre populaire*, in : Défense nationale 29, Janvier 1973, 3~10

______, *Histoire et politique*, Julliard, Paris 1985

______, *La guerre est un caméléon*, in : Militärgeschichte, Militärwissenschaft und Konfliktforschung. Eine Festschrift für Werner Hahlweg, 15. Bd., Osnabrück 1977 (이 논문과 이미 발표된 다른 논문이

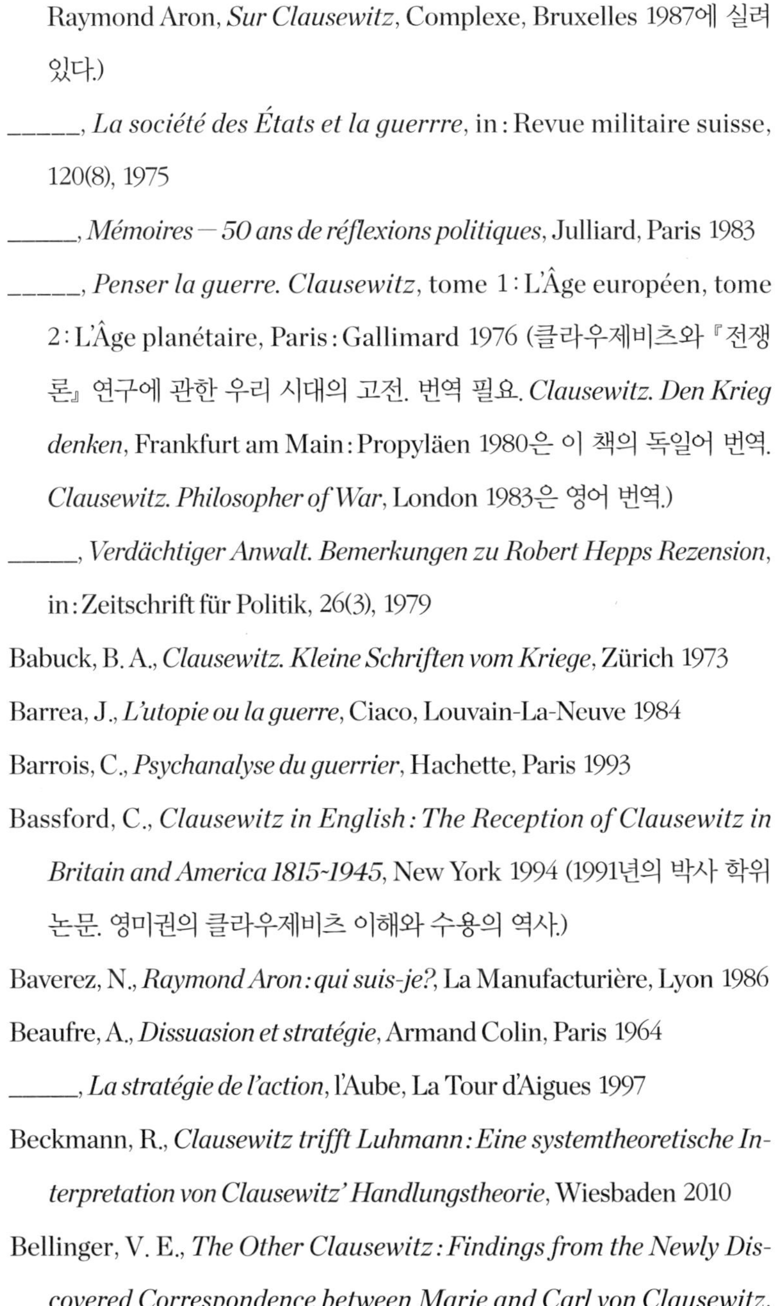

Raymond Aron, *Sur Clausewitz*, Complexe, Bruxelles 1987에 실려 있다.)

_____, *La société des États et la guerrre*, in : Revue militaire suisse, 120(8), 1975

_____, *Mémoires — 50 ans de réflexions politiques*, Julliard, Paris 1983

_____, *Penser la guerre. Clausewitz*, tome 1 : L'Âge européen, tome 2 : L'Âge planétaire, Paris : Gallimard 1976 (클라우제비츠와 『전쟁론』 연구에 관한 우리 시대의 고전. 번역 필요. *Clausewitz. Den Krieg denken*, Frankfurt am Main : Propyläen 1980은 이 책의 독일어 번역. *Clausewitz. Philosopher of War*, London 1983은 영어 번역.)

_____, *Verdächtiger Anwalt. Bemerkungen zu Robert Hepps Rezension*, in : Zeitschrift für Politik, 26(3), 1979

Babuck, B. A., *Clausewitz. Kleine Schriften vom Kriege*, Zürich 1973

Barrea, J., *L'utopie ou la guerre*, Ciaco, Louvain-La-Neuve 1984

Barrois, C., *Psychanalyse du guerrier*, Hachette, Paris 1993

Bassford, C., *Clausewitz in English : The Reception of Clausewitz in Britain and America 1815-1945*, New York 1994 (1991년의 박사 학위 논문. 영미권의 클라우제비츠 이해와 수용의 역사.)

Baverez, N., *Raymond Aron : qui suis-je?*, La Manufacturière, Lyon 1986

Beaufre, A., *Dissuasion et stratégie*, Armand Colin, Paris 1964

_____, *La stratégie de l'action*, l'Aube, La Tour d'Aigues 1997

Beckmann, R., *Clausewitz trifft Luhmann : Eine systemtheoretische Interpretation von Clausewitz' Handlungstheorie*, Wiesbaden 2010

Bellinger, V. E., *The Other Clausewitz : Findings from the Newly Discovered Correspondence between Marie and Carl von Clausewitz*, in : The Journal of Military History 79, 2015, 345~367

Bernard, H., *Guerre totale et guerre révolutionnaire*, tome 1 : Le XIXe siècle, la première guerre mondiale et la révolution russe, tome 2 : L'entre-deux-guerres, la période d'expansion de l'ordre nouveau, tome 3 : Le reflux et l'effondrement de l'ordre nouveau, Brepols, Bruxelles-Paris 1966 (전 3권)

_____, *La guerre et son évolution à travers les siècles. Imprimerie Médicale et Scientifique*, Bruxelles 1955 et 1957 (전 2권)

Bernhardi, F. v., *Clausewitz über Angriff und Verteidigung. Versuch einer Widerlegung*, in : Beihefte zum Militär-Wochenblatt 2, 1911, 399~412

_____, *Delbrück, Friedrich der Große und Clausewitz. Streiflichter auf die Lehren des Professors Dr. Delbrück über Strategie*, Berlin 1892

Bernhardi, T. v., *Leben des Generals C. v. Clausewitz*, in : Beihefte zum Militär-Wochenblatt 10, 1878

Berteil, L., *De Clausewitz à la Guerre Froide*, Berger-Levrault, Paris 1958

Beyerchen, A. D., *Clausewitz, Nonlinearity and the Unpredictability of War*, in : International Security 17(3), 1992, 59~90 (번역 필요.)

Beyerhaus, G., *Der ursprüngliche Clausewitz*, in : Wehrwissenschaftliche Rundschau 3(3), 1953

_____, *Descartes oder Clausewitz? Eine Auseinandersetzung mit der Foch-Legende*, in : Historische Zeitschrift 168, 1943

Blaschke, R., *Carl von Clausewitz. Ein Leben in Kampf*, hg. von W. Elze, Berlin 1934

Blasius, D., *Carl von Clausewitz und die Hauptdenker des Marxismus. Ein Beitrag zum Problem des Krieges in der marxistischen Lehre*, in: Wehrwissenschaftliche Rundschau 5~6, 1966

Brinkmann, D., *Clausewitz und die Schweiz*, Zürich o. J.

Brodie, B., *A Guide to the Reading of On War*, in: Carl von Clausewitz, *On War*, eds./trans. M. Howard/P. Paret, Princeton: Princeton University Press 1976, 641~711

_____, *In Quest of the Unknown Clausewitz. A Review Clausewitz and the State by Peter Paret*, in: International Security, 1(3), 1977

Brügmann, A., *Staat und Nation im Denken Carls von Clausewitz*, Heidelberger phil. Diss., Walldorf bei Heidelberg 1934

Brühl, R., *Zur militärtheoretischen Leistung Carl von Clausewitz*, in: Militärgeschichte 19, 1980, 389~401

Burg, P., *Feder und Schwert: Der Philosoph des Krieges, Carl von Clausewitz*, Berlin 1939

Buschmann, K., *Carl von Clausewitz zum 200. Geburtstag*, Koblenz 1980

Caemmerer, R. v., *Clausewitz. Erzieher des Preußischen Heeres*, hg. von v. Pelet-Narbonne, 8. Bd., Berlin 1905

_____, *Die Entwicklung der strategischen Wissenschft im 19. Jahrhundert*, Berlin 1904 (V. Kapitel: Clausewitz) (이 책의 영어 번역판 *The Development of Strategical Science during the Nineteenth Century*, London: Hugh Rees 1905 그리고 Carlisle, PA: U. S. Army War College 1983에 재판 출간.)

Camon, H., *Clausewitz*, Librairie militaire Chaplot, Paris 1900

Carr, M. I., *Clausewitz. Absolute War and a Politico-Military Communications Gap*, in: Defence Force Journal 3, 1977, 50~55

Chaliand, G., *Anthologie mondiale de la stratégie*, Robert Laffont, Paris 1990

Charnay, J.-P., *Critique de la stratégie*, L'Herne, Paris 1990

_____, *Essai général de stratégie*, Champ libre, Paris 1973

_____, *La stratégie*, Presses Universitaires de France, Paris 1995

_____, *Métastratégie — Systèmes, formes et principes, de la guerre féodale à la dissuasion nucléaire*, Economica, Paris 1990

Cimbala, S. J., *Clausewitz and Chaos: Friction in War and Military Policy*, Westport, CT: Praeger 2001

Clausewitz-Gesellschaft (hg.), *Frieden ohne Rüstung?*, Herford/Bonn 1989

Clodfelter, M., *Back From the Future: The Impact of Change on Airpower in the Decades Ahead*, in: Strategic Studies Quarterly, Fall 2009, 104~122

Cochenhausen, F. v. (hg.), *Von Scharnhorst zu Schlieffen 1806-1906. Hundert Jahre preußisch-deutscher Generalstab*, Berlin 1933 (이 책에서 H. v. Böckmann이 쓴 "Das geistige Erbe der Befreiungskriege" 부분에 클라우제비츠에 관한 자세한 설명이 있다.)

Cochenhausen, F. v., *Der Wille zum Sieg. Clausewitz' Lehre von den dem Kriege innewohnenden Gegengewichten und ihrer Überwindung. erläutert am Feldzug 1814 in Frankreich*, Berlin 1943

_____, *Einleitung — Clausewitz' Leben und Persönlichkeit. Das Werk "Vom Kriege"*, zu: Carl von Clausewitz, *Vom Kriege. Um Veraltetes gekürzte Ausgabe*, hg. von Friedrich von Cochenhausen, Leipzig: Insel Verlag 1943

_____, *Gedanken von Clausewitz. Ausgewählt und zusammengestellt von General d. Art. z. V. Friedrich von Cochenhausen*, Berlin 1943

Colin, J., *Les transformations de la guerre*, Economica, Paris 1989

Collectif, *Le marxisme et la question militaire*, Paris 1974

Colson, B., *La culture stratégique américaine — L'influence de Jomini*, Economica, Paris 1993

Corvisier, A., *La guerre — Essais historiques*, Presses Universitaires de France, Paris 1995

Coutau-Bégarie, H., *L'évolution de la pensée navale*, FEDN, Paris 1990

Creuzinger, P., *Hegels Einfluß auf Clausewitz*, Berlin 1911

Cvetkov, V., *Lenin als Stratege*, in: Österreichische Militärische Zeitschrift 8, 1970

_____, *Über die Einführungsartikel zum Buch C. von Clausewitz' "Vom Kriege"*, in: Militärwesen. Zeitschrift für Militärpolitik und Militärtheorie 3, 1959

_____, *Vydajuščijsja voennyj myslitel XIX. veka* [*19세기의 위대한 군사 사상가*], in: Vojenno-istoričeskij žurnal 1, 1964

David, C.-P., *Les études stratégiques — approches et concepts*, Méridien/FEDN, Québec 1989

de la Barre-Duparcq, N. E., *Commentaires sur le traité de la guerre de Clausewitz*, Paris 1856

de la Gorce, P.-M., *Clausewitz et la stratégie moderne*, Paris 1964

Delbrück, H., *Die Strategie des Perikles erläutert durch die Strategie*

Friedrichs des Großen, Berlin 1890

_____, *Friedrich, Napoleon, Moltke. Ältere und neuere Strategie*, Im Anschluß an die Bernhardische Schrift: *Delbrück, Friedrich der Große und Clausewitz*, Berlin 1892

_____, *General von Clausewitz*, in: Historische und Politische Aufsätze, Berlin 1887 (아래 Karl Schwartz의 클라우제비츠 전기에 관한 비평. 이 글의 전면 개정판이 1907년에 출간.)

Delmas, C., *La guerre révolutionnaire*, Presses Universitaires de France, Paris 1965

Dill, G. (hg.), *Clausewitz in Perspektive. Materialien zu Carl von Clausewitz "Vom Kriege"*, Frankfurt am Main 1980 (여러 논문과 자료들이 실려 있다. 번역 필요.)

Durieux, B., *Clausewitz en France: Deux Siècles de Réflexion sur la Guerre*, Paris: Economica 2008

Echevarria II, A. J., *Clausewitz and Contemporary War*, New York 2007

Elze, W., *Clausewitz*, Berlin 1934 (1934년 2월 12일에 포츠담에서 한 강연)

_____, *Von der Lehre und Lehrweise im Buch "Vom Kriege" von Clausewitz*, in: Jahrbuch der Deutschen Gesellschaft für Wehrwissenschaften und Wehrpolitik ("Durch Wehrhaftigkeit zum Frieden"), Hamburg 1934

Engel, J., *Der Wandel in der Bedeutung des Krieges im 19. und 20. Jahrhundert*, in: Geschichte in Wissenschaft und Unterricht, 19(8), 1968

Engelberg, E./Korfes, O., *Einleitung zu Vom Kriege. Hinterlassenes Werk des Generals Carl von Clausewitz*, Berlin 1957

Evenhuis, J. R., *De emigratie van een oorloggsleer. von Clausewitz in zijn nieuwe Amerikaanse adepten*, in: Militaire Spectator 148(1), 1979

Fabian, F., *Clausewitz. Sein Leben und Werk*, Berlin 1957

Fiévet, G., *A l'écoute de Clausewitz*, Addim, Paris 1998

Freistetter, F., *Lenins Notizen zu Clausewitz' "Vom Kriege"*, in: Österreichische Militärische Zeitschrift 6, 1964

Freytag-Loringhoven, H. v., *Clausewitz*, in: Handbuch für Heer und Flotte, 2. Bd., Berlin 1909

_____, *Krieg und Politik in der Neuzeit*, Berlin 1911

_____, *Kriegslehren nach Clausesewitz aus den Feldzügen 1813 und 1814*, Berlin 1908

_____, *Politik und Kriegführung*, Berlin 1918

Friedl, A., *Carl von Clausewitz und die Auswirkungen seiner Theorie vom Kriege. Gedanken zur 200. Wiederkehr seines Geburtstages am 1. Juni 1980*, in: Aus Politik und Geitgeschichte. Beilage zur Wochenzeitung Das Parlament, B 22/80, 31. Mai 1980

Friedl, B., *Les fondements théoriques de la guerre et de la paix en URSS, suivi du cahier de Lénine sur Clausewitz*, Editions Médicis, Paris 1945

Fuller, J. F. C., *Armament and History. A Study of the Influence of Armament on History from the Dawn of classical Warfare to the Second World War*, New York 1945

Gallie, W. B., *Philosophers of Peace and War: Kant, Clausewitz, Marx, Engels and Tolstoy*, Cambridge 1978

Gardner, N., *Resurrecting the 'Icon': The Enduring Relevance of Clause-*

witz's On War, in: Strategic Studies Quarterly, Spring 2009, 119~133

Gaßen, H., *Clausewitz' Buch "Vom Kriege" als Bezugspunkt pädagogischen Denkens im 20. Jahrhundert*, in: Wehrwissenschaftliche Rundschau 26(2), 1979

Gat, A., *A History of Military Thought: From the Enlightenment to the Cold War*, Oxford 2002

______, *The Development of Military Thought: The Nineteenth Century*, Oxford 1992

Gelok, C. H., *De Vietnamese oorlogen. Een verhandeling over de verhouding tussen politiek en strategie*, in: Militaire Spectator 147, 1978

Gembruch, W., *Die Faktoren "Technik" und "Technische Entwicklung" in der Kriegslehre von Clausewitz*, in: Commission Internationale d'Histoire Militaire, Acta 2, Washington, D. C., 13~19 VIII 1975

______, *Zu Clausewitz' Gedanken über das Verhältnis von Krieg und Politik*, in: Wehrwissenschaftliche Rundschau, 9(11), 1959, 619~623

Géré, F., *La guerre psychologique*, Economica, Paris 1997

Glucksman, A., *Le discours de la guerre*, Éditions de L'Herne, Paris 1974

Goltz, C. v. d., *Carl von Clausewitz*, in: Velhagen & Klasings Monatshefte, 19(9), 1904~1905

Greeve, J. I., *The living thoughts of Clausewitz*, London 1943

Groener, W., *Politik und Kriegführung*, Stuttgart 1920

Guineret, H., *Clausewitz et la guerre*, Presses universitaires de France, Paris 1999

Hagemann, E., *Die deutsche Lehre vom Kriege. Erster Teil. Von Berenhorst zu Clausewitz*, Berlin 1940

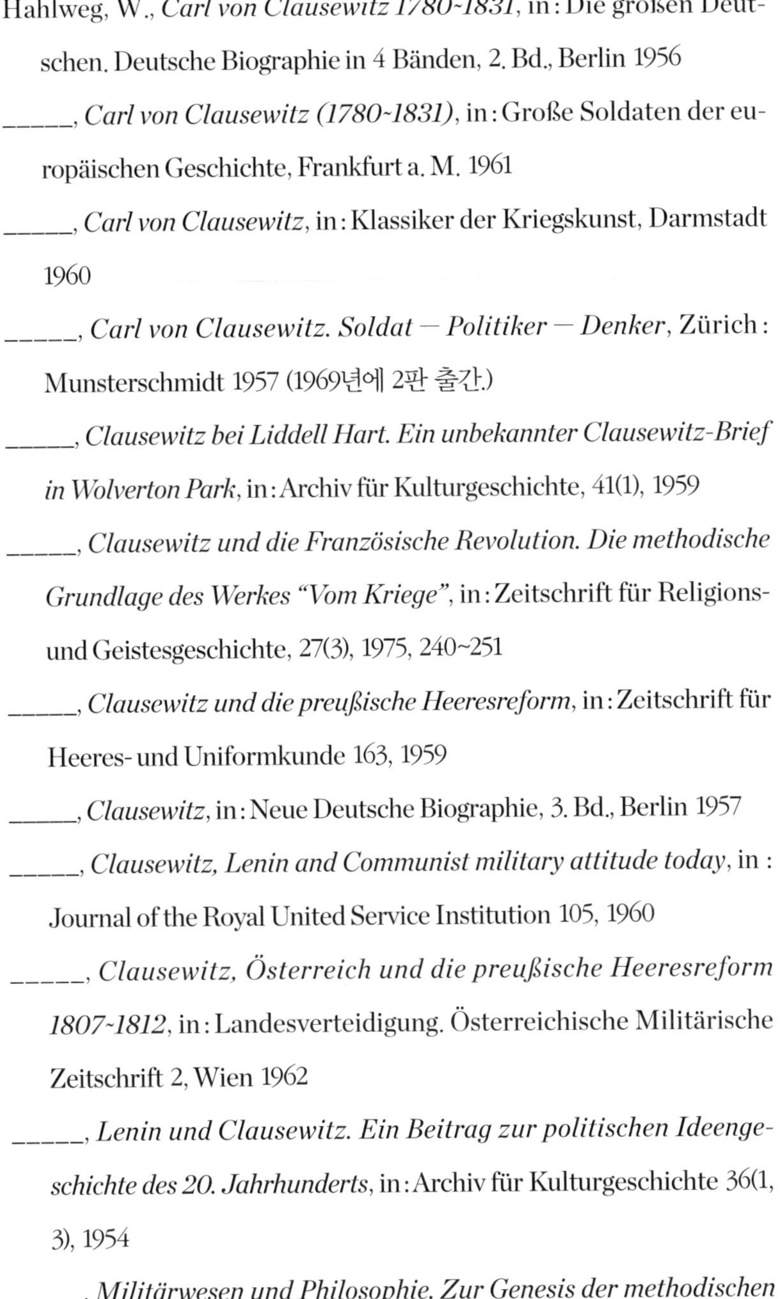

Hahlweg, W., *Carl von Clausewitz 1780~1831*, in: Die großen Deutschen. Deutsche Biographie in 4 Bänden, 2. Bd., Berlin 1956

_____, *Carl von Clausewitz (1780~1831)*, in: Große Soldaten der europäischen Geschichte, Frankfurt a. M. 1961

_____, *Carl von Clausewitz*, in: Klassiker der Kriegskunst, Darmstadt 1960

_____, *Carl von Clausewitz. Soldat — Politiker — Denker*, Zürich: Munsterschmidt 1957 (1969년에 2판 출간.)

_____, *Clausewitz bei Liddell Hart. Ein unbekannter Clausewitz-Brief in Wolverton Park*, in: Archiv für Kulturgeschichte, 41(1), 1959

_____, *Clausewitz und die Französische Revolution. Die methodische Grundlage des Werkes "Vom Kriege"*, in: Zeitschrift für Religions- und Geistesgeschichte, 27(3), 1975, 240~251

_____, *Clausewitz und die preußische Heeresreform*, in: Zeitschrift für Heeres- und Uniformkunde 163, 1959

_____, *Clausewitz*, in: Neue Deutsche Biographie, 3. Bd., Berlin 1957

_____, *Clausewitz, Lenin and Communist military attitude today*, in: Journal of the Royal United Service Institution 105, 1960

_____, *Clausewitz, Österreich und die preußische Heeresreform 1807~1812*, in: Landesverteidigung. Österreichische Militärische Zeitschrift 2, Wien 1962

_____, *Lenin und Clausewitz. Ein Beitrag zur politischen Ideengeschichte des 20. Jahrhunderts*, in: Archiv für Kulturgeschichte 36(1, 3), 1954

_____, *Militärwesen und Philosophie. Zur Genesis der methodischen*

Grundlage des Werkes "Vom Kriege" des Generals von Clausewitz, in: Österreichische Militärische Zeitschrift 5, 1976

Harsh, J. L., *Battlesword and Rapier: Clausewitz, Jomini, and the American Civil War*, in: Military Affairs. The Journal of military history, including theory and technology 38(4), 1974, 133~138

Hartl, M., *Carl von Clausewitz. Persönlichkeit und Stil*, Emden 1956

Hausschild, W., *Clausewitz. Ein Vermächtnis*, in: Offiziere des Führers. Die nationalsozialistische Monatsschrift der Wehrmacht für Politik, Weltanschauung, Geschichte und Kultur 3, 1944

Hennicke, O., *Clausewitz. Bemerkungen zur Bedeutung seiner Kriegstheorie für seine und für unsere Zeit*, in: Militärwissenschaftliche Ansätze 17, Berlin 1957

Hepp, R., *Der harmlose Clausewitz. Kritische Bemerkungen zu einem deutschen, englischen und französischen Beitrag zur Clausewitz-Renaissance*, I.~II., in: Zeitschrift für Politik 25(3~4), 1978

Herberg-Rothe, A., *Chamäleon Krieg und der Primat der Politik*, in: Clausewitz-Informationen 1, 2002, 25~42

_____, *Clausewitz oder Nietzsche. Zum Paradigmenwechsel in der politischen Theorie des Krieges*, in Merkur, 2001, 246~251

_____, *Clausewitz und Hegel. Ein heuristischer Vergleich*, in: Forschungen zur brandenburgischen und preußischen Geschichte 10(1), 2000, 49~84

_____, *Clausewitz und Napoleon. Jena, Moskau, Waterloo*, in: Clausewitz-Informationen 1, 2006, 9~93

_____, *Das Rätsel Clausewitz. Politische Theorie des Kriegs im Wider-*

streit, München 2001 (2007년에 *Clausewitz's Puzzle: The Political Theory of War*의 제목으로 영어 번역 출간.)

Herberg-Rothe, A./Honig, J. W./Moran, D. (eds.), *Clausewitz: The State and War*, Stuttgart 2011

Hesse, K., *Der Feldherr Psychologos. Ein Suchen nach dem Führer der deutschen Zukunft*, Berlin 1922

Heuser, B., *Reading Clausewitz*, London 2002 (2005년에 독어 번역 출간.)

Hintze, O., *Delbrück, Clausewitz, und die Strategie Friedrichs des Großen. Eine Erwiderung*, in: Forschungen zur Brandenburgischen und Preußischen Geschichte 33, 1920, 131~177

Holmes, J. R., *Everything You Know About Clausewitz Is Wrong: A botched translation of Clausewitz has had an enduring impact on our thinking on warfare*, in: The Diplomat, 2014. 11. 12 (http://thediplomat.com/2014/11/everything-you-know-about-clausewitz-is-wrong/)

Howard, M. (ed.), *The Theory and Practice of War*, London 1965

Howard, M., *Clausewitz*, Oxford 1983 (2002년에 New York에서 *Clausewitz: A Very Short Introduction*의 제목으로 재출간.)

Huntzinger, J., *Introduction aux relations internationales*, Seuil, Paris 1987

Irvine, D. D., *The French Discovery of Clausewitz and Napoleon*, in: Military Affairs. Journal of the American Military Institute 4, Washington, D. C., 1940, 143~161

Jähns, M., *Geschichte der Kriegswissenschaften vornehmlilch in*

Deutschland, 1~3 Bd., München/Leipzig 1889~1891

Jaurès, J., *L'Armée nouvelle*, in: Œuvres de Jean Jaurès (tome 4), Éditions Rieder, Paris 1932

Joxe, A., *Empire of Disorder*, Boston: MIT Press 2002

Kaiser, D., *Back to Clausewitz*, in: Journal of Strategic Studies, 32(4), 2009, 667~685

Keegan, J., *Peace by other means? War, popular opinion and the politically incorrect Clausewitz*, in: Times Literary Supplement, 1992. 12. 11, 4~5

Kessel, E., *Carl von Clausewitz. Herkunft und Persönlichkeit*, in: Wissen und Wehr 18, 1937, 763~774

_____, *Clausewitz über den Gedanken eines Ländertauschs zur Verbindung der Ost- und West-Masse der Preußischen Monarchie nach den Befreiungskriegen*, in: Forschungen zur Brandenburgischen und Preußischen Geschichte 51, 1939

_____, *Die doppelte Art des Krieges*, in: Wehrwissenschaftliche Rundschau 4, 1954, 298~310

_____, *Doppelpolige Strategie. Eine Studie zu Clausewitz, Delbrück und Friedrich dem Großen*, in: Wissen und Wehr 12, 1931

_____, *Einleitung zu: Carl von Clausewitz, Strategie aus dem Jahr 1804 mit Zusätzen von 1808 und 1809*, Hamburg 1943

_____, *Zu Boyens Entlassung*, in: Historische Zeitschrift 175, 1953

_____, *Zur Entstehungsgeschichte von Clausewitz' Werk "Vom Kriege"*, in: Historische Zeitschrift 152, 1935, 97~100

_____, *Zur Genesis der modernen Kriegslehre. Die Entstehungsge-*

schichte von Clausewitz' Buch "Vom Kriege", in : Wehrwissenschaftliche Rundschau 3, 1953, 405~423

King, J. E., *On Clausewitz : Master Theorist of War*, in : Naval War College Review, Fall 1977, 3~36

Kleemeier, U., *Grundfragen einer philosophischen Theorie des Krieges : Platon — Hobbes — Clausewitz*, Berlin 2002

Kluckhohn, A., *Über Carl von Clausewitz. Rede zur Feier des Geburtstages Seiner Majestät des Kaisers und Königs am 27. Januar 1890 im Namen der Georg-Augusts-Universität*, Göttingen 1890

Kondylis, P., *Theorie des Krieges : Clausewitz, Marx, Engels, Lenin*, Stuttgart 1988

Krüger, N., *Adolf Hitlers Clausewitzkenntnis*, in : Wehrwissenschaftliche Rundschau, 18(8), 1968

Labouérie, G., *Stratégie — réflexion et variations*, Economica, Paris 1992

Lawrence, T. E., *Guérilla dans le désert*, Éditions Mille et une nuits, Paris 1997

Lefort, C., *Lecture de la guerre : le Clausewitz de Raymond Aron*, in : Annales Économies, Sociétés Civilisations, 32(6), 1977, 1268~1279

Leinveber, A., *Mit Clausewitz durch die Rätsel und Fragen, Irrungen und Wirrungen des Weltkrieges. Unter Berücksichtigung des 1. Bandes des Reichsarchivs*, Berlin/Leipzig : B. Behrs Verlag 1926

Lenin, W. I., *Clausewitz' Werk "Vom Kriege". Auszüge und Randglossen. Mit Vorwort und Anmerkungen von Otto Braun*, Berlin(Ost) 1957

Liddell Hart, B. H., *The Ghost of Napoleon*, London 1933

Lider, J., *War and Politics: Clausewitz Today*, in: Cooperation and Conflict, 12(3), 1977, 187~206

Linnebach, K., *Clausewitz*, in: Handbuch der neuzeitlichen Wehrwissenschaft, 1. Bd., Berlin/Leipzig 1936

_____, *Clausewitz' Persönlichkeit*, in: Wissen und Wehr 11, 1930

_____, *Die Wehrwissenschaften, ihr Begriff und ihr System*, Berlin 1939

_____, *Die wissenschaftliche Methode in Clausewitz' Werk "Vom Kriege"*, in: Wissen und Wehr 14, 1933

_____, *Einführung in das Register*, in: Vom Kriege. Hinterlassenes Werk von General Carl von Clausewitz. Vierzehnte vermehrte Auflage, Berlin 1933

_____, *Kriegstheorie*, in: Handbuch der neuzeitlichen Wehrwissenschaft, 1. Bd., Berlin/Leipzig 1936

_____, *Vom Geheimnis des kriegerischen Erfolges*, in: Wissen und Wehr 21, 1940

_____, *Vorwort zur Fünfzehnten Auflage des Werkes "Vom Kriege"*, Berlin 1937

_____, *Vorwort zur Vierzehnten Auflage des Werkes "Vom Kriege"*, Berlin 1933

_____, *Winke zum Studium des Werkes "Vom Kriege"*, in: Vom Kriege. Hinterlassenes Werk von General Carl von Clausewitz. Fünfzehnte vermehrte Auflage, Berlin 1937

_____, *Zum Meinungsstreit über den Vernichtungsgedanken in der Kriegführung*, in: Wissen und Wehr 15, 1934

Ludendorff, E., *Kriegführung und Politik*, Berlin 1922

Luvaas, J., *The Education of an Army: British Military Thought, 1815~1940*, Chicago 1964

Malraux, A., *Antimémoires*, Gallimard, Paris 1972

Marcks, E., *Clausewitz' Lehre vom Kriege*, in: Wissen und Wehr 11, 1930

Marwedel, U., *Carl von Clausewitz und das Jahr 1812*, in: Militärgeschichte, Militärwissenschaft und Konfliktforschung. Eine Festschrift für Werner Hahlweg, Osnabrück: Biblio Verlag 1977, 267~294

_____, *Carl von Clausewitz. Persönlichkeit und Wirkungsgeschichte seines Werkes bis 1918. Wehrwissenschaftliche Forschungen*, Abteilung Militärgeschichtliche Studien, Boppard am Rhein: Harald Boldt Verlag 1978

_____, *Das Interesse an Clausewitz*, in: Europäische Wehrkunde 29(6), 1980

_____, *Die Nachwirkung der Erkenntnisse Carl von Clausewitz' in Frankreich bis zum Ersten Weltkrieg*, in: Wehrforschung 5, 1975

Mason, R. A., *The Challenge of Clausewitz*, in: Air University Review 30(3), 1979

Masson, P., *De la mer et de sa stratégie*, Paris 1986

Mathey, J.-M., *Comprendre la stratégie*, Economica, Paris 1995

Mayr, K., *Clausewitz und der Zusammenbruch 1918*, in: Archiv für Politik und Geschichte 5, 1925

Meerheimb, F. v., *Carl von Clausewitz. Vortrag*, gehalten in der militärischen Gesellschaft zu Berlin am 23. Oktober 1874, Berlin 1875

Mégret, M., *La guerre psychologique*, Presses Universitaires de France,

Paris 1963

Meilinger, P., *Busting the Icon: Restoring Balance to the Influence of Clausewitz*, in: Strategic Studies Quarterly, Fall 2007, 116~145

Meinecke, F., *Das Zeitalter der deutschen Erhebung 1795~1815*, Leipzig o. J.

Mette, S., *Clausewitz, Moltke, Schlieffen und der Weltkrieg*, in: Allgemeine Schweizerische Militärzeitung, Mai 1932

_____, *Vom Geist deutscher Feldherren. Genie und Technik 1800~1918. Eine universalhistorische Studie*, Zürich 1935

Metzsch, H. v., *Clausewitz-Katechismus*, Berlin-Charlottenburg 1937

_____, *Der einzige Schutz gegen die Niederlage. Eine Fühlungnahme mit Clausewitz*, Breslau 1937

_____, *Zeitgemäße Gedanken um Clausewitz*, Schriften der Deutschen Hochschule für Politik 30, Berlin 1937

Moeller, R., *Was verdankt die deutsche Nation dem General von Clausewitz*, Breslau 1913

Mommsen, W., *Clausewitz und die militärpolitische Lage der Gegenwart*, in: Civis. Zeitschrift für christlich-demokratische Politik, 4(31), Juli 1957

Moody, Jr. P. R., *Clausewitz and the Fading Dialectic of War*, in: World Politics, 31(3), 1979, 417~432

Moreau, D. P., *Problèmes stratégiques contemporains*, Hachette, Paris 1994

Muff, W., *Clausewitz heute und morgen*, in: Wissen und Wehr 11, 1930

Münkler, H., *Der Partisan. Theorie, Strategie, Gestalt*, Opladen 1990

_____, *Die neuen Kriege*, Reinbek bei Hamburg 2002

_____, *Instrumentelle und existentielle Auffassung vom Krieg bei Carl von Clausewitz*, in: Leviathan 16, 1988, 233~251

Murry, W. V., *Clausewitz and Limited Nuclear War*, in: Military Review, 55(4), 1975, 15~28

Naville, P., *La guerre de tous contre tous*, éditions Galilée, Paris 1977

_____, *Mahan et la Maîtrise des Mers*, Berger-Levrault, Paris 1981

Niobey, E., *La guerre*, Larousse, Paris 1976

Nohn, E. A., *Clausewitz contra Bülow*, in: Wehrwissenschaftliche Rundschau 5, 1955

_____, *Jomini und Clausewitz*, in: Politische Studien 10, 1959

_____, *Moralische Größen im Werk "Vom Kriege" und in einem ungezeichneten Beitrag zur "Neue Bellona" des Jahrgangs 1801*, in: Historische Zeitschrift 186, 1958

Pac, H., *Politologie de la défense nationale*, Masson, Paris 1986

Palat, *La Philosophie de la guerre d'après Clausewitz*, Lavauzelle, Paris 1921 (1998년에 재출간.)

Paret, P., *Bemerkungen zu dem Versuch von Clausewitz, zum Gesandten in London Ernannt zu Werden*, in: Jahrbuch für die Geschichte Mittel- und Ostdeutschlands 26, 1977, 161~172

_____, *Clausewitz and the Nineteenth Century*, in: Michael Howard (ed.), The Theory and Practice of War, London 1965

_____, *Clausewitz and the State. The Man, His Theories, and His Times*, Princeton: Princeton University Press 1976 (클라우제비츠에 관해 영어로 된 최고의 전기. 2007년 개정판 출간. 번역 필요.)

_____, *Clausewitz. A Bibliographical Survey*, in : World Politics. A Quarterly Journal of International Relations, 17(2), January 1965, 272~285

_____, *Education, Politics and War in the Life of Clausewitz*, in : Journal of the History of Ideas 29, 1968, 394~408

_____, *Understanding War : Essays on Clausewitz and the History of Military Power*, Princeton : Princeton University Press, 1992 (이전에 발표한 논문 모음집)

Parkinson, R., *Clausewitz : A Biography*, London 1970

Perjés, G., *Clausewitz magyar fordítása*, in : Hadtörténelem, 13(1), 1966

Pertz, H. G./*Delbrück*. H., *Das Leben des Feldmarschalls Grafen Neithardt von Gneisenau*, 5 Bde., Berlin, 1864~1880

Philonenko, A., *Essais sur la philosophie de la guerre*, Vrin, Paris 1976

Poirier, L., *Des stratégies nucléaires*, Complexe, Bruxelles 1988 (1977년에 초판 간행.)

_____, *La crise des fondements*, Economica/ISC, Paris 1994

_____, *Le chantier de la stratégie — entretiens avec Gérard Chaliand*, Hachette, Paris 1997

_____, *Les voix de la stratégie*, Fayard, Paris 1985

_____, *Stratégie théorique*, I~III, Economica, Paris 1982~1987

Pommerin, R. (ed.), *Clausewitz goes global : Carl von Clausewitz in the 21st Century*, Berlin 2011 (여러 나라의 클라우제비츠 연구 현황)

Pönitz, C. E., *Militärische Briefe eines Lebenden an seinen Freund Clausewitz im Olymp*, Leipzig 1846

_____, *Militärische Briefe eines Verstorbenen an seine noch lebenden*

Freunde, historischen, wissenschaftlichen, kritischen und humoristischen Inhalts. Zur unterhaltenden Belehrung für Eingeweihte und Laien im Kriegswesen, 5 Bde., Leipzig 1846 (새로운 판이 전 3권으로 1854년에 출간.)

Priesdorff, K. v., *Karl Philipp Gottfried von Clausewitz*, in: Soldatisches Führertum. 8. Teil, Die preußischen Generale von 1820 bis 1840, Hamburg o. J.

Rapoport, A., *Tolstoi und Clausewitz. Zwei Konfliktmodelle und ihre Abwandlungen*, in: Atomzeitalter. Information und Meinung, September 1966

Rasin, J. A., *Die Bedeutung von Clausewitz für die Entwicklung der Militärwissenschaft*, in: Militärwesen. Zeitschrift für Militärpolitik und Militärtheorie, 2(3), 1958

______, *W. I. Lenin — der Schöpfer der sowjetischen Militärwissenschaft*, in: Militärwissenschaftliche Aufsätze 8, Berlin 1956

Rauchensteiner, M. (ed.), *Clausewitz, Jomini, Erzherzog Carl. Eine geistige Trilogie des 19. Jahrhunderts und ihre Bedeutung für die Gegenwart*, Wien 1988

Reysset, P., *La pensée stratégique*, Presses Universitaires de France, Paris 1997

Ritter, G., *Die Lehre Carls von Clausewitz vom politischen Sinn des Krieges*, in: Historische Zeitschrift 167, 1943, 41~65

Roloff, G., *Einleitung zu: Carl von Clausewitz, Vom Kriege* (Ausgewählte Kapitel), Leipzig 1915

Roques, P., *Le Général de Carl von Clausewitz. Sa vie et sa théorie de la guerre d'après des documents inédits*, Paris/Nancy: Charles Lavauzelle 1912

Rose, O., *Carl von Clausewitz. Wirkungsgeschichte seines Werke in Russland und der Sowjetunion 1836~1995*, München 1995

Rosinski, H., *Die Entwicklung von Clausewitz' Werk "Vom Kriege" im Lichte seiner "Vorreden" und "Nachrichten"*, in: Historische Zeitschrift 151, 1935, 278~293

Rothe, B./Türpe, A., *Das Wesen des Krieges bei Hegel und Clausewitz*, in: Deutsche Zeitschrift für Philosophie, 25(11), 1977, 1331~1343

Rothfels, H., *Carl von Clausewitz. Politik und Krieg. Eine ideengeschichtliche Studie*, Berlin 1920 (J. Niemeyer의 후기를 덧붙여 1980년에 재출간. 클라우제비츠 연구의 고전. 번역 필요.)

_____, *Carl von Clausewitz. Politische Schriften und Briefe*, München 1922

Rüstow, F. W., *Die Feldherrnkunst des 19. Jahrhunderts. Zum Selbststudium für den Unterricht an höheren Militärschulen*, 1~2 Bd., Zürich 1878~1879 (3판)

Schels, J. B., *Die Leistungen der österreichischen militärischen Zeitschrift von 1811 bis 1833*, in: Österreichische militärischen Zeitschrift, 4(10~12), Wien 1833

Scherff, W. v., *Delbrück und Bernhardi. Eine strategische Clausewitz-Studie für Gelehrte und Militairs*, Berlin 1892

Schering, W. M., *Clausewitz als Philosoph*, in: Europäischer Wissenschafts-Dienst, 4(5), 1944

_____, *Clausewitz' Lehre von Zweck und Mittel*, in: Wissen und Wehr

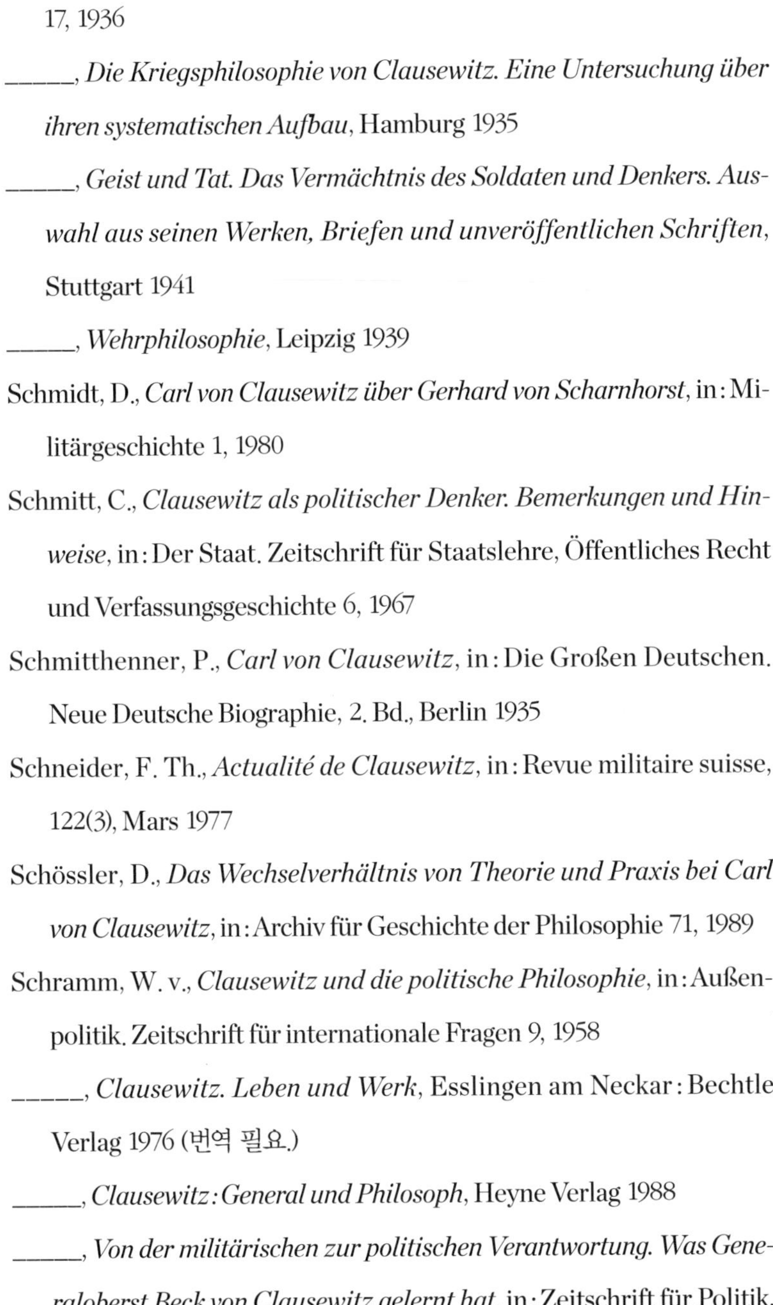

17, 1936

_____, *Die Kriegsphilosophie von Clausewitz. Eine Untersuchung über ihren systematischen Aufbau*, Hamburg 1935

_____, *Geist und Tat. Das Vermächtnis des Soldaten und Denkers. Auswahl aus seinen Werken, Briefen und unveröffentlichen Schriften*, Stuttgart 1941

_____, *Wehrphilosophie*, Leipzig 1939

Schmidt, D., *Carl von Clausewitz über Gerhard von Scharnhorst*, in: Militärgeschichte 1, 1980

Schmitt, C., *Clausewitz als politischer Denker. Bemerkungen und Hinweise*, in: Der Staat. Zeitschrift für Staatslehre, Öffentliches Recht und Verfassungsgeschichte 6, 1967

Schmitthenner, P., *Carl von Clausewitz*, in: Die Großen Deutschen. Neue Deutsche Biographie, 2. Bd., Berlin 1935

Schneider, F. Th., *Actualité de Clausewitz*, in: Revue militaire suisse, 122(3), Mars 1977

Schössler, D., *Das Wechselverhältnis von Theorie und Praxis bei Carl von Clausewitz*, in: Archiv für Geschichte der Philosophie 71, 1989

Schramm, W. v., *Clausewitz und die politische Philosophie*, in: Außenpolitik. Zeitschrift für internationale Fragen 9, 1958

_____, *Clausewitz. Leben und Werk*, Esslingen am Neckar: Bechtle Verlag 1976 (번역 필요.)

_____, *Clausewitz: General und Philosoph*, Heyne Verlag 1988

_____, *Von der militärischen zur politischen Verantwortung. Was Generaloberst Beck von Clausewitz gelernt hat*, in: Zeitschrift für Politik,

1959

_____, *Wege und Umwege der deutschen Kriegstheorie*, in: Revue militaire générale, 8. Octobre, 10. Decembre 1960

Schüddekopf, O.-E., *Clausewitz in England*, in: Deutsche Wehr, 43(25), 1939

Schumacher, E., *Begegnungen mit Clausewitz*, in: Schweizerische Monatsschrift für Offiziere aller Waffen, 43(11~12), 1931

_____, *Clausewitz. Versuch einer Einführung*, in: Schweizerische Monatshefte, 8(8), 1939

Schwartz, K., *Leben des Generals Carl von Clausewitz und der Frau Marie von Clausewitz, geb. Gräfin von Brühl. Mit Briefen, Aufsätzen, Tagebüchern und anderen Schriftstücken*, 1~2 Bde., Berlin 1878 (학문적인 가치는 없지만 풍부한 자료로 필수 불가결의 전기이다. 구글 북스에서 PDF로 읽을 수 있다.)

Seeckt, H. v., *Clausewitz. Zum 150. Geburtstag (1930)*, in: Gedanken eines Soldaten, Erweiterte Ausgabe, Leipzig 1935

Senghaas, D., *Die Doktrin des totalen Krieges. Zum Verhältnis von faschistischer Politik und Krieg*, in: Atomzeitalter. Information und Meinung 9, 1966

_____, *Rückblick auf Clausewitz*, in: Atomzeitalter. Information und Meinung 1, 1966

Smith, H., *On Clausewitz: A Study of Military and Political Ideas*, New York 2004

Sokolowski, W. D., *Soviet Military Strategy*, New York 1963

Souchon, L. (hg.), *Romantik, Deutscher Idealismus, Hegel und Clause-*

witz, Clausewitz Information 1, 2007

Stamp, G., *Clausewitz im Atomzeitalter. Auszüge aus seinem Werk "Vom Kriege"*, Wiesbaden 1962

Staudenmaier, W. O., *Vietnam, Mao and Clausewitz*, in: Parameters, 7(1), 1977, 79~89

Steinmann v. F., *Was sich die Offiziere im Bureau erzählten. Mittheilungen eines alten Registrators*, Berlin 1853

Strachan, H., *Clausewitz's On War. A Biography*, New York 2007

Strachan, H./Herberg-Rothe, A. (eds.), *Clausewitz in the Twenty-First Century*, New York 2007

Stübig, H., *Clausewitz in Yverdon. Anmerkungen zu seinem Pestalozzi-Aufsatz*, in: Paedagogica Historica, 17(2), 1977

Sumida, J. T., *Decoding Clausewitz: A New Approach to On War*, Lawrence 2008

_____, *The Relationship of History and Theory in On War: The Clausewitzian Ideal and its Implications*, in: Journal of Military History 65, 2001

Tarantini, U., *Clausewitz nell' era nucleare*, in: Rivista Militare 2, 1977

Tashjean, J. E., *The Clausewitzian Definition. From Just War to the Duel of States*, in: Revue européenne des sciences sociales et Cahiers Vilfredo Pareto, 17(47), 1979, 79~83

Terray, E., *Clausewitz*, Fayard, Paris 1999

Thiele, G. (hg.), *Carl von Clausewitz. Ausgewählte Briefe an Marie von Clausewitz und Gneisenau*, Berlin: Verlag der Nation 1953

Trummer, P. (hg.), *Clausewitz heute. Den Krieg denken, um den Frieden zu sichern?*, Mannheim 1988

Trythall, A. J., *On Clausewitz*, in: Army Quarterly and Defence Journal, 101(3), 1971, 307~313

Türpe, A., *Carl Philipp Gottfried von Clausewitz, ein Philosoph des Krieges. Eine Analyse seiner philosophischen Position*, Berlin 1977

_____, *Carl von Clausewitz' Verhältnis zur Philosophie seiner Zeit*, in: Militärgeschichte 5, 1979

_____, *Zur Dialektik von Krieg und Frieden in der modernen Epoche*, in: Deutsche Zeitschrift für Philosophie, 26(3), 1978

Vad, E., *Carl von Clausewitz. Seine Bedeutung heute*, Herford/Bonn 1984

Vollrath, E., *Das Verhältnis von Staat und Militär bei Clausewitz*, in: J. Kunisch (hg.), Staatsverfassung und Heeresverfassung in der europäischen Geschichte der frühen Neuzeit, Berlin 1986, 447~461

Waldman, T., *Politics and War: Clausewitz's Paradoxical Equation*, in: Parameters, 40(3), 2010

_____, *War, Clausewitz, and the Trinity*, Ph. D. dissertation, University of Warwick, 2009 (2013년에 개정판 출간.)

Wallach, J. L., *Das Dogma der Vernichtungsschlacht. Die Lehren von Clausewitz und Schlieffen und ihre Wirkungen in zwei Weltkriegen*, Frankfurt am Main 1967

_____, *Die Kriegslehre von Friedrich Engels*, Frankfurt a. M. 1968 (W. I. Lenin, Schüler der Engelsschen Kriegslehre에 관한 부록이 포함되어 있다.)

_____, *Kriegstheorien: Ihre Entwicklung im 19. u. 20. Jahrhundert*,

Frankfurt am Main 1972

Wanty, É., *L'art de la guerre*, I~III, Éditions Gérard & C° Verviers, 1967~1968

Watts, B. D., *Clausewitzian Friction and Future War*, Washington, D. C., 1996 (2004년에 개정판 출간.)

Weber, A., *Die politischen Anschauungen des Generals von Clausewitz*, in: Vergangenheit und Gegenwart. Monatsschrift für Geschichtsunterricht und politische Erziehung 28, 1938

Wehler, H.-U., *"Absoluter" und "totaler" Krieg. Von Clausewitz zu Ludendorff*, in: Politische Vierteljahresschrift. Zeitschrift der Deutschen Vereinigung für Politische Wissenschaft 10(2~3), 1969

Weil, E., *Guerre et Politique selon Clausewitz*, in: Revue Française de Science Politique 5(2), 1955 (이 글은 저자의 *Essais et conférences*, Paris 1971에 다시 실렸다.)

Weniger, E., *Clausewitz als Philosoph*, in: Frankfurter Zeitung, 7. August 1937

______, *Philosophie und Bildung im Denken von Clausewitz*, in: Schicksalswege Deutscher Vergangenheit. Beiträge zur geschichtlichen Deutung der letzten hundertfünfzig Jahre, hg. von W. Hubatsch, Düsseldorf 1950, 123~143

Wiesner, H., *Zur Weiterentwicklung der militärischen Ansichten von Marx und Engels durch W. I. Lenin*, in: Zeitschrift für Militärgeschichte, 1970

Willich, F., *Clausewitz und der jetzige Krieg*, in: Militär-Wochenblatt, 125(1), 1940~1941

大橋武夫,『クラウゼヴィッツ『戰争論』解說』上·下, 日本工業新聞社 1982
井門満明,『クラウゼヴィッツ『戰争論』入門』, 原書房 1982
大澤正道,『面白ほどよくわかるクラウゼヴィッツ の戰争論』, 日本文芸社 2001
郷田豊 外,『『戰争論』の讀み方』, 芙蓉書房出版 2001

클라우제비츠 홈페이지

http://www.clausewitz.com/index.htm

크리스토퍼 배스포드(Christopher Bassford) 교수가 1995년부터 만들어 운영하는 영어 홈페이지.『전쟁론』을 포함한 클라우제비츠의 여러 텍스트, 여러 나라 언어의 참고 문헌, 이미지, 자료 등이 있다. 클라우제비츠와『전쟁론』에 관심 있는 이들에게 큰 도움이 되는 사이트이다.

클라우제비츠 전략 연구 네트워크

Clausewitz Netzwerk für Strategische Studien (CNSS)

http://www.clausewitznetzwerk.de/cnss/

독일 연방 군대의 고위급 아카데미에 있는 국제 클라우제비츠 센터에서 운영하는 독어 홈페이지. 강의, 연구, 포럼 등을 주최하고 있다.

카알 폰 클라우제비츠

http://www.carlvonclausewitz.de/

독어 홈페이지. 현재 접속이 잘 안 되는 상태.

클라우제비츠 협회

Die Clausewitz Gesellschaft

http://www.clausewitz-gesellschaft.de/

클라우제비츠 협회의 독어 홈페이지. 주로 전현직 장교(장성 및 영관급 장교)들이 회원이고, 클라우제비츠의 철학과 이론을 바탕으로 현재와 미래의 전략 및 안보 정책을 연구하는 기관이다. 1961년에 창설되었고 본부는 함부르크에 있다. 현재 약 1000명의 회원이 있다.

http://www.liberley.it/c/clausewitz.htm

클라우제비츠의 『저작집』 전 10권을 볼 수 있는 사이트. 이 원문은 구글 북스에서 제공하고 있다.

클라우제비츠 연구소

http://blog.daum.net/carl_von_clausewitz

내가 2016년에 만든 인터넷 연구소. 배스포드 교수의 홈페이지를 벤치마킹하여 클라우제비츠 및 『전쟁론』과 관련된 연구를 공개 및 공유하는 곳이다. 앞으로 한국의 클라우제비츠 관련 연구 현황과 수준을 검토하고 국내외 참고 문헌을 소개할 예정이다. 독자들의 의견을 반영하여 내실 있는 연구소로 키울 계획이다.

찾아보기

1. 인명
2. 용어

일러두기

『전쟁론 강의』의 찾아보기는 많은 부분에서 『전쟁론』 번역의 찾아보기와 중복되기 때문에 자세히 만들지 않는다. 그래서 『전쟁론』의 지명, 전쟁, 연도의 찾아보기는 『전쟁론 강의』에 만들지 않는다.

인명에서 카알 폰 클라우제비츠와 그의 부인 마리 폰 클라우제비츠는 찾아보기에 넣지 않는다. 『전쟁론』에 나오는 많은 최고 지휘관 중에 『전쟁론 강의』에는 나폴레옹과 프리드리히 대왕만 넣는다. 다른 인명으로는 주로 『전쟁론』을 연구한 사람들의 찾아보기를 만든다.

용어의 찾아보기에서 장의 제목은 『전쟁론』이 아니라 『전쟁론 강의』의 제목을 따른다. 찾아보기의 편의상 장의 제목을 약간 바꾼 경우도 있다. 책 제목은 용어 부분에 싣는다. 용어의 찾아보기에서 문학적이고 비유적인 표현은 제외한다.

용어에서 쌍으로 나타나는 단어는 그 단어를 표제어로 삼는다. 예를 들어 절대 전쟁과 현실 전쟁을 따로따로 표제어로 삼지 않고 '절대 전쟁과 현실 전쟁'을 하나의 표제어로 삼는다. 절대 전쟁과 현실 전쟁을 따로따로 찾아보는 것보다 절대 전쟁과 현실 전쟁의 관계를 찾아보는 것이 더 중요하기 때문이다. 이렇게 쌍으로 나타나는 용어로 공격과 방어, 전술과 전략, 지성과 감성, 논리와 문법, 대담성과 필요성, 내선과 외선, 단순한 공격과 복합적인 공격 등이 있다. 이런 용어의 찾아보기를 따로따로 만드는 것은 『전쟁론 강의』의 정신에 부합하지 않을 것이라고 생각한다. 쌍으로 나타나는 용어는 아니지만, 함께 나타나는 용어도 묶어서 표제어로 삼는다. 그 예로 '법칙, 원칙, 규칙, 규정, 방법'이나 '보병, 기병, 포병' 등과 같은 표제어를 들 수 있다.

찾아보기에서 일러두기, 참고 문헌(516~524쪽), 제4편 『전쟁론』 관련 참고 문헌(563~611쪽)은 제외한다.

인명과 용어 모두 가나다순으로 배열한다. 용어가 여러 단어로 이루어져 있을 때는 제일 앞에 있는 단어의 가나다순으로 배열한다. 하지만 각 용어 안에서는 가나다순이 아니라 용어의 위계에 따라 또는 용어의 중요성과 유사성에 따라 배열한 부분도 있다.

1. 인명

2. 용어